GPM Deutsche Gesellschaft für Projektmanagement /
Michael Gessler (Hrsg.)

Kompetenzbasiertes Projektmanagement (PM3)

Handbuch für die Projektarbeit, Qualifizierung und Zertifizierung
auf Basis der IPMA Competence Baseline Version 3.0 / unter Mitwirkung der
spm swiss project management association

Bibliografische Information der Deutschen Nationalbibliothek
Die Deutsche Nationalbibliothek verzeichnet diese Publikation in der Deutschen Nationalbibliografie; detaillierte bibliografische Daten sind im Internet über http://dnb.d-nb.de abrufbar.

Dieses Werk ist urheberrechtlich geschützt. Alle Rechte, auch die der Übersetzung, des Nachdrucks und der Vervielfältigung des Buches – oder Teilen daraus – sind vorbehalten. Kein Teil des Werks darf ohne schriftliche Genehmigung des Verlags in irgendeiner Form (Fotokopie, Mikrofilm oder andere Verfahren), auch nicht zum Zwecke der Unterrichtsgestaltung, reproduziert oder unter Verwendung elektronischer Systeme verarbeitet, vervielfältigt oder verbreitet werden.

Für alle in diesem Werk verwendeten Warennamen sowie Firmen- und Markenbezeichnungen können Schutzrechte bestehen, auch wenn diese nicht als solche gekennzeichnet sind. Deren Verwendung in diesem Werk berechtigt nicht zu der Annahme, dass diese frei verfügbar sind.

Die DIN-Normen im Fachbuch PM3 sind wiedergegeben mit Erlaubnis des DIN Deutsches Institut für Normung e.V. Maßgebend für das Anwenden der DIN-Norm ist deren Fassung mit dem neuesten Ausgabedatum, die bei der Beuth Verlag GmbH, Burggrafenstraße 6, 10787 Berlin, erhältlich ist.

Layout, Satz und Grafikgestaltung: mbon Designabteilung. Umschlaggestaltung: mbon Designabteilung. Titelbild: Schultze. Walther. Zahel. Kommunikationsagentur & GPM. Druck und Bindung: Labude. corporate products.

GPM-Homepage: http://www.gpm-ipma.de
spm-Homepage: http://www.spm.ch
PM3-Feedback: http://www.gpm-pm3.de
PM3 als E-Book: http://www.ciando.com

ISBN 978-3-924841-40-9 (Hardcover)
ISBN 978-3-924841-45-4 (E-Book)

1. Auflage, 2009, 1-2000
2. Auflage, 2009, 2001-5000
3. Auflage, 2010, 5001-8000
4. Auflage, 2011, 8001-12000
5. Auflage, 2012, 12001-16000

© 2012 GPM Deutsche Gesellschaft für Projektmanagement e.V., Frankenstraße 152, 90461 Nürnberg (Deutschland / Europäische Union).

2.00 Macht und Autorität in Projekten
Gero Lomnitz

Lernziele

Sie kennen

- die unterschiedlichen Formen von Autorität

Sie verstehen

- welche Bedeutung die persönliche Autorität für die Projektleitung hat

Sie wissen

- was mit Rollenbewusstsein gemeint ist
- worauf Sie bei der Eskalation von Problemen achten müssen

Sie können

- Autoritätsbeziehungen besser deuten und Ihre Einstellung zu Autorität kritisch hinterfragen

Inhalt

1	Autorität	1965
1.1	Arten der Autorität	1965
1.1.1	Fachautorität	1965
1.1.2	Rollenautorität	1965
1.1.3	Persönliche Autorität	1966
1.2	Eine Autoritätsbeziehung – eine Geschichte aus dem Alltag	1966
1.3	Autoritätsbeziehungen verstehen	1967
2	Eskalation als Machtmittel in Projekten	1969
2.1	Eskalation – das Handwerkszeug	1970
3	Zusammenfassung	1973
4	Fragen zur Wiederholung	1974

1 Autorität

1.1 Arten der Autorität

Wird von Autorität gesprochen, so kann es sich dabei um unterschiedliche Arten von Autorität handeln. Häufig wird differenziert in Fachautorität, Rollenautorität (Autorität auf Grund der Position) und persönliche Autorität. In diesem Beitrag geht es vor allem um die persönliche Autorität. Zunächst ein kleiner Überblick über die verschiedenen Arten von Autorität.

1.1.1 Fachautorität

Ein Experte wird auf Grund seines Wissens und seiner Erfahrung als Fachautorität von anderen im Unternehmen anerkannt. Niemand käme so schnell auf die Idee, mit ihm auf seinem Gebiet zu konkurrieren. Außerhalb seines Fachgebietes hat er keine besondere Autorität, er ist einer unter vielen. Die Projektleitung besitzt in der Regel keine Fachautorität. Die hat derjenige Projektmitarbeiter, der dank seiner Spezialkenntnisse in der Lage ist, ein komplexes Problem zu lösen. Ihm gebühren die Aufmerksamkeit und die Anerkennung der Teammitarbeiter und des Managements. Selbstverständlich entstehen dadurch Abhängigkeiten, die bei der personellen Ressourcenplanung beachtet werden müssen. Auf Keyplayer ist man angewiesen, sie verfügen über Informationsmacht, die sie nicht immer gerne teilen. Nicht nur die Projektleitung, sondern auch das Unternehmen sind gut beraten, die Abhängigkeit von Experten kritisch im Auge zu halten und zu prüfen, inwieweit sich eine second source Lösung als Alternative empfiehlt. Auf keinen Fall ist es ratsam, mit Experten auf ihrem Gebiet zu konkurrieren nach dem Motto: „Was der kann, muss ich als Projektleiter auch können." Die Projektleitung benötigt vor allem soziale und methodische Kompetenz, um das Projekt erfolgreich zu führen.

1.1.2 Rollenautorität

Der Auftraggeber muss auf der Grundlage seiner Position im Unternehmen über die notwendige Rollenautorität verfügen. Er kann über die Ziele, über das Budget und über die Priorität des Projektes entscheiden, zumindest eine Entscheidung herbeiführen. Die Rollenautorität basiert normalerweise auf der hierarchischen Stellung des Auftraggebers. Inwieweit man ihn als Autorität anerkennt, hängt allerdings nicht nur von seiner hierarchischen Position ab, sondern vor allem von seiner persönlichen Autorität.

Projektleiter benötigen Rollenautorität, die sie auf unterschiedliche Weise erhalten können:

- Die Rolle der Projektleitung ist im Unternehmen fest etabliert. Die Aufgaben, Verantwortungen und Entscheidungskompetenzen der Projektleiter sind klar definiert und im Unternehmen bekannt.
- Der Eskalationsprozess ist etabliert. Das Top Management erwartet von der Projektleitung klare Problemanalysen mit Entscheidungsvorlagen und keine „Hofberichterstattung" nach dem Motto: „Ich muss genau überlegen, was ‚die da oben' hören wollen".
- Die Projektleitung hat in kritischen Situationen – beispielsweise bei Ressourcenproblemen oder bei Widerständen von Linienmanagern – die Rückendeckung des Auftraggebers.
- Für die Karriere ist es wesentlich, Projekte erfolgreich geleitet zu haben.
- Projektleiter haben die Möglichkeit, die Leistung der Projektmitarbeiter zu beurteilen und können auf diese Weise die Höhe einer Jahresbonifikation beeinflussen.

1.1.3 Persönliche Autorität

Rollenautorität als struktureller Machtfaktor ist für erfolgreiche Projektleitung eine notwendige, aber keine hinreichende Bedingung. Die Rolle der Projektleitung mag im Unternehmen fest etabliert, der Eskalationsprozess eindeutig beschrieben sein, was nutzt es, wenn die Projektleitung diese Möglichkeiten nicht mit Leben füllt, wenn sie über zu wenig persönliche Autorität verfügt. Die Projektleitung muss Probleme auf den Punkt bringen, ohne ständig zu überlegen, ob die Problemanalyse den Mitgliedern des Steering Committees genehm ist. Das bedeutet nicht, die Verdaubarkeit kritischer Informationen außer Acht zu lassen. Wer jedoch zuviel auf die Verdaubarkeit achtet, gerät in Gefahr, einen Einheitsbrei zu produzieren, auf dessen Grundlage keine richtigen Entscheidungen getroffen werden können. Zur persönlichen Autorität gehört die Fähigkeit, Position zu beziehen, eigene Standpunkte zu vertreten und, wenn nötig, auch anzuecken. Wer immer nett und beliebt sein will, ist leicht lenkbar. Wer es jedem recht machen will, wird es am allerwenigsten sich selbst recht machen, er wird zum Spielball anderer. Beliebt sein ist nicht identisch mit geachtet werden. Everybodies darling is everybodies fool.

1.2 Eine Autoritätsbeziehung – eine Geschichte aus dem Alltag

Der Projektleiter X hatte sich auf diese Sitzung sehr gut vorbereitet. Einen großen Teil des Wochenendes hat er damit verbracht, die Folien noch einmal – zum dritten Mal – zu verbessern. Der Inhalt stimmt, aber mit der Gestaltung war er immer noch nicht zufrieden. Würden die Farben und die Symbole Herrn Dr. Y gefallen? Er weiß, dass Dr. Y, seit zwei Jahren Mitglied der Geschäftsführung, großen Wert auf Präsentationen legt, das hat er immer wieder gehört. Schließlich hat Dr. Y einige Jahre in einem Beratungsunternehmen gearbeitet und man sagt ihm nach, er sei ein wahrer Präsentationsvirtuose. X ist fasziniert von der Ausstrahlung des Geschäftsführers, von seiner raschen Auffassungsgabe und seinen rhetorischen Fähigkeiten, überhaupt von seinem gesamten Auftreten. Es wird behauptet, dass Y mit sehr wenig Schlaf auskommt und bereits zu Beginn der Arbeitszeit über alle wesentlichen Dinge informiert sei. Nun hat X die Gelegenheit, ihn persönlich kennen zu lernen, ihm persönlich den Verlauf des Projektes zu erläutern. Seine Stimmung schwankt zwischen Freude und Stolz und einer gewissen Gereiztheit.

Montagmorgen, 10.30 h, Dr. Y bittet nach freundlicher Begrüßung darum, sich kurz zu fassen und direkt zu den Kernpunkten zu kommen. X ist überrascht, die Präsentation war anders geplant. Der Projektleiter wollte zunächst einen Überblick über alle Probleme bieten, um anschließend gezielter auf die einzelnen Kernpunkte eingehen zu können. Er beginnt dem Wunsch Dr. Y entsprechend mit dem ersten Punkt, unsicher, ob diese Vorgehensweise für seine Präsentation sinnvoll ist. Aber er möchte Dr. Y auf keinen Fall enttäuschen. Etwas umständlich – obwohl sonst nicht seine Art – erklärt er die Probleme des ersten Kernpunktes, ständig auf die Reaktionen von Dr. Y konzentriert. Dr. Y schaut in seine Unterlagen, offenbar vergleicht er seine Aussagen mit den Informationen, die er von einer anderen Stelle bekommen hat. Zweifelt er an seinen Ausführungen? Dr. Y schaut auf die Uhr, X beschleunigt daraufhin sein Tempo, um möglichst schnell zum nächsten Punkt zu kommen. Der Projektleiter X ist beruhigt, denn Y hört aufmerksam zu. Er nickt, ein gutes Zeichen, offenbar ist er mit der Präsentation zufrieden. Dr. Y führt nach Durchblättern einiger Unterlagen ein Seitengespräch mit M., Leiter Einkauf. Nun schüttelt er etwas unwirsch den Kopf. Was gefällt ihm nicht? Warum fragt Dr. Y. nicht nach? Soll X. ihn fragen, ob etwas unklar ist oder einfach weitergehen? Er spürt, wie seine Anspannung steigt, sein Mund ist ganz trocken. Am liebsten würde er sich ein Flasche Wasser öffnen und sein Jackett ausziehen. Doch alle anderen haben ihr Jackett an und das Wasser geht im Eifer des Gefechtes unter. Der vorletzte Kernpunkt scheint für Dr. Y besonders wichtig zu sein. Er möchte genau die Ursachen für die Termin -und Budgetabweichungen verstehen. X erklärt ihm die Komplexität zweier Arbeitspakete und die damit verbundenen Auswirkungen auf andere Aktivitäten im Rahmen des Projektes. Dr. Y scheint mit seinen Antworten zufrieden zu sein, zumal X ihn über die geplanten Korrekturmaßnahmen gut informieren kann. Dr. Y nickt, er lächelt X an. Auf dieses Signal hat er gewartet, darauf hat er hingearbeitet. X will mit dem letzten Kernpunkt – das Roll-out Konzept – beginnen. Am Roll-out Konzept haben sie im

Team intensiv gearbeitet, hier möchte der Projektleiter neue Wege gehen. Er war von Anfang an davon überzeugt, dass sein Ansatz den Vorstellungen von Dr. Y entspricht. X ist gespannt, wie Dr. Y auf die Idee mit den Roll-out Coaches reagieren wird. Wenn Dr. Y zufrieden ist, dann ist auch er zufrieden. Das Urteil von Dr. Y ist schließlich nicht irgendein Urteil. Doch bevor X beginnen kann, packt Dr. Y seine Unterlagen zusammen und bittet mit Hinweis auf die Uhr um Verständnis. Die Präsentation hätte ohnehin länger gedauert als erwartet. Das Roll-out Konzept könnte man ohne ihn besprechen. Die Enttäuschung ist X ins Gesicht geschrieben, am liebsten würde auch er den Raum verlassen. Hat er versagt? Hat er die Vorstellungen von Dr. Y nicht erfüllt?

Zweifel und Fragen begleiten ihn noch längere Zeit:

- Warum hat er das halbe Wochenende mit PowerPoint verbracht? Was ist ihm so wichtig daran, den Geschmack (oder den vermeintlichen) von Dr. Y zu treffen?
- Warum hat er seine geplante Vorgehensweise nicht durchgezogen?
- Warum hat er sich unter Zeitdruck setzen lassen? Hat er sich etwa selbst unter Zeitdruck gesetzt?
- Warum hat er sich so stark auf Dr. Y konzentriert? Sein Chef sagte ihm nach dem Meeting, er hätte die anderen Teilnehmer viel zu wenig beachtet.
- Warum hat er sich durch ein Kopfnicken bzw. ein Kopfschütteln aus dem Konzept bringen lassen? An mangelnder Sachkenntnis liegt es jedenfalls nicht.
- Warum hat er nicht Dr. Y gefragt, ob irgendetwas für ihn unklar sei? Das macht er normalerweise immer.
- Warum hat er sein Jackett nicht ausgezogen und kein Wasser getrunken? Warum fügt er sich diesen Regeln? Gibt es sie überhaupt oder ging er nur davon aus, dass es sie gibt?
- Warum ist ihm die Anerkennung von Y so wichtig?

Warum? Warum? Warum? Direkt nach der Sitzung war er über das Verhalten des Geschäftsführers nicht nur enttäuscht, sondern verärgert, weil Y nicht einmal den Anstand hatte, bis zum Schluss zu bleiben. „Offenbar ist Y genauso arrogant wie die anderen ‚Hierarchen'. Macht korrumpiert eben die Moral." Doch je länger und intensiver er über das Warum nachdenkt, desto klarer wird ihm, dass er selbst für sein Verhalten verantwortlich ist. Ihm wird zunehmend bewusst, dass er sich in eine zu starke Abhängigkeit gegenüber Dr. Y gebracht hat. Er gewinnt Erkenntnisse, die für seine Einstellung und sein Verhalten große Bedeutung haben. Sie sind im folgenden Abschnitt in allgemeiner Form zusammengefasst.

1.3 Autoritätsbeziehungen verstehen

- Autoritätsbeziehungen stellen eine besondere Form der Macht dar. Je stärker man sich an die Autoritätsperson bindet – emotional und mental – desto mehr gewinnt sie Einfluss auf die Einstellung und das Verhalten. Das gilt nicht nur in der Politik oder bei Sekten, sondern Autoritätsbeziehungen beeinflussen unsere Kommunikation, unseren Umgang mit Konflikten und unser Entscheidungsverhalten auch in der Projektarbeit.
- Autorität ist nicht etwas, was man hat, sondern man bekommt sie. Die Autoritätsperson erwartet außergewöhnliche Leistungen und der Autoritätsabhängige will die Erwartungen erfüllen oder übertreffen, um die Gunst der Autoritätsperson zu gewinnen. Die Anerkennung der Autoritätsperson ist für ihn von großer Bedeutung.
  Fragen zur Reflexion des eigenen Verhaltens:
    - Von welchen Personen lasse ich mich besonders beeinflussen?
    - Warum sind mir die Urteile und die Bewertungen von diesen Personen besonders wichtig?
- Der Autoritätsabhängige ist fixiert auf die Urteile der Autoritätsperson über ihn; er hofft auf Bestätigung, er fürchtet Missachtung. Wer Autorität gewonnen hat, kann Maßstäbe setzen.
  Fragen zur Reflexion des eigenen Verhaltens:

- Habe ich die Werte und Erwartungen der Autorität kritisch überprüft?
- Hinterfrage ich Inhalte, Zahlen, Statements oder interpretiere ich diese Aussagen, statt sie kritisch zu prüfen?
- Will ich die Erwartungen wirklich erfüllen und welchen Preis muss ich dafür bezahlen?

| Die Hoffnungen und Befürchtungen werden umso intensiver sein, je mehr der Abhängige meint, dass die Autoritätsperson auf sein Verhalten reagiert. Dabei kann bereits ein Kopfschütteln, das aus einem ganz anderen Zusammenhang entstanden ist, blitzschnell als Ablehnung interpretiert werden. Typisch für Autoritätsbeziehungen ist die Fixierung auf verbale und nonverbale Reaktionen der Autoritätsperson.

Fragen zur Reflexion des eigenen Verhaltens:
- Fixiere ich mich zu stark auf die Reaktionen der Autoritätsperson?
- Frage ich im Zweifelsfall nach, ob meine Aussagen klar genug sind?

| „Autoritätsbeziehungen gehen unter die Haut" (Popitz, 1992: 108). Die Wirkung von Autorität führt nicht nur zur Anpassung des Verhaltens, sondern der Autoritätsabhängige richtet auch seine Einstellung und Wertmaßstäbe so aus, dass er den Erwartungen (oder den vermeintlichen Erwartungen) der Autoritätsperson entspricht.

Fragen zur Reflexion des eigenen Verhaltens:
- Habe ich bestimmte Worte, Redewendungen, welche die Autoritätsperson gerne benutzt, in mein Repertoire übernommen?
- Habe ich mir bestimmte Verhaltensweisen, den Tonfall oder die Körpersprache angeeignet?
- Achte ich bei der Auswahl meiner Kleidung darauf, was der Autoritätspeson gefallen könnte?

| Die Bereitschaft, Maßstäbe, Werte und Meinungen zu übernehmen, hängt davon ab, wie klar und bestimmt die Autoritätsperson wahrgenommen wird. Sicheres Auftreten, rasche Auffassungsgabe, positive Ausstrahlung, Charisma, rhetorische Fähigkeiten und Entscheidungskraft sind wichtige Voraussetzungen, um Autorität zu erhalten.

Fragen zur Reflexion des eigenen Verhaltens:
- Faszinieren mich die Rhetorik oder der Inhalt?
- Habe ich die Inhalte kritisch hinterfragt oder interpretiere ich die Aussagen einfach?

| Der Autoritätsabhängige akzeptiert die Überlegenheit des anderen, „er sieht als Unterlegener zu ihm auf" (Popitz, 1992: 110). Die Anerkennung der Überlegenheit kann sich auf bestimmte Punkte, wie Können, Wissen, Erfahrung, Auftreten, Bildung, Sprache, beziehen, im Extremfall auf alles.

Fragen zur Reflexion des eigenen Verhaltens:
- Was macht mich unsicher und was kann ich tun, um meine Unsicherheit abzubauen?
- Welche Stärken habe ich persönlich?

| Einfluss erhalten Personen, deren Anerkennung als besonders wichtig erlebt wird. Von der Autoritätsperson beachtet und geschätzt zu werden, bedeutet für den Autoritätsabhängigen, anerkannt zu werden. Durch die positive Bewertung wird das Selbstwertgefühl gesteigert: „Ich bin wichtig oder gut, weil ich für ihn wichtig (gut) bin."

Fragen zur Reflexion des eigenen Verhaltens:
- Was kann ich tun, um auf eigenen Beinen zu stehen und mehr Sicherheit aus mir selbst heraus zu entwickeln? Was kann ich von der Autoritätsperson lernen? Wie kann ich mich von ihr lösen?
- Neige ich dazu, die Autoritätsperson gegen Kritik anderer zu verteidigen, ohne zu prüfen, inwieweit die Kritik berechtigt ist?
- „Enttäuschung" muss erreicht werden, um sich vom Einfluss der Autoritätsperson zu befreien. Die rosa-rote Bewunderungsbrille muss abgelegt werden, um eine differenzierte Betrachtung der Stärken und Schwächen zu erreichen. Das setzt allerdings voraus, dass die eigene Brille erkannt wird.

| Autorität ist weder gut noch schlecht. Die Anlehnung an eine Autoritätsperson kann für die berufliche und persönliche Weiterentwicklung sehr förderlich sein. Es gilt jedoch zu beachten, dass man in einem gewissen Zeitraum auf eigenen Füssen steht und nicht umfällt, wenn die „Stütze Autoritätsperson" wegfällt. Wer sich auf Autoritäten einlässt, muss sie infrage stellen können, um eigenständige Entscheidungen treffen zu können.

Fragen zur Reflexion des eigenen Verhaltens:
- Mache ich mir ein differenziertes Bild über die Leistung und das Verhalten der Autoritätsperson oder fixiere ich mich zu einseitig auf die Stärken?
- Was kann ich tun, um auf eigenen Beinen zu stehen, mehr Sicherheit aus mir selbst heraus zu entwickeln?
- Was würde es für mich bedeuten, wenn die Autoritätsperson morgen nicht mehr da ist?
- Der kritische (selbstkritische) Umgang mit Autorität ist eine fundamentale Voraussetzung, um selbst persönliche Autorität zu entwickeln. Zum persönlichen Wachstum gehört die immer wiederkehrende Auseinandersetzung mit der Frage, inwieweit andere Macht über mich gewinnen, weil ich mich zu stark in meinen Urteilen und meiner Einstellung von ihnen abhängig mache.

| Wer persönliche Autorität besitzt, ist in der Lage, eigenständiger zu denken und zu handeln. Man braucht keine Bilder zu übernehmen, sondern „man macht sich lieber ein eigenes Bild." KLAUS DOPPLER weist in seinem Buch *Dialektik der Führung* auf einen Widerspruch hin: „Problem: Würde ich jemanden als Vorbild anerkennen, könnte ich selbst nur ein Nach-, Abbild oder Abziehbild sein" (DOPPLER, 1999).
| Autorität darf nicht mit autoritärem Verhalten verwechselt werden. Im Gegenteil, ein autoritärer Führungsstil ist Ausdruck mangelnder Autorität.

2 Eskalation als Machtmittel in Projekten

Eskalation wird häufig negativ verstanden. Ein Konflikt eskaliert, er wird stärker, unkontrollierbarer, bedrohlicher. Diese Bedeutung ist mit dem Begriff Eskalation im Rahmen des Projektmanagements nicht gemeint.

> ! Vielmehr handelt es sich bei Eskalation im Projektmanagement um eine geregelte Vorgehensweise, um Probleme und Entscheidungsvorlagen „nach oben" zu kommunizieren und zwar dann, wenn Entscheidungen auf der unteren Ebene nicht getroffen werden können oder dürfen.

Die Projektleitung trägt den ungelösten Prioritätenkonflikt, der sich im Projektteam zeigt, die Treppe (italienisch „la scala") hinauf ins Steering Committee, weil die unterschiedlichen Prioritäten der beteiligten Stellen weder im Projektteam noch von der Projektleitung geklärt werden können. Manche Projektleiter interpretieren Eskalation als persönliche Schwäche, weil sie nicht in der Lage sind, Prioritäten-, Ziel- oder Interessenkonflikte eigenständig zu lösen und auf die Entscheidungen des Managements angewiesen sind. Diese Betrachtungsweise ist falsch, denn sie verkennt die strukturellen Machtverhältnisse. Projektleiter müssen die strukturell bedingten Grenzen ihrer Einflussmöglichkeiten erkennen und Einfluss durch Eskalation ausüben. Das setzt voraus, dass die Projektleitung ihre eigene Rolle und die Rolle der Entscheidungsträger – Auftraggeber, Steering Committee – versteht und entsprechend handelt. Erfolgreiches Projektmanagement steht und fällt mit Rollenbewusstsein, d. h. die Projektleitung darf den Auftraggeber oder die Mitglieder des Steering Committees nicht aus ihrer Rollenverantwortung entlassen.

 Beispiel Rollenbewusstsein ist nichts Abstraktes, sondern es lässt sich durch folgende Fragen, die als Beispiele zu verstehen sind, konkretisieren:

- Können die im Team aufgetretenen Interessenkonflikte zwischen zwei Fachbereichen und der IT innerhalb des Teams gelöst werden?
- Kann und darf die Projektleitung den Interessenkonflikt entscheiden?
  Würde diese Entscheidung von allen Projektmitarbeitern und vom Management akzeptiert werden?
- Wer hat im Projekt die Verantwortung, diesen Konflikt zu lösen?
  Die Frage bezieht sich auf die Verantwortung im Projekt und nicht im Projektteam. Setzen Sie nicht Projekt gleich mit Projektteam, das Projektteam ist ein Subsystem des Projektes.

Rollenbewusstsein ist ein Schlüssel, um andere nicht aus ihrer Verantwortung zu entlassen. Projektleiter rennen ins Leere oder stoßen sich den Kopf, wenn sie meinen, sie müssten Ressourcenprobleme oder strukturell bedingte Interessenkonflikte lösen, ohne zu prüfen, ob sie genügend Macht dafür haben. Zum guten Umgang mit Macht gehört, die Grenzen der eigenen Macht zu erkennen und von Entscheidungsträgern eine Lösung zu einzufordern.

2.1 Eskalation – das Handwerkszeug

Das Eskalationsverfahren im Projektmanagement regelt, an wen sich die Projektleitung mit welchen Themen, wann und in welcher Form wenden kann oder muss. Das Eskalationsverfahren ist eine strukturelle Voraussetzung für Projektarbeit, doch das allein reicht nicht aus. Die Projektleitung muss das Handwerk der Eskalation beherrschen. Sie muss wissen, was im Vorfeld formell und informell zu beachten ist. Sie muss die Fallgruben kennen, um nicht mit einem Bündel offener Themen wieder ins Projektteam zu kommen. Worauf achten, um gekonnt zu eskalieren?

Die eigenen Möglichkeiten ausreizen

Fragen Sie sich selbst: „Habe ich alles unternommen, bevor ich das Problem eskaliere?" Diese Frage sollten Sie mit einem eindeutigen Ja beantworten können. Diskutieren Sie mit den Projektmitarbeitern die gleiche Frage: „Haben wir alles getan, was wir tun konnten, um das Problem zu lösen?" Auch diese Frage sollte im Team mit einem eindeutigen Ja beantwortet werden.

Konsens-Dissens-Analyse im Team durchführen

Klären Sie bei Interessenkonflikten oder anderen Problemen die Sichtweisen und Argumente der Projektmitarbeiter. Wird das Problem von allen geteilt oder gibt es unterschiedliche Sichtweisen? Möglicherweise werden Ziel- oder Interessenkonflikte nur von einigen Mitarbeitern gesehen, andere sehen das Problem überhaupt nicht (oder wollen es nicht verstehen). Die Konsens-Dissens-Analyse bietet Ihnen die Chance, die Rückendeckung der Projektmitarbeiter zu klären. Je eindeutiger sich das Team positioniert, desto besser kann die Projektleitung Probleme eskalieren.

Den richtigen Ansprechpartner auswählen

Normalerweise ist der Adressat für die Eskalation bekannt. Das ergibt sich aus dem Eskalationsverfahren. Trotzdem bleibt die Frage nach dem richtigen Ansprechpartner in Entscheidungsgremien bestehen. Wer hat die formelle Entscheidungsmacht und wer hat informellen Einfluss? Der Projektleiter muss die richtigen Personen zum richtigen Zeitpunkt ansprechen, um Einfluss zu gewinnen.

Achten Sie auf die stufengerechte Eskalation

Bevor sich der Projektleiter bei personellen Ressourcenproblemen an das Steering Committee wendet, sollte er zunächst mit dem Linienvorgesetzten des Projektmitarbeiters sprechen. Es gehört zum guten Stil, Eskalation anzukündigen.

Geeignete Unterstützung suchen

Wer eskaliert, gerät in Gefahr, in die politischen Spiele von Entscheidungsgremien verwickelt zu werden. Deshalb ist es ratsam, im Vorfeld informelle Beziehungen zu nutzen. Die Unterstützung eines opinon leaders im Steering committee kann den Entscheidungsprozess in die gewollte Richtung lenken.

Die Rückendeckung des eigenen Linienmanagements klären

Der Projektleiter sollte sich auf die Unterstützung des eigenen Vorgesetzten verlassen können. Sollte! Doch das entspricht nicht immer der Realität. Deshalb ist es dringend zu empfehlen, dass die Projektleitung im Vorfeld der Eskalation die Probleme und gegebenenfalls auch das Vorgehen mit dem Vorgesetzten bzw. dem eigenen Linienvertreter im Steering Committee bespricht.

Prägnante Aufbereitung ja, aber ohne inhaltliche Defizite

Die Faustregel lautet: So kurz wie möglich, jedoch nicht so kurz, dass die Kernaussagen auf der Strecke bleiben. Bei allem Verständnis für ein Management Summary, lassen Sie sich nicht so stark einzwängen, dass die Inhalte darunter leiden.

Kontext erläutern

Erläutern Sie zu Beginn einer Präsentation Gründe und Ziele der Eskalation. Erklären Sie gegebenenfalls, warum das Problem im Team nicht geklärt werden kann.

Auf klare und verbindliche Entscheidungen achten

Mit Verständnis für die Situation des Projektteams und intensiver Diskussion ist es nicht getan, Sie brauchen Entscheidungen. Prüfen Sie, welche konkreten Ergebnisse Sie dem Projektteam mitteilen können.

Auf Wiederholungsmuster deutlich hinweisen

Was ist damit gemeint?
Die Projektleitung hat das Problem bereits drei Mal im Steering Committee präsentiert. Es wurde verständnisvoll genickt und die Entscheidung innerhalb von zwei Wochen zugesagt. So war es beim ersten, so war es beim zweiten und so war es beim dritten Mal. Doch die Ressourcenfrage ist immer noch nicht geklärt. Der Projektleiter sollte das mittlerweile längst bekannte Problem nicht noch einmal präsentieren und stattdessen das Wiederholungsmuster thematisieren. Das klingt dann so: „Ich habe Ihnen das Problem bereits dreimal geschildert und jedes Mal wurde vereinbart, dass Sie mir Ihre Entscheidung bis zum Tag x mitteilen werden. Ich möchte nun von Ihnen wissen, wie es kommt, dass Sie Ihre Zusagen nicht einhalten." Mit dem Wiederholungsmuster sprechen Sie die Art und Weise der Zusammenarbeit an. Sie konfrontieren die Mitglieder des Steering Committees mit ihrer Unverbindlichkeit und fordern sie damit auf, sich mit ihrem Entscheidungsverhalten auseinanderzusetzen.

Achten Sie auf den Gruppenprozess

Gerade bei der Präsentation heikler Themen sollten Sie auf die Reaktionen der beteiligten Personen und auf den Gruppenprozess achten. Wer stimmt zu? Wer schüttelt den Kopf? Wer stellt besonders kritische Fragen? Wer ist am Klärungsprozess interessiert und wer nicht? Wer wendet sich in der Diskussion an wen? Wer schaut nervös auf die Uhr? Wird über das Kernthema diskutiert oder gerät man immer wieder auf thematische Nebengleise. Die Fragen lassen sich beliebig fortsetzen, die Botschaft bleibt: Versuchen Sie den Klärungsprozess so zu beeinflussen, dass Sie eine klare Entscheidung bekommen.

Konsens und Dissens im Steering Committee herausarbeiten

Hören Sie gut zu und beobachten Sie genau, welche Probleme oder Lösungen von den einzelnen Mitgliedern des Steering Committees geteilt werden und wo unterschiedliche oder gar konträre Meinungen bestehen. Erläutern Sie die Konsequenzen der Unterschiede für das Projekt. Bieten Sie gegebenenfalls Unterstützung, um die Unterschiede abzubauen. Fragen Sie, bis wann Sie mit einer Entscheidung rechnen können. Versuchen Sie, einen eindeutigen Termin zu vereinbaren. Wer die Zeit beeinflusst, der übt Macht aus.

Konfliktverlagerung vermeiden

Die Projektleitung eskaliert erst dann, wenn die eigenen Möglichkeiten ausgeschöpft sind, wenn weder die strukturelle noch die persönliche Macht ausreichen. Sie kann von den Entscheidungsträgern erwarten, dass sie klar entscheiden und zu ihren Entscheidungen stehen, ansonsten werden sie ihrem Namen nicht gerecht. Die Praxis sieht manchmal anders aus. Statt zu entscheiden, werden die Probleme wieder auf die Projektleitung und die Projektmitarbeiter zurückdelegiert. Das geschieht in unterschiedlicher Weise:

- Entscheidungen werden vertagt. Weisen Sie auf die Folgen für das Projekt hin.
- Man erwartet vom Projektleiter Lösungen, die er in seiner Rolle nicht bieten kann, manchmal mit dem dümmlichen Spruch: Ich will keine Probleme hören, ich will Lösungen sehen. Erklären Sie, warum es Ihnen nicht möglich ist, das Problem zu lösen bzw. die Entscheidung selbst zu treffen.
- Das Steering Committee benötigt noch genauere Informationen, bittet den Projektleiter um eine erweiterte Analyse oder beauftragt Externe, das Problem noch einmal zu durchleuchten – brauchbare Methoden, um Entscheidungen zu vertagen. Prüfen Sie, welche Informationen wirklich fehlen oder ob die Fakten nicht längst auf dem Tisch liegen. Wenn Sie der Meinung sind, dass die relevanten Informationen für die Entscheidung vorhanden sind, müssen Sie sich inhaltlich positionieren. Nicht immer ist die Projektleitung dazu fachlich in der Lage. In diesem Falle sollten die entsprechenden Projektmitarbeiter ihre Expertise einbringen.
- Verständnis ist gut, Handeln ist besser. Einzelne Mitglieder des Steering Committees haben in informellen Gesprächen tiefes Verständnis für die schwierige Situation des Projektleiters. Man hat ja selbst auch mal Projekte geleitet, man weiß den Zeitdruck und die Belastung einzuschätzen. Gerne würde man die Entscheidung herbeiführen, doch die politischen Verhältnisse in der Geschäftsführung verhindern leider eine schnelle Entscheidung. Dafür muss der Projektleiter doch Verständnis haben, schließlich kennt er die Praxis und ist kein Träumer. Vorsicht Fallgrube! Der Projektleiter soll eingelullt werden, indem man ihn ganz im Vertrauen in die schwierigen Verhältnisse, in die politischen Ränkespiele einweiht. Das ehrt, aber unter dem Strich hat die Projektleitung nichts gewonnen. Zu viel Verständnis ist manchmal ein hervorragender Weg, um Probleme zu stabilisieren. Entlassen Sie die Entscheidungsträger nicht aus ihrer Verantwortung.

Flüchten oder standhalten?!

Wird im Steering Committee keine klare Entscheidung getroffen stehen Sie vor einer Grundsatzentscheidung. Sie müssen selbst entscheiden, ob Sie unter diesen Voraussetzungen das Projekt weiter leiten können und wollen. Zugegeben, es ist nicht einfach, hier eine eindeutige Position zu beziehen. Es hängt von vielen Faktoren ab: von den beteiligten Personen, von der Rückendeckung der Vorgesetzten, von Ihren beruflichen Alternativen, von Ihrer wirtschaftlichen Situation oder von der moralischen Unterstützung durch die Partnerin bzw. den Partner. Doch wenn im Steering Committee keine klare Entscheidung getroffen wird, könnte man Ihnen später die Verantwortung in die Schuhe schieben. Sie stehen letztlich vor der Frage: Flüchten oder standhalten? Wie immer Sie entscheiden, Sie wissen, es ist nicht möglich, sich nicht zu entscheiden!

3 Zusammenfassung

- Wenn von Autorität gesprochen wird, so kann es sich um unterschiedliche Arten von Autorität handeln. Häufig wird differenziert in Fachautorität, Rollenautorität (Autorität auf Grund der Position) und persönliche Autorität.
- Projektleiter benötigen Rollenautorität, die sie auf unterschiedliche Weise bekommen. Die Aufgaben, Verantwortungen und Entscheidungskompetenzen der Projektleiter sind klar definiert und allen Beteiligten bekannt. Rollenautorität ist eine notwendige, aber keine hinreichende Bedingung. Projektleiter benötigen auch persönliche Autorität. Sie müssen Position beziehen, eigene Standpunkte vertreten und, wenn nötig, auch anecken können.
- Autoritätsbeziehungen stellen eine besondere Form der Macht dar. Je stärker Sie sich an Autoritätspersonen binden – emotional und mental –, desto mehr gewinnen sie Einfluss auf Ihre Einstellung und Ihr Verhalten. Stellen Sie sich folgende Fragen:
  - Von welchen Personen lasse ich mich besonders beeinflussen?
  - Warum sind mir die Urteile dieser Personen besonders wichtig?
  - Habe ich die Werte und Erwartungen der Autoritätspersonen kritisch hinterfragt?
- Der kritische (selbstkritische) Umgang mit Autorität ist eine fundamentale Voraussetzung, um selbst persönliche Autorität zu entwickeln. Fragen Sie sich selbst:
  - Was macht mich unsicher und was kann ich tun, um meine Unsicherheit abzubauen?
  - Was fasziniert mich an der Autoritätsperson?
  - Welche Stärken habe ich?
  - Was kann ich tun, um auf eigenen Beinen zu stehen und mehr Sicherheit aus mir selbst heraus zu entwickeln?
- Bei der Eskalation im Projektmanagement handelt es sich um eine Vorgehensweise, um Probleme und Entscheidungsvorlagen „nach oben" zu kommunizieren und zwar dann, wenn Entscheidungen auf der unteren Ebene nicht getroffen werden können bzw. dürfen.
- Rollenbewusstsein ist ein Schlüssel, um andere nicht aus ihrer Verantwortung zu entlassen. Projektleiter müssen die strukturell bedingten Grenzen ihrer Einflussmöglichkeiten erkennen und Einfluss durch Eskalation ausüben. Die Kernfrage lautet: Wer hat im Projekt die Verantwortung, das Problem zu lösen? Diese Frage bezieht sich auf die Verantwortung im Projekt und nicht im Projektteam.
- Die Projektleitung muss das Handwerk der Eskalation beherrschen
  - Die eigenen Möglichkeiten müssen ausgereizt werden, bevor die Projektleitung eskaliert.
  - Machen Sie eine Konsens-Dissens-Analyse im Team.
  - Achten Sie auf die stufengerechte Eskalation.
  - Wählen Sie den richtigen Ansprechpartner aus und suchen Sie sich, wenn nötig, die geeignete Unterstützung. Die Rückendeckung des eigenen Linienmanagements klären.
  - Prägnante Aufbereitung ja, aber ohne inhaltliche Defizite.
  - Achten Sie darauf, ob klare und verbindliche Entscheidungen getroffen werden.

- Weisen Sie auf Wiederholungsmuster deutlich hin.
- Achten Sie, bei welchen Punkten im Steering Committee Konsens bzw. Dissens besteht.
- Zu viel Verständnis ist manchmal ein hervorragender Weg, um Probleme zu stabilisieren. Fordern Sie klare Entscheidungen. Entlassen Sie die Entscheidungsträger nicht aus ihrer Verantwortung.
- Wenn Sie alles unternommen haben und trotzdem mit leeren Händen dastehen, dann stehen Sie vor einer Grundsatzfrage: Flüchten oder standhalten?

4 Fragen zur Wiederholung

1	Was ist der Unterschied zwischen Rollenautorität und persönlicher Autorität?	☐
2	Woran können Sie erkennen, ob Projektleiter über ausreichende Rollenautorität verfügen?	☐
3	Was bedeutet die Aussage: „Autoritätsbeziehungen gehen unter die Haut?"	☐
4	Welche Punkte müssen Sie reflektieren, um einen kritischen Abstand zu Autoritätspersonen zu entwickeln?	☐
5	Was bedeutet Rollenbewusstsein im Rahmen der Projektarbeit?	☐
6	Wann ist es notwendig, Wiederholungsmuster zu thematisieren?	☐
7	Worauf müssen Sie achten, um richtig zu eskalieren? Bitte nennen Sie mindestens 5 Punkte.	☐

Die Checkliste 1 (LOMNITZ, 2003) bietet Ihnen die Möglichkeit, den Einfluss der Hierarchie auf die Projektarbeit einzuschätzen.

Checkliste 1: So sehe ich den Einfluss der Hierarchie auf meine Projektarbeit

So sehe ich den Einfluss der Hierarchie auf meine Projektarbeit:					
1 = stimmt auf jeden Fall / 2 = stimmt im Allgemeinen / 3 = teils, teils / 4 = stimmt eher nicht / 5 = stimmt auf keinen Fall					
Bei uns legt im Rahmen der Projektarbeit niemand Wert auf Statusunterschiede. Entscheidend sind die sachliche Arbeit und gute Argumente.	1	2	3	4	5
Die Zuständigkeiten der Projektleitung und der Projektmitarbeiter sind klar geregelt und die Führungskräfte halten sich auch daran.	1	2	3	4	5
Auftraggeber und andere Entscheidungsträger stimmen Ziele und Rahmenbedingungen des Projekts mit der Projektleitung ab. Bedenken werden ernst genommen und sachlich diskutiert.	1	2	3	4	5
Entscheidungsträger sind bereit und in der Lage, in kritischen Situationen notwendige Entscheidungen zu treffen.	1	2	3	4	5
Widersprüche – z. B.: „Das Projekt hat höchste Priorität und keiner hat Zeit" – können an den Auftraggeber oder an das Steering Committee eskaliert werden. Die Entscheidungsträger nehmen ihre Rolle wahr.	1	2	3	4	5
Führungskräfte erkennen ihre fachlichen Grenzen in Detailfragen. Sie sehen sich nicht als Projektspezialisten und geben dem Projektteam genügend Spielraum. Andererseits setzen sie klare Rahmenbedingungen, an denen sich die Projektleitung/das Projektteam orientieren kann.	1	2	3	4	5
Die Führungskräfte kennen die grundsätzlichen Probleme, die in unserem Unternehmen mit Projektarbeit verbunden sind, und sind bereit, an Verbesserungen mitzuwirken.	1	2	3	4	5
Alle Führungskräfte aus dem Unternehmen sind mit Projektarbeit vertraut. Über grundsätzliche Fragen, wie z. B. Kompetenzen des Projektleiters oder Vorgehensweisen, gibt es Konsens.	1	2	3	4	5

So sehe ich den Einfluss der Hierarchie auf meine Projektarbeit:					
Das Management wünscht, dass Mitarbeiter in Gesprächen mit der Unternehmensführung auch abweichende Meinungen vertreten. Die offene, faire Konfliktaustragung wird gefördert.	1	2	3	4	5
Es gehört in meinem Unternehmen nicht zum Stil, dass das Management über den Kopf des Projektleiters hinweg in das Projekt hinein interveniert.	1	2	3	4	5
In Besprechungen verhält sich das Management partnerschaftlich. Die Angehörigen des Managements hören zu, vermeiden Monologe.	1	2	3	4	5
Bei unklaren Zielvorgaben des Managements rätselt das Projektteam nicht herum oder arbeitet einfach los, nur um irgendetwas zu tun. In diesen Fällen ist es möglich, mit dem Management gemeinsam die unklaren Punkte zu besprechen.	1	2	3	4	5
Die Projektorganisation steht gleichberechtigt neben der Linienorganisation. Das Zusammenspiel beider Organisationsformen funktioniert gut.	1	2	3	4	5

Mit Hilfe der Checkliste 2 (LOMNITZ, 2003) können Sie Ihr Verhalten reflektieren.

Checkliste 2: Mein Verhalten gegenüber Macht und Autorität im Unternehmen

Mein Verhalten gegenüber Macht und Autorität im Unternehmen					
1 = stimmt auf jeden Fall / 2 = stimmt im Allgemeinen / 3 = teils, teils / 4 = stimmt eher nicht / 5 = stimmt auf keinen Fall					
In Anwesenheit von Führungskräften aus dem oberen Management fühle ich mich unsicher und gehemmt. Da halte ich mich lieber zurück.	1	2	3	4	5
Es fällt mir schwer, in Konferenzen meine Meinung gegenüber Führungskräften zu sagen, wenn ich weiß, dass sie eine andere Position vertreten.	1	2	3	4	5
Ich habe mich schon häufiger darüber geärgert, dass ich in einer Besprechung meine Meinung nicht klar und deutlich geäußert habe.	1	2	3	4	5
Wenn mich in einer Sitzung ein Vorgesetzter unterbricht, weise ich ihn darauf hin und rede dann zu Ende.	1	2	3	4	5
Manchmal habe ich Fantasien über einen Plan oder eine Entscheidung im Kopf und würde gerne nachfragen, ob ich richtig liege. Meist traue ich mich in Anwesenheit des Managements aber nicht.	1	2	3	4	5
Eigentlich finde ich es angenehm, wenn andere für mich entscheiden.	1	2	3	4	5
Der Gedanke, ich müsste eine Präsentation vor der Geschäftsführung machen, bereitet mir sehr viel Unbehagen, obwohl ich fachlich fit bin.	1	2	3	4	5
Wenn ich etwas sage, dann bin ich häufig unsicher, was die anderen anschließend über mich denken. Am liebsten würde ich nachfragen, aber ich traue mich nicht.	1	2	3	4	5

2.01 Führung in internationalen Projektteams
Miriam Müthel, Martin Högl

Lernziele

Sie kennen

- die vier wichtigsten Merkmale internationaler Projekte
- die Herausforderungen internationaler Projekte
- die Anforderungen an die Projektführung internationaler Projekte
- die Anforderungen an die Projektmitglieder internationaler Projekte
- die Phasen eines Kickoff Meetings internationaler Projekte

Sie wissen

- wie die Charakteristika internationaler Projekte auf die Führung wirken
- welche besonderen Führungsaufgaben dadurch für den Projektleiter entstehen

Sie können

- erläutern, inwiefern das Projektteam Führungsaufgaben wahrnehmen kann und welche Unterstützung es dabei durch die Projektleiter braucht.
- begründen, welche Anforderungen an die Projektmitglieder in Verbindung damit gestellt werden.
- beschreiben, wie ein Kickoff-Meeting gestaltet sein sollte, damit das Team gemeinschaftlich Führungsaufgaben wahrnehmen kann.

Inhalt

1	Charakteristika internationaler Projekte	1979
1.1	Kulturelle Unterschiede in internationalen Projekten	1979
1.2	Geographische Distanz	1980
1.3	Technologienutzung	1981
1.4	Aufgabenkomplexität	1982
2	Herausforderungen internationaler Projektteams	1983
2.1	Unsicherheit im Umgang mit und unadäquater Einsatz von Kommunikationstechnologie	1984
2.2	Dysfunktionale Auswirkungen eskalierender Konflikte	1985
2.3	Fehlendes Vertrauen und Misstrauen als Auswirkung dysfunktionaler Konflikte	1985
3	Projektmanagement-Kompetenzen im Fokus internationaler Projekte	1986
4	Führung in internationalen Projekten	1987
4.1	Kulturelle Unterschiede und Führung	1987
4.2	Geographische Distanz und Führung	1989
4.3	Technologienutzung und Führung	1990
4.3.1	Kommunikationsstrategie	1990
4.3.2	Schaffung von Vertrauen zwischen den Projektbeteiligten	1991
4.4	Aufgabenkomplexität und Führung	1993
5	Praxisempfehlung: Kickoff eines internationalen Projektes	1994
6	Zusammenfassung	1997
7	Fragen zur Wiederholung	1998

Einflussfaktoren internationaler Projekte

1 Charakteristika internationaler Projekte

1.1 Kulturelle Unterschiede in internationalen Projekten

Die internationale Zusammensetzung des Projektteams oder die länderübergreifende Projektaufgabe führen dazu, dass verschiedene Kulturen aufeinander treffen.

> **§ Definition** Kultur wird nach Hofstede als „mentale Programmierung" der Menschen in ihrem gesellschaftlichen Umfeld (HOFSTEDE, 2001) verstanden.

Hofstede nennt fünf Dimensionen (Machtdistanz, Unsicherheitsvermeidung, Individualismus, Rollenorientierung und Langzeitorientierung), um Kulturen voneinander zu unterscheiden. Jede dieser fünf Dimensionen entspannt sich zwischen zwei Polen, die die jeweilige Maximalausprägung darstellen. So wird bei der Machtdistanz - die das Ausmaß gesellschaftlicher Akzeptanz einer ungleichen Machtverteilung in Organisationen bezeichnet - zwischen Kulturen mit einer hohen Machtdistanz (Akzeptanz von Autorität, Präferenz von Ungleichheit und Privilegien) und einer niedrigen Machtdistanz (keine Akzeptanz von unterschiedlichen Belohnungen und Privilegien, Statussymbolen, u. a.) unterschieden. Die Unsicherheitsvermeidung bezieht sich auf den Grad zu dem sich eine Gesellschaft durch Unsicherheit bedroht fühlt. Durch einen hohen Unsicherheitsgrad gekennzeichnete Gesellschaften charakterisieren sich u. a. durch einen hohen Anteil formeller Regelungen, durch eine geringe Toleranz für Abweichungen und durch eine hervorgehobene Rolle für Experten, während jene mit einem niedrigen Grad an Unsicherheitsvermeidung Wechsel und Risiko tolerieren und Konflikte als normalen Bestandteil der Interaktion betrachten. Die Rollenorientierung von Kulturen zeigt sich in dem Grad zu dem Gesellschaften als maskulin-materiell betrachtete Werte, wie z. B. Durchsetzungsfähigkeit, Dominanz, Orientierung an Macht, Geld und Status, als wichtig betrachten, während in femininen Kulturen eher Beziehungen, Kooperation, Sicherheit und Lebensqualität im Vordergrund stehen. In den individualistischen Gesellschaften steht – gegenüber den kollektivistischen, welche durch ein enges soziales Netzwerk und Gruppensolidarität gekennzeichnet sind – die Konzentration des Individuums auf sich selbst und die eigene Entfaltung im Vordergrund. Gesellschaften mit einer Langzeitorientierung verhalten sich geduldig und selbstaufopfernd in der Überzeugung, dass es notwendig ist, beharrlich ein Ziel zu verfolgen, um es zu erreichen. Kurzfristig orientierte Kulturen treten wesentlich aktiver und ungeduldiger bei der Umsetzung ihrer Ziele in Erscheinung.

Hall ergänzt die Dimensionen Hofstedes um eine weitere an Sprache und Kommunikation orientierte Dimension, indem er zwischen Kulturen mit hohem und niedrigem Kontext unterscheidet. Kulturen mit hohem Kontext integrieren bei der Interpretation eines verwendeten Begriffs den Kontext, in dem es verwendet wurde, um dessen Bedeutung zu erfassen. Diese Kulturen verfügen oft über mehrere Bedeutungen für einen Begriff- während Kulturen mit niedrigem Kontext Gegenstände, Situationen usw. direkt bezeichnen, da keine Mehrfachbedeutungen vorhanden sind.

Die Beziehungsebene zwischen unterschiedlichen Kulturen wird vor allem von Trompenaars beschrieben (TROMPENAARS & HAMDEN-TURNER, 2002; TROMPENAARS & WOOLLIAMS, 2004). Er unterscheidet zwischen den Dimensionen „Spezifisch vs. Diffus", „Neutralität vs. Emotionalität", „Universalismus vs. Partikularismus", „Leistung vs. Herkunft" und „Individualismus vs. Kollektivismus", wobei die fünfte Dimension eine Weiterentwicklung der entsprechenden Dimension Hofstedes darstellt. Die erste Dimension „Spezifisch vs. Diffus", bezeichnet die Bereitschaft der Gesellschaft, Anderen Einblicke in ihr Privatleben gewähren, „Neutralität vs. Emotionalität" den Grad zu dem der Ausdruck von Emotionen in der Gegenwart Anderer akzeptabel ist, „Universalismus vs. Partikularismus" den Glauben daran, dass gute Ideen und Praktiken überall implementierbar (universal anwendbar) oder nur im Hinblick auf die entsprechenden Rahmenbedingungen (partikularistisch) zu betrachten sind. „Leistung vs. Herkunft" weist auf die Quelle gesellschaftlicher Anerkennung hin (was eine Person darstellt oder was eine

Person tut) und „Individualismus vs. Kollektivismus" beschreibt den Grad, zu dem sich Personen als Individuen oder als Teil einer Gruppe betrachten.

Zur Darstellung kultureller Unterschiede werden in Abbildung 2.01-V1 die Ausprägungen der Kulturdimensionen von Deutschland und China wiedergegeben.

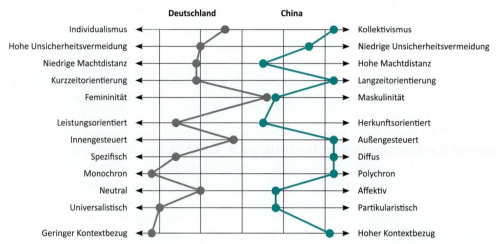

Abbildung 2.01-V1: Kulturdimensionen von Deutschland und China (nach MUETHEL 2006)

Neben den verschiedenen Dimensionen, anhand derer nationale Kulturen voneinander unterschieden werden können, spielt die Sprache ebenfalls eine wesentliche Rolle bei der kulturellen Differenzierung. Das Aufeinandertreffen verschiedener Muttersprachen – bei denen in der Regel nur eine geringe Überschneidung an gleichen Begriffen mit identischem semantischen Inhalt vorzufinden ist – und die Einigung auf eine gemeinsame Projektsprache zu unterschiedlichen Wortinterpretationen zwischen Muttersprachlern und Personen, die die in einem Projekt vereinbarte Sprache als Fremdsprache sprechen, führen zu Verständigungsproblemen.

Auch das Verständnis von Projekten und Projektmanagement ist kulturell verschieden, und gleiche Begriffe werden inhaltlich unterschiedlich interpretiert. Zudem bestehen zusätzlich oftmals differente Vorstellungen von den Projektmanagement-Kompetenzen. Die Kontext-, sozialen und personalen Kompetenzen sowie die Projektmanagement-technischen Kompetenzen sind zwar kulturunabhängige Bestandteile des Projektmanagements, werden jedoch kulturbedingt unterschiedlich interpretiert und umgesetzt. D.h., dass die inhaltliche Ausgestaltung z. B. von Projektorganisation, Konfliktmanagement, Personalrekrutierung, Vertragswesen entsprechend variiert. Um ein gemeinsames Vorgehen in einem internationalen Projektteam zu vereinbaren, wird insofern mehr Zeit benötigt, um Einigungen über Definitionen, Vorgehensweisen und Erwartungen zu erzielen.

1.2 Geographische Distanz

Die Verständigung über Ziele, Methoden und Arbeitsweisen zur Erreichung des Projektauftrags stellt aufgrund der Komplexität des Handlungsrahmens und der Interkulturalität der Projektbeteiligten eine besondere Herausforderung dar, die nur mit erhöhtem Kommunikation- bzw. Zeitaufwand im Vergleich zu nationalen Teams gewährleistet werden kann (WIEBUSCH, 2001). Der generelle Zeithorizont, der den Teammitgliedern zur Kommunikation zur Verfügung steht, ist durch die eventuelle Verteilung des Teams über mehrere Zeitzonen eingeschränkt, so dass u. a. der Prozess der Herstellung eines einheitlichen Verständnisses in dem Projektteam zusätzlich noch durch die Verringerung des potenziellen Kommunikationszeitraums erschwert wird. Je nachdem, wie weit die Teammitglieder geographisch voneinander entfernt sind, ist es möglich, dass zwischen ihnen bis zu zwölf Stunden Zeitdifferenz auftreten (CRONENBROECK, 2004). Dies führt unter Umständen dazu, dass keine synchrone Kommunikation (z. B.

Telefon oder Videokonferenz bei der die Beteiligten zeitgleich miteinander kommunizieren) zwischen den Projektbeteiligten innerhalb ihrer Arbeitszeit möglich ist, so dass vorwiegend auf asynchrone Kommunikationsmedien (z. B. E-Mail) zurückgegriffen werden muss.

Die Identifikation und Auswahl von aufgaben-, situations- und kulturspezifisch relevanten Kommunikationsmedien stellt vor diesem Hintergrund einen wesentlichen Bestandteil effektiver Kooperation in virtuellen Teams dar.

1.3 Technologienutzung

Internationale Projektteams können in bestimmtem Rahmen entweder direkt, das heißt face-to-face, oder computervermittelt miteinander kommunizieren. Die Palette der Möglichkeiten reicht dabei von textbasierter Massenkommunikation ohne direkte Adressaten, wie beim Intra- oder im Internetauftritt, bis hin zu Videokonferenzen zwischen einzelnen Personen oder ganzen Gruppen (Boos, 2000). Eine Übersicht über Kommunikationsmedien bietet Abbildung 2.01-V2.

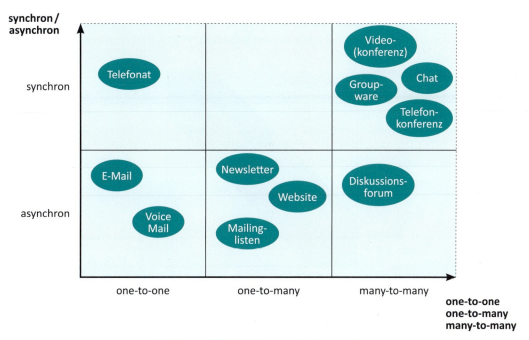

Abbildung 2.01-V2: Kommunikationsmedien

Nach der von Daft/Lengel (1986) entwickelten Media Richness Theorie besteht die Hauptaufgabe der Kommunikation in der Reduktion der Unsicherheit (aufgrund von Mangel an Informationen) und der Mehrdeutigkeit (bedingt durch das Fehlen klarer Entscheidungskriterien) von Informationen unter der Bedingung begrenzter Verarbeitungskapazität. Zu kommunizierende Aufgaben werden demnach entsprechend ihres Bedarfs an zusätzlicher Information (Unsicherheitsreduktion) und des Bedarfs an Diskussion verschiedener Positionen und Meinungen (Mehrdeutigkeitsreduktion) aufgeteilt und bei der Medienwahl berücksichtigt.

Unsichere Aufgaben wären optimal zu lösen, wenn alle benötigten Informationen vorhanden wären, mehrdeutige Aufgaben nicht durch mehr Information – da sie der Interpretationsfähigkeit der Akteure unterliegen – sondern durch die Erreichung eines gemeinsamen Verständnisses über den im Mittelpunkt der Betrachtung stehenden Sachverhalt. Insofern werden bei mehrdeutigen Aufgaben – z. B. bei komplexen Sachverhalten, in denen es keine eindeutige Lösung gibt, oder bei Konflikten oder zwischenmenschlichen Problemen – „reiche" Medien (insbesondere die direkter Kommunikation) bevorzugt, wobei der „Reichtum" eines Mediums dessen Fähigkeit bezeichnet, das Verständnis über einen Sachverhalt innerhalb einer bestimmten Zeitspanne zu ändern. Der Reichtum eines Mediums kann anhand dessen

Fähigkeit, unmittelbares Feedback zu geben, anhand der Anzahl der genutzten Kanäle und Hinweise, der Personalisierung und der Vielfältigkeit der Sprache gemessen werden. Demgegenüber stehen Kommunikationsmedien mit niedrigem Reichtum aber hoher ökonomischer Effizienz, wie beispielsweise E-Mail oder Telefon, die vor allem für Routinekommunikation wie „die Absprache von Terminen oder die Koordination von klar geregelten Arbeitsabläufen" (KONRADT, 2002) geeignet sind.

In dem von REICHWALD et al. (1999) angepassten Media Richness Modell für Telekooperation (siehe Abbildung 2.01-V3) führen die Autoren den Gedanken der durch eine adäquate Wahl der Medien beeinflussbaren Effektivität der Aufgabenerfüllung fort und entwickeln in Abhängigkeit der Mehrdeutigkeit der Aufgabe und des Medienreichtums den Bereich effektiver Kommunikation und Kooperation.

Dieser trägt der aufgabenorientierten Auswahl der Kommunikationsmedien Rechnung und grenzt von dem Bereich der effektiven Kommunikation den der „Überkomplizierung" und den der „Übersimplifizierung" (zu starken Vereinfachung) ab. Die Wahl zu „reicher Medien" im Bezug zu der zu erfüllenden Aufgabe führt zu einer unnötigen „Verkomplizierung" der Aufgabe, da die Beteiligten durch den Reichtum des Mediums von der eigentlichen Aufgabenstellung abgelenkt werden und möglicherweise durch unnötige Interpretationen künstlich Mehrdeutigkeit herbeiführen. Die Verwendung zu „armer Medien" wiederum nimmt durch den Mangel an Feedback und der Unpersönlichkeit des Mediums die Möglichkeit der gemeinsamen Interpretation, somit des Erreichens eines gemeinsamen Verständnisses, und wird insofern durch eine zu starke Vereinfachung der Komplexität der Aufgabenstellung nicht gerecht.

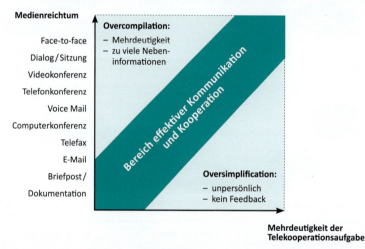

Abbildung 2.01-V3: Media Richness Modell für Telekooperation nach REICHWALD et al. (1999)

Neben dieser rational gesteuerten Vorgehensweise bei der Auswahl des Kommunikationsmediums besteht ebenfalls die Möglichkeit einer normativen Medienwahl, die in Abhängigkeit der eigenen Bedienungskompetenz und den sozialen Normen des Umfelds variiert.

1.4 Aufgabenkomplexität

Internationale Projekte sind im Vergleich zu nationalen Projekten zusätzlichen Einflussfaktoren ausgesetzt (siehe Abbildung 2.01-V4), die die Komplexität und das Risiko des Vorhabens verstärken. Zu diesen zählen vor allem wie bereits beschrieben kulturelle Einflussfaktoren, wie z. B. Kommunikation und Sprache, kulturell bedingtes Verständnis von Projektmanagement, Verhältnis zu Autorität und Verantwortung, Arbeitseinstellung und Zeitvorstellung oder Verhältnis zu Risiko und Unternehmenskultur (WIEBUSCH, 2001). Aber auch rechtliche und politische Aspekte – relevante Rechtsgebiete, Rechtsordnung und Rechtsverfolgung, geltende internationale Abkommen, Rechtsbewusstsein und Rechtssicherheit sowie politische Einflussfaktoren – sind zu berücksichtigen. Wirtschaftliche Einflussfaktoren sind in der Finanzierung, in der wirtschaftlichen Stabilität, in den Wirtschaftssystemen und Marktstrukturen sowie in der Arbeitsmarktsituation zu sehen (CRONENBROECK, 2004).

Darüber hinaus bestehen natürliche und technische Umfeldfaktoren, wie topographische Bedingungen, Zeitzonen, Klima, Naturereignisse, Vorkommen natürlicher Ressourcen, technische Ausstattung und Infrastruktur, die internationale Projekte zusätzlich beeinflussen.

Abbildung 2.01-V4: Merkmale internationaler Projekte in Anlehnung an WIEBUSCH/DÖRRENBERG (2005)

Die genannten Einflussfaktoren führen zu erhöhter Komplexität sowohl im Umgang innerhalb des Teams als auch in der inhaltlichen Umsetzung des Projektauftrags. Natürliche, technische, rechtlich-politische und wirtschaftliche Aspekte haben starken Einfluss auf das Projekt und konfrontieren es mit dynamischen (Markt)Entwicklungen, die eine stetige Anpassung des Projektes erfordern.

2 Herausforderungen internationaler Projektteams

Internationale Projektteams stehen im Vergleich zu herkömmlichen Projektteams erhöhten Herausforderungen gegenüber.

Zunächst unterliegt auch ein internationales Projektteam herkömmlichen teamdynamischen Einflüssen genereller Art, die durch Rollen, Stati, Sympathien usw. im Team beeinflusst werden. Darüber hinaus wirken Aspekte der Diversität – bedingt durch das Aufeinandertreffen unterschiedlicher Persönlichkeiten, die durch nationale Kulturen, Unternehmenskulturen und fachlichen Hintergründen geprägt sind – auf die Teamdynamik ein (GIBSON & COHEN, 2003).

Ferner bedingt die interorganisationale Kooperation, die durch die Nutzung von IuK-Technologien ermöglicht wird, das Aufeinandertreffen verschiedener organisationaler Einflüsse in Form von Standardprozessen, infrastruktureller Ausstattung und organisationsabhängiger Technologienutzung. Nichtharmonisierte Infrastrukturen und suboptimale Implementierung neuer IuK-Technologien sowie inadäquate Nutzung entsprechender Technologien führen u.U. zu Frustrationen unter den Anwendern und mithin zur Meidung der betroffenen Medien.

Darüber hinaus begünstigt die computervermittelte Kommunikation in Verbindung mit der Interkulturalität der Beteiligten das Entstehen von Missverständnissen, da aufgrund verminderter Reichhaltigkeit der Kommunikationsmedien eine Versachlichung der Nachrichten entsteht und nonverbale, interpretationsfördernde Informationen verloren gehen.

Generell unterschiedliche Ziele der Kooperationspartner, unterschiedliche, kulturbedingte Wertorientierungen und strukturelle Unterschiede können zu Konflikten führen, die – bei Nichterreichung einer zufrieden stellenden Lösung für alle Beteiligten – ggf. in gegenseitigem Misstrauen enden können.

2.1 Unsicherheit im Umgang mit und unadäquater Einsatz von Kommunikationstechnologie

Im Falle unzureichender Beherrschung der zu nutzenden Kommunikationsmedien und ausbleibender Schulung finden unter Umständen Aspekte der Reichhaltigkeit bei der Interaktion der Teammitglieder keine Berücksichtigung, so dass ausschließlich die Medien genutzt werden, deren Umgang den Beteiligten bereits vorher vertraut war (z. B. E-Mail). Da in der Regel textbasierte Kommunikationsmedien wie E-Mail oder Fax den Beteiligten vertrauter als Videokonferenzen oder Groupware sind, besteht die Tendenz, eher textbasierte Medien zur Kommunikation zu nutzen und dadurch Missverständnisse und Konflikte unbewusst zu provozieren. Liegt zudem kein ausreichender Support für die zu nutzenden Kommunikationsmedien vor, muss eventuell ein Großteil der bei international verteilten Teams raren Kommunikationszeit zur Herstellung der notwendigen Rahmenbedingungen (z. B. Telefon- oder Videokonferenzverbindung) genutzt werden, so dass wertvolle Kommunikationszeit verloren geht.

Die im Vergleich zu der Kommunikation in herkömmlichen Teams hohe Anzahl von Missverständnissen und die damit einhergehende Entstehung von Konflikten führt in der Wahrnehmung der beteiligten Personen zu einer verminderten Kommunikationseffektivität, die in vielen Fällen der Technologie und/oder dem unzureichenden Support zugeschrieben wird. Dies führt – falls anfangs eine gewisse Akzeptanz der Medien vorhanden war – zu einem Vertrauensverlust in die Wirksamkeit der Medien oder – bei anfänglichem Misstrauen gegenüber der zu nutzenden Technologien – zu der Bestätigung der Ungeeignetheit der computervermittelten Kommunikation zur Kooperation in international verteilten Teams. In beiden Fällen ist mit erhöhter Frustration der Projektmitglieder im Umgang mit der Technologie zu rechnen.

Ein essentieller Aspekt internationaler virtueller Projektteams ist deren Befähigung, trotz der geographischen Verteiltheit effektiv Informationen miteinander auszutauschen. Hierbei kommt – neben der adäquaten Auswahl des Kommunikationsmediums – vor allem der technischen Infrastruktur eine wesentliche Rolle zu. Diese spiegelt sich sowohl im physikalischen Raum – d. h. in den von den Teammitgliedern genutzten Arbeitsplätzen – als auch im digitalen Raum wider. Infrastrukturelle Probleme im physikalischen und digitalen Raum können den effektiven Informationsaustausch zwischen den Teammitgliedern behindern (VADHAVKAR, 2001).

Ursachen der Probleme im physikalischen Raum:
- Unzufriedenheit mit der räumlichen Aufstellung von Stühlen, Tischen, Kameras und Computer bzw. Fernsehbildschirmen an den Standorten der Teammitglieder.
- Physikalische Ausstattung, die den Telemitarbeitern das Gefühl vermittelt, nur Beobachter der Interaktionen und nicht aktives Mitglied zu sein.
- Ungeeignetes Layout der Meetingräume.
- Inadäquate Ausstattung der Meetingräume (Beleuchtung, Mikrophone, Bildschirme, u. a.).
- Ungeeignete Nutzung der technischen Ressourcen.
- Asymmetrische Ausstattung der Meetingräume zwischen den Kommunikationspartnern.
- Kein Zugang zu den Meetingräumen.
- Nicht geeignete Kompetenz der Mitglieder zur Nutzung der physikalischen Infrastruktur.

Ursachen der Probleme im digitalen Raum:
- Inadäquate Nutzung der Online-Ressourcen.
- Online-Ressourcen sind nicht von mehreren Orten aus zugänglich (vom Büro, Meetingräumen, zu Hause, Flughafen, u. a.).
- Unzureichende technologische Realibilität, keine Anwenderfreundlichkeit, zu lange Antwortzeiten der Systeme.
- Nicht ausreichendes technisches Training der Teammitglieder zum Umgang mit den Online-Ressourcen.
- Ungeeigneter Aufbau des digitalen Raumes erschwert den Zugang zu den gewünschten Informationen.
- Ungeeigneter Aufbau der Team-Web-Site oder des gemeinsamen Internet-Dokumentenablagesystems.
- Ungeeignete Nutzung digitaler Ressourcen für Meetings.

2.2 Dysfunktionale Auswirkungen eskalierender Konflikte

Missverständnisse, die auf Kommunikationsstörungen zurückzuführen sind, werden den scheinbaren Konflikten zugerechnet, da sie grundsätzlich durch entsprechende kommunikative Maßnahmen, wie z. B. durch den Abgleich der unterschiedlichen Wahrnehmungen und Interpretationen, zu beheben sind (HUGO-BECKER, 2000). Echte Konflikte unterscheiden sich davon wesentlich. Nach GLASL (2004) bezeichnen Konflikte zwischen zwei oder mehreren Beteiligten, auch soziale Konflikte genannt, „[...] Interaktionen zwischen Akteuren, wobei mindestens ein Akteur eine Differenz bzw. Unvereinbarkeiten im Wahrnehmen, Denken bzw. Vorstellen, im Fühlen und im Wollen mit dem anderen Akteur in der Art erlebt, dass beim Verwirklichen dessen, was der Akteur denkt, fühlt oder will eine Beeinträchtigung durch einen anderen Akteur erfolge" (GLASL, 2004).

Im Mittelpunkt konfliktbeladener Situationen steht demnach die Interaktion zwischen den Handlungspartnern, als ein aufeinander bezogenes Kommunizieren oder Handeln, wobei bereits subjektiv wahrgenommene Unvereinbarkeiten im Wahrnehmen, Denken, Fühlen und / oder Wollen genügen, um zu einem Konflikt zu führen (SCHWARZ, 2005). Dieser wird allerdings erst dann als solcher bezeichnet, wenn die Gründe für das Nicht-Verwirklichen der eigenen Gedanken, Gefühle und / oder Intentionen dem Handlungspartner zugeschrieben werden und ein entsprechendes Realisierungshandeln (z. B. verbaler Ausdruck) erfolgt.

Konflikte sind entweder strukturinduziert, d. h. sie resultieren aus der Organisationsstruktur (z. B. Kommunikationsstruktur oder hierarchischer Struktur) sowie aus der Antihaltung gegenüber dem gängigen Wertesystem; oder sie sind verhaltensinduziert und beruhen auf Persönlichkeitsanteilen der Konfliktbeteiligten (HUGO-BECKER, 2000). Da kulturelle, rechtlich-politische, wirtschaftliche und natürlich-technische Einflussfaktoren auf internationale Projektteams einwirken und aufgrund der unterschiedlichen nationalen, unternehmenskulturellen und funktionalen Herkunft der Projektteilnehmer eine Vielfalt von Persönlichkeiten aufeinander treffen, liegen sowohl die Entstehung von struktur- als auch verhaltensinduzierter Konflikte in dieser Art der Projektkooperation nahe.

„Bei vorhandener Konfliktfähigkeit und dem Mut, Konflikte (angemessen) auszutragen, wird deutlich sichtbar, dass Konflikte positive Entwicklungen befördern können" (HUGO-BECKER, 2000), so dass die Existenz von Konfliktsituationen internationalen Projektteams nicht zwangsweise dysfunktionale Wirkung haben muss. Positive Aspekte sozialer Konflikte werden in der Stärkung des Gruppenbewusstseins und der Gruppenidentität gesehen, die zugleich das gesamte System stabilisieren, da der Konflikt ein Gleichgewicht zwischen den verschiedenen Gruppen herstellt.

2.3 Fehlendes Vertrauen und Misstrauen als Auswirkung dysfunktionaler Konflikte

Gelingt es nicht, Konflikte zum Vorteil des Projektteams zu nutzen, so entwickeln sich dysfunktionale Konflikte die u. a. durch die Abnahme von Vertrauen und die Zunahme von Misstrauen gekennzeichnet sind (KRYSTEK, 1993).

Die Abnahme von Vertrauen äußert sich in einer emotionslosen, indifferenten Haltung seitens des Verhaltenspartners gegenüber dem Vertrauensgeber (SCHWEER, 1997). In diesem Fall ist vertrauensförderndes Verhalten nur dann zu erwarten, wenn der Verhaltenspartner sich daraus einen (persönlichen) Vorteil verspricht; und ist insofern ausschließlich einer einseitig-rationalen, gewinnmaximierenden Handlungsmaxime unterworfen, so dass die positiven Aspekte eines vertrauensfördernden Verhaltens im Sinne wohlwollender Kooperation nicht zum Tragen kommen.

Im Gegensatz zu fehlendem Vertrauen, weist Misstrauen – über Indifferenz hinaus – eine negative Erwartungshaltung gegenüber dem Verhaltenspartner auf. Diese spiegelt sich in Verhaltensweisen wider, die auf die Antizipation und Prävention schädigender Handlungen des Gegenübers ausgerichtet sind und die in Form von Argwohn, Verschlossenheit, Getäuschtheit und Manipulierbarkeit sowie Fremdheit, Verunsicherung, Perspektivlosigkeit u. a. auftreten (KRYSTEK, 1993).

Die Wirkung indifferenten Vertrauens ist vor allem in der Nicht-Nutzbarkeit der Vorteile vertrauensvoller Kooperation zu identifizieren. Misstrauen hingegen, kann im Hinblick auf kooperative Zusammenarbeit als Kontrawirkung von Vertrauen bezeichnet werden. Es entsteht der Eindruck emotionaler, krampfhafter Gespanntheit. Bedingt durch die Angst vor Missbrauch einer eventuellen Selbstöffnung, dem Versuch, den Einfluss des Partners zu reduzieren sowie der Nicht-Akzeptanz gegenseitiger Abhängigkeit und nichtvorhandener Bereitschaft, richtige und pünktliche Informationen bereitzustellen, wird der kommunikative Austausch der Interaktionspartner sowohl in quantitativer (Anzahl der Kontakte) als auch in qualitativer Hinsicht (Qualität ausgetauschter Informationen, Anzahl von Missverständnissen) reduziert. Konformes Verhalten, als Resultat eines durch Misstrauen geprägten Verhältnisses, verringert die zur kreativen Entfaltung notwendigen Verhaltensspielräume und hat in Kombination mit nachlassender Kooperationsbereitschaft abnehmende Problemlösungsqualität zur Folge. Darüber hinaus verlängert sich der für die Erarbeitung der Problemlösung benötigte Zeitraum aufgrund aufwendiger Kontrollsysteme, so dass die Produktivität des Teams insgesamt sinkt. Zudem wirkt Misstrauen als kontinuierlicher, hochgradiger Stressfaktor, zwingt die Parteien zu dauernder Abwehrbereitschaft und setzt diese somit einer emotionalen Dauerbelastung aus, die zur Abnahme der Arbeitsmotivation und damit der Wahrscheinlichkeit zukünftig höherer Produktivität führt (KRYSTEK, 1993).

Wird Misstrauen zur „Self-Fulfilling-Prophecy", eröffnet sich eine Eskalationsdynamik immer weiter steigenden Misstrauens und damit abnehmender Produktivität im Team bis hin zu destruktivem Verhalten zwischen den Interaktionspartnern (SCHWEER, 1997).

3 Projektmanagement-Kompetenzen im Fokus internationaler Projekte

Obwohl grundsätzlich alle Elemente der IPMA Competence Baseline von den Charakteristika internationaler Projektteams (kulturelle Unterschiede, geographische Distanz, Nutzung von Kommunikationstechnologie und Aufgabenkomplexität) betroffen sind, zeigen die dargelegten Herausforderungen, dass bestimmten Elementen insbesondere Aufmerksamkeit geschenkt werden sollte (siehe Tabelle 2.01-V1). Zu diesen gehören die Elemente Teamarbeit, Überwachung und Steuerung, Berichtswesen, Information und Dokumentation, Kommunikation, Problemlösung, Konflikte und Krisen, Offenheit, Wertschätzung und Ethik.

Tabelle 2.01-V1: ICB-Elemente im Fokus internationaler Projekte

Herausforderung	Betroffenes ICB-Element
Teamdynamische Einflüsse als hemmende Faktoren	1.07 Teamarbeit
Unsicherheit im Umgang mit und unadäquater Einsatz von Kommunikationstechnologie	1.16 Überwachung, Steuerung, Berichtswesen 1.17 Information und Dokumentation
Missverständnisse als Konsequenz fehlgeschlagener Kommunikation	1.18 Kommunikation 1.08 Problemlösung
Dysfunktionale Auswirkungen eskalierender Konflikte	2.12 Konflikte und Krisen
Fehlendes Vertrauen und Misstrauen als Auswirkung dysfunktionaler Konflikte	2.06 Offenheit 2.14 Wertschätzung 2.15 Ethik

Ein weiteres Element welches sich den Anforderungen internationaler Projekte insbesondere annehmen sollte, ist das der Führung, welches im vertiefenden Teil ausführlich behandelt wird.

4 Führung in internationalen Projekten

Führung wird (wie bereits erläutert) in Anlehnung an MOTZEL (2006) als Steuerung der verschiedenen Einzelaktivitäten in einem Projekt im Hinblick auf die übergeordneten Projektziele (Aufgabenbezogene Führung) sowie als Handlung verstanden, die ein soziales System aufbaut, in dem Führende und Geführte zusammen eine Aufgabe bearbeiten (Mitarbeiterbezogene Führung).

Die Führungsaufgaben des Projektleiters werden ebenfalls durch die Charakteristika internationaler Projekte beeinflusst. Im Folgenden wird daher dargelegt, inwiefern sich kulturelle Unterschiede, geographische Distanz, die Nutzung von Kommunikationstechnologie und die Aufgabenkomplexität auf Anforderungen an effizientes Führungsverhalten auswirken.

4.1 Kulturelle Unterschiede und Führung

Das internationale Forschungsprogramm zu "Global Leadership and Organizational Behavior Effectiveness (GLOBE)" hat 6 Führungsdimensionen identifiziert, die in jeder Kultur als mehr oder weniger anstrebsam erachtet werden (HOUSE, HANGES, JAVIDAN, DORFMAN, & GUPTA, 2004). Zu diesen gehört charismatische Führung, teamorientierte Führung, partizipative Führung, menschliche Führung, autonome Führung und selbstschützende Führung (siehe Tabelle 2.01-V2).

Tabelle 2.01-V2: Führungsdimensionen nach Globe

Führungsdimension	Beschreibende Merkmale
Charismatische Führung	• Vision • Inspiration • Motivation • Selbstaufopferung • Entscheidungsfreudigkeit • Erfolgsorientierung
Teamorientierte Führung	• Orientierung am Erfolg des gesamten Teams • Integration der Teammitglieder • Diplomatisch • Verwaltungstechnisch kompetent • Gemeinsames Verständnis • Gemeinsame Ziele
Partizipative Führung	• Einbindung von Teammitgliedern bei der Vorbereitung von Entscheidungen • Einbindung von Teammitgliedern bei der Umsetzung von Entscheidungen • Delegation auf Aufgaben
Menschliche Führung	• Unterstützung • Aufmerksamkeit • Mitgefühl • Generösität
Autonome Führung	• Unabhängig • Individualistisch • Autonom
Selbstschützende Führung	• Selbstbezogen • Statusorientiert • Konfliktverursacher • Sicherheitsorientiert

Die Ausprägungen der 6 Dimensionen variieren zwischen den untersuchten Ländern. Tabelle 2.01-V3 stellt die Ergebnisse für die Ländergruppen Deutschsprachiges Europa, Nördliches Europa, Östliches Europa, Lateineuropa, Nordamerika und englischsprachiges Europa, Lateinamerika, Konfuzianisches Asien, Südliches Asien, Südafrika und Mittleren Osten dar.

Tabelle 2.01-V3: Globe-Ergebnisse für ausgewählte Kulturgruppen

Kulturgruppe	Führungsdimension					
	Charismatische Führung	Teamorientierte Führung	Partizipative Führung	Menschliche Führung	Autonome Führung	Selbstschützende Führung
Deutschsprachiges Europa	Hoch	Niedrig	Hoch	Mittel	Hoch	Niedrig
Nördliches Europa	Hoch	Mittel	Hoch	Niedrig	Mittel	Niedrig
Östliches Europa	Mittel	Mittel	Niedrig	Mittel	Hoch	Hoch
Lateineuropa	Hoch	Mittel	Mittel	Niedrig	Niedrig	Mittel
Lateinamerika	Hoch	Hoch	Mittel	Mittel	Niedrig	Hoch
Nordamerika und englischsprachiges Europa	Hoch	Mittel	Hoch	Hoch	Mittel	Niedrig
Konfuzianisches Asien	Mittel	Hoch	Niedrig	Hoch	Mittel	Hoch
Südliches Asien	Hoch	Hoch	Niedrig	Hoch	Mittel	Hoch
Südafrika	Mittel	Mittel	Mittel	Hoch	Niedrig	Mittel
Mittlerer Osten	Niedrig	Niedrig	Niedrig	Mittel	Mittel	Hoch

Bestimmte Merkmale von Führungspersönlichkeiten werden als kulturunabhängig positiv bewertet. Führungspersönlichkeiten, die als vertrauenswürdig, gerecht und aufrichtig wahrgenommen werden und die positiv, dynamisch, ermutigend, motivierend, und Zuversicht ausstrahlend auftreten, werden als effektive Führer wahrgenommen. Darüber hinaus sind diese sehr gut informiert, handeln vorausschauend, koordinieren die Aufgaben effektiv und kommunizieren offen mit den Teammitgliedern. Negativ wird in allen Kulturen einzelgängerisches und unkooperatives, sowie gereiztes und auffahrendes Verhalten betrachtet. Die größten kulturbedingten Unterschiede zeigen sich in der Ausprägung von Individualismus, Statusorientierung und Risikoorientierung.

Projektleiter internationaler Projektteams benötigen vor diesem Hintergrund eine offene Geisteshaltung, um die Vielzahl von Kultur- und Führungsparadigmen, sowie gesetzliche, politische und ökonomische System zu verstehen. Daher wird die Toleranz von Unsicherheit zu einer der Hauptvoraussetzungen von Projektleitern internationaler Projektteams. Da jedes neue Land, mit dem das Projekt konfrontiert ist, seine spezifischen Eigenarten hat, muss der Projektleiter dazu bereit sein, kontinuierlich dazu zu lernen. Dies ermöglicht ihm im Rückkehrschluss, Gemeinsamkeiten und Unterschiede zu erkennen und sich kulturell anzupassen. Kulturelle Anpassungsfähigkeit bedeutet, andere Kulturen zu verstehen, durch das eigene Verhalten die Erreichung der Projektziele zu unterstützen und positive Beziehungen zu den Beteiligten anderer Kulturen aufzubauen. Die Fähigkeit, sich an verschiedenste kulturelle Kontext anzupassen wird somit zur kritischen Anforderung an Projektleiter internationaler Projekte (Javidan, Dorfman, De Luque, & House, 2006).

👍 **Tipp** Neben interkulturellen Schulungen, die den Projektleiter auf seinen Einsatz im Ausland oder mit Mitarbeitern anderer Kulturen vorbereiten können, ist ein Mentor empfehlenswert, der in dem jeweiligen Land oder mit Projektmitgliedern aus den jeweiligen Ländern Erfahrung gesammelt hat. Insbesondere in Ländern, in denen Netzwerke wichtig sind, wie z. B. China, kann der Mentor zugleich genutzt werden, um wichtige Kontakte zu den Stakeholdern vor Ort herzustellen.

4.2 Geografische Distanz und Führung

Reichwald / Bastian stellen fest, dass die relative Bedeutung der mitarbeiterbezogenen Führungsaufgaben in Bezug zur relativen Bedeutung der aufgabenbezogenen Führungsfunktionen in virtuellen Teams ansteigt, so dass diese bei zunehmender Verteiltheit an Relevanz gewinnt (REICHWALD, 1999).

Aufgaben- und mitarbeiterbezogene Funktionen müssen nicht zwangsweise nur von einer Person – in dem hier betrachteten Kontext der des Projektleiters – wahrgenommen werden, sondern können potenziell auf alle Projektmitglieder, im Sinne verteilter Führung (ZIGURS, 2002), abgegeben werden. Fähigkeiten, die nach YUKL (2005b) an einen Projektleiter gestellt werden sollten, wie:

- technische Expertise hinsichtlich der Aufgabe,
- administrative Fähigkeiten für Planung und Organisation,
- zwischenmenschliches Gespür für Beeinflussung, Konfliktlösungen und Erhöhung der Kohäsion,
- kognitive Fähigkeiten zum Verständnis des komplexen Systems und seiner Funktionen,
- politische Fähigkeiten, um Unterstützung und Ressourcen aus der umgebenden Organisation zu bekommen,

sind insofern auch an alle weiteren Projektmitglieder zu stellen.

Ferner gewinnen Führungsansätze, die auf die Selbstführung der Projektbeteiligten abzielen an Bedeutung. Unter Selbstführung versteht man die systematische Anwendung von Strategien, die es den einzelnen Projektmitgliedern ermöglicht, erhöhte Effektivität und Effizienz bei der Bearbeitung der Arbeitspakete zu erreichen (HOUGHTON, NECK, & MANZ, 2003). Durch Selbstführung geben sich Projektmitglieder kontinuierlich die Richtung ihres Handelns vor und motivieren sich dazu, ihre selbst gesteckten Ziele zu erreichen. Selbstführungsstrategien unterteilen sich in verhaltens- und belohnungsorientierte Strategien sowie in Strategien zu Erreichung konstruktiver Gedankenmuster. Dabei umfassen die verhaltens- und belohnungsorientierten Strategien u. a. Selbstbeobachtung, eigenständige Zielsetzung und Selbstbelohnung. Konstruktive Gedankenmuster beinhalten Selbstanalysen und die kontinuierliche Überprüfung der persönlichen Überzeugungen (MANZ, 1986).

Die Rolle des Projektleiters besteht im Hinblick auf die Selbstführung der Projektmitglieder darin, dass sich dieser vor allem darauf konzentriert, die Fähigkeiten bei den Projektmitgliedern zu entwickeln, die die einzelnen Teammitglieder dazu befähigen, sich selbst zu führen. Außerdem ist der Projektleiter dazu aufgefordert, sich um das Management des Projektumfelds zu kümmern, damit die Projektmitglieder ohne äußere Einflüsse ihre Projektaufgaben selbständig erledigen können (HOUGHTON ET AL., 2003).

Tipp Damit Projektmitglieder sich selbst führen können, muss der Projektleiter Entscheidungsmacht mit den Mitarbeitern teilen.
Das beutet sowohl, dass der Projektleiter Aufgaben an Projektmitglieder delegiert, als auch, dass der Projektleiter die Mitarbeiter zur Verantwortung für ebendiese Aufgaben heranzieht. Im Verlauf des Projektes sollte daher der Projektleiter darauf achten, dass die Mitarbeiter auch den Entscheidungsrahmen ausfüllen, der ihnen zugestanden wurde. Er sollte daher notwendige Entscheidungen (um die er gebeten wird) an diejenige Projektebene delegieren, die mit den Kompetenzen ausgestattet wurde. Andernfalls könnte es dazu kommen, dass Entscheidungen, die auf unteren Projektebenen gefällt werden sollten, in jedem Fall an der Projektleiter weitergegeben werden. Insbesondere in Großprojekten könnte es dann dazu kommen, dass der Projektleiter mit Anfragen überhäuft wird und es für ihn schwierig wird, herauszufinden, welche der vielen Entscheidungen, die an ihn herangetragen werden, dringend und wichtig sind und welche nicht.

Insgesamt stellt der Nutzen verstärkter Selbstführung der Projektmitarbeiter sowie verteilter Führung des Projekts erhöhte Ansprüche an die Führungskompetenzen der Projektmitarbeiter in international verteilten Teams. D.h. dass bereits bei der Auswahl der Projektmitarbeiter erhöhte Ansprüche an deren Führungskompetenzen gestellt werden müssen. Weiters muss das Führungskompetenzniveau aller potenzieller Mitarbeiter internationaler Projekte unabhängig von konkreten Projekten überprüft und ggf. entwickelt werden.

4.3 Technologienutzung und Führung

Führungsaufgaben, die sich auf die Verwendung von Kommunikationstechnologien zur Umsetzung von aufgaben- und mitarbeiterbezogenen Führungsaufgaben beziehen, werden insbesondere durch den Ansatz des E-Leadership (AVOLIO ET AL., 2001) beschrieben. In Bezug zu herkömmlichen Aufgaben von Projektleiter werden hier die Definition einer Kommunikationsstrategie und die Entwicklung von Vertrauen im Team durch den Projektleiter besonders hervorgehoben.

4.3.1 Kommunikationsstrategie

Die primär computerunterstützte Kooperation in internationalen Projektteams lässt das situationsadäquate Kommunikationsverhalten zum entscheidenden Faktor erfolgreicher Interaktion werden (DESANCTIS, 1999).

Entsprechende Vereinbarungen konzentrieren vor allem auf eine aufgabenadäquate Nutzung der Kommunikationsmedien (RIOPELLE, 2003), die durch ein drei-phasen-orientiertes Vorgehen gewährleistet wird:

- Zunächst sind die Aufgabenprofile der Kommunikation im Team zu definieren, welche sich Projektmanagement-bezogenen (z. B. Informationsverarbeitung, Entscheidungsfindung, Planen / Steuern / Berichten) und teambezogenen Aufgaben (z. B. Verhandlung, Konfliktbewältigung, Reflexion) orientieren.
- Die einzelnen Kommunikationsaufgaben werden in diesem Zusammenhang hinsichtlich des Bedarfs an Reichhaltigkeit der Kommunikationsmedien, Synchronität / Asynchronität, Interaktion mit Anderen (1:1, 1:n; n:m) und automatischer Dokumentation bewertet.
- Dieses Aufgabenprofil wird nachfolgend dem Kommunikationsprofil von IuK-Technologien gegenübergestellt und so ein aufgabenadäquates Medium ausgewählt.

Tabelle 2.01-V4 stellt eine Übersicht von Kommunikationsmedien und deren Profil dar.

Tabelle 2.01-V4: Kommunikationsmedien und ihr Anwendungsprofil

Kommunikationsmedium	Vorteile	Nachteile	Besonders geeignet für
Voice Mail	- schnell verfügbar - relativ persönlich	- kein Feedback	- Information
E-Mail	- schnell - Abruf bei Bedarf - dokumentierbar	- Gefahr des Overloads - kein direktes Feedback	- Informationsaustausch - Routinekommunikation
Fax	- formell - leicht zu dokumentieren	- langsam - kein direktes Feedback	- Informationen - formale Vereinbarungen
Brief	- formell - leicht zu dokumentieren	- langsam - kein direktes Feedback	- Information - formale Vereinbarungen
Face-to-face Meeting (Gruppe)	- sprachlich komplex - unmittelbares, direktes Feedback	- Koordination - Reisekosten - aufwändige Dokumentation	- Zielfindung - Teamentwicklung
Face-to-face Meeting (2 Personen)	- sprachlich komplex - direktes Feedback - Vertraulichkeit möglich	- Koordination - Reisekosten - aufwändige Dokumentation	- Konfliktmanagement - Problemgespräch
Videokonferenz	- sprachlich komplex - direktes Feedback	- Koordination - aufwändige Dokumentation	- Konfliktmanagement - Koordination
Telefonkonferenz	- informell - direktes Feedback	- reduzierte Kommunikationskanäle - aufwändige Dokumentation	- Koordination - Prozessplanung
Telefon	- schnelles, persönliches, direktes Feedback - Vertraulichkeit möglich	- reduzierte Kommunikationskanäle - aufwändige Dokumentation	- Koordination - Prozessplanung - Konfliktmanagement
Chat	- ökonomisch - aufgabenorientiert	- Überlappung von Beiträgen	- Meinungsaustausch - Brainstorming
Diskussionsforen	- ökonomisch - aufgabenorientiert	- Überlappung von Beiträgen	- Meinungsaustausch - Brainstorming

Nach der Bestimmung der Kommunikationsmedien erfolgt die Festlegung der Kommunikationszyklen, welche sich an unterschiedlichen Zeitzonen, Regelmeetings und andersartige Formen der Erreichbarkeit (Urlaub, Feiertage, usw.) richtet. Die vereinbarten Medien und Zyklen sind allerdings regelmäßig auf ihre Zweckmäßigkeit hin zu überprüfen und gegebenenfalls anzupassen.

Tipp Zu Beginn eines Projektes sollten die Berichtswege und die verwendeten Kommunikationsmedien festgelegt werden. Dabei sind aus pragmatischer Sicht jene Kommunikationsmedien zu bevorzugen, die im Unternehmen bereits angeboten werden. Zudem sollte sichergestellt werden, dass die Projektmitarbeiter mit den jeweiligen Kommunikationsmedien vertraut sind. Bei der Einführung bisher unbekannter Medien, wie z. B. virtuellen Projekträumen oder auch MS Project ist zu berücksichtigen, dass diese mit zusätzlichem finanziellen und auch zeitlichen Aufwand einhergehen.

4.3.2 Schaffung von Vertrauen zwischen den Projektbeteiligten

Eine weitere wesentliche Aufgabe des Projektleiters besteht in der Vertrauensentwicklung im Team. Vertrauen in internationalen Projektteams ist vor allem deswegen wichtig, weil es Komplexität reduziert, Unsicherheit mindert, die Kommunikation und das Problemlösungsverhalten verbessert (DEDERICHS, 1997; LUHMANN, 2000; NEUBERGER, 1997) und die Beziehungen unter den Teammitgliedern zu stabilisiert.

Der komplexitäts- und unsicherheitsreduzierende Charakter von Vertrauen beruht vor allem darauf, dass zukünftige Handlungen seitens des Projektpartners und deren Ergebnisse vorweggenommen werden, so dass die grundsätzliche Freiheit des Gegenübers sich in jeder beliebigen Art und Weise zu verhalten, reduziert wird (KAHLE, 1999). Das Verhalten des Projektpartners gewinnt dadurch bedingt an Verlässlichkeit, so dass sich die Beziehungen zwischen den Beteiligten stabilisieren.

Darüber hinaus fördert Vertrauen den offenen und ehrlichen Informationsaustausch und motiviert zu intensiverer Kooperation der Teammitglieder. Die Bereitschaft, Informationen weiterzugeben sowie auch jene, Informationen von Anderen zu akzeptieren steigt und begünstigt so zum einen die Überwindung von Missverständnissen und zum anderen die Bewältigung von Problemsituationen (GILBERT, 1999).

Wie eine Studie von MUETHEL (2006) zeigt, werden kulturunabhängig vor allem zuverlässiges, ehrliches und glaubwürdiges Verhalten als vertrauensfördernd wahrgenommen. Dieses wird anhand der Übereinstimmung von vereinbartem und erfolgtem Verhalten überprüft. Vor diesem Hintergrund gilt es für die einzelnen Projektbeteiligten während des Projektablaufs vor allem, den anderen Projektmitgliedern ausreichend Informationen dahingehend zu überbringen, dass dieser entweder eine Übereinstimmung zwischen der vereinbarten und der erfolgten Handlung erkennt, oder aber aufgrund der Argumente des Vertrauensnehmers nachvollziehen kann, warum es zu einer Abweichung kam. In beiden Fällen steht der Austausch von Informationen am Ende einer Handlung im Mittelpunkt. Regularisierte Feedbacksysteme ermöglichen dem Vertrauensnehmer eine diesbezügliche Darstellung seiner Sichtweise (Eigensicht) sowie dem Vertrauensgeber die Darlegung der seinigen (Fremdsicht). Die konsequente Nutzung von Feedbacks gibt den beteiligten Personen die Gelegenheit, den im Johari-Fenster dargestellten „Blinden Fleck", d.h. den Teil des Selbst, den man selbst nicht erkennt, der jedoch von den Anderen wahrgenommen wird, zu reduzieren und den Bereich der Harmonie zwischen Eigen- und Fremdwahrnehmung zu erhöhen.

Neben der Zuverlässigkeit, Ehrlichkeit und Glaubwürdigkeit, zählt auch das gemeinsame Verständnis zu den in beiden Kulturen zu fördernden Kriterien. Es spiegelt die Notwendigkeit eines gemeinsamen mentalen Modells wider. Bei besonders ausgeprägten kulturellen Unterschieden kann nicht von vorne herein davon ausgegangen werden, dass die beteiligten Personen über ein kompatibles mentales Modell verfügen.

Ein anerkanntes Mittel zur Förderung eines gemeinsamen Verständnisses stellt das aktive Zuhören dar. Aktives Zuhören bedeutet, sich in den Gesprächspartner einzufühlen, beim Gespräch mitzudenken, dem Gesprächspartner verbal und nonverbal Aufmerksamkeit und Interesse entgegen zu bringen. Zu den Techniken des aktiven Zuhörens zählen das Paraphrasieren (die Aussage wird mit eigenen Worten wiederholt), das Verbalisieren (die Emotionen des Gegenübers werden gespiegelt), das Nachfragen, das Zusammenfassen, das Klären, das Weiterführen und das Abwägen.

Da in internationalen Projekten Konflikte zum Alltag gehören, kommt auch dem „Verzeihen von Fehlern", d.h. der Ermöglichung der Gesichtwahrung der Gegenseite in Konfliktsituationen bei der Stärkung des interpersonalen Vertrauens eine hohe Bedeutung zu. Die Komplexität und Dynamik des Umfeldes in dem internationale, virtuelle Projektteams vielfach arbeiten, führt unter Umständen dazu, dass der Vertrauensnehmer eine vorher vereinbarte Handlung nicht wie besprochen durchführen kann. Da teilweise Zielkonflikte zwischen den Parteien vorliegen, kann es dazu kommen, dass auch die Argumentation des Vertrauensnehmers aus Sicht des Gebers nicht nachvollzogen werden kann, so dass dieser letztlich die subjektiv wahrgenommene Vertrauenswürdigkeit des Handlungspartners nach unten korrigiert. Wie von KRYSTEK (1993) festgestellt, ist nach einem Einbruch in der Vertrauensbeziehung eine Rückkehr zum vorherigen Vertrauensniveau wesentlich schwieriger zu erreichen als bei einer kontinuierlich positiven Vertrauensentwicklung. Insofern bedarf es eines von beiden Seiten akzeptierten „Heilungsprozesses", im Sinne eines „Händereichens", der es beiden Partnern ermöglicht, schneller und auf einem gesicherten Weg (Absicherung vor dem Abrutschen in eine Misstrauensspirale) zu einem stabilen Vertrauensniveau zurück zu finden. Grundvoraussetzung um einen solchen Heilungsprozess einzuleiten, ist eine authentische (= Glaubwürdigkeit) und offene Darlegung aller relevanten Fakten (= Ehrlichkeit). Hier gilt es, die kulturell unterschiedlichen Ansprüche zwischen den Projektpartnern im Bezug auf die Offenheit im Umgang miteinander auszubalancieren.

Ansatzpunkte zur Umsetzung dieser ambivalenten Forderung liegen zum einen in der Gestaltung von Eskalationswegen. Um im dynamischen Unternehmensumfeld schnell agieren zu können, wird häufig versucht, Probleme im Projekt durch eine Eskalation in der Linienhierarchie zu umgehen und dadurch schneller zu einer Lösung zu kommen. Die Anforderungen der Selbststeuerung des Teams, des eigenverantwortlichen Handelns und der Wahrung des Gesichts empfehlen die Minimierung der projektexternen Eskalationswege. Stattdessen ist die Autonomie der jeweiligen Projektebene auszuweiten, so dass Konflikte im engsten Personenkreis, unter gleichberechtigten Projektmitarbeitern im Sinne einer konstruktiven Lösung vorangetrieben werden können. Insbesondere die Ausklammerung hierarchisch höherer Funktionen bewahrt das Team vor einem möglichen Gesichtsverlust und ermöglicht eine offene Darlegung der Fakten.

Zum anderen dienen Vereinbarungen zum Umgang mit Informationen und Äußerungen dazu, eine „Informationelle Schutzschicht" um das Projektteam aufzubauen, die es ermöglicht, nach innen offen und geschützt zu kommunizieren (d. h. auch kritische Projektstati offen zu kommunizieren), nach außen jedoch ein einheitliches Kommunikationsverhalten gegenüber dem Projektumfeld zu gewährleisten. Der Projektleiter ist vor diesem Hintergrund dazu aufgefordert, das Projekt entsprechend der beschriebenen Anforderungen hinsichtlich aktivem Zuhören, offenem Feedback, konstruktiver Konfliktlösung und der Gestaltung von Kommunikations- und Berichtswegen zu beeinflussen.

Tipp Um Vertrauen zu schaffen, muss der Projektleiter vor allem glaubwürdig sein. Wenn der Projektleiter zum Beispiel an die Mitarbeiter kommuniziert, dass Ehrlichkeit für ihn von zentraler Bedeutung ist und er von den Projektmitgliedern zu jeder Zeit ehrliche Antworten erwartet, so stellt das verschiedene Anforderungen an ihn. Zum einen muss der Projektleiter mit den ehrlichen Äußerungen der Mitglieder umgehen lernen und diese so hinnehmen, wie sie ihm zu getragen werden. Zudem muss er Ehrlichkeit einfordern und Unehrlichkeit ahnden. Nicht zuletzt wird auch von ihm selbst erwartet, gegenüber den Projektmitgliedern und den weiteren Stakeholdern ehrlich zu sein und auch unangenehme Dinge offen zu kommunizieren.

4.4 Aufgabenkomplexität und Führung

Die Komplexität der Projektaufgabe entsteht vor allem aufgrund der Vernetzung zwischen den einzelnen Teilprojekten bzw. Arbeitspaketen und durch die Vielzahl an Umweltfaktoren, die auf das Projekt wirken. Wie bereits bei der Wirkung der geographischen Distanz auf die Führung dargelegt wurde, kommt dem Management des Projektumfelds eine besonders hohe Bedeutung zu.

Im Hinblick auf die Interdependenzen zwischen den einzelnen Projektaufgaben werden zunehmend Führungsansätze wie z. B. Kollektive Führung (HILLER, DAY, & VANCE, 2006), Team-Selbstführung (NECK ET AL., 1996) oder Geteilte Führung (PEARCE & CONGER, 2003) genannt, die von der Annahme ausgehen, dass der Projektleiter aufgrund der Komplexität internationaler Projekte nicht allein das Team führen kann, sondern dass die Teammitglieder ebenfalls Führungsaufgaben übernehmen (HOUGHTON ET AL., 2003). Führungsaufgaben, die gemeinsam durch die Teammitglieder wahrgenommen werden können sind aus Sicht von HILLER (2006):

- **Planung und Organisation** Ressourcen festlegen, Ziele setzen, Aufgaben festlegen
- **Problemlösung** Probleme analysieren, Maßnahmen festlegen, Wissen in die Problemlösung einbringen, Probleme antizipieren
- **Unterstützung und Beachtung** Unterstützung anbieten, Geduld zeigen, andere ermutigen, aktives Zuhören, Andere respektvoll behandeln
- **Entwicklung und Mentoring** Austausch von karriererelevanten Informationen, Lernen von Anderen, Vorbilder für Andere sein, Anderen helfen

Um den Projektmitgliedern die Möglichkeit zu geben, sich aktiv in die Führungsaufgaben mit einzubringen, eignet sich ein gemeinsames Projektkickoff zu Beginn des Projektes. Der Ablauf eines Projektkickoffs, das den Anforderungen internationaler Projekte an Führung wie in diesem Kapitel dargelegt, gerecht wird, wird im Folgenden detailliert beschrieben.

5 Praxisempfehlung: Kickoff eines internationalen Projektes

Beim Projektstart in Form eines Kickoff-Workshops werden die Projektbeteiligten zusammengeführt, um über grundlegende Rahmenbedingungen des Projektes informiert zu werden und um darauf basierend den Projektauftrag gemeinschaftlich zu klären (GRAF, 2002). Darüber hinaus werden Strukturen und Normen im Hinblick auf die Projektbearbeitung festgelegt und der Teambuilding-Prozess eingeleitet (HERTEL & KONRADT, 2004).

Ein auf die Bedürfnisse von internationalen Projektteams zugeschnittener Kickoff-Workshop unterteilt sich idealtypisch in die folgenden 7 Schritte (siehe. Tabelle 2.01-V5):

Tabelle 2.01-V5: Schritte des Projektkickoffs

Phase des Kickoffs	Beschreibung
1) Einladung	Einladen aller Projektbeteiligten
2) Integration der Beteiligten	Kennenlernen der Projektbeteiligten
3) Information über das Projekt	Vermittlung von Projekteckdaten
4) Qualifikation	Wissensvermittlung zu Projektmanagement, interkulturelle Kommunikation, Kommunikation und Kommunikationstechnologie
5) Vereinbarungen von Strukturen und Normen"	Definition von Vorgehensweisen und Regeln
6) Klärung der weiteren Zusammenarbeit	Festlegung der nächsten Schritte
7) Nachbereitung	Zurverfügungstellen der Projektergebnisse und Lessons Learned

Bevor die Einladung zum Kickoff- Workshop mit Agenda an die Beteiligten versandt wird, gilt es für den Projektleiter zunächst zu definieren, wer an dem Workshop teilnehmen soll. Hierbei ist darauf zu achten, dass alle wesentlichen, den Projekterfolg beeinflussenden Personen auf Auftraggeber- und Auftragnehmerseite sowie aus dem Projektteam zusammengebracht werden, ohne jedoch die für einen Workshop angestrebte Anzahl von ca. 12 - 15 Personen zu überschreiten.

Zu Beginn der Kickoff-Workshops wird den Teilnehmern die Gelegenheit gegeben, sich gegenseitig in der jeweiligen Rolle kennen zulernen. Ziel der Integration ist es, den Projektbeteiligten erste positive Erfahrungen miteinander zu ermöglichen, die die Motivation zur Durchführung des Projektes stärken. Vor diesem Hintergrund stellt sich zunächst der Projektleiter vor und berichtet über seine projektbezogene Erfahrung, seine Rolle als Projektleiter sowie seine Erwartungen an das Team, wodurch er diesem zugleich seine Kompetenz für die anstehende Aufgabe vermittelt. Die Teammitglieder informieren über ihre Funktion in ihrer Organisationseinheit, ihre Projekterfahrung, ihre fachliche Qualifikation sowie über persönliche Stärken und sind dazu aufgefordert, ihre Erwartungen an das Projekt zu formulieren sowie ihr persönliches und abteilungsbezogenes Interesse an dem Projekt und eventuelle Befürchtungen über mögliche Hürden bei der Durchführung darzulegen. Die Projektinformation zielt darauf ab, die Rahmenbedingungen des Projektes im Sinne einer einführenden Projektumfeldanalyse bekannt zu geben, Projektziele und Aufgaben zu vermitteln sowie die Erwartungen des Managements hinsichtlich Qualität, Ressourcen und Zeit zu spezifizieren. Durch die Integration des Managements in diese Phase des Kickoff-Workshops wird zudem die Bedeutung des Projektes hervorgehoben und für die Unterstützung des Projektes beim Management geworben.

Im Anschluss an die Information dient eine Qualifikation der Projektmitglieder in den Bereichen Projektmanagement, sozialen Normen der Projektteilnehmer und Kommunikationstechnologien der Erreichung eines einheitlichen Verständnisses über prozedurale, soziale und verhaltensorientierte Anforderungen im Projekt. Projektmanagementbezogen werden vor allem Inhalte hinsichtlich der Erfolgsfaktoren der internationalen Projektarbeit, Umfeld- und Risikoanalyse, Projektplanung, -organisation, -steuerung, -kommunikation und interkulturelle Auswirkungen auf die Durchführung von Projekten beleuchtet.

Anknüpfend an die Wissensvermittlung werden gemeinschaftlich Vereinbarungen über Strukturen und Normen zu Projektmanagement, (interkultureller) Kommunikation im Team und der Nutzung von Kommunikationstechnologien getroffen. Im Fokus des Projektmanagements stehen hierbei die Definition und Strukturierung von Aufgaben im Rahmen eines Projektstrukturplans, die Zuordnung von Arbeitspaket-Verantwortlichen sowie die Termin- und Meilensteinplanung. Darüber hinaus werden sachrationale (z. B. Funktionsrollen, technischer Facilitator, u. a.) und sozioemotionale Rollen (z. B. Konfliktmediator, sozioemotionaler Kommunikationsinitiator, Reflexionsinitiator, u. a.) im Projektteam und die Anbindung an die Linienorganisation festgelegt sowie Informations- und Berichtswege definiert. Außerdem erfolgt eine grundlegende Festlegung über die Kommunikation mit Außenstehenden im Rahmen des Projektmarketings.

Vereinbarungen zur internen Kommunikation im Team werden in enger Kopplung zu den ausgewählten Kommunikationsmedien getroffen und konzentrieren sich auf die Erarbeitung einer Kommunikationsstrategie zur Nutzung bestimmter Medien für festgelegte Kommunikationsinhalte, auf Regeln für den Umgang mit Kommunikationsmedien und zeitliche Bestimmungen für Regeltermine im Team. Darüber hinaus werden Regeln für den persönlichen Umgang miteinander, für die Konfliktlösung im Team und für internes Feedback festgelegt.

Die vereinbarten Ergebnisse zu Strukturen und Normen werden zum Abschluss der Kickoff-Workshops noch einmal vom Projektleiter zusammengefasst. Dessen Aufgabe besteht hier vor allem darin, dafür Sorge zu tragen, dass alle Projektbeteiligten das Projekt als Ganzes verstanden haben, jedem klar ist, welchen Nutzen der Auftraggeber erwartet und vor allem, nach welchen Kriterien der Erfolg des Projektes am Ende gemessen wird. Um zu gewährleisten, dass jeder Teilnehmer die ihm obliegenden Aufgaben bekannt sind, führt der Projektleiter eine Aktivitäten- und eine „Offene-Punkte-Liste". Mit der Bekundung seiner Hoffnung auf einen erfolgreichen Projektverlauf schließt der Projektleiter nach Bekanntgabe der nächsten Termine den Workshop.

Im Anschluss an die Veranstaltung werden im Rahmen der Nachbereitung die Arbeitsergebnisse noch einmal aufbereitet und den Projektmitgliedern im Anschluss (auf einem internetbasierten System) zur Verfügung gestellt. Zudem werden positive und negative Aspekte des Kickoff-Workshop-Verlaufs analysiert, um beim nächsten Treffen etwaig gemachte Fehler zu vermeiden.

Checkliste zur Durchführung eines Kickoff-Workshops für international verteilte Projektteams (siehe Tabelle 2.01-V6):

Tabelle 2.01-V6: Checkliste zur Durchführung von Kickoffmeetings in internationalen Projektteams

Phase	Ziele	Checkliste
Einladung	Motivation zur Teilnahme am Workshop	• Wer soll zum Kickoff-Workshop eingeladen werden? • Ist der Termin mit allen abgestimmt (Feiertage, Urlaub etc. mit eingeplant)? • Sind Raum, Arbeitsmaterialien, Informationsmaterialien und Getränke/Kekse organisiert?
Integration	Kennen lernen der Projektmitglieder Einleitung des Teamentwicklungsprozesses	**Projektleiter:** • Erfahrungen • Kompetenz • Eigene Rollendefinition • Erwartungen an das Team **Teammitglieder:** • Funktion (in der Linie) • Fachliche Qualifikation • Projekterfahrung • Persönliche Stärken • Erwartungen an das Projekt • Persönliches Interesse an dem Projekt • Abteilungsinteresse an dem Projekt • Befürchtungen hinsichtlich eventueller Hürden bei der Durchführung
Information	Vermittlung von Projektzielen Gewinnen der Unterstützung des Managements Hervorhebung der Bedeutung des Projektes	• Rahmenbedingungen des Projektes (einführende Umfeldanalyse) • Projektziele • Grundlegende Aufgaben im Projekt • Erwartungen des Managements hinsichtlich Qualität, Ressourcen, Zeit
Qualifikation	Einheitliches Verständnis über Begrifflichkeiten des Projektmanagements Auseinandersetzung mit den sozialen Normen im Team Verstehen der Vor- und Nachteile verschiedener Kommunikationsmedien	**Projektmanagement:** • Erfolgsfaktoren der internationalen Projektarbeit • Umfeld/Risikoanalyse • Projektplanung, -organisation, -steuerung • Interne/externe Kommunikation • Kulturelle Spezifika in der Projektarbeit **Interkulturelle Normen:** • Individuen und ihre Normen (Explikation der Vertrauenstheorie) • Nationale Kulturen und ihre Normen • Unternehmenskulturen und ihre Normen **Kommunikationstechnologien**

Vorgehensweisen und Normen	Vereinbarung von Strukturen und Regeln für den Ablauf der Projektkooperation	**Projektmanagement:**
		• Zieldefinition
		• Definition und Strukturierung von Aufgaben
		• Zuordnung von Arbeitspaketverantwortlichen
		• Definition von Meilensteinen
		• Rollen im Team
		• Anbindung an die Linienorganisation
		• Informations- und Berichtswege
		• Projektmarketing
		
		Interne Kommunikation/Technologien:
		1) Kommunikationsaufgaben festlegen
		   • Aufgabenbezogene Prozesse
		    (z. B. Entscheidungsfindung, Informationsverarbeitung, Planen/Steuern/Berichten)
		   • Mitarbeiterbezogene Prozesse
		    (z. B. Verhandlung, Konfliktbewältigung, Feedback, Reflexion)
		2) Kommunikationsmedien festlegen
		   • Reichhaltigkeit der Kommunikationsmedien
		   • Synchronität/Asynchronität
		   • Bezugsverhältnis (1:1, 1:n; n:m)
		   • Automatische Dokumentation
		3) Medien und Aufgaben einander zuordnen
		4) Regeln für den persönlichen Umgang miteinander (Erreichbarkeit)

Abschluss	Zusammenfassung der wesentlichen Punkte Richtungsweisung für weitere Projektkooperation	**Zusammenfassung der Workshopergebnisse:** I Haben die Beteiligten das Projekt im Ganzen verstanden? I Ist allen klar geworden, welchen Nutzen der Auftraggeber erwartet? I Ist allen Beteiligten verständlich, nach welchen Kriterien der Projekterfolg gemessen wird? **Aufnahme der ausstehenden Aufgaben:** I Was muss erledigt werden? I Von wem? I Bekundung der Hoffnung auf ein erfolgreiches Projekt
Nachbereitung	Zur Verfügungstellen der Projektergebnisse Sichern der Maßnahmenverfolgung in der kontinuierlichen Projektablauf	**Workshopergebnisse aufbereiten und den Projektteilnehmern zur Verfügung stellen:** I Wer soll über was informiert werden? I Können die Daten auf einer Kommunikationsplattform (für jeden zugänglich) abgelegt werden? **Auswertung des Workshops:** I Was lief gut? I Was kann noch verbessert werden?

6 Zusammenfassung

Internationale Projekte kennzeichnen sich durch erhöhte kulturelle Unterschiede, geographische Distanz, vermehrte Technologienutzung und Aufgabenkomplexität. Diese spiegeln sich in besonderen Herausforderungen, wie z. B. der Bewältigung von teamdynamischen Einflüssen, der Unsicherheit im Umgang mit Kommunikationstechnologie, Missverständnissen aufgrund fehlgeschlagener Kommunikation, Konflikten und unter Umständen sogar der Entwicklung von Misstrauen wider.

Vor diesem Hintergrund gewinnen bestimmte Elemente der IPMA Competence Baseline, wie z. B. Kommunikation, Konfliktlösung oder Offenheit und Wertschätzung an Bedeutung. Insbesondere rückt allerdings der Projektleiter und seine Fähigkeit ein internationales Projektteam zum Erfolg zu führen in den Mittelpunkt der Betrachtung.

Auch die Führungsaufgaben werden durch die Charakteristika internationaler Projektteams beeinflusst, so dass sich durch die kulturellen Unterschiede, die geographische Distanz, die Nutung von Kommunikationstechnologie und die Aufgabenkomplexität verschiedene Anforderungen an der Projektleiter ableiten lassen.

Aus kultureller Sicht zeigt sich, dass bestimmte Verhaltensweisen, wie z. B. gerechtes und aufrichtiges, sowie motivierendes und dynamisches Auftreten kulturunabhängig mit effektiver Führung in Verbindung gebracht werden. Die Merkmale geographischer Distanz weisen darauf hin, dass Führungsaufgaben unter Umständen nicht mehr allein durch den Projektleiter wahrgenommen werden, so dass auch an Projektmitglieder erhöhte Anforderungen (z. B. zur Selbstführung) gestellt werden. Im Hinblick auf die Nutzung von Kommunikationstechnologie zeigt sich, dass die Entwicklung einer Kommunikationsstrategie, sowie die Förderung der Vertrauensentwicklung im Team herausgehobene Führungsaufgaben werden. Abschließend weisen die Charakteristika der Aufgabenkomplexität erneut auf die Einbeziehung der Projektmitglieder in die Führungsaufgaben hin und zeigen auf, welche Aufgaben durch das Projektteam geteilt werden. Da ein gemeinsames Kickoff-Meeting zu Beginn des Projektes den Rahmen dafür bietet, diese Aufgaben gemeinsam wahrzunehmen, bietet die detaillierte Beschreibung eines Kickoff-Meetings für internationale Projekte eine konkrete Hilfestellung für Projektleiter internationaler Projekte.

7 Fragen zur Wiederholung

1. Welches sind die Charakteristika internationaler Projekte? Und wie wirken diese auf die Projektarbeit? ☐
2. Welche Herausforderungen stellen sich an das Projektteam aufgrund der spezifischen Charakteristika? ☐
3. Welche Elemente der IPMA Competence Baseline gewinnen vor diesem Hintergrund an Bedeutung? ☐
4. Wie wirken die Charakteristika internationaler Projekte auf die Führung? ☐
5. Welche Anforderungen stellen sich dadurch an den Projektleiter? ☐
6. Welche erhöhten Anforderungen stellen sich ferner an die Projektmitglieder? ☐
7. Welche Führungsaufgaben können auch durch Projektmitglieder wahrgenommen werden und welche Gelegenheit bietet den Rahmen dafür? ☐
8. Wie sollte ein Kickoff-Meeting gestaltet sein, damit gemeinsame Führungsaufgaben des Projektteams definiert werden können? ☐

2.02 Motivation und Engagement (Engagement & motivation)

Michael Gessler, Andreas Sebe-Opfermann, Stefan Derwort

Kontext

Im Basisteil wurden folgende Themen behandelt:

Frühe und aktuelle Erklärungskonzepte
Menschenbild, Motivierung und Motivation

- Menschenbild und naive Persönlichkeitstheorien
- Vorurteile, Motivierung und Motivation
- Extrinsische und intrinsische Motivation

Was motiviert den Menschen?

- Bedürfnispyramide
- Die Zwei-Faktoren-Theorie
- Job Enlargement, Job Rotation und Job Enrichment

Motivation in der Projektarbeit

- Komplexität und Stimmungen im Projektverlauf
- Selbstmotivation fördern und Demotivation verhindern

An diese Grundlagen knüpft das folgende Kapitel an.

Lernziele

Sie können

- die fünf Aspekte des Motivierungspotentials von Arbeit nach Hackman benennen und erläutern, welche Wirkung diese haben
- die fünf Typen motivierter Handlung nach Deci und Ryan benennen
- erläutern, warum die Theorie von Deci und Ryan eine Weiterentwicklung der früheren Unterscheidung, extrinsische versus intrinsische Motivation, darstellt
- die Phasen des Rubikon-Modells nach Heckhausen benennen und die Bedeutung des Modells für die Projektarbeit erläutern
- die Bedeutung von Emotionen in der Projektarbeit erläutern
- auf der Basis der drei Theorien (1. Hackman und Oldham, 2. Deci und Ryan sowie 3. Heckhausen) persönliche Schlussfolgerungen für ihre Projektarbeit ziehen und an Beispielen erläutern

Inhalt

1	Einleitung	2001
2	Weitere Modelle	2001
2.1	Job-Characteristics-Model nach Hackman & Oldham	2001
2.2	Selbstbestimmungstheorie nach Deci und Ryan	2003
2.3	Das Rubikonmodell nach Heckhausen	2005
2.4	Die Bedeutung von Emotionen	2008
3	Fragen zur Wiederholung	2010

1 Einleitung

Im Vertiefungswissen werden vier weitere Motivationstheorien vorgestellt. Diese sind

- das Job-Characteristics-Model nach HACKMAN & OLDHAM,
- die Selbstbestimmungstheorie nach DECI & RYAN,
- das Rubikonmodell nach HECKHAUSEN sowie
- die Bedeutung von Emotionen

2 Weitere Modelle

2.1 Job-Characteristics-Model nach Hackman & Oldham

Das Job-Characteristics-Model (HACKMAN & OLDHAM, 1980) benennt Faktoren, die Zufriedenheit und intrinsische Motivation am Arbeitsplatz ermöglichen (vergleichbar mit dem Ansatz von Herzberg) und bietet zudem eine Erklärung, wie diese wirken. Nach dem JCM kann eine hohe Arbeitsmotivation nur entstehen, wenn die Arbeit über ein hohes Motivierungspotential verfügt.

> **Definition** Motivierungspotential von Arbeit
> - Variabilität: Die Arbeit erfordert verschiedene Fähigkeiten und Fertigkeiten für eine erfolgreiche Aufgabenbewältigung.
> - Ganzheitlichkeit: Die Arbeit erfordert die Erstellung eines vollständigen Produkts oder zumindest eines erkennbaren Teils davon.
> - Bedeutung: Die Arbeit hat in bedeutsamer Weise Einfluss u. a. auf die Tätigkeit anderer Menschen und/oder den Erfolg des Projekts.
> - Autonomie: Die Arbeit bietet ausreichenden Handlungsspielraum für die individuelle Gestaltung der Arbeit.
> - Feedback (durch die Arbeit): Das Ergebnis der eigenen Arbeit kann von der Person unmittelbar beobachtet werden.

Diese fünf Merkmale bilden das *Motivierungspotential* der Projektarbeit. Sie werden von den Projektmitarbeitern individuell unterschiedlich erlebt, was zu spezifischen *Erlebniszuständen* führt: Die Arbeit wird als sinnvoll angesehen (oder nicht), die Personen fühlen sich verantwortlich (oder nicht) und sie kennen das Ergebnis der eigenen Anstrengungen (oder nicht). Diese individuellen Erlebniszustände haben sodann Auswirkungen auf das *Ergebnis:* intrinsische Motivation, Arbeitszufriedenheit, Zufriedenheit mit den Entfaltungsmöglichkeiten, Qualität der geleisteten Arbeit sowie Fluktuations- und Absentismusrate.

Der Zusammenhang zwischen der Charakteristik der Arbeit, dem persönlichen Erleben sowie den verschiedenen Ergebnissen konnte in mehreren Untersuchungen nachgewiesen werden.

In späteren Untersuchungen wurde das Modell erweitert. Es wurde festgestellt, dass außer dem Feedback durch die Arbeit zudem das Feedback von Anderen positiv auf die Arbeitszufriedenheit wirkt. Ergänzt wurden zudem als Ergebnisvariablen das organisationale Commitment bzw. die Bindung an die Organisation. Das organisationale Commitment erhöht sich durch Feedback von Anderen („Von meinem Vorgesetzten oder Mitarbeitern erfahre ich, wie gut ich meine Arbeit mache"), Zusammenarbeit („Meine Arbeit erfordert ein hohes Maß an Zusammenarbeit mit anderen") und Zielklarheit („Über die Ziele, welche die Organisation verfolgt, besteht Klarheit") (vgl. KIL, LEFFELSEND & METZ-GÖCKEL, 2000). Das erweitere Modell ist in Abbildung 2.02-V1 dargestellt.

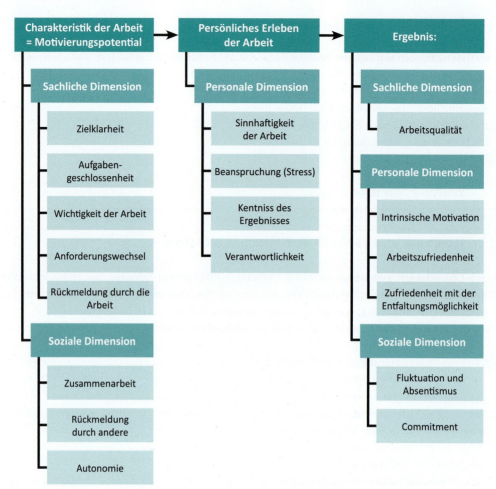

Abbildung 2.02-V1: Erweitertes Job-Characteristics-Model

Das Modell verdeutlicht das hohe Motivierungspotential, das Projektarbeit haben kann: Projektarbeit ist neuartig in der Gesamtheit der Bedingungen (Anforderungswechsel), übertragen werden Arbeitspaketverantwortlichkeiten (Aufgabengeschlossenheit und Autonomie), die über den Projektstrukturplan sowie den Termin- und Ablaufplan miteinander verbunden sind (Zusammenarbeit), um vereinbarte und überprüfbare Projektziele zu erreichen (Wichtigkeit der Arbeit, Zielklarheit). Ziel der Fortschrittsmessung ist, das Ergebnis der eigenen sowie der gemeinsamen Arbeit sichtbar zu machen (Feedback durch die Arbeit) und in regelmäßigen Teambesprechungen werden Status, Fortschritt, Erfolg und Schwierigkeiten der gemeinsamen Arbeit besprochen (Feedback durch Andere).

> Ermöglichungsbedingungen für intrinsische Motivation sind, (1) dass Klarheit über die zu erreichenden Ziele besteht, (2) dass Aufgaben vollständig bzw. in sich geschlossenen sind (Ziel + Planung + Umsetzung + Auswertung/Überprüfung), (3) dass die Bedeutung der Aufgaben bekannt ist, (4) dass ein Anforderungswechsel, eine Anforderungsvielfalt und keine Monotonie besteht, (5) dass Handlungsspielräume und Autonomie erlebt werden, (6) dass die eigene Leistung und der Fortschritt in der Arbeit sichtbar wird (Feedback durch die Arbeit), (7) dass Feedback von Anderen erhalten und gewünscht wird und (8) dass die Möglichkeit besteht, mit Anderen an einer gemeinsamen Aufgabe zusammen zu arbeiten. Projektziele auf Arbeitspaketebene herunter zu brechen, ist nicht nur eine sachlogische Notwendigkeit, sondern zudem eine die Motivation fördernde Bedingung.

2.2 Selbstbestimmungstheorie nach Deci und Ryan

In der Geschichte der Motivationsforschung werden drei Herkunftstypen für die Entstehung motivationaler Handlungsenergie unterschieden. Energie für motiviertes Handeln entstammt sodann (1) den physiologischen Bedürfnissen (oftmals als Triebe bezeichnet), (2) den Emotionen sowie (3) den psychologischen Bedürfnissen. Für DECI & RYAN sind insbesondere dreierlei psychologische Bedürfnisse zentral, die als angeboren gelten.

Basic human needs

1. **Bedürfnis nach Selbstbestimmung und Autonomie:** Menschen haben das Bedürfnis, sich selbst als Ausgangspunkt ihrer Handlungen erleben zu können („origin" nach DECHARMS 1968); sie möchten entscheiden können. Autonomie meint hierbei nicht das Alltagsverständnis von „Unabhängigkeit" oder „unbegrenzter Freiheit". Autonomie bestimmt sich vielmehr durch „die von der Person erlebte innere Übereinstimmung zwischen dem, was sie selbst für wichtig hält und gerne tun möchte und den in der aktuellen Situation geforderten Aufgabenstellungen." (KRAPP & RYAN, 2002: 59). Frustrierend ist das Erlebnis, Ausführungsgehilfe fremder Entscheidungen zu sein (fehlende Selbstbestimmung), die als persönlich unwichtig angesehen werden (fehlende Autonomie).
2. **Bedürfnis nach Kompetenzerfahrung und Wirksamkeit:** Menschen haben das Bedürfnis, etwas bewirken zu können und den gestellten und gewählten Anforderungen gerecht werden zu können (Kompetenzerfahrung). Sie möchten erleben, dass sie ihrer Umwelt nicht ausgeliefert sind, sondern mit ihrem Handeln Ereignisse kontrollieren können (Wirksamkeit). Frustrierend ist das Erlebnis, die eigene Unfähigkeit zu erfahren (fehlendes Kompetenzerleben) und nicht miterleben zu können, wie eigene Handlungen wirksam werden oder geworden sind (fehlende Wirksamkeit).
3. **Bedürfnis nach sozialer Eingebundenheit:** Menschen haben das Bedürfnis, sich mit anderen Personen in einem sozialen Milieu verbunden zu fühlen, in diesem Milieu effektiv zu wirken (zu funktionieren) und sich dabei persönlich autonom und initiativ zu erfahren" (DECI & RYAN, 1993, 229). Der Mensch möchte von für ihn wichtigen Personen akzeptiert und anerkannt zu werden. (vgl. KRAPP & RYAN, 2002:72). Frustrierend ist das Erlebnis, nicht eingebunden zu sein bzw. isoliert und nicht akzeptiert zu sein.

Diese drei Bedürfnisse werden als „basic human needs" bezeichnet, da nachgewiesen ist, dass sie eine unabdingbare Voraussetzung für das menschliche Wohlbefinden darstellen. Für andere „Basismotive" des Menschen, wie z. B. Gewinnsucht, Macht und Unterwerfung, konnte die gleiche zentrale Bedeutung nicht nachgewiesen werden.

Im Grundlagenkapitel (Band 1) wurde die Bedürfnispyramide von MASLOW vorgestellt. Die basic human needs können wie folgt den Bedürfnisklassen von Maslow zugeordnet werden: Selbstbestimmung und Autonomie fördern die Befriedigung des Bedürfnisses nach Selbstverwirklichung. Kompetenzerleben und Wirksamkeit fördern die Befriedigung des Bedürfnisses nach Achtung und das Bedürfnis nach sozialer Eingebundenheit entspricht weitgehend dem Bedürfnis nach Zugehörigkeit.

Menschen verfolgen vermutlich deshalb Ziele, weil sie auf diese Weise ihre angeborenen Bedürfnisse befriedigen können. Extrinsisch motiviertes Verhalten basiert auf allen drei psychologischen Bedürfnissen. Intrinsisch motiviertes Verhalten beruht vermutlich insbesondere auf den Bedürfnissen Kompetenz und Selbstbestimmung (Autonomie). Motivierte Handlungen lassen sich sodann nach dem Grad der Selbstbestimmung bzw. dem Ausmaß der externen Kontrolle unterscheiden. Kontrollierte motivierte Handlungen werden als aufgezwungen erlebt. Selbstbestimmte motivierte Handlungen sind das Ergebnis einer freien Wahl und entsprechen den Wünschen und Zielen der Person. Kontrolle und Selbstbestimmung definieren die Endpunkte eines Kontinuums. Sie legen die „Qualität" einer motivierten Handlung fest (DECI & RYAN 1993: 225).

Dieses Kontinuum untergliedern die Autoren in fünf Typen motivierten Handelns:

- Externale Regulation: Hier steuern (bzw. regeln) externe Faktoren die Handlungen. Eine Person handelt, um eine Belohnung zu erhalten oder einer Strafe zu entgehen. Externe Motivationsansätze sind u. a. leistungsabhängige Entlohnungssysteme. Z. B. „Ich engagiere mich, weil Engagement belohnt wird."
- Introjizierte Regulation: Die externen Erwartungen wurden internalisiert. Sie werden jedoch nicht als dem Selbst zugehörig erlebt. „Man tut etwas, ‚weil es sich gehört' oder weil man sonst ein schlechtes Gewissen hat" (DECI & RYAN 1993, S. 227). Z. B. „Ich engagiere mich, weil Engagement erwartet wird."
- Identifizierte Regulation: Die Person identifiziert sich nun mit den internalisierten Erwartungen und identifiziert sich mit ihren Aufgaben bzw. den Werten und Normen ihrer Arbeit, ihrer Arbeitsumgebung oder ihres Unternehmens. Die Arbeiten werden nicht nur deshalb gemacht, weil es sich gehört, sondern weil sie als persönlich wertvoll erachtet werden. Z. B. „Ich bin engagiert, weil mir die Aufgabe am Herzen liegt."
- Integrierte Regulation: Die Person identifiziert sich nun nicht nur mit den externen Erwartungen, sondern sie werden als Teil der Persönlichkeit bzw. des Selbst angesehen: Sie wurden integriert und harmonisiert mit anderen Interessen (z. B. Work-Life-Balance). Aufgaben werden nun nicht nur deshalb übernommen, weil sie als wichtig erachtet werden, sondern weil mit ihnen die eigene Persönlichkeit selbstbestimmt verwirklicht wird. Z. B. „Ich bin engagiert, weil ich mich mit dieser Aufgabe verwirklichen kann."
- Intrinsische Motivation: Externale, introjizierte, identifizierte und integrierte Regulation (z. B. Verantwortung zu übernehmen) führen zu extrinsisch motivierten Handlungen, weil etwas mit ihnen erreicht werden kann (z. B. Status, Ansehen, Selbstwert, Selbstverwirklichung). Bei der intrinsischen Motivation steht der Zweck einer Handlung nicht mehr im Vordergrund, sondern die Aufgabe selbst stellt die Belohnung dar. Aufgaben werden übernommen, weil sie Freude bereiten (Stichwort: Flow-Erlebnis). „Wenn ich diese Aufgabe mache, „tauche ich ganz ein" und vergesse oftmals die Zeit und die Welt um mich herum."

Das Besondere an diesem Konzept ist, dass extrinsische und intrinsische Motivation nicht vereinfachend als Gegensatzpaare angesehen werden, sondern dass (1) der graduelle Übergang deutlich wird und dass (2) deutlich wird, dass auch extrinsische Formen der Motivation ein hohes Motivationspotential haben und extrinsische Motivation mehr umfasst als nur die klassischen Vorstellungen von „Zuckerbrot und Peitsche" bzw. „materieller Belohnung und Strafe". Entscheidend ist, inwiefern Wahlmöglichkeiten bestehen, Handlungen als selbstbestimmt erlebt werden und Kompetenzerleben bzw. Wirksamkeit möglich sind.

Das Verhalten des Projektleiters kann das Entstehen integrierter Regulation und intrinsischer Motivation fördern, aber auch verhindern. Es geht hierbei um die Frage, welche Rahmenbedingungen geschaffen werden sollten, sodass Personen motiviert sein können: „how can people create the conditions within others will motivate themselves?" (DECI & FLASTE, 1995, 10):

- Zwei Kontexttypen verhindern die Entstehung von Vitalität: Dies sind (1.) inkonsistente bzw. chaotische und (2.) stark reglementierte, gesteuerte Kontexte. In inkonsistenten Kontexten weiß eine Person nicht, was von ihr erwartet wird und wie sie sich kompetent verhalten kann. Dies führt zu amotiviertem Verhalten (Demotivation). Stark reglementierte und kontrollierte Kontexte üben Druck aus auf das Verhalten, die Meinung und die Gefühle einer Person. Diese Strukturen fördern automatisierte, instrumentell orientierte Verhaltensweisen.
- Persönliche Feedbacks sind autonomiefördernd, wenn sie nicht kontrollierend sind und sich auf Sachverhalte und Arbeitsergebnisse beziehen, die aus selbstbestimmten Handlungen resultieren. Zudem ist notwendig, die Perspektive des Projektmitarbeiters zu verstehen: „Autonomy support, which is the opposite of control, means being able to take the other persons perspective and work

from there" (DECI & FLASTE 1995, 42).

- Als Druck erlebte kontrollierende Maßnahmen können die intrinsische Motivation ebenso untergraben wie eine materielle Belohnung, Strafandrohung, aufgezwungene Ziele oder künstliche Auszeichnungen. Sie richten die Aufmerksamkeit der Person auf den Aspekt der Belohnung bzw. Bestrafung und mindern den Wert der Arbeit an sich.
- Das Angebot von Wahlmöglichkeiten wird in der Regel als autonomiefördernd wahrgenommen. „Choice is the key to self-determination and authenticity" (DECI & FLASTE 1995, 10).

Mitarbeiterinnen und Mitarbeiter sind keine „unbeschriebenen Blätter". Sie bringen vielmehr vielfache Prägungen mit. Manche Mitarbeiterinnen und Mitarbeiter haben nicht lernen können und nicht gelernt, selbstbestimmt zu handeln und Verantwortung zu übernehmen. Die Bedürfnisse nach Kompetenz und Selbstbestimmung sind vermutlich, - und davon gehen DECI & RYAN aus -, angeboren, was auch bedeutet, dass dem Menschen diese Optionen offen stehen und das selbst dann, wenn sie unter vielen Lagen kontrollierter und nicht selbstbestimmter Erlebnisse und Erfahrungen verborgen liegen.

> ! DECI & RYAN untergliedern die Gegensatzpaare extrinsische und intrinsische Motivation und zeigen auf, dass graduelle Übergänge zwischen diesen Formen bestehen. Auf einem Kontinuum von Fremdbestimmtheit/Kontrolle (extrinsische Motivation) bis Selbstbestimmung/Autonomie (intrinsische Motivation) unterscheiden sie vier Formen der extrinsischen Motivation (externale, introjizierte, identifizierte sowie integrierte Regulation) sowie als fünften Typ die intrinsische Motivation. Der Grad der Selbstbestimmung entscheidet darüber, ob eine Projektmitarbeiterin bzw. ein Projektmitarbeiter externe Erwartungen (z. B. Aufgaben, Verantwortung) introjizieren, sich mit ihnen identifizieren oder ins eigene Selbstkonzept integrieren.

2.3 Das Rubikonmodell nach Heckhausen

Der Name des Modells von HECKHAUSEN (1987) ist dem historischen Ereignis entlehnt, dass Julius Cäsar 49 v. Chr. nach einer längeren Phase des Abwägens schließlich den Fluss Rubikon überschritt und damit unweigerlich einen Bürgerkrieg auslöste. Dieser Einschnitt ist eine zentrale Aussage des Modells: Während vor dem Rubikon Argumente bewertet, Pro und Contra abgewogen und schließlich auf der Basis aller Überlegungen eine Entscheidung getroffen wird, zählt nach dem Rubikon die Umsetzung der Entscheidung. Die Phase vor dem Rubikon ist *realitätsorientiert*, während die Phase nach dem Rubikon *realisierungsorientiert* ist.

Die Phase vor dem Rubikon bzw. der Entscheidung ist insbesondere ein motivationaler Bewusstseinszustand und die Phase nach dem Rubikon ein vor allem volitionaler Bewusstseinszustand (Volition = Wille). Beispielsweise ist Motivation erforderlich, um auf einen Fünf-Meter-Springturm zu steigen, während auf dem Sprungbrett der Wille darüber entscheidet, ob der gefasste Entschluss bzw. die Intention auch umgesetzt werden. Die Motivationsphase endet mit der Entscheidung (lat. dezision). In der Analogie überschreitet Cäsar mit seiner Entscheidung den Fluss.

Im Modell markiert die Entscheidung den Übergang von der Motivation zur Volition. Die Motivationsphase liegt somit vor (lat. = prä) der Entscheidung, weshalb sie als prädezisonale Phase bezeichnet wird.

Der Wille zur Umsetzung könnte scheitern, wenn in der Volitionsphase erneut bewertet, Argumente gesammelt und verschiedene Motive geklärt werden. Aus diesem Grund findet bei volitionalen Prozessen eine Art Abschirmung statt: Gegenargumente werden ausgeblendet und verstärkt Proargumente zur Kenntnis genommen. Dies bietet eine Chance, die Handlung wird umgesetzt, und ein Risiko, die Entscheidung, wird trotz ggf. neuer Informationen nicht revidiert. Die Volitionsphase beginnt jedoch nicht sofort mit der Ausführung der Handlung, sondern es beginnt zunächst eine Phase der Vorbereitung. Die Aktion wird vorbereitet und es wird auf eine günstige Gelegenheit gewartet, um den gefassten Vorsatz umzusetzen. Diese Phase vor (lat. = prä) der Aktion ist die Vorbereitung der Aktion. Die Volitionsphase untergliedert sich entsprechend in eine präaktionale und eine aktionale Phase.

Ist die Handlung schließlich umgesetzt, werden der Entschluss bzw. die Intention wieder außer Kraft gesetzt (Intentionsdesaktivierung) und es schließt sich die Phase nach (lat. = post) der Aktion an – die postaktionale Phase. Diese Phase ist wieder eine Motivationsphase und es werden Pro- und Contra-Argumente wieder zur Kenntnis genommen. Das Ergebnis wird bewertet und es wird geprüft, inwiefern das geplante Ziel erreicht wurde.

Das Bedeutsame an diesem Modell ist, dass die vier Phasen (prädezisonale Motivationsphase, präaktionale Volitionsphase, aktionale Volitionsphase und schließlich postaktionale Motivationsphase) in verschiedenen wissenschaftlichen Untersuchungen belegt werden konnten und dass es sich damit nicht nur um ein theoretisches Modell handelt, sondern um ein Modell, dass praktisches Handeln beschreibt.

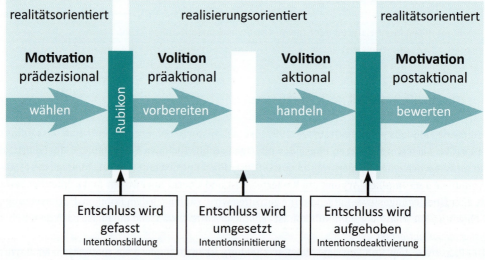

Abbildung 2.02-V2: Handlungsphasen des Rubikon-Modells
(Eigene Darstellung nach HECKHAUSEN, 1989: 212)

Das Modell hilft zu verstehen, warum Projekte, deren Scheitern offenkundig ist, dennoch nicht gestoppt werden: In der Volitionsphase stehen alle Zeichen auf Realisierung. Die Realität wird nur noch verfälscht wahrgenommen. Entscheidend hierbei ist, dass es sich um einen psychischen Prozess handelt und diese Selbsttäuschungen kaum wahrnehmbar sind.

Aus diesem Grund sind zwei Prinzipien des Projektmanagements bedeutsam:

| Mit dem Entschluss zur Durchführung (Rubikon) muss sogleich zu Beginn auch der Entschluss gefasst werden, wann das Projekt abgebrochen wird (Abbruchkriterien definieren).
| Es müssen die Rollen klar getrennt sein: Derjenige, der handelt und sich damit in der Realisierungsorientierung befindet, darf nicht dieselbe Person sein, die entscheidet (go oder no go) und damit realitätsorientiert sein muss.
  Aus diesem Grund ist die Einrichtung formeller Entscheidungsgremien bedeutsam. Sind diese zu sehr ins Geschehen involviert und identifizieren sich möglicherweise mit dem Projekt (was gerade ein Ziel des Stakeholdermanagements ist), dann kann aufgrund der beschriebenen psychischen Prozesse die Kontrollfunktion ausgeschaltet sein.
| Ähnlich wie bei Entscheidungsgremien, die den Blick von außen darstellen, kann es hilfreich sein, Bewertungen von Außenstehenden einzuholen, die nicht in das Geschehen involviert sind, z. B. im Sinne eines externen Projektaudits.
| Es existieren objektive Bewertungsverfahren (z. B. Nutzwertanalyse), die helfen können, eine relativ objektive Bewertung des Projekts zu erhalten, um den Selbsttäuschungstendenzen etwas entgegensetzen zu können.

In Nachuntersuchungen hat sich gezeigt, dass die Unterscheidung von Phasen zwar grundsätzlich bestätigt werden konnte, dass die Phasen jedoch durchaus Durchmischungen aufweisen: Auch in der Motivationsphase sind Volitionsprozesse aktiv (z. B. die Bewertung durchführen und nicht abbrechen), genauso wie in der Voltionsphase Motivationsprozesse auftreten (z. B. Welche weiteren Alternativen bieten sich an?). Gleichwohl ist entscheidend, die Bedeutung des Rubikons zu kennen und sich mit entsprechenden Maßnahmen darauf einzustellen.

Interessant ist die Ähnlichkeit dieses Modells mit einem grundlegenden Phasenschema in Projekten: Die erste Phase wäre sodann die Startphase, die mit einem Auftrag bzw. Vertrag endet (Entscheidung = Rubikon). An diese Phase schließen sich die Detailplanung und sodann die Realisierungsphase an. Nach Abschluss der Leistungserbringung findet eine Bewertung statt. Makro-Ebene (Phasenschema) und Mikro-Ebene (Handlung) ähneln sich in der Struktur ihrer Prozesse.

> Heckhausen zeigt in seinem Rubikon-Modell auf, dass nach einer Phase des Entscheidens, die mit einer hohen Motivation einhergeht, sich eine Phase der Umsetzung anschließt, wofür insbesondere der Wille (Volition) notwendig ist. Handlungen können nicht umgesetzt werden, wenn der Wille das Handlungsziel nicht „abschirmen" würde – wenn also der Projektmitarbeiter nicht hartnäckig seine Ziele verfolgen würde, obwohl Widerstände auftreten oder er sich von anderen Themen ablenken lässt. Das Modell verdeutlicht zudem ein Problem: Einmal getroffene Entscheidungen werden nachträglich selten ernsthaft und kritisch überprüft, da die Frage des „ob" oder „ob nicht" bereits entschieden ist. Abbruchkriterien und Zielüberprüfungen müssen deshalb vorher vereinbart werden.

2.4 Die Bedeutung von Emotionen

Der Mensch verfügt vermutlich über ein angeborenes emotionales Ausdrucksrepertoire, das über Kulturgrenzen hinweg verstanden wird. Es gibt viele Anzeichen dafür, dass sieben Emotionen weltweit erkannt und ausgedrückt werden (vgl. EKMAN 1994):

1. Fröhlichkeit
2. Überraschung
3. Wut
4. Ekel
5. Furcht
6. Traurigkeit und
7. Verachtung

Dass Emotionen einen hohen Einfluss haben auf Handlungen und Leistungsfähigkeit, ist unbestritten. In Kapitel 2.05 wird beispielsweise eine besondere Emotion, der Stress, sowie der Umgang damit, detailliert beschrieben. Emotionen sind eine bedeutsame Kraft- und Motivationsquelle. Einen „kühlen Kopf" zu bewahren, gilt in vielen Kulturen allerdings als Tugend.

Die Gefühle kontrollieren zu können, kann als gesellschaftlicher Wert und Anforderung gelten, um Rationalität und Ordnung aufrecht zu erhalten. Vernunft ist das Mittel, um die Emotionen zu disziplinieren. Es ist sicherlich richtig, dass ein Übermaß an Emotionen leistungsmindernd wirken kann und zu irrationalem Verhalten verleiten kann. Das ist allerdings nur ein Teil der Wahrheit.

> **§ Definition** Das YERKES-DODSON-GESETZ besagt, dass die Leistung vom Erregungsniveau und der Aufgabenschwierigkeiten abhängt. Bei leichten oder einfachen Aufgaben verbessert sich die Leistung, wenn das Erregungsniveau hoch ist. Bei schwierigen und komplexen Aufgaben ist die Leistung hingegen hoch, wenn das Erregungsniveau niedrig ist.

Dieser Wirkungszusammenhang ist in den nachfolgenden Abbildungen dargestellt:

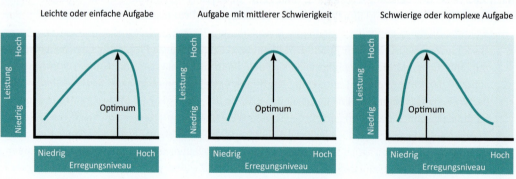

Abbildung 2.02-V3: Das YERKES-DODSON-GESETZ (ZIMBARDO & GERRIG 2003: 368)

Das Gesetz entspricht unseren Erwartungen. Es beinhaltet allerdings eine weitere Botschaft: Eine niedrige Leistung und ein niedriges Erregungsniveau hängen miteinander zusammen. Wie sehr dieser Zusammenhang zutrifft, hat der amerikanische Neurologe, ANTONIO DAMASIO, nachgewiesen.

DAMASIO berichtet von einem Patienten, der eine Gehirnschädigung aufwies, die durch einen notwendigen medizinischen Eingriff entstand: „Elliot war ein guter Ehemann und Vater gewesen, hatte zuvor einen guten Posten in einem Wirtschaftsunternehmen innegehabt und war ein Vorbild für seine Geschwister und Kollegen gewesen. ... Der Eingriff wurde von einem ausgezeichneten medizinischen Team vorgenommen und der Tumor entfernt. ... Die Operation war in jeder Hinsicht ein Erfolg, und insoweit solche Tumore in der Regel nicht wiederkehren, waren die Aussichten ausgezeichnet. ... Gewiss, in seiner Intelligenz und seiner Fähigkeit sich zu bewegen, war Elliot unbeeinträchtigt, doch in vielerlei Hinsicht war Elliot nicht mehr Elliot. Das begann schon am Morgen: Man musste ihn drängen, damit er aufstand und zur Arbeit ging. Am Arbeitsplatz konnte er seine Zeit nicht einteilen. Er war unfähig seinen Zeitplan einzuhalten. ... Manchmal unterbrach er auch eine bestimmte Tätigkeit, weil ihn im Augenblick etwas anderes mehr interessierte. ... Ich weiß noch, dass ich von Elliots intellektuellen Fähigkeiten beeindruckt war ... Die standardisierten psychologischen und neuropsychologischen Test ließen auf überdurchschnittliche Intelligenz schließen. ... Kurzum, Wahrnehmungsfähigkeit, Lang- und Kurzzeitgedächtnis, Lernfähigkeit sowie Sprach- und Rechenfertigkeit waren nicht gestört. Gleiches galt für das Arbeitsgedächtnis. ... Doch bei genauerer Analyse fehlte etwas: und ich hatte viele aufschlussreiche Anzeichen dafür übersehen: Elliot war in der Lage, die Tragödie seines Lebens mit einer Distanz zu erzählen, die in keinem Verhältnis zur Bedeutung der Ereignisse stand. Nie verlor er die Beherrschung, stets beschrieb er die Vorgänge aus der Sicht eines leidenschaftslosen, unbeteiligten Zuschauers. ... Stück für Stück setzte sich das Bild dieses Gefühlsmangels zusammen, teils durch meine Beobachtungen, teils durch die Berichte des Patienten, teils durch die Zeugnisse seiner Verwandten. ... Nach einer von vielen Sitzungen, in denen wir ihm diese Bilder gezeigt hatten [u. a. brennende Häuser, Opfer von Verkehrsunfällen, MG], erklärte er sehr bestimmt, seine Gefühle hätten sich seit seiner Krankheit verändert. Er merke, dass Themen, die ihn einst sehr erregt hätten, jetzt keinerlei Reaktionen, weder positive noch negative, hervorriefen. ... Wissen, ohne zu fühlen – so könnte man Elliots missliche Situation vielleicht zusammenfassen.
... Am Ende einer Sitzung, nachdem er eine Vielzahl von Handlungsmöglichkeiten genannt hatte, die alle vernünftig und durchführbar waren, lächelte er, offensichtlich zufrieden mit seiner Phantasie, fügte dann aber hinzu: 'Und trotzdem wüsste ich nicht, was ich tun sollte.' ... In mir wuchs die Überzeugung, dass die Gefühlslosigkeit seines Denken Elliot daran hinderte, verschiedene Handlungsmöglichkeiten unterschiedlichen Werten zuzuordnen, so dass seine Entscheidungslandschaft völlig abflachte." (DAMASIO 2001: 65-85)

Bewerten und entscheiden ist offensichtlich ein Prozess, der nur unter Beteiligung von Emotionen möglich ist. Genauso wie ein Übermaß an Emotionen irrationale Entscheidungen bewirken kann, führt auch das Fehlen von Emotionen zu irrationalen Entscheidungen.

Die Geschichte von ELLIOT wurde so ausführlich dargestellt, damit der angesprochene Punkt, die Bedeutung von Emotionen, nachempfunden werden kann. Es geht um einen wichtigen Gesichtspunkt, der gegen vieles spricht, was heute als normal, als vernünftig, als rational angesehen wird.

> ! Allein die ZDFI, die Zahlen, Daten, Fakten und Informationen ermöglichen keine Entscheidungen. Und ein Mehr an Informationen verbessert nicht zwingend die Qualität der Entscheidung. Manche Projektleiter haben ein sicheres Gefühl dafür, was richtig und falsch ist, was funktioniert und was nicht, und sie wissen, dass sie sich auf ihr „Bauchgefühl", auf ihre Intuition verlassen können. Bis dieser Expertenstatus erreicht wird, ist es ein langer Weg. Der erste Schritt wäre sicherlich zunächst einmal die Selbsterlaubnis, die eigenen Gefühle bei Entscheidungen wahrzunehmen und zu registrieren, um zu lernen, was das „Bauchgefühl" bedeutet.

GERD GIGERENZER hat ein viel beachtetes Buch über „Bauchentscheidungen" veröffentlicht. Er schreibt: „Um Verhalten zu verstehen, genügt es nicht, nur in den Kopf zu schauen. Man muss auch die materielle und soziale Umwelt berücksichtigen." (GIGERENZER, 2007: 86) Emotionen sind wertvolle Schnellindikatoren.

Sie bilden gleichsam eine „Datenautobahn", die uns mit uns selbst und unserer Umwelt verbindet:

- Emotionen können Handlungen nachträglich bestätigen und dadurch Sicherheit vermitteln.
- Emotionen können perspektivisch vor Handlungen warnen und dadurch auf mögliche Unsicherheiten hinweisen.
- Emotionen können auf soziale oder intrapsychische Konflikte hinweisen und bestehende Ungereimtheiten verdeutlichen.
- Emotionen ermöglichen Entscheidungen, um in einer überkomplexen Welt handlungsfähig zu bleiben.

Die Macht und Fähigkeit der intuitiven Entscheidung beschreibt und begründet GIGERENZER ausführlich. Er definiert Bauchgefühle sodann wie folgt: „Bauchgefühle sind das, was wir erleben. Sie tauchen rasch im Bewusstsein auf, wir verstehen nicht ganz, warum wir sie haben, aber wir sind bereit, nach ihnen zu handeln." (GIGERENZER, 2007: 57)

Denken ist eine Frage des Verstandes. Entscheidungen sind jedoch nur möglich, wenn Sachverhalte bewertet wurden und Bewertungen ohne Emotionen bzw. eine Instanz der Entscheidung, eine Person, die fühlt, sind nicht möglich. Die Wahrnehmung der eigenen Emotionen und das Vertrauen gegenüber den eigenen Gefühlen sind Fähigkeiten, die in unserem Kulturkreis wenig Aufmerksamkeit erfahren, die für die Projektarbeit allerdings von zentraler, vielleicht sogar entscheidender Bedeutung sind.

„Es braucht Mut, in bestimmten Situationen dem Bauchgefühl zu folgen – und dann womöglich unter langwierige Entscheidungsprozesse einen Schlussstrich zu ziehen und zu bestimmen, dass der Bauchentscheidung gefolgt wird. [...] Wir haben das vermeintliche Ideal des Maximierens im Kopf. Mehr ist immer besser – mehr Zeit, Informationen, Berechnungen, Optionen. In der abendländischen Philosophie und Wissenschaft standen Emotionen weit unter der Vernunft. Dieses falsche Schema steckt tief in uns drin, und es steckt auch tief in der Unternehmenskultur drin." (GIGERENZER, 2008: 4-7)

3 Fragen zur Wiederholung

1	Welche fünf Arbeitsplatzmerkmale prägen das Motivierungspotential der Arbeit?	☐
2	Wie kann die Dualität von extrinsischer und intrinsischer Motivation aufgelöst werden?	☐
3	Aus welchen Phasen besteht das Rubikon-Modell und welche Rolle spielen hierbei Motivation und Volition (Wille)?	☐
4	Warum sind Emotionen auch in der Projektarbeit von hoher Bedeutung?	☐

2.03 Selbststeuerung (Self-control)
Eberhard Will, Michael Buchert

Lernziele

Sie können

- Maßnahmen zu Stressbewältigung nennen, die bei der Wahrnehmung der Anforderungssituation ansetzen
- Maßnahmen zu Stressbewältigung nennen, die bei der Einschätzung der eigenen Potenziale ansetzen
- eine Bestandsaufnahme und Bewertung Ihrer persönlichen Ressourcen durchführen
- Maßnahmen zu Stressbewältigung nennen, die bei der eigenen Bewertung von Erfolgsaussichten ansetzen
- Maßnahmen zu Stressbewältigung nennen, die beim Aufbau von Nervenstärke und Fitness ansetzen
- Techniken zur körperlichen und mentalen Entspannung benennen
- erklären, worin die Fähigkeit zur Selbststeuerung besteht
- Selbststeuerung als Resultat aus zwei sich gegenseitig fördernden und hemmenden inneren Kräftepaaren erklären

Inhalt

1		Einleitung	2013
1.1		Stressbewältigung II	2013
1.1.1		Bei der Wahrnehmung der Anforderungssituation ansetzen	2013
1.1.2		Bei der Einschätzung der eigenen Ressourcen ansetzen	2015
1.1.3		Bei der Bewertung von Chancen und Risiken ansetzen	2016
1.1.4		Bei der Belastbarkeit ansetzen	2016
1.1.5		Bei der Fähigkeit zur Entspannung ansetzen	2017
1.2		Selbststeuerung	2018
1.2.1		Selbstregulation versus Selbsthemmung	2019
1.2.2		Selbstregulation versus Willenshemmung	2020
1.2.3		Selbststeuerung trainieren?	2020
1.3		Stressbremse PM	2021
2		Zusammenfassung	2022
3		Fragen zur Wiederholung	2023

1 Einleitung

Beim vertieften Nachdenken über das bessere Umgehen mit widersprüchlichen Anforderungen und Stress kann es nicht darum gehen, unempfindlich zu werden gegen Stressoren. Immerhin hat die physiologische Stressreaktion etwas mit dem Überleben in Gefahr, der Mobilisierung von Reserven und mit konzentrierter Anstrengung zu tun. Daher wäre es wenig nützlich, dieses Sicherheitssystem z. B. durch mentales Training komplett abschalten zu wollen, um sich ungestört in der Wohlfühlzone aufhalten zu können. Vielmehr kommt es im Kern darauf an, dadurch leistungsfähig und belastbar zu bleiben, dass man sein Potenzial erweitert, ohne sich zu überfordern. Um diesbezügliche Handlungsoptionen geht es im folgenden Abschnitt. Daran anschließend soll geklärt werden, wie man sich den Vorgang der Selbststeuerung vorstellen kann und ob und wie man seine diesbezüglichen Fähigkeiten steigern kann.

1.1 Stressbewältigung II

Da, wie oben dargestellt, Stressempfinden nach dem Muster abläuft

1. Anforderungssituation wahrnehmen
2. Eigene Möglichkeiten wahrnehmen
3. Anforderung bewerten
4. Gefühle und körperliche Reaktionen wahrnehmen
5. Erregung abbauen

können und müssen Stressmanagement und Stressbewältigungsstrategien an eben diesen Punkten ansetzen.

Es geht also darum,

- individuelle und kollektive Wahrnehmungsschemata und mentale Modelle daraufhin zu überprüfen, ob sie zur Überzeichnung von Bedrohungen und Risiken oder zur Nichterfassung oder Vernebelung von Potenzialen und Chancen tendieren, und darum, sie ggf. zu verändern
- eine sowohl positive als auch realistische Einschätzung der eigenen Ressourcen und Potenziale zu gewinnen und, darauf aufbauend, eine Strategie, beide weiter zu entwickeln, also Selbstbewusstsein und Selbstvertrauen zu stärken
- erlernten Angst- oder Wutreaktionen ihre automatisierte Wirkung zu nehmen und sie durch neue, nützlichere zu ersetzen
- Energiereserven, Nervenstärke und Fitness zu steigern
- Techniken zur raschen körperlichen und nervlichen Entspannung anzuwenden.

Bei genauem Hinsehen lassen sich auch die oben unter 1.3.4 genannten 60 Entspannungstipps jeweils einem dieser Ansatzpunkte zuordnen.

1.1.1 Bei der Wahrnehmung der Anforderungssituation ansetzen

Projektleiter, die durch eine entsprechende PM-Ausbildung systematisch auf ihre Rolle vorbereitet wurden, können mit einiger Zuversicht die Verantwortung auch für äußerst anspruchsvolle Projekte übernehmen. Sie fühlen sich gut vorbereitet und haben stets eine klare Vorstellung hinsichtlich der nächsten Schritte.

Dennoch können im Ernstfall Risiken eintreten, die niemand vorausbedacht hat. Auftraggeber können launisch oder entscheidungsschwach sein, Partner sich überfordert zeigen, Lieferanten sich als unzuverlässig erweisen. Zu viele Sitzungen kosten zu viel Zeit. Die erhoffte Entlastung vom Tagesgeschäft bleibt aus. Viel gewonnen ist, wenn der Projektleiter dies als vollkommen normal ansieht, also nicht als besondere Schwierigkeit, Ausnahmesituation, ungeliebte Pflicht oder gar als verdiente oder unverdiente Strafe. Sich über das Normale aufzuregen, wäre dann geradezu schwierig.

Einen guten Erklärungsansatz dafür, warum eine Aufgabe bereits im Moment der Wahrnehmung als belastend oder überfordernd erscheinen kann, noch bevor sie mit Ressourcen und alternativen Handlungsoptionen in Beziehung gesetzt werden konnte, bietet das bereits erwähnte Konzept der **mentalen Modelle**. Mentale Modelle sind (unbewusst) erlernte Glaubenssätze, die aus eigener Kraft kaum hinterfragt werden können. Ähnlich den Vorurteilen sind sie ziemlich resistent gegen anders lautende Erfahrungen.

Mentale Modelle, die einem Projektleiter das Leben erschweren, sind z. B.

- „Eigentlich kann man Projekte gar nicht planen und steuern. Die Zukunft ist immer unberechenbar."
- „Linie gegen Projekt ist immer Kampf um Sieg oder Niederlage."
- „Man gönnt mir den Erfolg nicht."
- „Wenn sie sehen, wie ich mich aufreibe, werden sie mich respektieren."
- „Bei den Hierarchen dringt man auch mit den besten Argumenten nicht durch."
- „Zeitdruck zwingt mich zum sofortigen Handeln aus dem Stand."
- „Ich muss alles in der Hand behalten und ständig überall präsent sein."
- „Ich muss diesen Leuten zeigen, dass ich ihnen fachlich über bin."

Da mentale Modelle handlungsleitend wirken, verhält sich der Besitzer entsprechend, erfährt meist die dazu passende, komplementäre Reaktion seiner Umwelt und findet sein Modell durch eine Self fullfilling Prophecy bestätigt.

 Tipp Besser ist es, hindernde Glaubenssätze durch fördernde zu ersetzen, z. B.
- „Es wird immer Probleme geben. Probleme sind normal. Alle anderen Projekte haben auch Probleme."
- „Der Sinn des Projektplanes ist es nicht, 1 zu 1 umgesetzt zu werden (anders als bei einer technischen Zeichnung). Er dient als Maß für Abweichung. Mit seiner Hilfe kann ich erkennen, ob ich noch im Plan bin und wie viel ich verändern muss, um wieder auf den geplanten Pfad zu kommen."
- „Ich bin für den Erfolg am Projektende verantwortlich, andere für den Business Case und wieder andere für den späteren Betrieb."
- „Es ist besser für mich, am Anfang realistisch und am Ende stolz zu sein, als am Anfang optimistisch und am Ende blamiert."
- „Ich muss die meisten Probleme nicht selbst lösen, sondern Leute besorgen, die es können und die dafür erforderliche Zeit einplanen."
- „Die meisten Leute können in Zusammenhängen denken, wenn man sie ihnen richtig erklärt."
- „Andere Funktions- oder Rolleninhaber vertreten ebenfalls legitime Interessen."
- „Kompromisse und Entscheidungen, die von den zuständigen Leuten getroffen wurden, gelten bis zum Beweis des Gegenteils als richtig."

Fördernde Glaubenssätze bewirken, dass Anforderungen und Problemlagen eher realistisch und nicht von vornherein überdimensioniert und dramatisiert wahrgenommen werden.

1.1.2 Bei der Einschätzung der eigenen Ressourcen ansetzen

Je potenter ein Mensch seine eigenen Ressourcen einschätzt, desto gelassener kann er Herausforderungen annehmen.

| Eine Möglichkeit besteht darin, die eigenen Ressourcen objektiv auszubauen und weiterzuentwickeln,
| die andere, sie einfach positiver zu sehen, insbesondere sich seiner Stärken bewusster zu werden.

Wie können Sie vorgehen?

Machen Sie eine **Bestandsaufnahme** Ihrer Ressourcen. Dabei wird der Ressourcenbegriff viel weiter gefasst als im Ressourcenmanagement. Für einen Menschen sind z. B. auch Gesundheit, Geld und Zeit Ressourcen. Unterscheiden Sie materielle und immaterielle Ressourcen und ordnen Sie sie nach ihrer Veränderbarkeit. Das Ergebnis könnte zunächst gegliedert sein wie in Abbildung 2.03-V1. Gehen Sie dann ins Detail.

Immaterielle Ressourcen							
Fachkompetenz	Methodenkompetenz	Sprachen	Sozialkompetenz	Auftreten/ Habitus	Persönlichkeit Psyche		Zeit
hoch			Möglichkeit der Beeinflussung				keine
Zugang zu Informationen	Ausstattung Werkzeuge	Kondition Immunsystem	Netzwerk Freundeskreis	soziales Umfeld	Geld	Vermögen	Körperbau Konstitution
Materielle Ressourcen							

Abbildung 2.03-V1: Beeinflussbarkeit der eigenen Ressourcen (Eigene Darstellung in Anlehung an RKW, 2004: 394),

 Tipp
| Listen Sie schriftlich (!) insbesondere Ihre Stärken auf und solche Ressourcen, die Sie in den letzten Jahren ausbauen oder weiterentwickeln konnten. Was haben Sie aktiv dafür getan? Inwiefern sind Sie dadurch z. B. belastbarer, leistungsfähiger, urteilsfähiger, anpassungsfähiger oder vielseitiger geworden? Wer hat es bemerkt? Wer hat Sie dafür gelobt?
| Ignorieren Sie Schwächen im Bereich der geringen Beeinflussbarkeit. Sie sind ein Teil von Ihnen und es bringt nichts, sich selbst zu bekämpfen. Schwächen abbauen, macht nur Sinn im Bereich der hohen Beeinflussbarkeit und dort, wo sie der Nutzung und dem Ausbau von Stärken definitiv im Wege stehen.
| Stellen Sie Ihre Selbsteinschätzung einem Menschen vor, der Sie länger persönlich kennt, der Ihnen wohl gesonnen ist und dem Sie vertrauen. Bitte Sie ihn um Hinweise darauf, an welchen Stellen Sie Ihre Ressourcen und Entwicklungsmöglichkeiten zu bescheiden oder gar zu pessimistisch einschätzen.
| Erstellen oder aktualisieren Sie Ihren persönlichen Weiterbildungs-, Gesundheits- und Vermögensbildungsplan. (Es gibt niemanden außer Ihnen, der dafür verantwortlich ist.) Worauf sollen diese Pläne ausgerichtet sein? Wonach können Sie beurteilen, ob Ihre Pläne angemessen und geeignet sind?

Spätestens jetzt stellt sich die Frage nach Ihren eigenen Zielen für den Rest Ihres Lebens. Welche Gesamtsituation, welchen Zustand wollen Sie in fünf, in zehn, in zwanzig Jahren erreicht haben? Schreiben Sie Ihre Ziele auf und stimmen Sie sie in der Familie oder in der Partnerschaft ab.

Könnten Sie nun dem folgenden Fazit zustimmen?

Ich bin zufrieden damit, wie sich meine Ressourcen in den letzten Jahren entwickelt haben. Ich habe einen realistischen Plan für ihre Weiterentwicklung. Solange nichts Schicksalhaftes geschieht, sollten meine Ressourcen ausreichen, meine zu erwartenden Aufgaben zu erfüllen, die üblichen Alltagsschwierigkeiten zu meistern und meine Ziele im Leben zu erreichen.

1.1.3 Bei der Bewertung von Chancen und Risiken ansetzen

Vereinfacht gesprochen, ergibt sich aus dem Verhältnis von Anforderung und Ressourcen eine Erfolgswahrscheinlichkeit und mit ihr ein wichtiges Motiv für zuversichtliches Handeln. Bei dieser Bewertung spielen tief in der Persönlichkeit verwurzelte Motive und Ängste eine subtile Rolle (vgl. MARTENS & KUHL, 2005).

Wie können Sie vorgehen?

Tipp Hören Sie in sich hinein: Wenn Sie sich gerade auf eine neue Aufgabe vorbereiten, was geht in Ihnen vor? Spüren Sie in sich mehr die Hoffnung auf Erfolg oder rumort in Ihnen mehr die Furcht vor Misserfolg. Vielleicht beides, aber was überwiegt? Antizipieren Sie mehr offensiv das erwartete Erfolgserlebnis – oder trachten Sie eher defensiv danach, den Schmerz des Versagens zu vermeiden? Fragen Sie sich normalerweise: Was muss ich tun, damit alles klappt? Oder fragen Sie sich eher: Was lasse ich besser sein, damit nichts schief geht?

Wenn Sie eher ein **Misserfolgsvermeider** sind, gebricht es Ihnen wahrscheinlich auch bei günstiger Ausgangslage an Zuversicht und Optimismus bei der Beurteilung der Erfolgswahrscheinlichkeit. Versuchen Sie, sich diesen Umstand bewusst zu machen.

- Verdeutlichen Sie sich die positiven, begünstigenden Elemente und Randbedingungen in Ihrer Projektumfeldanalyse.
- Rufen Sie sich die Interessenlage und die Macht der Stakeholder in Erinnerung, die Ihr Projekt gewollt haben und es unterstützen.
- Schöpfen Sie Zuversicht aus Ihrem realistischen Plan.
- Korrigieren Sie gezielt Ihre erste Einschätzung neuer Aufgaben ins Positive.
- Seien Sie bereit, sich jeden eingetretenen Erfolg zumindest teilweise zuzurechnen und tun Sie ihn nicht als Zufall ab.

Sind Sie eher ein **Erfolgssucher**, freuen sie sich einfach und gehen unbelastet an die Arbeit. Vergessen Sie aber nicht, dass Risikomanagement Pflicht ist. Zwingen Sie sich, darüber nachzudenken, was alles schief gehen könnte und was Sie vorbeugend tun werden.

1.1.4 Bei der Belastbarkeit ansetzen

„Reine Nervensache." sagte der Projektleiter, als das Hotel 48 Stunden vor dem Eintreffen der ersten Gäste noch aussah wie eine Großbaustelle. „Wir werden das schaffen."

Beneidenswert, wer von seinen Vorfahren Ausdauer und ein starkes Nervenkostüm geerbt hat, wer also weder aufgibt, noch aus der Ruhe zu bringen ist. Wer dieses Glück nicht hatte, kann entweder die **Belastbarkeit steigern** oder die **Gesamtbelastung selektiv senken**. Die folgenden Rezepte sind altbekannt, ohne Alternativen, jedoch – auch unter dem Druck gesellschaftlicher Zwänge – nicht leicht zu verwirklichen.

Genügend erholsamer Schlaf ist für die körperliche Regeneration durch nichts zu ersetzen. Sieben bis acht Stunden täglich sind auch für die meisten Erwachsenen (20-50J.) das langfristige Richtmaß, um die biochemischen Batterien für **Konzentration, Gedächtnisleistung, Kreativität und gute Stimmung** wieder voll aufzutanken (STEINER, 2006, S.86ff).

Dabei reicht die individuelle Schwankungsbreite von 5 bis 9 Stunden. Sich statt von einem Wecker durch einen mittels Dimmer simulierten Sonnenaufgang wecken zu lassen und dadurch die Erholungsqualität des Schlafes merklich zu steigern, empfiehlt (SERVAN-SCHREIBER, 2006) mit wissenschaftlichen Belegen.

Während die erste Tasse Kaffee am Vormittag ein Muntermacher und Glücksbringer ist, versorgt die letzte Tasse am Nachmittag den Körper noch stundenlang mit Koffein (Halbwertzeit durchschnittlich sechs Stunden) und beeinträchtigt den nächtlichen Tiefschlaf. Gleiches gilt für Cola und teeinhaltigen Tee (vgl. STEINER, 2006: 36ff).

Spätestens die Abbauprodukte des dritten Glases Rotwein am Abend belasten noch nach Stunden den Organismus und mindern ebenfalls den Tiefschlaf. Weitere alkoholbedingte Belastungssymptome sind starkes Schwitzen und Mundtrockenheit (vgl. STEINER, 2006: 92).

> **Tipp** Fragen Sie sich selbst: Fühle ich mich nach dem Aufstehen gekräftigt, entspannt, erfrischt, offen für das, was der Tag bringen wird? Sorgen Sie dafür, dass es so ist.

Der sprichwörtliche „apple a day", der den Arzt fernhalten soll, ist viel zu wenig für Menschen, die angestrengt arbeiten. Gut belegt ist z.B. die Wirkung von zusätzlicher Aufnahme von Omega-3 Fettsäuren auf die Gehirnleistung und gegen Antriebslosigkeit und Depression[1]. Weiteres Eingehen auf vollwertige Ernährung und gezielte Nahrungsergänzung würde an dieser Stelle den Rahmen sprengen.

Ein belastbarer Kreislauf, niedriger Ruhepuls und **physisches Durchhaltevermögen** sind bekanntlich nur durch Ausdauertraining (Schwimmen, Rudern, Laufen, Aerobic) zu erlangen. Auch wenn diverse historische Geistesgrößen körperliche Wracks waren, wissen wir nicht, zu welchen Leistungen sie fähig gewesen wären, wären sie fitter gewesen. Ein erster Schritt ist, mehr Bewegung in den Alltag zu bringen, z.B. durch Laufen, Treppensteigen, Gartenarbeit.

Nicht nur, um zusätzliche Zeit zu gewinnen für Schlaf und (angestrengte) Bewegung, macht es Sinn, über die **selektive Reduzierung der Gesamtbelastung** nachzudenken. Sind es wirklich – ausschließlich oder überwiegend – der Beruf, die Vorgesetzten die Kunden, die Kollegen, die an den Nerven zehren? Welche Rolle spielen private Belastungen und Konflikte? Welche Stressoren resultieren aus dem Familienleben, dem Liebesleben, den Geldschulden, der Clique, dem Verein, dem Leistungssport, dem professionell betriebenen Hobby, den Kurzreisen, den Fernreisen? Überfordere ich mich selbst durch zu viele Interessen, zu viel Abwechslung, zu viel Konsum, zu viel Sucht nach neuen Reizen und Kicks?

> **!** Ebenso wie die oben angesprochene Entwicklung der eigenen Ressourcen führen diese Fragen weiter zu der Frage nach den eigenen Lebenszielen und dem zielführenden Verhalten: Würde es mich erleichtern, wenn ich endlich meine/n Freund/in heiraten würde? Wenn ich in eine ruhigere Wohnung zöge? Wenn ich statt einer Fernreise eine Erholungsreise anträte? Wen ich nach 21 Uhr keine Gewaltkrimis mehr anschauen würde? Wenn ich keine riskanten Ratenkäufe mehr tätigen würde?

1.1.5 Bei der Fähigkeit zur Entspannung ansetzen

Wenn sich Stresssituationen und Stressempfindung schon nicht vermeiden lassen, bleibt als letzte kurative Maßnahme, die eigene Fähigkeit zu trainieren, nach Situationen der Anspannung und Verkrampfung möglichst rasch wieder loszulassen und zu entspannen. Sich zur Entspannung zu zwingen, ist nur ein scheinbarer Widerspruch. Harmonische Musik zu hören, die Natur zu beobachten oder mit einem Haustier zu spielen, wirkt fast immer, auch wenn es aus Einsicht in die Notwendigkeit geschieht.

---

1 Ausführlich dazu SERVAN-SCHREIBER (2006: 155ff)

Wer nach instrumentellen Methoden sucht, findet sie hier:

| Akkupressur
| Atemtechniken
| Autogenes Training
| Kinesiologie
| Meditation
| Progressive Muskelentspannung
| Quigong
| Yoga.

Einige, wie Atemtechniken oder Progressive Muskelentspannung, kann man selbst aus Büchern lernen, andere, wie Autogenes Training oder die traditionellen asiatischen Techniken, Erfolg versprechender in Kursen.

Das Ziel fortgeschrittener Entspannungsexperten ist es, bereits vor Beginn einer bevorstehenden Anstrengung einen Zustand voller Tatkraft, gepaart mit ruhiger Gelassenheit, herbeiführen zu können. Das ist es, worauf hin Leistungssportler trainieren – übrigens ohne Berührungsängste gegenüber wirksamen Entspannungsmethoden (vgl. EICHHORN, 2002)[2]. Abbildung 2.03-V2 zeigt, dass entspannte Energie trotz der scheinbar paradoxen Formulierung gerade nichts mit Schlaffheit zu tun hat.

		Energie	
		Viel	Wenig
Anspannung	Stark	angespannte Energie (Hektik, Nervosität)	angespannte Müdigkeit (Unruhe)
	Gering	entspannte Energie (calm energy, Flow)	entspannte Müdigkeit (Muße)

Abbildung 2.03-V2: Energie-Anspannungs-Matrix

1.2 Selbststeuerung

Selbststeuerung meint etwas viel Umfassenderes als Stressmanagement. Sogar die ICB spricht von der „erfolgreichen Bewältigung des Lebens". Eine Fülle von Ratgeberliteratur behandelt dieses Thema, aber auch die psychologische Forschung. Für Julius KUHL hat „der Begriff Selbststeuerung in der Psychologie eine ähnliche Bedeutung wie die im Alltag geläufigeren Begriffe Willensstärke und Selbstdisziplin. Gemeint ist **die Fähigkeit, Entscheidungen zu treffen, eigene Ziele zu bilden und sie gegen innere und äußere Widerstände umzusetzen**" (KUHL, 2004: 30).

In seinem „Modell der willentlichen Handlungssteuerung"[3] ist Selbststeuerung das Resultat aus zwei aufeinander bezogenen Kräftepaaren. In jedem Kräftepaar befinden sich fördernde und hemmende Kräfte in einer dynamischen Balance: Die fördernden Kräfte aktivieren und motivieren. Aufgabe der hemmenden Kräfte ist es, Einseitigkeit entgegenzuwirken.

---

[2] Ebenfalls von Christoph EICHHORN stammt eine gut fundierte Anleitung, sich die Fähigkeit zur Entspannung als sein eigener Coach zu vermitteln (EICHHORN, 2001; 2002).

[3] Dieses Modell ist Teil der sog. Osnabrücker Persönlichkeitstheorie, auch PSI-Theorie genannt. Ausführlich KUHL (2001). Ein Vorlesungsskript (KUHL, o.J.) findet sich im Internet unter: http://diffpsycho.psycho.uni-osnabrueck.de/vorles/seminar/PSI-light+.pdf

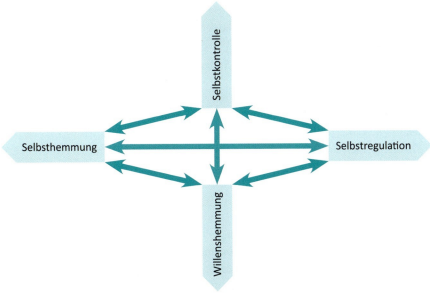

Abbildung 2.03-V3: Kräfte der Selbststeuerung nach KUHL, 2004

1.2.1 Selbstregulation versus Selbsthemmung

Die fördernde **Selbstregulation** „umfasst die Fähigkeit, eigene Wünsche und Werte überhaupt wahrzunehmen und selbstkongruente Ziele zu bilden … die mit den eigenen Bedürfnissen, Werten und Überzeugungen übereinstimmen" (KUHL, 2004: 31). Weitere Faktoren der Selbstregulation sind:

- sich selbst motivieren können,
- positive Stimmungen auf-, negative abbauen können,
- sich selbst aktivieren und aktiviert halten können,
- Nervosität und Anspannung abbauen, den Überblick bewahren können,
- zügig und mit gutem Gefühl entscheiden können,
- konzentriert und zielbezogen agieren können.

Um sowohl situativ als auch strategisch handeln zu können, ist es nützlich, dass die aktivierenden Kräfte der Selbstregulation durch **Selbsthemmung** gedämpft werden, indem die eigenen „Wünsche, Bedürfnisse, manchmal sogar die eigenen Wertvorstellungen vorübergehend oder auf Dauer zurückgestellt" werden (KUHL, 2004: 34). Es geht darum, einige der eigenen Interessen temporär zu unterdrücken und auch Unannehmlichkeiten in Kauf zu nehmen, um vorrangige Ziele diszipliniert verfolgen zu können.

In Kombination mit empfundener **Bedrohung** (vgl. oben 1.1.2 und Abb. 2.03-G3) könnten hemmende Kräfte jedoch überhand nehmen und sich äußern in

- Entfremdung von sich selbst und den eigenen Zielen
- Unfähigkeit zum Perspektivenwechsel
- Grübeln
- Handlungslähmung
- (unbewusste) Übernahme fremder Ziele
- Unfähigkeit zur Integration von Widersprüchen (KUHL, 2004: 37).

1.2.2 Selbstregulation versus Willenshemmung

Die ebenfalls aktivierende Kraft der **Selbstkontrolle** „hilft, Ziele auch gegen innere oder äußere Widerstände hartnäckig zu verfolgen" (Kuhl, 2004: 34). Dies erfordert, sowohl den Verstand einzusetzen als auch eigene Gefühle zu kontrollieren. **Kognitive Selbstkontrolle** umfasst:

- erst planen, dann handeln,
- Fortschritt verfolgen, Erinnerungshilfen nutzen, um die eigenen Vorhaben und Absichten nicht zu vergessen,
- Erfolg evaluieren, Ziele und Pläne immer wieder vergegenwärtigen, damit sie nicht verwässert werden.

Affektive Selbstkontrolle umfasst:

- Misserfolge bewältigen und aus Fehlern lernen,
- sich selbst disziplinieren und Versuchungen widerstehen können,
- sich der negativen Konsequenzen des Unterlassens bewusst sein.

Auch die Kräfte der Selbstkontrolle haben ihre Antagonisten in der **Willenshemmung**. Dabei geht es darum, vorschnelles spontanes Handeln zu bremsen, eine günstige Gelegenheit abzuwarten und das Handeln auf den richtigen Zeitpunkt aufzuschieben. Oft beweist sich Willensstärke eben in unterdrückten Impulsen.

In Kombination mit zu großer **Belastung** (vgl. oben 1.1.2 und Abbildung 2.03-G3) könnten jedoch auch die hemmenden Kräfte überhand nehmen und sich äußern in

- Mangel an Energie und Durchhaltevermögen
- Mangel an Eigeninitiative
- Unfähigkeit anzufangen, Aufschieberitis
- Konzentrationsschwäche, Ablenkbarkeit
- Warten auf fremde Aufforderungen und Impulse (vgl. Kuhl, 2004).

„Für eine gesunde Entwicklung der Selbststeuerung ist es…wichtig, auf Dauer ein Gleichgewicht zwischen Selbstkontrolle und Selbstregulation, das heißt zwischen Selbstwahrnehmung und Selbstdisziplin zu erzielen. So nützlich es ist, zuweilen auch unangenehme Ziele verfolgen zu können, so wichtig ist es auch, zu verhindern, dass sich die Fähigkeit zur konsequenten Zielverfolgung immer mehr von den eigenen Bedürfnissen entfremdet" (Kuhl, 2004: 35).

1.2.3 Selbststeuerung trainieren?

Die meisten Ratgeberbücher für mehr Erfolg und Glück im Leben setzen an jeweils ausgewählten, unterschiedlichen Elementen dieses Kräfteparallelogramms an (Abbildung 2.03-V3) und erklären, wie sie zu stärken oder weiterzuentwickeln sind. Ob es für den jew. Leser die richtigen sind, ist eine Frage seiner Ressourcen, seiner bisherigen Lebensgeschichte, seines Wertesystems und der Erwartungen seiner Umwelt. Somit ist auch erklärt, warum in den meisten dieser Ratgeberbüchern einerseits viel Richtiges steht, andererseits mit der Befolgung ihrer Ratschläge kaum planbare Ergebnisse erzielt werden können.

> Selbststeuerung ist also keine Fähigkeit, die man trainieren kann wie einen Muskel, sondern ein permanenter, normalerweise eher unbewusst verlaufender Prozess, in dem sich aktivierende und zügelnde Kräfte in einem ganz persönlichen, individuellen Fließgleichgewicht befinden. Ich steuere mich ständig selbst, durchschaue aber nicht wirklich wie. Auch kann ich auf keiner objektiven Skala ablesen, ob ich darin gut bin oder weniger gut. Es kommt ausschließlich darauf an, wie ich und andere mit den Ergebnissen zufrieden sind – und längerfristig zufrieden sein werden.

Dabei, die eigene Zufriedenheit zu steigern, hilft Lernen aus Erfahrung. Was ich lernen will, spielen – vorhandene oder nicht vorhandene – kulturelle und ethische Maßstäbe die Hauptrolle.

Wer mit den bisherigen Ergebnissen seiner Selbststeuerung – also seiner Rolle in seinem Leben[4] – nicht glücklich ist, kann versuchen, sich eventueller Ungleichgewichte in seinem persönlichen Kräfteparallelogramm bewusster zu werden, um anschließend seine Verhaltenspräferenzen zielorientiert zu verändern. Die zentralen Fragen an die eigene Person lauten dazu also:

- Ist der Antrieb zu schwach oder sind die Bremsen zu stark?
- Ist die Art, an die Dinge herangehen, das Problem oder die Art, darüber zu denken?

Abhängig von der jew. Situation und Aufgabenstellung, Stärken und Schwächen bei anderen Menschen zutreffend zu beobachten, fällt uns in der Regel leichter als bei uns selbst. Daher empfiehlt es sich, aufmerksam auf das Feedback anderer zu hören.

Wenn es darum gehen soll, an sich zu arbeiten, wird man jetzt zwangsläufig wieder auf die unter 2.1 aufgeführten Analyse- und Handlungsansätze stoßen.[5]

1.3 Stressbremse PM

Zum Thema Stress lautete die Eingangshypothese dieses Beitrages, „dass – trotz allen Strebens nach Prävention durch noch besseres Projektmanagement – die Beteiligten lernen müssen, damit umzugehen". Aber kann man wirklich davon ausgehen, dass gutes Projektmanagement heute bereits Standard ist? Wohl eher nicht. Dabei sind erfahrene Projektmanager zu Recht davon überzeugt, dass die beste Stressprävention im Projekt gutes, professionelles, angemessen dimensioniertes Projektmanagement ist.

Praktisch jeder Schritt, jede der klassischen PM-Methoden sind dazu erdacht worden

- Anforderungen und Interessen zu verstehen und handhaben zu können
- Übersicht, Klarheit und Eindeutigkeit zu schaffen
- Berechenbarkeit und Planbarkeit zu verbessern
- mit Unsicherheit umgehen zu können
- Transparenz und Nachvollziehbarkeit zu erhöhen
- Frühwarnung und Abweichungsanalyse zu ermöglichen
- Beurteilung und Entscheidungen zu erleichtern
- Missverständnisse unwahrscheinlicher und Konflikte leichter lösbar zu machen
- Informationsgrundlagen für entschiedenes Auftreten bereitzustellen.

---

4 In der ICB, Kap. 2.03. Selbststeuerung, heißt es – als ob dies so einfach wäre: „Die wirksame Nutzung der eigenen Fähigkeiten führt zur erfolgreichen Bewältigung des Lebens und zu einem ausgeglichenen Verhältnis von Arbeit, Familie und Freizeit."
5 Was man selbst tun kann, um seine grundlegende Fähigkeit zur Selbststeuerung weiterzuentwickeln, haben MARTENS/KUHL in einem wissenschaftlich gut fundierten Ratgeber dargelegt (MARTENS & KUHL, 2005). Auch sie empfehlen im Wesentlichen die unter 2.1 genannten Ansätze.

Σ Fazit Also geht es bei der Anwendung von PM-Methoden insgesamt auch darum, Unsicherheit zu vermindern und zielorientiertes Handeln in einem stabilisierten Umfeld zu ermöglichen. Sich dieses souverän zu beherrschende Handlungskonzept zu erarbeiten, sollte für Projektmanager immer der erste Schritt zur Selbststeuerung und Stressprävention sein.

2 Zusammenfassung

Aus der Sicht der ICB sind Selbststeuerung und Selbstkontrolle zielführende und integrative Fähigkeiten, die durch eigenen und fremden Stress beeinträchtigt werden. Effektivere Stressbewältigung stärkt insofern die Fähigkeit, „Herr der Lage" zu bleiben und führen und kooperieren zu können.

Ansatzpunkte für mehr Stressresistenz können sein,

- seine eigenen mentalen Modelle und die seiner Gruppe daraufhin zu überprüfen, ob sie die Überzeichnung von Risiken oder die Vernebelung von Chancen begünstigen und sie ggf. zu verändern
- eine sowohl positive als auch realistische Einschätzung der eigenen Ressourcen zu gewinnen, um Selbstbewusstsein und Selbstvertrauen zu stärken
- erlernte Angst- oder Wutreaktionen zu erkennen und abzubauen und sie durch neue, nützlichere zu ersetzen
- Energiereserven, Nervenstärke und Fitness zu steigern
- Techniken zur raschen körperlichen und nervlichen Entspannung anzuwenden.

Selbststeuerung ist keine Fähigkeit, die man trainieren kann wie einen Muskel. Einerseits kommt es darauf an, zu wissen, was man will. Man muss die eigenen Wünsche und Ziele formulieren können, die mit den eigenen Bedürfnissen und Werten vereinbar sind. (Selbstregulation.) Andererseits muss man in der Lage sein, selektiv Wünsche und Ziele zurückzustellen und Bedürfnisse und Werte vorübergehend zu unterdrücken. Zuviel dieser Selbsthemmung wäre jedoch hinderlich.

Einerseits benötigt man die Konsequenz, Ziele auch gegen Widerstände nachhaltig verfolgen zu können(Selbstkontrolle). Andererseits muss man sich zügeln können, um nicht vorschnell zu handeln, eine gute Gelegenheit und den richtigen Zeitpunkt abwarten zu können. Zuviel dieser Willenshemmung wäre jedoch schwächend.

Für richtige und erfolgreiche Selbststeuerung gibt es keine objektiven Erfolgsskalen. Es kommt darauf an, was einem selbst und andere kurz- und langfristig zufrieden stellt. Die Maßstäbe dafür können nur kultureller und ethischer Natur sein.

3 Fragen zur Wiederholung

1	Auf welchem grundlegenden Gedanken basieren Ansätze zu Stressprävention und zur Stressbewältigung?	☐
2	Was ist damit gemeint, dass man hinderliche Glaubenssätze oder Mentale Modelle „überschreiben" soll?	☐
3	Was ist unter dem Gesichtspunkt der Stressprävention wichtig beim Umgang mit den eigenen Ressourcen?	☐
4	Was könnte ein Mensch tun, der zur Übervorsicht und zur Defensive neigt, um sich nicht selbst im Weg zu stehen?	☐
5	Woran merken Sie, dass Sie kein quantitatives oder qualitatives Schlafdefizit haben?	☐
6	Anstelle der beruflichen könnte man auch versuchen, die private Belastung abzubauen. Wo könnte man ansetzen?	☐
7	Mit welchen Methoden könnte man die eigene Fähigkeit steigern, nach Situationen der Anspannung möglichst rasch wieder loszulassen?	☐
8	Wie könnte man die Fähigkeit zur „Selbststeuerung" definieren?	☐
9	Welche Kräfte wirken beim Vorgang der Selbststeuerung zusammen?	☐
10	Kann man die Fähigkeit zur Selbststeuerung ähnlich wie beim Bodybuilding trainieren?	☐
11	Woran kann ich erkennen, ob meine Selbststeuerung erfolgreich ist?	☐

2.04 Durchsetzungsvermögen (Assertiveness)
Johannes Voss

Lernziele

Sie können

- anhand von Beispielen zu beschreiben, wie Sie mit Einwänden und Widerständen in einer Debatte umgehen
- die Wichtigkeit von Beziehungsnetzen zur Durchsetzung eigener Standpunkte erläutern und begründen
- erläutern, worauf es bei der Pflege von Beziehungen im beruflichen Umfeld ankommt
- Erklären, in welchen Projekten Projektleiter über Interkulturelle Kompetenz verfügen müssen
- die Unterschiede zwischen „High-context"- und „Low-context"- Kulturen nennen
- die Vorgehensweise zur Durchsetzung eigener Standpunkte in internationalen Projekten anhand von Beispielen beschreiben

Inhalt

1	Einleitung	2027
2	Mit Einwänden und Widerständen umgehen	2027
2.1	Der richtige Umgang mit Einwänden	2027
2.1.1	Einwände anerkennen und aufgreifen	2028
2.1.2	Vorgehensweisen im Umgang mit Einwänden	2028
2.2	Der richtige Umgang mit Ausreden	2029
2.3	Der richtige Umgang mit Unentschlossenen	2029
3	Beziehungsnetze nutzen	2030
3.1	Berufliche Netzwerke aufbauen	2031
3.2	Beziehungspflege in beruflichen Netzwerken	2032
4	Durchsetzungsvermögen im internationalen Kontext	2033
4.1	Kulturunterschiede und Kultureinteilung nach Hall	2033
5	Zusammenfassung	2034
6	Fragen zur Wiederholung	2035

1 Einleitung

Ob sich ein Projektleiter durchsetzen kann oder nicht, hängt maßgeblich davon ab, wie überzeugend die Vorschläge sind, die er seinen Gesprächspartnern unterbreitet. Dabei gilt, je besser die Vorbereitung ist, umso weniger Einwände kommen im Gespräch von der Gegenseite. Doch auch bei einer noch so guten Vorbereitung ist mit Einwänden zu rechnen. Um seinen Standpunkt glaubhaft zu vertreten und überzeugend zu präsentieren, ist es daher für den Projektleiter nötig, sich mit etwaigen Einwänden frühzeitig zu beschäftigen.

Wer schon einmal von einem guten Freund Hilfe in Anspruch genommen hat, hat festgestellt, dass es in der Regel nicht besonders schwierig ist, Unterstützung zu bekommen. Einem Freund beziehungsweise einem Menschen, zu dem eine positive Beziehung besteht, helfen wir gerne. Und genau darum geht es beim Aufbau von Beziehungsnetzen. Um nicht falsch verstanden zu werden: Gemeint ist hier nicht der Aufbau von Seilschaften oder Klüngelei. Beziehungsnetze unterstützen den Projektleiter aber bei der Durchsetzung seiner Standpunkte in der Form, dass er über vorhandene Beziehungen sowohl Informationen gezielt lancieren kann als auch geeignete Personen als Sprachrohr oder Multiplikator seiner Ideen einsetzen kann. Durch die richtige und frühzeitige Nutzung vorhandener Beziehungen zu den Stakeholdern des Projektes kann der Projektleiter den Projekterfolg nachhaltig beeinflussen.

In Deutschland werden Anliegen und Standpunkte in der Regel ohne Umschweife angesprochen. Es gilt, getreu dem Motto „Zeit ist Geld" möglichst direkt auf den Punkt zu kommen, um das eigene Anliegen dann zielstrebig mithilfe von sachlichen Argumenten durchzusetzen. Eine persönliche Beziehung wird häufig wenig oder gar nicht gepflegt. Bei Projekten mit international besetzten Projektteams oder Stakeholdern aus anderen Ländern und Kulturkreisen ist diese direkte Vorgehensweise nicht immer zielführend (vgl. HOFFMANN, SCHOPER & FITZSIMONS, 2004). In einigen Ländern bewirkt sie sogar genau das Gegenteil. Schon so mancher Projektleiter wurde trotz ausreichender Sprachkenntnisse aufgrund der Missachtung kultureller Unterschiede und mangelnder Autorität vom Projekt abgezogen. Die Durchsetzung der eigenen Standpunkte und die Überzeugung der Stakeholder bei Projekten mit internationaler Besetzung verläuft anders als in Projekten mit rein nationalen Stakeholdern. Häufig entscheiden nicht sachliche Argumente über den Erfolg oder Misserfolg bei der Vermittlung der eigenen Standpunkte, sondern Beziehungen und Netzwerke, die untereinander gepflegt werden.

2 Mit Einwänden und Widerständen umgehen

Um sich durchzusetzen und andere Personen zu überzeugen, müssen die Einwände des Gesprächspartners ausgeräumt und in für ihn logische und nachvollziehbare Argumentationen gebracht werden. Nicht zielführend ist es, die Einwände des Gegenübers zu ignorieren oder als irrelevant abzutun. Einwände zeigen dem Projektleiter, dass der Gesprächspartner ein Interesse an den vorgebrachten Lösungen und Standpunkten hat. Für den Gesprächspartner selbst sind die durch den Projektleiter wahrgenommenen und aufgegriffenen Einwände ein Zeichen von Wertschätzung. Wertschätzung wirkt sich wiederum positiv auf die Motivation eines Menschen aus. (Vgl. Element 2.14 Wertschätzung; Wertschätzung in der zwischenmenschlichen Kommunikation).

Daher ist der Projektleiter gut beraten, wenn er die Einwände seines Gesprächspartners wahrnimmt und sie mit dem Gegenüber diskutiert. Nur so wirkt er überzeugend.

2.1 Der richtige Umgang mit Einwänden

Einwände eines Gesprächspartners können sich aus den unterschiedlichsten Gründen ergeben, einmal sind es unterschiedliche Wertvorstellungen der Beteiligten, ein anderes Mal sind es unzureichende Detailinformationen über den besprochenen Sachverhalt. Aufgrund der Vielfalt der möglichen Gründe ist es für den Projektleiter daher wichtig, dem Einwand auf den Grund zu gehen. Im Umgang mit Einwänden haben sich die folgenden Schritte in Anlehnung an FORSYTH als hilfreich erwiesen (vgl. FORSYTH, 2007).

2.1.1 Einwände anerkennen und aufgreifen

Eine der unvorteilhaftesten Vorgehensweisen ist das Abstreiten oder Ignorieren von Einwänden. Diese Vorgehensweise kann beim Gesprächspartner Unmut und Widerstand hervorrufen, wenn er glaubt, dass er und seine Einwände nicht wahrgenommen und nicht ernst genommen werden. Ein Projektleiter, der überzeugend wirken will, zeigt seinem Gegenüber daher, dass er die Einwände ernst nimmt. Sätze wie „Der von Ihnen genannte Aspekt ist auch interessant, darüber müssen wir noch sprechen." oder „Lassen Sie uns Ihre Sichtweise und die Vorteile unseres Konzeptes für Sie gleich diskutieren" zeigen dem Gesprächspartner, dass er ernst genommen wird und laden ihn zur Diskussion ein.

Durch die Aufnahme des Einwandes:

- zeigt der Projektleiter seinem Gegenüber, dass er als gleichwertiger Gesprächspartner angesehen wird.
- beweist er seine Glaubwürdigkeit, da er konstruktiv und sachlich argumentieren will und bei guter Vorbereitung auch kann.
- erfährt er, wo es noch Klärungsbedarf gibt und wo eventuelle Missverständnisse liegen.

2.1.2 Vorgehensweisen im Umgang mit Einwänden

Einwände durch Detailinformationen ausräumen
Oftmals resultieren Einwände aus unterschiedlichen Vorstellungen und unzureichenden Informationen. Beispiel: Der Abteilungsleiter, der einen Mitarbeiter für das Projekt abstellen soll, denkt vielleicht an einen Zeitraum von drei Wochen, in denen er den Mitarbeiter komplett freistellen muss. Der Projektleiter hingegen benötigt den Mitarbeiter nur zu 25 % seiner Arbeitszeit innerhalb der drei Wochen. Mithilfe der Detailinformationen über den Aufwand der Arbeiten löst sich der Einwand „Wir können keinen Mitarbeiter für drei Wochen entbehren" auf.

Einwände relativieren und den Nutzen in den Vordergrund stellen
Den Einwand des Abteilungsleiters im Hinblick auf die freizustellenden Ressourcen kann der Projektleiter dadurch relativieren, dass er dem Abteilungsleiter zwar zu verstehen gibt, dass er natürlich eine kurzzeitig höhere Arbeitsbelastung in seiner Abteilung hat, aber dass er nach drei Wochen aufgrund der herbeigeführten Veränderungen dauerhaft einen geringeren Arbeitsaufwand und somit eine Entlastung für seine Abteilung hat. Bei dieser Art der Einwandbehandlung stellt er den zukünftigen Nutzen in den Mittelpunkt.

Einwände umwandeln und Nachteile in Vorteile verwandeln oder umgekehrt
Bei dieser Methode geht es darum, durch schlüssige Argumentation einen vermeintlichen Nachteil durch eine andere Betrachtungsweise in einen Vorteil zu verwandeln (vgl. EDMÜLLER & WILHELM, 2005: 127f). Im Hinblick auf den Einwand des Abteilungsleiters, er könne keinen Mitarbeiter entbehren, und den implizierten Nachteil der höheren Arbeitsbelastung kann der Projektleiter, sofern es tatsächlich stimmt, mit dem Vorteil aufwarten, dass der Mitarbeiter die Chance hat, sich im Rahmen des Projektes in ein neues Verfahren einzuarbeiten. Diese Vorgehensweise ähnelt der schon zuvor genannten Relativierung von Einwänden. Wichtig hierbei ist, dass ein wirklicher Vorteil genannt wird oder aber in Umkehrung der Vorgehensweise ein auf den Gesprächspartner wirklich zukommender Nachteil.

Einwänden beipflichten und durch das Eingestehen von Schwächen stärker werden
Natürlich kann es trotz bester Vorbereitung und Konzeption passieren, dass ein Gesprächspartner einen Einwand bringt, der nicht zu entkräften ist. Dann gibt es nur noch eine Möglichkeit, damit umzugehen, und die lautet Ehrlichkeit. Nichts ist peinlicher und ramponiert die eigene Glaubwürdigkeit mehr, als sich in so einer Situation herauszureden. Ein Satz wie dieser „Sie haben recht, der Aufwand ist

einmalig vorhanden, aber dieses Projekt muss erfolgreich sein", wird dem Projektleiter mehr Sympathie und Unterstützung entgegenbringen als ein Kleinreden des offensichtlichen Aufwandes.

> **!** Damit sich das Gegenüber nicht unterlegen fühlt, verwenden durchsetzungsstarke Menschen ganz bewusst Argumente in ihrer Argumentationskette, die vom Gegenüber entkräftet werden können, aber im gesamten Kontext eher eine untergeordnete Rolle spielen.

Einwände sind etwas Normales. Der Projektleiter darf sich nicht übermäßig an einzelnen Einwänden festhalten, sondern muss das Gesamtergebnis betrachten. Er muss in der Lage sein zu differenzieren, welche Einwände kann er gelten lassen, ohne dass sein Standpunkt gravierend ins Wanken gerät, und welche sind für einen Erfolg zwingend durchzusetzen. Dabei ist es wichtig, immer daran zu denken, auch der Gesprächspartner möchte ein gutes Gefühl haben und als Gewinner dastehen. Daher ist es oft hilfreich, bewusst einige Argumente einzubauen, die von der Gegenseite entkräftet werden können, ohne dass die Gesamtbilanz aus Vor- und Nachteilen zu den eigenen Ungunsten ausfällt.

2.2 Der richtige Umgang mit Ausreden

In manchen Situationen wird der Projektleiter auf Gesprächspartner treffen, die nicht ganz ehrlich sind. Manchmal sind es Ängste vor einer neuen Herausforderung oder Situation, manchmal ist es auch nur Bequemlichkeit, die dazu führt, dass der Gesprächspartner mit Ausreden aufwartet. Im Gegensatz zu Einwänden sollte der Projektleiter Ausreden nicht gelten lassen.

Haben der Gesprächspartner oder das Umfeld nämlich erst einmal gemerkt, dass sie die Argumentation des Projektleiters mit Ausreden aushebeln können, leidet das Durchsetzungsvermögen des Projektleiters nachhaltig darunter. Daher muss der Projektleiter vorgebrachten Ausreden unmittelbar auf den Grund gehen und die Ursachen erforschen.

Der Satz des Mitarbeiters „Ich habe keine Zeit" kann viele Gründe haben. Zum einen kann er tatsächlich an seiner kapazitiven Grenze angekommen sein. Ist dies der Fall, so handelt es sich nicht um eine Ausrede, sondern um einen Fakt. Jedoch kann der Satz auch in der Angst vor neuen Aufgaben, der Zusammenarbeit mit bisher unbekannten Personen oder sogar mangelnden Sprachkenntnissen, die für die Mitarbeit in einem internationalen Projekt benötigt werden, begründet sein. Daher ist es wichtig, in solchen Situationen offensiv nachzufragen. Der Projektleiter kann dem Gegenüber zum Beispiel durch den Satz „Ich habe den Eindruck, dass es sich bei Ihrem Argument um eine Ausrede handelt" zeigen, dass er Zweifel an der Glaubwürdigkeit des vorgebrachten Argumentes hegt. Ein durchsetzungsstarker Projektleiter fordert in dieser Situation sein Gegenüber auf, die wahren Gründe zu nennen. Er bleibt bei der Ursachenforschung freundlich, aber beharrlich, vermeidet aber gleichzeitig langwierige und ausführliche Diskussionen über den vorgeschobenen Grund. Diese Art von Diskussion bringt weder den Projektleiter noch seinen Gesprächspartner wirklich weiter. Kommt der Projektleiter aufgrund der vorgeschobenen Argumente überhaupt nicht weiter, so ist es wichtig, das Gespräch mit dem Angebot einer gewissen Bedenkzeit zu beenden, um nach einer definierten Zeit erneut darüber zu diskutieren. Oftmals wird dem Gesprächspartner dann schon klar, dass er mit Ausreden nicht weiterkommt.

2.3 Der richtige Umgang mit Unentschlossenen

Im Rahmen einer Projektbesprechung wurden die Vor- und Nachteile der verschiedenen Standpunkte aller Beteiligten ausführlich diskutiert. Am Ende der Besprechung bedarf es nun einer Entscheidung, damit die Arbeit am Projekt Ziel führend fortgesetzt werden kann. Aber genau diese Entscheidung wird von den dafür zuständigen Personen nicht getroffen.

Es gibt Situationen, in denen hat der Projektleiter sein Bestes getan und kann sich trotzdem nicht durchsetzen. Nicht immer wird es ihm gelingen, seine Meinung, sei sie in den eigenen Augen auch noch so überzeugend, allen Anderen zu vermitteln. In diesem Fall gilt es, realistisch seine Erfolgschancen und den für einen Erfolg aufzubringenden Aufwand abzuschätzen. Lohnt es sich, nun noch weiter zu argumentieren und eventuell eine weitere Runde einzuläuten, oder ist es ratsamer, die Diskussion an dieser Stelle zu beenden und einfach abzuwarten, was passiert. Eine generelle Empfehlung gibt es natürlich nicht. Der Projektleiter muss individuell entscheiden, ob er in die nächste Runde übergeht oder nicht. Die Entscheidung für eine weiterführende Argumentation ist abhängig davon, welche Konsequenzen sich aus einem nicht durchgesetzten Standpunkt ergeben.

Beispiel Der Projektleiter ist davon überzeugt, dass ein angedachter Fertigstellungstermin unter keinen Umständen zu halten ist. Er kann dies bereits in der Angebotsphase des Projekts mit Fakten belegen. Da der Termin mit einer Konventionalstrafe belegt ist, hat der Projekteiter ein großes Interesse, seinen Standpunkt durchzusetzen. Er muss Beharrlichkeit und Stehvermögen aufweisen. Der Projektleiter sollte nach einer erfolglosen Diskussion sein Vorgehen überprüfen, weitere Argumente sammeln und die Folgen dieser Terminzusage dem Gegenüber verdeutlichen.

Immer wieder gerne bemüht wird auch der Satz „Lassen Sie mich einmal darüber nachdenken, wir sprechen dann später noch einmal darüber." Mit diesem Satz werden Entscheidungen auf einen unbekannten Zeitpunkt in der Zukunft verschoben. Getreu dem Motto „Manche Dinge erledigen sich von alleine" hofft der Gesprächspartner vielleicht darauf, dass die Sache in Vergessenheit gerät und er sich so um eine Entscheidung drücken kann.

In einem solchen Fall ist es wichtig, als Projektleiter erst einmal Verständnis zu zeigen. Der Satz „Natürlich ist es wichtig die Entscheidung zu überdenken, welche Informationen benötigen Sie denn noch, um eine Entscheidung zu treffen?" signalisiert dem Gesprächspartner einerseits, dass er ernst genommen wird, gibt dem Projektleiter aber gleichzeitig die Möglichkeit, weitere für die Entscheidung relevante Informationen abzufragen.

Nachdem der Projektleiter die noch unklaren Punkte kennt, kann er das Gespräch fortsetzen und die vorhandenen Unklarheiten ausräumen. In den meisten Fällen wird der Gesprächspartner dann nach dieser ergänzenden Diskussion eine Entscheidung treffen.

In den Fällen, in denen der Gesprächspartner trotzdem keine Entscheidung trifft, ist konsequentes Nachhaken gefragt. Dann muss der Projektleiter mit der Person oder der Personengruppe einen Termin vereinbaren, zu dem er das Ergebnis der Entscheidung abfragt oder falls nötig nochmals über den Sachverhalt diskutiert. Dabei ist dann abschließend die Frage zu stellen, wann die Entscheidung getroffen wird beziehungsweise wann er sich wieder melden kann.

Fazit Durchsetzungsstarke Projektleiter zeigen auch in solchen Situationen Ausdauer und lassen sich auch nach gegebenenfalls mehrmaligem Nachfassen nicht entmutigen. Eventuell hat der zu entscheidende Sachverhalt in den Augen des Gesprächspartners nur eine andere Priorität als in den Augen des Projektleiters. Ausdauer und Beharrlichkeit sind daher wichtige Bestandteile des Durchsetzungsvermögens eines Projektleiters.

3 Beziehungsnetze nutzen

„Gute Beziehungen schaden nur dem, der sie nicht hat" dieser Ausspruch eines unbekannten Autors bewahrheitet sich auch in Projekten immer wieder. Im Rahmen der Projektumfeld- und Stakeholderanalyse lokalisiert und analysiert der Projektleiter mit seinem Team die Personen oder Personengruppen, die es im jeweiligen Projekt zu beeinflussen gilt (vgl. Kap. 1.2 Interessensgruppen, interessierte Parteien). Dabei wurde ermittelt, welche Personen dem Projekt eher förderlich sind und die Ziele unterstützen und welche Personen der Zielerreichung eventuell gefährlich werden können. Egal, ob die Betroffenen dem Projekt positiv (als Promotoren) oder negativ (als Opponenten) gegenüberstehen, die Aufgabe der Projektleitung ist es, sie so in das Projekt einzubinden, dass die Zielerreichung unterstützt und nicht gefährdet wird (im Element 1.02 Interessengruppen/ Interessierte Parteien werden Maßnahmen genannt).

🔍 **Beispiel** Sie benötigen in Ihrem Projekt eine Person mit bestimmten Kompetenzen, mit der Sie bisher noch keinen direkten Kontakt hatten. Diese Person ist viel beschäftigt und gefragt. Ein guter Bekannter von Ihnen hat bisher schon mehrfach mit dieser Person zusammen gearbeitet und hat einen sehr guten Kontakt zu der Person.

Wie gehen Sie nun vor, um die Person anzusprechen? Vermutlich werden Sie zuerst mit Ihrem Bekannten sprechen, um seinen guten Draht zu nutzen. Aufgrund der guten Beziehung zu Ihrem Bekannten wird es der Person schwerer fallen, Ihr Anliegen zu ignorieren oder Ihnen eine Absage zu einem ersten Gespräch zu erteilen. Nehmen Sie jedoch den direkten Weg, so ist die Wahrscheinlichkeit sehr hoch, dass Sie bei der Person nicht einmal einen ersten Gesprächstermin bekommen. Grund hierfür ist die fehlende Beziehung.

Die Studie „Soziale Netzwerke und der Berufseinstieg von Akademikern" von Sonja HAUG und Per KROPP untermauert die Bedeutung von sozialen Netzwerken im Rahmen des Berufseinstiegs und in den ersten Berufsjahren (vgl. HAUG & KROPP, 2002).

3.1 Berufliche Netzwerke aufbauen

Seit einigen Jahren ist der Begriff Networking in aller Munde. Dabei sind der Gedanke des Netzwerkes und die zugrundeliegenden Mechanismen schon sehr alt (vgl. WIKNER, 2000: 35f). Nicht erst seit der Erfindung des Internets werden Netzwerke genutzt. Schon immer haben Menschen untereinander Beziehungen aufgebaut und sich durch das Knüpfen von Kontakten miteinander vernetzt. Lediglich die Geschwindigkeit, mit der heute Kontakte geknüpft werden können, hat aufgrund der modernen Kommunikationsmedien zugenommen. So ist es heute über Netzwerkplattformen im Internet problemlos möglich, mit Personen in anderen Ländern oder auf anderen Kontinenten in Windeseile erste Kontakte zu knüpfen.

Erfolgreiche Projektleiter entwickeln nicht nur ihre fachliche und soziale Kompetenz weiter, sie fangen auch frühzeitig an, sich ihr persönliches Netzwerk aufzubauen. Die Entstehung von persönlichen Kontakten und Beziehungen überlassen sie nicht nur dem Zufall.

Als Projektleiter ist es hilfreich, sich über die bestehenden oder noch zu knüpfenden Kontakte Gedanken zu machen und die Ergebnisse sowie das Beziehungsnetzwerk zu visualisieren.

💡 **Tipp** Dabei ist ein Mind-Map oder eine Tabelle hilfreich, in das alle vorhandenen und noch zu knüpfenden wichtigen Kontakte eingetragen werden.
- Zuerst werden dabei alle Personen, zu denen man bisher persönlichen Kontakt hatte und die man persönlich kennt, eingetragen.
- Die Kontakte können dabei zum Beispiel in die folgenden Gruppen eingeteilt werden:
  - Kontakte innerhalb des eigenen Unternehmens
  - Kontakte zu Kunden und Lieferanten
  - Kontakte zu Verbänden und Organisationen
  - Kontakte aus dem privaten Umfeld
- Im Anschluss daran werden die Kontakte im Hinblick auf die Wichtigkeit zur Erreichung der eigenen Ziele klassifiziert, zum Beispiel in:
  - sehr wichtig
  - wichtig
  - weniger wichtig
- Danach ist noch die Beziehungsintensität anzugeben, zum Beispiel durch eine Klassifizierung der Kontakte in:
  - sehr gute Beziehung
  - gute Beziehung
  - haben uns schon einmal gesehen

Tabelle 2.04-V1: „Persönliches Beziehungsnetzwerk"

Persönliches Beziehungsnetzwerk					
Berufliche Kontakte				Persönliche Kontakte	
Innerhalb des Unternehmens	Zu Kunden	Zu Lieferanten	Zu Verbänden		
▲ ⌒ Vorstand Dr. Schneider ▲ ● Personalleiter H. Müller ▼ ○ Außendienst B. Mayer			■ ● GPM RGL U. Schmitz	▲ ● Martin Schmidt ■ ○ Birgit Huber ▼ ⌒ Fritz Feldkamp	
Legende					
Wichtigkeit ▲ sehr wichtig ■ wichtig ▼ weniger wichtig			Beziehungsintensität ● sehr gute Beziehung ○ gute Beziehung ⌒ schon mal Kontakt gehabt		

Nachdem der Projektleiter geklärt hat, mit wem er in Kontakt treten möchte beziehungsweise wer schon zu seinem eigenen persönlichen Netzwerk gehört, kann er nun daran gehen, die Kontakte zu knüpfen, die er noch benötigt.

Wie der Projektleiter mit den gewünschten Personen in Kontakt tritt, kann dabei sehr unterschiedlich sein. Eine Möglichkeit besteht darin, das tägliche Mittagessen in der Unternehmenskantine zu nutzen, andere Möglichkeiten bieten sich durch ein bewusst geführtes Telefonat, durch den Besuch eines Vortrages oder einer Veranstaltung im beruflichen Umfeld oder durch Knüpfen der Kontakte im privaten Bereich, zum Beispiel auf einer Party oder bei sportlichen Aktivitäten.

Beim Knüpfen der Kontakte ist es wichtig, nicht zuerst an den eigenen Vorteil zu denken, sondern sich ehrlich für das Gegenüber zu interessieren. Nur so entstehen wirklich langfristig nutzbare Beziehungen. Ein erstes Gespräch kann sich zum Beispiel auf Gemeinsamkeiten beziehen, die einen mit der anderen Person verbinden. Die Gemeinsamkeiten können beruflicher Natur, zum Beispiel Studium an der gleichen Universität, oder aber auch privater Natur „Sie fahren doch auch ein Motorrad vom Typ xy, oder?" sein. Das Ansprechen von Gemeinsamkeiten erleichtert die Konversation mit dem Gegenüber. Handelt es sich um einen Erstkontakt, so ist es wichtig, mit dem Gesprächspartner gegen Ende des Gesprächs eine Visitenkarte auszutauschen.

Tipp Bitten Sie am Ende des Gesprächs den Gesprächspartner höflich um eine Visitenkarte und bieten Sie erst danach Ihre eigene Visitenkarte an.

3.2 Beziehungspflege in beruflichen Netzwerken

Kontakte stehen einem Projektleiter nur zur Verfügung, wenn er sie auch pflegt. Wie bei einer Pflanze bedarf es einer regelmäßigen Pflege, damit der Kontakt ebenso wie eine Pflanze wächst und sich verfestigt.

Beziehungen funktionieren nur auf der Basis des gegenseitigen Gebens und Nehmens. Beziehungen, die nur einseitig aufgebaut sind, sind dauerhaft nicht erfolgreich. Damit nun das Geben und Nehmen funktionieren, ist als Netzwerker wichtig, mehr über das Gegenüber zu wissen als nur den Namen und die Adresse (vgl. WIKNER, 2000: 128f). Erfolgreiche Netzwerker tragen Informationen über das berufliche Umfeld, in dem das Gegenüber aktiv ist, und über die Interessen, welche die Person hat, schriftlich zusammen.

Die gesammelten Informationen können dabei in Papierform oder in digitaler Form abgelegt werden. In der Datenbank werden alle Informationen über die Netzwerkpartner abgelegt. Gleichzeitig bietet sie die Grundlage für die Überlegung „Was kann ich meinem Netzwerkpartner bieten?" Es ist nicht ratsam, darauf zu warten, dass der Netzwerkpartner aktiv wird, sondern es ist wichtig, selbst aktiv zu werden und sich zu überlegen, welcher Nutzen der ausgewählten Person geboten werden kann. Das können fachliche Informationen sein, die per E-Mail weitergeleitet werden, weil diese Informationen für den Anderen wichtig sind oder eine besondere Bedeutung haben. Das können Einladungen zu Vorträgen und Veranstaltungen sein oder aber einfach nur das Angebot zu einem gemeinsamen Mittagessen in der Kantine, bei dem sich der Projektleiter mit dem Gegenüber zwanglos austauscht. Dabei muss der Nutzen, der geboten wird, individuell für die jeweilige Person ermittelt und individuell auf die Person abgestimmt sein. Zugegeben, im ersten Moment hört sich das alles sehr aufwändig an. Aber schon nach kurzer Zeit weitet sich bei dieser Art der Beziehungspflege das eigene Netzwerk mit wenig Aufwand, aber regelmäßigem Kontakt aus. Durch diese Art der Beziehungspflege verfügt der Projektleiter über zahlreiche Kontakte, die er in seinen Projekten nutzbringend einsetzen kann, um die Ziele des Projektes oder aber die persönlichen Standpunkte an entsprechender Stelle und unter Einschaltung von Mittelsmännern durchsetzen.

4 Durchsetzungsvermögen im internationalen Kontext

Durchsetzungsvermögen ist definiert als die Fähigkeit, seine Standpunkte mit Überzeugung und Autorität vorzutragen (vgl. ICB 3.0). Überzeugung kann nur entstehen, wenn die Argumente des Gegenübers nachvollziehbar und akzeptierbar sind. Genau hier liegt die Herausforderung in internationalen Projekten. Schon im eigenen Land ist oft schwierig genug, Gesprächspartner vom eigenen Standpunkt zu überzeugen. Noch viel schwieriger wird es in der Regel, wenn kulturelle Unterschiede zum Tragen kommen. In diesem Fall bedarf es zur Durchsetzung der eigenen den Projektzielen förderlichen Standpunkte entsprechender Interkultureller Kompetenz.

Interkulturelle Kompetenz bezeichnet die Fähigkeit zum Umgang mit Menschen aus anderen Kulturen (vgl. BLOM & MEIER, 2002). Ein mit Interkultureller Kompetenz ausgestatteter Projektleiter ist in der Lage, die Vorstellungen, Motive und Probleme seines Gesprächspartners aus einem anderen Kulturraum nachzuvollziehen und angemessen darauf zu reagieren. Somit ist die Interkulturelle Kompetenz ein Teil der Sozialkompetenz und zwingende Voraussetzung zur Durchsetzung eigener Interessen beziehungsweise der Projektinteressen in fremden Kulturräumen.

4.1 Kulturunterschiede und Kultureinteilung nach Hall

Kulturelle Unterschiede werden seit vielen Jahren von Wissenschaftlern untersucht, um den Umgang von Personen aus verschiedenen Kulturkreisen untereinander erfolgreicher zu gestalten. Zur Analyse und Beseitigung von Missverständnissen zwischen Personen aus dem nordamerikanischen-nordeuropäischen Kulturkreis und Südeuropäern, Afrikanern und Asiaten bietet sich die vom Amerikaner Edward T. HALL in den 1970er Jahren entwickelte Kultureinteilung in „high-context-cultures" und „low-context-cultures" an (vgl. BLOM & MEIER, 2002: 62ff).

In „Low-context"-Kulturen wird deutlich, direkt und explizit kommuniziert, während in „High-context"-Kulturen sehr implizit kommuniziert wird. Für Projektmanager bedeutet dies, „zwischen den Zeilen zu lesen" und sich ebenso auszudrücken, um seine eigenen Standpunkte durchzusetzen. Vieles, was gemeint wird, wird in „High-context"-Kulturen nicht ausdrücklich gesagt, sondern in Form von teilweise sehr freundlich klingenden Sätzen implizit ausgedrückt.

Die Bedeutung von Ereignissen und Aussagen in „High-context" Kulturen hängt stark vom sozialen Kontext ab. Menschen aus „High-context" Kulturen benötigen Hintergrundinformationen, um Entscheidungen treffen zu können. Sie sind an langfristigen zwischenmenschlichen Beziehungen interessiert und haben ein eher hierarchisches Denken. Japan ist ein Beispiel für eine solche „High-context"-Kultur.

Amerikaner hingegen sind weniger an persönlichen Bindungen interessiert und stehen im Ruf, besonders direkt zu sein. Sie bringen alles noch einmal auf den Punkt. Amerikaner bevorzugen außerdem flache Entscheidungsstrukturen. Die USA ist damit ein Beispiel für eine „Low-context"-Kultur.

Zu den „High-context"-Kulturen gehören vor allem die Franzosen, Spanier, Italiener, Polen und die Völker im Nahen Osten beziehungsweise in Asien (vgl. BLOM & MEIER, 2002). Deutsche wie Amerikaner sind eher „low-context"-orientiert und formulieren deshalb äußerst direkt.

Polen verpacken ihre Botschaften gerne in bildhafte kleine Geschichten und unterstreichen Ihre Aussagen durch den Kontext (vgl. MEWALDT, 2006). Kontext heißt in diesem Fall zum Beispiel das gezeigte nonverbale Verhalten, der nicht vorhandene oder vorhandene Blickkontakt, der hierarchische Unterschied zwischen den Personen und die Situation, in der etwas übermittelt wird.

Die oft direkten Aussagen der Deutschen werden von Polen oft als unfreundlich und fordernd empfunden. Im Gegensatz zu Deutschland, wo wir mit einem klaren Nein unsere ablehnende Haltung ausdrücken, wird die Ablehnung in Polen in freundliche Worte verpackt.

Das dargestellte Beispiel anhand zweier Länder, deren Grenzen sich direkt berühren, zeigt, wie unterschiedlich Kommunikation verlaufen kann und muss, damit z. B. ein Projektleiter seinen Standpunkt vermitteln und durchsetzen kann. In internationalen Projekten können die Beteiligten Verständnis für andere Kooperationskulturen entwickeln und wahrscheinlich passen sich auch bisher unterschiedliche Verhaltensformen durch die gemeinsame Arbeit einander an.

5 Zusammenfassung

Selten läuft eine Diskussion, bei der Standpunkte ausgetauscht werden, ohne Einwände der Gegenseite ab. Da heißt es „Ja aber …" oder „Das kann doch nicht funktionieren.". In diesen Situationen ist als Projektleiter die Fähigkeit gefragt, mit Einwänden richtig umzugehen. Ein Ignorieren oder ein vehementer Frontalangriff nach dem Muster „Sie haben ja keine Ahnung" führt selten zu den gewünschten Ergebnissen. Nur wenn der Projektleiter in der Lage ist, den Einwand zu analysieren und die im Einwand steckende Botschaft zu entschlüsseln und angemessen mit den richtigen Argumenten darauf zu reagieren, wird er sein Ziel erreichen. Dabei gilt es, noch zwischen wirklichem Einwand und Ausrede zu unterscheiden.

Bei fast allem, was wir in unserem Leben tun, sind wir direkt oder indirekt auf die Zusammenarbeit mit anderen Menschen angewiesen. Die Qualität einer Zusammenarbeit ist dabei immer auch abhängig von der Beziehung, welche die Beteiligten untereinander pflegen. Erfolgreiche Menschen legen darauf Wert, möglichst viele und positive Beziehungen zu pflegen. Ihnen ist der Wert von Beziehungen bewusst, deshalb pflegen sie sowohl beruflich als auch privat ausgedehnte Netzwerke. Im richtigen Moment die richtige Person zu kennen und für seine Zwecke nutzen zu können, erhöht das Durchsetzungsvermögen entscheidend. Beim Aufbau von Netzwerken reicht es jedoch nicht aus, möglichst viele Visitenkarten sein eigen nennen zu können, sondern die anfänglich hergestellten Kontakte müssen langfristig gepflegt und zum Nutzen aller Beteiligten gestaltet werden.

Dabei geht die Vorstellung, wie Kontakte zu pflegen sind, nicht nur im eigenen Land auseinander. Kommen noch kulturelle Unterschiede der Beteiligten hinzu, ist Interkulturelle Kompetenz gefragt. Nur wer die Fähigkeit hat, sich in die Bedürfnisse und Motive von Menschen aus fremden Kulturkreisen hinzuversetzen, wird dauerhaft erfolgreiche Kontakte zum Wohl seiner Projekte pflegen können. Kulturelle Kenntnisse und eine einfühlsame Vorgehensweise sind dabei für eine erfolgreiche Zusammenarbeit im Projekt nicht nur relevant, wenn die Beteiligten aus fernen Ländern oder von anderen Kontinenten kommen. Schon die Kulturen zweier benachbarter Länder bergen oft genug Potential, um die Zusammenarbeit zu erschweren. Deshalb ist es für die Projektleitung wichtig, sich mit den Beteiligten eines Projektes und deren kulturellen Hintergründen ausreichend auseinanderzusetzen. Die Fähigkeit, zwischen den Zeilen lesen zu können, wird vor allem in den Ländern benötigt, in denen Botschaften implizit ausgetauscht werden und ein vermeintlich freundlicher Satz eine andere Bedeutung hat als die, die der Projektleiter dahinter vermutet, wenn er selbst aus einer „Low-context"-Kultur kommt.

6 Fragen zur Wiederholung

1	Worauf weisen Einwände eines Gesprächspartners in einem Gespräch hin?	☐
2	Wie ist mit Einwänden und wie mit Ausreden eines Gesprächspartners umzugehen?	☐
3	Welche Vorgehensweise ist im Umgang mit unentschlossenen Personen sinnvoll?	☐
4	Welche Bedeutung haben berufliche Netzwerke im Hinblick auf das Durchsetzungsvermögen eines Projektleiters?	☐
5	Worauf ist bei der Pflege von Kontakten im beruflichen Netzwerk zu achten?	☐
6	Welche Bedeutung hat Interkulturelle Kompetenz aufgrund der zunehmenden Globalisierung für Projektleiter?	☐
7	Worauf ist bei der Vermittlung von Standpunkten gegenüber Personen aus anderen Ländern und Kulturkreisen zu achten?	☐
8	Was versteht Edward. T. HALL unter high-context-cultures und low-context-cultures?	☐

2.05 Stressbewältigung und Entspannung (Relaxation)

Frank Musekamp

Im Vertiefungsteil dieses Beitrags sollen nun verschiedene Techniken zur Entspannung und Stressbewältigung vorgestellt werden. Dabei lassen sich grundsätzlich bedingungs- und personenbezogene Methoden unterscheiden. Erstere zielen auf eine Veränderung der objektiven, belastenden Bedingungen in der Umwelt. Personenbezogene Methoden dienen der Veränderung des individuellen Verhaltens der Betroffenen selbst. Zunächst ist es also nötig zu erkennen, welche Techniken in welchen Situationen sinnvoll sind und ob die Ursache für die Belastung durch personenbezogene Entspannungstechniken überhaupt bearbeitet werden kann. In Abschnitt 1.1 wird dazu ein Instrument zur (Selbst-) Reflexion vorgestellt. Ergibt sich daraus, dass die Ursachen für hohe Belastungen hauptsächlich in schlecht gestalteten Bedingungen in Projekt und Projektumfeld liegen, sind bedingungsbezogene Maßnahmen zu treffen. Beispielhaft wird hier der Schwerpunkt auf die Aufmerksamkeit der Projektverantwortlichen gelenkt. Sie sind in erster Linie dafür verantwortlich, gesundheitsförderliche Bedingungen für ihre Projektmitarbeiter zu schaffen. Anschließend wird eine Checkliste vorgestellt, die Projektmitarbeiter bei der Vermeidung von Zeitdruck unterstützen kann. In Abschnitt 2 werden personenbezogene Entspannungstechniken vorgestellt. Diese können von Betroffenen ausgeführt werden, wenn sie akut oder in bestimmten Abständen sehr angespannt sind, aber keinen bedingungsbezogenen Änderungsbedarf sehen.

Lernziele

Sie kennen

- fünf Indikatoren, die auf psychisch belastende Projektbedingungen hinweisen
- Instrumente zur Analyse von Belastungen in Projekten
- Übungen zur Senkung akuter Anspannungen in heißen Projektphasen
- die Relevanz von solidarischem Handeln beim Versuch, psychische Belastungen zu reduzieren

Sie können

- analysieren, ob die Ursache für überlange Arbeitszeiten im Projekt eher im Verhalten der betroffenen Person liegt oder in deren Arbeitsbedingungen
- bedingungsbezogene Strategien zur Vermeidung von psychischen Belastungen für ein Beispielprojekt entwerfen
- personenbezogene Maßnahmen zur Vermeidung von psychischen Belastungen für ein Beispielprojekt entwerfen
- das Vorgehen zum Erlernen von Autogenem Training erläutern
- Atemübungen zur Entspannung nutzen
- Muskelübungen zur Entspannung einsetzen

Inhalt

1	Bedingungsbezogene Maßnahmen zur Belastungsvermeidung	2039
1.1	Zur Analyse von Belastungen: Selbstreflexion	2039
1.2	Erhöhte Aufmerksamkeit bei Projektverantwortlichen	2041
1.3	Checkliste zur Vermeidung von Zeitdruck in Projekten	2042
2	Personenbezogene Maßnahmen bei empfundenen Belastungen	2045
2.1	Langfristige Entspannungsübungen: Autogenes Training	2045
2.2	Spannungsabbau in heißen Phasen: Atemübungen	2047
2.3	(Ver-) Spannungsabbau in heißen Phasen: Muskelübungen	2048
3	Zusammenfassung	2051
4	Fragen zur Wiederholung	2051

1 Bedingungsbezogene Maßnahmen zur Belastungsvermeidung

1.1 Zur Analyse von Belastungen: Selbstreflexion

Die ambivalente Wirkung von Autonomie in der Projektarbeit führt häufig dazu, dass Projektmitarbeiter und auch Projektleiter nur schwer einschätzen können, ob die Ursachen für ihre Belastungen in der eigenen Person, in den Arbeitsbedingungen oder in einem Wechselspiel aus beidem liegen. Hinzu kommt, dass es häufig als schick gilt, viel zu arbeiten.

ALKE (2004) entwickelt einen Leitfaden zur Selbstreflexion, der die Frage zu beantworten hilft, wo die Ursachen für überlange Arbeitszeiten in Projekten liegen, denn überlange Arbeitszeiten sind der wichtigste Indikator für belastende Entgrenzungserscheinungen.

Als ein erster Schritt der Analyse wird in einer Art Brainstorming darüber nachgedacht, was sich in der täglichen Arbeit ändern müsste, damit das Problem des „zu viel Arbeitens" gelöst wird. Dabei ist es zunächst unwichtig, ob der Betroffene das Problem selbst lösen kann oder ob andere dazu aktiv werden müssten. Alke nennt diese Ansatzpunkte „Stellschrauben", die dann in einem Formular geordnet und bewertet werden (vgl. Abbildung 2.05-V1). In der Spalte Bemerkungen können Effekte von Stellschrauben auf andere wichtige Aspekte festgehalten werden. Beispielsweise könnte eine Reduktion der Arbeitszeit dazu führen, dass der Betroffene nicht mehr ausreichend mit relevanten Informationen versorgt wird o. ä.

Wo in der Arbeitstätigkeit müsste angesetzt werden, um die überlangen Arbeitszeiten zu reduzieren? An welchen „Stellschrauben" müsste gedreht werden?			
Ansatzpunkte bzw. „Stellschrauben"		Möglicher Effekt (Wie stark ist der Effekt des Drehens an dieser Stellschraube? Wie groß ist die zeitliche Entlastung?)	Bemerkungen (unerwünschte Nebenfolgen, Zusammenhänge mit anderen Stellschrauben etc.)
Nr.	Kurzbeschreibung		
		☐ sehr gering – ☐ gering – ☐ mittel – ☐ groß – ☐ sehr groß	
		☐ sehr gering – ☐ gering – ☐ mittel – ☐ groß – ☐ sehr groß	
		☐ sehr gering – ☐ gering – ☐ mittel – ☐ groß – ☐ sehr groß	

Abbildung 2.05-V1: Formular zum Sammeln und Bewerten von Stellschrauben zur Arbeitszeitreduktion (vgl. ALKE 2004: 84)

Aus dieser Sammlung von Stellschrauben werden nun (pro Mitarbeiter) die am höchsten bewerteten ausgewählt und jeweils einzeln im zweiten Formular weiter behandelt (Abbildung 2.05-V2).

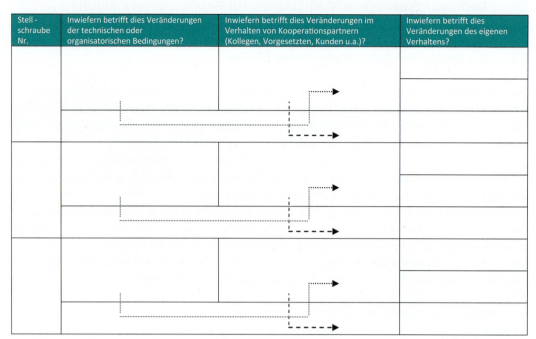

Abbildung 2.05-V2: Formular zur vertiefenden Analyse von Stellschrauben (vgl. ALKE 2004: 85)

Dabei wird in einem ersten Schritt überlegt, ob zur Nutzung der Stellschraube

I Arbeitsbedingungen verändert werden müssen,
I sich das Verhalten von Kooperationspartnern ändern muss (z. B. Kollegen oder Kunden) oder ob
I sich das Verhalten des Betroffenen selbst ändern muss.

Ein Projektmitarbeiter mit relativ ausgedehnten Handlungsspielräumen kann nicht nur sein eigenes Verhalten beeinflussen. Er hat ebenfalls die Möglichkeit, Einfluss auf die Arbeitsbedingungen oder die Kooperationspartner auszuüben. Dies wird in einem zweiten Schritt genau analysiert, indem jeweils die Stellschrauben der ersten beiden Spalten (Bedingungen und Kooperationspartner) auf eigene Einflussmöglichkeiten hin untersucht werden. Dieser Schritt wird mit den gestrichelten Pfeilen im Formular angedeutet (vgl. Abbildung 2.05-V2).

Tipp Suchen Sie das Gespräch mit Kollegen, wenn Sie sich durch die Projektarbeit dauerhaft belastet fühlen. So können Sie feststellen, ob es ihnen genauso geht. Auf diese Weise lassen sich Ursachen für hohe Belastungen häufig einfacher finden und evtl. gemeinsam beheben. Auch der Austausch mit Familie und Freuden kann neue Einsichten eröffnen. Um zu verhindern, dass solche Gespräche mit dem Satz „Tja, so ist das nun mal..." enden, kann der Leitfaden eine große Hilfe sein. Ein systematisches Gespräch ist oft nachhaltiger als ein informelles.

Wenn sich nach eingehender Diskussion der gewonnenen Ergebnisse zeigt, dass der Einzelne kaum eine Möglichkeit hat, seine überlangen Arbeitszeiten und den Druck zu reduzieren, muss versucht werden, die Arbeitsbedingungen im Unternehmen zu verändern. Dies ist oft ein politischer Prozess, der langwierig, zeitraubend und einsam sein kann, weil eine solidarische Organisation unter Projektmitarbeitern sehr selten ist. Kann oder will ein Mitarbeiter einen solchen Weg nicht gehen, bleibt vielleicht als letzte Konsequenz nur noch der Ausstieg aus dem Projekt oder gar dem Unternehmen.

🔍 **Beispiel** Bei der IBM wurde 1997 vielen klar, dass „Arbeiten ohne Ende" zu einem Dauerzustand geworden war, der seinen Schrecken nicht mit dem Ende der Reorganisation verlieren würde. Darum wurde vom Betriebsrat die Aktion „Monat der Besinnung" initiiert, welche die Mitarbeiter dazu veranlassen sollte, ihre Arbeitssituation zu reflektieren. Es wurde ein Erfahrungsbericht einer Mitarbeiterin mit dem heute berühmt gewordenen Titel „Arbeit ohne Ende" an alle 600 Mitarbeiter verschickt. Dazu wurde um Rückmeldungen im Sinne der folgenden Fragen gebeten:
- Kennen Sie diese Situation?
- Wie gehen Sie damit um?
- Welche Änderungen der Rahmenbedingungen wären hilfreich?

Auf den Erfahrungsbericht gab es eine große Resonanz. Viele eingehende Berichte hatten einen sehr persönlichen Charakter. Sie führten in Versammlungen dazu, dass verschiedenste Mitarbeiter mutig über ihre Probleme sprachen. Das bis dahin tabuisierte Thema war öffentlich geworden, die Mitarbeiter erlebten: „Meine ‚individuellen Probleme' sind keine persönlichen Defekte von mir. Ich erlebe an mir selbst ein allgemeines Phänomen – das andere auch erleben" (GLISSMANN, 2001: 76). Zwar wird beim Betriebsrat erkannt, dass damit das Problem noch nicht gelöst ist, „aber es ist möglicherweise der Ausgangspunkt für den folgenden Lösungsprozess entdeckt worden" (GLISSMANN, 2001: 80).

1.2   Erhöhte Aufmerksamkeit bei Projektverantwortlichen

Im Grundlagenteil wurde verdeutlicht, dass Projekte die gleichen Merkmale aufweisen können, die in anderen neuen Managementtechniken zu systematischer Selbstverausgabung und psychischen, physischen sowie sozialen Problemen führen. Deshalb ist es für einen Projektleiter sehr wichtig, nach potenziellen Gefahren einer zunehmenden Entgrenzung Ausschau zu halten. Im Folgenden sollen einige Risikofaktoren benannt werden. Die Gefahr, dass Projektmitarbeiter als Arbeitskraftunternehmer agieren und darunter leiden ist gegeben, wenn

- … der Erfolg eines Mitarbeiters in einem Projekt unmittelbar damit zusammenhängt, ob ein neues Projekt die zukünftige Beschäftigung sichert.
- … der Erfolg eines Mitarbeiters in einem Projekts unmittelbar mit dessen Ansehen im Unternehmen verknüpft wird.
- … die Masse an Projekten, die ein Projektmitarbeiter bearbeiten muss, einfach zu groß ist.
- … es vom Vorgesetzten oder von Kollegen nicht akzeptiert wird, dass ein Mitarbeiter zusätzliche Arbeit oder Projekte ablehnt („Nein" sagen).
- … das Ablehnen von zusätzlicher Arbeit oder Projekten dazu führt, dass andere Kollegen zu viel arbeiten müssen.

Woran aber ist zu erkennen, ob die Art und Weise, wie Projektmanagement im Unternehmen organisiert ist, tatsächlich systematisch zu Entgrenzung mit ungesunden Leistungsverausgabungen führt? Dazu gibt es einige Indikatoren, ohne dass diese zwangsläufig auf ein Problem verweisen würden:

- Der Krankenstand ist niedrig, während viele Mitarbeiter über die normale Arbeitszeit hinaus im Büro arbeiten.
- Mitarbeiter arbeiten auch in ihrer Freizeit von zu Hause aus.
- Mitarbeiter kontrollieren gegenseitig ihre Leistung und Leistungsbereitschaft.
- Konflikte zwischen den Mitarbeitern nehmen zu.
- Mitarbeiter berichten im Zusammenhang mit ihrer Arbeit über Probleme im privaten Umfeld.
- Die Häufigkeit, mit der Fehler passieren, ist hoch.

Eindeutiger Handlungsbedarf ist auf jeden Fall angezeigt, wenn mehrere Projektmitarbeiter ihre Arbeit explizit als Belastung empfinden. Aber Vorsicht: Nur weil sich niemand „beschwert", ist nicht alles im Lot, denn soziale Normen und Leistungsnormen verhindern oft die ehrliche Analyse.

Wenn einiges dafür spricht, dass Entspannung und Erholung im Projekt zu kurz kommen, weil Entgrenzung die Arbeit beherrscht, ist es für den Projektleiter wichtig, Maßnahmen zu ergreifen. Sinnvoll ist z. B. das Organisieren einer Auszeit, in der das Thema der ausufernden Arbeit thematisiert wird. Dazu kann neben den Techniken der Moderation und Teambildung (vgl. Bezug 1.07. Teamarbeit) auch der in Abschnitt 1.1. vorgestellte Leitfaden zur Selbstreflexion behilflich sein (vgl. Abbildung 2.05-V2 und Abbildung 2.05-V3). Oft ist zu empfehlen, solche Aktivitäten mindestens ein- oder zweitägig außerhalb der sonst gebrauchten Räumlichkeiten stattfinden zu lassen und eventuell einen externen Moderator hinzuzuziehen.

Im Anschluss an eine solche Auszeit muss jedoch sichergestellt werden, dass getroffene Verabredungen und Maßnahmen auch tatsächlich in die tägliche Projektarbeit integriert werden. Erst dann entfaltet sich die belastungsreduzierende Wirkung. Ein solches Ergebnis kann manchmal tief greifende Veränderungen im Projektalltag erfordern, denen dann alle Mitarbeiter, aber vor allem auch die Projektverantwortlichen/das Unternehmen verpflichtet sind (vgl. Bezug 2.13 Verlässlichkeit und 2.14 Werte und Wertschätzung).

An dieser Stelle ist außerdem der Hinweis nötig, dass Auszeiten zur Prävention von überlangen Arbeitzeiten einem ähnlichen Paradoxon unterliegen wie die Entgrenzung der Arbeit an sich. Das Paradoxon zeigt sich darin, dass der herrschende Zeitdruck oft für das Nehmen einer Auszeit keinen Raum lässt. Akutem Zeitruck kann nicht durch zusätzlichen Zeitaufwand begegnet werden. Ist der Druck dann jedoch vorüber, sollte der Projektleiter die Mitarbeiter mit Entspannungsüberlegungen verschonen. Die einfachste und sinnvollste Maßnahme lautet dann: Frei geben und Überstunden abbauen!

Um für das nächste Projekt nicht wieder eine ähnlich entgrenzte Arbeit zu provozieren, bietet sich der Einsatz eines Leitfadens zur Vermeidung von Zeitdruck an, der im Folgenden vorgestellt wird.

1.3 Checkliste zur Vermeidung von Zeitdruck in Projekten

Die entscheidende Bedeutung von Zeit und Zeitdruck für Belastungen in der Projektarbeit wurde im Basisteil (3.2) im Zusammenhang mit dem Begriff „zeitliche Entgrenzung" verdeutlicht. Die in diesem Abschnitt vorgestellte Checkliste kann Projektbeteiligten als Leitfaden dienen, konkrete Zeitdruckproblematiken zu ordnen und auf Handlungsmöglichkeiten hin zu untersuchen. So kann entgrenzte Projektarbeit verhindert oder reduziert werden.

Die für Zeitdruck verantwortlichen Bedingungen in Projekten sind nicht so beständig wie in anderen Organisationsformen. Darum sollten die hier vorgestellten Richtlinien immer wieder denjenigen Personen präsent sein, die im Laufe eines Projektes Arbeitsbedingungen gestalten: Auftraggeber, Unternehmen und Projektteam[1]. Da die Checkliste also für mehrere Nutzer bestimmt ist, kann es vorkommen, dass die hier vorgeschlagenen Richtlinien nicht in ihrem Kompetenz- oder Handlungsbereich liegen.

Bevor die eigentliche Checkliste (Tab. 2.05-V1) vorgestellt wird, sollen zunächst noch einige Hinweise zu den verwendeten Begriffen gegeben werden. Diese beziehen sich allesamt auf die möglichen Ursachen von Zeitdruck.

---

[1] Eine Unterscheidung zwischen Unternehmen und Projektteam ist nicht ganz eindeutig zu treffen, weil ein Projektteam in der Regel auch Teil des Unternehmens ist. Mit Projektteam ist im Rahmen dieses Beitrags jedoch der engere Mitarbeiterkreis gemeint, der für die Realisierung des Projekts im eigentlichen Sinne verantwortlich ist. Der Begriff Unternehmen repräsentiert dagegen die gesamte Organisationsstruktur, in die das Projekt eingebettet ist. Häufig sind das die Linienabteilungen oder Abteilungen mit betriebswirtschaftlichen Sekundärfunktionen (z. B. die Personalabteilung). Diese sind in der Regel für mehrere Projekte von Bedeutung, stellen also projektübergreifende Bedingungen dar.

> **§ Definition**
>
> Zu enge Vorgaben
> - sind Ursachen für Zeitdruck, die außerhalb des Projektteams festgelegt werden, ohne dass dieses darauf direkten Einfluss nehmen könnte. Solche Parameter können sowohl zu knappe Zeitvorgaben als auch zu enge Budgets oder zu hochgesteckte Qualitätsanforderungen sein. Zu enge Vorgaben sind häufig sehr politisch und unterliegen oft Aushandlungsprozessen mit Vertretern anderer Interessen.
>
> Planungsfehler
> - sind Ursachen für Zeitdruck, die in der Planung des Projektteams selbst liegen. Möglich ist z. B., dass keine Puffer für Unvorhergesehenes eingeplant oder Zeitbedarfe falsch eingeschätzt wurden.
>
> Umsetzungsfehler
> - sind Fehler, die während der richtig geplanten Durchführung passieren und zu einem erhöhten Zeitbedarf führen. Umsetzungsfehler haben oft den Anschein, vermeidbar gewesen zu sein, gehören aber zum effektiven menschlichen Handeln dazu.
>
> Unvorhergesehene Bedingungen
> - sind einmalige, nicht vorhersehbare Umstände, die zu einem erhöhten Zeitbedarf führen. Sie sind nicht vermeidbar und höchstens pauschal zu kalkulieren.

Wenn in einem Projekt vermehrt Zeitdruck auftritt, sollten die zugrunde liegenden Ursachen ermittelt werden, da die Unterscheidung von zu engen Vorgaben, Planungsfehlern, Umsetzungsfehlern und unvorhergesehene Bedingungen auf unterschiedliche Ansatzpunkte zur Bekämpfung von Zeitdruck hinweisen: Während bei zu engen Vorgaben z. B. die Verhandlungsposition gegenüber den Auftraggebern gestärkt werden sollte, muss bei Planungsfehlern eher das Bewusstsein für realistische Zeitbedarfe geschärft werden. Treten in Projekten dagegen immer wieder unvorhersehbare Bedingungen auf, die Zeitdruck auslösen, sollte in Zukunft für derartige Umstände ein pauschaler Puffer eingeplant werden.

Die Ursachen von Zeitdruck lassen sich den verschiedenen Projektphasen zuordnen oder liegen in der organisationalen Einbindung von Projekten ins Gesamtunternehmen (projektübergreifende Bedingungen). Eine derartige Einordnung von Ursachen ist für das weitere Nutzen der Checkliste nützlich, da zu verschiedenen Projektphasen nach verschiedenen Ursachen „gesucht" werden kann (siehe Abbildung 2.05-V3).

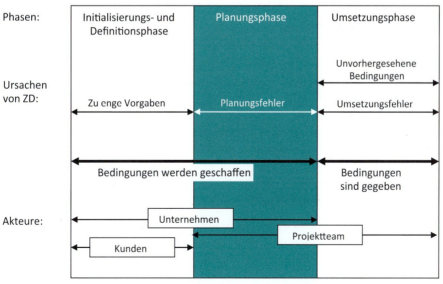

Abbildung 2.05-V3: Schema zur Identifikation von Ursachen bei Zeitdruck in Projekten (in Anlehnung an MUSEKAMP 2005: 52)

Bei der Nutzung des Schemas zur Identifikation von Zeitdruck in Projekten (Abbildung 2.05-V3) sind zwei Dinge zu beachten. Erstens können die Zuständigkeiten der Akteure in der Projektpraxis durchaus fließender sein, als es das Schema vermuten lässt. Oftmals begleitet der Kunde nicht nur die Definitionsphase, sondern das gesamte Projekt. Zweitens ist auch die strikte Trennung der Phasen als idealtypisch, aber nicht als realistisch zu betrachten. Eine solche Trennung in der Praxis wäre aus Sicht einer gesundheitsgerechten Projektarbeit nicht wünschenswert. Das menschliche Handeln zeichnet sich gerade dadurch aus, dass beim Auftauchen von Ziel gefährdenden Umständen der zuvor aufgestellte Plan auch wieder geändert werden kann. Deshalb wird es immer wieder Überschneidungen der Phasen oder einander abwechselnde Abschnitte geben, in denen Bedingungen geschaffen werden bzw. in denen unter gegebenen Bedingungen gearbeitet wird. Dennoch erleichtert diese idealtypische Darstellung das Verständnis der Ursachenunterscheidung.

Tabelle 2.05-V1: Checkliste zur Vermeidung und Bekämpfung von Zeitdruck in Projekten
(in Anlehnung an MUSEKAMP 2005: 122ff)

CHECKLISTE:
Zur Vermeidung und Bekämpfung von Zeitdruck in Projekten sollten die folgenden Fragen mit „Ja" beantwortet werden können!

	Ja	Nein
Projektübergreifend		
Können Bedingungen ausgeschlossen werden, die in anderen Projekten bereits zu Zeitdruck geführt haben (z. B. unternehmensweite Zuständigkeiten, Entscheidungswege, technische Bedingungen oder Ähnliches)?	☐	☐
Initialisierungs- und Definitionsphase		
Haben Projektmitarbeiter entscheidenden oder zumindest beratenden Einfluss auf die wichtigsten Projektzielkriterien Endtermin, Leistungsumfang und Projektbudget?	☐	☐
Kann das Projektteam den Projektauftrag auf Machbarkeit prüfen und zu enge Vorgaben verhindern?	☐	☐
Kann das Projektteam ausschließen, dass sich Zielvorgaben ändern?	☐	☐
Liegen die wichtigsten, für das Projekt relevanten Entscheidungen in den Händen des Projektteams?	☐	☐
Sind die Schnittstellen auf ein Minimum reduziert?	☐	☐
Planungsphase		
Wurde für neue Aufgaben, für die kein Erfahrungswissen vorliegt, ein großzügiger Zeit-, Finanz- oder Leistungspuffer eingeplant?	☐	☐
Wurde für bekannte Aufgaben mit extrem variablen Rahmenbedingungen ein großzügiger Zeit-, Finanz- oder Leistungspuffer eingeplant (z. B. Teambildung, Kundenakquise, firmenpolitisch relevante Aufgaben, projektexterne Entscheidungen usw.)?	☐	☐
Können wichtige Fristen, Phasen und Meilensteine so geplant werden, dass notfalls Änderungen im Laufe des Projekts möglich sind?	☐	☐
Wurde für alles Unvorhersehbare ein pauschaler Puffer eingeplant?	☐	☐
Liegen die Entscheidungskompetenz und Planungsfreiheit für Teilaufgaben ausschließlich in den Händen der verantwortlichen Person?	☐	☐
Umsetzungsphase		

CHECKLISTE:
Zur Vermeidung und Bekämpfung von Zeitdruck in Projekten sollten die folgenden Fragen mit „Ja" beantwortet werden können!

	Ja	Nein
Kann bei auftretendem Zeitdruck eine der folgenden Bewältigungsmöglichkeiten eingesetzt werden:		
Termin verschieben,	☐	☐
Leistung mindern,	☐	☐
zusätzliches Budget anfordern oder	☐	☐
Hilfe von Kollegen in Anspruch nehmen?	☐	☐
Werden Planungsfehler nach der Entdeckung schnell behoben und aktiv kommuniziert?	☐	☐
Werden Umsetzungsfehler nach der Entdeckung schnell behoben und aktiv kommuniziert?	☐	☐
Werden Zeitdruckursachen für zukünftige Projektplanungen protokolliert?	☐	☐

Liegen die Ursachen für das Belastungsempfinden eher in persönlichen Verhaltensweisen, ohne dass Unternehmen und Kollegen ein gesundheitsbewusstes Verhalten „bestrafen" würden, können die folgenden Techniken hilfreich sein, das Gleichgewicht zwischen Spannung und Entspannung wiederherzustellen. Diese Techniken können außerdem in „heißen Projektphasen" ein wirksames Mittel sein, einen kurzfristigen Spannungsabbau zu erreichen.

Σ **Fazit** Bedingungsbezogene Maßnahmen zur Belastungsreduktion sind umfassender und nachhaltiger als personenbezogene. Sie sind aber auch schwieriger umzusetzen, da sie oft mehrere Parteien betreffen und fest etablierte Strukturen infrage stellen. Sind strukturelle Veränderungen nicht durchzusetzen, bleibt schlimmstenfalls der Ausstieg aus dem Projekt oder dem Unternehmen.

2 Personenbezogene Maßnahmen bei empfundenen Belastungen

2.1 Langfristige Entspannungsübungen: Autogenes Training

Ein bekanntes und wissenschaftlich als wirksam anerkanntes Konzept der Entspannung ist das so genannte Autogene Training. Die Anfänge dieser Methode gehen bis zum Beginn des 20sten Jahrhunderts zurück und wurden von J. H. SCHULTZ aus der damals häufig verwendeten Hypnose entwickelt. Hypnose ist ein durch die Worte eines Hypnotiseurs hervorgerufener „…Sonderzustand zwischen Schlaf und dem Wachsein", bei dem es „zu einer Senkung und Einengung der Bewusstseinslage" kommt (KRAPF & KRAPF, 2004: 12). Dabei stellen sich in der Regel Gefühle der Schwere und Wärme ein und führen im Anschluss zu einem behaglichen Wohlsein. Nach einer Hypnose fühlen sich Menschen entspannt und frisch. Schultz erkannte, dass ein solch hypnotischer Zustand auch durch bestimmte Gedanken selbst herbeigeführt werden kann und nannte diese Methode „Autogenes Training" oder „konzentrative Selbstentspannung". Um sie erfolgreich anwenden zu können, muss, wie der Name „Training" andeutet, viel geübt werden, am besten täglich.

Auch beim Autogenen Training muss zunächst auf die Grenzen der Methode verwiesen werden. Zunächst wird betont, dass Autogenes Training dort auf seine Grenzen stößt, wo die psychische Regulationsfähigkeit des Menschen reduziert ist. Dies ist z. B. bei psychischen Krankheiten der Fall, zu der auch die Arbeitssucht zählt[2]. Weiterhin wird betont, dass Autogenes Training nicht im Selbstunterricht

---
2 Arbeitssucht ist wie jede andere Sucht eine psychische Krankheit, die sich durch eine pathologische Herabsetzung der Selbstregulationsfähigkeit auszeichnet. Dieser Krankheit ist mit keiner der vorgestellten Maßnahmen zu begegnen. Sie bedarf einer professionellen Beratung und Therapie.

erlernt werden sollte. Zahlreiche Autoren weisen auf die Gefahren eines falschen Erlernens hin. Darum sollten der Projektleiter oder auch der Projektmitarbeiter zumindest anfangs einen Kurs besuchen, um die Grundlagen des Trainings zu erlernen. Darum sind die hiesigen Ausführungen nicht als Anleitung für Einsteiger gedacht, sondern als Informationsquelle für Interessierte.

Wer sich dem Autogenen Training intensiv widmen möchte, kann eine ganze Reihe positiver Effekte damit erzielen:

- Entspannung, Erholung und körperliche Frische
- Zunahme des Konzentrationsvermögens und der Merkfähigkeit
- Schmerzlinderung
- Normalisierung gestörter Organfunktionen
- Ablegen schlechter Gewohnheiten
- eine Erhöhung der allgemeinen Leistungsfähigkeit (vgl. KRAPF & KRAPF, 2004)

Im Autogenen Training erfahrene Personen erreichen durch die Konzentration des Bewusstseins auf körperliche Entspannungszeichen einen hypnoseähnlichen Zustand, dem dann eine seelische Entspannung als eine „Leib-Seele-Einheit" folgt. Dieser Vorgang wird häufig auch „Umschaltung" genannt. Dazu muss sich der Trainierende von seiner Außenwelt distanzieren, selbst instruierende Formeln stetig wiederholen und die Wahrnehmung innerlich auf das körperliche Geschehen einengen.

In der Unterstufe des Autogenen Trainings gibt es dazu sechs verschiedene Übungen, die nach einer Einführung durch den Therapeuten/Trainer in völliger Stille absolviert werden. Der Übende spricht sich innerlich bestimmte Formeln vor, die einem bestimmten Schema entsprechen: Inhaltlich sind sie auf einen physiologischen Effekt ausgerichtet (z. B. „der rechte Arm ist warm" – neuromuskuläre Entspannung), formal betonen sie ein passives, eher zufälliges Auftreten des Effektes statt einer willentlichen Aktion und sind in der Regel positiv formuliert (vgl. VAITL & PETERMANN, 2004). Wichtig ist, dass die Übungen ebenso kontrolliert beendet werden, wie sie begonnen haben. So kann nach der physiologischen Deaktivierung, die in der Übung erreicht wurde, wieder ein alltägliches Aktivierungsniveau erreicht werden.

Dazu werden die folgenden drei Schritte durchgeführt:

- Die übende Person spannt die Arm- und Beinmuskulatur mehrmals an und bewegt sie bewusst.
- Sie atmet mehrmals kräftig durch.
- Sie öffnet die Augen.

Dieser Abschluss sollte immer auf die gleiche Art und Weise vollzogen werden. Dadurch wird ein Unwohlsein nach den Übungen vermieden. Im Anschluss an die Übungsphase werden die Wahrnehmungen oder auch die auftretenden Probleme gemeinsam besprochen. Das Erlernen und Ausüben des Autogenen Trainings können sowohl alleine (mit einem Therapeuten) als auch in einer Gruppe geschehen.

In der Oberstufe, die für Fortgeschrittene des Autogenen Trainings infrage kommt, werden die sechs Übungen der Unterstufe in Richtung einer „Innenschau" intensiviert. Dadurch ist eine eher meditative Wirkung des Autogenen Trainings möglich.

Zusammenfassend und mit Blick auf das Thema Projektmanagement lässt sich sagen, dass das Autogene Training ein umfassendes Instrumentarium zur kontrollierten Entspannung darstellt. Es kann viele positive Effekte auf das physische und psychische Gleichgewicht des Menschen haben. Die Anwendung ist langfristig ausgelegt und kostet Zeit. Unter Zeitdruck ist Autogenes Training nicht zu erlernen. Auch darin wird deutlich, dass als Voraussetzung einer Verhaltensänderung zur Stressreduktion günstige Bedingungen gegeben sein müssen. Ist das der Fall, sind durch Autogenes Training nicht nur gesundheitsförderliche, sondern auch leistungsfördernde Effekte möglich.

2.2 Spannungsabbau in heißen Phasen: Atemübungen

Atemtechniken sind eine aktive Entspannungsform, die im Gegensatz zum Autogenen Training kein angeleitetes Training erfordert und sich dadurch für Autodidakten sehr gut eignet. Da im Vergleich zu anderen Entspannungsverfahren schneller Erfolge erzielt werden können, wirkt es bei vielen Menschen motivierend. Manchmal sind Effekte schon beim ersten Ausprobieren zu spüren. Atemtechniken sind damit ein Instrument der kurzfristigen Erleichterung in belastenden Situationen. Sie sind anwendbar, wenn

- der Projektmitarbeiter die Ursache einer Belastung (momentan) nicht verändern kann oder will,
- er in einer heißen Phase einen kühlen Kopf behalten will oder
- er bemerkt, dass seine Anspannung zu hoch ist und er sie senken möchte.

Prinzipiell gibt es drei unterschiedliche Formen der Atmung. Bei der Brustatmung bewegt sich das Zwergfell, welches als Muskel den Bauchraum vom Brustkorb trennt, nach oben. Die Lunge dehnt sich beim Einatmen in den Brustkorb, die Rippenbögen bewegen sich aufwärts und entfernen sich voneinander. In das vergrößerte Lungenvolumen strömt die frische Luft. Beim Ausatmen entspannt sich das Zwergfell wieder, der Brustkorb fällt zusammen und drückt die verbrauchte Luft aus den Lungen. Bei der Bauchatmung zieht sich das Zwergfell dagegen nach unten und dehnt dadurch die Lunge in Richtung des Bauchraums. Der Bauch wölbt sich, während der Brustkorb flach bleibt. Durch die Entspannung des Zwergfells ziehen sich die Lungenflügel wieder zusammen und befördern die verbrauchte Luft hinaus. Am seltensten ist die dritte Form der Atmung, die so genannte Schlüsselbeinatmung. Hier senkt und hebt sich nur der obere Bereich der Brust, sodass nur wenig Luft in die Lunge strömt.

Das Atmen läuft in der Regel vollkommen unbewusst ab. Trotzdem ist es nicht unabhängig vom Befinden und Agieren des Menschen. Ist er angespannt oder arbeitet unter Zeitdruck, verändert sich auch die Atmung. Die Luft strömt unregelmäßig und flach, das Lungenvolumen wird nicht mehr voll genutzt und es entsteht ein beengtes Gefühl. Verstärkt wird diese Reaktion des Körpers häufig durch eine unnatürliche Körperhaltung. Nimmt die Arbeit die volle Aufmerksamkeit in Anspruch, wird weniger auf eine aufrechte Haltung geachtet. Besonders in sitzender Position vor dem Bildschirm, auch für Projektmitarbeiter die häufigste Arbeitshaltung, kann sich die Lunge nicht mehr voll entfalten. Eine gehetzte, flache Atmung führt nicht nur zu einem Engegefühl und zu Unwohlsein. Litzcke und Schuh (2005) berichten, dass falsches Atmen auch zu Hyperventilation oder Atemnot führen kann und sich die Stimme verändert.

Das Ziel von Atemtechniken ist es nun, sich der eigenen Atmung bewusst zu werden. Daraus entstehen zwei Effekte: Erstens kann sich die Atemrhythmik und -tiefe wieder normalisieren, wodurch Engegefühl und Unwohlsein abnehmen. Zweitens wird die Aufmerksamkeit ähnlich wie beim Autogenen Training auf die Körperfunktionen gelenkt, wodurch ein geistiges „Abschalten" von den gerade drängenden Problemen erreicht werden kann. Dieses innere Abstandnehmen von den als belastend empfundenen Gegebenheiten führt zu einer Entspannung, welche die Leistungsfähigkeit im Anschluss an die Atemübungen wieder erhöhen kann. Im Folgenden sollen in Anlehnung an Wagner-Link (2001) zwei Atemübungen vorgestellt werden, die kurzfristig eingesetzt werden können, um Belastungsspitzen bei der Projektarbeit zu mindern. Um ein umfassendes Programm der Entspannung zu erlernen, empfiehlt sich die Lektüre des gesamten Werkes von Wagner-Link.

Sowohl für Übung „Atmung mit Wortwiederholung" als auch für die Übung „OM-Atmung" wird nahe gelegt, sie in Rückenlage[3] mit leicht angewinkelten Knien und in einem gut gelüfteten Raum durchzuführen. Dabei sollte die Kleidung so gelockert werden, dass sie Bewegungen nicht einschränkt. Vor Beginn der Übung werden die Muskeln kurz gelockert.

---

3 Wenn es mit den Normen des Unternehmens in Einklang zu bringen ist, lohnt es sich, eine rollbare Isoliermatte im Büro zu haben, um die Übungen bequem durchführen zu können.

Tabelle 2.05-V2: Selbstanleitung zur Atmung mit Wortwiederholung
(in Anlehnung an WAGNER-LINK, 2001: 86)

Wirkung	Sensibilisierung für den persönlichen Atemrhythmus Beruhigung der Atmung Entspannung
Einatmen	Der Übende atmet durch die Nase ein
Ausatmen	Der Übende atmet langsam und konzentriert durch die Nase aus. Dabei spricht er in Gedanken langsam ein einsilbiges Wort, z. B. das Wort „sanft". Die Übung kann beliebig oft wiederholt werden.

Die folgende Übung „OM-Atmung" dient ebenfalls der Entspannung und vermindert kurzfristig belastungsbedingte Atemnot. Außerdem können die Stimme durch eine erhöhte Resonanz sowie die Sprachmelodie verbessert werden. Sie eignet sich daher auch für die unmittelbare Vorbereitung auf einen Vortrag (siehe Tab. 2.05-V3).

Tabelle 2.05-V3: Selbstanleitung zur OM-Atemübung (in Anlehnung an WAGNER-LINK, 2001: 88)

Einatmen	Der Übende atmet tief ein. Dabei atmet er zunächst in den Bauch, dann in den Brustraum und zuletzt hebt er den oberen Brustbereich zur Schlüsselbeinatmung. So wird das gesamte Lungenvolumen ausgeschöpft.
Ausatmen	Der Übende lässt die Luft durch den Mund ausströmen. Dabei wird der Mund nur leicht geöffnet und der Ton „O" ausgestoßen. Ist die Luft zu zwei Dritteln ausgeatmet, wird der Mund geschlossen und die restliche Luft aus dem Bauchbereich durch die Nase hinausgepresst, während der Ton „M" gebildet wird.
Tipp	Die OM-Übung kann in akuten Belastungssituationen auch tonlos verwendet werden.

Es ist wichtig, sich bei den Atemübungen nur auf den eigenen Körper zu konzentrieren und sich möglichst nicht von den Gedanken an die Arbeit ablenken zu lassen. Passiert dies trotzdem, sollte sich die übende Person nicht ärgern, sondern die Übung einfach von vorne beginnen. Ärger und ein übertriebener Ehrgeiz können die Übung ganz gefährden. Es ist zu empfehlen, die Atemübungen zunächst oder parallel zu Hause alleine zu üben. So kann der Übende sicher sein, nicht von Kollegen gestört zu werden. Mit zunehmender Übung gelingt es, auch in ungünstigeren Situationen ganz bei sich selbst zu sein.

2.3 (Ver-) Spannungsabbau in heißen Phasen: Muskelübungen

Wenn Projektmitarbeiter längere Zeit konzentriert arbeiten, kann es neben psychischen Belastungen auch schnell zu körperlichen Beschwerden wie Muskelverspannungen oder Kopfschmerzen kommen. Diese Beschwerden gehen auf einseitige und verkrampfte Körperhaltungen zurück, die insbesondere bei der Bildschirmarbeit leicht eingenommen werden. Psychische Belastungen wirken verstärkend auf Muskelverspannungen. Um sich Linderung zu verschaffen, können Muskelübungen eingesetzt werden. Sie beseitigen Verspannungen, erfrischen und können bei regelmäßiger Anwendung Haltungsschäden vorbeugen. Der Körper wird durchblutet und die Arbeit kann mit neuem Elan fortgesetzt werden. Außerdem kann auch die psychische Anspannung kurzfristig reduziert werden, indem sich der Übende während der Arbeitszeit eine kurze Auszeit gönnt und sich auf seinen eigenen Körper konzentriert.

Eingangsphase

Wie die Atemübungen, so sollten auch die Muskelentspannungsübungen in einer bequemen sitzenden oder liegenden Haltung vorgenommen werden. Der Raum ist ruhig und ungestört, der Telefonhöher von der Gabel genommen. Der Projektmitarbeiter schließt die Augen und nimmt eine angenehme Position ein. Dann „horcht er in sich hinein" und korrigiert die Haltung so lange, bis der gesamte Körper frei von unangenehmen Druck- oder Reibungsstellen ist. Er konzentriert sich nach und nach auf jeden einzelnen Körperteil und versucht, Muskel um Muskel vollkommen zu entspannen.

Übungsphase (in Anlehnung an WAGNER-LINK, 2001)

Anschließend kann der Übende wiederholt und konzentriert einzelne Muskelpartien anspannen. Dabei sollte sich das Bewusstsein immer genau auf jene Partien ausrichten. Die Anspannung wird mit zunehmender Intensität einige Sekunden gehalten und plötzlich gelockert. Dabei wird die einsetzende Lockerung bewusst mitverfolgt. Der Übende genießt die Entspannung, bis der Grad der Anspannung wieder das Ausgangsniveau erreicht (vollkommen locker). Dabei sind ihm alle Empfindungen möglichst bewusst: Die Muskelpartien werden warm, der Puls ist zu spüren. Bei dem gesamten Vorgang sollte die Atmung möglichst gleichmäßig in den Bauch erfolgen.

Entweder kann eine Anspannung in sich erfolgen (z. B. beim Bilden einer Faust) oder gegen einen Gegenstand (in der Regel die Schreibtischplatte oder der Fußboden). Dabei ist es sinnvoll, systematisch von den Extremitäten zum Rumpf vorzugehen. Am Oberkörper können folgende Muskelpartien abwechselnd an- und entspannt werden:

- Hände
- Linke Faust
- Rechte Faust
- Beide Fäuste gleichzeitig
- Unterarme
- Linker Unterarm (auf die Tischplatte)
- Rechter Unterarm (auf die Tischplatte)
- Beide (auf die Tischplatte)
- Bizeps oder Trizeps
- Links, rechts, beide
- Nacken
- Kopf gegen den Boden/Stuhl
- Kinn auf die Brust
- Schultern hochziehen usw.

Ende der Übung

Der Übende entspannt wie zu Beginn jede Körperpartie ganz bewusst und versucht, Muskel um Muskel zu lockern (ohne ihn zu bewegen). Dabei hilft es, sich vorzustellen, wie die Schwerkraft langsam eine immer stärkere Wirkung auf die Gliedmaßen ausübt und den Körper auf den Boden presst. Der Übende zählt langsam von 5 bis 1 herunter, spannt dann kurz Arme und Fäuste in angewinkelter Stellung an und öffnet die Augen. 5... 4... 3... 2... 1... Die Arbeit kann hellwach fortgesetzt werden.

Ähnliche Übungen können auch in den Bereichen Brust, Bauch sowie für den Unterkörper ausgeführt werden. Für die Bereiche Schultern und Brust ist beispielsweise eine Übung mit der so genannte „Droschkenkutscherhaltung" zu empfehlen (siehe Tabelle 2.05-V4).

Tabelle 2.05-V4: Selbstanleitung zur Entspannung von Schultern und Rücken
(in Anlehnung an WAGNER-LINK, 2001: 71)

Anwendungsbeispiele	bei Verspannungen im Rücken bei langen sitzenden Tätigkeiten nach längeren Autofahrten bei Müdigkeit und Konzentrationsstörungen zur Haltungsverbesserung zur unauffälligen Entspannung in kurzen (Sitzungs-) Pausen
Anspannung	Der Übende sitzt aufrecht auf dem vorderen Teil des Stuhls und winkelt die Arme an. Er nimmt die Schultern möglichst weit zurück und drückt die Ellenbogen kräftig nach hinten. Den Kopf legt er nach vorne und atmet tief und gleichmäßig. Dann spannt er alle Körperteile kräftig an und hält die Anspannung einige Sekunden.
Entspannung	Der Übende führt folgende Bewegungen aus: Loslassen, Schultern und Kopf nach vorne fallen lassen. Die Arme überkreuzen und fallen lassen. Die Droschkenkutscherhaltung einnehmen: In sich zusammensacken, die Füße stehen voll auf dem Boden. Die Hände hängen locker zwischen den Beinen. Die Unterarme liegen auf. Der Kopf hängt locker nach vorne. Der Rücken bildet einen „Katzenbuckel". Die Hände berühren sich nicht. Die Schultern und der Rücken werden locker, schwer und entspannt.

Neben den hier vorgestellten systematischen Übungen zur Muskelentspannung sollte während der Projektarbeit im Büro jede Gelegenheit genutzt werden, sich zwischenzeitlich zu bewegen. Möglich sind kurze Wege zu Kollegen über den Flur, statt das Telefon zu benutzen, oder die standardmäßige Einstellung eines Netzwerkdruckers außerhalb des eigenen Büros. Solche Bewegungsabschnitte beugen Verspannungen vor und geben neue geistige Frische.

Σ Fazit Manchmal lassen sich Belastungen in Projekten nicht vermeiden. Dann sind personenbezogene Maßnahmen angebracht, um diese Belastungsspitzen besser zu bewältigen. Einige sind schnell zu erlernen und können direkt in Stressphasen eingesetzt werden (z. B. Atemübungen). Andere müssen vorausschauend erlernt und häufig geübt werden, um im akuten Fall gute Ergebnisse zu erzielen (z. B. Autogenes Training). Personenbezogene Maßnahmen können strukturelle Probleme jedoch nicht lösen.

3 Zusammenfassung

Zentrales Anliegen dieses Beitrags war es herauszustellen, dass Methoden der Entspannung und Stressbewältigung im Zuge von Projektarbeit nicht als Mittel zur weiteren Leistungsoptimierung gesehen werden dürfen. Vielmehr ist die Vereinbarkeit von projektgesteuerten Leistungsanforderungen einerseits und psychosozialen Bedürfnissen der Projektmitarbeiter andererseits als ein allgemeines Zielmerkmal guter Projektpraxis anzusehen. Die dargestellten personenbezogenen Methoden der Entspannung und Stressbewältigung sind sinnvoll und nützlich, um in temporären Hochleistungsphasen die Arbeitsfähigkeit der Mitarbeiter zu stabilisieren und zu deren Wohlergehen beizutragen. Sie können jedoch nicht zielgerichtet als Kompensation für dauerhaft überhöhte Leistungsanforderungen genutzt werden. Entspannung ist eine elementare Grundlage des Lebens an sich und wird in Projektarbeit am stärksten durch überlanges Arbeiten gefährdet.

Entspannungstechniken und Stressbewältigung sind also wichtig, sie ersetzen aber nicht die kritische Reflexion von Projektmitarbeitern und Projektleitern. Es gilt zu erkennen, wann diese Techniken Erfolg versprechend sind und unter welchen organisatorischen Bedingungen sie lediglich an den Symptomen einer übermenschlichen Leistungsabforderung „herumdoktern". Dies ist der Fall, wenn die Bedingungen im Unternehmen ein menschengerechtes Arbeiten mit ausreichend langen Entspannungsphasen verhindern.

4 Fragen zur Wiederholung

1 Worin liegt der Unterschied zwischen personenbezogenen und bedingungsbezogenen Maßnahmen zur Entspannung und Stressbewältigung?

2 Warum ist es in der Projektarbeit besonders schwierig, eindeutig zwischen personenbezogenen und bedingungsbezogenen Ursachen von Belastungen zu unterscheiden?

3 Woran kann ich erkennen, ob regelmäßiges Autogenes Training mein Stressempfinden lindern kann?

4 Nach welchem Prinzip kann ein Projektleiter/-mitarbeiter versuchen, die Ursachen von psychischen Belastungen zu differenzieren?

5 Was sind die Effekte von Atemübungen auf Personen in akut belastenden Situationen?

6 Warum ist es beim Autogenen Training und in den Muskelübungen nötig, ein geregeltes Ende zu finden?

2.06 Offenheit (Openness)

Joachim Büttner, Christopher Hausmann

Lernziele

Sie erkennen

- die Zusammenhänge zwischen Persönlichkeitsfaktoren, Rollenanforderungen und der „Offenheit" organisatorischer Strukturen, in denen sich Projektleiter bewegen müssen

Sie können

- fünf verschiedene Dimensionen benennen, an denen sich organisationelle „Offenheit" messen lässt
- fünf weitere Rollen des Projektleiters identifizieren, die sich in offenen Handlungsfeldern ergeben

Inhalt

1	„Offenheit" als organisationelle Voraussetzung erfolgreicher Projektarbeit	2055
2	Zusammenfassung	2058
3	Fragen zur Wiederholung	2058

1 „Offenheit" als organisationelle Voraussetzung erfolgreicher Projektarbeit

Projektleiter bringen, wie wir gesehen haben, idealerweise drei Rollenorientierungen auf die Waagschale. Doch vollzieht sich Handeln in Organisationen stets auch in systemischen Randbedingungen, die wesentlich über das Gelingen und die Erfolgschancen rollenkonformen Agierens entscheiden. Der „offene" Projektleiter steht in einem unauflöslichen Spannungsfeld zwischen organisationellen und persönlichen Bedingungen, unter denen er handeln muss. Somit muss im folgenden Schritt betrachtet werden, inwieweit „Offenheit" unter den gegebenen Rahmenbedingungen gelebt werden kann.

Die Offenheit von Strukturen vermag Impulse aus einer komplexen internen und externen Umwelt rechtzeitig und vollständig aufzugreifen. Diese Impulse kann man fünf verschiedenen Zielkategorien zuordnen:

1. **Offenheit als ein „Kulturfaktor"** – die Organisation ist insgesamt und in den jeweiligen Teilsystemen prinzipiell offen für neue und zum Teil auch ambivalente Inputs. Sie pflegt diese Offenheit, weil nur dadurch Fremd- und Selbstbild überprüfbar werden und viel versprechende Ansätze übernommen werden können. Stakeholder solcher Organisationen wissen, dass die strategische Grundhaltung partizipativ und kommunikationsorientiert ist. Der Zugang zu Entscheidungsträgern und Akteuren ist leicht, Kritik wird nicht als Störfaktor, sondern als willkommene Evaluation geleisteter Arbeit gesehen.

Tabelle 2.06-V1: Organisationsaspekte von „Offenheit"

Kategorie	Beschreibung der „Offenheit"	Rolle des Projektleiters
Kulturfaktor	Niederschwellige Systemgrenzen im Unternehmen, Transparenz von Strukturen, Vertrauensbildung, Lernende Organisation	Kulturbeauftragter
Diversität	Externe und interne Integration von Heterogenität, produktiver Umgang mit Ambivalenzen,	Diversity Manager
Freier Zugang zu Wissen und Lernen	Open source communities im Unternehmen, Projekte als Lerngemeinschaft	Wissensmanager, Lerncoach
Flache Hierarchie	Abkehr von fachlicher Dominanz der Linien, geringe Machtdistanz, Problemlösungsorientierung	Netzwerker
Stakeholderkommunikation	Diskursive bzw. partizipative Stakeholdersteuerung, Integration von Stakeholderzielen in die Leistungsziele des Projektes, institutionalisierter Dialog mit den Anspruchsgruppen	Umfeldmanager

Die Rolle des Projektleiters in dieser Offenheits-Kategorie ist die eines Kulturbeauftragten – denn Kultur ist „etwas für jeden Tag". Das bedeutet, dass der Projektleiter eine glaubwürdige Politik des freien Zugangs zu Ressourcen im Unternehmen organisieren und leben muss. Insbesondere gegenüber Stakeholdern drückt sich dies in einer transparenten und auf Beteiligung hin orientierte Führungsfunktion im Projektmanagement aus. Ganz praktisch kann ein Projektleiter eine „stets offene Tür haben", um im Rahmen des Projektteams einen freien niederschwelligen Zugang zu gewährleisten. Teambildung- und -entwicklung fördern die Vertrauensbildung untereinander, Strukturen werden transparent, Systemgrenzen werden „passierbar" – und damit erhöht sich automatisch die Mitverantwortung des einzelnen Mitarbeiters für die gesamte Organisation.

2. **„Offenheit"** gilt als Voraussetzung, kulturelle **Diversität** (Verschiedenheit) erfolgreich zu managen (vgl. WEINERT, 2004: 330 & 452). Die globalisierte Welt bringt Projektteams aus unterschiedlichen Kulturkreisen zusammen, die oft nur virtuell und temporär zusammenarbeiten, Kunden sitzen weitab und sprechen buchstäblich andere Sprachen. Wertschätzung und Respekt vor ethnischen, religiösen, sozialen oder kulturellen Unterschieden ist daher Voraussetzung für eine gelingende Kooperation. Der Projektleiter muss dabei vor allem vermitteln, dass Diversität bereichert, wenn sie als Zielkategorie fungiert. Er arbeitet daher als „diversity manager", der insbesondere in internationalen Projektteams exzellente Kommunikationsfähigkeit, Empathie und Wertschätzung benötigt.

Gerade in den Zeiten des so genannten „Kampfes der Kulturen" (nach Samuel HUNTINGTONS Buch „Clash of Cultures", 1991) kommt es in der globalisierten Arbeitswelt auf moderierenden Umgang mit Diversität an. Projektleiter sollten daher im Minimum das Modell unterschiedlicher Kulturdimensionen nach Hofstede kennen, um die zunehmende Diversität zu bewältigen.

Hofstede benennt in seinem Modell fünf Dimensionen, wodurch man Kulturen unterscheiden kann (vgl. HOFSTEDE, 2006, 51ff; HOFFMANN, SCHOPER & FITZSIMONS, 2004: 24-30):

- **Machtdistanz** = Akzeptanz von Macht- und Autoritätsunterschieden in einer Kultur. So akzeptieren z. B. Menschen aus asiatischen Kulturen, dass Ungleichheit existiert und zu Abhängigkeiten von Machtinhabern führt, während Menschen aus westlichen Ländern eher auf die Beseitigung sozialer Ungleichheit abzielen.
- **Individualismus versus Kollektivismus** = niedriger (Individualismus) oder hoher (Kollektivismus) Grad der Einbindung des Einzelnen in gesellschaftliche Gruppen. Menschen in den USA haben traditionell hohe Individualismus-Werte, Menschen aus Lateinamerika die stärksten Werte für Kollektivismus
- **Maskulinität versus Femininität** = Bedeutung von Werten, wie z.B: „Härte", „Erfolg", „Durchsetzungsvermögen" werden als maskulin, „Bescheidenheit", Sensibilität", „Lebensqualität" als feminin etikettiert.
- **Unsicherheitsvermeidung** = Grad, bis zu dem Menschen uneindeutige oder unbekannte Situationen, in denen keine Regeln erkennbar sind, als bedrohlich empfinden und mit Stress reagieren.

So nörgeln z. B. deutsche Bahnpassagiere notorisch über Verspätungen der Deutschen Bahn, da in Deutschland „Pünktlichkeit" Sicherheit suggeriert. Dies wiederum können Menschen aus Italien so nicht nachempfinden, da sie gelernt haben, mit Unpünktlichkeit umzugehen.

- **Langzeit- versus Kurzzeitorientierung** = Ausrichtung auf künftigen (Langzeitorientierung) oder gegenwärtigen Erfolg (Kurzzeitorientierung). Kurzzeitorientierung betont Werte wie Freiheit, Rechtssicherheit, Leistung und Selbstständigkeit, Langzeitorientierung dagegen Anpassung, Ehrlichkeit, Selbstdisziplin, lebenslange Einbindung in soziale Netze. Konfuzianische Kulturen, wie China, Japan, Taiwan und andere, sind von Langzeitorientierung geprägt, westliche Länder dagegen stark von Kurzzeitorientierung

Beispiel So ist z. B. die deutsche Kultur sehr stark gruppenorientiert, soziale und politische Ungleichheit und Machtunterschiede werden bis zu einem gewissen Grade toleriert, die Vermeidung von unsicheren Situationen ist „klassisch", stattdessen werden Regeln und Verhaltensanweisungen erwartet. Maskuline Erfolgskriterien wie Durchsetzungsfähigkeit, Erfolg, Leistung, stehen in Deutschland immer noch – wenngleich abnehmend – höher im Kurs als feminine wie Solidarität, Kommunikation, Beziehungen, Lebensqualität und Nachhaltigkeit. Wie anders dagegen das Muster schon in Schweden: hier werden eher individuelle Ziele verfolgt, die Akzeptanz sozialer und politischer Machtunterschiede ist traditionell sehr gering, Unsicherheiten werden wenig gefürchtet und die positiv konnotierten Eigenschaften sind eher femininer Art.

3. **„Offenheit"** bedeutet in Organisationen auch, dass es einen **freien und ungeteilten Zugang zu Wissen und Lernprozessen** geben muss. Nur geteiltes Wissen wird dann auch fruchtbar. Projekte sind ein geradezu idealtypischer Lernort, sofern sie nicht verkappte Standardprozesse darstellen, die keinen Lerneffekt mehr zeitigen. Projektteams können zu Lerngemeinschaften werden, wenn die Chance zum Lernen besteht (vgl. SCHIERSMANN & THIEl, 2000). Daher darf ein „offener" Projektleiter Wissenszuwachs nicht als Chance zur Steigerung der eigenen Macht sehen, sondern muss ihn als frei verfügbare Ressource im Sinne innovativer Systeme managen (so genannte **open source communities**). Seine Rolle ist damit die eines Wissensmanagers und Lerncoaches.

    Voraussetzung für einen erfolgreichen Wissens- und Lernmanager allerdings ist, dass die Organisation sich selber als eine lernende begreift und aufstellt. Schwierig ist dabei der Schritt von der „wissenden" zur „lernenden" Organisation, kommt es doch dabei darauf an, tradierte und etablierte Denkmuster zu verlassen, über Systemgrenzen hinweg zu kommunizieren und eine offene und beteiligungsfreudige Kultur zu etablieren. Eine „lernende" Organisation hat die Fähigkeit entwickelt, sich kontinuierlich anzupassen und zu verändern (vgl. WEINERT, 2004: 583). Ein „offener" Projektleiter bringt auf der individuellen Ebene vieles mit, was der „offenen" und lernenden Organisation unmittelbar dienen kann.

4. **Offenheit** zeigt sich innerhalb von Organisationen auch in **abgeflachten Hierarchien**. Zwar sind Hierarchien im Sinne funktionaler Zuständigkeiten und eines rationalen Arbeitsprozesses sinnvoll, wenn es aber darum geht, neue Informationen und Handlungsweisen zu generieren, Wissen zu verbreiten und Lernprozesse zu initiieren, bedarf es unter Umständen gar keiner Hierarchie, sondern eher einer netzwerkartigen Struktur, die einen gleichberechtigten Zugang gewährleistet. Zwischen diesen beiden Strukturprinzipien (*form follows function=Projektarbeiten/function follows form=Liniendenken*) schwanken insbesondere Projekte permanent hin und her.

    Projektleiter werden dabei, insbesondere in schwachen Matrixstrukturen, zu Leidtragenden etablierter Strukturen, die ihnen Ressourcen vorenthalten und Knowhow rationieren können. „Offene" Projektleiter bewegen sich daher idealerweise in flachen bzw. nicht definierten vertikalen Strukturen, sie liefern durch aktives Projektmarketing und Lessons Learned-Veranstaltungen Input für Netzwerke, die parallel zu den Linien existieren.

5. Offenheit ist schließlich ein wesentlicher Erfolgsfaktor für eine erfolgreiche **Stakeholderkommunikation**. Hochdifferenzierte gesellschaftliche Systeme, wie sie sich in den entwickelten Staaten entfalten konnten, sind durch hohe Interaktionsdichte und vielfältige wechselseitige Beziehungen von Betroffenen und Interessenten gekennzeichnet (vgl. Kapitel 1.02 „Interessierte Parteien"). Offene Strukturen im Projektumfeld sowie die rasche Integration von Stakeholderbedürfnissen in das jeweilige Projektsystem entscheiden über gelingende Projektarbeit. Der Projektleiter fungiert hier als Umfeld- und Interessensmanager, der seine Offenheit und Neugier dazu einsetzt, Einflüsse, Ansprüche, mögliche Risiken und Chancen sowie Support frühzeitig zu erkennen. Hier kommt ihm – nach dem erweiterten BELBIN-Modell – dann auch seine intellektuelle Distanz zugute, mit der er beobachten und einschätzen kann.

Die folgende Grafik ist von den Studien des IRIC-Projektes an der Universität Maastricht inspiriert und schreibt deren Grundannahmen für dieses Kapitel fort (vgl. HOFSTEDE, 2006: 399-406). Sie zeigt das beschriebene Spannungsfeld des Projektleiters im Bezug auf persönliche und organisatorische „Offenheit", die über erfolgreiches Projekthandeln entscheidet.

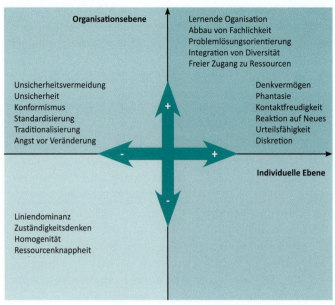

Abbildung 2.06-V1: Der offene Projektleiter im Spannungsfeld „Individuum-Organisation"

Er bewegt sich dabei permanent zwischen den Grunddimensionen der Organisationskultur: der etablierten Liniendominanz, den Traditionen und der Angst vor Veränderung auf der einen Seite und der flexiblen, problemlösungsorientierten, lernbereiten „offenen" Struktur, die seine eigene Offenheit stimuliert und abruft, andererseits aber auch von der individuellen Offenheit profitiert und mitgeprägt wird. Es ist dieses Wechselspiel von Organisation und darin handelnden Individuen, die gerade die Rolle des Projektleiters so spannend und wichtig macht.

2 Zusammenfassung

„Offenheit" des Projektleiters alleine kann in Projekten nicht ausreichen, erfolgreich zu arbeiten. Es bedarf einer korrespondierenden organisationellen Offenheit, die den Projektleiter anregt und ihm Freiräume zum Handeln auftut. Aus diesem Zusammenhang resultiert ein Spannungsfeld, in dem sich jeder Projektleiter zwangsläufig bewegt und das er in seiner täglichen Arbeit aushalten muss.

Es lassen sich fünf Handlungsfelder identifizieren, in denen ein „offener" Projektleiter selber wiederum „offene" Strukturen benötigt: im Bereich einer gelebten Alltagskultur, dem Management kultureller Diversität, einem freien Zugang zu Wissen und Gelerntem, einer flachen Hierarchie sowie einem partizipativ orientierten Stakeholdermanagement der Organisation. Fehlen auf der Organisationsseite die Voraussetzungen für solche offenen Strukturen, wird der Projektleiter alleine bestenfalls im eigenen Team (und auch dort wahrscheinlich nur zu einem geringen Teil) gelebte Offenheit umsetzen können.

3 Fragen zur Wiederholung

1	Warum wird der Projektleiter in offenen Strukturen zum „Kulturbeauftragten"?	☐
2	Warum profitiert diversity management von Offenheit?	☐
3	Wodurch sind open source communities gekennzeichnet?	☐
4	Warum ist Offenheit tendenziell hierarchieabbauend?	☐
5	Wo berühren sich „offene Strukturen", offenes Verhalten und Stakeholdermanagement?	☐

2.07 Kreativität (Creativity)

Artur Hornung, Gerold Patzak

Lernziele

Sie verstehen

- die Bedeutung von Kreativität im Innovationsmanagement

Sie kennen

- die richtige Kombination von divergentem und konvergentem Denken
- die Regeln fortgeschrittenen kreativen Denkens
- die Voraussetzungen für hohe Kreativität
- den Unterschied von Kreativitäts-Methodiken und Kreativitäts-Techniken
- Entwicklungen und Trends im Bereich der Kreativität und Innovation

Sie können

- Kreativitätsmethodiken (Kreativitätsstrategien) wirksam einsetzen
- Kreativitätstechniken in Innovationsprozessen richtig anwenden
- Kreativitätstechniken in geeigneten Kombinationen einsetzen
- externe Kreativitätsquellen im richtigen Ausmaß einbeziehen

Inhalt

1	Problemtypen, Arten kreativen Denkens und geeignete Kreativitätstechniken	2061
2	Divergentes und konvergentes Vorgehen beim kreativen/produktiven Denken	2062
3	Drei Grundregeln des fortgeschrittenen kreativen Denkens	2063
3.1	Loslösen von existierenden Lösungen	2063
3.2	Viele Lösungsalternativen entwickeln	2064
3.3	Richtige Zeitpunkte für Kritik und Wertung	2064
4	Voraussetzungen für hohe Kreativität	2065
4.1	Individuelle kreative Eigenschaften	2065
4.2	Organisationsformen und Nutzung von Diversität	2066
4.3	Zeit- und Stress-Management	2066
5	Kreativitäts-Methodiken	2067
5.1	Einleitung	2067
5.2	CPS: Creative Problem Solving	2067
5.3	TRIZ: Theorie zum Lösen erfinderischer Aufgaben	2068
5.4	Das De-Bono-Sechsfarben-Denken („Denkhüte")	2070
5.5	Die Walt-Disney-Strategie	2072
5.6	Die Idealog-Methodik	2073
5.7	InnovationsPotenzial-Compass (IPC)	2074
5.8	Weitere Kreativitäts-Methodiken	2075
6	Fortgeschrittene Kreativitätstechniken	2076
6.1	Kopfstand-Methode	2076
6.2	Destruktiv-konstruktives Brainstorming	2076
6.3	Brainwriting: Kollektives Notizbuch	2077
6.4	Problemlösungsbaum	2078
6.5	Ursache-Wirkungs-(Ishikawa-)Diagramm	2078
6.6	Brainstorm-Mapping	2079
6.7	Galerie-Methode	2080
6.8	Kombinierter Einsatz von Einzeltechniken	2080
7	Praktische Umsetzung von Kreativität im Unternehmen und in komplexen Projekten	2081
7.1	Organisationale Kreativitätsförderung und Betriebliches Vorschlagswesen	2081
7.2	Ideenmanagement	2081
7.3	Projektmanagement und Innovationsmanagement	2082
7.4	Externe Kreativitätsquellen	2083
8	Zukünftige Entwicklungen und Trends	2083
9	Zusammenfassung	2084
10	Fragen zur Wiederholung	2085

1 Problemtypen, Arten kreativen Denkens und geeignete Kreativitätstechniken

Im Basisteil wurde herausgestellt, dass im vorliegenden Beitrag die Konzentration auf die operationale Kreativität vorgenommen wurde. Diese in Unternehmen geforderte Art der Kreativität kann man auch als Problem lösende Kreativität beschreiben. Unter „Problem" wird dann jede mit kreativen Ideen zu lösende Aufgabe oder Fragestellung im Projektmanagement verstanden. Problem bedeutet somit ein unerwünschter, unzureichender oder noch nicht optimaler Zustand.

Zwei Problemeigenschaften beeinflussen die Wahl des Denkstils, der Vorgehensweise und der geeigneten Technik zur Ideenfindung: die Komplexität des Problems und der Problemtyp.

Für komplexe Sachverhalte sind meist analytisch-systematische Denkweisen und Methoden besser geeignet als intuitiv-kreative Methoden. Sehr komplexe Probleme sollten allerdings in Teilprobleme gegliedert werden, da unterschiedliche Problemteile unterschiedliche Problemtypen, die in den folgenden Abschnitten aufgeführt sind, enthalten können.

Um die Art des vorliegenden Problems genauer beschreiben und zudem die geeignete Kreativitätstechnik leichter auswählen zu können, hat es sich bewährt, Probleme in die zwei Kategorien „schlecht strukturierte" und „gut strukturierte" Probleme mit insgesamt fünf Problemtypen einzuteilen (vgl. SCHLICKSUPP, 1989: 148; LUTHER & GRÜNDONNER, 1998: 122).

Gilt es neuartige Ideen zu finden, so handelt es sich eher um **„schlecht strukturierte"** Probleme: Suchprobleme, Konstellationsprobleme und Analyseprobleme.

Sind von einer Aufgabe bereits viele Faktoren bekannt, so gilt es **„gut strukturierte"** Probleme zu lösen: Auswahlprobleme und Konsequenzprobleme.

Suchprobleme

Dieser Problemtyp könnte auch „Suchaufgaben" oder „Such-Herausforderungen" heißen. Wenn eine Projektgruppe vor einem Suchproblem steht, heißt dies meist, dass intuitiv viele neue Ideen entwickelt werden müssen.

Geeignete Methoden: Alle Assoziationstechniken (Brainstorming, Brainwriting, Analogien, Bionik).

Konstellationsprobleme

Konstellationsprobleme treten oft in technischen Fragestellungen auf. Dann gilt es, mit systematischer Abprüfung eine neue Anordnung herzustellen.

Geeignete Methoden: Analytische (diskursive) Methoden (Osborn-Checkliste, Morphologische Matrix, Ursache-Wirkungsdiagramm)

Analyseprobleme

Sehr oft sind richtig durchgeführte Analysen bereits die Basis für eine gute Problemlösung, also die Behebung der Mängel. Eine gute Analyse und eine gute Problemdefinition sind bereits die halbe Lösung. Über lineare Instrumente wie Checklisten hinaus sollten auch vernetzte Analysetechniken eingesetzt werden.

Geeignete Methoden: Checklisten, Ursache-Wirkungs- (Ishikawa-) Diagramm, Moderationsmethode, Mind Mapping

Auswahlprobleme

Liegen mehrere Optionen vor, so gilt es, den Nutzen für ein vorgegebenes Ziel zu bewerten. Die Kriterien der Bewertung und der Entscheidung werden aus dem Ziel abgeleitet.

Geeignete Methoden: Paarweiser Vergleich (beschrieben in Element 1.08 Problemlösung) Portfolio-Analysen mit betriebswirtschaftlichen Elementen (werden hier nicht beschrieben).

Konsequenzprobleme

Konsequenzprobleme werden auch als Folgeprobleme bezeichnet. Dieser Problemtyp zählt deshalb zu der Kategorie der gut strukturierten Probleme, da sich die Gesetzmäßigkeiten der Folgen oder Konsequenzen logisch nachvollziehen lassen. Dann können auch Lösungen der Konsequenzprobleme Schritt für Schritt erfolgen. Bei hoher Komplexität von Konsequenzproblemen sind computerunterstützte Simulationen erforderlich.

Geeignete Methoden: Prognosetechniken, Delphi-Technik, What-if-Analysen, Szenario-Technik, computerunterstützte Simulationen, Monte-Carlo-Technik (werden in diesem Beitrag nicht beschrieben).

Konsequenzprobleme sind in der Auswahltabelle nicht aufgeführt, da sie die aufgeführten komplexeren Vorgehensweisen erfordern und nur mit den beschriebenen Kreativitätstechniken nicht zu bewältigen sind.

Kreativitäts-Technik	Besonders geeignet für				
	Neue Ideen (**Such**problem)	Neue Anordung (**Konstellations**-Problem)	Mängel-behebung (**Analyse**-Problem)	Bildhafte Verstärkung	Einzelarbeit (E) Gruppenarbeit (G)
Brainstorming	☺		☺		G
Brainwriting (6-3-5)	☺				G
Kollektives Notizbuch	☺		☺	☺	E, G
Klassische Synektik	☺	☺			G
Visuelle Synektik	☺	☺		☺	G
Bildkarteien	☺			☺	E, G
Osborn-Checkliste	☺	☺			E, G
Morphologische Matrix		☺	☺		E, G
Ishikawa-Diagramm		☺	☺		E, G
Moderations-Methode	☺		☺	☺	G
Mind Mapping	☺		☺	☺	E, G
Brainstorm-Mapping	☺		☺	☺	G

Abbildung 2.07-V1: Auswahltabelle für den Einsatz der beschriebenen Kreativitätstechniken (vgl. HORNUNG, 1996: 85)

2 Divergentes und konvergentes Vorgehen beim kreativen/produktiven Denken

Für den kreativen Prozess bzw. den Problemlösungsprozess sind grundsätzlich zwei Denkstile erforderlich: Divergentes und konvergentes Denken.

Divergentes Denken (divergent: „auseinander gehend, ausschweifend, verzweigend"): Die Gedanken schweifen lassen, in die Breite gehendes Denken, den Gedanken freien Lauf lassen, eine Aufweitung des Suchraumes.

Konvergentes Denken (konvergent: „zusammenlaufend, zusammenführend"): Die Gedanken auf einen Punkt bringen, einem Ziel zuführen, eine Einengung des Suchraumes, vorsehen von Randbedingungen und Beschränkungen.

In einem kreativen Prozess wechseln sich die beiden Denkstile ab bzw. folgen einander im Ablauf. Insbesondere wird dadurch deutlich, dass es grundlegend wichtig ist, zwischen Ideenfindungsphase (divergent) und Konkretisierungs- und Bewertungs-Phase (konvergent) zu trennen.

In der Phase der Problemanalyse herrscht gleichfalls der konvergente Denkstil vor, wobei auch Elemente des divergenten Denkstils Eingang finden, weil zunächst durch breites Suchen die Einflussfaktoren eines Problems besser gefunden werden können. Danach ist allerdings eine präzise Problemformulierung als Verdichtung erforderlich. Der Wechsel der Denkstile ist in nachstehender Abbildung 2.07-V2 wiedergegeben:

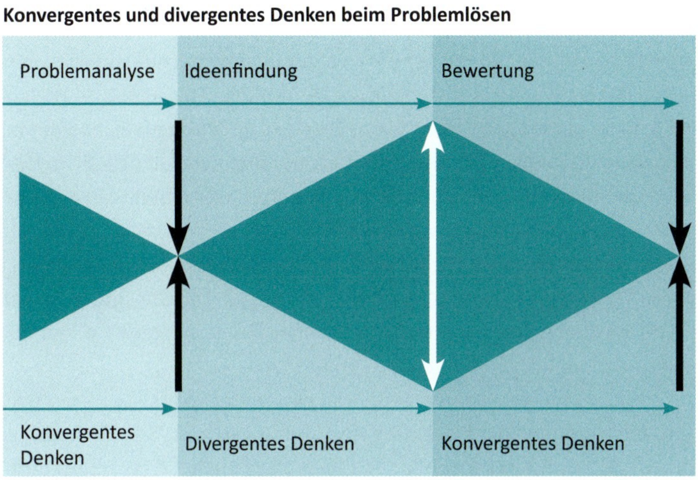

Abbildung 2.07-V2: Wechsel der Denkstile im kreativen Prozess (Quelle: DORIT GRIESER)

Bei einer in USA weit verbreiteten Problemlösungs-Systematik, die als „Creative Problem Solving (CPS)" bezeichnet wird, ist der elementare Bestandteil der Wechsel zwischen divergentem und konvergentem Denken in jeder Phase. Diese Methodik wird im Kapitel 5.2 näher beschrieben.

Tipp Regen Sie als Projektmanager, Problemlöser oder Kreativitäts-Katalysator öfter an, einen Wechsel in der konvergenten und divergenten Denkweise vorzunehmen. Ein Plakat mit der Visualisierung der abwechselnden Denkstile (ähnlich wie Abb. 2.07-V2) könnte diese Moderationsimpulse unterstützen.

3 Drei Grundregeln des fortgeschrittenen kreativen Denkens

3.1 Loslösen von existierenden Lösungen

Erfahrene Mitarbeiter in Projekten neigen oft dazu, bewährte Lösungen aus vergangenen Problemlösungen zu bevorzugen. In einer kreativen Lösungsfindung, vor allem bei Innovationsprojekten, ist es oft hinderlich, wenn solche „bewährten" Problemlösungen sofort genannt werden. Daher ist eine wichtige Regel für fortgeschrittenes kreatives Denken, dass bereits existierende Lösungen zunächst nicht in der Auflistung neuer Lösungsideen aufscheinen sollten, weil sonst die Aufmerksamkeit dorthin gebunden wird. Eine gewisse Ausnahme sind Lösungsideen, die nicht funktioniert haben. Bei dem unter 5.1 näher beschriebenen destruktiv-konstruktiven Brainstorming werden diese nicht erfolgreichen Ideen als Anregung aufgeführt, um darauf aufbauend neue, Erfolg versprechende Lösungen zu entwickeln.

💧 **Tipp** Die sichtbar aufgehängte Liste mit den Grundregeln für Kreativitätstechniken sollte um diesen Punkt „existierende Lösungen noch nicht in der Brainstorming-Phase einbringen" ergänzt werden.

Eine weitere Möglichkeit, ferner liegende Lösungsansätze zu erhalten, sind Methoden, in denen mit Wünschen, Idealsystemen, Zauber oder gar mit Wunder-Situationen geistig gespielt wird. Als Beispiel sei die „Wunderfrage" (nach STEVEN DE SHAZER) genannt: „Wenn Sie morgen aufwachen würden und in Bezug auf Ihre Problemstellung wäre ein Wunder geschehen, was wäre dies?"

Durch das Weglassen jeglicher behindernder Randbedingungen gelangt man zu idealen Lösungen. Dann nähert man sich vom „Unmöglichen" langsam an das Machbare heran.

3.2 Viele Lösungsalternativen entwickeln

Auch wenn eine gewisse Anzahl von Ideen für die Problemlösung bereits entwickelt wurde, sollten die Teilnehmer weiter ermuntert werden, Lösungsideen zu äußern. Der kreative Prozess wird somit genutzt, sofort mehr Ideen zu entwickeln, als offensichtlich zur Lösung eines Problems derzeit erforderlich sind. Die Entwicklung von vielen Lösungsalternativen zeichnet fortgeschrittene Moderatoren von Kreativsitzungen und fortgeschrittene Projektteams aus. Im Basisteil war herausgestellt worden, dass der Griff nach den erstbesten Ideen oft die weitere Kreativität ebenso blockieren kann wie das Hängen an existierenden Lösungen aus der Vergangenheit. Die „Überproduktion" neuer Ideen ist ein bewährtes Gegenmittel gegen das Verharren in bereits erarbeiteten Dingen. Die Anregung zu weiteren Ideen kann dabei unterstützt werden durch den gezielten Wechsel der Kreativitätstechniken oder aber durch die stimulierende Kombination mehrerer Kreativitätstechniken.

Das Suchen von Lösungen für ein Problem ist ein so genannter induktiver Denkprozess, d. h. es wird Neuland beschritten. Auch wenn dabei Methoden und Techniken zum Einsatz kommen, so ist es – ganz im Gegensatz zu einem reinen Analyseproblem – keineswegs sicher, dass überhaupt Lösungen gefunden werden. Schon gar nicht kann jedoch die Frage nach der besten Lösung, dem Optimum schlechthin, beantwortet werden. Dies ist und bleibt unbekannt – und der nachfolgenden Bewertungs-, Auswahl- und Optimierungsphase vorbehalten! Somit bleibt für das Auffinden und Auswählen einer optimalen Lösung nur die Möglichkeit, möglichst viele Lösungen zu ermitteln und von diesen die **relativ beste** auszuwählen.

💧 **Tipp** Der Projektmanager oder der Koordinator von Kreativ-Sitzungen des Projektteams sollte möglichst viele unterschiedliche stimulierende Mittel einsetzen, die den kreativen Ideenfluss am Sprudeln halten: Karten oder Plakate mit Aufrufen, wie „…und was könnten wir noch tun?", hochhalten, Osborn-Checklisten spontan verteilen, Bilder gezielt einsetzen, usw.

3.3 Richtige Zeitpunkte für Kritik und Wertung

Eine weitere elementare Regel der kreativen Ideenfindung ist das Unterlassen jeglicher Kritik in der Ideenfindungsphase. Nun kann aber eine berechtigte kritische Anmerkung zu einer geäußerten Idee auch zu einer Weiterentwicklung und damit Verbesserung dieser Idee führen. Eine bewährte Vorgehensweise einer „stimulierenden Kritik" ist die positive Umformulierung eines negativen Teilaspektes einer Lösungsidee. Dies kann nun durch einen fortgeschrittenen Kreativ-Moderator dadurch eingebracht werden, dass alle Lösungsideen einem weiteren Bearbeitungsschritt unterworfen werden, z. B. mit der Frage: „Wie könnten wir erreichen, dass die Kosten durch die vorgeschlagenen Lösungen so gering wie nur möglich werden?" Wenn dann aus einer solchen Weiterbearbeitung Änderungen oder gar Zurückweisung des ursprünglichen Vorschlags folgern, ist die Person, welche die Idee äußerte, nicht gekränkt.

Das Gleiche gilt für eine vorläufige Bewertung durch gemeinsam festgelegte Kriterien. Wenn das Projektteam als **Bewertungskriterien „neu, originell und attraktiv" festlegt**, kann dies zu einer

Vorgruppierung der Lösungsideen führen, die niemanden demotiviert, weitergehende Ideen zu äußern. Es könnte dann mit einer dieser Untergruppen weitergearbeitet werden mit einer Frage wie „Was können wir tun, dass diese Idee für alle Beteiligten attraktiver wird?"

💧 **Tipp** Der kreative Fluss neuer Ideen wird durch geeignete weiterführende Gruppierungen und Fragen stimuliert. Die Teilnehmer sollten hierzu stets einbezogen werden, z. B. durch die Frage „Welchen nächsten Schritt sollen wir heute noch mit diesen Ideen vornehmen?"

In der weiteren **Priorisierung und Entscheidungsfindung** erfolgt zunächst ein **paarweiser Vergleich** der gefundenen Ideen. Bei diesem Vorgehen (vgl. SCHAUDE, 1992) wird immer eine Idee mit einer zweiten verglichen, welche nun durch die Beurteilenden als „besser" oder „wichtiger" bezüglich einzelner Bewertungskriterien eingestuft wird. Beurteilungskriterien können beispielsweise sein: strategische Bedeutung, Dringlichkeit, Wirtschaftlichkeit, Risiko und Ressourcenbedarf (vgl. auch Element 1.08 Problemlösung).

4 Voraussetzungen für hohe Kreativität

4.1 Individuelle kreative Eigenschaften

Als wichtige kreative Eigenschaften waren im Basisteil (vgl. Kapitel 3, Abbildung 2.07-G2) u. a. genannt worden:

- neugierig/offen
- mutig
- problemsensitiv
- vielperspektivisch und
- ambiguitätstolerant

Letzteres ist die Fähigkeit, Mehrdeutigkeiten zu ertragen oder mit Widersprüchlichkeiten umzugehen. Während die ersten drei der hier aufgezählten Eigenschaften als Voraussetzung zu sehen sind, überhaupt Kreativität im Berufsleben und insbesondere im Projektmanagement zu entwickeln, haben die beiden letzten kreativen Eigenschaften mit dem Verhalten im kreativen Prozess zu tun. Damit ist die Entwicklung dieser Eigenschaften von vielen Faktoren abhängig: den organisatorischen Voraussetzungen, der Heterogenität und Diversität der Projektteammitglieder und schließlich dem individuellen und kollektiven Zeit- und Stressmanagement. Der kreative Projektmanager sollte möglichst viele Gelegenheiten suchen, seine kreativen Anlagen einzubringen, zu entfalten und weiter zu entwickeln. Daher ist das Zusammenspiel der fünf ausgewählten **Schlüsseleigenschaften** kreativer Menschen wichtig: Die **Neugier** treibt grundlegend an, sich mit den kreativen Elementen der Projektarbeit zu beschäftigen. Der **Mut** lässt den Kreativen entschlossener das Verlassen ausgetretener Denkpfade wagen und die Aufdeckung und Lösung von Projektproblemen angehen. Die **Problem-Sensitivität** führt zum richtigen Erkennen der Problemsituationen. Es folgt eine Bearbeitung aus **verschiedenen Sichten** und mit verschiedenen Kreativitätstechniken. Schließlich wird durch alle vorangehend erwähnten Eigenschaften das **Arbeiten mit Widersprüchen** geschult und gefördert.

💧 **Tipp** Schreiben Sie die fünf Schlüsseleigenschaften auf eine Karteikarte und stellen Sie diese gut sichtbar auf ihren Schreibtisch: „Ich bin...neugierig, mutig, problemsensibel, vielperspektivisch und ambiguitätstolerant." Kommentare (positive und negative!) von anderen Menschen sollten Sie stets als Erinnerung und Verstärkung annehmen!

4.2 Organisationsformen und Nutzung von Diversität

Wenn individuelle kreative Eigenschaften zum Wohl von Projekten und Organisationen eingesetzt werden sollen, dann sind auch gewisse strukturelle und organisatorische Voraussetzungen erforderlich. Wenn über ein positiv gelebtes betriebliches Vorschlagswesen oder Kontinuierliche Verbesserungs-Prozesse (KVP) in einer Organisation Erfahrung mit Ideenmanagement besteht, erleichtert dies die kreative Projektarbeit in Projektteams.

Teams erzielen die besten kreativen Ergebnisse, wenn Mitglieder aus verschiedenen Fachbereichen kommen, unterschiedliche Funktionen repräsentieren, unterschiedliches Geschlecht, Alter und Erfahrung mitbringen und **auch** kreative Nichtfachleute für eine bestimmte Problemstellung einbezogen werden. Weiterhin ist eine zahlenmäßige Ausgewogenheit der Geschlechter sehr fruchtbar.

All diese Erkenntnisse zeigen, dass kreativ-produktive Teams besonders von der Unterschiedlichkeit der Team-Mitglieder profitieren. Die Vielfalt der Menschen in einer Organisation wird neuerdings auch im deutschen Sprachgebrauch mit „Diversity", bzw. Diversität umschrieben (vgl. STUDER, 2004). Die Nutzung von Unterschiedlichkeiten ist für die Moderatoren meist anstrengender als die Steuerung eines relativ homogenen Teams, aber die kreativen Ergebnisse belohnen die Anstrengung.

Ein Modell, das die Denk-Unterschiede in (Kreativ-) Teams sehr gut darstellt, ist das **Herrmann Brain Dominance Instrument** (vgl. HERRMANN, 1991). Es werden vier Ausprägungen von Denkprozessen unterschieden, die mit den vier Überschriften Fakten, Form, Fantasie und Fühlen charakterisiert sind:

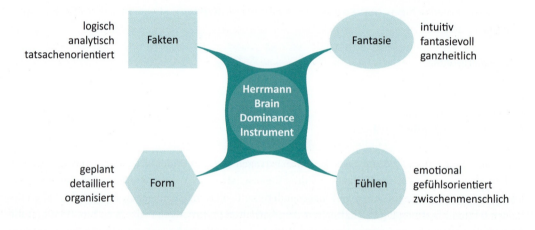

Abbildung 2.07-V3: Die unterschiedlichen Denkprozesse nach dem HBDI-Modell (eigene Darstellung in Anlehnung an HERRMANN, 1991: 442)

Tipp Nutzen Sie als Projektmanager und als Kreativitäts-Koordinator die Erkenntnisse aus dem HBDI-Modell und moderieren Sie kreativitätsfördernd insbesondere die „Über-Kreuz-Spannungen": Fakten vs. Fühlen, Form vs. Fantasie.

Auch bei der Team-Zusammenstellung sind obige Denkstile und deren Dominanz handlungsleitend.

4.3 Zeit- und Stress-Management

Sowohl von Einzelpersonen als auch von Teams wird sehr oft die mangelnde Zeit als Hinderungsgrund für Kreativität genannt. Das persönliche Zeitmanagement ist somit ein wichtiger Faktor bei der Entfaltung individueller Kreativität. Auch das Zeit- und das Stress-Management von Kreativ-Sitzungen haben einen hohen Einfluss auf die Qualität kreativer Teamleistungen. Zu hoher Zeitdruck führt oft zu unvollständigen oder aber „erstbesten" kreativen Lösungen. Zu lasches Zeitmanagement gibt dem divergenten Verzetteln Freiraum. Wie im Kapitel 2 für die Abfolge des divergenten und konvergenten Denkens beschrieben, ist auch ein flexibler Abgleich von Zeitdruck und Zeitpuffer eine wichtige Voraussetzung für die hohe Qualität einer kreativen Lösung.

Beim Stressmanagement im Zusammenhang mit Kreativität ist zusätzlich noch der emotionale Faktor zu beachten: Wer sich in seinen kreativen Äußerungen nicht anerkannt fühlt, wird keine hohe Kreativität entwickeln (wollen!).

Tipp Achten Sie als Projektmanager und Kreativitäts-Moderator besonders auf die Befindlichkeiten durch Zeitdruck, damit die Qualität des kreativen Ergebnisses optimal wird.

5 Kreativitäts-Methodiken

5.1 Einleitung

In der fortgeschrittenen Beschäftigung mit Kreativität und deren Anwendung auf Situationen im Projektmanagement ist es wichtig, zwischen einzelnen Kreativitäts-Techniken und umfassenderen Kreativitäts-Methodiken zu unterscheiden.

Im Projektmanagement-Alltag werden die Begriffe „Kreativitätstechniken" und „Kreativitätsmethoden" (nicht gleichzusetzen mit „Kreativitäts-Methodiken"!) meist als Synonyme verwendet. Aber im nächsten Schritt werden oft auch die Wörter „Kreativitäts**methoden**" und „Kreativitäts**methodiken**" gleichbedeutend verwendet.

Nachfolgend wird nun folgende Unterscheidung getroffen: Im Rahmen der **umfassenderen** Kreativitäts**methodiken** werden **einzelne** Kreativitäts**techniken** eingesetzt. Damit werden Elemente der intuitiven und analytischen Vorgehensweise noch besser vereint.

5.2 CPS: Creative Problem Solving

Eine von Alex OSBORN und Sidney J. PARNES (vgl. PARNES, 1992) entwickelte Methodik wird als „Creative Problem Solving (CPS)" bezeichnet. Der Wechsel zwischen divergentem und konvergentem Denken ist elementarer Bestandteil **in jeder Phase** dieser kreativen Problemlösungs-Systematik. Diese Methodik wird kontinuierlich weiterentwickelt und es finden dazu in den USA regelmäßig Konferenzen statt. (Creative Problem Solving Institute, www.cpsiconference.com)

Heute ist die meist verwendete Form ein Prozess in sechs Phasen mit jeweils divergenten und konvergenten Vorgehensschritten (vgl. ISAKSEN & DORVAL, 1994):

Phase 1: Das Ziel identifizieren (Objective Finding or Mess Finding)
 Divergenter Schritt: Die Herausforderungen breit erkunden.
 Konvergenter Schritt: Ein generelles Ziel für die Problemlösung aufstellen.
Phase 2: Daten sammeln (Fact Finding)
 Divergenter Schritt: Die vielen Details aus verschiedenen Blickwinkeln betrachten.
 Konvergenter Schritt: Die wichtigsten Daten über die Problemlage herausfinden.
Phase 3: Das Problem klären (Problem Finding)
 Divergenter Schritt: Viele mögliche Problemformulierungen ermitteln.
 Konvergenter Schritt: Eine spezifische Problemformulierung auswählen.
Phase 4: Ideen generieren (Idea Finding)
 Divergenter Schritt: Viele unterschiedliche und ungewöhnliche Ideen generieren.
 Konvergenter Schritt: Die Möglichkeiten mit interessantem Potenzial identifizieren.

Phase 5: Auswahl von Lösungsmöglichkeiten (Solution Finding)
  Divergenter Schritt: Evaluationskriterien für die Erfolg versprechenden Ideen entwickeln.
  Konvergenter Schritt: Evaluationskriterien anwenden zur Auswahl und Stärkung der Lösungsmöglichkeiten.
Phase 6: Akzeptanz zur Umsetzung erreichen (Acceptance Finding)
  Divergenter Schritt: Mögliche Quellen der Unterstützung sowie des Widerstandes identifizieren.
  Konvergenter Schritt: Einen spezifischen Aktionsplan formulieren.

5.3   TRIZ: Theorie zum Lösen erfinderischer Aufgaben

TRIZ ist das russische Akronym für **T**eoria **r**eshenija **i**zobretajelskich **z**adacz, was direkt übersetzt heißt „Theorie zum Lösen erfinderischer Aufgaben". Eine gebräuchliche Übersetzung ist auch „Theorie des erfinderischen Problemlösens". (www.triz-online.de)

Als Übersetzung ins Englische ist die Bezeichnung TIPS (Theory of Inventive Problem Solving) verbreitet.

Im Unterschied zu den meisten Kreativitätstechniken, die das kreative Denken Einzelner und von (Projekt-)Teams unterstützen, beschränkt sich TRIZ nicht nur auf die Nutzung der kreativen Fähigkeiten, Erfahrungen und Ausbildungen der am kreativen Prozess beteiligten Personen. Im Zugriff auf bereits vorhandenes erfinderisches Wissen zeigt TRIZ Lösungsverfahren aus Aufgaben, die der eigenen Problemstellung ähnlich sind. Es soll damit eine Verknüpfung von systematischem Vorgehen und kreativer Ideen- und Lösungsfindung erreicht werden.

Die TRIZ-Methodik wurde von GENRICH SAULOWITSCH ALTSCHULLER (1926-1998) entwickelt. Der Grundgedanke ist, Lösungen für technisch-wissenschaftliche Probleme methodisch und systematisch zu entwickeln, ohne dabei Kompromisse eingehen zu müssen. Durch die Analyse von über 200 000 Patenten gelangte Altschuller zu folgenden drei Feststellungen:

- Einer großen Anzahl von Erfindungen liegt eine vergleichsweise kleine Anzahl von allgemeinen Lösungsprinzipien zugrunde.
- Erst das Überwinden von Widersprüchen macht innovative Entwicklungen möglich.
- Die Weiterentwicklung technischer Systeme folgt immer wieder den gleichen, beschreibbaren Mustern.

Dies kann man als die Kernaussagen der TRIZ-Methodik sehen.

Das TRIZ-Methodensystem baut auf vier Säulen oder Kategorien auf, die wiederum unterschiedliche einzelne Werkzeuge enthalten (Nachstehend wurden Formulierungen mit Genehmigung der Autoren zum Teil entnommen aus der Publikation GUNDLACH & NÄHLER, 2002):

Systematik: Innovations-Checkliste, Problemformulierung, Idealität, Zwerge-Modell, MZK-Operator, ARIZ, Ressourcen.
Wissen: Effekte, Widerspruchsanalyse, Stoff-Feld-Analyse, Datenbanken.
Analogie: Technische Widersprüche, innovative Grundprinzipien, 76 Standardlösungen.
Vision: S-Kurve, Innovationsebenen, Evolutionsprinzipien.

Die Anwendung der Werkzeuge im Verlauf des kreativen Problemlöseprozesses ist in der nachstehenden Abbildung 2.07-V4 zusammengefasst:

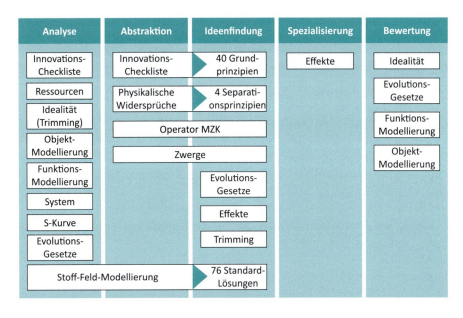

Abbildung 2.07-V4: Anwendung der TRIZ-Werkzeuge im erfinderischen Problemlösen
(NÄHLER, Center for Product-Innovation, www.c4pi.de)

Aus der Erkenntnis, dass die präzise Beschreibung des Problems schon zu kreativen Problemlösungen führen kann, beginnt die Situations-/Problemanalyse mit der so genannten „Innovations-Checkliste":

- Statische und bewegte Beschreibung der Situation
- Primäre nützliche Funktion
- Verfügbare Ressourcen: stoffliche, feldförmige, räumliche, zeitliche, funktionale
- Problemsituation
- Grenzen der Systemänderung
- Auswahlkriterien für Lösungskonzepte
- Andere Systeme mit ähnlichen Problemen

Problemformulierung: Bei der Formulierung eines Problems beginnt man mit der grafischen Erstellung eines Funktionsmodells, bestehend aus Bedingungen, Forderungen und Gegebenheiten der Problemsituation. Die Funktionen werden durch Verknüpfungen miteinander in Beziehung gesetzt. Es wird weiterhin zwischen nützlichen und schädlichen Funktionen unterschieden. Der entscheidende Nutzen der Problemformulierung besteht aus der Strukturierung eines komplexen Problemzusammenhangs und der Untergliederung des Gesamtproblems in unter Umständen einfacher zu lösende Teilprobleme.

Für das weitere Vorgehen sind nun drei Ansätze wichtig:

1. Die Formulierung des „idealen Endresultats"
2. Das Erkennen und Formulieren der technischen Widersprüche
3. Die Prinzipien zum Lösen der Widersprüche

Zwerge-Modellierung: Die Problemsituation wird mithilfe von „kleinen schlauen Leuten (Zwergen)" dargestellt, um diese anschließend so handeln zu lassen, dass das Problem gelöst wird. Die Zwerge übernehmen dabei selbstlos die gewünschten Aktivitäten und Funktionen.

Der **Operator MZK (Material, Zeit, Kosten)** ist ein einfach zu handhabender Teil aus der großen Palette des TRIZ-Instrumentariums. Ziel ist es, in der Anfangsphase einer Problemlösung kreative Denkansätze zu provozieren.

Es werden sechs Gedankenexperimente durchgeführt, in denen Material, Zeit und Kosten jeweils unendlich oder auch gar nicht zur Verfügung stehen.

ARIZ: Dieser Algorithmus zur Lösung von erfinderischen Problemstellungen ist ein Werkzeug zur systematischen Bearbeitung anstehender Probleme. Er wird in der Praxis häufig bei sehr komplexen Problemstellungen angewendet, da aufgrund seines iterativen Ablaufs (Schrittverfahren) oft die Problemstellung neu definiert und verfeinert werden muss.

Eines der Hauptmerkmale der TRIZ-Methodik (unter der Kategorie „Analogie") ist das Erkennen, Verstärken und **Überwinden von Widersprüchen** in technischen Systemen. TRIZ unterscheidet zwischen dem technischen und dem physikalischen Widerspruch.

Aus der Patentanalyse entwickelte Altschuller 39 technische Parameter und 40 innovative Grundprinzipien. In einer **Widerspruchsmatrix** (39 mal 39) werden die technischen Parameter miteinander in Verbindung gebracht, um geeignete Grundprinzipien zur Lösung des Widerspruchs ohne Kompromisse zu identifizieren.

Zur Lösung eines physikalischen Widerspruchs wurden **vier „Separationsprinzipien"** formuliert. Sie erlauben es, einen Widerspruch (etwas soll z. B. zugleich heiß und kalt, schnell und langsam sein) zu überwinden. Die vier Prinzipien beinhalten eine räumliche oder zeitliche Trennung, eine Trennung innerhalb eines Objektes und seiner Teile (Überführung in ein Sub- oder Supersystem) oder eine Separation durch Bedingungswechsel (Phasenübergänge).

Die 40 bereits erwähnten innovativen Grundprinzipien lassen sich den Separationsprinzipien zuordnen. Dies lässt sich an den fünf am häufigsten angewandten Lösungsprinzipien aus der Widerspruchsmatrix zeigen:

1. Eigenschaftsänderung (Veränderung des Aggregatzustandes) = Transformation im **Stoff**
2. Vorgezogene Aktion (schneller in Aktion treten) = Transformation in der **Zeit**
3. Zerlegung (Segmentierung) = Transformation in der **Struktur**
4. Mechanik ersetzen = Transformation im **Stoff**
5. Abtrennung = Transformation im **Raum**

Die gesamte Methodik von TRIZ erfordert eine gewisse Offenheit für andere Denk- und Vorgehensweisen und auch eine Bereitschaft zur Investition von Zeit. Dann jedoch werden durch die umfangreiche Methodik und das Werkzeugsystem hochwertige kreative Ergebnisse erzielt.

Hier schließt sich der Kreis zu den Patentanalysen von Altschuller. Er erkannte, dass es fünf Gruppen (Ebenen) der Innovation gibt. Diese sind mit ansteigender Innovationshöhe:

1. Offensichtliche Lösung
2. Geringe Verbesserung
3. Große Verbesserung (Erfindung innerhalb einer Technologie)
4. Erfindung außerhalb einer Technologie
5. Entdeckung

Auch im Projektmanagement kann dieser „Erfindungs- und Entdeckungs-Charakter" bei kreativen Lösungsansätzen mit TRIZ erfolgreich angewendet werden.

5.4   Das De-Bono-Sechsfarben-Denken („Denkhüte")

Edward De Bono hat den Begriff „Laterales Denken" verwendet und in zahlreichen Veröffentlichungen verwendet (vgl. De Bono, 1995). Als Umschreibung für diese Denkweise werden „nichtlineares Denken", „Querdenken" oder „um die Ecke denken" verwendet. Er hat auch den Begriff „paralleles Denken" geprägt, das die Fähigkeit beschreibt, verschiedene Denk- und Wahrnehmungsperspektiven einzunehmen.

Edward DE BONO beschreibt nun in seinem Buch „Das Sechsfarben-Denken" sechs verschiedene Denkweisen, welchen er symbolisch sechs verschiedenfarbene Hüte zuordnet (DE BONO, 1987). In der Originalausgabe nennt er dies „Six Thinking Hats" (sechs Denkhüte). Er hat bei der Farbenzuordnung auch die psychologische Bedeutung der Farben beachtet.

Weißer Hut: Weiß ist der Ausdruck für Neutralität. Der weiße Hut ist Symbol für analytisches Denken in Fakten, Tatsachen, Nachweisbarem, Zahlen und reinen Informationsdaten.

Roter Hut: Die Farbe Rot wird mit Feuer und Wärme verbunden. Der rote Hut symbolisiert daher Gefühle, Emotionen, „Ahnungen" und nicht begründbares Unbehagen. Die Äußerungen unter dem Zeichen des roten Hutes müssen nicht begründet werden, da sie oft aus der Intuition („Gefühlswissen") abgegeben werden.

Schwarzer Hut: Schwarz als Farbe steht für kritisches Denken und mögliche Risiken bis hin zu „was alles schief gehen könnte". Aber es ist das logisch-negative Denken und muss daher begründbar sein.

Gelber Hut: Gelb gilt als stimmungsaufhellende Farbe. Der gelbe Hut symbolisiert Optimismus, Hoffnung und positives Denken.

Grüner Hut: Die Farbe Grün wird meist als Ausdruck für Fruchtbarkeit und Wachstum verwendet. Der grüne Hut vertritt somit neue Ideen und „fruchtbare Ansätze", die eine Sache voranbringen. Er stellt den Hut für das kreative Denken dar.

Blauer Hut: Blau ist eine Farbe, die mit Ruhe und Klarheit gekoppelt wird. Blau sind auch „allumfassende" Dinge, wie der Himmel und das Meer. Daher bedeutet der blaue Hut eine zusammenfassende Denkweise im Sinne einer Moderation. Menschen, die dem blauen Hut zugeordnet werden können, haben den Überblick, ordnen die Beiträge und vertreten die übergeordnete Gesamtsicht einer Situation.

Besonders nützlich ist die Anwendung des Sechsfarben-Denkens mit echten Denkhüten im Rahmen eines Teamtrainings oder sogar als Teil einer richtigen Teamsitzung.

Durch diese Methode wird jeder Teilnehmer gezwungen, alle verschiedenen Sichtweisen eines Vorganges einzunehmen. Dies kann die Denkflexibilität und die Vernetzung unterschiedlicher Sichtweisen enorm steigern. In der Originalfassung sollen alle Beteiligten zur jeweils gegebenen Zeit „unter dem gleichen Hut" argumentieren.

In Anwendungsvariationen hat es sich dahingehend entwickelt, dass auch „Argumentations-Streitgespräche" unter unterschiedlichen Hüten stattfinden.

PRAXIS-TRANSFER-ÜBUNGEN:

- Sechs Hüte oder Mützen der oben beschriebenen Farben werden für alle Sitzungsteilnehmer gut erreichbar (z. B. in der Mitte des Besprechungstisches) ausgelegt. Nun besteht über eine gewisse Dauer die Verpflichtung, dass jeder Teilnehmer zuerst die Mütze der Denkart seiner Wahl aufsetzt, bevor er zu sprechen beginnt. Er darf nur einen solchen Beitrag beisteuern, der durch die Farbe der Mütze erlaubt wird (z. B. weiße Mütze: nur Fakten – ohne Emotionen, ohne Wertung oder persönliche Prognose).
- Will ein Teilnehmer einen zweigeteilten Beitrag liefern (z. B. Fakten und daraus folgende Gefühle), so muss er die Mütze während des Beitrags wechseln, d. h. eine kurze Sprechpause einlegen. So wird ein Bewusstsein dafür geschaffen, dass viele Redebeiträge eine bunte Mischung aus Fakten, Gefühlen und Interpretationen sind. Weiterhin wird die eigene Denkhaltung besser rückgekoppelt.
- Nach einiger Zeit kann die Verwendung von Mützen auf den Gebrauch von sechs farbigen Karten (Kartons) beschränkt werden. Dies hat den Vorteil, dass jeder Teilnehmer einen kompletten Satz an Karten stets direkt vor sich liegen hat.

| Eine Variante des Denkhüte-Trainings ist eine Vorgabe der einzusetzenden Mützenfarbe. Dies kann z. B. bedeuten, dass jeweils die Hälfte der Teilnehmer eine Farbe der Mützen trägt und nach bestimmter Zeit gewechselt wird. Aber auch eine gleichmäßige Verteilung der Mützenfarben im gesamten Team ist möglich.

5.5 Die Walt-Disney-Strategie

Eine kreative Methodik zur Sensibilisierung für unterschiedliche Sichtweisen ist die von Robert Dilts entwickelte, so genannte „Walt-Disney-Strategie" (vgl. LUTHER & GRÜNDONNER, 1998: 135ff).

Walt Disney, der Erfinder der Mickey Mouse und anderer Comic-Figuren, pflegte eine Denk- und Vorgehenssystematik, die inzwischen seinen Namen trägt: die Walt-Disney-Strategie. Die Grundlage bildet die Erkenntnis, dass in jedem Menschen unterschiedliche Denkausrichtungen bei der Entwicklung neuer Ideen wirksam sind. Die wichtigsten Ausrichtungen des menschlichen Denkens lassen sich auf drei Grundtypen reduzieren: der Träumer (manchmal auch als „Visionär" bezeichnet), der Macher (manchmal auch „Handelnder" oder „Realist" genannt) und der Kritiker (manchmal auch mit „Denker" bezeichnet).

Der Träumer entwickelt ungezügelt Ideen und kümmert sich nicht um die Umsetzbarkeit. Visionen von Idealwelten können in der Vorstellung eines Träumers entstehen. Geeignete Frage für den Träumer: „Wovon habe ich schon immer geträumt?"

Der Macher sichtet schnell das Umsetzbare. Er ist stets darauf konzentriert, nur unmittelbar Machbares zu äußern und dies in Gedanken weiterzuentwickeln. Typische Fragestellung: „Wie könnte diese Idee in unsere Arbeitswelt umgesetzt werden?"

Der Kritiker macht sich über die geäußerten Vorschläge her und beurteilt diese mit seinen Wertmaßstäben: gut/schlecht, schön/hässlich, klug/dumm usw. Die Vorgehensweise kann konstruktiv-realistisch oder destruktiv-kritisch sein. Mögliche Fragen aus der Kritiker-Sicht: „Was spricht dagegen?", „Wie ließe es sich verbessern?", „Was kostet all dieses insgesamt?"

Vorgehensweise bei der Methodik:

Walt Disney hat nun diesen drei Aspekten einer Persönlichkeit mittels dreier unterschiedlich ausgestatteter Räume eine Chance zur Äußerung gegeben.

So hat er seine Mitarbeiter zunächst in einem Raum versammelt, in dem angenehme Musik lief, eine ansprechende Einrichtung und Düfte die träumerische Seite der Menschen anregte. In diesem Umfeld durfte keine Äußerung kritisiert oder abfällig kommentiert werden. Das Verweilen in diesem Raum wurde nicht streng zeitlich begrenzt.

In der zweiten Stufe werden die Beteiligten in einen nüchtern eingerichteten Raum geführt. In diesem Raum sollen die Mitdenker nur Machbares äußern. Auch hier sollen dem Denken zunächst keine Schranken (z. B. Kostenrahmen) auferlegt werden.

Als letzte Station des Rundgangs wird der Raum des Kritikers aufgesucht. Dort dürfen nun die in den beiden vorangegangenen Räumen geäußerten Ideen kritisiert werden.

Abschließend werden die Ergebnisse zusammengefasst. Hierbei ist es zu empfehlen, die Ergebnisse schriftlich festzuhalten. Eine Protokollierung der Einzelschritte hat sich eher als störend erwiesen. Falls die Teilnehmer einverstanden sind, ist jedoch ein Mitschnitt per Tonband zu empfehlen.

💡 Tipp

| Falls Sie und Ihr Kreativ-Team keine drei unterschiedlichen Räume zur Verfügung haben, können Sie auch drei Ecken eines Raumes für die unterschiedlichen Rollen festlegen und mit dem Team zwischen diesen Ecken umhergehen. Als Verstärkung der Rollenidentifikation könnten die Ideen des

Träumers im Liegen, die des Machers im Stehen und die des Kritikers im Sitzen abgegeben werden.
- Sie können die Walt-Disney-Strategie auch alleine durchführen: Nehmen Sie nacheinander auf drei unterschiedlichen Stühlen (bequemer Sessel, normaler Bürostuhl, einfacher Holzstuhl) Platz und praktizieren Sie die oben beschriebenen Denkstile alleine. Im Gegensatz zur Gruppenarbeit sollten Sie die Ergebnisse hierbei am besten sofort notieren oder diktieren.

5.6 Die Idealog-Methodik

Idealog ist eine Kreativmethodik in vier Schritten, die alle Phasen und Perspektiven des kreativen Prozesses integriert; sie steht für „Ideen entwickeln im Dialog" (LUTHER in INSTI 2007: 50ff).

Die vier Schritte sind:

Orientierung: Klärung des zugrunde liegenden Problems, Faktensammlung, Definition eines Zieles; Intention: Richtung klären; Kompetenz: Aufklärer; Leitfrage: Wohin soll es gehen?

Generierung: Formulierung von Wünschen, Entwicklung von Visionen, Quer denken; Intention: Ideen entwickeln; Kompetenz: Ideengeber; Leitfrage: Was wäre möglich?

Optimierung: Auswahl und Verfeinerung der Erfolg ver-sprechendsten Lösungsansätze, Formulierung von Konzepten; Intention: Konzepte verfeinern; Kompetenz: Optimierer; Leitfrage: Was ließe sich verbessern?

Realisierung: Umsetzungsvorbereitung, Umsetzung der Ergebnisse, Erfolgskontrolle; Intention: Lösungen realisieren; Kompetenz: Umsetzer; Leitfrage: Wie wird es umgesetzt?

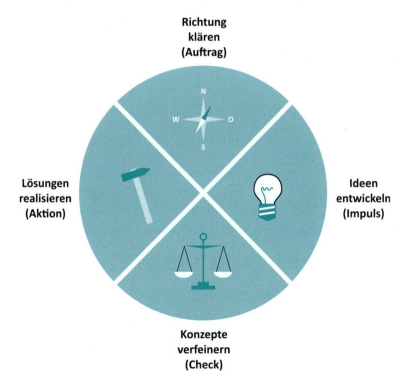

Abbildung 2.07-V5: Phasen und Perspektiven der Idealog-Methodik (nach LUTHER INSTI 2007: 50ff)

Vorgehensweise bei der Methodik

In der Praxis kommt die **Idealog-Methodik** meist als eine gelenkte Gruppendiskussion zum Einsatz. Dabei nehmen nacheinander alle Beteiligte gemeinsam verschiedene Perspektiven ein, die den Phasen des kreativen Prozesses und damit jeweils auch unterschiedlichen kreativen Denkrichtungen entsprechen. Dadurch wird gewährleistet, dass in Problemlösungs- oder Innovationsprozessen alle für die Bearbeitung einer Aufgabe relevanten Aspekte berücksichtigt werden. Auch werden Reibungsverluste durch zeitraubende Diskussionen vermieden, alle Denkpositionen paritätisch berücksichtigt und Prozesse zeitoptimiert durchgeführt.

Die fortgeschrittene Variante geht nach der **AICA-Formel** vor: Auftrag-Impuls-Check-Aktion. Sie unterteilt jeden der vier Schritte zusätzlich in weitere Handlungsabschnitte, in denen jeweils ausgewählte Kreativitätstechniken zum Einsatz kommen.

Der Prozess kann mehrfach durchlaufen werden; es ist auch möglich, die Reihenfolge zu wechseln. Jeder der vier Abschnitte zielt auf ein spezifisches Ergebnis, nutzt eine eigene Denkstrategie und verfügt über definierte Spielregeln, um den Erfolg sicherzustellen. Die bekannte Regel „Quantität vor Qualität" kommt z. B. (nur!) in der 2. Phase der Ideenfindung (Generierung) zur Anwendung; in anderen Phasen gelten eigene Grundsätze. Nahezu alle bekannten Kreativitätstechniken können ihrem Zweck entsprechend in den einzelnen Schritten zum Einsatz kommen.

Wichtig ist dabei zu wissen, welches die aktuelle Phase ist und was hier erforderlich ist, um zu einer Lösung zu kommen. Eine eindeutige Trennung der Phasen ist notwendig, damit sich alle Beteiligten, auf die jeweils erforderliche Art zu denken, einstellen können.

Durch die praktische Umsetzung der vier kreativen Prozessphasen eignet sich die Idealog-Methodik sowohl für Einzelpersonen als auch für Teams zur umfassenden und systematischen Aufgabenbearbeitung, Sitzungsstrukturierung, Problemlösung und Projektarbeit bis hin zur erfinderischen Innovation.

 Tipp
- Gelenkte Gruppendiskussion: Sitzungsteilnehmer nehmen nacheinander gemeinsam die vier verschiedenen Perspektiven ein, die bestimmten Phasen des kreativen Prozesses und damit jeweils auch einer kreativen Denkrichtung entsprechen. Es darf jeweils nur „in die gleiche Richtung gedacht werden", d. h. alle Beiträge müssen sich an den Zielen und Spielregeln des entsprechenden Abschnitts orientieren.
- Fortgeschrittene Variante: In jedem Abschnitt kommen ausgewählte Kreativitätstechniken zum Einsatz, die das jeweilige Ziel unterstützen (z. B. in der Generierung: Brainstorming).

5.7 InnovationsPotenzial-Compass (IPC)

Im Verlauf eines kreativen Prozesses kommen unterschiedliche Denkstile zum Einsatz, um die spezifischen Anforderungen der einzelnen Phasen zu erfüllen. Die vier Hauptrichtungen zu denken, sind auch bekannt geworden als die „4 kreativen Geisteshaltungen" (vgl. ROGER VON OECH). Vergleichbar mit gängigen Einschätzungen zur Persönlichkeit (wie MBTI, HBDI, DISG, Belbin) entwickelte MICHAEL LUTHER ein „4-Quadranten-Denkmodell", den **IPC - InnovationsPotenzial-Compass** (vgl. LUTHER, 2007). Er analysiert, welche Aufgabenbearbeitungs- und Denk-Präferenzen vorliegen und ermittelt ein Denk-Profil von Einzelpersonen und Teams, das zur Anwendung kommt in Problemlösungs- oder Innovationssituationen.

Die 4 Denkstrategien und Denkrichtungen sind:

Aufklärer: strategisch-zielorientiertes Denken (auch Forscher oder Lotse genannt).
Ideengeber: phantasievoll-visionäres Denken (auch Künstler oder Träumer genannt).
Optimierer: selektiv-kritisches Denken (auch Richter oder Kritiker genannt).
Umsetzer: praktisch-handlungsorientiertes Denken (auch Krieger oder Macher genannt).

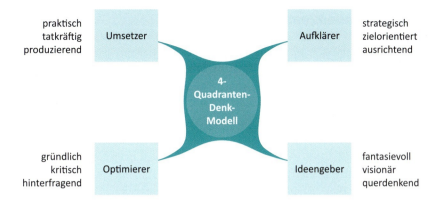

Abbildung 2.07-V6: Das 4-Quadranten-Denk-Modell (vgl. LUTHER, 2007)

Vorgehensweise bei der Methodik

Besonders nützlich ist ein IPC-Präferenzcheck für Einzelpersonen und Teams vor einem Problemlösungs- oder Ideenprozess, einer klassischen Sitzung, einem Innovationsvorhaben oder einer Ideenmanagementaktivität. Die Beteiligten gewinnen ein Bewusstsein über ihre aktuellen Stärken und vorhandenen Defizite für den weiteren kreativen Prozessablauf.

Grundaussage: Keine dieser Denkstrategien ist gut oder schlecht, alle vier sind notwendig für die Vollendung des Ideenprozesses. Es zeigen jedoch sowohl Einzelpersonen als auch Teams in der Praxis meist unterschiedliche Vorlieben und Ausprägungen, die durch persönliche Neigungen, Entwicklung, Erziehung, Ausbildung oder weitere Faktoren beeinflusst werden. Dabei handelt es sich oft um wiederkehrende, beständige Muster, die in mindestens einem der vier kreativen Prozessabschnitte wirksam zum Einsatz kommen, sich aber nicht immer kompatibel zu den Anforderungen der aktuellen Phase verhalten. Ziel einer Denkstil-Analyse ist es, individuelle Präferenzen zu identifizieren und aufzuzeigen, welche Bereiche, bezogen auf den kreativen Denkprozess, bevorzugt und welche vernachlässigt werden.

IPC ist aktuell das einzige Persönlichkeitsinstrument (oft auch Persönlichkeitstest genannt), das vollständig kompatibel ist zu einem Prozessmodell. Es interpretiert die Ergebnisse in Abhängigkeit von den vier Phasen des kreativen Kreislaufs und bietet Einzelpersonen und Teams eine eindeutige Aussage hinsichtlich ihrer zugeordneten Denkpräferenz/en. So lassen sich sowohl voraussichtliche Stärken als auch Defizite im Ideenkreislauf aufzeigen und mögliche Folgen für den Problemlösungs- oder Innovationsprozess praktisch prognostizieren.

 Tipp
- Als Einzelperson: Nehmen Sie Ihren eigenen bevorzugten Denkstil (ggfs. Denkstile) bewusst wahr, bauen Sie Ihre Stärken aus und finden Sie Zugang zu den Ihnen weniger vertrauten Kompetenzen.
- Team: Seien Sie aufmerksam gegenüber den vorhandenen Denkpräferenzen in Ihrem Team, schaffen Sie Synergien und integrieren Sie benötigte Denkstrategien, falls erforderlich, auch von außerhalb.
- Phasen: Verdeutlichen Sie sich, in welcher Phase des kreativen Prozesses Sie gerade stehen und welche Denkrichtung und Handlungsqualität gerade hier notwendig sind.

5.8 Weitere Kreativitäts-Methodiken

Die in den vorherigen Abschnitten beschriebenen Methodiken haben auch zu umfangreicheren kreativen Vorgehensweisen in Großgruppen geführt. Stellvertretend seien hier zwei verbreitete Methodiken genannt und auf die einschlägige Literatur hingewiesen (im Literaturteil unter „Tipps zum Weiterlesen" aufgeführt): **Zukunftswerkstätten** (vgl. JUNGK & MÜLLERT, 1989)/**Open Space** (vgl. PETERSEN, 2000)

6 Fortgeschrittene Kreativitätstechniken

Im Basisteil wurden grundlegende Kreativitätstechniken vorgestellt, die den kreativen Prozess bei Einzelpersonen und im Team unterstützen und verstärken. Bei der fortgeschrittenen Anwendung kommt es nun mehr auf einen variantenreichen Einsatz der zugrunde liegenden Denkstrategien als auf einen reinen „Techniken-Einsatz" an. Die allgemeinen Denkstrategien können nun in fünf prinzipielle Vorgehensweisen eingeteilt werden (Zitat aus WAGNER & PATZAK, 2007: 262):

- **Infragestellen (Mäeutik):** Durch die Frageform werden die Befragten zu Argumentationen und neuen Lösungen gebracht („Geburtshilfe")
- **Negieren (Advocatus Diaboli):** Die Gegenargumente („warum etwas nicht funktioniert") führen zu Modifikationen und neuen Lösungskonzepten
- **Übertreiben (Karikatur):** Zunächst wird hierbei mit extremen Ausprägungen von Lösungsgedanken gespielt. Aber auch nicht erreichbare Idealzustände (Traumsituationen, Wunder) könnten unter dieser Variation eingeordnet werden.
- **Dummstellen (Inkompetenz):** Von Nichtfachleuten können Erklärungen eingefordert werden, die unerwartete, neue Gesichtspunkte fördern
- **Übertragen (freie Assoziationen oder forced relationship):** Es werden völlig problemunabhängige Aspekte (Erlebnisse, Eindrücke) in Zusammenhang mit der Problemstellung gebracht (Zwangsanalogie)

Schließlich ist in vielen dieser Denkstrategien das schon mehrfach erwähnte Prinzip der unterschiedlichen Gesichtspunkte erkennbar.

6.1 Kopfstand-Methode

Hier handelt es sich um eine Umkehrmethode (nach DE BONO), die bewusst einen Perspektivenwechsel auslöst. Die Aufgabenstellung wird auf den Kopf gestellt, in ihr Gegenteil verkehrt oder negativ formuliert.

Ziel: Produktion einer möglichst hohen Anzahl von wirkungsstarken Ideen, welche die ursprüngliche Zielsetzung verhindern.

Ablauf: Die Aufgabenstellung wird umgedreht und als Fragesatz formuliert, z. B. „Wie können wir verhindern, dass unser Produkt gekauft wird?" Die weitere Behandlung kann dann wieder positiv und lösungsorientiert sein, wie in der nachfolgenden Technik „Destruktiv-konstruktives Brainstorming" näher beschrieben. (LUTHER & GRÜNDONNER, 1998: 171)

6.2 Destruktiv-konstruktives Brainstorming

Diese Brainstorming-Technik ist eine Verfeinerung der oben beschriebenen „Kopfstand-Methode" und wird zum Beispiel als „Gift/Gegengift-Technik" (BLUMENSCHEIN & EHLERS, 2002: 99) beschrieben. Sie baut auf dem Konzept der so genannten paradoxen Intervention auf. Auch das Rollenspiel eines Advocatus Diaboli beinhaltet diesen Ansatz.

Die Voraussetzungen (Teilnehmer, Dauer, Materialien, Problemformulierung) und Regeln des klassischen Brainstormings treffen auch beim destruktiv-konstruktiven Brainstorming zu.

Ziel: Durch die Erlaubnis, erst mal alles Negative loswerden zu dürfen, sollen die Teilnehmenden eine größere Anzahl von Verhinderungsideen produzieren und dann auf Basis dieser Ideenvielzahl auch mehr Lösungsansätze erarbeiten.

Das destruktiv-konstruktive Brainstorming läuft in zwei Schritten ab.

Erster Schritt: Ausführliche Problemanalyse, in der alle negativen Auswirkungen, Ärgernisse, Bedenken, Unzufriedenheiten und Kritikpunkte vorgebracht werden. Auch alle gescheiterten Lösungsansätze sollten als Auflistung vorliegen oder nochmals gesammelt werden (destruktive, „zerstörerische" Phase). Schließlich wird alles zusammengetragen, wie man ein gewünschtes Ergebnis verhindern könnte (z. B. „Wie können wir erreichen, dass zwei Menschen nicht mehr miteinander reden?").

Zweiter Schritt: Für die gesammelten Abweichungen vom gewünschten Zustand werden dann Lösungsvorschläge gesucht. (konstruktive, „aufbauende Phase"). Hierbei werden positive Formulierungen von Lösungsansätzen verwendet, z. B. „Wie kann ich erreichen, dass zwei zerstrittene Menschen wieder miteinander reden?".

Tipp Machen Sie zwischen dem ersten und zweiten Schritt dieser Kreativitätstechnik eine Pause, in der die Teilnehmer durch körperliche Aktivität (z. B. durch interaktive Spiele) einen gewissen Abstand zu der destruktiven Phase bekommen oder sich gegenseitig zu völlig anderen Themen austauschen (ggfs. vorgegebene Austauschthemen!).

6.3 Brainwriting: Kollektives Notizbuch

Das kollektive Notizbuch (engl. Collective Notebook) ist eine Brainwriting-Methode, bei der die Teilnehmenden nicht zu gleicher Zeit (z. B. im Rahmen einer Sitzung) ihre Ideen zu Papier bringen. Vielmehr werden nach genauer Aufgabenstellung alle Ideen von den Beteiligten unabhängig in Notizbüchern gesammelt und diese gesammelten Ideen anschließend zur gegenseitigen Anregung ausgetauscht.

Ziel: In zeitlich oder räumlich versetzter Erarbeitungsweise werden möglichst viele Ideen (auch mit Visualisierung) eingebracht und vom Ideengeber selbst dokumentiert.

Ablauf: Die Aufgabenstellung bzw. die Problemformulierung werden am besten in einer kurzen Sitzung mit allen Beteiligten abgestimmt. Jeder Teilnehmer im Notizbuch-Prozess trägt nun über eine festgelegte Zeit (2 - 5 Tage) alle seine Ideen zur gegebenen Aufgabe in ein Notizbuch ein. Dies können neben Worten auch Skizzen und bildhafte Darstellungen sein. Nach dem vereinbarten Zeitraum werden die Notizbücher in einer festgelegten Reihenfolge ausgetauscht. Nun ergänzen die Teilnehmer die Ideen ihrer „Vordenker". Die weiteren Tauschvorgänge sollten sich nach der Geschwindigkeit der Ideenproduktion und äußeren Einflüssen richten (z. B. Abwesenheitszeiten berücksichtigen).

Nach vorher vereinbarter Gesamtdauer (ca. 3 - 4 Wochen) werden die Ideenfindungsphase beendet und die Lösungsvorschläge weiter bearbeitet: Überblick über das Gesamtideengut, Festlegung der Bewertungskriterien und Auswertungssitzung.

Die Methode kann auch zum Sammeln und Austausch von Ideen dienen, die von Experten an unterschiedlichen Orten entwickelt wurden (oft als **„Delphi-Methode, bzw. Ideen-Delphi"** bezeichnet).

Tipp Das Notizbuch-Verfahren kann auch als Einzelperson durchgeführt werden. Legen Sie sich ein Ideentagebuch zu, in dem Sie regelmäßig Ihre Ideen festhalten und fortschreiben. Die Dokumentation kann natürlich auch über den Computer erfolgen. Bei der Durchführung in Teams hat es sich allerdings als vorteilhaft herausgestellt, ein physikalisch greifbares Buch zu haben, das, an der jeweiligen Stelle aufgeschlagen, zu weiteren Einträgen anregt!

6.4 Problemlösungsbaum

Bei einem Problemlösungsbaum wird eine hierarchische Struktur möglicher Lösungen eines Problems aufgebaut. Die Bestandteile verschiedener Lösungswege werden so lange weiter in Komponenten zerlegt, bis eine weitere Untergliederung nicht mehr sinnvoll erscheint. Da diese Darstellung auch dazu dient, Entscheidungen für den optimalen Lösungsweg zu treffen, wird die Darstellung auch oft „Entscheidungsbaum" genannt, der allerdings dann Wahrscheinlichkeiten in den Verzweigungen enthält. Auch Visualisierungen, wie das im nächsten Kapitel beschriebene Ishikawa-Diagramm und vor allem die vernetzten Mind-Map-Darstellungen, sind geeignet, eine hierarchische Problemanalyse und alternative Problemlösungen aufzuzeigen.

Eine weitere Behandlung des Problemlösungsbaums erfolgt im Element 1.08 Problemlösung.

6.5 Ursache-Wirkungs-(Ishikawa-)Diagramm

Für eine systematische Erfassung der Einzelkomponenten eines Problems hat sich das so genannte Ishikawa-Diagramm („Fischgräten-Diagramm") bewährt. Diese kreative Problem-Analyse-Technik wird im Element 1.08 Problemlösung näher beschrieben. Hier wird das Ishikawa-Diagramm als Beispiel für einen kreativ-visualisierte Darstellungstechnik angeführt.

Im Ishikawa-Diagramm werden die Ursachenbereiche genauer angeschaut. Ursprünglich wurden zur Analyse von Qualitätsproblemen als Haupeinflussgrößen die vier M „Mensch, Methode, Material, Maschine" benutzt. Heute werden diese um weitere auf bis zu sieben M ergänzt, z. B. „Mitwelt, Management, Messung".

Ishikawa-Diagramm (Ursache-Wirkungs-Diagramm)

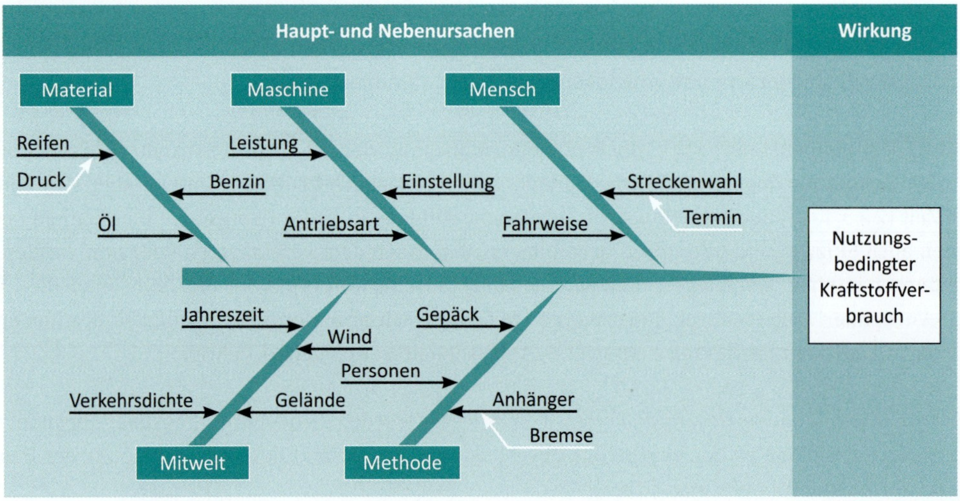

| Haupt- und Nebenursachen | Wirkung |

Material: Reifen, Druck, Öl
Maschine: Leistung, Benzin, Antriebsart
Mensch: Einstellung, Fahrweise, Streckenwahl, Termin
Mitwelt: Jahreszeit, Wind, Verkehrsdichte, Gelände
Methode: Gepäck, Personen, Anhänger, Bremse

Wirkung: Nutzungsbedingter Kraftstoffverbrauch

Abbildung 2.07-V7: Beispiel für ein Ishikawa-Diagramm zur Problemanalyse (nach KAIM, 2004)

Das Ausfüllen eines solchen Diagramms kann nun von Einzelpersonen erfolgen („Was trägt aus Ihrer Sicht zu dem beobachteten Problem bei?") oder aber in einer Teamsitzung („Haben wir alle Einflussgrößen des Problems berücksichtigt?").

6.6 Brainstorm-Mapping

Diese Methode ist eine Weiterentwicklung von Mind Mapping. Der Name und die Methode wurden von Artur Hornung entwickelt (vgl. HORNUNG, 1996: 82). Der Begriff soll aussagen, dass Ideen aus Brainstorming-Prozessen wie beim Mind Mapping als „Gedankenlandkarte" zu Papier gebracht werden.

Die Weiterentwicklung besteht jedoch darin, dass diese Ideen zwar individuell strukturiert zu Papier kommen, dann aber durch weitere Teammitglieder die Maps der anderen ergänzt werden.

Ziel: In möglichst kurzer Zeit individuell unterschiedliche Ausgangs-Gedankenlandkarten im Team zu ergänzen und zu einer Konsens-Map zusammenzuführen.

Kleingruppen zu je 3 - 4 Personen • Dauer: 30 bis 60 Minuten

Ablauf:

- Die Besprechungsteilnehmer werden in Gruppen von 3 - 4 Personen aufgeteilt.
- Jeder Teilnehmer schreibt das Thema in die Mitte seines Blattes und bringt seine Gedanken als Mind Map zu Papier.
- Nach einem vorher zu vereinbarenden Zeitraum (3 - 7 Minuten) werden die Mind Maps im Rundlaufverfahren getauscht, bzw. weitergegeben.
- Die nun vor jedem liegende „fremde" Mind-Map-Darstellung wird zunächst sorgfältig studiert, dann ergänzt (=Zweige anfügen) und insbesondere als Impuls für weitere Ideen (=neue Hauptäste) benutzt.
- Nach 3 - 7 Minuten erfolgen ein erneuter Tausch im Kreis und eine weitere Fortentwicklung der Mind Maps, die nun bereits zwei Vorgänger bearbeitet haben.
- Der Prozess ist beendet, wenn jedes Teammitglied sein ursprüngliches „Gedankenbild" wieder vor sich liegen hat.
- Nun werden die Hauptgedanken aller erstellten Mind Maps in der Gruppe diskutiert und für die Zusammenführung ein Grundkonzept entwickelt.
- Schließlich wird am Flipchart eine gemeinsame Mind Map erstellt, die alle gesammelten Ideen in einer von allen akzeptierten Struktur enthält.

Tipp

- Beim Zusammenführen zu Gruppenmaps sollte ein Moderator den zurückhaltenderen Teilnehmern beim Artikulieren ihrer Beiträge behilflich sein.
- Der Konsens über eine gemeinsam akzeptierte Map-Struktur kann mit einem Moderator, der nicht im Prozess inhaltlich involviert ist, oft rascher erreicht werden.

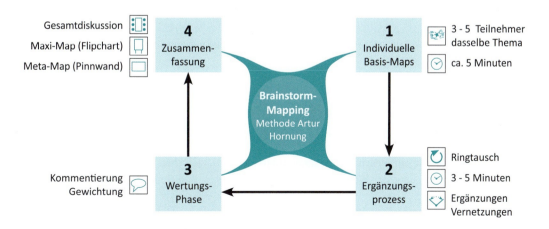

Abbildung 2.07-V8: Ablauf der Methode Brainstorm-Mapping als Mind Map

6.7 Galerie-Methode

Bei einigen Kreativitätstechniken wurde beschrieben, dass Papier umherwandert, z. B. die Formblätter bei der Brainwriting-Methode 6-3-5. Durch die organisierte Tauschaktion des Papiers können die Beteiligten die schriftlich festgehaltenen Ideen der anderen in Ruhe ansehen und, darauf aufbauend, eigene Ideen entwickeln. (vgl. SCHAUDE, 1992: 18)

Ziel: Bei der Galerie-Methode bewegen sich die Menschen anstelle des Papiers. Durch die „ausgestellten" Ideen (z. B. an einer Pinnwand) kann sich jeder von den Ideen der anderen anregen zulassen und zusätzlich auch direkt mit dem Ideenschöpfer sprechen. Teilnehmer: 5 - 10 Personen • Materialien: Pinnwände oder geeignete Wandflächen

Ablauf: Ideen werden mit einer geeigneten Kreativitätsmethode individuell zu Papier gebracht, z. B. mit Mind Mapping. Dann werden die individuellen Blätter für alle sichtbar aufgehängt und besichtigt. Offene Fragen werden sofort mit dem Ideenschöpfer diskutiert. Die Urheber nehmen ihr Werk wieder an sich, um es in Einzelarbeit, angeregt durch die Ideen der anderen, zu vervollständigen. Bei Bedarf werden weitere Runden der „Ausstellung" der Ideen-Werke angeschlossen. Nach gemeinsam festgelegtem Ende der Ergänzungen werden die Ideenblätter gesammelt und allen Beteiligten zur weiteren Bearbeitung als Kopie zur Verfügung gestellt.

Varianten: Jeder Teilnehmer darf sich ein Werk seiner Wahl aussuchen, das er mit seinen Ideen ergänzt. Alle Beteiligten gestalten gemeinsam aus den ausgestellten Einzelarbeiten ein Sammelwerk, z. B. auf einem Flipchart.

6.8 Kombinierter Einsatz von Einzeltechniken

Die wichtigste Kenntnis und Fähigkeit im fortgeschrittenen kreativen Denken und Handeln ist der kombinierte Einsatz der einzelnen Kreativitätstechniken. Die optimale Kombination erfordert große Erfahrung und Einfühlungsvermögen zur Art und zum Zeitpunkt des Methoden-Wechsels oder der geänderten Vorgehensweise. Kombiniert kann in diesem Zusammenhang vielerlei bedeuten:

Erstens: Die Abfolge unterschiedlicher Kreativitätsansätze, z. B. Analyse mittels analytischer (diskursiver) Methoden, danach Ideenfindung mit intuitiven Methoden, unterstützt durch Konfrontationsmethoden und visualisiert über Mapping-Techniken (siehe Praxisbeispiel A).

Zweitens: Der Wechsel zwischen Einzelarbeit und Gruppenarbeit, wie z. B. durch die Methode BRAINSTORM-MAPPING: Visuell ansprechende Sammlung von Einzelideen, die in der Gruppe ergänzt werden.

Drittens: Eine Wechsel in der methodischen Vorgehensweise (gemäß der fünf Kategorien nach Wagner & Patzak in Kapitel 6).

Viertens: Die Mischung zwischen anonymer Ideensammlung (z. B. über Kartenabfrage oder elektronischen Input im kollektiven Notizbuch) und öffentlicher Kombinationsdiskussion (z. B. visualisiert über eine META-MIND-MAP)

Fünftens: Die Mischung äußerlicher Rahmenbedingungen, z. B. zwischen enger und weiter gefasster zeitlicher Begrenzung, oder der Wechsel zwischen Sitzen, Stehen und Umhergehen bei der Ideenproduktion.

Sechstens: Eine Kombination firmen-/organisations-interner und externer Lösungsimpulse (siehe Praxisbeispiel B).

Beispiel

A) Im Projektteam sollten Vorschläge für ein Warenzeichen für ein innovatives Produkt gesammelt werden.

Dem Projektteam wurden zunächst vorhandene Warenzeichen präsentiert (als zügige Projektion für alle und danach im Kartenumlauf für individuelle Aufnahmegeschwindigkeit). Mit der intuitiven Methode Brainwriting (Methode 6-3-5) wurden dann neue Vorschläge schriftlich gesammelt. Nach einer Gewichtungsphase wurden die am besten gewerteten Vorschläge in attraktive Teile zerlegt und an Hand der Methode Morphologischer Kasten neu kombiniert.

B) Die Bearbeitung eines Teilprojektes sollte beschleunigt werden. Dabei waren alternative Vorgehensweisen zu der „üblichen" Abwicklung ausdrücklich erwünscht.

Die aktuelle Bearbeitungsabfolge wurde in einem Problemlösungsbaum und einer Mind Map visualisiert. Alternative Vorgehensweisen wurden in einem destruktiv-konstruktiven Brainstorming ermittelt. Parallel zu einer firmen-/organisations-internen Bearbeitung wurde die Fragestellung an eine externe Ideenfindungs-Institution (Think Tank) gegeben, die unabhängig von internen Beschränkungen Lösungsansätze vorschlug. Die Kombination der gesammelten internen und externen Lösungsideen in einer Mind Map führte dazu, dass ein definierter Teil des Projektes (mit geringer Know-how-Sensibilität) vollständig an einen externen Dienstleister abgeben wurde.

7 Praktische Umsetzung von Kreativität im Unternehmen und in komplexen Projekten

7.1 Organisationale Kreativitätsförderung und Betriebliches Vorschlagswesen

In einer Organisation müssen die formalen und emotionalen Voraussetzungen geschaffen werden, damit die Menschen ihre kreativen Ideen äußern (vgl. GIESLER, 2002). Als sehr gute Möglichkeit zur Entfaltung von Kreativität in Unternehmen wird oft das betriebliche Vorschlagswesen gesehen. Diese Möglichkeit der Äußerung von Verbesserungsvorschlägen oder völlig neuer Ideen wird aber oft überschätzt. Viele Ideenträger sind oft nicht in der Lage oder willens, ihre Ideen zu Papier zu bringen. Einige haben auch schlechte Erfahrungen mit den Reaktionen auf die schriftlichen Vorschläge, mit der langen Bearbeitungszeit oder aber der negativen Rückmeldung durch Vorgesetzte (vgl. KREUZ & FÖRSTER, 2004).

Eine wichtige Förderungsmaßnahme besteht darin, die weniger ausdrucksfähigen Mitarbeiter in der Ausarbeitung der Ideen zu unterstützen oder auch Gruppeneinreichungen von Verbesserungen anzuregen. Auch eine vereinbarte Prämien-Regelung bei Einführung wirkt stark motivierend.

 Tipp

- Legen Sie zusammen mit den Bereichsverantwortlichen jeweils Paten für die Formulierung von Verbesserungsvorschlägen fest.
- Informieren und motivieren Sie in einer Informationsveranstaltung alle betroffenen Mitarbeiter über das Paten-System zur Formulierung von Verbesserungsvorschlägen.
- Schaffen Sie über die offiziellen Belohnungssysteme hinaus Möglichkeiten, abteilungsintern Verbesserungsvorschläge bereits beim Abgeben zu belohnen oder zumindest mit Anerkennung durch die Vorgesetzten zu fördern.

7.2 Ideenmanagement

Zusätzlich zu dem im vorherigen Kapitel beschriebenen „formalisierten Ideenmanagement" im betrieblichen Vorschlagswesen ist es wichtig, dass in Organisationen auch eine Systematik zur Erfassung von Ideen besteht, die im Verlaufe eines Projektes aufkommen, aber nicht weiter verfolgt werden. Hierbei kann es sich um Ideen für Folgeprojekte handeln oder aber Impulse für andere Projekte oder Bereiche.

Die Erfahrung zeigt, dass eine ausdrückliche Kategorie „Ideenmanagement" (ähnlich der Kategorie „Lessons learned/Wissensmanagement") in der Projektdokumentation eines Projektleiters vorhanden sein sollte. Dieser Teilbereich der Projektdokumentation kann dann auch der gesamten Organisation zugänglich gemacht werden oder von Zeit zu Zeit in geeignetem Kreis hinsichtlich der Weiterverwertbarkeit diskutiert werden.

7.3 Projektmanagement und Innovationsmanagement

Nach der Auswertung des kreativen Prozesses gilt es nun, die Entscheidung über die als Innovationsprojekte verfolgenswerten Ansätze zu treffen. Dies sollte stets im Zusammenspiel zwischen den Ideenlieferanten und den strategisch verantwortlichen Personen geschehen. Nur so findet eine volle Identifikation mit Innovationsprojekten durch das gesamte Unternehmen hindurch statt.

Die Umsetzung der gefundenen Ideen bzw. formulierten Projekte in greifbare Produkte, geänderte Prozesse oder innovative Dienstleistungen ist der entscheidende Schritt. Erst wenn in einem Unternehmen das vorhandene kreative Potenzial auch zu diesen sichtbaren und spürbaren Innovationen geführt hat, nehmen Außenstehende wahr, dass in diesem Unternehmen Kreativität eine wichtige Rolle spielt.

Daher ist es dringend erforderlich, über die beschriebenen kreativen Prozesse, die angewandten Kreativitätstechniken und die durchschrittenen Entscheidungen hinaus die Umsetzung von Innovationsprojekten zu verfolgen. Dies ist mehr als nur die Umsetzung durch ein professionelles Projektmanagement, da stets ein Prioritäten-Kampf mit den notwendigen Projekten stattfindet. Die Idee eines „Innovations-Controllings" ist daher sehr wichtig:

Tipp Weisen Sie immer wieder auf die Wichtigkeit eines Controllings der Umsetzung von Innovations-Projekten hin. Setzen Sie sich dafür ein, dass im Firmen-Leitbild festgeschrieben wird, dass stets genügend Ressourcen für die Umsetzung von Innovationsprojekten zur Verfügung gestellt werden sollen. Lassen Sie sich zum Innovations-Controller ernennen, um die Einhaltung der Firmen-Leitlinien auch offiziell einfordern zu können.

Der Prozess der Ideengenerierung und die Umsetzung in Innovationsprojekten sind stets mit den anderen Aktivitäten und Systemen im Unternehmen in Wechselwirkung, die sich auch mit dem Aufbau und der Sicherung des Firmen-Know-how beschäftigen (vgl. MINDER 2001). Die Sicherung des internen Know-hows ist auch sehr wichtig, um das Wissen von ausscheidenden Leistungsträgern im Unternehmen zu halten. In vielen Unternehmen sind inzwischen sehr umfassende Wissensmanagement-Systeme und Datenbanken etabliert. Die dort schlummernden Erfahrungen und das gespeicherte firmenspezifische Fachwissen werden oft nur unvollständig zur Ergänzung der kreativen Prozesse und innovativen Projekte genutzt. Daher ist eine formale Kopplung der Wissensmanagement-Aktivitäten mit den kreativen und innovationsbringenden Prozessen dringend erforderlich. Auch dient systematisches Wissensmanagement dazu, die Besonderheiten der Kreativität in jungen Jahren und in reiferen Jahren besser synergistisch zu nutzen (vgl. COHEN, 2006).

Tipp Definieren Sie in Ihrem Ideenfindungs- und Innovationsprozess die Schnittstellen zum Wissensmanagement. Sorgen Sie dafür, dass zwischen Innovationsmanager und Wissensmanager eine enge Kopplung besteht (ggfs. in Personalunion!).

Eine weitere wichtige Wechselwirkung besteht zum Multi-Projektmanagement. Es wurde schon darauf hingewiesen, dass bei der Umsetzung von Innovations-Projekten stets eine Prioritäten-Diskussion mit den so genannten „Muss-Projekten" (rechtliche oder produktionstechnische Notwendigkeiten) besteht. Es ist daher zu empfehlen, diese beiden Projektarten nicht in einer einzigen Prioritätenliste zu führen. Aufgrund der Wettbewerbssituation sind allerdings auch Innovationsprojekte oft als „Muss-Projekte" einzustufen, da sie für die Zukunftssicherung von hoher Wichtigkeit sind. Der Aspekt der Dringlichkeit ist somit im Vergleich mit den anderen Projekten hohe Priorität einzuräumen.

💡 **Tipp** Erstellen Sie zwei Prioritätslisten im Unternehmen: Muss-Projekte und Innovationsprojekte. In beiden Listen sollte eine Spalte über die Konsequenzen vorhanden sein, wenn diese Projekte nicht durchgeführt oder verzögert werden.

Abbildung 2.07-V9: Zusammenhang zwischen organisatorischen Einheiten, Management-Systemen und der Kreativität im Unternehmen

7.4 Externe Kreativitätsquellen

Zusätzlich zu den internen Ideen-Ressourcen werden auch immer mehr externe Impulse in Kreativ-Teams integriert. Viele Firmen haben bereits gut funktionierende, regelmäßige Einbindung ihrer Schlüsselkunden in Ideenfindungs- und Innovations-Prozesse. Die Einbeziehung externer Innovationsimpulse wird besonders in dem Ansatz „Open Innovation" („Offene Innovation") praktiziert. „*Offene Innovation kann man beschreiben als einen qualitativ hochwertigen Wertschöpfungsprozess, in dem Hersteller, Abnehmer und potenzielle Nutzer in den kreativen Prozess eingebunden werden, um gemeinsam eine Innovation zu entwickeln*" (KÖPCKE, www.creaktiv.org)

Auch branchen- oder problemspezifische Quellen im Internet werden immer stärker zur Gewinnung externer Impulse einbezogen (z. B. Lösungskataloge).

Die dritte Art, zu vielleicht sogar überraschenden Ideen zu kommen, sind externe Auftragsinstitute („Ideenfabriken", „Think Tanks"), die mit einem internationalen Netzwerk von Fachleuten und kreativen Laien – ohne Einbeziehung von Mitarbeitern des Auftraggebers – umsetzbare Ideen entwickeln (vgl. SCHNETZLER, 2004; MEYER-GRASHORN, 2004). Eine weitere Möglichkeit, externe zukunftsweisende Impulse einzubeziehen, sind Institutionen, die sich professionell mit Zukunfts- und Trendforschung beschäftigen (vgl. MICIC, 2006).

8 Zukünftige Entwicklungen und Trends

Kreativität wird sowohl grundsätzlich als auch im Projektmanagement in Zukunft einen noch höheren Stellenwert erhalten. Die unter Punkt 6.2 beschriebenen vielfältigen Vernetzungen der Kreativität mit anderen erfolgsrelevanten Faktoren und Einrichtungen in Unternehmen und Organisationen machen es erforderlich, dass zukünftige Projektmanager noch stärker die Fähigkeit des vernetzten Denkens entwickeln. Hierzu sind sicherlich auch computerunterstützte Tools erforderlich, die besonders das vernetzte Denken, z. B. durch Mind Mapping, fördern. Skill-Datenbanken werden zukünftig ergänzend kreativitätsrelevante Eigenschaften und Fähigkeiten mit aufnehmen müssen. Diese werden dann auch eng mit projektrelevantem Wissensmanagement gekoppelt werden müssen. Schließlich wird dem Projektmanager auch eine wichtige Rolle im Kreativitäts- und Innovations-Controlling zukommen.

Sozialkompetenz und Kommunikationsfähigkeit werden eine noch stärkere Forderung an Projektmanager sein, als dies heute schon der Fall ist. Nur so können alle internen und externen kreativen Potenziale optimal zum Projekterfolg genutzt werden.

9 Zusammenfassung

Fortgeschrittene kreative Projektmanager geben der Problemerkennung einen hohen Stellenwert und entsprechende Bearbeitungszeit. Zuerst muss geklärt werden, ob es sich um gut strukturierte oder schlecht strukturierte Probleme handelt. Dann werden fünf **Problemarten** unterschieden, um das Problem genauer zu klassifizieren und mit der problemgerechten Art kreativen Denkens sowie Kreativitätstechnik lösen zu können. Die Problemformulierung sollte stets lösungsorientiert sein („Wie können wir erreichen, dass…?").

Im kreativen Prozess sind abwechselnd **divergentes** (ausschweifendes) Denken und **konvergentes** (zusammenführendes) Denken erforderlich. Die wirksamste Vorgehensweise wird durch **alternierende Denkstrategien** erreicht.

Fortgeschrittenes kreatives Denken erfordert ein Loslösen von nahe liegenden Lösungen und die Entwicklung mehrerer **Lösungsalternativen**. Für das Denken in neuen Beziehungsmustern ist die Betrachtung aus unterschiedlichen Blickwinkeln erforderlich. Schließlich sind der richtige Zeitpunkt und die motivierende Vorgehensweise bei der Bewertung kreativer Ideen entscheidend für die Umsetzung.

Als wichtige **Voraussetzungen für hohe Kreativität** im personellen Bereich sind Problem-Sensibilität, Ideenfluss, Beweglichkeit und Originalität im Denken der Einzelpersonen und der Kreativ-Teams besonders zu fördern. Die Unternehmen müssen auch die geeigneten Rahmenbedingungen (Leitbild, Strategie, Zeit, Räumlichkeiten, Tools) bereitstellen, damit sich die Kreativität beim Einzelnen und in Teams entfalten kann.

Die wichtigste Vorgehensweise erfahrener Projektmanager beim kreativen Problemlösungsprozess ist der **kombinierte Einsatz** fortgeschrittener Kreativitätstechniken, insbesondere der situationsbezogene flexible Wechsel der einzelnen Techniken und der richtige Wechsel zwischen Einzelarbeit und Teamarbeit.

Ein positiv gelebtes betriebliches Vorschlagswesen kann die praktische Umsetzung kreativer Ideen stark unterstützen. Für die Durchsetzung von Innovationen durch optimales Projektmanagement sind die komplexen Wechselwirkungen mit vielen organisatorischen Abläufen (z. B. Wissensmanagement) zu beachten. Der Projektmanager sollte auch eine gewisse Verantwortung im Bereich **„Innovations-Controlling"** (Nachhaltigkeit von kreativen Ansätzen und Produktentwicklungen) haben.

Impulse von außen werden durch Einbeziehung von Kunden, Open Innovation, Quellen im Internet oder „Ideen-Auftragsinstituten" gegeben. Der **Trend** der weiteren Entwicklung von Kreativität im Projektmanagement liegt auf einer noch **stärkeren Vernetzung** interner und externer Kreativitätsquellen, um Innovationsprojekte noch effizienter abzuschließen.

10 Fragen zur Wiederholung

1	Wie gehen Sie bei der Klassifizierung eines kreativ zu lösenden Problems vor?	☐
2	Wie beeinflussen Denkstile den kreativen Prozess?	☐
3	Wie werden die Grundregeln fortgeschrittenen kreativen Denkens angewendet?	☐
4	Was versteht man unter Diversität und wie kann ein Projektmanager diese nutzen?	☐
5	Welcher Zusammenhang besteht zwischen Zeitmanagement und Kreativität? Welche Konsequenzen hat dies für das kreative Ergebnis?	☐
6	Erläutern Sie den Unterschied zwischen „Kreativitäts-Methodiken" und „Kreativitäts-Techniken".	☐
7	Beschreiben Sie drei fortgeschrittene Kreativitätstechniken.	☐
8	Welchen Nutzen hat der kombinierte Einsatz von Kreativitätstechniken? Geben Sie zwei Beispiele dazu.	☐
9	Welche organisationalen Bedingungen fördern kreatives Verhalten?	☐
10	Wann funktioniert das betriebliche Vorschlagswesen am besten (Best Practice)?	☐
11	Was sind die Bestandteile optimalen Innovationsmanagements?	☐
12	Welche Möglichkeiten externer Kreativitätsquellen gibt es und wie können diese für „kreatives" Projektmanagement genutzt werden?	☐

2.08 Ergebnisorientierung (Results orientation)

Torsten Graßmeier, Siegfried Haarbeck

Einleitung

Im ersten Teil des Artikels wurden die Grundlagen, die wesentlichen Einflussfaktoren auf die Projektarbeit sowie der zeitliche Bezug zwischen Projekt-Ablauf und Ergebnisorientierung dargestellt. In diesem Teil geht es um die Verknüpfung des Themas mit weiteren Aspekten, die zwar nicht im primären Fokus der Projektabwicklung stehen, aber trotzdem wesentlichen Einfluss auf das Projektergebnis haben können. Die Sichtweise wechselt von der Mikro- zur Makroperspektive. Diese Inhalte richten sich speziell an jene Personen, die sich im Spannungsfeld zwischen operativer und strategischer Projektarbeit befinden, sowie an jene, die sich mit der Beziehung zwischen Projektmanagement und der Gesamtorganisation auseinandersetzen.

Der Aufbau des Vertiefungswissens ist element-orientiert. Die Inhalte sind in sich geschlossen und sollen dem Leser je nach seinen persönlichen Präferenzen als Anregungen für seinen speziellen Kontext dienen. Insgesamt ist das Kapitel nach folgenden 4 Hauptelementen strukturiert:

I   Übergreifende Aspekte
I   Methodische Aspekte
I   Soziale/organisatorische Aspekte
I   Kontraproduktive Aspekte

Inhalt

1	Übergreifende Aspekte	2089
1.1	Ansatz des Total Quality Managements	2089
1.2	Relevanz verwandter Themen	2089
1.3	Auswirkung auf die Projektlandschaft	2090
1.4	Auswirkung auf das externe Umfeld	2091
1.5	International anerkannte Bewertungsmodelle	2092
1.5.1	Project Excellence-Award	2093
1.5.2	Total Quality Management-Modelle	2093
1.6	Moderne Ansätze im Projektmanagement	2095
1.6.1	Scrum	2095
2	Methodische Aspekte	2096
2.1	Die Charakteristika der Projekt-Arten	2096
2.2	Variabilität des Kritischen Pfades	2097
2.3	Phasen-Orientierung	2098
2.4	Projekt (-Laufzeit) versus Projekt-Lebenszyklus	2099
2.5	Innovations-Management/Ideen-Management	2101
3	Soziale und organisatorische Aspekte	2102
3.1	Der intra-personelle Konflikt	2102
3.2	Ergebnisorientierte Führung	2103
4	Kontraproduktive Aspekte	2105
4.1	t/b/t-boxing	2105
4.2	Mafia-Methoden	2105
4.3	Fehlende Unternehmensstrategie	2106
4.4	Entscheidungs-Vakuum im Management	2106
4.5	Änderungs-Wunsch-Konzert	2106
4.6	Risiko- und Konfliktkultur	2106
4.7	Die 7 gelben Engel	2107
4.8	Der zahnlose Tiger	2107
4.9	Das Problem der geschönten business cases	2107
5	Zusammenfassung	2108
6	Erfahrungs-Sicherung (lessons learned)	2109
7	Fragen zur Wiederholung	2109

1 Übergreifende Aspekte

1.1 Ansatz des Total Quality Managements

In der traditionellen Organisationslehre wurde die Ablauforganisation als primär arbeits-orientiert betrachtet. Damit stand die einzelne Person im Fokus des Ergebnisses, sie hatte ihre Tätigkeit optimal auszuführen, ohne dabei auf den Input oder Output zu achten.

Die Zielerreichung war die Summe aus optimalem Ergebnis unter Einsatz effizienter Arbeitsmittel, Fehler-Korrektur und Vermeidung sowie maximaler Kapazitätsauslastung – der unternehmerische Gewinn stand dabei im Vordergrund.

Das Denken und Handeln veränderten sich mit dem Ansatz des Total Quality Managements, das so genannte „Silo-Denken" in Abteilungen wurde aufgebrochen, Ansätze wie z. B.

I Kundenorientierung
I Prozessuales Denken
I Fehlervermeidung statt Korrektur

gewannen an Bedeutung. Heute gilt neben den o.g. Ansätzen, die sich über die Jahre etabliert haben, vor allem die Fokussierung auf die Wertschöpfungskette. Also die Frage, welche Tätigkeiten im Unternehmen dazu beitragen, einen optimalen Wert zu erzielen.

Warum optimaler und nicht maximaler Wert? Der Ansatz der maximalen Gewinnerreichung ist zu kurzfristig angelegt und trägt nicht zur langfristigen, strategischen Ausrichtung eines Unternehmens bei. Negative Beispiele, auch namhafter Unternehmen, finden sich derzeit immer häufiger in den Medien.

Und genau hier setzt auch die Ergebnisorientierung im Projektmanagement bzw. operativ im Projekt an. Ziel ist ein erfolgreiches Projekt, wobei Erfolg als Summe aus Kosten, Zeit, Leistung, Zufriedenheit und Qualität definiert wird. Der Wert des Erfolges definiert sich aus der Betrachtung des Projektlebenszyklus, also welchen Nutzen das Projekt langfristig hat!

1.2 Relevanz verwandter Themen

Ergebnisorientierung ist ein umfassender Ansatz. Sie ist nicht auf einzelne Bereiche des Projektmanagements zu begrenzen.

> Sie ist zuallererst eine Form des Verhaltens:
> I des Projektleiters
> I einzelner Teammitglieder,
> I des gesamten Projektteams,
> I aller Projektbeteiligten,
> I der Gremien
> I des Kunden
> I der Lieferanten
> I aber auch paralleler oder konkurrierender Projekte

Neben der Betrachtung des „social engineering" müssen zur Erreichung einer optimalen Ergebnisorientierung weitere harte Themen berücksichtigt werden, wie z. B.:

- Historie des Unternehmens
- Gesellschaftsform
- Personelle Besetzung der Geschäftsführung
- Strategiemanagement
- Qualitätsmanagement
- Prozessmanagement
- Portfolio- und Multi-Projekt-Management
- Innovations- und Ideenmanagement
- Mitbewerber
- Wirtschaftliche Situation (mikro- und makroökonomisch)
- Kooperationsmanagement
- Mitarbeiter-Struktur/Fluktuation
- Vertrags- und Claimmanagement
- Finanzierungsmanagement
- …

Zusammenfassung: In diesen beiden Abschnitten wurden ganz unterschiedliche Aspekte beschrieben, die mit der Ergebnisorientierung direkt oder indirekt im Zusammenhang stehen.

Ohne auf jedes einzelne Thema eingehen zu müssen, wird schnell ersichtlich, dass ein guter Projektleiter nur dann erfolgreich sein kann, wenn er denkt und handelt wie ein **Unternehmer auf Zeit**. Er muss seine Aufmerksamkeit auf viele Einflussfaktoren richten, um auf Erfolgskurs zu bleiben.

Bei kleinen Projekten kommt diese Komplexität selten spürbar zum Tragen, bei mittleren und großen Projekten hingegen kann von dieser multidimensionalen Sensibilität der Erfolg abhängen – aber dafür braucht der Projektleiter auch ein angemessenes Zeit- sprich Kapazitätsfenster!

∑ **Fazit** Gerade in komplexen Strukturen liegt die Herausforderung für den Projektleiter darin, das Wissen und Bewusstsein für die Ergebnisorientierung zu haben. Für das Unternehmen liegt die Herausforderung darin, dem Personal für diese Arbeit die nötigen Ressourcen zur Verfügung zu stellen.

1.3 Auswirkung auf die Projektlandschaft

In diesem Kapitel erweitern wir das Blickfeld. Abgeleitet aus den beiden vorangegangenen Kapiteln betrachten wir nun, wie sich das Spannungsfeld zwischen Projekt und Unternehmen vor allem auf die gesamte Projektlandschaft, also zwischen parallel laufenden Projekten, bemerkbar machen kann.

Das Ziel sollte es sein, sowohl die Ergebnisse des Projektes zu optimieren als auch sich zu überlegen, welche Auswirkungen die eigene Ergebnisorientierung auf andere Projekte haben kann.

Es kann davon ausgegangen werden, dass es sowohl positive Auswirkungen gibt, wie z. B.:

- Modularität
- Lernen aus Fehlern
- Ressourcen-Optimierung
- Wissenstransfer
- Kundenzufriedenheit
- Lieferanten-Erfahrungen
- …

als auch negative Auswirkungen, wie z. B.:

- Konflikte bei der Ressourcen-Vergabe
- Schutz der Ideen (Innovationen, Patente)
- Kapazitätsbindung von Lieferanten
- Budget-Kampf
- zusätzlichen Abstimmungsaufwand unter den Projektleitern
- verzögerte Entscheidungen im Management
- ...

Die Praxis zeigt hier ganz unterschiedliche Ausprägungen. In der persönlichen Erfahrung hat sich branchenübergreifend gezeigt, dass dem hehren Anspruch, der Projektleiter müsse unternehmerisch denken, der Druck des Auftraggebers oft massiv entgegenstand. Projekte leiden heute unter enormem Zeit- und Kostendruck, sodass kaum noch Spielraum für Rücksichtnahme auf Probleme anderer Projekte vorhanden ist.

Ein seit Jahren diskutierter Ansatz, der diesen Konflikt entschärfen könnte, ist die Idee des realistischen und transparenten Puffers – der Ansatz der „critical chain". Er konnte sich aber bis heute in der Praxis nicht durchsetzen. Es braucht stattdessen andere Eigenschaften, wie z. B. Durchsetzungsvermögen, politisches Geschick, Netzwerke und Mut zu individuellen Lösungen!

Projekte werden nicht gelobt, wenn sie aus Rücksicht auf andere Projekte die Ziele nicht erreichen; und Projektleiter werden nicht befördert, wenn sie zwar als rücksichtsvoller Kollege besonders beliebt sind, aber das eigene Projekt nie zum Erfolg führen konnten.

Heißt nun Ergebnisorientierung frei übersetzt doch nur „täglicher Überlebenskampf"?

EO ist eine Gratwanderung und sie liegt in der Verantwortung des Projektleiters, die Forderungen der Ergebnisorientierung so in Einklang zu bringen, dass sein Projekt erfolgreich ist, aber dieser Erfolg nicht den Misserfolg anderer zum Preis hat.

Der Projektleiter hat die Verantwortung sowohl für die Ergebnisorientierung im Projekt als auch für die Weiterentwicklung des Unternehmens. In Zeiten harter Restriktionen (Zeit und Geld) und hohem Kundendruck (Leistung und Qualität) führt dieser Anspruch häufig zu einer unlösbaren Aufgabe. Im Sinne des eigenen Überlebens wird dann der Fokus auf das Projekt gelegt, wodurch sich „system-immanent" die Projektlandschaft zu einem Projekt-„Kampffeld" verwandelt.

Die Herausforderung der Ergebnisorientierung liegt im täglichen Jonglieren zwischen Projekt, Projekten und Unternehmen sowie der Rücksicht auf interne und externe Beteiligte, Betroffene und Interessierte.

1.4 Auswirkung auf das externe Umfeld

Die Spannweite, in der Ergebnisorientierung zum Tragen kommt, geht vom Projekt in die Projektlandschaft und wirkt sich weiter in das externe Umfeld aus. In Unternehmen mit einer ausgeprägten Projektmanagement-Landschaft bestehen starke Verbindungen nach außen, z. B. mit Subunternehmen, Lieferanten, Kooperationspartnern und Kunden. Je nach Rolle/Bedeutung des Unternehmens in dieser Lieferanten-Kette kann die Auswirkung der Kultur starken Einfluss auf das gesamte Projektgeschehen haben.

Ein Beispiel: Der Einkauf eines Konzerns hat als Jahresziel, die Lieferanten pauschal um 4,5 % im Preis zu senken. Bei den Verhandlungen wird dem Lieferanten klar, dass er den Auftrag nur bekommt, wenn er sich auf diese Preisreduktion einlässt. Bei entsprechend knapper Kalkulation heißt dies aber für das Projekt, dass diese 4,5 % an anderer Stelle eingespart werden müssen.

Neben den weichen Faktoren bedeutet Ergebnisorientierung auch, die harten Ziele erfolgreich zu meistern. Also muss nun eingespart werden, Maßnahmen könnten sein:

- externe, billigere Zulieferer statt interner Dienstleister
- Einsparungen bei Sublieferanten
- Kostenverschleierung im Projekt
- Zusatzbudget aus politischen Töpfen
- Leistungsreduzierung
- günstigeres Material
- Verzicht auf Qualitätschecks
- …

Das Beispiel beschreibt zwar ein normales Vorgehen im Projektalltag, es verdeutlicht aber den roten Faden, den die Ergebnisorientierung im Gesamtkontext des Projektes verursacht.

> Das physikalische Prinzip von Einwirkung und Auswirkung (Pendeleffekt) verbildlicht wunderbar den Charakter der Ergebnisorientierung.

Solche spontanen Schubkräfte, deren Auswirkungen nur bedingt vorhersehbar sind, sollen natürlich vermieden werden. Ein Ansatz dazu sind Optimierungen der Prozesse innerhalb eines Unternehmens. Anerkannte Bewertungsmodelle finden deshalb in letzter Zeit immer mehr Zuspruch, da sie mit standardisierten und messbaren Strukturen den Reifegrad einer Organisation aufzeigen – und damit auch die entsprechenden Optimierungsmöglichkeiten.

1.5 International anerkannte Bewertungsmodelle

Die Arbeit innerhalb eines Projektes kann noch so effizient, effektiv und kundenorientiert sein, wenn das Unternehmen diesen hohen Standard nicht über alle Projekte halten kann, werden gute Projekte die Ausnahme bleiben. Die negativen Leistungen werden sich aber auf das Image des Unternehmens stärker niederschlagen.

Zur Etablierung einer konstanten Ergebnisorientierung in „allen" Projekten bedarf es einer kontinuierlich lernenden Organisation. Und genau hier setzen auch etablierte Bewertungsmodelle zur Optimierung des Reifegrades an.

Zur unternehmensweiten Etablierung bzw. Optimierung der Ergebnisorientierung auf dem Niveau eines international anerkannten Standards bieten sich unterschiedliche Modelle an, die es Projekt-Teams oder auch Unternehmen erleichtern, ihre Professionalität selbst einzuschätzen und von neutralen Experten auditieren zu lassen.

Als Beispiel für Bewertungsverfahren aus dem Qualitäts- und Projektmanagement werden hier zwei etablierte Modelle vorgestellt, die als Anregung zur Professionalisierung der eigenen Ergebnisorientierung dienen sollen.

1.5.1 Project Excellence-Award

Der Project Excellence Award ist ein international anerkanntes Bewertungssystem zur Messung der Qualität in Projekten bzw. des Projektmanagements im Unternehmen.

„Die GPM Deutsche Gesellschaft für Projektmanagement e.V. in Kooperation mit der IPMA International Project Management Association vergibt jährlich Projektmanagement-Preise an Projektteams, die Spitzenleistungen durch Projektmanagement erzielen und nachweisen." (...) „Der Deutsche Projektmanagement Award" wurde 1997 das erste Mal vergeben, im Jahr 2001 schrieb die GPM in Kooperation mit IPMA International Project Management Association den Preis erstmals international aus. Ab dem Jahr 2007 trägt dieser Preis den Namen „Deutscher Project Excellence Award" (PE Award).

Ziel des PE Award ist es, professionelles Projektmanagement als Weg zu Spitzenleistungen in Projekten zu fördern und Projekte zu identifizieren, die als Vorbild für exzellentes Projektmanagement geeignet sind." Quelle: (www.gpm-ipma.de)

Das Modell des Project Excellence Award

Alle eingesandten Projekte, egal welcher Branche oder welcher Projektart, werden nach dem gleichen Bewertungsschema beurteilt. Insgesamt sind 1.000 Punkte zu erreichen. Diese maximale Punktezahl ist in neun Bereiche unterteilt:

1. Zielorientierung (140 Punkte)
2. Führung (80 Punkte)
3. Mitarbeiter (70 Punkte)
4. Ressourcen (70 Punkte)
5. Prozesse (140 Punkte)
6. Kundenzufriedenheit (180 Punkte)
7. Mitarbeiterzufriedenheit (80 Punkte)
8. Zufriedenheit bei sonstigen Interessengruppen (60 Punkte)
9. Zielerreichung (180 Punkte)

Folgende Punkte werden zur der Bewertung der Projekte herangezogen:

- Fundiertes Vorgehen und Belegung einzelner Schritte
- Nachweis für systematisches und überlegtes Handeln
- Regelmäßige Überprüfung des Vorgehens
- Ständige Verfeinerung/Verbesserung der geschäftlichen Effektivität
- Integration des Projektes in die normale Projektarbeit
- Vorbild-Funktion für andere Projekte

1.5.2 Total Quality Management-Modelle

Speziell im Qualitäts-Bereich, der sich vor allem auf die unternehmerische Perspektive ausrichtet, stellen Modelle des Total Quality Managements die Grundlage für Qualitätspreise dar. Qualitätspreise wurden mit der allgemeinen Zielstellung eingeführt, Qualität in Unternehmen zu fördern und Qualität im Sinne des Supply Chain Managements auch messbar zu machen. Gerade in der heutigen Zeit des „just in time" und „just in sequence" ist es für die Unternehmen extrem wichtig, ein gut funktionierendes Lieferanten-Management zu haben.

Als Beispiel für eine anerkannte Bewertungs-Methode wurde hier der „Deming Application Prize" gewählt. Interessant an diesem Ansatz ist, dass sich hier sowohl die Philosophie des weltweit anerkannten Qualitäts-Experten W.E. DEMING wieder findet als auch der japanische Ishikawa-Ansatz integriert wurde.

Deming Application Prize

Spitzenleistungen im Qualitätsmanagement wurden erstmals in Japan gewürdigt. Der so genannte „Deming Application Prize" wird seit 1951 von der JUSE (Japanese Union of Scientists and Engineers) in den Kategorien:

- Personen,
- kleine/mittlere Unternehmen,
- Großunternehmen und
- ausländische Unternehmen verliehen.

Der Preis wurde nach W. E. DEMING wegen seiner großen Verdienste um die japanische Wirtschaft benannt. Bei der Konzipierung des DEMING Prizes nahm die JUSE Bezug auf die Schlüsselelemente von ISHIKAWA und fundierte ihr Modell anhand von sieben Grundannahmen. ISHIKAWA postuliert in seinem Modell u. a. „quality comes first" und Qualität bedeutet die Erfüllung der Kundenforderungen. Des Weiteren schlägt ISHIKAWA in seinem Ansatz eine kontinuierliche Qualitätsverbesserung sowie die Einbeziehung aller wichtigen unternehmerischen Funktionsbereiche und Ebenen vor. Diese und ähnliche Annahmen sucht das Total Quality Controll-Modell praxisnäher zu formulieren. So soll Qualität realisiert werden, indem u. a.:

- Qualitätszirkel gegründet werden,
- Quality Engineering Techniken angewendet werden,
- Unternehmensangehörige ausgebildet und weitergeschult werden,
- ein Policy Management eingeführt wird.

Die Vergabe des DEMING Prizes richtet sich nach bestimmten Kriterien. Einige der Hauptkriterien sind die Politik und Ziele eines Unternehmens, die Aus- und Weiterbildung der Mitarbeiter sowie die Ergebnisse und die Zukunftspläne einer Organisation (Grundlagen des Qualitätsmanagement, 2006).

Σ Fazit Transfer zur Ergebnisorientierung

Anhand der Bewertungsschemas ist sehr gut zu sehen, dass sich die Ergebnisorientierung sowohl eines Projektes als auch einer Organisation/eines Unternehmens aus einer Vielzahl von Aspekten zusammensetzt und somit einer multidimensionalen Einwirkung unterliegt, aber auch multidimensionale Auswirkungen auf das Umfeld hat.

Ergebnisorientierung ist ein ständig iterativer Prozess zwischen Unternehmen und Projekt, zwischen Qualitäts-, Prozess- und Projektmanagement, zwischen Linie und Projekt und zwischen harten Fakten und sozialen Einflüssen.

Diese Gratwanderung zwischen Anspruch und Machbarkeit zeichnet das Spannungsfeld im Projekt aus und macht Projektarbeit so reizvoll, aber auch anspruchsvoll. Der Projektleiter ist im ständigen Entscheidungskampf zwischen Interessen, Ansprüchen und Forderungen. Und um diese Anforderungen für alle objektiv messbar zu machen, wurden diese Bewertungsmodelle entwickelt und erfreuen sich einer stetig wachsenden Nachfrage.

1.6 Moderne Ansätze im Projektmanagement

Zur Abrundung der zuvor beschriebenen Problematik soll hier noch ein weiterer Lösungsansatz beschrieben werden. Entgegen der standardisierten Bewertungsmodelle ist „Scrum" ein Ansatz, der sich speziell auf das Vorgehen im Projekt bezieht.

Projektmanagement hat in den letzten Jahren eine starke Dynamisierung erfahren. Die Methoden werden flexibler eingesetzt, die Kundenkommunikation wurde wesentlich intensiviert und das Bewusstsein für „flexible Ziele", nicht zu verwechseln mit running targets, ist bei allen Beteiligten gewachsen. In diesem Zusammenhang gewinnt auch oder gerade deshalb die Ergebnisorientierung eine neue Dimension.

1.6.1 Scrum

> **Definition „Scrum"** (engl. das Gedränge) ist eine Sammlung von Arbeitstechniken, Strukturen, Rollen und Methoden für das Projektmanagement im Rahmen agiler Softwareentwicklung. Es ist ein Vorgehensmodell, das wenige Festlegungen trifft. Teams bzw. Entwickler organisieren sich weitgehend selbst und wählen auch die eingesetzten Methoden. Das Vorgehen und die Methoden werden fortlaufend den aktuellen Erfordernissen angepasst. Ken SCHWABER, Jeff SUTHERLAND und Mike BEEDLE haben Scrum im Bereich Software-Entwicklung etabliert (vgl. PICHLER & ROMAN, 2007).

Transfer zur Ergebnisorientierung

In den vergangenen Jahren wurde das methodische Vorgehen im Projektmanagement als eine relativ strikte Struktur verstanden. Insbesondere im Rahmen des Magischen Dreiecks wurde davon ausgegangen, dass die zu erreichenden Parameter als Grundlage der Abwicklung zu einem sehr frühen Zeitpunkt eingefroren werden mussten.

Dieses führte dazu, dass zwar Leistung, Kosten und Zeit früh geplant und verabschiedet werden konnten, aber es aufgrund des mangelnden Informationsstandes zum Projekt-Start zu erhöhtem Änderungsaufkommen kam und verstärkt Claims geltend gemacht wurden.

Die Ansätze des modernen Projektmanagements werden diesem Konflikt gerecht und etablieren das Problem der Informations-Unsicherheit in die Abwicklung des Projektes. Der Ansatz des Magischen Dreiecks bleibt bestehen, doch wird das Prinzip umgekehrt. In Abstimmung mit dem Kunden wird definiert, welche Zeit und welches Budget zur Verfügung gestellt werden. Es handelt sich hierbei nicht um die Gesamt-Ressourcen, sondern nur um den Invest für das erste Ergebnis. Es erfolgt während der ersten Realisierungs-Stufe eine sehr enge Abstimmung mit dem Kunden hinsichtlich Machbarkeit, Zielerreichung und Problemen, um, daraus abgeleitet, wiederum schnell reagieren zu können und ggf. Korrekturen in der Zielsetzung vorzunehmen.

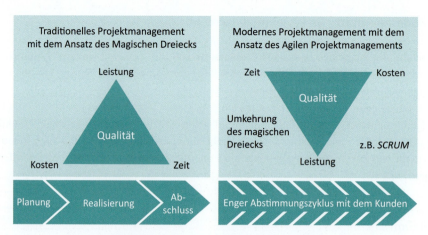

Abbildung 2.08-V1: Moderne PM-Ansätze

Positiv: Es findet eine sehr zielorientierte Abwicklung des Projektes statt, an der der Kunde extrem zeitnah beteiligt wird.

Kritisch: Es bedarf der fast ungestörten Arbeit des Projektteams, wodurch diese Form der Arbeit bei gleichzeitigen Einsätzen einer Ressource in verschiedenen Projekten kritisch ist.

∑ Fazit Zusammengefasst lässt sich festhalten, Ergebnisorientierung bleibt eine Gratwanderung zwischen Anspruch und Wirklichkeit. Die beschriebenen Ansätze der Bewertungsmodelle und die modernen Projektmanagement-Methoden helfen, dem Anspruch der Ergebnisorientierung eher gerecht zu werden. Aber durch die Vielfalt der Einflüsse und den weit verbreiteten Druck in der Projektarbeit wird der Selbstschutz der verantwortlichen Personen (Projektleiter, Teilprojektleiter u. a.) ein wesentlicher Aspekt bleiben.

2 Methodische Aspekte

2.1 Die Charakteristika der Projekt-Arten

Auch wenn die Methoden pauschal für alle Projekte gleich gelten, hängen der Verlauf und die damit verbundenen Herausforderungen innerhalb eines Projektes doch sehr stark von dem jeweiligen Charakter des Vorhabens ab. Die Veränderung einer Organisation hat extreme menschlich/organisatorische Herausforderungen, während die Entwicklung eines innovativen Antriebes ganz andere Schwierigkeiten in sich birgt.

So wie z. B. Planung und Steuerung, Kunden und Lieferanten, Herausforderungen und Risiken in den jeweiligen Projekt-Spezifika ihre Ausprägungen haben, so hat auch die Ergebnis-orientierung ihren ganz eigenen Charakter.

1. **Forschungs- & Entwicklungsprojekte:**
   Zu Beginn gibt es eine Idee oder Vorstellung, wie das Ergebnis (z. B. ein neues Medikament) aussehen könnte, aber es ist nicht genau spezifizierbar bzw. messbar (z. B. wann kommt es auf den Markt, welche Wirkung und welche Nebenwirkungen wird es haben?).
   Ergebnisorientierung bedeutet hier: Das magische Dreieck mit Kosten, Zeit und Leistung verliert hier seine Relevanz, da der Fokus auf dem Ergebnis liegt, Zeit und Geld hingegen nur als Rahmenparameter eingesetzt werden können. Bei diesen Projekten ist der Ausgang oft ungewiss, da ja nicht vorausgesagt werden kann, ob die Forschung jemals zum Erfolg gelangt. Somit investiert der

Auftraggeber in ein ungewisses Ergebnis. Ein frühzeitiger Abbruch kann fast zu einem Erfolgskriterium werden, zumindest muss diese Option im Rahmen der Ergebnisorientierung ständig in Betracht gezogen werden. Drei Aspekte stehen hier also im Vordergrund, eine sehr enge Kundenkommunikation, ein ungewisses Ergebnis und eine hohe Wahrscheinlichkeit des Abbruchs.

2. **Investitions-Projekte:**

   Die zu erbringende Leistung (z. B. Bau eines Bürogebäudes) kann klar bemessen werden, oft werden sogar Funktionalvergaben bzw. Aufträge mit garantiertem Maximal-Preis erteilt. Die Aufwände werden i.d.R. mit parametrischen Schätzmethoden oder anhand von Kennzahlen ermittelt, das Ergebnis ist klar messbar. Rein theoretisch könnte man annehmen, würden keine Planungs- oder Ausführungsfehler gemacht und gäbe es keine Materialprobleme, müssten alle Projekte dieser Art absolut planbar, reibungslos und erfolgreich ablaufen. Aber haben Sie schon einmal von einer Projekttraumwelt in der Baubranche gehört?!

   Ergebnisorientierung: Der Kunde erwartet hier ein klar messbares, fehlerfreies Ergebnis. Er definiert seine Anforderungen, diese werden geplant und umgesetzt und sollen am Ende zielgenau erreicht.

3. **Organisations-Projekte:**

   Bei diesen Projekten steht die Veränderungen von Organisationen und Strukturen im Vordergrund, wobei davon i.d.R. Menschen stark betroffen sind, positiv und/oder negativ. Organisationsprojekte sind z. B. Prozessoptimierung, Schulungen, Software-Einführungen, Events, Konzerte oder Umzüge. Das Projekt-Ziel wird zwar klar definiert, jedoch können die subjektiven Ausprägungen zu Beginn des Projektes noch nicht erfasst werden. Durchlaufzeiten, Prozesskosten oder Output lassen sich klar beschreiben, aber wie die Mitarbeiter oder die Kunden auf diese Veränderungen reagieren, ist nicht planbar. Benötigen Sie also eine Mitarbeiter-Schulung oder mehrere, melden sich viele Kunden, gibt es Widerstände ...

   Ergebnisorientierung: Der Kunde hat eine klare Erwartungshaltung an das Ergebnis, diese Erwartung hat aber subjektive Ausprägungen und es ist nicht im Detail planbar, wie die Beteiligten reagieren. Somit bedarf es im Rahmen der Steuerung eines erhöhten Kommunikations- und Abstimmungsaufwandes, um die Beteiligung des Kunden und somit die Ergebnisorientierung des Projektes sicherzustellen. Zudem kann es durchaus sein, dass definierte Ziele erst nach Abschluss des Projektes erreicht werden können und nur indirekt vom Projekt selbst beeinflussbar sind (Bsp. Reduzierung der Durchlaufzeiten oder Erhöhung der Kundenzufriedenheit). Die Ergebnisorientierung in Organisationsprojekten ist also geprägt von subjektiven Einflüssen, nicht planbaren Reaktionen und agilen Zielen.

2.2 Variabilität des Kritischen Pfades

Aus der Ablauf- und Terminplanung ist die Ermittlung des Kritischen Pfades bekannt, mit dem ermittelt bzw. dargestellt wird, welche Vorgänge die Gesamtdauer des Projektes bestimmen und somit auch die Achse im Projekt sind, auf der weder Gesamt- noch freier Puffer zur Verfügung stehen. Wenn es im Projekt zeitlich knirscht, muss der Projektleiter hier die Optimierung suchen.

In der Praxis hat sich aber gezeigt, dass nicht immer die Termin-Achse als kritischer Faktor zu sehen ist, da es durchaus Projekte gibt, deren Dauer zwar definiert ist, bei denen diese aber nicht ausschlaggebend für den Erfolg ist.

Als kritischen Pfad können folgende Faktoren maßgeblich sein:

| Termine
| Kosten
| Leistung
| Ressourcen

🔍 **Beispiel** In einem IT-Projekt sollten die Prozesse aufgenommen und re-designed werden. Das Projekt startete im September, zur Darstellung der Ist-Prozesse stand im gesamten Unternehmen nur eine Person zur Verfügung, die über das erforderliche Detailwissen verfügte. Das Problem war nur, dass diese Person zum Jahreswechsel in ein Werk nach Brasilien wechseln sollte.

Die Herausforderung, der kritische Pfad, lag somit nur indirekt auf der zeitlichen Komponente, direkt war es dieser Know-how-Träger, dessen Wissen vor seinem Wechsel dokumentiert werden musste, da sonst das Projekt hätte gestoppt werden müssen.

Ergebnisorientierung ist somit die Eruierung des kritischen Pfades, die Steuerung dessen sowie die Sensibilität, dass sich das kritische Element im Projekt auch ändern kann.

2.3 Phasen-Orientierung

Nicht ganz so modern, aber trotzdem äußerst effektiv ist der Ansatz der phasen-orientierten Planung und Abwicklung. Dieser Ansatz ist ein pragmatisches Vorgehen, das dem Anspruch der **Ergebnisorientierung** sehr entgegenkommt.

Basierend auf der Phasenplanung werden vor jeder beginnenden Phase für den Projekterfolg wesentliche Fragen gestellt:

Kern-Fragen vor Start der nächsten Phase:

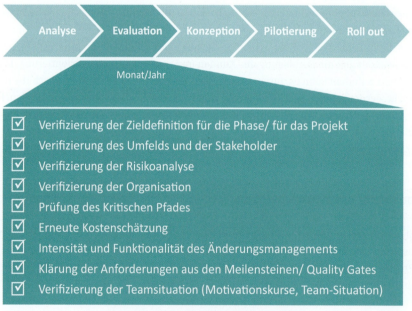

Abbildung 2.08-V2: Kern-Fragen je Phase

Beispiel aus der Praxis

In ein IT-Projekt mit einer Laufzeit von 5 Jahre wurden 30 Mio. Euro investiert. Es handelte sich bei dem Projekt nach der Entwicklungsphase um ein nahezu identisches Standard- Roll out, sodass das Projekt nach der halben Laufzeit enorm an Komplexität abnahm.

Im Rahmen der phasenorientierten Planung wurden die in Abbildung 2.08-V2 genannten Punkte überprüft, mit dem Ergebnis, dass die Projektorganisation von anfänglich 35 Personen mit 12 Regel-Kommunikationen im Monat auf 7 Personen und 5 Besprechungen reduziert werden konnte. Die Projektmanagementkosten sowie die politische Komplexität konnten um ein Vielfaches reduziert werden.

Fazit Durch die Verifizierung der Projektparameter anhand der wichtigsten Methoden werden alle wesentlich Beteiligten (Kunden, Gremien, Entscheider, Projektteam, Lieferanten) sowie natürlich auch der Projektleiter dazu aufgefordert, dass Projekt „neu" zu durchdenken. Routine- und Geschwindigkeitsfehler können aufgedeckt und vermieden werden, neue Ideen und Lösungen können eingebunden werden und im Optimalfall werden Motivation, Spaß und Teamgeist wieder erweckt und es findet eine „Reanimation der Projektidentifikation" statt. Solch ein Workshop, deklariert als „freeze WS", verbunden mit einem gemeinsamen, netten Abendprogramm, hat schon in vielen Projekten Wunder bewirkt.

2.4 Projekt (-Laufzeit) versus Projekt-Lebenszyklus

In der Mikro-Perspektive ergibt sich die Ergebnisorientierung primär aus der Abwicklung des Projektes bis zur Übergabe an den Kunden. Wie schon eingehend beschrieben, besteht jedoch an den Projektleiter der Anspruch:

„zu denken und zu handeln wie ein Unternehmer auf Zeit"

Die professionelle, komplexere Ergebnisorientierung integriert auch die Makro-Perspektive; und somit

| die Schnittstelle zwischen Projektabschluss und Übergabe in die Linie
  und noch darüber hinaus
| den Prozess der Rückführung des „Produktes" aus dem Projekt.

Diesem Anspruch liegt das Prinzip „von der Wiege bis zur Bahre" zugrunde!

Beispiel Ein mittelständisches Unternehmen in der Produktionsindustrie startete das Projekt „Verlegung der Produktion für die Serie Genius nach Rumänien". Das Projekt setzte sich aus folgenden Phasen zusammen:

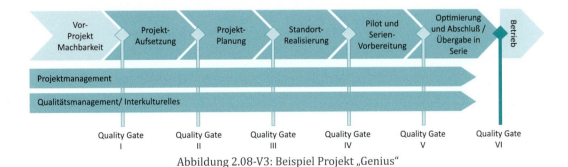

Abbildung 2.08-V3: Beispiel Projekt „Genius"

Aus der Mikro-Perspektive ist das Projekt vollständig erfasst und die Ergebnisorientierung ist erfüllt. Doch aus der Makro-Perspektive sind die Schnittstellen zum Unternehmen nicht berücksichtigt.

Denn nach Abschluss der Serie wird sich die Frage stellen, ob das Werk umgebaut oder zurückgebaut werden muss. Daraus ergeben sich neue Fragen der Wirtschaftlichkeit, da ein Umbau hinsichtlich Logistik, Prozesse, Know-how und Standort-Sicherung (politische Lage) in Deutschland wahrscheinlich komfortablere Ausprägungen hat als in Rumänien.

Ergebnisorientierung bezieht sich auch auf die Makro-Perspektive und den Projekt-Lebenszyklus und nicht nur auf die Projektabwicklung.

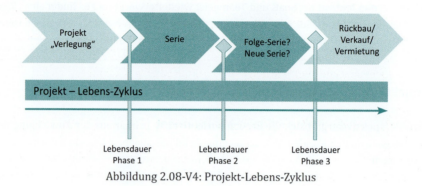

Abbildung 2.08-V4: Projekt-Lebens-Zyklus

Theoretisch ein durchaus sinnvoller Anspruch an Projektleiter, aber wie verhält es sich in der Praxis?

Tipp Projektleiter müssen sich die Frage stellen; ob es gewollt ist, dass sie sich darüber Gedanken machen – und wenn ja, in wie weit liegen Zahlen, Daten, Fakten und/oder Erfahrungen vor, die sich für eine umfassende Entscheidung heranziehen lassen? Was passiert, wenn ihre Erkenntnisse und Entscheidungen den Wünschen und Zielen des Managements widersprechen?

Hierbei wird deutlich, dass die Ausprägung der Ergebnisorientierung ein Spiegel der Organisation ist, welchen Reifegrad sie hat und inwieweit das unternehmerische Denken der Mitarbeiter gefordert und gefördert wird. Sie zeigt die Tücken und Schwächen, das informelle Beziehungsnetzwerk sowie etablierte Mafiamethoden auf.

Im Rahmen einer ganzheitlich aufgefassten Ergebnisorientierung könnten vom Projektleiter oder Mitarbeitern kritische Fragen gestellt werden, die durchaus unangenehm werden könnten, wie z.B.:

- Einfordern und Hinterfragen von strategischen Zielen
- Verzögerungen von Entscheidungen und Projektverläufen
- Berühren von persönlichen Zielen und Befindlichkeiten
- Forderung nach Transparenz der eingesetzten Ressourcen im Sinne des Multiprojektmanagements, was aber dazu führt, dass die Arbeitsbelastung des Einzelnen sichtbar wird!
- klare Priorisierung der Projekte mit der Konsequenz, Bereichsinteressen und persönliche Interessen Einzelner zurückzustellen
- Unterwandern von „Fürstentümern", die sich Führungskräfte über Jahre aufgebaut haben
- Außer-Kraft-Setzen von Beziehungs-Netzwerken
- Aufzeigen des Entscheidungs-Vakuums seitens des Managements
- Fehlende Konflikt- und Fehlerkultur
- Mangelnde Erfahrungs- und Lernkultur
- …

Lösungsansätze zu diesem „intra-systemischen" Konflikt wären z. B.

- Standardisierung des Projektmanagements in Verbindung mit der Professionalisierung des Multiprojektmanagements
- Vermischung von Fach- und Projektlaufbahn (auch für Führungskräfte)
- transparentes Strategiemanagement
- Mitarbeiterbeteiligung in der Unternehmensentwicklung
- Kultivierter „KVP" (kontinuierlicher Verbesserungs-Prozess)
- Einführung von Reifegrad-Modellen
- Management-Coaching
- Etablierung eines steering committees (auch als Lenkungsgremium oder Project-Board bekannt)
- …

Es liegt auf der Hand, dass gelebte Offenheit und Selbstkritik in der Organisation ganz wesentlich zum Erfolg des Unternehmens und zum Erfolg in den Projekten beitragen könnten.

2.5 Innovations-Management/Ideen-Management

Innovations-Management ist ein Thema, das vor allem im produktiven Bereich die Zukunftsfähigkeit eines Unternehmens ganz wesentlich beeinflusst. Die Methoden, der Prozess und die typischen Herausforderungen werden hier nicht dargestellt, vielmehr soll dieser Absatz zur Sensibilisierung beitragen.

Innovations-Management ist in vielen Unternehmen maßgeblich für den Grad des Erfolges; wenn wir daraus das Thema Kreativitäts- und Denkkultur für das Projekt ableiten, ist die Bedeutung nicht geringer. Spannend daran ist, dass hier – ganz im Sinne der Ergebnisorientierung – soziale, organisatorische und kreative Aspekte eine große Rolle spielen.

Ein funktionierendes Innovations-/Ideenmanagement in einem Unternehmen bedeutet, dass …

- eine offene Kommunikationskultur herrscht
- Ideen als gemeinsame Chance gesehen werden
- eine offene Konflikt- und Streitkultur etabliert ist
- zukunftsorientiert gehandelt wird
- unternehmerisch gedacht wird
- gemeinsames Zielverständnis verbreitet ist
- u. a.

Für die Projektarbeit lässt sich daraus z. B. Folgendes ableiten

1. in der Start-Phase
    - muss eine offene Kommunikationskultur eingeführt werden
    - müssen Kreativitätsmethoden bekannt sein und eingesetzt werden
    - sind Ideen und Vorschläge immer gut, auch wenn sie nicht umgesetzt werden
    - muss eine konstruktive Fehlerkultur vorgelebt werden
    - sollte Streiten konstruktiv sein und Spaß machen
    - darf Bekanntes genutzt und hinterfragt werden
    - …
2. in der Realisierungs-Phase
    - muss Spaß erlaubt sein
    - muss der Projektleiter Kreativität vorleben
    - dürfen Projektbesprechungen auch einmal anders ablaufen
    - sollten Workshops einen ganz eigenen Charakter haben
    - sollten Außenstehende den Wunsch verspüren, in diesem Projekt mitarbeiten zu wollen

3. in der Abschluss-Phase
    - sollte die Motivation immer noch spürbar sein
    - muss ein lessons-learned Workshop ein positives Ereignis sein
    - sollten alle bedauern, dass das Projekt zu Ende ist
    - sollte es eine spannende Dokumentation geben
    - sollte das Team auch weiterhin einen guten Draht zueinander haben
    - ist Kritik erwünscht

Aus der Praxis können die genannten Ansprüche z. B. so umgesetzt werden:

- die Risiko-Sammlung im Projekt-Start-Workshop lässt sich auch mit einem Negativ-Brainstorming durchführen, also mit der Frage, was muss ich tun, damit das Projekt scheitert oder wer muss was tun, damit das Projekt voll vor die Wand fährt.
    - ist zwar im ersten Moment absurd, aber gerade dies fördert den Spaß und die Kreativität, was oft zu einem sehr gutem Ergebnis führt
- am Ende jeder Besprechung stellt der Projektleiter noch eine Frage aus dem Leben, z. B.: „warum brennen Brennnesseln?" oder „warum sind Gullydeckel rund?"
    - ist ein netter, prägnanter Abschluss und führt zur Erheiterung
- Ort, Art und Gestaltung der Besprechungen können wechseln, es darf auch einmal ein Spaziergang im Wald oder durch den Baumarkt sein, Besprechungen im Stehen, Ergebnispräsentationen als gallery walk oder Workshops im Open-space-Modus
    - es braucht ein wenig Mut und muss zielgruppenorientiert sein, wenn es aber gut dosiert ist, wird es ein echtes Projekt-Highlight
- Freeze-Workshops helfen dem Team, sich einmal wieder zu besinnen, den Stand des Teams zu konsolidieren und die nächsten Schritte einzutakten. Für diesen Rahmen eignen sich sehr gut anregende Orte, wie z. B. eine Gärtnerei, eine Burg, ein Salzbergwerk, eine Berghütte u. a.
    - Neue Umgebungen führen das Team zusammen und regen die Kreativität an
- in jedem Projekt gibt es Witziges wie „running gags", Insider-Witze, Bullshit-Bingos aber auch Wichtiges, wie Meilenstein-Abnahmen, Kundenbesuche, Pilotierungen u. a. Zum Abschluss des Projektes präsentiert der Projektleiter ein Band oder eine Präsentation mit Videoclips, Sprachaufnahmen, Bildern, wichtigen Dokumenten oder Sprüchen
    - führt zu viel Spaß im Team, zeigt noch einmal die Historie des Projektes in netter Form auf und ist eine klasse Ablösung aus dem Projekt

Schafft es der Projektleiter, solch eine Kreativitäts- und Denkkultur zu etablieren, wird Ergebnisorientierung als ein selbstverständliches Nebenprodukt dabei entstehen. Es wird ein offener, interessanter Prozess initiiert, der sowohl Spaß in der Zusammenarbeit bedeutet als auch Leistungen fördert.

Die Intensität gilt es wohl zu dosieren, denn sowohl die Menschen als auch die Organisation müssen eine gewisse Methoden-Affinität haben.

3 Soziale und organisatorische Aspekte

3.1 Der intra-personelle Konflikt

Ergebnisorientierung ist eine Frage der Aufmerksamkeit, der Sensibilität, der Erfahrung und vor allem aber auch eine Frage der verfügbaren Kapazität.

In vielen Unternehmen ist das Projektmanagement noch nicht soweit ausgereift, dass es eine klare Differenzierung zwischen einer Fach- und einer Projektlaufbahn gibt. Dadurch entsteht oft das Problem, dass sich Projektleiter einer Vielfalt an Anforderungen und Erwartungen gegenübergestellt sehen, die sie jedoch an ihre kapazitativen Grenzen führen. Der Projektleiter befindet sich in einem intra-personellen Konflikt, da unterschiedliche Parteien unterschiedliche, zum Teil widersprüchliche Erwartungen an seine Rolle haben.

Zur Optimierung der Ergebnisorientierung müsste der Projektleiter je nach Komplexität des Projektes entsprechende Freiräume haben, um sich um die Steuerung des Umfeldes, die Kommunikation mit den Stakeholdern und das Erkennen von wichtigen Aspekten und Risiken kümmern zu können.

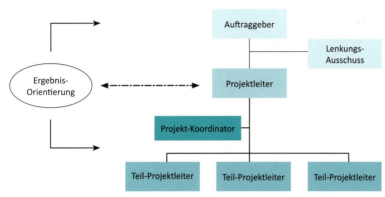

Abbildung 2.08-V5: Konflikt der Rolle Projektleiter

Stattdessen wird der Projektleiter jedoch in operative Belange integriert, sodass für die strategische Arbeit keine Kapazität zur Verfügung steht. Abhängig von der Projektkomplexität ist die Lösung, dass ein Projekt-Koordinator (auch Steuerer) diese operative Funktion übernimmt und dem Projektleiter nur die wesentlichen Informationen zur Verfügung stellt. Der Projektleiter könnte somit seiner Führungs-, Management- und Kommunikationsaufgabe gerecht werden.

3.2 Ergebnisorientierte Führung

Erfolgreiche Projektarbeit basiert bekanntlich nicht nur auf Fachwissen und gutem Projektmanagement, sondern resultiert vor allem aus guter Teamführung.

Ergebnisorientierte Führung bedeutet, sich der menschlich/psychologischen Prozesse in einem Projekt bewusst zu sein und dieses Wissen optimal in den Verlauf einzubinden.

Gruppendynamische Prozesse, Teambildung und Motivationskurven spielen dabei eine ganz entscheidende Rolle. Die Herausforderung für den Projektleiter liegt darin, sich den Prozess transparent zu machen und die jeweils erforderliche Rolle einzunehmen. Diese kann variieren etwa zwischen Coach, Gestalter, Moderator und Mediator oder auch einmal der Rolle des Vorgesetzten.

Unter diesen starken menschlichen Einflüssen in permanent wechselnden Rollen muss es der Projektleiter schaffen, die Unternehmens- und Projekt-Ziele im Auge zu behalten, während er sich im täglichen Spannungsfeld bewegt zwischen:

- Mitarbeiterführung und eigener Führungsrolle
- Führungsanspruch und -Möglichkeit
- Kunden- und internen Interessen
- Team- und eigenen Interessen
- Individualität versus Effektivität

Dem Projektleiter bieten sich für diese Herausforderungen unterschiedliche Methoden und Ansätze an, die auch als Einzelthemen hier im Buch aufgeführt werden. Als Beispiel wird hier ein Modell zum Verlauf der Motivation im Projekt dargestellt.

Die Motivationskurve zeigt den typischen Verlauf der Stimmung, in der sich das Team zu den jeweiligen Projektphasen befindet.

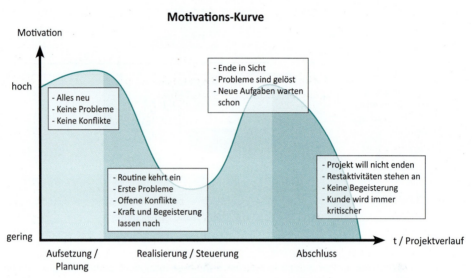

Abbildung 2.08-V6: Motivations-Kurve

Wie jedes Modell ist auch dieses als flexibel anzusehen. Interessant dabei ist, dass das Team auch in einem „gutem Projekt" in Phasen kommt, in denen die Motivation und Begeisterung wesentlich nachlassen. Entscheidend ist jetzt, wie der Projektleiter reagiert. Optimal wäre es, wenn er, ohne Druck aufzubauen oder die Situation zu thematisieren, kleinere Motivationsmaßnahmen ergreift, die dem Einzelnen helfen, aus dem Stimmungstief wieder herauszukommen.

Mögliche Maßnahmen können sein:

- persönliche Zusprachen
- Unterstützung bei Problemen
- gemeinsames Event
- spontane Freizeit oder Kurzurlaub
- kurzfristiges Abnehmen von Aufgaben
- ...

Der Erfolg der Ergebnisorientierung ist abhängig von vielen kleinen, situativen Maßnahmen. Es ist die Kombination aus Projektsteuerung und Mitarbeiterführung und lässt sich vergleichen mit dem Cockpit eines Fahrzeugs, das dem Projektleiter aufzeigt, ob Geschwindigkeit, Leistung, Ressourcenverbrauch und Temperatur im grünen Bereich sind.

„Wenn der Kühler kocht ist es nicht gerade ratsam, noch mehr Gas zu geben, bloß weil der Termin drückt und ich es eilig habe!"

Speziell im Rahmen der sozialen Kompetenz verlangt Ergebnisorientierung vom Projektleiter ein hohes Maß an Einfühlungsvermögen, Kommunikations- und Konfliktfähigkeit und der Bereitschaft, sich auf die Belange und Bedürfnisse des einzelnen Teammitgliedes einzulassen.

4 Kontraproduktive Aspekte

In diesem Kapitel werden Themen aus der Projektpraxis referenziert. Es sind Erfahrungswerte aus vielen verschiedenen Unternehmen unterschiedlichster Branchen, ohne Anspruch auf allgemeine Gültigkeit. Alle haben gemein, dass sie sich auf die Ergebnisorientierung kontraproduktiv auswirken; aber nicht nur das, sie hebeln teilweise in massiver Form auch das Leben einer Projektmanagement-Kultur aus!

Im Berater-Alltag sind das durchaus keine seltenen Erscheinungen und die Autoren haben auch erlebt, wie Unternehmen und Menschen an solchen Miss-Kulturen zugrunde gegangen sind. Auf ein jeweiliges Resümee wird verzichtet; sollten Sie sich nur amüsieren, gratulieren wir Ihnen zu Ihrem gesunden Umfeld, sollten Ihnen einige oder viele Punkte aus Ihrem Umfeld bekannt vorkommen, ist es Zeit für Veränderungen!

4.1 t/b/t-boxing

time boxing/budget boxing/target boxing: Es gibt Projekte, in denen die interne Auftragsgestaltung ignorant an allen Restriktionen und Herausforderungen im Projekt vorbei Zeiten, Kosten oder Ziele definiert. Bei denen schon zu Beginn des Projektes jedem klar ist, dass es sich hier um ein Verkämpfen und Vertuschen, Verteidigen und Abschieben handeln wird, um die eigene Karriere nicht zu gefährden.

Diese Situation kann aber z. B. auch entstehen, wenn der Kunde die Macht hat, seine irrealistischen Forderungen bei der Vertragsverhandlung durchzusetzen.

4.2 Mafia-Methoden

Auch die Mafiamethoden berufen sich auf Strukturen des Projektmanagements, nur dass sie eine andere Dimension der Ergebnisorientierung verfolgen. Methodisches Wissen, persönliche Eigenarten, organisationale Schwachpunkte oder Transparenz der Gegebenheiten führen dazu, dass entweder aus Eigennutz oder im reinen Überlebenskampf die Projekt-Erfolge auf Kosten der anderen beruhen.

Dazu ein Beispiel: Bei einem IT-Dienstleister liefen 3 wichtige Projekte parallel. Die Priorität der Projekte wurde einheitlich auf 1 gesetzt. Im Rahmen der Realisierung standen für alle 3 Projekte die Test- bzw. die Pilotphase an. Aufgrund geringfügiger Zeitverschiebungen konnte das Test-Team nicht wie geplant die Projekte nacheinander abarbeiten. Sie forderten alle nahezu gleichzeitig die Test-Ressourcen an.

Projektleiter 1 berief sich auf seine Planung, er war „in time" und somit berechtigt, die Ressourcen zu beanspruchen. Nun hatte aber der Projektleiter des Projektes zu dem Teamleiter des Test-Teams einen sehr guten privaten Draht, sodass er nach einer kurzen Rücksprache die Ressourcen zugesagt bekam.

Aber da war ja noch das 3. Projekt. Der Projektleiter war für seine cholerischen Anfälle sowohl intern als auch bei den Kunden bekannt. Fachlich allerdings ein Genie! Als ihm die Verschiebung der Testphase mangels Ressourcen mitgeteilt wurde, explodierte er wie gewohnt und nach einigen heißen Gesprächen und knallenden Türen setzte er sich einmal wieder kraft seiner Erscheinung durch und erhielt tatsächlich die Zusage der Test-Ressourcen.

Aber damit nicht genug, bei der nächsten Mitarbeiter-Versammlung wurde genau dieser Projektleiter für seine Termin-Zuverlässigkeit vor versammelter Mannschaft gelobt!

4.3 Fehlende Unternehmensstrategie

Eine ähnliche Problematik stellt sich bei mangelnder Unternehmensstrategie, sodass die Projekte im Rahmen des Portfolio-Managements nicht eingestuft und priorisiert werden. Die Folge daraus ist, dass es bei Engpässen kein objektives Entscheidungskriterium für die Verteilung der Ressourcen gibt, sodass hier nur rein subjektive, politische bzw. persönliche Belange über den Erfolg oder Misserfolg eines Projektes entscheiden.

Zudem fehlen für einen eventuellen Projektabbruch, eine Neuausrichtung oder Korrektur jegliche Bewertungskriterien, weil eine strategische Fokussierung fehlt und damit kein Rahmen für Entscheidungen gegeben ist.

4.4 Entscheidungs-Vakuum im Management

Ein recht aktuelles Problem, vor allem in Konzernen, ist, dass in der Matrix-Organisation die Linien-(Fach-)Vorgesetzten wichtige und dringende Projekt-Entscheidungen nicht treffen oder in höhere Ebenen delegieren bzw. eskalieren lassen.

Hintergrund ist, dass diese Entscheidungen eine klare Positionierung hinsichtlich Strategie und Netzwerk aufzeigen. Aufgrund der unternehmenspolitischen Unsicherheit (Führungs- und somit Strategiewechsel) werden deshalb Entscheidungen verzögert oder verschleppt, da ja schon morgen ein neuer Vorgesetzter eingesetzt werden könnte, der diese Entscheidung nicht unterstützt.

4.5 Änderungs-Wunsch-Konzert

Obwohl es eine bekannte und etablierte Methode ist, Änderungsmanagement im Projekt einzusetzen und auch konsequent zu verfolgen, wird häufig der Fehler begangen, kein Änderungsmanagement zu etablieren, um den Kunden damit nicht zu belästigen.

Somit werden die Änderungen nicht kontinuierlich dokumentiert, die Auswirkungen können dem Kunden nicht aufgezeigt werden, wodurch Ansprüche aus Kosten und Verzögerungen verfallen. Bis hin zu dem Risiko, keinen freeze-point zu setzen, der definiert, dass ab einem bestimmten Zeitpunkt im Projekt keine Änderungen mehr einfließen dürfen, um die Qualität am Ende nicht zu gefährden.

Wird mit Änderungen nicht methodisch sauber verfahren, kann die Ergebnisorientierung nur noch eine Minimal-Forderung sein oder sie ist ein Zufalls-Produkt.

4.6 Risiko- und Konfliktkultur

In Projekten ist es nicht besonders beliebt, gleich zu Beginn den vollen Umfang der Risiken transparent zu machen oder ggf. sogar sachliche oder menschliche Konflikte offen anzusprechen. Wenn jedoch zu Beginn des Projektes die „Bomben" nicht gezündet oder entschärft werden, setzt ein typischer, schleichender Konfliktprozess ein.

Es ist nicht zu unterschätzen, welche psychologische Wirkung es haben kann, wenn z. B. beim Projekt-Start-Workshop die Risiken mit dem Team gesammelt werden und dabei die Liste so lang wird, dass die Metaplan-Karten nicht mehr ausreichen. Genauso wenig begeisternd ist es, wenn der Projektleiter dem Team offenbaren muss, dass die Claim-Vorsorge schon gestartet wurde und ein Rechtsanwalt jederzeit abrufbar ist, weil bei diesem Kunden mit vielen Schwierigkeiten zu rechnen ist.

Es liegt in der Verantwortung des Projektleiters, eine entsprechend offene Kultur vorzuleben und zu etablieren. Konfliktpotenzial und Druck von außen muss er filtern, interne Konflikte muss er zulassen und steuern. Ergebnisorientierung heißt, den Weg der Lösung mit dem Team gemeinsam zu gestalten.

4.7 Die 7 gelben Engel

Ein ähnliches Phänomen wie das Beschwichtigen von Konflikten und Risiken ist der Realitätsgrad in einem Status-Report. Im Rahmen der Projektsteuerung ist es entscheidend, wie evident die Daten der Arbeitspakete sind, um daraus den Gesamtstatus des Projektes abzuleiten. Aber auch hier gibt es das weit verbreitete Problem der Salami-Taktik, dass Verzögerungen und ungelöste Probleme gerne in Scheiben mitgeteilt werden. Resultierend aus diesem menschlichen Schutzverhalten wurde die ursprüngliche Bedeutung des Statusberichtes ebenfalls aufgeweicht. Der Druck ist heute in vielen Projekten/Unternehmen so hoch, dass ein Projektleiter, der einen „roten" Status in den Lenkungsausschuss oder gar dem Kunden meldet, schnell angezweifelt wird. Der Druck wächst spontan ganz enorm, insbesondere auf ihn!

Das Ergebnis aus diesem Komplex ist die Aufweichung der Farb-Stati, Grün ist weiterhin gern gesehen, Rot impliziert eine umfassende Eskalation, sodass der Status Gelb kreative Schattierungen bekommt. Das bisher erlebte Maximum waren 7 unterschiedliche Grade des Status Gelb, erst nach dem 7. Problemgrad wurde der Status auf Rot gesetzt, was dementsprechend selten vorkam!

Mit dieser Verschleierungs-Taktik wird der aktiven Projektsteuerung die Macht genommen, sodass eine Ergebnis-Abweichung nahezu vorprogrammiert ist.

4.8 Der zahnlose Tiger

In Linien-Organisationen ist es üblich, den Projektleiter als Stab einzusetzen. Somit hat er weder fachliche noch disziplinarische Weisungsbefugnis. Im Sinne der Ergebnisorientierung ist es aber enorm schwierig, im Kampf gegen die Linie die Interessen des Projektes durchzusetzen, ohne jegliche Handhabe außer einer Empfehlung zu haben – es wäre sozusagen der Biss eines zahnlosen Tigers!

Es ist eine denkbare Form der Organisation, wenn z. B. in lang gewachsenen, hierarchisch geführten Unternehmen die Projektarbeit eingeführt werden soll. Der Kultur-Schock wäre gemäßigt, wodurch die Akzeptanz langsam gefördert werden kann. Für eine konsequente Zielverfolgung und somit klare Ergebnisorientierung ist diese Form jedoch eher ein Hindernis.

4.9 Das Problem der geschönten business cases

Im Projektmanagement-Lexikon von Erhard Motzel ist zu lesen: Business Case: „Nachweis über die Berechtigung, die Ziele, den Nutzen und die Wirtschaftlichkeit bzw. die Rentabilität eines Projektes" (WILEY, 2006: 43).

Vielen Projekten liegt als Grundlage für die Wirtschaftlichkeit und Machbarkeit ein „business case" zugrunde. Oft auch als Vorprojekt initiiert, ist dieser Ansatz sehr sinnvoll, um die unternehmerische Ergebnisorientierung zu überprüfen.

Kritisch dabei ist jedoch, dass die Verantwortlichen des business cases nicht automatisch auch für die Realisierung der dort definierten Ziele verantwortlich sind.

Ein Beispiel: Im Rahmen eines Automatisierungsprojektes wurde als Vorprojekt ein business case erarbeitet. Das Ergebnis dieser Betrachtung waren Prozess-Optimierungen aus zeitlicher und wirtschaftlicher Sicht sowie weiterführende Einsparmöglichkeiten, bis hin zu internationalen Zentralisierungs-Möglichkeiten zwischen Deutschland, USA, Brasilien und Japan.

Die Zahlen waren für den Vorstand sehr reizvoll, dass Projekt wurde gestartet. In der Phase der Projektaufsetzung war es nun die Aufgabe des Projektleiters, die Zahlen und Fakten aus dem business case, der von jemand anderes erstellt wurde, in Taten umzusetzen. Schon während der Planung kamen jedoch die ersten Probleme auf. Zum einen konnten die ausgewiesenen Daten nicht nachvollzogen werden, die Quelle dazu konnte ebenfalls nicht mehr eruiert werden, zudem waren im business case Kosten aus dem später laufenden Prozess nicht berücksichtigt, die aber eine wesentlich schlechtere Effizienz zur Folge hatten.

Auch wenn die Auswirkungen für den Projektleiter nicht schwerwiegend waren, so musste er den illusorischen Anforderungen und Erwartungen des Kunden stets entgegenwirken. Obwohl das Projekt ein Erfolg war, stellte sich aufgrund der Historie beim Kunden keine Zufriedenheit ein.

Resumee

Natürlich besteht auch unter den o.g. negativen Voraussetzungen das Bestreben nach Ergebnis-orientierung, jedoch gewinnen sowohl das Projekt als auch dieser ganzheitliche Ansatz eine andere Ausprägung – statt professionelles Projektmanagement hin zum persönlichen Überlebenskampf!

5 Zusammenfassung

In der Vertiefung des Themas wird die Historie der Ergebnisorientierung mit dem Ansatz des Total Quality Managements dargestellt. Abgeleitet aus der Unternehmensstruktur, kombiniert mit Ansätzen, wie der Balance Score Card, wird zur Ergebnisorientierung in der Projekt-Arbeit übergeleitet.

Der Abschnitt zum Vertiefungswissen soll dem Leser aus der „Adlerperspektive" verschiedene Aspekte aufzeigen, die auf die Ergebnisorientierung einwirken, sowohl positiv als auch negativ. Dabei wird eine Trilogie aus allgemeinen Aspekten, methodischen Aspekten und sozial/organisatorischen Aspekten gewählt, unterlegt durch die „schwarze Praxis" in Form von kontraproduktiven Beispielen. Es werden unterschiedliche Tücken und Fallen, Tipps und Tricks, Chancen und Risiken aufgezeigt, die dem Leser als Methoden-Köcher dienen sollen, um in Zukunft die Ergebnisorientierung noch erfolgreicher zu gestalten.

Es wird auch dargestellt, dass dies eine durchaus schwierige Aufgabe ist, die negativen Stakeholdern viele Möglichkeiten der Störungen bietet.

Abschließend lässt sich sagen, dass Ergebnisorientierung eine Kulturfrage ist und somit in Teams und Unternehmen zu einem regelrechten Umdenken führen kann.

6 Erfahrungs-Sicherung (lessons learned)

Ergebnisorientierung ist kein spezielles Verhalten oder eine Methode, sondern eher eine Philosophie, die sich aus vielen verschiedenen Facetten zusammensetzt. Die Erreichung der Ergebnisse liegt in der Verantwortung des Projektleiters, unterstützt durch sein Team.

Der Projektleiter muss sich aktiv darum kümmern, er ist Impulsgeber, Motivator und Steuermann in einem, aber ohne die konstruktive Beteiligung des Teams ist er machtlos. Zudem darf nicht unterschätzt werden, dass das Umfeld, vor allem das direkte interne Umfeld, wie Unternehmenskultur und -Führungs-Philosophie, hier eine ganz wesentliche Rolle spielt. Es muss in den Köpfen der Beteiligten „intrinsisch" veranlagt sein und das Umfeld muss es „extrinsisch" fordern und fördern.

Ergebnisorientierung ist…:

- die Summe aus vielen Tätigkeiten, deren Intensität situativ im Sinne der angestrebten Ziele aufeinander abgestimmt werden muss.
- gekennzeichnet von der aktiven Berücksichtigung des Umfeldes, insbesondere der engen Beteiligung des Kunden.
- ein prozessualer Ansatz, bei dem der Zusammenhang von Input-Prozess-Output im ständigen Fokus steht.
- nur durch sehr enge Kommunikation mit dem Kunden und dem Team erreichbar.

eine tägliche Herausforderung, die der Projektarbeit auch ihren spezifischen Charme verleiht.

7 Fragen zur Wiederholung

1	Wo liegt der Ursprung der Ergebnisorientierung?	☐
2	Welche Schritte sind für eine optimale Projektabwicklung wichtig?	☐
3	Beschreiben Sie die unterschiedlichen Einflüsse von traditionellen und modernen Projektmanagement-Ansätzen auf die Ergebnisorientierung!	☐
4	Erläutern Sie den Zusammenhang zwischen Ergebnisorientierung und standardisierten Bewertungs-Modellen!	☐
5	Erklären Sie die Auswirkungen der Projekt-Charakteristika auf die Ergebnisorientierung!	☐
6	Was bedeutet die Variabilität des Kritischen Pfades?	☐
7	Erläutern Sie phasen-orientiertes Vorgehen im Projekt!	☐
8	Was ist der intra-personelle Konflikt im Rahmen der Ergebnisorientierung?	☐
9	Beschreiben Sie 3-5 kontraproduktive Situationen oder Aktionen, die der Ergebnisorientierung gegenläufig sind!	☐
10	Warum ist Ergebnisorientierung eine Frage der Kultur?	☐

2.09 Effizienz (Efficiency)

Martina Albrecht, Claus-Peter Hoffer

Hinweis:

Dieser Beitrag besteht nur aus dem Basisteil.

2.10 Rücksprache und Beratung (Consultation)

Guido Reuter, Daniela Schindler

Lernziele

Sie kennen

- typische Rollen des Beraters
- die drei Klientetypen sich nach DE SHAZER
- die 10 Prinzipien der Prozessberatung nach SCHEIN
- die wichtigen Kompetenzfelder des Beraters

Sie wissen

- was Beratung von anderen Kommunikationsformen unterscheidet
- was der Unterschied zwischen Experten- und Prozessberatung ist
- warum ein Kontrakt für eine Beratungssituation wichtig ist
- worauf beim Coaching von Mitarbeitern durch Führungskräfte zu achten ist und was die Grenzen des Konzeptes „Führungskraft als Coach" sind

Sie können

- Verschiedene Anlässe für Beratung differenzieren
- Typische Aufgaben von Beratung benennen
- Den Unterschied zwischen Experten- und Prozessberatung erklären
- Das Beratungssystem erklären und die Unterschiede zwischen Berater- und Klientensystem erläutern
- Typische Fehler, Probleme des Beraters und notwendige Rahmenbedingungen für Beratung benennen

Inhalt

1	Beratung	2115
1.1	Aufgabenbereiche der Beratung	2115
1.2	Rollen der Beratung	2117
1.3	Vertrauensverhältnis in der Beratungsbeziehung	2117
1.4	Wert- und Zielorientierung	2118
1.5	Qualifikation der Berater	2119
1.6	Wissenschaftliche Fundierung der Beratungskonzepte	2119
1.7	Beratungs- und Expertenwissen	2119
1.8	Qualitätssicherung und Evaluation	2120
2	Grenzen der Beratung	2120
2.1	Unterschied zwischen Beratung und Gespräch	2120
2.2	Abgrenzung der Beratung von Ersatzfunktionen	2122
2.3	Abgrenzung in der Rolle des Beraters	2122
2.4	Abgrenzung im Auftragskontext	2122
2.5	Abgrenzung aus der Veränderungsbereitschaft oder -möglichkeit des Klienten	2123
3	Beratungssystem	2123
3.1	Klient	2124
3.2	Berater	2125
3.2.1	Der Fachberater oder Expertenberater	2126
3.2.2	Der Prozessberater oder Begleiter	2127
3.2.3	Das Konzept „Führungskraft als Coach"	2130
4	Handwerkskoffer des Beraters	2131
4.1	Kompetenzen des Beraters	2131
4.2	Voraussetzungen bei den Klienten	2133
5	Beratungsprozess	2134
5.1	Phasenmodelle im Vergleich	2134
6	Zusammenfassung	2135

1 Beratung

Der Dachverband Deutsche Gesellschaft für Beratung e.V. hat allgemein als Ziel die Förderung der professionellen und wirtschaftlichen Beratung, die Entwicklung von Standards sowie die Qualitätssicherung in der Beratung. Hier wird das Beratungsverständnis allgemein anwendbar formuliert:

„Beratung kann sich sowohl auf Personen und Gruppen in ihren lebens- und arbeitsweltlichen Bezügen als auch auf Organisationen beziehen. Sie befasst sich auf einer theoriegeleiteten Grundlage mit unterschiedlichen Entwicklungsaufgaben und multifaktoriell bestimmten Problem- und Konfliktsituationen. Sie stellt sich Anforderungen aus den Bereichen von Erziehung und Bildung, Sozial- und Gemeinwesen, Arbeit und Beruf, Wohnen und Freizeit, Gesundheit und Wohlbefinden, Ökologie und Technik, Pflege und Rehabilitation, Ökonomie und Politik sowie des Rechts." (DGfB, 2006)

Weiterhin erklärt der Dachverband, dass diesem Beratungsverständnis ein sozialwissenschaftlich und interdisziplinär fundiertes Handlungskonzept zugrunde liegt, das tätigkeitsfeld- und aufgabenspezifisch ausdifferenziert wird. Die Kooperation und Vernetzung unterschiedlicher Berufsgruppen und Einrichtungen werden deswegen als notwendiger Bestandteil der Beratungstätigkeit angesehen.

Die Beratung als solche ist subjekt-, aufgaben- und kontextbezogen. Sie ist integriert in institutionelle, rechtliche, ökonomische und berufsethische Rahmenbedingungen, innerhalb derer die anstehenden Aufgaben, Probleme und Konflikte im Gespräch bearbeitet und geklärt werden. Ein Ergebnis des Beratungsprozesses ist nur gemeinsam erreichbar.

Diese personen- und strukturbezogene soziale Dienstleistung setzt eine gemeinsame Anstrengung und Leistung aller Beteiligten (Berater/Beratene und ggf. Kostenträger) und klare Zielvereinbarungen voraus.

Je nach den zu bewältigenden Anforderungen, Problemlagen und Krisensituationen, in denen sich die Ratsuchenden befinden, kann die Beratung Ressourcen aktivieren. Sie soll sich fördernd, präventiv, kurativ oder rehabilitativ auswirken.

1.1 Aufgabenbereiche der Beratung

Für WAGNER (1992) entsteht dann ein Beratungsbedarf wenn eine Person, Personengruppe oder eine Organisation Aufgaben zu bewältigen, insbesondere Entscheidungen, zu treffen hat, die von ihr selbst wahrgenommen werden müssen – also nicht ganz an Dritte delegiert werden können –, die sie aber nicht ohne die geistige Hilfe, den Rat anderer bewältigen kann oder bewältigen will.

Die Beratung findet in unterschiedlichen Tätigkeitsfeldern und ganz unterschiedlichen Einrichtungen und Unternehmen statt. In speziellen Beratungsinstitutionen (öffentliche oder freie Trägerschaft) oder in selbstständigen Praxen wird sie durch einzelne Berater oder in Teams von mehreren Berater durchgeführt.

Die Tätigkeitsfelder und Aufgabenbereiche von Beratung sind laut DGfB (2006) gekennzeichnet durch:

- unterschiedliche Beratungsfelder und/oder Adressaten (z. B. Erziehungs-, Familienberatung, Berufsberatung, Bildungsberatung etc.)
- unterschiedliche Beratungsansätze und Beratungsanliegen (z. B. psychologische und psychosoziale, sozialpädagogische und sozialarbeiterische, pädagogisch-edukative, gemeinwesen- und gemeindeorientierte, betriebliche und personalentwickelnde, sozialökologische, seelsorgerische oder gesundheitsbezogene Ansätze, Anliegen und Aufgaben)
- unterschiedliche Beratungskonstellationen und -settings (z. B. Einzel-, Paar-, Familien-, Gruppen-, Teamberatung).

Durch eine professionelle Beratungsbeziehung sollen die Beratungsfachkräfte das verantwortungsvolle Handeln einzelner Personen und Gruppen in individuellen, partnerschaftlichen, familialen, beruflichen, sozialen, kulturellen, organisatorischen, ökologischen und gesellschaftlichen Kontexten fördern.

Es gibt Situationen, in denen wird ausdrücklich um Hilfe gebeten. In anderen Situationen wird ein Bedürfnis nach Hilfe verspürt, obwohl dieses nicht explizit ausgesprochen wird. In wiederum anderen Situationen fühlt man, dass Menschen Hilfe brauchen, obwohl ihnen selbst dies unbewusst bleibt. Diese Situationen stellen sich in der Praxis als sehr gefährlich dar, da hier die meisten „ungebetenen" Beratungssituationen daraus entstehen. Ohne Auftrag, Auftragsklärung und ohne eine Vereinbarung, einen Kontrakt darf es nicht zur Beratung kommen.

 Beispiel In der praktischen Projektarbeit wird Beratung zum Beispiel dann erforderlich:
- wenn sich Situationen häufen, die Ihrer Vorstellung zuwiderlaufen:
Das sind zum Beispiel Situationen, wenn Sie bemerken dass Mitarbeiter mit der Planung, Überwachung oder Steuerung des Projekts überfordert sind, Ihre Projektziele sich nicht erfüllen, die Führung von Projektteams Probleme bereitet, etc.
- Wenn Streit eskaliert und sich Krisen aufschaukeln, wie z. B. Konfliktsituationen in der Zusammenarbeit von Projektteams, wenn Absprachen mit dem Kunden zu Missverständnissen führen, wenn Zwistigkeiten zwischen Teammitgliedern nicht aufhören (vgl. Kapitel 2.12 – Konflikte und Krisen).
- Wenn Lösungsversuche immer wieder zu den gleichen verfahrenen Situationen führen
- Wenn sich das Gefühl einstellt, gefangen, erschöpft und überfordert zu sein und vieles mehr.

Daraus lassen sich dann die Aufgabenbereiche ableiten:

> In der Projektarbeit hat Beratung unterschiedliche Aufgaben (nach Schwarzer, 2003):
> - Hilfe bei Bewältigung aktueller Probleme/Situationen
> - Unterstützung beim Treffen von Entscheidungen
> - Schaffung von Klarheit und Orientierung
> - Interpretation und Verstehen früherer Erfahrungen und Gefühle
> - Entwicklung von Kompetenzen für die Zukunft
> - Demonstration von Handlungsmöglichkeiten und -alternativen
> - Anregung zum Nachdenken über sich und die Welt
> - Anleitung zur Planung und Gestaltung
> - Offenbarung eigener Stärken und Potentiale
>
> Zusammenfassend soll Beratung (Prozessberatung, Coaching, Supervision) Hilfe zu Selbsthilfe anbieten. Sie soll informieren, emanzipieren, steuern und vorbeugen (vgl. SCHWARZER, 2003).

Die Expertenberatung vermeidet oft geradezu die Emanzipation des Klienten. Sie findet in Form eines konkreten Lösungsvorschlags für vom Klienten delegierte Aufgabenkomplexe statt (z. B. die Entwicklung eines Abrechnungssystems).

1.2 Rollen der Beratung

Beratung kann je nach den Nutzen-Funktionen verschiedene Rollen für den Ratsuchenden einnehmen:

Die präventive Rolle: Der Ratsuchende nimmt im Vorfeld einer Problemsituation Kontakt zu einem Berater auf, um z. B. mögliche Auswirkungen einer unerwünschten Situation in der Zukunft zu erörtern und alternative Lösungswege präventiv zu durchdenken.

 Beispiel Rechtsberatung vor Vertragsschluss.

Die entwicklungs- und wachstumsfördernde Rolle: Dieses kann sowohl im Vorfeld einer neuen Situation entstehen als auch in einer akuten Problemsituation. Wenn z. B. ein Team eine Krisensituation zu bewältigen hat, spricht man davon, dass jeder Konflikt auch eine Chance zum Wachstum (persönlich und des Teams) ist. Dasselbe gilt für Wettbewerbssituationen oder Situationen mit Leistungsstörungen im Projekt, die zu einer neuen oder abgeänderten Vorgehensweise zwingen, die mithilfe eines Beraters erarbeitet werden soll.

Die Rolle der dissoziierten Perspektive: Wenn in einer hartnäckigen Krisensituation die interne Sicht auf die Geschehnisse eingeschränkt ist, kann mittels professioneller Beratung ein Lösungsweg erarbeitet werden. Wir sprechen dann von einem assoziierten Zustand des Klienten(systems). Der Ratsuchende ist emotional involviert und sieht seine Situation nicht mehr objektiv. Das verhindert oft die Einigung auf eine zufriedenstellende Lösung. Hier kann ein Berater, der dissoziiert, d. h. mit dem Abstand eines Außenstehenden auf die Sachlage schaut, wertvolle Anregungen und Impulse geben, die einem Projektteam oder anderen Ratsuchenden helfen, selbst neue Lösungswege zu erkennen.

Beispiel Das Wissen um die Schnittstellen in einem Projektumfeld. Hier sind keine technischen Hard- oder Software-Schnittstellen gemeint, vielmehr sind es die Schnittstellen des Informations- und Ergebnisflusses in Beratungsaufträgen, die über Erfolg oder Misserfolg eines Vorhabens entscheiden. Durch die Anwendung eines transparenten Vorgehensmodells mit Fokus auf die Schnittstellen im Projekt wird der Erfolg im Beratungsprozess sichergestellt.

1.3 Vertrauensverhältnis in der Beratungsbeziehung

Ein sehr wichtiges Anliegen der Beratung ist das Vertrauensverhältnis in der Beratungsbeziehung. Dieses wird grundsätzlich rechtlich geschützt (Schutz des Privatgeheimnisses und Datenschutz). Nichts desto trotz ist ein weiteres Ziel der Deutschen Gesellschaft für Beratung e.V. die Vertrauensbeziehung zwischen Berater und Ratsuchenden durch entsprechende gesellschaftliche Regelungen besser als bisher zu schützen.

Es soll das Zeugnisverweigerungsrecht für alle Berater eingeräumt werden, denn dies ist ein unerlässlicher Bestandteil zur vollständigen Sicherung des Vertrauensverhältnisses. Die berufs- und beratungsrechtlichen Kenntnisse sind integrale Bestandteile des fachlichen Handelns.

Die Fachkräfte sind verpflichtet, mit in der Beratungsbeziehung entstehenden Abhängigkeiten sorgsam umzugehen. Die fortlaufende Analyse der Beziehungen, Verhaltensweisen und Interaktionen im Beratungsprozess sind wesentlicher Bestandteil der Beratung.

1.4 Wert- und Zielorientierung

Die Beratung wird in persönlicher, sozialer und rechtsstaatlicher Verantwortung ausgeübt. Sie orientiert sich handlungsleitend am Schutz der Menschenwürde und an berufsethischen Standards. Durch die Beratungstätigkeit werden emanzipatorische Prozesse unterstützt. Weiterhin werden Spannungsfelder, Machtverhältnisse, Konflikte und Abhängigkeiten in unterschiedlichen Lebens- und Arbeitsbereichen aufgedeckt. Dabei werden insbesondere auch geschlechts-, generationen- und kulturspezifische Aspekte berücksichtigt. Den Ratsuchenden wird bei der Reflexion von Erfahrungen und Erlebenszusammenhängen Hilfestellung geboten. Dadurch wird ein Bewusstsein für die persönlichen, zwischenmenschlichen und gesellschaftlichen Anforderungen, Probleme und Konflikte entwickelt. Fragen zur persönlichen Identitätsbildung und zur Entwicklung von Sinnperspektiven finden hier ebenso Platz wie die Bearbeitung konkreter Belastungssituationen.

Die Deutsche Gesellschaft für Beratung e.V. (2006) bezeichnet die Beratung als dialogisch gestalteten Prozess, der auf die Entwicklung von Handlungskompetenzen, auf die Klärung, die Be- und Verarbeitung von Emotionen und auf die Veränderung Problem verursachender struktureller Verhältnisse gerichtet ist.

Die Beratung soll:

- erreichbare Ziele definieren und reflektierte Entscheidungen fällen,
- Handlungspläne entwerfen, die den Bedürfnissen, Interessen und Fähigkeiten des Individuums, der Gruppe oder Organisation entsprechen,
- persönliche, soziale, Organisations- oder Umweltressourcen identifizieren und nutzen, um dadurch selbst gesteckte Ziele erreichen oder Aufgaben gerecht werden zu können und
- Unterstützung beim Umgang mit nicht behebbaren/auflösbaren Belastungen geben.

Die DGfB (2006) sieht das Ziel der Beratung in der Regel als erreicht, wenn die Beratenen Entscheidungen und Problembewältigungswege gefunden haben, die sie bewusst und eigenverantwortlich in ihren Bezügen umsetzen können. Hierzu gehört auch, dass Selbsthilfepotentiale und soziale Ressourcen in lebensweltlichen (Familie, Nachbarschaft, Gemeinwesen und Gesellschaft) und arbeitsweltlichen (Team, Organisation und Institution) Bezügen erschlossen werden.

> **§ Definition** Das Ziel der Beratung besteht darin, in einem gemeinsam verantworteten Beratungsprozess die Entscheidungs- und Handlungssicherheit zur Bewältigung eines vom Klienten oder Klientensystem vorgegebenen aktuellen Problems zu erhöhen. Dies geschieht in der Regel durch die Vermittlung von neuen Informationen und/oder durch die Analyse, Neustrukturierung und Neubewertung vorhandener Informationen (vgl. SCHWARZER & POSSE, 1986).

1.5 Qualifikation der Berater

Die professionelle Beratung wird durch die Persönlichkeit des Beraters, durch das wissenschaftlich fundierte Handlungskonzept und durch eine standardgemäße, d.h. wissenschaftlich fundierte Qualifikation entwickelt und gesichert.

Als Inhalte der Berateraus- und -weiterbildung nennt die DGfB (2006) Folgendes:

- Theorie und Methodik von kontextgebundener Einzel- und Gruppenberatung, differentielle Diagnostik, Entwicklungs- und Hilfeplanung und Verfahren der Qualitätsentwicklung und Qualitätssicherung
- Dokumentierte, eigenständig durchgeführte Beratungspraxis, die konzeptgebunden (selbst-) evaluiert wird
- Dokumentierte und (selbst-)evaluierte Praxis von Vernetzung und Kooperation bzw. Teamteilnahme in interdisziplinären Zusammenhängen und in Beratungseinrichtungen/Institutionen
- Praxisreflexion/Supervision einzeln und in Gruppen
- Kollegial gestaltete Supervision
- Persönlichkeitsbildung (einzeln und in der Gruppe)
- Selbst- und Fremdwahrnehmung (Selbsterfahrung und -reflexion).

1.6 Wissenschaftliche Fundierung der Beratungskonzepte

Als weiteres Merkmal der professionellen Beratung ist das interdisziplinär entwickelte und wissenschaftlich fundierte Handlungskonzept zu nennen. Es wird tätigkeitsfeld- und aufgabenspezifisch ausdifferenziert. Unterschiedliche Beratungskonzepte werden von einschlägigen Ausbildungsstätten auf der Grundlage unterschiedlicher theoretisch und empirisch fundierter Erkenntnisse und methodischer Zugänge der Prävention/Gesundheitsförderung, Intervention und Rehabilitation entwickelt.

Diese Konzept- und Methodenvielfalt wissenschaftlicher Beratung macht in einem professionellen Anspruch des beruflichen Handelns ein theoretisch begründetes und für die Ratsuchenden und Nutzer transparentes und evaluiertes Arbeitskonzept erforderlich.

1.7 Beratungs- und Expertenwissen

In der Beratung sind die persönliche, soziale und fachliche Identität und Handlungskompetenz des/der Beratenden erforderlich.

Der Aufgabenstellung und der Umstände der Beratung entsprechend, werden persönliche Erfahrungen und subjektiv geprägte Sichtweisen und Erlebenszusammenhänge der Beratenen auf der Grundlage theoretisch fundierten Beratungswissens widergespiegelt. Hierzu sind insbesondere kommunikative und problemlösungsorientierte Kompetenzen erforderlich. Ergänzend wird bei entsprechenden Fragestellungen fachlich fundiertes Wissen (Informationen) vermittelt und wissenschaftlich fundierte Erklärungen herangezogen. Auf diese Weise sollen bestimmte Aufgaben und Anforderungen, Probleme und Konflikte oder phasentypische Situationen besser beurteilt und bewertet werden können. Je nach Tätigkeitsfeld und Kontext kann sich das Wissen auf Bereiche der Psychologie, der Soziologie, der Erziehungswissenschaft und Pädagogik, der Sozialarbeit, Theologie, der Pflege, des Rechts, der Ökonomie, der Betriebswirtschaft, der Medizin, der Psychiatrie etc. beziehen.

Das Expertenwissen kann entweder durch den Berater selbst oder in interdisziplinärer Kooperation mit entsprechenden Fachkräften in den Beratungsprozess hinzugezogen werden.

1.8 Qualitätssicherung und Evaluation

Diese Thematik ist für die DGfB e.V. ein wichtiger Aspekt. Qualifizierte Berater sollen ihre Tätigkeit im Rahmen eines systematisierten, theoretisch und methodisch fundierten Konzepts ausüben. Sie sollen Planung, Umsetzung und Auswertung ihres beruflichen Handelns in konzeptgebundenen Zusammenhängen reflektieren. Dadurch soll das theoretisch und methodisch geprägte Handeln intersubjektiv überprüfbar sein und somit der Beliebigkeit von Handlungsweisen entgegenwirken. Für den Ratsuchenden soll eine verständliche Darstellung des Konzepts und eine klare Transparenz der angewandten Methoden und Verfahren gegeben sein.

Zur Sicherung der Prozessqualität, nennt die Deutsche Gesellschaft für Beratung e.V. (2006) die professionell angewandten Verfahren konzeptgebundener Qualitätssicherung, Fallbesprechungen im multidisziplinären Team oder im kollegialen Verbund der Einzelpraxis, Supervision, Fort- und Weiterbildung. Zu den Methoden der Selbstevaluation zählen: status- und Prozess begleitende Diagnostik, Wirkungsanalysen und Verfahren zur Prozess begleitenden Dokumentation, Reflexion und (Selbst-) Evaluation von Beratungskontakten. Wirkungsanalysen und die Überprüfung der Ergebnisqualität werden als gemeinsame Leistung von Berater, Klient und ggf. Kostenträger verstanden.

Die DGfB macht darauf aufmerksam, dass als weitere qualitätssichernde Maßnahme die Beratenen bei Unklarheiten und Unzufriedenheit die Möglichkeit haben, Beschwerde einzulegen. Dies gilt auch im Sinne des Verbraucherschutzes bei Übereilung und wirtschaftlicher Übervorteilung sowie bei missbräuchlicher Anwendung von Techniken, mit denen Bewusstsein, Psyche und Persönlichkeit manipuliert werden können.

2 Grenzen der Beratung

Um eine sinnvolle Abgrenzung zur eigentlichen Beratungsfunktion gewährleisten zu können, muss zwischen einem Beratungsanlass und ähnlichen Situationen und Gesprächsanlässen differenziert werden (vgl. Kapitel 1.10 – Leistungsumfang und Lieferobjekte).

2.1 Unterschied zwischen Beratung und Gespräch

In einem Gespräch geht es meist um einen Austausch von Erlebnissen (oft persönlicher Natur). Den Gesprächen fehlt es an Analyse der Problemsituation. Die Gesprächspartner haben nicht selten eine assoziierte Grundhaltung zum Thema, was zu einer Vermischung von Emotionen und Sachinhalten führt. Weiterhin kann die Wahrnehmung des Gesprächspartners durch Sympathie oder Antipathie gegenüber dem Gesprächspartner oder anderen beteiligten Personen beeinflusst sein und lässt somit keine unabhängige Reaktion zu. Die Gesprächspartner neigen unter Umständen dazu, sich gegenseitig hochzuschaukeln, wodurch neue problembehaftete Gesprächssituationen entstehen, die weiteres Konfliktpotenzial liefern.

Die Vermischung der eigentlich zu lösenden Situation mit eigenen Erlebnisinhalten tritt bei Gesprächen häufiger in Erscheinung. Dabei besteht die Gefahr, dass sich der Gesprächspartner mehr auf die eigenen Angelegenheiten konzentriert (Wahrnehmungsfilter), als sich mit der Problemlösung seines Gesprächpartners zu beschäftigen. Ergebnisse sind oft Ratschläge, die ohne vorherige Evaluation (Nachfassen) oder Überprüfung der Zielerreichung abgegeben werden.

> Die professionelle Beratung hingegen beruht auf einer neutralen Grundhaltung des Beraters gegenüber dem Problem und dem Klienten. Es liegt ein strukturiertes Vorgehen als Gesamtprozess vor. Es erfolgt eine fundierte Analyse sachlicher und sozialer Aspekte basierend auf der jeweiligen Ausgangssituation (strukturierte Problemanalyse). Die Wahrnehmungsfilter der beteiligten Parteien (falls welche vorliegen) werden aktiv ermittelt und strukturiert aufgelöst. Zusammen mit dem Klienten erfolgen Absprachen über ein vereinbartes und abgestimmtes Vorgehen. Abschließend wird eine Evaluation der erreichten Ergebnisse durchgeführt: War die Beratung erfolgreich? Woher weiß der Berater, dass seine Beratung erfolgreich war? Gab es klar festgelegte Qualitäts- und Erfolgskriterien? War die Beratung auch in den Augen des Klienten erfolgreich? Woher weiß der Berater, wie der Klient seine Beratung empfunden hat?

Zusammenfassend werden in Tabelle 2.10-V1 die Unterschiede zwischen Gesprächs- und Beratungssituation von SCHWARZER (2003) dargestellt.

Tabelle 2.10-V1: Unterschiede zwischen Beratung und Gespräch (SCHWARZER, 2003)

	GESPRÄCH	BERATUNG
Ziele	<ul><li>höfliche Konversation</li><li>Austausch von Informationen</li><li>Freundschaften schließen oder fortsetzen</li><li>unterstützendes Zuhören und Ratschläge</li><li>Das Gespräch ist sozial veranlasst; wenn es Hilfe anbietet, ist dieses altruistisch veranlasst ohne professionelle Verantwortung</li></ul>	<ul><li>Anbieten professioneller Hilfe, die das Wohlergehen des Ratsuchenden zum Ziel hat „Help giving".</li><li>Verantwortung und Verpflichtung zu hilfreichen Angeboten, die häufig in ganz konkreten Zielen für den Ratsuchenden münden.</li><li>Wendet anerkannte Techniken der Hilfeleistung an.</li></ul>
Art der Interaktion bei Exploration	<ul><li>oft höfliches Zuhören</li><li>oft nicht das zentrale Anliegen treffend</li><li>bei psychologisch wichtigen Fragen wird eher mit vorschnellen unreifen Schlüssen gearbeitet als mit Exploration</li></ul>	<ul><li>empathisch</li><li>instrumentell auf die Belange des Ratsuchenden ausgerichtet</li></ul>
Fokus des Gesprächs	<ul><li>liegt bei beiden Parteien, die oft über sich selber sprechen</li></ul>	<ul><li>liegt verstärkt auf dem Ratsuchenden</li></ul>
Exploration	<ul><li>wird oft verhindert, da Gesprächspartner meistens Themen bevorzugen, die sie selbst interessieren</li></ul>	<ul><li>legt Schwerpunkt auf die Exploration eines Problems, einer Entwicklungsaufgabe oder eines Themas, das der Ratsuchende auswählt</li></ul>

> Um eine Beratung definitiv von einem Gespräch abzugrenzen, benötigt man einen expliziten Beratungskontrakt: Die Klarheit, dass der Schritt vom Gespräch zur Beratung überschritten wird, und die Vereinbarung darüber, dass eine Beratung gewünscht wird, also das Einverständnis des Klienten damit, dass er beraten wird!

2.2 Abgrenzung der Beratung von Ersatzfunktionen

FATZER (2002) macht zu Recht darauf aufmerksam, dass Beratung oft mit anderen Situationen der Projektarbeit verwechselt wird.

Beratung ist keine Managementersatzfunktion. Seitens eines Auftraggebers innerhalb einer Organisation wird vom Berater nicht selten eine Fach- oder Dienstaufsichtsfunktion verlangt (z. B. Interims-Management). Diese Aufgaben sind definitiv nicht Inhalt einer Beratung. Manchmal kommt man nicht umhin, eine solche Rolle kurzfristig zu übernehmen (z. B. bei Ausfall, vorübergehender Verhinderung oder Unfähigkeit der Fachfunktion), jedoch sollten diese Managementersatzfunktionen so schnell wie möglich wieder an die betreffende Stelle zurückgegeben werden (vgl. FATZER, 2002).

Beratung ersetzt auch keine Team- und Organisationsentwicklung. Wenn während der Beratungssituation erkannt wird, dass Änderungen in der institutionellen Struktur des Unternehmens oder der Arbeitsgruppe notwendig sind, dann sollte der Berater den Beratungsauftrag zurückgeben oder - wenn die Kompetenz für diese Veränderungsprozesse beim Berater vorhanden sind - zunächst die Veränderung abwickeln, um danach wieder die Beratung fortsetzen zu können (vgl. FATZER, 2002).

Beratung ersetzt keine Personalentwicklung. Eigentlich ist das Gegenteil der Fall. Eine funktionierende Personalentwicklung ist die Voraussetzung für eine sinnvoll eingesetzte Beratung in Organisationen. Beratung wird häufig von Mitarbeiterinnen und Mitarbeitern gesucht, die unzufrieden mit ihrer beruflichen Situation sind. Es stellt sich dann häufig heraus, dass es im Rahmen der betrieblichen Personalentwicklung nicht ausreichend geeignete Maßnahmen der Förderung für diese Mitarbeiter gibt (vgl. FATZER, 2002).

2.3 Abgrenzung in der Rolle des Beraters

Der Berater muss nicht unbedingt unternehmensextern sein. Das Unternehmen muss jedoch dem Berater garantieren, in Bezug zum unternehmensinternen Klienten frei von Weisungen, finanziell unabhängig sowie organisatorisch und räumlich getrennt zu sein. Bei persönlichen, verwandtschaftlichen oder intimen Beziehungen zwischen Berater und Klient ist eine professionelle Beratungsbeziehung in Frage zu stellen, da das wichtigste Kriterium der emotionalen und sachlichen Unabhängigkeit des Beraters zum Klienten nicht gegeben ist.

Ähnliches gilt für Führungskräfte als Berater für ihre Mitarbeiter. Eine Führungskraft verfolgt unternehmerische und persönliche Interessen, kann aber als Expertenberater im Rahmen von fachlicher Unterweisung des Mitarbeiters aktiv werden. Die Führungskraft in direkter disziplinarischer Vorgesetztenfunktion ist aber nicht ungebunden und kann deshalb nur bedingt als Supervisor oder Coach für den Mitarbeiter auftreten. Die Beratungssituation könnte sich insbesondere als schwierig erweisen, wenn die Vertrauensstellung des Vorgesetzten beim Mitarbeiter fraglich ist. Das Konzept der „Führungskraft als Coach" bedarf daher einer kritischen und genauen Abgrenzung der Rollen und Beratungssituationen durch die Führungskraft.

2.4 Abgrenzung im Auftragskontext

Wie wichtig ein konkret und klar formulierter Vertrag zwischen dem Berater und seinem Klienten ist, zeigt sich in der Praxis häufig in Situationen, in denen ein solcher Vertrag nicht geschlossen wurde: die Beratung wird mit hoher Wahrscheinlichkeit scheitern, wenn es heimliche Auftragsanteile (hidden agenda) gibt, die der Berater entweder nicht kennt oder „herauslesen" oder interpretieren müsste. Hierbei ist die Auftragssituation teilweise oder gänzlich ungeklärt.

Bei fortgeschrittenem Stadium des Beratungsprozesses ist dieses oftmals im Nachhinein auch nicht mehr klärbar, was die Beratungsintention war, wenn eine Dokumentation der Vorgespräche (Briefings) oder ein Vertragswerk fehlen.

2.5 Abgrenzung aus der Veränderungsbereitschaft oder -möglichkeit des Klienten

Zwingende Voraussetzung für eine erfolgreiche Beratung sind ein vorhandenes Problembewusstsein des Klienten sowie sein Wille zur Veränderung. Mangelt es an dem Einen oder Anderen, bleibt die Beratung erfolglos. Der Erfolg der Beratung kann ebenfalls fraglich werden, wenn dem Klienten die Möglichkeiten fehlen, die Beratungsinhalte für sich umzusetzen. Begrenzende Faktoren, um die Möglichkeiten der Veränderungen wahrzunehmen, können vielfältige Einschränkungen im Bereich der persönlichen Ressourcen sein (technische Begrenztheiten, mangelnde Möglichkeit zur Anwendung/Umsetzung, Defizite in der Fachkompetenz, mangelnde persönliche oder soziale Kompetenzen).

3 Beratungssystem

Aus der Projektplanung sind die ersten Schritte – die Beleuchtung und Analyse des sachlichen und sozialen Umfeldes – (vgl. Kapitel 1.02 – Interessengruppen) bekannt. Dieses Umfeld definiert Rahmenbedingungen und zeigt die Elemente auf, die einen direkten oder indirekten Einfluss auf das Gelingen des Projekts haben können. Diese Elemente bilden in Summe ein System (vgl. Kapitel 3.07 - Systeme), welches Interdependenzen nach innen wie nach außen hat. Diese Erkenntnisse machen wir uns in der Beratung zu Nutze.

> **§ Definition** Das Beratungssystem ist ein soziales oder sozio-technisches System, bei dem die Elemente untereinander wiederum hochkomplexe Subsysteme darstellen können, die, für sich genommen, in psychosozialer Beziehung zu sich selbst und ihrem Umfeld stehen (vgl. auch Kapitel 3.07 – Systeme, Produkte und Technologie).

NAUHEIMER (2003) sieht den Berater heute als einen Teil von Systemen an. Er unterscheidet vereinfacht zwischen Klientensystem, Beratersystem und -beide zusammengefasst- als das Beratungssystem. Ergänzend dazu sieht der Autor zusätzlich das direkte und indirekte Umfeld, in das die Beratung/das Beratungsprojekt eingebettet ist.

Das Klientensystem besteht entweder aus dem Einzelklienten oder den verschiedenen Personen, die direkt beraten werden oder von der Beratung betroffen sind. Das Beratersystem besteht aus dem Einzelberater oder einer Beratergruppe. Das Beratungssystem (oder Klienten-Beratersystem) bildet sich automatisch durch die explizite oder implizite Vereinbarung zwischen Berater und Klienten.

 Eine saubere Beratung erfordert immer eine explizite Vereinbarung!

Berater und Klient gehen ein zeitweiliges Dienstleistungsverhältnis miteinander ein. Dabei wird die Beratungsleistung zum Dienstleistungsprodukt. Sind der Klient und der Auftraggeber nicht identisch, so ist der Auftraggeber als zusätzliches System zu berücksichtigen. Eine weitere Betrachtungsweise wäre, den Auftraggeber eher als Teil des Klientensystems zu betrachten, denn dort sind die intensivsten Interaktionen, die sich auch meist dem Berater entziehen. Klärungen und Lösungen müssen auch jeweils den Auftraggeber mit einbeziehen.

Über die Definition von Nauheimer hinaus spielt natürlich die Umwelt des Beratungssystems eine entscheidende Rolle, da unser System ein offenes ist, d. h. dass Interventionen nicht nur eine Innenwirkung haben, sondern gerade auch nach außen Wirkung zeigen, die Umwelt beeinflussen oder verändern. Da die Umwelt auf diese Reize der Veränderung reagieren wird, ist auch unser System von Wechselwirkungen mit der Umwelt direkt oder indirekt betroffen (vgl. Kapitel 1.06 – Projektorganisation).

Alle beschriebenen Systeme, die in Abbildung 2.10-V1 dargestellt sind, sind an der Beratung beteiligt oder davon betroffen und bringen ihre spezifische Sichtweise der Probleme und ihrer Lösungsmöglichkeiten ein.

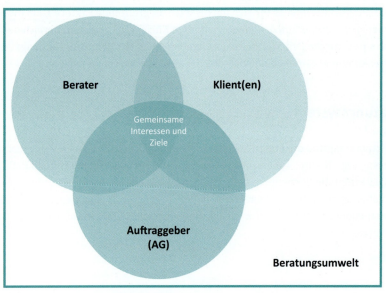

Abbildung 2.10-V1: Das Beratungssystem

Beispiel Anhand eines Beispiels lässt sich das erklären:
Im Falle der Einführung eines Qualitätsmanagementsystems ist die erste Intervention der Beschluss des Vorstands, ein solches System zu etablieren. Die Intervention des Beraters wirkt auf das Klientensystem ein, das wiederum auf das Beratersystem Rückkopplungseffekte hat. Keines der Subsysteme kann als neutral (oder frei von eigenen Interessen) angesehen werden. Manche dieser Interessen sind explizit, d. h. sie werden im Beratungskontrakt ausgedrückt, andere sind implizit, d. h. die Subsysteme gehen davon aus, dass das Gegenüber diese Interessen kennt. Darüber hinaus gibt es jedoch auch verdeckte Interessen (die sogenannte „hidden agenda"), zum Beispiel dann der Klient von dem Berater erwartet, dass er für andere Teile des Systems unangenehme Maßnahmen einleitet, oder wenn es das Interesse des Beraters ist, Folgeaufträge zu akquirieren.

3.1 Klient

Die Ausgangsfrage für jeden Berater bezüglich seiner Zielpersonen ist die Frage: Wer ist mein Klient? Wenn die Person oder Personengruppe als Zielobjekt der Beratung identifiziert sind, schließt sich als zweites Element eine Betrachtung des Klientensystems aus Stakeholdersicht an. Beteiligte, betroffene und interessierte Parteien werden eruiert und innerhalb des Prozesses der Beratung entsprechend ihres Einflusses berücksichtigt.

> ❗ DE SHAZER (1995) unterscheidet drei Grundtypen bei den Klienten, um abhängig von der Rolle des Klienten die Rolle des Beraters und die Vorgehensstrategie des Beraters variieren zu können (vgl. Kapitel 1.06 – Projektorganisation, Kapitel 3.08 - Personalmanagement):
>
> 1. Der Besucher
>   Dieser Klient hat keine Probleme, wurde von dritter Seite geschickt.
> 2. Der Klagende
>   Dieser Klient hat Probleme, macht aber seine Umwelt dafür verantwortlich.
> 3. Der Kunde
>   Dieser Klient hat Probleme und übernimmt Verantwortung dafür; außerdem glaubt er, dass sie durch Eigenaktivität, sein eigenes Verhalten beziehungsweise Verhaltensänderungen zu lösen sind.

Lediglich mit dem „Kunden" kann eigentlich eine fruchtbare Zusammenarbeit gelingen. Die Grundlage für eine effektive Beratung ist eine freiwillig gewünschte und tragfähige Beratungsbeziehung.

Hinzu kommen unterschiedliche Erwartungshaltungen der Klienten. Es gibt Klienten, die:

- Hilfe und Unterstützung suchen und dabei kooperativ sind,
- Beurteilungen bzw. Rechtfertigungen erwarten,
- konkrete Lösungen erwarten (was den Beratungsprinzipien widerspricht – der Klient ist der beste Fachmann für sich selbst) und
- mit Misstrauen in die (ersten) Sitzungen kommen.

Für einen erfolgreichen Beratungsprozess bedarf es also eines Klienten, der selbstverantwortlich und mit hoher Offenheit und Eigenmotivation an seinem Thema arbeiten möchte.

Diese Einteilung unterschiedlicher Klientengruppen soll dem Berater helfen, sich seinem Gegenüber in seiner Rolle bewusster zu werden. Im Rahmen der Planung von Interventionen kann die obige Liste auch dazu herangezogen werden, Strategie, Dramaturgie und Risikomanagement aktiv zu gestalten.

3.2 Berater

Es ist schwierig, die sich ständig verändernde Wirklichkeit in einer dynamischen Klientensituation zu definieren. Neue Mitglieder ergänzen das Klientensystem, andere entfernen sich davon, neue Informationen und ständig wechselnde Konstellationen beeinflussen die Beratungssituation. Daher ist es notwendig, entsprechend den neuen Informationen auch die Rollen des Beraters flexibel zu gestalten. Der Berater erfüllt also oft mehrere Rollen gleichzeitig. Die Praxis in der Beratung zeigt, dass sowohl in Einzelberatungen als auch in Gruppensituationen vom Berater gefordert ist, von der Rolle des Prozessberaters kurzfristig in die Rolle des Experten zu wechseln und umgekehrt, um dann wieder in seine eigentliche Rolle zurück zu finden.

Folgende grundlegende, Rollen des Beraters werden in der Literatur unterschieden und in Abbildung 2.10-V2 dargestellt:

Expertenrolle		Der Berater stellt dem Klientensystem ein bestimmtes Expertenwissen zur Verfügung. z. B. Personalmanagement, IT-Beratung, Finanzwesen
	Arzt-Patienten-Rolle	Der Klient oder Patient übergibt die Verantwortung sowohl für die Diagnose des Problems wie auch für die Auswahl geeigneter Maßnahmen als Lösungsinterventionen an den Berater
Prozessbegleiterrolle		Der Berater begleitet den Klienten bei seinem Klärungsprozess und hilft, Entscheidungen zu treffen und diese umzusetzen. Es werden Veränderungs-, Qualifizierungs- und Professionalisierungsprozesse begleitet. z. B. Organisationsentwicklung, Teamentwicklung, Veränderungsprozesse
	Persönlichkeitsbegleitungsrolle	Der Berater unterstützt den Klienten in der persönlichen Entwicklung, im Sinne von Coaching und Supervision.

Abbildung 2.10-V2: Die Rollen des Beraters

> **Wichtig:** Einzeln betrachtet, machen die oben beschriebenen Rollen wenig Sinn. Die meisten Berater und Beratungsformen bewegen sich zwischen Expertenberatung und Prozessberatung. In der Realität vermischen sich die beschriebenen Rollen bzw. es ergibt sich ein fließender Übergang zwischen beiden Rollen (Experten- und Prozessberater). Daher ist es gut, wenn jeder Fachberater einegute Prozesskompetenz erwirbt und jeder Prozessberater sich in das fachliche Umfeld des Klienten einfühlen und hineindenken kann.

Eine weitere wichtige Voraussetzung der Beratung ist, dass der Berater vom Klientensystem unabhängig ist. In HAUSER & EGGER (2004) wird darauf aufmerksam gemacht, dass damit nicht Externalität gemeint ist. Vielmehr bedeutet das, dass der Berater seine Beobachterperspektive nicht verlieren darf.

Um die Rollen zu verdeutlichen, werden diese im Folgenden kurz erläutert.

3.2.1 Der Fachberater oder Expertenberater

In dieser Rolle organisiert der Berater aktiv das Expertenwissen (z. B. den Technologietransfer). Er arbeitet Lösungen für spezifische Probleme/Lücken des Klienten aus, z. B. einen architektonischen Plan für den Bau eines Gebäudes. Der Vorsprung des Beraters gegenüber dem Klienten besteht in seinem technischen Fachwissen (wobei mit technisch auch ökonomisch, sozialwissenschaftlich etc. gemeint sein kann, je nach Beratungsgegenstand).

Expertenberatung beinhaltet den Transfer von Know-how. Die Beziehung zwischen Berater und Klient ist komplementär, d. h. Wissen fließt vom Berater zum Klienten.

 Beispiel Der „Experte" beschäftigt sich mit Fragen wie:
- In welchen Lösungskategorien sollte der Klient denken?
- Wie können angepasste Problemlösungsstrategien entwickelt werden?
- Welche Akteursgruppen müssen bei der Planung berücksichtigt werden? (vgl. System, Interessensgruppen)
- Welche technischen oder organisatorischen Konstrukte sind geeignet, um zur Zielerreichung beizutragen? (NAUHEIMER, 2003)

Als Unterpunkt des Fachberaters ist die Arzt-Patienten-Rolle anzusehen. Sie ist in der aktiven Projektarbeit ein Synonym für eine Grundhaltung des Klienten. Der Klient unterwirft sich (emotional, methodisch und fachlich) einem Berater in der Form, dass er ihn beauftragt:

- zu diagnostizieren, was sein eigentliches Problem ist.
- selbst zu entscheiden, was eine geeignete Lösungsintervention (Therapie) ist
- diese Interventionen eigenverantwortlich umzusetzen, um die „Krankheit" zu heilen.

Eine solche Vorgehensweise ist eher bei einem realen Patienten angemessen. Im Falle einer solchen Beratungssituation während der Projektarbeit würde ein Berater Gefahr laufen, in ein Psycho-Spiel des Klienten mit einbezogen zu werden und in seiner Helferrolle missbraucht zu werden.

Tipp Die Empfehlung ist, Situationen dieser Art frühzeitig zu erkennen, gegebenenfalls zu hinterfragen und eine klare Auftragsabgrenzung mit dem Klienten zu vereinbaren.

3.2.2 Der Prozessberater oder Begleiter

SCHEIN (2003) versteht die Prozessberatung als eine „Philosophie des Helfens". Es ist der Prozess des Helfens und der hinter der Hilfeleistung für Einzelne, Gruppen, Organisationen und Gemeinschaften stehenden Haltung.

Definition Prozessberatung ist der Aufbau einer Beziehung zum Klienten, die es diesem erlaubt, die in seinem internen und externen Umfeld auftretenden Prozessereignisse wahrzunehmen, zu verstehen und darauf zu reagieren, so wie er sie definiert, zu verbessern (SCHEIN, 2003).

Ein Großteil dessen, was der Berater tut, wenn er einer Organisation hilft, lässt sich auf eine zentrale Annahme zurückführen: Man kann einem Klienten(-system) nur dabei helfen, sich selbst zu helfen. Der Berater weiß nie genug über die gegebene Situation, um bestimmte Maßnahmen zur Behebung ihrer Probleme empfehlen zu können.

Nur wenn eine effektive helfende Beziehung mit einem Klientensystem aufgebaut wurde, können Klient und Berater die Situation gemeinsam diagnostizieren und angemessene Lösungsstrategien entwickeln. Ziel der Prozessberatung ist somit der Aufbau einer effektiven helfenden (beratenden) Beziehung.

Das Arbeiten im Prozessberatungsmodell setzt an dem Wunsch nach Veränderung an. Hier braucht der Klient jemanden, der Problemursachen und -lösungen herausfindet. Der Ratsuchende nimmt mit der Hilfe des Beraters prozesshafte Ereignisse der eigenen Umwelt wahr und lernt, diese richtig zu interpretieren und ihnen angemessen zu begegnen und somit zu handeln. In diesen Modellen hat kooperatives Arbeiten Vorrang. Partnerschaft zwischen Klient und Berater ist dazu unabdingbar. Diese gilt, diese aufzubauen.

Beispiel Veränderungsprojekte haben als Ziel einen Richtungswechsel vorzunehmen. Es soll, auf Bewährtem aufbauend, ein neuer Weg eingeschlagen werden. Unternehmen und Organisationen, welche die dynamischen Prozesse in komplexen Systemen berücksichtigen, haben einen beträchtlichen Vorsprung vor ihren Mitbewerbern. Anhand des prozessorientierten Handelns wird eine Vielzahl von Problemen effektiver gelöst. Dabei wird der Klient als Experte und Quelle der Lösung gesehen. Durch eine systemisch-konstruktiv(istisch)e Beratung entdeckt er neue Sichtweisen und entwickelt alternative Handlungsentwürfe. Die Arbeit mit Ressourcen und Potenzialen im Kontext lässt tragbare Zieldefinitionen und nachhaltige Lösungen entstehen. Prinzipien aus der Chaostheorie helfen, in komplexen Situationen und Prozessen den Überblick zu behalten und den richtigen Veränderungsmoment zu erkennen.

Beispiel Das Wissen um die Schnittstellen in einem Projektumfeld. Hier sind keine technischen Hard- oder Software-Schnittstellen gemeint, vielmehr sind es die Schnittstellen des Informations- und Ergebnisflusses in Beratungsaufträgen, die über Erfolg oder Misserfolg eines Vorhabens entscheiden. Durch die Anwendung eines transparenten Vorgehensmodells mit Fokus auf die Schnittstellen im Projekt wird der Erfolg im Beratungsprozess sichergestellt.

Als Prozessberater hilft der Berater, Lösungen, die der Klient selbst (oder mithilfe eines Fachberaters) gefunden hat, an die Organisationskultur anzupassen. Prozessberatung bedeutet die Gestaltung von Veränderungsprozessen durch systemisch angepasste Interventionen (Maßnahmen). Sie zielt auf den Ausgleich von widerstrebenden Kräften im System und die Suche nach einer gemeinsamen Basis.

Instrumente der Prozessberatung können Workshops, Projektmanagementberatung, Akteursanalysen, Coaching etc. sein.

SCHEIN (2003) schreibt dazu: „Genau dann, wenn wir wahrnehmen, dass Hilfe gebraucht wird, oder wenn wir direkt um Hilfe gebeten werden, genau dann bekommt die Prozessberatung ihre Bedeutung. Aber wie alle professionellen Helfer wissen, zeigt es sich, dass es nicht einfach ist, Hilfe zu leisten, so wenig wie es leicht ist zuzugeben, dass man Hilfe benötigt, und so wenig es leicht ist sie anzunehmen, wenn sie angeboten wird." Mit anderen Worten: Beratung als helfende Dienstleistung wird nicht uneingeschränkt akzeptiert. Manchmal ist eine (unaufgefordert angebotene) Hilfestellung überhaupt nicht erwünscht. Deswegen empfiehlt es sich, immer einen Beratungskontrakt abzuschließen!

Beispiel Der Prozessberater beschäftigt sich laut NAUHEIMER (2003) mit Fragen wie:
- Welche Planungsinstrumente sollen zum Einsatz kommen?
- Welche Akteursgruppen müssen an Entscheidungen beteiligt werden?
- Über welche Punkte des Veränderungsplans gibt es Konsens zwischen den Akteuren, wo gibt es Dissens?
- Wann kann im Veränderungsprozess fortgeschritten werden, wann sollten eine Analyse- oder Reflektionsphase eingelegt werden?

Die Rolle des Persönlichkeitsberaters ist der Rolle des Prozessberaters sehr ähnlich und deswegen hier eingegliedert. Sie bezieht sich auf die Unterstützung der persönlichen Entwicklung des Klienten im Sinne von Coaching und Supervision.

In HAUSER & EGGER (2004) wird bemerkt, dass gerade diese unterstützende Rolle aktuell sehr gefragt ist. Durch die Fülle an Aufgaben, die an einzelne Mitarbeiter herangetragen wird, und die Notwendigkeit, Lösungen für neuartige Fragestellungen zu finden, gewinnt diese Rolle an Bedeutung. Auch die Forderung nach der lernenden Organisation (vgl. Systemischer Ansatz – Lernende Organisation) macht eine solche laufende Lernbegleitung nötig.

Die 10 Prinzipien der Prozessberatung nach SCHEIN (2003)

1. **Versuche stets zu helfen**
   Beratung bedeutet zu helfen. Es versteht sich von selbst, dass ein Berater ohne eine echte Bereitschaft, zu helfen und daran zu arbeiten, wohl keine helfende Beziehung herstellen kann. Jeder Kontakt mit dem Klienten sollte, soweit möglich, als hilfreich wahrgenommen werden.

2. **Verliere nie den Bezug zu der aktuellen Realität**
   Ein Berater kann nicht helfen, wenn er sich nicht über die Realität (die eigene und die des Klientensystems) im Klaren ist also darüber, was in ihm selbst und im System des Klienten vorgeht. Daher sollte jeder Kontakt zu jedem Angehörigen des Klientensystems sowohl für den Klienten als auch für den Berater weitere Informationen zur Diagnose des aktuellen Standes des Klientensystems und der Beziehung zwischen den Klienten und dem Berater liefern.

3. **Setze dein Nichtwissen ein**
   Der Berater kann seine innere Realität nur entdecken, wenn er zu unterscheiden lernt zwischen dem was er weiß, dem was er zu wissen glaubt, und dem, was er wirklich nicht weiß. Der Berater kann nicht entscheiden, was die aktuelle Wirklichkeit ist, wenn er spürt, was ihm über die Situation nicht bekannt ist, und er nicht so weise ist, sich danach zu erkundigen.

4. **Alles, was du tust, ist eine Intervention.**
   So wie jede Interaktion diagnostische Informationen liefert, so bringt jede Interaktion Konsequenzen für den Klienten und für den Berater. Daher muss der Berater für alles, was er tut Verantwortung übernehmen und die Konsequenzen durchdenken, um sicher zu gehen, dass sie seinen Zielen dienen, eine helfende Beziehung aufzubauen.

5. **Das Problem und seine Lösung gehören dem Klienten**
   Die Aufgabe des Beraters ist es, eine Beziehung aufzubauen, in der der Klient Hilfe findet. Es ist nicht seine Aufgabe, sich die Probleme des Klienten selbst aufzuladen, noch ist es seine Aufgabe, Rat und Lösungen für Situationen anzubieten, die der Berater nicht selbst durchlebt. Letztendlich muss alleine der Klient mit den Folgen des Problems und der Lösung leben. Daher kann der Berater ihm nicht die Verantwortung dafür abnehmen.

6. **Geh mit dem Flow**
   Jedes Klientensystem entwickelt eine eigene Kultur und versucht, seine innere Stabilität aufrechtzuerhalten, indem es an dieser Kultur festhält. Jeder Klient entwickelt seine eigene Persönlichkeit und seinen individuellen Stil. Da für den (externen) Berater diese kulturellen und individuellen Wirklichkeiten nicht von Anfang an (vollständig) bekannt sind, muss er zunächst herausfinden, wo der Klient motiviert ist und wo er bereit ist, sich zu verändern. In diesen Bereichen kann der Berater ansetzen, um Interventionen durchzuführen.

7. **Das Timing ist entscheidend**
   Jede Intervention kann zu einem bestimmten Zeitpunkt greifen, zu einem anderen Zeitpunkt dagegen nicht. Daher muss der Berater ständig diagnostisch vorgehen und auf die Phasen achten, wann der Klient für bestimmte Themen ansprechbar zu sein scheint.

8. **Sei konstruktiv opportunistisch und arbeite mit konfrontativen Interventionen.**
   In allen Klientensystemen gibt es instabile und offene Bereiche, in denen eine Bereitschaft zur Veränderung vorhanden ist. Diese vorhandene Motivation und kulturelle Stärke gilt es für den Berater zu finden und als Grundlage zu nutzen. Gleichzeitig müssen Gelegenheiten genutzt werden, neue Erkenntnisse und Alternativen vorzustellen. Zwar sollte man mit dem Flow gehen, dabei aber die Balance halten und auch gewisse Risiken bei seinen Interventionen eingehen.

9. **Alles liefert Daten; Fehler wird es immer geben, sie sind die wichtigste Quelle neuer Erkenntnisse.**
   Wie sorgfältig ein Berater auch die hier genannten Prinzipien beachtet, er wird dennoch Dinge tun oder sagen, die zu unerwarteten und unerwünschten Reaktionen seitens des Klienten führen. Aus diesen muss der Berater lernen und um jeden Preis eine (eigene oder Klienten-) Abwehrhaltung, Scham- oder Schuldgefühle vermeiden. Der Berater kann nie genug über die Wirklichkeit des Klienten wissen, um Fehler vollkommen ausschließen zu können. Doch Fehler führen zu Reaktionen, aus denen ein Berater wiederum sehr viel über die Wirklichkeit des Klienten lernen kann.

10. **Teile im Zweifelsfall das Problem mit anderen.**
    Der Berater befindet sich oft in der Situation, dass er nicht weiß, was er als nächstes tun soll, welche Art von Intervention angemessen ist. In solchen Situationen hilft es häufig, das Problem mit dem Klienten zu teilen und ihn in die Entscheidung über den nächsten Schritt einzubinden. Somit bleibt immer ein wesentlicher Teil der Analyse, Diagnose und Lösungsverantwortung beim Klienten.

3.2.3 Das Konzept „Führungskraft als Coach"

Das Konzept der „Führungskraft als Coach" muss unter dem Gesichtspunkt einer handwerklich sauberen Beratung differenziert und kritisch betrachtet werden. Zum einen ist es wünschenswert, dass eine positive/Vertrauensbeziehung zwischen Führungskraft und Mitarbeiter besteht. Die Führungskraft ist die Person, die ihre Mitarbeiter am besten kennt (kennen sollte) und die Stärken und Potentiale des Mitarbeiters einschätzen/bewerten kann und somit im Rahmen einer Personalentwicklung sowohl als Experten- wie auch als Prozessberater Wege und Möglichkeiten einer persönlichen Entwicklung des Mitarbeiters aufzeigen kann. Bedingt ist das oben Beschriebene durch das Wort „Vertrauensbeziehung". Liegt diese wesentliche Voraussetzung nicht vor, ist eine erfolgreiche Beratung/Coaching durch den Vorgesetzten unmöglich.

Zum anderen ist grundsätzlich zu beachten, dass zwischen der Funktion/Rolle eines Vorgesetzten und der eines Prozessberaters/Coaches funktionale Unterschiede bestehen, die nicht durch einen Beratungskontrakt überbrückbar sind. Klienten- und Beratersystem sind hier nicht getrennt, sondern geradezu „symbiotisch" verwoben. Der Vorgesetzte hat eindeutige Interessen, die er als Berater nicht einfach „vergessen" kann, und der Mitarbeiter befindet sich als Klient gegenüber seiner Führungskraft in einem Abhängigkeitsverhältnis, er ist ihm bei Einsatz von Beratungsmethodik unter Umständen sogar persönlich ausgeliefert, denn er hat keine Wahlfreiheit.

Die Persönlichkeits- und Privatsphäre des Mitarbeiters ist arbeitsrechtlich gegenüber dem Vorgesetzten geschützt. Die Führungskraft muss deshalb auch in beratungs-ähnlichen Situationen konsequent darauf achten, die Persönlichkeits- und Privatsphäre des Mitarbeiters zu achten, was z. B. Coaching im Sinne von Persönlichkeitsarbeit ausschließt. Jeder Einsatz von psychologischen Methoden oder Formaten verbietet sich deshalb für Vorgesetzte gegenüber Mitarbeitern, denn er gewinnt schnell den Charakter eines offenen oder versteckten Übergriffs, was zumindest längerfristig eine positive Entwicklung torpediert. „Coaching" kann sich in der Vorgesetztenrolle also nur auf einen eher „fragenden" als anweisenden Führungsstil beziehen sowie auf eine kritische und bewusste Reflexion des eigenen Verhaltens als Vorgesetzter (Zur Rollendifferenzierung zwischen Führungskraft und Coach vgl. SCHMITZ, 2000: 9ff).

Das Konzept „Führungskraft als Coach" heißt nämlich auch, dafür sensibel zu werden, dass das Verhältnis zwischen Vorgesetztem und Mitarbeiter durch eine Vielzahl von unbewussten Beziehungsdynamiken mit hohen Anteilen der Führungskraft geprägt ist, die sich dem Blickwinkel des Vorgesetzten in der Regel entziehen und gerne auf den Mitarbeiter als „Verursacher" projiziert werden.

🔍 **Beispiel** Ein Vorgesetzter, der beispielsweise nicht wirklich an die Entwicklungs- und Leistungsfähigkeit seines Mitarbeiters glaubt, provoziert oft – ohne sich selbst dessen bewusst zu sein – einen so genannten „negativen Pygmalion-Effekt": die sich selbst erfüllende Prophezeiung, dass der Mitarbeiter – trotz Coaching – es nicht schaffen wird.

Nur wer in der Lage ist, sein eigenes Verhalten als Führungskraft kritisch zu reflektieren, sich besonders in Konfliktsituationen die eigenen Anteile bewusst zu machen, seine Mitarbeiter zu unterstützen, ihnen zu helfen, Stärken auszubauen und Schwächen zu korrigieren, wird seine Mitarbeiter dazu bringen, Aufgaben verantwortlich zu übernehmen und erfolgreich umzusetzen.

4 Handwerkskoffer des Beraters

Um all diese Rollen erfüllen zu können, stellt man sich nun zu Recht die Fragen:

- Was macht einen guten Berater aus?
- Welche Kompetenzen muss er vereinen?

4.1 Kompetenzen des Beraters

In Bezug auf die Rollen des Beraters, kann man zu den Kompetenzen des Beraters Folgendes sagen: Der Berater muss durch seine Prozesskompetenz Entscheidungssicherheit herstellen, durch seine soziale Kompetenz die nötige Vertrauensbasis zum Klienten schaffen, durch seine Fachkompetenz sein Fachwissen unterstützend einbringen.

In Abbildung 2.10-V3 werden die nötigen Kompetenzen des Beraters nach NAUHEIMER (2003) im Überblick dargestellt:

Fachkompetenz des Expertenberaters	Methodenkompetenz des Experten- und Prozessberaters
Welche technischen/fachlichen Kenntnisse, Fähigkeiten und Fertigkeiten sind es genau, die ein Berater für eine spezifische Aufgabe braucht?	Ein erfolgreicher Berater verfügt über eine breite Palette von Problemlösungstechniken. Über welche Lern-, Arbeits- und Problemlösetechniken muss der Berater verfügen, damit er den Beratungsprozess optimal steuern kann?
Beispiele: - spez. Berufsausbildung/Studium - Zusatzqualifikation - Spezialkenntnisse - Berufserfahrung - Branchenerfahrung - Fremdsprachen - Computerkenntnisse - etc.	Beispiele: - Moderationsfähigkeit - Auftragsklärung - Szenariodenken - Zielvereinbarungen - Präsentationstechniken - systemisches Denken - Fragetechniken - Problemlösetechniken - etc.

Sozialkompetenz des Experten- und Prozessberaters	Persönlichkeitskompetenz des Experten – und Prozessberaters
Wie gut muss der Berater kommunizieren können? Beispiele: I Vertrauen schaffen und halten I Kommunikationsfähigkeit I Teamfähigkeit I Konflikt- und Kritikfähigkeit I Wahrnehmungsfähigkeit I Einfühlungsvermögen I Überzeugungskraft I Motivationsfähigkeit I Abgrenzungsfähigkeit I etc.	Beispiele: I Reflexionsfähigkeit I Initiative I Erfolgsorientierung I Entscheidungsfähigkeit I Bereitschaft, Verantwortung zu übernehmen I Integrität I Kreativität (vgl. Kapitel 2.07 – Kreativität) I Belastbarkeit I etc.

Abbildung 2.10-V3: Kompetenzen des Beraters nach NAUHEIMER (2003)

In der Literatur spricht man auch häufig von einem Berater mit idealtypischen Voraussetzungen. Um mit bestimmten Situationen umgehen zu können, besitzt der „ideale Berater" folgende Eigenschaften:

I Er besitzt Offenheit für die Probleme anderer
I Er hat die Fähigkeit zur Konfrontation
I Er besitzt eine innere Selbstsicherheit
I Er ist ruhig und gelassen
I Er hat ein Gefühl für richtig und falsch (vgl. Kapitel 2.15 - Ethik)
I Er kann Probleme strukturieren und differenzieren
I Er kennt einen Vorrat an Bewältigungsmöglichkeiten

Folgende Grundhaltung des Beraters im Bezug auf das Menschenbild hat sich etabliert:
Der Klient ist grundsätzlich in der Lage, Entscheidungen selbst zu treffen. Aufgabe des Beraters ist es, den Klienten dazu zu befähigen, seine Entscheidungsfähigkeit und seinen Handlungsspielraum zu entdecken, anzuerkennen und zu erweitern (vgl. HAUSER & EGGER, 2004). Der Klient soll dabei unterstützt werden, sich über seine Ziele, die Situation oder Alternativen klar zu werden, oder ihm auch neues Wissen (im Sinne von Fachberatung) anbieten. Der Klient entscheidet selbst, ob er die Leistung annimmt oder ablehnt. Gute Berater sorgen dafür, dass Klienten autonomer werden und vermeiden die Entstehung von Abhängigkeit.

Als Berater kann man keine Wahrheiten über die Wirklichkeit finden, sondern bildet Hypothesen über das Problem und entwickelt Lösungsmöglichkeiten. Diese werden dann dem Klienten mit Respekt und Einfühlungsvermögen vermittelt. Sie sollen nützlich sein und den Klienten in die Lage versetzen, seine Ziele besser zu erreichen. Der Berater schafft Handlungsalternativen.

Beilspiel Ein Teamleiter lässt sich über Möglichkeiten der Konfliktlösung beraten. Dadurch werden seine Vorannahmen über Konflikte hinterfragt. Er überdenkt seine Bewertungsraster, die er zur Beurteilung seiner Teammitglieder verwendet hat.

Außerdem handelt der Berater ressourcen- und lösungsorientiert. Er soll positive Erfahrungen, die mit der Lösbarkeit, also mit den Ressourcen, verknüpft sind, nutzen.

Der Berater soll sich neutral verhalten, auch wenn die Externalität nicht gegeben ist. Er darf nicht mit Mitgliedern des Klientensystems koalieren und sich in internen Konflikten verwickeln. Er muss auch gegenüber Problemen und Veränderungen neutral bleiben. Die Entscheidung über Veränderung oder Beibehaltung der Situation muss dem Klienten überlassen werden. Im Beratungsprozess sollen Hypothesen und Lösungsideen auch nicht bevorzugt behandelt werden. Die Entwicklung neuer Ideen und Perspektiven soll offen bleiben.

Unter Ruhe und Gelassenheit als Eigenschaften des Beraters versteht man, dass der Berater die Fähigkeit besitzt, z. B. Widersprüche zulassen zu können.

Im Verlauf des Beratungsprozesses ist es sinnvoll, wenn sich der Berater nicht so sehr auf das Verhalten einzelner Mitglieder des Klientensystems konzentriert. Er soll vielmehr das Zusammenspiel der Verhaltensweisen in Form von Mustern aufdecken. Er entwickelt Hypothesen über Existenz und Ablauf, Wichtigkeit und Konsequenzen dieser Muster. Nur so ist das Verständnis für Zirkularität gewährleistet (vgl. u. a. Zirkuläre Fragen, Kap. 2.11, Vertiefungswissen).

Das Vertrauen des Klienten erlangt der Berater durch Kompetenz und Professionalität. Die saubere Klärung der Auftragsbeziehungen bildet den Grundstein hierfür. Der Berater muss sich über sein Expertenwissen bewusst sein, um den Beratungsprozess mit gestalten zu können.

Weiterhin sollte der Berater seine Leistungsgrenzen sehr gut kennen, um langfristig für den Klienten eine professionelle Dienstleistung bieten zu können.

4.2 Voraussetzungen bei den Klienten

Um den Beratungsprozess reibungsfrei zu gestalten, hat sich auch hier ein Bild des „idealen" Klienten entwickelt.

Der ideale Ratsuchende hat

- Erfahrung und Übung im Umgang mit eigenen Problemen
- Den Willen, sich helfen zu lassen
- Den Willen und Antrieb, das Problem auch wirklich lösen zu wollen
- Die Fähigkeit, sich Informationen zu verschaffen
- Keine psychologischen Hemmungen, sich beraten zu lassen
- Vertrauen zum Berater/in den Berater

Die psychologische Verfassung des Klienten sollte keinen Krankheitswert beinhalten. Überlagerungen mit krankheitsbedingten Problemdimensionen führen schnell zu Misserfolgen in der Beratung, wenn der Berater sie nicht rechtzeitig erkennt und den Patienten (nicht mehr Klienten) an einen entsprechenden Spezialisten (Psychologen oder Psychiater) vermittelt.

Daraus ergibt sich eine weitere wichtige Eigenschaft eines guten und professionell arbeitenden Beraters: Seine eigenen Grenzen zu kennen und bei Bedarf andere Spezialisten hinzuzuziehen („Überweisungs-Kompetenz").

5 Beratungsprozess

Beratung ist ein dynamischer Vorgang. Sie ist als prozesshaftes Geschehen anzusehen und deshalb sprechen wir von einem Beratungsprozess. Die Grundlage des Beratungsprozesses bildet ein Problem der Organisation oder des Projekts, das ohne Hilfe kaum lösbar ist (vgl. KÖNIG & VOLMER, 1996). Deshalb haben die Beratung und damit der Beratungsprozess immer Interventionscharakter (vgl. KÖNIG & VOLMER, 1996; HEINTEL, 1992).

Die Beratung schafft die Möglichkeit, sich selbst besser kennen zu lernen, sich besser zu verstehen, seine Sichtweise zu erweitern und eine höhere Motivation im Unternehmen oder im Projekt zu erreichen (vgl. HEINTEL, 1992).

Unterschiedliche Faktoren beeinflussen die Beratung und somit den Beratungsprozess (vgl. Systemansatz): die Kompetenz des Beraters, die Kommunikationskultur eines Unternehmens/Projekts, die Akzeptanz von Veränderungen im Unternehmen/Projekt und rechtliche Aspekte sind zu nennen. Somit gehen Beratungsprozesse immer mit Veränderungen im Unternehmen/Projekt einher.

FREY (1989) fasst die Funktion des Beratungsprozesses wie folgt zusammen:

> **§ Definition** „Ein Beratungsprozess ist vor allem ein Änderungsablauf, der sämtliche Aktivitäten und Hilfsmittel umfasst, die von der Problemerkenntnis über deren Verarbeitung in Form von Lösungsansätzen bis hin zur Anwendung in bezeichneten Systemen verlaufsbestimmend sind. Der Beratungsprozess sollte mittels einer Strategie geplant, realisiert und schließlich überprüft werden".

Aus Sicht des Projektmanagements ist ein (Beratungs-) Prozess daher ein Vorgehensmodell für immer wiederkehrende Abläufe. Innerhalb eines Projekts laufen Prozesse ab, ebenso ist jedes Projekt als einmaliger Prozess zu betrachten. Umgekehrt sind alle Projektmanagementmethoden auch auf das Prozessmanagement anwendbar. Standardisierte Prozesse (Phasenmodelle) dienen der Qualitätssicherung des Beratungsprozesses im Sinne eines Konzepts der systematischen Arbeitsweise (vgl. Kapitel 1.05 – Qualität).

Aus Sicht von HAUSER & EGGER (2004) ist die Systemtheorie ein Prozess, eine Ereignissequenz, die Zukunft in Vergangenheit umwandeln. Wichtig ist hierbei, dass nicht irgendeine beliebige Abfolge von Ereignissen bereits einen Prozess darstellt, sondern viel mehr definierte Selektionen stattfinden. Das bedeutet, die Abfolge der Ereignisse ist bereits festgelegt, beziehungsweise wird im Laufe des Prozesses aufgrund der jeweiligen Zwischenergebnisse aus einer Menge zugelassener Ereignisse ausgewählt (vgl. HAUSER & EGGER, 2004).

5.1 Phasenmodelle im Vergleich

In der Literatur wird der Beratungsprozess ähnlich den Projektphasen (vgl. Kapitel 1.11 – Zeitmanagement und Projektphasen) in unterschiedliche Phasen eingeteilt. Die Abbildung 2.10-V4 gibt einen Überblick über verschiedene Phasenmodelle:

Phasenmodell von KÖNIG & VOLMER (1996)	1. Die Orientierungsphase 2. Die Klärungsphase 3. Die Veränderungsphase 4. Die Abschlussphase	
Phasenmodell von FATZER (1998)	1. Eintrittsphase 2. Arbeitsphase 3. Trennungsphase	
Phasenmodell von HAUSER & EGGER (2004)	1. Voruntersuchung 2. Ist-Analyse 3. Sollkonzept-Entwicklung 4. Realisierungsphase 5. Umsetzungsphase	
Phasenmodell von SCHULZ (2003)	1. Problemanalyse, Datensammlung, Diagnose 2. Erarbeitung von Problemlösungsmöglichkeiten, Prognose 3. Problemlösung, Behandlung, Evaluation	

Abbildung 2.10-V4: Phasenmodelle im Vergleich

Das Phasenmodell von KÖNIG & VOLMER (1996) lässt sich besonders gut für die Beratungsarbeit in Projekten, aber auch für die Gesprächsführung anwenden. Daher wird dieses Modell in Kap. 2.11 – Verhandlungen – als Grundlage und Orientierung vorgestellt.

6 Zusammenfassung

Unter Beratung verstehen wir im Wesentlichen eine **Beziehung**, die zwei Parteien (**Berater** und **Klient**) miteinander eingehen, um ein Problem zu lösen, offene Fragen zu klären oder anderweitige **Hilfestellung** zu leisten. Die Beziehung, welche die beiden Parteien miteinander eingehen, sollte idealer Weise auf einer vertraglichen Grundlage (**Vereinbarung, Kontrakt**) begründet sein, in der die Leistungen und Ergebnisse, die vom Berater erwartet werden, definiert sind. Ebenfalls sollten die Verantwortungsbereiche und **Mitwirkungspflichten** des Klienten vereinbart werden. Da es sich in dieser Beziehung ausnahmslos um Hilfestellungen eines Beraters gegenüber einem (oder mehreren) Klienten handelt, wird diese Beziehung auch als eine **helfende Beziehung** bezeichnet.

Damit diese helfende Beziehung fruchtbar und Erfolg bringend werden kann, müssen sowohl der Berater als auch der Klient einige **persönliche und fachliche Vorbedingungen** erfüllen. Vom Klienten sind vorwiegend die Einsicht einer problematischen Situation und der Veränderungswille gefordert. Vom Berater wird ein hohes Maß an Flexibilität erwartet. Weiterhin **Methodenkompetenz**, gegebenenfalls Fachwissen und -allem voran- **Persönlichkeits- und Sozialkompetenz**.

Um den eigentlichen Arbeitsauftrag des Beraters gegenüber den Klienten klar zu definieren, müssen vor Beginn der Beratung die **Ziele** und erwarteten Ergebnisse (sofern Letzteres möglich ist) klar definiert und gegenüber den **Nicht-Zielen** (unerwünschte Ergebnisse und Grenzen des Arbeitsauftrags) abgegrenzt werden. Seitens des Klienten muss die **Eignung des Beraters** im Hinblick auf die gewünschte Beratungsleistung geprüft werden.

Beratungssituationen innerhalb eines Unternehmens (Organisation) können sehr vielfältig sein: So werden Berater als **Fachberater** (Experten) hinzugezogen, wenn es darum geht, Probleme zu lösen, für die externes Expertenwissen nötig ist.

Berater werden als **Prozessberater** hinzugezogen, wenn es darum geht, dass ein Klient selbst Lösungen zu einem Problem erarbeiten soll und der Berater ihn auf dem Weg dorthin (Prozess) methodisch, fachlich oder persönlichkeitsbezogen begleiten soll.

In der praktischen Beratungssituation ist vom Berater häufig gefordert, zwischen den **Rollen** Fachberater und Prozessberater zu wechseln. Weitere Rollen des Beraters können durch die vertragliche Beziehung mit dem Klienten oder Auftraggeber oder durch die Erwartungshaltung entstehen.

Das Geflecht der **Beziehungen** zwischen Berater(n) und Klient(en) ist in Organisationen beliebig komplex, abhängig von der Anzahl der involvierten Parteien. Häufig existieren sogar unterschiedliche vertragliche Vereinbarungen zwischen mehreren Personen oder Zielgruppen, die am Beratungsprozess beteiligt sind, vom Beratungsprozess betroffen sind, ein persönliches Interesse am Beratungsprozess oder dem Beratungsergebnis haben oder einen Einfluss auf die gesamte Beratungssituation oder Teile davon haben können (vgl. Stakeholder).

Wir sprechen dann von einem **Beratungssystem**. Denken wir den Systemansatz weiter, so handelt es sich bei dem Beratungssystem eigentlich um mehrere integrierte Systeme: Das **Beratersystem** und das Klientensystem. Das **Klientensystem** kann einen einzigen oder mehrere Klienten umfassen. Weiterhin können der oder die Auftraggeber und weitere Personen, die den Beratungsprozess verfolgen oder beeinflussen können, dazugehören (vgl. Kapitel 1.02 – Interessengruppen und Kapitel 3.07 – Systeme).

Die helfende Beziehung zwischen Berater und Klient(en) kann also nur dann sinnvoll und fruchtbarer gestaltet werden, wenn eine tragfähige **Vertrauensbeziehung** zwischen Berater und Klient entsteht. Da der Klient (z. B. innerhalb einer Organisation) nicht die einzige Person ist, die Erwartungen an den Berater stellt, ist es wichtig für den Berater, auch das sachliche und soziale Umfeld des Klienten zu erfassen und zu beachten, sowohl, um eine geeignete Vertrauensbildung zwischen ihm und den Klienten zu ermöglichen, als auch, um geeignete Maßnahmen (Interventionen) für eine Problemlösung oder Veränderung zu erarbeiten oder vorzuschlagen.

2.11 Verhandlungen (Negotiation)

Martin Goerner, Christine Schmidt

Lernziele

Sie kennen

- die strategische Ebene von Verhandlungen und die enge Verbindung zur Umfeld- und Stakeholder-Analyse
- die Faktoren für optimale Kontextgestaltung für Verhandlungen
- den hohen Stellenwert der partnerschaftlichen Grundhaltung für die Verhandlungsführung
- die beschriebenen Grundelemente des nonverbalen Verhaltens in Verhandlungsgesprächen (Rapport, Pacing, Leading, Anker, Separatoren) und ihre Wirkungen und Funktionen im Gespräch
- die Eskalationsdynamik, die durch Projektionen in schwierigen Situationen entsteht
- die Prinzipien und Techniken der Einwandbehandlung
- die Merkmale von Killerphrasen und die Technik, sie über Fragen aufzulösen
- die Prinzipien des Präzisierungstrichters zur Klärung über Fragen und Zuhören
- die Prinzipien für Preisverhandlungen
- typische Hintergründe für mangelnde Offenheit und fehlendes Vertrauen
- typische Hintergründe für Blockaden, Vorwände oder Gleichgültigkeit
- die Grundprinzipien für den Umgang mit Widerständen im Gespräch bzw. im Verhandlungsprozess

Sie können

- für komplexere Verhandlungen eine systematische Vorbereitung und Recherche nach dem Harvard-Modell vornehmen
- dafür die Umfeld- und Stakeholder-Analyse nutzen
- den Kontext für größere Verhandlungen optimieren bzw. optimal gestalten
- eine partnerschaftliche Grundhaltung in Verhandlungen einbringen
- Grundelemente des nonverbalen Verhaltens (Rapport, Pacing, Leading, Anker, Separatoren) in der Beobachtung und Selbstbeobachtung im Gespräch erkennen
- Eskalationsdynamiken im Gespräch erkennen und durch Deeskalation gegensteuern
- Verhandlungs- von Konfliktsituationen unterscheiden
- auf Einwände angemessen und konstruktiv reagieren
- Killerphrasen erkennen und sie mit Fragen auflösen
- unklare oder emotionalisierte Situationen über aktives Zuhören und Fragen klären
- Preisverhandlungen führen und Preise gegen Nutzen verkaufen
- bei mangelnder Offenheit und fehlendem Vertrauen konstruktiv und angemessen im Gespräch bzw. im Verhandlungsprozess reagieren
- bei Blockaden, Vorwänden oder Gleichgültigkeit konstruktiv und angemessen im Gespräch bzw. im Verhandlungsprozess reagieren
- bei Widerständen konstruktiv und angemessen im Gespräch bzw. im Verhandlungsprozess reagieren

Inhalt

Verhandlungsmethodik		2140
1	Verhandlungen strategisch planen und führen	2140
1.1	Warum Strategie?	2140
1.2	Warum Vorbereitung?	2140
1.3	Schriftlichkeit und Systematik	2140
1.4	Typische Fehler in der Vorbereitungsphase	2140
2	Schritte für die strategische Verhandlungsvorbereitung	2141
2.1	Das eigene Ziel und den Ziel-Kontext klären	2141
2.2	Alternativen klären	2141
2.3	Beteiligte oder betroffene Personen identifizieren	2142
2.4	Die Interessen aller Beteiligten klären	2142
2.4.1	Die Stakeholder-Analyse des Projektes nutzen	2142
2.5	Beziehungsanalyse zur Vorbereitung einer gute Arbeitsbeziehung	2142
2.5.1	Vorgeschichte und Rollen	2143
2.6	Mögliche Lösungsoptionen entwickeln	2144
2.6.1	Win-Win einplanen	2144
2.7	Objektive Kriterien zur Begründung der Optionen suchen	2144
2.8	Die Verhandlung vorstrukturieren	2144
2.8.1	Verhandlungsverlauf	2144
2.8.2	Kommunikationsprozess	2145
2.8.3	Den Kontext planen und gestalten	2145
3	Verhandlungsnachbereitung und Erfolgskriterien für Verhandlungen	2146
4	Spontane Verhandlungen ohne Vorbereitungsmöglichkeit	2147
5	Taktik in der Verhandlungsführung	2148
5.1	Taktik und Feilschen	2149
5.2	Probleme bei Verhandlungstaktik	2149
5.3	Interkulturelle Dimension	2150
5.4	Hinweise auf sinnvolle taktische Elemente	2150
6	Die Tit-for-Tat-Taktik für schwierige Gespräche	2151
7	Preise verhandeln und mit Preis-Argumenten umgehen	2151
7.1	Preis-Argumente und Kostenfragen einbinden und zurückstellen:	2151
7.2	Konsequenzen für Verhandlungen zur Auftragsklärung	2152
7.3	Die Gegenhandels-Methode für Rabattverhandlungen	2153
7.4	Preise über Kriterien hinterfragen	2153
Gesprächsführung		2154
8	Nonverbales Verhalten in Verhandlungsgesprächen	2154
8.1	Beziehungsaufbau und Rapport	2155
8.2	Pacing	2155
8.3	Leading und Gesprächssymmetrie	2156
8.4	Umfokussierung, Separatoren und Einsatz von Pausen	2157
8.5	Medien-Einsatz und Arbeit mit Ankern	2158
8.5.1	Anker in Verhandlungsgesprächen	2159
8.5.2	Einsatz von Blick-Ankern	2159
8.5.3	Ortswechsel für die Arbeit mit Ankern	2159
9	Schwierige Situationen in Verhandlungen meistern	2160
9.1	Was macht Verhandlungen „schwierig"?	2160
9.2	Einwandbehandlung	2161
9.2.1	Positive Wahrnehmung und Gestaltung der Situation:	2161
9.2.2	Grundsätzliche Schritte zur Einwandbehandlung	2161

9.2.3	Einwand zurückstellen	2162
9.2.4	Ergänzungs – Technik („geschenktes Argument")	2162
9.3	Aufbauende Techniken für Verhandlungsführung und Einwandbehandlung	2163
9.3.1	Hypothesen - Technik	2163
9.3.2	Zirkuläre Fragetechnik	2163
9.3.3	Das „Good-Boy-Bad-Boy"-Spiel	2164
9.4	Killerphrasen abwehren und auflösen	2165
9.4.1	Fragetechniken als Reaktionsmöglichkeit	2165
9.5	Unklare oder emotionalisierte Verhandlungssituationen	2166
9.6	Mangelnde Offenheit oder fehlendes Vertrauen des Verhandlungspartners	2168
9.6.1	Situationsanalyse und Vertrauensbildung	2168
9.6.2	Kommunikative Klärungsansätze	2169
9.7	Die Verhandlung stockt	2170
9.7.1	Vorwände oder fehlende Entscheidungen und Informationen:	2170
9.7.2	Blockaden und unproduktive Gesprächsmuster	2170
9.7.3	Gleichgültigkeit und Desinteresse	2171
9.8	Umgang mit Widerständen	2171
9.8.1	Quellen von Widerstand im Projekt	2171
9.8.2	Allgemeine Symptome für Widerstand	2172
9.8.3	Akzeptanz und positives Verständnis von Widerstand	2172
9.8.4	Möglichkeiten für den Umgang mit Widerständen	2173
9.9	Unerklärliches oder irrationales Verhalten des Verhandlungspartners	2174
9.10	Im äußersten Fall: Warnen statt drohen	2175
10	Zusammenfassung	2175
11	Fragen zur Wiederholung	2176
12	Checkliste	2177

Verhandlungsmethodik

1 Verhandlungen strategisch planen und führen

1.1 Warum Strategie?

Verhandlungen unterscheiden sich von anderen Gesprächen durch ihre strategische Dimension. Anders als z.B. in reinen Informationsgesprächen, in denen lediglich Informationen ausgetauscht oder übermittelt werden, oder in Beratungsgesprächen, in denen das Anliegen des Klienten im Zentrum stehen sollte, werden in Verhandlungen auf der Grundlage von bestimmten Situationen, Interessenlagen und Informationen bindende Entscheidungen mit z.T. langfristigen Folgen gefällt. Daher macht es Sinn, bei der Verhandlungsführung die strategische Ebene von der operativen bzw. taktischen Verhandlungsführung zu unterscheiden. Das, was hier „Strategie" genannt werden soll, manifestiert sich in erster Linie in der Verhandlungsvorbereitung bzw. in den Auswertungs- und Vorbereitungsphasen bei mehrschrittigen Verhandlungen. Sie wird um so wichtiger, je komplexer eine Verhandlung ist oder wenn Aushandlungsprozesse über einen längeren Zeitraum laufen (vielfältige Stakeholder-Beziehungen etc.).

1.2 Warum Vorbereitung?

Die Qualität von Verhandlungen und des Verhandlungsergebnisses wird deshalb maßgeblich bestimmt durch die Qualität der Vorbereitung. Je nach Komplexität und Stellenwert einer Verhandlung ist eine unterschiedlich gründliche Vorbereitung notwendig. Hier wird ein Maximalprogramm vorgestellt, was dann jeweils angepasst – meist herunter gebrochen – werden kann. Viele dieser Schritte werden von erfahrenen Verhandlungsführern meist implizit durchlaufen, ohne dass darüber gesondert nachgedacht wird. Für den Anfang ist es zumindest hilfreich, sich auch für kleinere Verhandlungen eher gründlicher vorzubereiten.

1.3 Schriftlichkeit und Systematik

Die Schritte im nächsten Kapitel sollten im Laufe einer vollständigen Verhandlungsvorbereitung alle mindestens einmal durchlaufen werden. Eine schriftliche Vorbereitung hilft, systematisch vorzugehen. Wenn Sie Ihre Verhandlungsfähigkeit verbessern wollen oder stark emotional beteiligt sind, sollten Sie auch kleinere Verhandlungen schriftlich vorbereiten. Besonders hilfreich ist es, wenn Sie einen Kollegen, Bekannten etc. hinzuzuziehen, um eine Außenperspektive zu erhalten.

1.4 Typische Fehler in der Vorbereitungsphase

Da Verhandlungsvorbereitung zeitaufwändig ist, wird sie gerne vernachlässigt. Eine gute Vorbereitung spart aber am Ende viel Zeit, Ärger und meist auch Kosten. Die grundlegendsten Fehler in Verhandlungen werden meist in der Vorbereitungsphase begangen.

🔍 **Beispiel**

1. Man meint, man müsse „einfach erstmal nur" mit dem Partner reden, um zu hören, was die andere Seite zu sagen hat, und greift spontan zum Telefon oder schickt eine unüberlegte E-Mail. In der Regel bleibt es jedoch nicht beim reinen Informationsaustausch. Der Partner erfährt wichtige Interessen und Positionen, erhält die Gelegenheit, eigene Standpunkte klarzustellen, bevor Sie Ihren eigenen Standpunkt geklärt haben, legt erste Vorschläge für eine Abmachung in seinem Sinne vor und erwartet Zustimmung oder Stellungnahme. Damit wird dem Partner ein Vorsprung eingeräumt, man überlässt ihm die Initiative und damit ggf. auch einen Status-Vorsprung. Der Partner stellt Fragen, erhält Informationen oder beobachtet Zögern.

🔍 **Beispiel**

2. Ein weiterer Fehler besteht in der ungenügenden Vorbereitung. Häufig werden ein grobes Ziel oder eine Maximal- und eine Rückzugsposition formuliert. Mit einer solchen Vorbereitung kann man allerdings im Verhandlungsprozess nur Forderungen stellen und Zugeständnisse machen, ist also auf einen Positionskampf (Feilsch-Taktik) angewiesen, denn „Vorbereitung auf Positionen führt zur Verhandlungen um Positionen" (FISHER & ERTEL, 1997: 17).

2 Schritte für die strategische Verhandlungsvorbereitung

Das Harvard-Konzept gibt mit seinen fünf Prinzipien bereits wichtige Grundschritte für die Verhandlungsvorbereitung, teilweise auch für die konkrete Verhandlungsführung vor. Darauf basiert die ausführliche Checkliste für die strategische Verhandlungsvorbereitung (vgl. Anlage). In einem komplexen Gefüge, d.h. wenn ein übergeordneter Entscheider, untergeordnete Mitarbeiter etc. mit einbezogen werden müssen, sollten diese Fragen sinngemäß auch für diese Personen gestellt werden. Damit werden Spielräume und Handlungsgrenzen deutlich, die Sie als verhandelnde Person nutzen können bzw. beachten müssen.

2.1 Das eigene Ziel und den Ziel-Kontext klären

Die Klärung der eigenen Ziele sollte sinnvoller Weise ganz am Anfang des Vorbereitungsprozesses stehen. Um sich klar zu werden, welche Interessen hinter Ihren Zielen stehen, sollten Ziel- und Interessenklärung eng miteinander verzahnt werden. Wenn Sie Ihre Ziele und Interessen geklärt haben, können Sie besser entscheiden, ob eine Alternative zur beabsichtigten Verhandlung besteht und welche Personen beteiligt sein müssen, um dann die folgenden Vorbereitungsschritte weiter zu durchlaufen. Häufig werden für Verhandlungen eine Maximal- und eine Minimalposition aufgestellt. Dies ist keine Zielklärung. Vielmehr ist das Ziel hinter diesen Position zu klären: Aufgrund welcher Interessen wollen oder müssen Sie diese Verhandlung führen, welche Ergebnisse brauchen Sie und welche Ziele stehen hinter Ihrer Maximal- oder Minimalposition?

Ihr Verhandlungspartner wird seine Ziele im Vorfeld meist nicht offen kommunizieren, denn sie gehören zu seiner strategischen Vorbereitung. Meist sind aber die Positionen wahrnehmbar. Sie täuschen über die dahinter liegenden Interessen hinweg, die Sie für die Verhandlungsführung erschließen müssen.

2.2 Alternativen klären

Klären Sie, welche Alternativen für Sie und Ihren Partner bestehen, um das angestrebte Ziel zu erreichen und was geschieht, wenn Sie nicht verhandeln. Ermitteln Sie auch, ob überhaupt eine sinnvolle Verhandlungssituation besteht (vgl. Harvard-Prinzip 1).

2.3 Beteiligte oder betroffene Personen identifizieren

Die Auseinandersetzung mit den Fragen der Checkliste wird verdeutlichen, wo bereits Wissen vorhanden ist und wo im Vorfeld noch Recherchen notwendig sind. Wie schon bei der Klärung der eigenen Ziele und Interessen muss auch beim Verhandlungspartner genau geprüft werden, ob nur eine oder mehrere Personen relevant für die Verhandlung sein werden. Wenn Entscheider, Spezialisten, Mitarbeiter etc. ebenfalls eine Rolle spielen, müssen die Check-Fragen sinngemäß auch für diese Personen gestellt werden.

2.4 Die Interessen aller Beteiligten klären

Die eigene Interessenklärung und die Klärung möglicher Interessen des Verhandlungspartners gehören zum absoluten Kernstück jeder Verhandlungsvorbereitung.

2.4.1 Die Stakeholder-Analyse des Projektes nutzen

Wenn für Ihr Projekt noch keine Stakeholder-Analyse vorgenommen wurde oder nur eine schematische Bewertung der Stakeholder, ist bei komplexeren Verhandlungen hier eine Systemvisualisierung aller relevanten Stakeholder notwendig (vgl. hierzu KÖNIG & VOLLMER, 2000: 113ff sowie 2003: 36ff). Erfassen Sie tabellarisch die Ziele, Interessen, Bedürfnisse, Ängste etc. aller betroffenen Personen. Wenn eine gründliche Projektplanung mit Stakeholder-Analyse erfolgt ist, kann der Verhandlungsführer jetzt davon profitieren, sollte allerdings eine Aktualisierung auf die Verhandlung hin vornehmen.

2.5 Beziehungsanalyse zur Vorbereitung einer gute Arbeitsbeziehung

Für eine gute Verhandlungsvorbereitung sollte die Stakeholder-Analyse zur Beziehungs-Analyse ausgeweitet werden (vgl. hierzu die Fragen auf der Checkliste). Wenn Sie gut analysiert haben, welche Menschen auf beiden Seiten zusammentreffen werden und welche Interessen und Grundbedürfnisse sie bewegen, können Sie abschätzen, welche Gemütslagen bei den Verhandlungspartnern zu erwarten sind und welche Beziehungsprobleme auftreten könnten bzw. zu klären sind.

Überlegen Sie im Vorfeld sorgfältig,

- wie sich die Beziehungen zwischen den Verhandlungspartnern und auch unter den betroffenen Personen untereinander gestalten sowie
- was eventuell schon vorab zu unternehmen ist, um von Anfang an eine tragfähige Arbeitsbeziehung zu gestalten oder eine vorbelastete Beziehung zumindest nicht weiter zu verschlechtern, sondern positive Signale zu senden.

Beziehungen sind gewachsene soziale Systeme, die durch sechs Faktoren beschrieben und durch jeweilige Leitfragen erschlossen werden können:

Tabelle 2.11-V1: Die sechs Faktoren sozialer Systeme nach KÖNIG; VOLMER, 2000: 35 ff. mit Leitfragen für die Beziehungsanalyse

1. Personen	Wer ist beteiligt oder betroffen? Wer gehört dazu, wer nicht? Wer fehlt bzw. wer ist ausgeschlossen?
2. Deutungen	Wie denken diese Personen übereinander? Welches Bild machen sie sich gegenseitig voneinander?
3. Regeln	Welche offenen und heimlichen Regeln oder Verabredungen gelten zwischen ihnen? Wie streng werden sie eingehalten?
4. Interaktionsstrukturen	Welche eingespielten Muster, Regelkreise, Gewohnheiten etc. haben sich zwischen ihnen ausgebildet?
5. Kontext	In welcher Umwelt treffen sie aufeinander? (fachlich oder im Management, beruflich oder privat, formell oder informell, im Rahmen eines Gremiums oder ad hoc ...)
6. Entwicklung	Welche Vorgeschichte haben diese Personen, was erwarten sie in Zukunft? Wie hat sich ihre Beziehung entwickelt?

2.5.1 Vorgeschichte und Rollen

Deshalb sind für die Beziehungsanalyse Vorgeschichte und Vorkontakte besonders wichtig. Gleichermaßen kann schon im Vorfeld von Verhandlungen viel getan werden, um eine bestehende Beziehungsdynamik zu beeinflussen.

Für die Analyse der Beziehungen sind die Rollen wichtig, welche die beteiligten Personen offiziell oder auch inoffiziell einnehmen. Interessen und Bedürfnisse sind häufig auch nicht an die Person gebunden, sondern an die Rolle, die sie im professionellen Kontext einnimmt:

Beispiel Der Controller z. B. muss darauf bestehen, regelmäßig vom Projektleiter mit aktuellen Zahlen informiert zu werden, auch wenn beide privat sehr gut miteinander hinkommen.

Wenn Personen in verschiedenen Rollen zugleich auftreten, können Rollenkonflikte innerhalb der Person bestehen, die von der Person aber ggf. nach außen gegeben werden.

Die Beziehungsanalyse ist auch ein wichtiger Schritt, um alle bisher genannten Punkte wechselseitig zu vertiefen:

Die Beziehungen werden deutlicher, wenn Sie wissen,

- welche Personen an der Verhandlung beteiligt sind, welche davon betroffen sind und wer ggf. im Hintergrund oder als Entscheider eine Rolle spielt,
- welche Interessen auf beiden Seiten eine Rolle spielen und welche Grundbedürfnisse berührt sind.

Umgekehrt wird die Beziehungsanalyse verdeutlichen,

- welche Probleme hinsichtlich der Arbeitsbeziehung bestehen (z. B. mangelndes Vertrauen, fehlende Zuverlässigkeit) und was hierfür mögliche Lösungsansätze wären,
- wie unter Einbezug dieser Probleme auf Beziehungsebene Win-win-Situationen erzielt werden können (z. B. dem Partner demonstrativ Achtung entgegenbringen, indem ein bestimmtes Grundbedürfnis von Ihnen grundsätzlich anerkannt wird),
- welche Kriterien für den Partner voraussichtlich als fair erachtet werden sowie
- welche Lösungsoptionen der Partner aufgrund der bestehenden Beziehung bevorzugen wird.

Durch systematisches zirkuläres Fragen können Sie eine klassische Stakeholderanalyse zur Beziehungsanalyse ausweiten (vgl. „Zirkuläre Fragetechnik", Kapitel 9.3.2).

2.6 Mögliche Lösungsoptionen entwickeln

Auf der Basis der Zielklärung, Interessenermittlung und der Kenntnis der beteiligten Personen sollten bereits in der Vorbereitungsphase mögliche Optionen für eine gute Einigung entwickelt werden, die dann im Laufe der Verhandlung eingebracht werden. Dabei kann es immer nur darum gehen, Vorschläge vorzuskizzieren, denn die besten Lösungsoptionen sind immer diejenigen, die direkt in der Verhandlung gemeinsam entwickelt werden oder die der Verhandlungspartner – ggf. durch eine geschickte Anregung von Ihnen – quasi für sich selbst entwickelt hat. Gleichwohl wird ein erfahrener Verhandlungsführer schon im Vorfeld Optionen entwickeln, ausgestalten und auch durch Anwendung verschiedener Szenarien die weitergehenden Folgen der Optionen für beide Seiten abschätzen.

2.6.1 Win-Win einplanen

Konzentrieren Sie sich darauf, wie die Verhandlungsmasse insgesamt vergrößert werden kann. Eine reine Auflistung der wechselseitigen Interessen hilft oft schon, Optionen zum beiderseitigen Vorteil zu entwickeln. Besser ist es allerdings, die jeweiligen Interessen zu priorisieren.

Da jetzt Phantasie und Kreativität gefragt sind, ist der Einsatz der Brainstorming-Regeln und ggf. spezieller Kreativitätstechniken sinnvoll. Bei Blockaden hilft beispielsweise die „Kopfstand-Technik" bzw. systemische Umkehr-Frage: „Was müsste ich als Lösungsoption anbieten, um vollständig daneben zu liegen?" Dadurch wird Spielraum sichtbar und über die Umkehr der Umkehr-Lösungen lassen sich phantasievolle Optionen entwickeln.

2.7 Objektive Kriterien zur Begründung der Optionen suchen

Ungeübte Verhandlungsführer machen sich meist um das Element Legitimität überhaupt keine Gedanken und bereiten sich nicht darauf vor, dass nach der Begründung eines Lösungsvorschlags gefragt wird. Häufig wird auch die eigene Machtposition überschätzt: *„Der Partner wird meinem Vorschlag zustimmen, wenn ich ihn mit Entschlossenheit vortrage. Wir müssen allenfalls über die Einzelheiten feilschen"* etc. Oder es wird nicht berücksichtigt, dass beide Seiten die spätere Vereinbarung den jeweiligen Interessengruppen erläutern müssen und man macht sich keine Gedanken, mit welchen Argumenten das Ergebnis gerechtfertigt werden kann. Wenn doch eine Begründung gefunden wurde, halten viele diese für so überzeugend, dass Zweifel nicht in Betracht gezogen werden.

Erarbeiten Sie deshalb im Vorfeld, mit welchen objektiv und logisch nachvollziehbaren Kriterien Sie Ihre bevorzugten Optionen für eine Übereinkunft begründen können und was Sie als faires Verfahren für eine Einigung vorschlagen können. Auch hier gilt der Grundsatz, dass Sie den Verhandlungspartner weniger überzeugen sollen, als vielmehr ihm zu helfen, sich selbst zu überzeugen.

2.8 Die Verhandlung vorstrukturieren

2.8.1 Verhandlungsverlauf

Natürlich unterliegt die Dynamik eines Verhandlungsgespräches vielfältigen Einflüssen und ist nur begrenzt planbar. Dennoch sind Sie im Nachteil, wenn Sie in Verhandlungsgespräche einfach nur „hereinstolpern", denn wenn Ihr Partner ein erfahrener Verhandlungsführer ist, hat er seinerseits das Gespräch vorstrukturiert. Durch gute Vorstrukturierung können Sie helfen, dass die Verhandlung effizient verläuft und können ggf. sogar einen inhaltlichen oder Statusvorteil erlangen. Deshalb ist es wichtig, die Grundstruktur von Verhandlungsgesprächen phasenweise grob zu planen, wohl wissend, dass der reale Gesprächsverlauf davon mit Sicherheit abweichen wird (vgl. das Phasenschema für die Gesprächsführung, aber auch die Checkliste am Ende des Artikels).

Wenn Sie nicht ausreichend Zeit für eine vollständige Verhandlungsplanung haben, konzentrieren Sie sich zumindest kurz darauf, wie Sie in die Verhandlung einsteigen wollen und was am Ende der Verhandlung unbedingt vorliegen muss (welche Art der Vereinbarung, welches Teilergebnis brauchen Sie unbedingt und was kann noch offen bleiben etc.?).

2.8.2 Kommunikationsprozess

Die wichtigsten Werkzeuge der Gesprächsführung wurden bereits vorgestellt und sind die Basis für einen guten Kommunikationsprozess. Eine strategische Verhandlungsplanung begnügt sich jedoch nicht mit dem spontanen Einsatz dieser Werkzeuge im Gespräch, sondern plant auch den Kommunikationsprozess vor: Wann ist Zuhören besonders wichtig, wo müssen Aussagen getroffen werden, was soll bewusst offen gelassen werden etc.?

Im Vorfeld von Verhandlungen haben die Partner meist vielfältige Annahmen übereinander. Man glaubt, den Anderen schon zu kennen und nimmt die eigenen Vorstellungen für gegebene Tatsachen. Diese Vorannahmen führen in der Verhandlung schnell zu Missverständnissen oder Konflikten. Wenn Partner dann womöglich noch mit einstudierten Sätzen aufeinander treffen und einander nicht zuhören, wird Verständigung konflikthaft erschwert. Es ist jedoch möglich, einen Umgang mit Meinungsverschiedenheiten zu entwickeln, der beide Seiten weiter zusammenbringt, anstatt sie auseinander zu treiben.

Während der Gesprächsführung ist es daher wichtig, möglichst intensiv zuzuhören (vgl. Aktives Zuhören). Aber auch schon in der Vorbereitungsphase können Sie viel dafür tun, um Missverständnissen vorzubeugen. Machen Sie sich ihre Annahmen über den Partner und auch über sich selbst bewusst und hinterfragen Sie diese kritisch (auch: Was sind Ihre typischen „blinden Flecken" ...?).

Dann können Sie Ihre Annahmen im Gesprächsverlauf überprüfen und korrigieren. In der Checkliste finden Sie Leitfragen dafür.

2.8.3 Den Kontext planen und gestalten

Natürlich haben Kontext, Zeit und Raum einen erheblichen Einfluss auf den Verhandlungserfolg, deshalb wird bei hochrangigen Verhandlungen auch ein hoher Aufwand in diesen Fragen getrieben. Wichtig ist vor allem, diese Faktoren dem Charakter der jeweiligen Verhandlung entsprechend angemessen zu behandeln.

Wenn Sie Ziel, Beteiligte, Interessen etc. und auch den Verhandlungsverlauf selbst wenigstens grob durchgeplant haben, wissen Sie, welche konkreten Bedingungen Sie optimaler Weise benötigen, um die geplante Verhandlung zu führen. Wenn Sie an feste zeitliche und/oder räumliche Gegebenheiten gebunden sind, können Sie nun abschätzen, welche der vorgegebenen Faktoren zu der geplanten Verhandlung passen und welche nicht, können ggf. noch Einfluss nehmen, Termine verschieben, Örtlichkeiten ändern, Teilnehmer ein- oder ausladen etc. Selbst dann, wenn all dies nicht möglich sein sollte, müssen Sie möglichst genau einschätzen, was Sie erwartet, müssen die Wirkungen ungünstiger Faktoren einkalkulieren und sich entsprechend darauf einstellen, um Überraschungen oder Enttäuschungen zu verhindern. Erst, wenn Sie Ziele geklärt haben, wissen, wer beteiligt sein wird, welche Bedürfnisse und Interessen vorliegen und wie die Verhandlung verlaufen soll, können Sie den konkreten Kontext, Zeit und Raum für die Verhandlung planen. Die Checkliste gibt Ihnen hierzu strukturierte Hinweise.

3 Verhandlungsnachbereitung und Erfolgskriterien für Verhandlungen

Spätestens, wenn sich ein Verhandlungsgespräch dem Ende nähert – möglichst aber schon eher, in einer Verhandlungspause z. B. – ist kritisch zu hinterfragen, ob der Gesprächsverlauf als Erfolg gewertet werden kann und ob die Verhandlung schon beendet werden kann oder noch wichtige Punkte offen geblieben sind.

Ein großer Fehler der Verhandlungsführung besteht darin, zu schnell eine Vereinbarung als Erfolg und die Verhandlung als abgeschlossen zu betrachten. Dies gilt insbesondere, wenn das Gesprächsergebnis für Sie besonders positiv ausgefallen ist. Typischerweise entstehen Probleme, wenn gleich nach der Verhandlung unvorsichtige Signale vom Gesprächspartner falsch gedeutet werden können:

Beispiel Aus Freude über einen gelungenen Verkauf zwinkern Sie Ihrem Kollegen zu und halten den Daumen hoch, während Sie Ihren Gesprächspartner verabschieden. Dieser deutet die Geste als verstecktes Signal, dass er übervorteilt worden ist und tritt telefonisch vom Vertrag zurück.

Aus diesem Grunde ist auch nach der Verhandlung eine gute „Nachbetreuung" des Verhandlungspartners im Hinblick auf die getroffene Vereinbarung, seine Zufriedenheit damit und die Umsetzung wichtig.

Aber schon während der Verhandlung und besonders in der Abschlussphase ist aufmerksam zu prüfen, wie umsetzungsfähig und umsetzungswillig Ihr Verhandlungspartner die Vereinbarung aufnimmt. Deshalb sollte vorab über gründliche Rückfragen geprüft werden, welche Risiken und Bedenken einer Vertragsumsetzung entgegenstehen könnten. Eine gute Risiko-Analyse kann hier unterstützend wirken.

Definieren Sie deshalb die Erfolgskriterien einer Verhandlung Ihrem Ziel entsprechend (vgl. Kapitel „Strategische Verhandlungsvorbereitung"). Ein Verkauf ist erst beendet, wenn das Geld auf dem Konto eingetroffen ist, womöglich auch erst nach Auslaufen einer Widerspruchsfrist. Eine Vereinbarung über eine neue Arbeitsweise kann erst als erfolgreich betrachtet werden, wenn konkret in der vereinbarten Weise gearbeitet wird (vgl. hierzu SCHRANNER, 2003: 94).

Ein anderes wichtiges Kriterium ist aber immer auch der langfristige Erfolg auf der Ebene der Arbeitsbeziehung.

Beispiel Was nützt Ihnen eine Vereinbarung, die anfangs zähneknirschend umgesetzt wird und dann im Ärger versandet? Was bringt ein Verkauf, der dazu führt, dass der Kunde abwandert? Freilich gibt es Verhandlungen ohne diese langfristige und beziehungsorientierte Dimension. Sie sind jedoch seltener, als im ersten Moment angenommen: Ein „Gelegenheitskunde" kennt Ihren Projektpartner und berichtet diesem von seiner Unzufriedenheit mit Ihrer Verhandlungsführung …

Gehen Sie daher bei der Erfolgsbetrachtung einer Verhandlung grundsätzlich vom Stakeholder-Denken und von einer längerfristigen Beziehungsgestaltung aus.

4 Spontane Verhandlungen ohne Vorbereitungsmöglichkeit

Wenn Sie überraschend verhandeln müssen und sich nicht vorbereiten können, müssen Sie im Laufe des Gespräches die wichtigsten Klärungsschritte nachholen. Spontane, ungewollte Verhandlungen sind aber meist das Ergebnis einer ungenügenden inneren Klarheit über Ihre Ziele und Ihre Rolle. Meist können Sie höflich, aber bestimmt und mit einer guten Begründung die spontane Verhandlung vermeiden und auf einen geeigneten Termin verschieben.

Sollten Sie z. B. in ein „Flurgespräch" verwickelt werden oder einen überraschenden Anruf erhalten und zu einer Entscheidung gedrängt werden, die verhandelt werden muss, könnte ein Gespräch nach folgendem Schema erfolgen:

1. Verbale Ebene:

1. Bedanken Sie sich freundlich für die Anfrage, egal ob sie freundlich ist oder nicht!
   Sie festigen die Beziehungsebene und würdigen das Anliegen des Verhandlungspartners.
2. Klären Sie möglichst den Kontext der Anfrage ab (wer braucht was bis wann, warum und wofür etc.?). Vermeiden Sie hierbei „Verhör-Situationen", sondern orientieren Sie sich an den Hinweisen zu den Fragen im Grundlagen-Teil und steigen Sie mit einem Nutzen-Satz ein:
   „Damit ich Ihnen eine gute Auskunft geben kann: Darf ich kurz erfragen, was, wer, wann …?"
3. Währenddessen müssen Sie überlegen, ob dieser Gesprächsbeginn auf eine Verhandlungssituation schließen lässt, also ob verhandelbare Alternativen bestehen (vgl. Harvard-Prinzip 1).
4. Klären Sie, in welchem Zeitrahmen eine Entscheidung notwendig ist:
   „Bis wann brauchen Sie meine Entscheidung/Auskunft?"
   Wenn es hier zu eng wird: Splitten Sie möglichst die anstehende Frage in Teilaspekte auf.
   Erfragen Sie nun, für welche dieser Aspekte eine Entscheidung sofort notwendig ist und bieten Sie an, die anderen Aspekte später zu klären.
5. Verweisen Sie möglichst auf die Grenzen Ihres Entscheidungsrahmens; ggf. verweisen Sie auf Ihren Vorgesetzten, Kooperationspartner oder auf Unterlagen, die noch berücksichtigt werden müssen, möglichst mit Nutzen-Argumenten:
   „Damit Sie eine umfassende/gut abgestimmte … Entscheidung erhalten, muss ich zuvor …".
6. Nutzen Sie die Gelegenheit, möglichst bereits dahinter liegende Interessen des Partners, betroffene Personen, Bedürfnisse, Wünsche etc. zu erfragen.
   Vgl. hierzu die Fragen der Checkliste Verhandlungsvorbereitung zu „Interessen", „Beziehungsanalyse" etc.
7. Sodann verhandeln Sie möglichst nur einen Rahmen, der dann später erst ausgefüllt wird:
   (z. B. Vereinbarung eines Gesprächszeitpunktes, Festlegung, dass beide Seiten zunächst ihre Anforderungen zusammenstellen etc.).
8. Klären Sie nun in Ruhe den Verhandlungsfall in der notwendigen Tiefe mit der Checkliste und vereinbaren Sie den nächsten Verhandlungskontakt.
   Beziehen Sie in keinem Fall bereits jetzt eine Position:
   („*x wird mindestens … kosten, das kann ich Ihnen jetzt schon sagen …*")
   und unterbreiten Sie noch keinen Lösungsvorschlag:
   („*Ich könnte mir z. B. vorstellen …*")
   Lassen Sie sich auch nicht von Komplimenten oder Druck dazu verleiten!
   („*Sie als Fachmann können/müssen doch sofort sagen können, was …*")
   sondern verweisen Sie mit Nutzen-Sätzen auf die notwendige Abstimmung, s. o.

> **2. Nonverbale Ebene:**
>
> Auch den Kontext können Sie bei spontanen Gesprächen meist hilfreich nutzen und auch „nachoptimieren":
>
> - Bitten Sie einen Gesprächspartner in Ihr Büro oder in die Kantine, wenn er sie auf dem Flur „erwischt" hat und das Gespräch beginnt, Verhandlungscharakter anzunehmen.
> - Verweisen Sie darauf, dass Sie sich nach der ersten gemeinsamen Klärung jetzt Unterlagen holen müssen, um kompetent die Wünsche des Partners erfüllen zu können und verschaffen Sie sich so eine Denkpause.
>
> Sollten Sie für eine Verhandlung in ein fremdes Büro hineingerufen werden, begrüßen Sie nach dem Öffnen der Tür zunächst Ihren Gesprächspartner, bleiben dann aber eine Sekunde in der Tür stehen. Diese Geste wird allgemein als freundliche Zurückhaltung gedeutet, ehe Ihnen ein Platz angeboten wird. In dieser „Schrecksekunde" beobachten Sie genau die Szene und planen Ihren Auftritt:
>
> - In welcher Stimmung ist ihr Partner und ist ein bestimmter Smalltalk angebracht?
> - Sind andere Personen im Raum, sodass Sie entweder auf diese mit eingehen müssen oder um ein Gespräch unter vier Augen bitten sollten?
> - Ist die vorgesehene Sitzordnung günstig für Sie und welche Optimierungen wären sinnvoll?
> - Beim Hereinkommen können Sie nun – freundlich, bestimmt und wie selbstverständlich – die Szene für Sie vorteilhaft gestalten:
> - Ihren Stuhl beim Platznehmen über Eck stellen, um eine Frontal-Sitzordnung in die deutlich günstigere Übereck-Position umwandeln,
> - blinzeln und bitten, einen Vorhang vorzuziehen, damit Sie nicht ins Gegenlicht schauen müssen,
> - vorschlagen, vom Besucherstuhl in die Sitzecke zu wechseln, um auf gleiche Augenhöhe mit ihrem Gesprächspartner zu kommen
> - Ihren Gesprächspartner hinter seiner Schreibtisch-Festung „hervorlocken", weil Sie ihm die mitgebrachten Unterlagen erläutern „müssen"
> - fragen, ob man sich an den Tisch setzen könnte, damit Sie gemeinsam auf das Notebook oder Ihre Skizze schauen können,
> - auf Ihr Rückenproblem verweisen und bitten, einen Stuhl zu holen, statt sich in einen Sessel „versenken" zu lassen
> - einen Bekannten, der sich bereits im Raum befindet, demonstrativ begrüßen, um Ihre Stellung in der Gruppe zu festigen
> - …
>
> Selbst dann, wenn es wirklich nichts zu optimieren gibt, kann es für Sie vorteilhaft sein, eine kleinere Veränderung in dieser Art vorzunehmen, um sich auf subtile Weise „einzubringen", um Ihr Recht auf Mitgestaltung der Situation von Anfang an zu verdeutlichen und um Ihren gleichrangigen Status im Verhandlungsgespräch zu betonen.

Während eines laufenden Gespräches helfen Ihnen Smalltalk-Phasen, Pausen oder eine kleine „technische" Unterbrechung, z. B. weil Sie noch notwendige Unterlagen holen müssen, gedanklichen Freiraum zu gewinnen, wenn Blockaden auftreten oder wenn Sie in eine Sackgasse geraten sind.

5 Taktik in der Verhandlungsführung

Wenn von Strategie die Rede ist, muss auch das Gegenstück der Strategie, die Taktik, Erwähnung finden. Verkürzt lässt sich darstellen: Wenn die Strategie die längerfristige große Linie, die Ziele und den Rahmen vorgibt, versteht sich die Taktik als das konkrete, teils kleinschrittige Vorgehen vor Ort, um die Vorgaben der Strategie umzusetzen.

5.1 Taktik und Feilschen

In der Verhandlungslogik des Harvard-Konzepts ist von Taktik nicht die Rede, weil taktisches Vorgehen, was gerne auch mit „trickreich, überlistend" etc. assoziiert wird, dem auf Fairness bauenden Konzept widerspricht. Die Harvard-Prinzipien verstehen sich gerade als Alternative zu traditionellen Verhandlungskonzepten, die durch geschickte Taktiken Vorteile im Positionskampf (Feilschen) zu erzielen suchten. Die hier beschriebenen Gesprächstechniken (Aktiv zuhören, Fragen stellen etc.) könnten aber als solides taktisches „Handwerkszeug" für eine situationsadäquate Umsetzung der Harvard-Strategie begriffen werden.

Die Vorstellung von Verhandlungs-Taktik und dem Verhandeln „gegeneinander" (Feilschen) haben demnach einen engen Zusammenhang. Beide erwachsen aus dem traditionellen kampf-orientierten Verständnis von Verhandlungen, dessen Nachteile eingangs bereits problematisiert wurden. In den alten Lehrbüchern der Kriegskunst werden geschickte Taktiken bisweilen sowohl für den Krieg als auch für die Verhandlung dargestellt.

Sobald Fairness als Grundlage für Verhandeln gelten soll, verbieten sich taktische Tricks. Schließlich fällt unfaire Vorgehensweise schnell auf den Urheber zurück und untergräbt dauerhaft die langfristige Geschäftsbeziehung.

Die umfassendste Zusammenstellung von Verhandlungstricks und Taktiken aller Art existiert leider nur auf Englisch (vgl. BROOKES, 1997). Dort werden 201 Taktiken nach den zeitlichen Phasen und Einsatzgebieten im Verhandlungsgespräch systematisiert. Dabei kommen vielfältige Manöver für Täuschung, Ablenkung, Angriffe auf die persönliche Ehre, die Erzeugung von Druck, auch Zeitdruck, Bluff, Verschleierung, Verführung, Überraschung, Einschüchterung etc. zur Sprache, freilich mit der Absicht, für diese Gefahren zu sensibilisieren.

5.2 Probleme bei Verhandlungstaktik

Diese Auflistung macht ein weiteres Problem von „Verhandlungstaktik" deutlich: Gerade für den Anfänger, der sich gerne taktische Fertigkeiten wünscht, sind trickreiche Empfehlungen meist gefährlich, denn nur der situationsadäquate und „authentische" Einsatz von Kommunikationsinstrumenten führt zum Erfolg. Anderenfalls verfängt er sich selbst im eigenen Netz.

Der fortgeschrittene Verhandlungsführer benötigt aber in der Regel keine taktischen Tricks, denn die beste Taktik besteht

1. in der genauen Beobachtung der Situation und des Verhandlungspartners, der Einschätzung der Beziehung, Analyse der Bedürfnisse etc. sowie
2. im spontanen, angemessenen und fairen Einsatz der „ganz normalen" Kommunikationstechniken, die zum großen Teil in diesem Artikel beschrieben sind.

Schließlich sind die meisten Verhandlungstaktiken und -tricks schematisierte Standardsituationen, aus der konkreten Situation abstrahierte Regeln und „vorgefertigte" Reaktionsmuster, die immer an die konkrete Situation angepasst werden müssen. Sie „funktionieren" unter den Bedingungen, unter denen sie jeweils gewonnen wurden, die sich aber nie vollständig beschreiben und übertragen lassen. So gesehen, behindert das Denken in „Taktik und Tricks" oft eher die Gesprächsführung, als dass es Vorteile bringt.

5.3 Interkulturelle Dimension

Dennoch spielt Verhandlungstaktik weiterhin eine große Rolle, vor allem in Kulturen, in denen der Einsatz von List und Täuschung traditionell weniger geächtet sind bzw. als „Gunst des Schicksals" gelten. Gerade für die Vertiefung des Verhandlungswissens und für Verhandlungen im internationalen Rahmen macht es deshalb Sinn, sich systematisch mit Taktiken und Tricks in der Verhandlungsführung zu befassen.

Das sollte aber nicht pauschal, sondern mit Blick auf den konkreten Partner und die konkrete Verhandlung geschehen, also als Bestandteil einer strategischen Verhandlungsvorbereitung: Was ist der kulturelle Hintergrund meines Verhandlungspartners, welche Anschauungen herrschen vor, auch zum Verhandeln, welche Erfahrungen gibt es aus der Vergangenheit, mit welchen Tricks muss gerechnet werden? Eine gute Stakeholder-Analyse schützt auch hier vor bösen Überraschungen.

Sie sollten demnach darauf vorbereitet sein, taktische Tricks oder Mangel an Fairness rechtzeitig zu erkennen, um angemessen gegensteuern zu können. EDMÜLLER & WILHELM (1999) geben einen kurzen Leitfaden, welche unfairen Kommunikationstechniken häufig anzutreffen sind und geben Ratschläge, wie ihnen jeweils zu begegnen ist.

5.4 Hinweise auf sinnvolle taktische Elemente

Einige Hinweise sollen auch hier eine erste Orientierung geben.

1. In Verhandlungssituationen, die durch „Feilschen" geprägt sind, können Sie häufig eine Verbesserung über das Harvard-Prinzip 5 (Kriterien für Fairness und Legitimität etc.) erreichen. Statt einfach über die Höhe eines Preises oder über die „Aufteilung des Kuchens" zu feilschen, können Sie fragen, mit welcher Begründung bzw. mit welchen Argumenten Ihr Partner den Preis oder die Aufteilung rechtfertigt. Sodann argumentieren Sie, welche anderen Gründe für eine andere Aufteilung sprechen und welche Vorteile diese andere Aufteilung bringen würde (Harvard-Prinzip „Interessen"). Vgl. hierzu das Kapitel „Preisverhandlungen".
2. Wenn Ihr Gesprächspartner trotz Entgegenkommen eine harte Position vertritt und sich auf keine Verhandlung auf der Basis von Interessen einlässt, können Sie die Taktik des „tit-for-tat" einsetzen: eine kontrollierte Eskalation mit Wiederholung von Kooperationsangeboten (vgl. Kapitel „Tit-for-tat").
3. Eine große Zahl von Taktiken, die durchaus legitim und im Bereich der Fairness sind, werden in den Kapiteln zu den „Schwierigen Situationen" aufgegriffen. Beispiele wären die zirkuläre Fragetechnik und das „Good-Boy-Bad-Boy"- Spiel oder der Präzisierungstrichter.
4. Viele Taktiken für die Verhandlungsführung beruhen auf subtilen nonverbalen Reaktionsmustern. Hierzu werden Hinweise im Kapitel „Nonverbales Verhalten" gegeben. Die authentische und erfolgreiche Anwendung von NLP-Techniken erfordert jedoch eine fundierte Ausbildung.
5. Hinweise, was Sie tun können, wenn Sie „kalt erwischt werden", finden Sie im Kapitel „Spontane Verhandlungen ohne Vorbereitungsmöglichkeit".

6 Die Tit-for-Tat-Taktik für schwierige Gespräche

Wenn Ihr Verhandlungspartner hartnäckig auf seiner Position besteht und kein Entgegenkommen nützt, können Sie die Technik der begrenzten Eskalation einsetzen (tit-for-tat; deutsch: wie Du mir – so ich Dir). Anders als in der „wilden" Eskalation bedeutet Tit-for-Tat allerdings, dass Sie nach jeder Eskalationsstufe erneut Kooperationsbereitschaft signalisieren und erst bei Weigerung des Partners wieder auf den harten Kurs umschalten:

1. Ihr Verhandlungspartner zeigt sich trotz Zugeständnissen anhaltend kompromisslos oder geht gegen Sie vor.
2. Sie ziehen sich daraufhin auf Ihre Maximalforderung zurück oder wehren sich angemessen gegen einen Angriff.
3. Zugleich verdeutlichen Sie, dass Sie weiterhin verhandlungsbereit sind, wenn ihr Partner zur Fairness zurückkehrt, und nennen Ihre Bedingungen für eine faire Einigung.
Nun senden Sie deutliche Zeichen, dass sie auf die Fortsetzung der Verhandlungen warten.
4. Gewöhnlich folgt nun eine Bedenkzeit, die für beide Seiten mit Stress verbunden ist. Wenn der Partner nicht mit Kooperation reagiert, wiederholen Sie in angemessenen Abständen Ihr Angebot.
5. Wenn nun der Partner zum Verhandlungstisch zurückkehrt, verbietet sich jede Siegerpose oder Überlegenheitsgeste (etwa: „Ich habe doch gewusst, dass Sie vernünftig sind.")
„Verhalten Sie sich versöhnlich und kooperativ. Durch Ihre Entschlossenheit haben Sie gezeigt, dass Sie berechenbar und kooperativ sind. Was wollen Sie mehr?" (SCHRANNER, 2003: 91).

Die Tit-for-tat- Strategie lässt sich durchaus mit dem Harvard-Konzept kombinieren, indem in den kooperativen Phasen nach den Harvard-Prinzipien vorgegangen wird. Computersimulationen haben ergeben, dass verschiedene nicht kooperative oder auf Taktik, Übervorteilung etc. ausgerichtete Strategien dem Erfolgskonzept „tit-for-tat" ebenso unterlegen waren wie eine blind vertrauensvolle Vorgehensweise (vgl. hierzu RABERGER & SCHMIDT, 2007).

7 Preise verhandeln und mit Preis-Argumenten umgehen

Preisverhandlungen können als Spezialgebiet der Verhandlungsführung gelten. Gleichzeitig schlagen sie die Brücke zum Thema Verkauf. Die fundierte Beschäftigung hiermit würde einen eigenen Artikel erfordern. Dennoch sollen hier einige grundlegende Hinweise gegeben werden.

7.1 Preis-Argumente und Kostenfragen einbinden und zurückstellen:

Bisweilen fragen Verhandlungspartner sofort nach dem Preis, ohne dass Sie Gelegenheit hatten, die Interessen oder den Bedarf zu erkunden und Ihre Leistung wirklich vorzustellen:

- „Sagen Sie uns gleich, was das kosten soll ...";
- „Das wird für uns zu aufwändig, das kann ich Ihnen gleich sagen ..."

Hier ist es ratsam, die Frage nach den Kosten zunächst zurückzustellen. Preise und Aufwände sind immer relativ zur Gegenleistung. Deshalb sollten Preise grundsätzlich im Bezug zu den konkreten Leistungen und möglichst auch zum konkreten Bedarf und Nutzen des Kunden dargestellt werden. Dies ist aber erst nach einer Klärungsphase im Gespräch möglich. Daher wäre es sehr kontraproduktiv, Zahlen zu nennen und sich dann darauf einzulassen, auf der Ebene von Positionen zu feilschen („zu teuer!"; „die Hälfte ...").

- Um Preise gut zu verhandeln, benötigen Sie die Chance, den Bedarf des Kunden vollständig zu erheben und Ihren Lösungsvorschlag, Ihre Leistung und den konkreten Nutzen für den Kunden darzustellen.
- Diskutieren Sie daher lieber mit dem Kunden zunächst darüber, was er genau benötigt für seine Anforderungen und was davon auf andere Weise gelöst werden kann, statt über den Preis zu streiten.
- Wenn Sie nach der Klärungsphase Ihren Preis nennen, wägen Sie ihn ab gegen den Nutzen oder Gewinn für den Kunden.
- Begründen Sie den Preis anhand seines Bedarfes und machen Sie ihn an logisch nachvollziehbaren und fairen Legitimitätskriterien fest (Harvard-Prinzip 5): Benchmarks, Marktwert, Qualität etc.
- Lassen Sie sich nicht darauf ein, in einer frühen Gesprächsphase pauschale Summen zu nennen.

7.2 Konsequenzen für Verhandlungen zur Auftragsklärung

Dies betrifft typischerweise auch Verhandlungen zur Auftragsklärung in Projekten. Gerne versuchen Auftraggeber, Vorab-Informationen über Projektkosten, Aufwände oder Zeiten zu erhalten, ggf. mit Verweis auf Ihre Kompetenz oder Rolle:

- *„Sie als erfahrener Projektmanager müssen mir doch gleich ungefähr sagen können, was …"*

Als Projektmanager wissen Sie jedoch, dass Kosten, Aufwände oder Zeiten erst im Zuge einer sorgfältigen Projektplanung ermittelt werden können. Weisen Sie die Anfrage zurück, indem Sie den konkreten Nutzen für den Auftraggeber darstellen:

- *„Damit Sie eine zuverlässige/belastbare … Angabe von mir erhalten, werde ich zunächst die Grobplanung des Projektes vornehmen/die Angebote der Dienstleister für das Arbeitspaket abwarten …, ehe ich Ihnen hierzu eine Antwort geben kann."*

Sie können jedoch das Bedürfnis Ihres Verhandlungspartners aufgreifen und ihn nach einem Handlungsrahmen fragen:

- *„Sie müssen das Projekt in Ihr Budget einplanen, das verstehe ich. Nennen Sie mir einen groben Orientierungsrahmen, damit ich prüfen kann, ob …"*

In einer späteren Verhandlungsphase kann dann möglicherweise eine abgestufte Auskunft gegeben werden:

- Kostenrahmen mit 30 % Genauigkeit nach der Grobplanung
- Kostenrahmen mit 10 % Genauigkeit nach der Feinplanung etc.

Die Angaben sollten aber auch hierbei an die konkreten Voraussetzungen gebunden werden, die diesen Schätzungen zugrunde liegen, etwa:

- bei Einhaltung der Anforderungen durch den Auftraggeber
- ohne Berücksichtigung von Änderungswünschen
- auf der Basis der Rohstoffpreise vom Stichtag x
- …

7.3 Die Gegenhandels-Methode für Rabattverhandlungen

Wenn Sie Rabatt-Wünsche Ihres Partners verhandeln müssen, hilft es, die Gegenhandels-Methode anzuwenden, die dem Harvard-Prinzip folgt.

Ihr Partner fordert von Ihnen nach Aushandlung des Preises einen Rabatt.
Sie stimmen grundsätzlich dem Wunsch zu (Stärkung der Beziehungsebene), binden die Rabattgewährung bzw. die Höhe des Rabatts jedoch an die Harvard-Prinzipien 4 und 5:

Sie fragen Ihren Partner, welchen Ausgleich (win-win) er bereit wäre, Ihnen im Gegenzug zum Rabatt zu gewähren und mit welchem Kriterium für Fairness oder Legitimität er seinen Rabattwunsch rechtfertigt.

Typische Möglichkeiten für die „Vergrößerung des Kuchens" im Sinne des Win-Win wären:

- Erhöhung von Umfang/Menge
- Verlängerung der Vertragsdauer
- Standardisierung von Artikeln oder sich wiederholenden Leistungen
- Teilübernahme einer Leistung durch den Kunden
- Rückvergütung des Rabatts über Gewährung anderer Vorteile

Typische Legitimitätskriterien wären:

- Bewährte Praxis
- Branchenüblichkeit
- Gleiche oder nahe Branche
- Gemeinsame Zugehörigkeit zu einem Netzwerk
- Ähnliche Behandlung eines ähnlichen Kunden

Grundsatz ist also: Ein Rabatt ist grundsätzlich möglich, setzt aber immer eine konkrete Gegenleistung, eine zusätzliche Verpflichtung des Kunden (Harvard 4) oder eine faire und logisch nachvollziehbare besondere Begründung (Harvard 5) voraus.

7.4 Preise über Kriterien hinterfragen

Wenn Sie als Kunde mit einem Verhandlungspartner konfrontiert sind, der einen Positionskampf aufmacht und Ihnen einen bestimmten Preis vorgibt, haben Sie die Möglichkeit, – statt zu feilschen – ebenfalls mit dem Harvard-Prinzip 5 in Verhandlung zu treten:

- Fragen Sie, aufgrund welcher Kriterien dieser Preis zustande gekommen ist und verhandeln Sie mit Ihrem Partner, wie weit diese Kriterien als logisch, zutreffend oder fair anzusehen sind.
- Sodann könnten Sie alternative Kriterien oder Verfahren für eine Preisbildung vorschlagen, z. B. branchen- oder ortsübliche Preise oder ein Mengenrabatt, Fragen der Kundenbindung etc.
- Sie können sich auch den Preis auf die einzelnen Leistungen oder Produktbestandteile aufschlüsseln lassen. Vergleichen Sie dann die Kriterien je Element.

Das Gespräch wird sich nun zunächst mit diesen Kriterien und Verfahren beschäftigen statt einfach nur im Positionskampf („Feilschen") mit der Höhe des Preises. Vielleicht können auch Fragen und Hinweise Ihrerseits eingeschoben werden, welche die wechselseitige Interessenlage deutlicher werden lassen. Damit sind meistens bereits weitere Spielräume gegeben, auch für die Ermittlung von Win-win-Chancen, und die Beziehungsdynamik verläuft meist positiver.

Gesprächsführung

8 Nonverbales Verhalten in Verhandlungsgesprächen

Genau so wichtig wie die strategische Vorbereitung oder die Gesprächsführung, z. B. das Zuhören und Fragenstellen, ist das konkrete Verhalten, die nonverbale Ebene, für den Gesprächserfolg. Raumverhalten und Sitzposition, Körperhaltung und Bewegungsabläufe, Gestik und Mimik usw. lassen erkennen, welche innere Einstellung die Beteiligten zur Verhandlung und zum Partner haben und welche Beziehung zwischen ihnen besteht. Wichtiger noch: Wir können nicht nicht kommunizieren. Während auf verbaler Ebene Fakten verschwiegen werden können, senden wir permanent nonverbale Signale aus, die Rückschlüsse auf unsere Befindlichkeit, unsere Einstellung und sogar unser Denken erlauben. Verhalten und Haltung sind daher wesentlich für gute Verhandlungsführung.

Auch der Kontext des Verhandlungsgespräches ist ein wichtiger Deutungsrahmen für alle Verhandlungs- und Verhaltenselemente:

- Reden die Partner allein oder sind weitere Personen anwesend?
- Stehen diese Personen in Interaktion mit den Verhandlungspartnern (z. B. telefoniert die Sekretärin und wird dabei von ihrem Chef nebenbei „dirigiert")?
- Findet die Verhandlung womöglich auf einem Flur statt und kommen weitere Personen vorbei?
- In vielen Verhandlungen agieren die Gesprächspartner auch mit geteilter Aufmerksamkeit, weil parallel andere kommunikative Vorgänge laufen (Signale vom Mobiltelefon, E-Mail-Eingänge, Rückfragen von Arbeitskollegen etc.).

Viele der folgenden Aussagen zum nonverbalen Verhalten betreffen auch Verhandlungen am Telefon. Mindestens die paraverbalen Signale (Klang der Stimme, Art des Atems, Sprachfluss) sind auch am Telefon deutlich wahrnehmbar, doch sogar eine Körperhaltung und der Gesprächskontext lassen sich durch den Hörer erahnen und ein einfühlendes Pacing oder eine Umfokussierung sind am Telefon gleichermaßen wirksam.

Gute Beobachtung – einschließlich guter Selbstbeobachtung! – ist ein wesentlicher Schlüssel für die Analyse und Optimierung des nonverbalen Gesprächsverhaltens. Theoretische Hinweise sind für diesen Bereich nur begrenzt hilfreich und Lernen ist hier noch stärker als bei der verbalen Gesprächsführung eine Frage der Anschauung und der Übung. Deshalb sollen zu dem wichtigen Gebiet der nonverbalen Kommunikation in Verhandlungsgesprächen in diesem Rahmen nur wenige Hinweise gegeben werden. Der gezielte Einsatz der Techniken erfordert auch viel Übung oder möglichst eine entsprechende Ausbildung. Daher sind sie auch im Vertiefungsbereich angesiedelt.

Das NLP, das Neurolinguistische Programmieren, systematisiert eine Vielzahl von Erkenntnissen aus verschiedenen Schulen der Psychotherapie und stellt damit handhabbare Bausteine und Begriffe für ein gutes Kommunikationsverhalten zusammen (zum NLP vgl. z. B. Ötsch, Stahl & Joachims, 1997; Bandler & Grinder, 2002). Insbesondere für die nonverbale Kommunikation bietet das NLP eine handhabbare Systematik. Grundlage dafür ist u. a. die lösungsorientierte Gesprächsführung (vgl. u. a. Goerner, 2007), die Hypnotherapie nach Milton Erickson, die systemische Familientherapie etc. Daher werden im folgenden Kapitel Begriffe aus dem NLP oder aus den genannten Schulen aufgegriffen.

8.1 Beziehungsaufbau und Rapport

Rapport bezeichnet im NLP die gute Beziehung, die zwischen zwei Gesprächspartnern besteht. Zeichen für einen guten Rapport ist die Angleichung auf verbaler, paraverbaler und nonverbaler Ebene:

verbal:
- Beide Gesprächspartner gebrauchen ähnliche Worte und Redewendungen.
- Die Partner bewegen sich im selben Bezugsrahmen (Thema, Betrachtungsweise, Fachsprache etc.).

paraverbal:
- Die Sprechgeschwindigkeit, Tonlage, Lautstärke, Rhythmus, Atemrhythmus etc. gleichen sich an.
- Gestik, Mimik, Körperhaltung gleichen sich an.
- Die Partner nehmen ähnliche Arm-, Bein- oder Kopfhaltungen ein („Haltungsecho", MORRIS, 1997), z. B. auch:
- Gleichschritt beim Gehen etc.

Diese Angleichung oder „Synchronisation" (BAMBERGER, 2001: 35) geschieht in der Regel unbewusst. Sie ist Ausdruck einer guten Beziehung: Es besteht Rapport. Über die nonverbale Synchronisation wird aber auch die Sachebene positiv beeinflusst.

Wenn guter Rapport besteht, bewerten sich Gesprächspartner gegenseitig positiver und bauen eher Vertrauen auf. Viele Aussagen des Harvard-Konzepts über die Herstellung einer partnerschaftlichen Arbeitsbeziehung zielen daher auf einen guten Rapport zwischen den Verhandlungspartnern ab.

In Verhandlungsgesprächen sollten Sie sich und ihren Gesprächspartner wiederholt „von außen" beobachten, wie weit Körperhaltungen, Sprechweise oder Wortwahl angeglichen sind und wie diese Angleichung im Verhältnis zur jeweiligen Gesprächsphase, zum Thema, zum Kontext etc. im Verhältnis steht. Daraus erhalten Sie wichtige Rückschlüsse, wie „reif" die Gesprächsbeziehung für die jeweiligen Inhalte ist oder ob womöglich noch eine Wiederholungsschleife für eine bestimmte Gesprächsphase notwendig ist.

8.2 Pacing

Rapport lässt sich gezielt verstärken über eine bewusste Angleichung an Haltung, Körpersprache, Sprechweise und Wortwahl des Partners. Diese Angleichung nennt das NLP Pacing.

Pacing kann auf technische Weise geschehen: Sie beobachten oder analysieren Haltung, Sprechweise etc. des Partners und passen sich entsprechend an. Sie hören zu und greifen Schlüsselworte des Partners auf etc. Dieses technische Vorgehen wird freilich zunächst unauthentisch wirken und damit kontraproduktiv sein. Gutes Pacing benötigt viel Erfahrung und Übung, um nicht künstlich zu wirken.

Einfacher ist die Angleichung über die innere Einstellung: Bei Achtung des Gesprächspartners, Würdigung seiner Bedürfnisse und Aufmerksamkeit gegenüber seiner Befindlichkeit werden Sie ganz unbewusst und authentisch gutes Pacing betreiben. Status und Hierarchie haben einen erheblichen Einfluss auf das Pacing: Loyale Mitarbeiter pacen oft ganz unbewusst ihre Chefs in Führungsgesprächen. Wenn in Unterordnungsverhältnissen kein Pacing erfolgt, entsteht sinngemäß oft der Eindruck von Illoyalität, Protest, Widerspruch etc.

Sie sollten prüfen, auf welche Weise es Ihnen gelingen kann, Ihren Verhandlungspartner zu pacen, um einen guten Rapport aufzubauen.

8.3 Leading und Gesprächssymmetrie

Wenn durch gutes Pacing die Gesprächsbeziehung gefestigt ist und Rapport besteht, sollten sich in partnerschaftlichen Verhandlungsgesprächen Wortbeiträge, Themen und Führungsrollen der Gesprächspartner abwechseln (symmetrische Gesprächsführung).

Diese nonverbale Führung des Gesprächspartners wird im NLP Leading genannt. Gutes Leading ist eine Einladung an den Partner, ein neues Thema oder einen anderen Aspekt zu behandeln und dabei zugleich in eine andere Grundstimmung zu wechseln, was sich ganzheitlich in einer neuen Wortwahl, neuen Stimmführung, neuen Körperhaltung etc. ausdrückt.

Wenn Medien Verwendung finden, was für Verhandlungen dringend ratsam ist (Schreibblock, Schriftstücke, auf welche die Partner sich beziehen, Anschauungsmaterial etc.),wird dabei auch ein Wechsel des Mediums oder des Medienkontaktes erfolgen:

 Beispiel

> Während Sie vorher gemeinsam auf ein Schriftstück des Partners mit der Problembeschreibung geschaut haben, blicken Sie jetzt beide auf die Skizze, die Sie beginnen, auf einem neuen Blatt für Ihren Partner zu erstellen.
>
> Grundlage für Leading ist guter Rapport. Mit entsprechender Übung lässt sich Leading in Verhandlungsgesprächen bewusst einsetzen. Für partnerschaftliche und symmetrische Gesprächssituationen bedeutet dies beispielsweise:
>
> Sobald der Rapport gefestigt ist, lenken Sie selber auf das nächste Thema oder die nächste Gesprächsphase über. Zugleich führen Sie damit ein neues nonverbales Verhaltensmuster ein, um Ihren Partner auf Ihr Thema zu lenken und ihn in Ihre Gesprächshaltung „mitzureißen".
>
> Nachdem Sie beispielsweise die Interessen Ihres Partners erfragt haben und dabei durch gutes Pacing Rapport zu ihm aufgebaut haben, schlagen Sie nun auf der verbalen Ebene vor, jetzt nach Lösungsmöglichkeiten zu suchen oder eine Gegenüberstellung von Vor- und Nachteilen eines Angebots vorzunehmen.
>
> Auf nonverbaler Ebene wechseln Sie - zugleich mit Ihrer Übernahme des Wortes und dem neuen thematischen Vorschlag, - Ihre Körperhaltung und nehmen eine andere Sprechweise und eine andere innere Grundhaltung ein (z. B. Optimismus, während vorher eher Mitgefühl für eine Problemschilderung des Partners vorherrschte). Wenn Sie beim Leading intensiven Kontakt zu Ihrem Gesprächspartner halten, haben Sie die Chance, dass Ihr Partner Ihnen nicht nur thematisch, sondern auch im Verhaltensmuster folgt.

Wenn starke Status-Unterschiede bestehen, z. B. in einem Unterordnungs- oder Abhängigkeitsverhältnis, ist die Gesprächsführung asymmetrisch: Derjenige Gesprächspartner, der sich selbst als übergeordnet empfindet oder vom Gesprächspartner in die übergeordnete Rolle gedrängt wird, führt mehrheitlich in neue Themen ein, hat den größeren Rede-Anteil und gibt Stimmlage und Haltung für das Gespräch vor.

Auch in asymmetrischen Gesprächen können Sie gegenüber einem übergeordneten Partner Leading einsetzen.

Vorab ist die Achtung gegenüber der Autorität des Gesprächspartners notwendig, die sich durch Ihr Pacing ausdrückt. Sobald ein Thema angesprochen ist, das in Ihren Kompetenzbereich fällt, werden Sie dann die Gesprächsführung für diesen thematischen Part übernehmen und dies während Ihres Wortbeitrages durch Leading ausdrücken und dabei ggf. den Blick auf Ihre vorbereiteten Unterlagen o.ä. lenken. Anschließend sollten Sie dann wieder darauf achten, dass der übergeordnete Status Ihres Gesprächspartners beachtet wird, z. B. indem Sie eine Frage an ihn richten und ihn bei seiner Antwort pacen.

8.4 Umfokussierung, Separatoren und Einsatz von Pausen

Gerade für Verhandlungsgespräche ist es noch wichtiger als für andere Gespräche, dass Unterbrechungen und Pausen gezielt eingeplant und eingesetzt werden. Entspannung, körperliche und geistige Regeneration oder die Möglichkeit zu Randgesprächen sind aber nur oberflächliche Aspekte der Verhandlungspause. Vielmehr sollen Pausen – und andere Aktivitäten, s.u. – als Separator zur bewussten Trennung der unterschiedlichen Gesprächsphasen und Themen genutzt werden.

Der Begriff „Separator" stammt ebenfalls aus dem NLP. Gemeint ist, dass ein Muster aus spezifischen Gedanken und Körperreaktionen durch eine kontrastierende oder bewusst neutrale Aktivität unterbrochen wird. Ein solches Muster ist beispielsweise eine spezifische Fokussierung der Aufmerksamkeit oder eine bestimmte innere Haltung, wie etwa eine Problem-Analyse, die entsprechend von einer Lösungsfindung getrennt werden sollte, um unproduktive Vermischungen zu vermeiden.

Eine Pause ist ein starker Separator, um grundsätzliche Gesprächsphasen voneinander zu trennen, z. B. größere thematische Abschnitte oder eine Problem-Runde von einer Sammlung von Lösungsmöglichkeiten.

Im Gespräch erfolgen jedoch auch laufend kleinere Umfokussierungen, mindestens bei jedem Sprecher-Wechsel.

Separatoren zur Umfokussierung sind beispielsweise:

- die Veränderung der Atmung,
  z. B. durch eine veränderte Sprechweise: vom gedämpften problemorientierten Ton hin zu einer optimistischeren Sprechweise bei der Lösungssuche
- ein Wechsel der Körperhaltung,
  z. B. vom Pacing des Gesprächspartners beim Zuhören hin zu Ihrem Papier mit dem Verhandlungsvorschlag, wenn Sie das Wort übernehmen,
- ein Wechsel des Standortes,
  z. B. aus der Sitzhaltung beim Zuhören hin zum Stehen vor einer Gruppe, um ein Angebot zu präsentieren, das anschließend besprochen werden soll,
- Nebenbemerkungen, die sich nicht auf das Thema beziehen,
  z. B.: „Möchten Sie etwas trinken? Ich schlage vor, uns einen Kaffee zu machen" ...

In der Regel sind diese Elemente zu ganzheitlichen Verhaltensmustern verbunden.

In konflikthaften Situationen sind gute Separatoren – in Verbindung mit Pacing und Leading – besonders wichtig, um klar und sauber zwischen den Gesprächsphasen zu trennen, in welchen Sie aktiv zuhören und Pacing betreiben und den Phasen, in denen Sie Vorschläge unterbreiten, Hinweise geben, Grenzen setzen etc.

Beispiel „Problemlösung": Wenn ein Projektpartner Problem beladen in die Verhandlung kommt, werden Sie
1. zunächst auf ihn eingehen, dabei unwillkürlich eine ähnliche Körperhaltung wie der Partner einnehmen und damit signalisieren, dass Sie sein Problem ernst nehmen (Pacing).
2. Sobald aber der Kontakt aufgebaut ist, sollten Sie sich aufrichten, durchatmen (Separator), um
3. einige Sätze später in anderem Tonfall beispielsweise eine neutrale Informationsfrage zu stellen oder bereits einen Lösungsvorschlag zu unterbreiten (Leading).

🔍 **Beispiel** „Umgang mit Ärger": Wenn ein aufgebrachter Beschwerdeführer in Ihr Büro stürmt, sollten Sie
1. zunächst erst einmal zuhören und nachfragen (Pacing).
2. Sodann wäre es aber angebracht, z. B. in veränderter Stimmlage eine Tasse Kaffee anzubieten, eine Arbeitsunterlage zu holen, das Fenster zu öffnen: „Ich mache uns erst mal etwas Luft" etc. (Separator).
3. Nun können Sie die Beschwerde in einem neuen Rahmen in einem eigenen Gesprächsbeitrag aufgreifen, z. B.: „Ich würde gerne den Punkt, der Sie stört, in einen größeren Zusammenhang stellen ..." (Leading)

Auf diese Weise wird es dem Gesprächspartner erleichtert, über den Separator als Zwischenstufe vom Problem- in ein Lösungsmuster zu wechseln.

Als Mikrostruktur ergibt sich als typischer Ablauf:

> 1. **Pacing** des Gesprächspartners während seines Gesprächsbeitrags, z. B. beim Zuhören während einer Problembeschreibung, **Fokus** auf seinen Gesprächsbeitrag
> 2. **Separator** zwischen dem Beitrag des Partners und dem Eigenbeitrag, z. B. wenn der Eigenbeitrag ein neues Thema oder eine andere Sichtweise betrifft
> 3. **Umfokussierung** des Gesprächspartners auf den eigenen Gesprächsbeitrag, **Leading** auf die eigene Haltung ...

In guten Verhandlungsgesprächen werden diese Mittel weitgehend unbewusst eingesetzt. Mit entsprechendem Training können Verhandlungsgespräche gezielt mit Pacing, Leading und Separatoren unterstützt werden.

8.5 Medien-Einsatz und Arbeit mit Ankern

Verhandlungen sollten nach Möglichkeit durch schriftliche Vorbereitungen unterstützt werden. Dies können Kosten-Aufstellungen, Zusammenstellungen des Bedarfs, visualisierte Lösungsvorschläge oder auch nur die Darstellung des Projekts sein. Die Auswahl oder Vorbereitung dieser Unterlagen machen einen wesentlichen Punkt der strategischen Vorbereitung aus. Für größere Verhandlungen sollten geeignete Präsentationen vorbereitet werden.

Unterlagen oder Medien sind nicht nur auf der Sachebene für die Verhandlungsführung wichtig, sondern sie bieten auch für den nonverbalen Bereich vielfältige Unterstützungsmöglichkeiten, indem sie in der Gesprächsführung als Anker genutzt werden können.

Das NLP definiert Anker als Reize, auf die Menschen in bestimmter Weise reagieren, und setzt diese Anker gezielt ein. Farben, eine bestimmte Musik oder Gerüche lösen typischerweise bestimmte Emotionen aus. Sie können zum Anker werden, wenn diese Verknüpfung stabil ist, z. B. durch Wiederholungen.

Anker lösen emotionale Wirkungen aus, wenn sich der Fokus der Aufmerksamkeit auf sie richtet. Ähnlich wie bei der Arbeit mit Separatoren zielt ein bewusster Einsatz von Ankern darauf ab, die einzelnen Anker möglichst klar voneinander zu trennen und die jeweilige mentale Fokussierung zu beachten.

8.5.1 Anker in Verhandlungsgesprächen

Schriftstücke, Schreibpapier, Präsentationsmedien (Flipchart) etc. stellen Anker dar. Oft ist ein Problem mit einem bestimmten Schriftstück verankert, eine Lösung beispielsweise mit einem anderen Medium, etwa einer Skizze, die Sie auf einem anderen Blatt Papier für Ihren Partner im Gespräch erstellen.

8.5.2 Einsatz von Blick-Ankern

Ein wirkungsvolles Instrument für die Arbeit mit Schriftstücken oder Medien ist der Blick-Anker, mit dem sich verschiedene Fokussierungs-Effekte erreichen lassen, z. B.:

1. **Sach-Fokus:**
   Während Sie ein Problem beschreiben oder Ihre Unzufriedenheit mit einem Sachverhalt ausdrücken, schauen Sie auf das Schriftstück oder Medium, was dieses Problem darstellt. Der Blick Ihres Partners wird Ihrem Blick folgen und das Problem oder Ihr Ärger beziehen Sie beide auf dieses Papier.
2. **Beziehungs-Fokus:**
   Nach der Problem-Schilderung betonen Sie, dass Sie angesichts der bisherigen Zusammenarbeit sicher sind, dass diese Frage zur beiderseitigen Zufriedenheit gelöst werden kann. Dabei schauen Sie Ihrem Partner direkt in die Augen, dieser wird Ihrem Blick folgen und die Arbeitsbeziehung, also die menschliche Basis für die Lösung des Sach-Problems, wird mit dem Blickkontakt klar betont. Da Sie nunmehr die Beziehungsebene thematisieren, werden Sie diesen 2. Satz auch mit einem anderen Ausdruck sprechen.
3. **Erneute Umfokussierung**
   Danach könnte erneut das Problem thematisiert werden, etwa mit einer kritischen Frage, die sich auf einen Absatz des Problemtextes bezieht, mit Blick auf diesen Text usw. ...

8.5.3 Ortswechsel für die Arbeit mit Ankern

Auch bestimmte Orte haben Anker-Funktion. Oft sind ein bestimmter Sitzplatz oder auch eine bestimmte Sitzposition (z. B. gebeugt) mit einem zu lösenden Problem verankert, das Flipchart oder die Präsentationswand und der Platz des stehenden Präsentators dagegen mit der Hoffnung auf Lösung des Problems.

Für größere Verhandlungen mit mehreren Beteiligten kann es deshalb sehr sinnvoll sein, Bewegungsmöglichkeit für einen Wechsel zwischen unterschiedlichen Positionen während der Verhandlung vorzusehen, z. B. zwischen einem Tisch mit Sitzgelegenheiten für den Austausch und einer Präsentationsposition im Stehen für Darstellungen.

Auch in kleineren Verhandlungsgesprächen kann phasenweise ein Orts-Wechsel sehr sinnvoll sein, um einen Separator zu schaffen und um z. B. eine Problem geankerte Sitzgruppe mit der verbrauchten Luft im Raum und dem schalen Sprudelwasser mit der – hoffentlich emotional positiver besetzten – Cafeteria inklusive Kaffee-Duft und -Aroma zu vertauschen. Zugleich demonstriert dieses Beispiel, dass die Kombination mehrerer Reize auf verschiedenen Wahrnehmungskanälen die wirksamsten Anker und stärksten Separatoren schaffen kann.

Der jeweilige Wechsel der Anker wird intuitiv ganzheitlich unterstützt durch eine jeweils andere Körperhaltung, Stimmführung etc., die ebenfalls Anker-Charakter haben. Anker, besonders in Verbindung mit Medien oder schriftlichen Unterlagen, können demnach das Leading im Gespräch unterstützen und bilden gemeinsam mit den verbalen Verhandlungstechniken ein wirksames Steuerungsinstrument.

9 Schwierige Situationen in Verhandlungen meistern

9.1 Was macht Verhandlungen „schwierig"?

Bevorstehende Verhandlungen erzeugen oft Stress, weil wir befürchten, dass im Verlauf der Verhandlung Schwierigkeiten auftreten könnten oder weil wir einen Gesprächspartner als schwierig erleben. Viele Schwierigkeiten stellen sich auch im Nachhinein als selbst aufgestellte Hürden dar.

Typisch für „schwierige Situationen" sind Projektionen: Wir nehmen unseren Verhandlungspartner nicht als den Menschen wahr, der er wirklich ist, sondern er wird in unseren Augen zum „übermächtigen" Angreifer (vgl. Abbildung 2.11-V1). Wenn wir dann mit Angriff reagieren, erscheinen wir in den Augen des Partners genauso. Diese Dynamik führt dann schnell aus der phantasierten Bedrohung in einen realen Konflikt. Aus dem Verkauf stammt eine Reihe von Techniken der Einwandbehandlung, die auch für Verhandlungen nützlich sind. Allen diesen Techniken ist gemeinsam, auch in scheinbar schwierigen Situationen den Partner ernst zu nehmen und zunächst zu klären, welche Bedürfnisse sich hinter der beobachteten Schwierigkeit ausdrücken.

Abbildung 2.11-V1: Projektion in schwierigen Verhandlungen und Konflikten (nach WIKNER, 2000: 86)

Wenn Sie eine bevorstehende Verhandlung als schwierig einstufen, sollten Sie grundsätzlich prüfen, ob es sich bereits um einen Konflikt oder eine Krise handelt, der ggf. bereits vor dem Gesprächskontakt entstanden ist. Wenn der Verhandlungsgegenstand nicht mehr das eigentliche Thema ist, sondern eine schwerwiegende Beziehungsstörung vorliegt und die Partner Aktionen vornehmen, um sich wechselseitig zu schaden, liegt mit Sicherheit ein Konflikt vor. In diesem Fall sind andere Handlungsoptionen notwendig.

Sodann ist vor jeder schwierigen Verhandlung zu fragen, welche Alternativen für Sie und den Verhandlungspartner bestehen. Gegebenenfalls müssen Sie sich gar nicht auf eine „harte Nuss" einlassen, weil mit etwas Abwarten oder nach einiger Recherche eine günstigere Verhandlungsmöglichkeit entsteht (Faktor Alternativen, vgl. Harvard-Prinzip 1).

Aber auch „normale" Verhandlungssituationen können Schwierigkeiten bergen. Daher macht es Sinn, einige typische Situationen anzusehen, die Verhandlungen schwierig erscheinen lassen. Für alle diese Situationen gibt es vielfältige Möglichkeiten, die Chancen auf Lösungen bieten, jedoch nicht als „perfekte Rezepte" anzusehen sind.

9.2 Einwandbehandlung

Einwände, Gegenargumente, Zweifel des Verhandlungspartners werden oft als Schwierigkeiten für Verhandlungsgespräche angesehen. Einwände sind jedoch das klassische Beispiel dafür, dass die „Schwierigkeit" oft nur im Kopf des Verhandlungsführers aufgebaut wird und dass „schwierige Situationen" vielfach nur Bedürfnisse des Verhandlungspartners anzeigen. Gerade Einwände sind bei nüchterner Betrachtung eine Chance. Erfahrene Verhandlungsführer schätzen Einwände des Verhandlungspartners, denn sie geben ihnen die Möglichkeit, die Bedürfnisse des Partners kennen zu lernen und die Arbeitsbeziehung tragfähiger zu gestalten. Solange ein Partner argumentiert und Einwände bringt, ist die Verhandlung auf einem guten Weg. Weit schwieriger sind dagegen Gleichgültigkeit und Distanz. Grundlage der Einwandbehandlung ist deshalb die:

9.2.1 Positive Wahrnehmung und Gestaltung der Situation:

Fragen Sie sich, welches Bedürfnis – vor allem welches Grundbedürfnis – des Verhandlungspartners gestört, gefährdet oder noch nicht angesprochen wurde. Bedürfnisse, die Einwänden und Störungen zugrunde liegen, betreffen meist die Beziehungsebene und sind dem Partner oft nicht bewusst. Was er wahrnimmt, sind meist die Befürchtungen, die er jedoch – meist aus Höflichkeit oder Schamgefühl – nicht zu äußern wagt. Befürchtungen und Bedürfnisse werden deshalb nicht offen angesprochen, sondern werden verschlüsselt ausgedrückt durch Einwände auf der Sachebene.

Typische Beispiele für Befürchtungen und Bedürfnisse wären:

- der Partner befürchtet, dass Sie ihn „abfertigen" wollen, denn
  - er möchte ernst genommen werden und als kritischer Gesprächspartner gelten,
  - er möchte testen, ob Sie bereit sind, sich auf ihn und seine Situation einzulassen
- der Partner befürchtet, dass Sie ihn „über den Tisch ziehen" wollen, denn
  - er möchte die Sicherheit haben, fair behandelt zu werden
  - er muss das Verhandlungsergebnis sich selbst und seinen Auftraggebern gegenüber rechtfertigen
- der Partner befürchtet, dass Sie für ihn nicht der optimale Verhandlungspartner sind, denn
  - er möchte eine individuelle und auf ihn zugeschnittene Lösung statt eines Standardprodukts
  - er möchte seine konkreten Bedingungen ausreichend berücksichtigt sehen,
  - er erwartet, dass Sie sich mit seinem speziellen Fall auseinandersetzen

9.2.2 Grundsätzliche Schritte zur Einwandbehandlung

1. Aktives Zuhören, vor allem die genaue Beobachtung der paraverbalen und nonverbalen Signale (Stimmführung, Körperhaltung, Kontextbezug) sind sehr wichtig, um die Botschaft hinter den Einwänden entschlüsseln zu können.
2. Jede Einwandbehandlung beginnt deshalb mit einer Wertschätzung Ihres Verhandlungspartners und seines Einwandes! Aktiv zuhören kann auch bedeuten, dass Sie die Botschaft des Partners vorsichtig in eigenen Worten formulieren, wenn dieser sie nicht klar genug ausdrückt (vgl. Kapitel „Mangelnde Offenheit").
3. Erst dann, wenn Sie sicher sind, dass Sie die Bedürfnisse des Partners richtig entschlüsselt haben (aktiv zuhören) und dass Ihr Partner sich verstanden und ernst genommen fühlt (Wertschätzung), können Sie durch angemessene Fragetechnik weiter klären.
4. Dann sollten Sie das Bedürfnis (und möglichst nicht die Befürchtung!) offen ansprechen und zum aktuellen Thema im Verhandlungsgespräch machen. Hierbei ist es oft sinnvoll, Vermutungen zu äußern und den Partner vorsichtig zu ermuntern, Sie zu korrigieren.

9.2.3 Einwand zurückstellen

Häufig resultieren Einwände aus einer gedanklichen Weiterführung des Gespräches durch den Partner und nehmen damit eine spätere Gesprächsphase voraus. Vielfach ist es nicht sinnvoll, bestimmte Fragen zu behandeln, ehe Grundlagen besprochen sind oder weitergehende Informationen vorliegen. In diesem Fall sollten Sie zunächst den Einwand Ihres Partners wertschätzend aufnehmen, möglichst schriftlich festhalten und sodann erläutern, aus welchem Grund Sie jetzt darauf noch nicht eingehen möchten. Sodann bieten Sie Ihrem Partner an, wann Sie konkret auf sein Anliegen eingehen möchten und fragen ihn nach seinem Einverständnis:

1. Einwand aufnehmen:
   Gut. Sie wollen sicherstellen, dass ... Da sprechen Sie in der Tat einen wichtigen Punkt an, den ich Ihnen gleich erläutern möchte.
2. Vorschlagen, den Einwand zurückzustellen und Begründung, warum:
   Damit ich Ihre Situation gut einschätzen kann, möchte ich jedoch vorher ...
3. Vereinbarung darüber erfragen und sicherstellen:
   Wäre das für Sie akzeptabel?
3a. Oder Sie sprechen die Erlaubnis implizit an:
   Erlauben Sie, dass ich Ihnen zuvor ...

9.2.4 Ergänzungs – Technik („geschenktes Argument")

Diese Technik der klassischen Rhetorik zielt darauf ab, die Sichtweise Ihres Gesprächspartners nicht nur gelten zu lassen, sondern durch ein argumentatives Zugeständnis noch zu stärken: Sie machen Ihrem Partner (kurzfristig) ein „Geschenk" auf der Sachebene und stärken damit die Beziehungsebene, um eine gute Voraussetzung für eine Einigung zu schaffen.

1. Ihr Argument, z. B.:
   „Sie benötigen eine spezielle Workflow-Software, um Ihre Arbeitsvorgänge besser zu koordinieren."
2. Der Einwand Ihres Partners, z. B.:
   „Workflow-Software ist aufwändig und teuer und wir nutzen sie nur zu 10 % aus."
3. Ihr „geschenktes Argument":
   Nun greifen Sie diesen Einwand auf und führen das Einwand-Argument Ihres Partners weiter, so als ob dieser weiter sprechen würde, z.B:
   „Ich verstehe. Und dann bildet die Software ja oft auch die reale Arbeitsweise des Teams gar nicht so genau ab."
   (– Reaktion des Partners; vermutlich ein weiterer Ausbau seiner Position –)
4. Ihr Vorschlag zum weiteren Vorgehen:
   „Dann lassen Sie uns doch einfach alle Anforderungen zusammenstellen und prüfen, wo der Software-Einsatz Vorteile bringen könnte, wo Sie Schwierigkeiten erwarten und was die beste Lösung für Sie sein kann."

9.3 Aufbauende Techniken für Verhandlungsführung und Einwandbehandlung

Fortgeschrittene Verhandlungsführer setzen Gesprächstechniken ein, die auch in der Systemischen Therapie erforscht und systematisiert wurden und sich sowohl im normalen Gespräch als auch für schwierige Situationen eignen. Beispielhaft werden hier aufgeführt:

9.3.1 Hypothesen - Technik

Hypothesenbildung ist eine gute Möglichkeit, um in den Phasen der Ideensammlung Lösungsoptionen zu entwickeln und zu testen. Wie bereits im Grundlagen-Teil erwähnt, ist es sinnvoll, eigene Vorschläge für Lösungsoptionen als Hypothese oder als hypothetische Frage vage und unverbindlich in das Gespräch einzubringen, um den kreativen Prozess zu fördern:

- „Nehmen wir einmal an ..."
- „Ich könnte mir vorstellen ... "
- „Was wäre, wenn ... „

In gleicher Weise können Sie aber auch Einwände Ihres Gesprächspartners aufgreifen und hypothetisch weiterverfolgen und dann den Partner in diesen Gedankengang mit einbeziehen (z. B. mit einer Checkfrage):

- „Wenn ich Ihre Überlegung einfach mal weiterverfolge, dann käme ich zu dem Schluss, dass ... Wäre das so auch in Ihrem Sinne?"
- „Dann lassen Sie uns mal den Fall durchspielen, dass wir die Software nur zu 10 % nutzen würden. Welche Features würden wir konkret nutzen und was würden wir nicht benötigen?"

Um hypothetische Fragen zu stellen, sollte die Situation jedoch vorher ausreichend durch „einfache" offene Fragen erkundet sein („was, wer, wann, wie, wo ..."). Erst dann, wenn auf diese Weise die Datenbasis gesichert ist, sollten Sie von dieser Basis aus Hypothesen bilden. Anderenfalls zielen hypothetische Fragen schnell unproduktiv „ins Leere". Zur systemischen Technik der hypothetischen Fragen vgl. SCHLIPPE & SCHWEITZER, 2000: 155ff.

9.3.2 Zirkuläre Fragetechnik

Eine gute Verhandlungsvorbereitung und eine gute Klärungsphase im Verhandlungsgespräch beziehen möglichst viele Stakeholder und ihre Sichtweisen mit ein. Die kommunikative Technik, um ein Stakeholder-System zu klären und zu erkunden, sind zirkuläre Fragen, die den Wahrnehmungsfokus des Gesprächspartners zunächst auf die Außenwelt lenken, um sich dann aus der Außenperspektive selbst zu betrachten. Zirkuläre Fragen sind generell ein machtvolles Instrument für Verhandlungen und Gesprächsführung (vgl. SCHLIPPE & SCHWEITZER, 2000: 138ff) und werden hier stellvertretend für viele andere Einsatzgebiete (Bedarfserhebung, Stakeholderanalyse, Auftragsklärung ...) vorgestellt:

 Beispiel Typische Beispiele für zirkuläre Fragen:
- „Wie sieht denn dieser Fall aus der Sicht Ihrer Kunden/Mitarbeiter ... aus?
- Wenn wir jetzt Ihren Mitarbeiter fragen könnten, was würde der antworten ...?"

Wie die Abbildung 2.11-V2 veranschaulicht, haben Sie mehrere Möglichkeiten, um die Außenperspektive bzw. das Stakeholder-System zirkulär zu erfragen. Dabei handelt es sich natürlich jeweils um Vermutungen, die geäußert werden. Daher sind zirkuläre Fragen auch immer hypothetische Fragen:

1. Sie fragen nach der Meinung oder Sichtweise eines anderen auf den Befragten:
   „Was denken Sie, wie Ihr Partner Sie sieht?" oder: „Was schätzt Ihr Partner an Ihnen?"
2. Sie fragen nach der voraussichtlichen Reaktion anderer Personen auf den Befragten:
   „Was würde Ihre Kollegin X zu diesem Vorschlag/Argument ... sagen?"
3. Sie fragen nach (vermuteten) Handlungsweisen, Reaktionen oder Konsequenzen bei anderen Personen:
   "Was wäre die Reaktion Ihres Chefs, wenn wir diese Lösung umsetzen würden?"
   "Wie würde sich die Arbeitsweise des Einkaufs verändern, wenn wir diese Software einführen würden?"
4. Sie fragen nach Beziehungen, Sichtweisen, Reaktionen oder Kommunikationen zwischen zwei Außenstehenden:
   "Was würde Ihr Chef gegenüber dem Einkauf äußern, wenn ..."
   „Wie steht die Produktionsabteilung zu den Vorschlägen aus dem Marketing?"

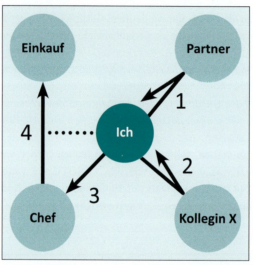

Abbildung 2.11-V2: Zirkuläre Fragen zur Beziehungs- und Stakeholderanalyse und zur Einwandbehandlung (Quelle: Eigene Darstellung von M. GOERNER)

9.3.3 Das „Good-Boy-Bad-Boy"-Spiel

Eine Abwandlung der zirkulären Technik ist das beliebte „Good-Boy-Bad-Boy"-Spiel. Es gehört freilich tendenziell in die „Trickkiste" und sollte nicht überstrapaziert werden, macht aber in manchen Verhandlungssituationen durchaus Sinn.

Um die unnachgiebige Position Ihres Partners aufzuweichen, schlüpfen Sie als Verhandlungsführer in die Rolle eines „Good Boy", der den Verhandlungspartner vor der ungünstigeren Position des hinter ihm stehenden „Bad Boy" bewahren möchte. Sie verhandeln also eigentlich nicht, sondern agieren wie ein Vermittler. Dabei ist es durchaus üblich, dass die „Bad Boy"-Position künstlich aufgebaut wird. Sie muss allerdings glaubhaft und authentisch bzw. nachvollziehbar sein (vgl. u. a. SCHRANNER, 2001: 87).

Wie beim zirkulären Fragen holen Sie eine imaginäre dritte Person in den Aufmerksamkeitsfokus, diesmal jedoch eine Person, die eine Extremposition einnimmt und hinter Ihnen steht, z. B. Ihren Chef. Indem Sie von dieser Extremposition berichten, grenzen Sie sich von ihr als „gemäßigt" ab und plädieren als „Anwalt" Ihres Verhandlungspartners für einen Mittelweg. Dadurch können Sie eine Verhandlungssituation schaffen, wo zuvor nur Positionen standen. Die Extremposition bleibt dabei drohend stehen:

Beispiel *Mein Chef* will den gesamten Auftrag mit Ihnen stornieren, denn er empfindet die Preiserhöhung Ihrer Firma als persönlichen Affront. Ich denke, dass er da etwas zu empfindlich reagiert und dass wir grundsätzlich Verständnis für Ihre Preispolitik haben sollten. Wir sollten aber jetzt überlegen, was wir tun können, um einen Ausweg zu finden und diesen Ärger nicht zu hoch kochen zu lassen …

Die Techniker bestehen eigentlich darauf, den gesamten Maschinenpark auszuwechseln. Das wäre aus meiner Sicht natürlich viel zu teuer und gegenwärtig auch noch nicht notwendig, aber wir sollten überlegen, welche Maschinen jetzt wirklich gewechselt werden müssen, damit die Techniker erst einmal zufrieden sind …

Im Verlaufe der Verhandlung, die auf diese Weise eine Vermittlung wird, werden Sie dann wiederholt die „Extremposition" hervorholen, bestimmte Positionen darstellen, um sich dann jeweils wieder als Vermittler einzuschalten, die Sichtweisen und Interessen Ihres Partners zu erfragen, Lösungsoptionen oder Kompromisse mit ihm zu suchen.

Das Good-Boy-Bad-Boy-Spiel ist ursprünglich eine Technik für den Positionskampf, kann aber auch mit Elementen des Harvard-Konzepts kombiniert werden. Es kann beispielsweise sinnvoll sein, um Verhandlungspartner, die eine Position aufbauen und zunächst nicht bereit sind, über ihre Interessen zu sprechen, in den Dialog zu bringen.

Sie sollten allerdings bei allen Verhandlungen überlegen, welchen Personen gegenüber Sie Ihr Verhandlungsergebnis tatsächlich rechtfertigen müssen. Mit diesen Personen sollten Sie bevorstehende schwierige Verhandlungen durchsprechen und überlegen, welche echten Rücksprachen sie fest einplanen können, um bei Problemen eine Absicherung zu haben. SCHRANNER empfiehlt für größere Verhandlungen den Aufbau eines Verhandlungsteams mit abgestuften Befugnissen und Berichtspflichten nach dem Vorbild der Polizei (vgl. SCHRANNER, 2003: 30)

9.4 Killerphrasen abwehren und auflösen

Negative Verallgemeinerungen werden gerne dazu genutzt, um Vorschläge pauschal abzuwerten oder um die Glaubwürdigkeit des Gesprächspartners zu untergraben. Solche „Killerphrasen" wirken meist eskalierend und sollen Gespräche „abwürgen".

Beispiel  für Killerphrasen in Verhandlungen:
- „Da sind Sie nicht der erste, der hier mit so einem Vorschlag ankommt!"
- „Das ist doch längst veraltet!"
- „Das ist viel zu aufwändig!"
- „So ein System kann bei uns keiner bedienen!"
- …

9.4.1 Fragetechniken als Reaktionsmöglichkeit

Bei guter Gesprächsführung kann sich eine Killerphrase sogar als „Goldgrube" erweisen, denn hinter der pauschal abwertenden Aussage verbirgt sich eine „Welt" von Interessen, Bedürfnissen, Sichtweisen, die jedoch über Gesprächstechniken erschlossen werden müssen. Offene W-Fragen sind eine Möglichkeit hierfür. Eine weitere Reaktionsmöglichkeit besteht darin, den Partner aufzufordern, ein konkretes Beispiel für seine Aussage zu nennen. Entscheidend ist immer, den Partner und seine Aussage ernst zu nehmen. Nachfolgend eine typische Killerphrase, die Wort weise mit Fragen „auseinander genommen" ist, um das reichhaltige „Fragepotential" dahinter zu verdeutlichen.

Beispiel Fragenpotential in einer Killerphrase („Das bringt doch alles nichts!")

Satz	Fragenpotential
Das	• Was genau meinen Sie? Was genau bringt nichts? • Was davon bringt am wenigsten/am meisten?
bringt	• Was wäre für Sie ein optimales Ergebnis der Verhandlung? • Was muß passieren, damit Sie den Eindruck haben, dass wir etwas wichtiges erreicht haben?
doch	• Waren Sie zunächst anderer Meinung? • Was hat Ihre Meinungsänderung bewirkt?
alles	• Gibt es vielleicht (doch/jetzt schon) einige Dinge, die bereits etwas gebracht haben, und sei es nur „nebenbei"? • Was genau haben Sie erwartet? • Welche Ihrer Erwartungen wurden enttäuscht?
nichts	• Es ist unwahrscheinlich, daß Ereignisse keinerlei Spuren hinterlassen: • Was ist für Sie (bislang, konkret) das Ergebnis unserer Bemühungen?

Abbildung 2.11-V3: Fragenpotential zur Reaktion auf eine Killerphrase
(Quelle: Eigene Darstellung von M. GOERNER)

Für die Gesprächsführung reicht allerdings eine dieser Fragen, um von dort aus z. B. mit dem Präzisierungstrichter weiterzuarbeiten.

9.5 Unklare oder emotionalisierte Verhandlungssituationen

EDMÜLLER & WILHELM (1999) beschreiben mit dem „Präzisierungstrichter" eine einfache, elegante und wirkungsvolle Methode, um

- Emotional geladene Situationen zu versachlichen
- Wesentliches von Unwesentlichem zu trennen
- Prioritäten herauszuarbeiten und zu vereinbaren
- Zum Kern einer Sache vorzudringen
- Mit Vielrednern und Angreifern umzugehen.

Ähnlich wie der Fragetrichter oder die Technik des Zwischenchecks (vgl. Kapitel „Ergebnissicherung mit Check-Fragen") handelt es sich um eine Kombination von Aktivem Zuhören, gezielt eingesetzten Zusammenfassungen, Beschreibungen der Situation (Reporter-Technik) und Fragetechniken.

Für jedes Teilgebiet ergibt sich ein Gesprächsverlauf in Form eines Trichters. Der Ablauf aus Aktivem Zuhören + Zusammenfassen + offene Frage wird so lange durchlaufen, bis in einem Punkt mit einem Kontrakt eine Klärung erreicht ist (Trichtermündung). Danach erfolgt ggf. ein weiterer Durchlauf zum nächsten unklaren Punkt:

Abbildung 2.11-V4: Präzisierungstrichter zur Klärung unklarer oder emotionalisierter Verhandlungssituationen (Quelle: Eigene Darstellung von M. GOERNER)

Beispiel für die Anwendung des „Präzisierungstrichters":
(A) Abteilungsleiter Müller: „Ah, Herr (Projektleiter) Meier, gut, dass ich Sie treffe. Mit Ihnen habe ich noch ein Hühnchen zu rupfen! Die Projektvorstellung Ihres Mitarbeiter gestern war ja völlig daneben und das Berichtswesen klappt auch überhaupt nicht. Das muss sich bald ändern, sonst wird das ernsthafte Konsequenzen haben. Das kann ich mir so unmöglich bieten lassen!"
(B) Projektleiter Meier: „Da bin ich wirklich überrascht. Habe ich Sie richtig verstanden? Es gibt also zwei Probleme: Die Projektvorstellung meines Mitarbeiters und dann Mängel im Berichtswesen. Lassen Sie uns die beiden Punkte doch klären. Mit welchem Punkt wollen Sie anfangen?"
(A) AL Müller: „Meinetwegen mit der Projektvorstellung."
(B) PL Meier: „Was ist denn da genau vorgefallen?"
(A) AL Müller: „Nun ja, Ihr Mitarbeiter war überhaupt nicht vorbereitet."
(B) PL Meier: „Was meinen Sie mit ´nicht vorbereitet´?"
(A) AL Müller: „Er hatte keine Handouts dabei, wie ausgemacht, und die Folien waren ziemlich wirr."
(B) PL Meier: „Sie hatten mit ihm vereinbart, Handouts mitzubringen, und das hat er nicht getan?"
(A) AL Müller: „Ja, genau."
(B) PL Meier: „Das wäre also die eine Sache, dass diese Vereinbarung nicht eingehalten wurde. Was war nun genau das Problem bei den Folien?"

(Beispiel in Anlehnung an EDMÜLLER & WILHELM, 1999: 34).

Nun verläuft das Gespräch zwischen den beiden schon sachlicher und ruhiger als zu Beginn. Es kommt vor allem darauf an, geduldig nachzufragen und aktiv zuzuhören. Der Abteilungsleiter „überfällt" Meier mit Ärger, Abwertungen und negativen Verallgemeinerungen („Killerphrasen"). Der Projektleiter widersteht dem Affekt, die aufgebrachte Reaktion des Abteilungsleiters ebenso emotional zurückzuweisen und rechtfertigt sich auch nicht.

Er hört zu, fasst den Sach-Inhalt der Äußerung zusammen und hinterfragt die Verallgemeinerungen. Wenn erneut unklare Äußerungen kommen, wiederholt er erneut möglichst beschreibend den Sach-Inhalt und fragt wieder nach usw.

Entscheidend ist, mit welcher Grundhaltung, Stimmführung und in welchem Kontext diese Technik eingesetzt wird (Machtverhältnis, Tragfähigkeit der Beziehung, Gesprächssymmetrie etc., vgl. die jeweil. Kapitel). In strengem „Verhör-Stil" und ohne Empathie kann der Trichter auch eskalierend wirken.

9.6 Mangelnde Offenheit oder fehlendes Vertrauen des Verhandlungspartners

Verhandlungen gewinnen in dem Maße, wie beide Seiten in der Lage sind, die Bedürfnisse und Ziele, die hinter den Positionen liegen, selber zu erkennen und auch der anderen Seite zu erkennen zu geben. Nur auf dieser Grundlage ist es möglich, eine vorteilhafte Einigung zu erzielen. Wenn Ihr Verhandlungspartner seine Ziele und Bedürfnisse nicht offen legt, sind Sie darauf angewiesen, auf der Basis der bekannten Positionen mit ihm zu feilschen, was meist zu keinem optimalen Ergebnis führt, weil keine Win-win-Lösung möglich ist. Deshalb macht es Sinn, auch in diesem Fall zunächst zu versuchen, die Gründe für das Verhalten des Partners und möglichst auch seine Interessen und Bedürfnisse in der Verhandlung zu ermitteln.

9.6.1 Situationsanalyse und Vertrauensbildung

Offenheit ist eine Beziehungsqualität, die Vertrauen voraussetzt. Zunächst ist daher zu prüfen, wie weit Ihre Arbeitsbeziehung schon reif für die Verhandlung ist oder ob zunächst nur ein Sondierungsgespräch möglich ist und weitere „vertrauensbildende Maßnahmen" für die schrittweise Annäherung erforderlich sind. Sondieren Sie auch, was der Grund für die mangelnde Offenheit sein könnte: In welche Zwänge ist Ihr Partner eingebunden, welchem Erfolgsdruck ist er ausgesetzt und welches Bild hat er von Ihnen als Verhandlungspartner? Diese Fragen bieten meist Ansatzpunkte für eine Vertrauensbildung. Eine gute Stakeholder-Analyse ist auch hier die Grundlage für die Verhandlungsführung.

Vertrauen wächst durch Vorleistungen. Leben Sie Offenheit vor, allerdings zunächst in einem kalkulierten Umfang. Sie können jederzeit einen (kleineren) Teil Ihrer Bedürfnisse und Ziele offen legen und zugleich deutlich machen, welche Vorteile sich für den Partner ergeben würden, wenn er genauso verfährt.

Ermitteln Sie auch, welche Informationen genau für den Partner problematisch sind. Dann können Sie wieder nach dem Harvard-Konzept verfahren, um Gemeinsamkeiten zu ermitteln.

Beispiel Ein typischer Fall aus der IT-Branche: In einem Projekt soll ein Programm für die Verwaltung von Kundendaten erstellt werden. Die Programmierer fordern Daten vom Kunden, um die Programmspezifikation erstellen zu können. Der Kunde weigert sich jedoch mit Verweis auf die Geheimhaltungspflichten, Daten herauszugeben. Eine Klärung der beiderseitigen Interessen und Bedürfnisse ergibt, dass die Programmierer lediglich Datenstrukturen und Rahmeninformationen über den Datenumfang etc. benötigen. Auf dieser Basis sind vielfältige Lösungen möglich:
- Der Kunde stellt einen fachlich versierten Mitarbeiter ab, der als Kontaktperson zum Projekt fungiert und die erforderlichen Informationen auf Rückfrage bereitstellen kann, dabei aber zugleich die Geheimhaltungspflichten wahrt.
- Der Kunde stellt die Datenstruktur mit Dummy-Daten bereit, usw.

9.6.2 Kommunikative Klärungsansätze

Vielfach ist die Zurückhaltung des Gesprächspartners auch „hausgemacht" und in der Situation oder in der Kommunikation begründet:

- Sie stellen pausenlos Ihr Angebot dar, statt dem Partner zuzuhören,
- ihr Partner ist einfach zurückhaltend und redet nicht gern,
- der Rahmen/Kontext passt nicht für ihn:
  - andere Personen hören das Gespräch – vor allem bei Verhandlungen am Telefon,
  - momentan ist nicht die Zeit, eine Frage zu erläutern etc.

Mit Ihrem Partner sollten Sie deshalb schon zu Gesprächsbeginn klären, ob der Rahmen für ihn zum Thema passt und auf welche Fragen sie sich konzentrieren sollten. Sich selbst sollten Sie während des Gespräches fragen, wie gut Sie aktiv zuhören und ob Sie die Themen des Partners aufgreifen, statt die eigenen Anliegen vorzutragen. Echtes Interesse, „naive" Fragetechnik und hartnäckiges Aushalten von Pausen helfen meist auch, wortkarge Gesprächspartner zu ermuntern.

Häufig ist der Grund der Zurückhaltung einfach nur mangelnde Selbstklärung oder Vorbereitung des Partners. In diesem Fall lässt sich das Aktive Zuhören durch „Doppeln" erweitern: Sie formulieren aufgrund der Aussagen, die der Partner macht, Sätze, die er vermutlich sprechen würde, wenn er die Hintergründe einbeziehen würde, machen Ihre Vermutungen aber deutlich als Hypothesen kenntlich oder äußern sie in Frageform:

- „Sie erhoffen sich wahrscheinlich …?"
- „Ihnen wäre es sicher recht, wenn wir uns auf … einigen würden?"

Sie können auch solche Vermutungen in Ich-Botschaften kleiden, indem Sie die Perspektive Ihres Partners einnehmen:

- „Ich kann mir gut vorstellen, dass für Sie … Liege ich da richtig?"
- „Ich würde an Ihrer Stelle hier auch zunächst zögern …"
- „Ich an Ihrer Stelle wäre hier erst einmal misstrauisch, ob …"
- „Ich hätte hier natürlich auch Zweifel, ob …"

Günstig ist es, in diese Formulierungen eine zeitliche Bedingung einzuflechten, wie im Beispiel genannt: „erst einmal", „zunächst". Sinnvoll ist auch, diese Vermutungen als normal und vernünftig darzustellen: „natürlich", „selbstverständlich", „normalerweise" …

Bei mangelnder Offenheit haben Sie weiterhin die Möglichkeit, einen vermuteten Sachverhalt in eine erlebte oder erdachte kleine Geschichte einzuflechten. Beispielsweise erzählen Sie von einem früheren Geschäftspartner, dem es zunächst ähnlich ging, wie Sie es bei Ihrem Partner vermuten.

Sinnvoll sind auch bewusst allgemeine und unscharfe Formulierungen, die den Fokus vom Partner weglenken und die ihm die Möglichkeit geben, zu korrigieren oder zu ergänzen, z. B.:

- „Die meisten möchten erst einmal …"
- „Manchmal hört man …",
- „Viele glauben, dass …"
- „Bis vor kurzem war man noch der Meinung, dass …"

9.7 Die Verhandlung stockt

9.7.1 Vorwände oder fehlende Entscheidungen und Informationen:

Verhandlungen können in Situationen geraten, in denen es plötzlich einfach nicht mehr weitergeht. Der einfachste Fall ist noch, wenn der Gesprächspartner auf fehlende Entscheidungen, Informationen o.ä. verweist:

- *„Wir müssen hierzu die Stellungnahme der Abteilung x abwarten!"*

Nehmen Sie diese Aussage ernst, auch wenn sie vorgeschoben sein sollte, und versuchen Sie, über Fragen oder Vorschläge zu einer konkreten Vereinbarung zum genannten Punkt zu kommen:

- *Wann ist die Stellungnahme zu erwarten?*
- *Wann und wie informieren Sie mich von der Stellungnahme? ...*
- *Wann sollten wir uns dann wieder treffen?*
- *Dann schlage ich vor, dass Sie mir den Beschluss per Mail bis zum ... mitteilen und dass wir dann für den ... einen Termin vereinbaren.*

Sie können bereits in der Vorbereitungsphase viel dafür tun, die richtigen Partner an den Verhandlungstisch zu bekommen oder eine ausreichende Informations- oder Beschlusslage vor Verhandlungsbeginn zu erwirken.

9.7.2 Blockaden und unproduktive Gesprächsmuster

Wenn im Gespräch eine Blockade auftaucht, sollten Sie zunächst Ihrem Partner beschreibend mitteilen, wie Sie die Situation wahrnehmen (Reportertechnik, vgl. hierzu das Kapitel „Ich-Botschaften"), beispielsweise:

- „Wir sprechen jetzt zum dritten Mal über das gleiche Thema und haben noch keinen Vorschlag von Ihnen vorliegen."
- „Ich habe Ihnen jetzt zwei Vorschläge gemacht, aber Sie haben beide ohne Begründung zurückgewiesen."
- „Sie haben wiederholt geäußert, dass unser Angebot nicht Ihrer Arbeitsweise entspricht."

Danach können Sie Ihr Gefühl beschreiben z. B.: *„ich bin enttäuscht ..."* sowie die voraussichtlichen Konsequenzen beschreiben, z.B: *„Wir werden heute keine Klärung erreichen."* (vgl. Kapitel „Ich-Botschaften") Sie können aber auch – einfacher – jetzt direkt über Fragen klären, wo für Ihren Partner ein Hindernis steht, ein Bedürfnis nicht erfüllt ist, eine Information fehlt etc. (vgl. Fragetechnik, Zirkuläre Fragen etc.)

Schließlich ergeben sich vielfältige Möglichkeiten jenseits der argumentativen Ebene, um festgefahrene Situationen zu lösen, beispielsweise:

- Wechsel des Verhandlungsortes, z. B. in die Cafeteria
- Verhandlungspause, ggf. mit Rücksprache-Möglichkeit für Sie oder Ihren Partner
- Vorschlag, ein anderes Thema vorzuziehen ...

Vgl. hierzu die „Strategische Verhandlungsvorbereitung" und „Nonverbales Verhalten".

9.7.3 Gleichgültigkeit und Desinteresse

Wenn Ihr Verhandlungspartner nicht verhandeln will, weil er am Verhandlungsgegenstand kein Interesse hat oder sich bessere Alternativen verspricht, haben Sie zunächst kaum Möglichkeiten, sein Verhalten zu beeinflussen. Verhandeln setzt grundsätzlich voraus, dass beide Seiten an einer Einigung interessiert sind oder Veränderungsbedarf besteht. Ist dies nur einseitig gegeben, besteht keine Verhandlungssituation, selbst wenn Sie dies Ihrerseits wünschen.

Sie können in dieser Situation jedoch auf die strategische Ebene wechseln und überlegen, welche Einflussmöglichkeiten sich eventuell langfristig ergeben. Fragen Sie sich auch, ob Sie den richtigen Verhandlungspartner identifiziert haben oder ob für Ihr Anliegen nicht ein anderer Partner geeigneter wäre (Harvard-Prinzip Alternativen).

Recherchieren Sie, welche Interessen und Bedürfnisse Ihr Wunsch-Verhandlungspartner hat, in welchem Beziehungsgeflecht der Partner steht (Stakeholder-Analyse) und was Sie ihm bieten könnten, um ihn zu einem Gespräch zu bewegen und überlegen Sie, was ein sinnvolles Abkommen zwischen Ihnen sein könnte.

Bespiel Eine Firma wollte ihr Werksgelände erweitern. Der ältere Herr, der das benachbarte Grundstück besaß, hatte jedoch keinerlei Interesse an einem Verkauf, sodass die Pläne seit Jahren stagnierten. Verkaufsverhandlungen wurden aber möglich, nachdem die Firmeneigner herausgefunden hatten, dass der Grundstücksbesitzer eine Tochter hatte, die auf Jobsuche war, und ihr eine interessante Position in der Firma angeboten werden konnte.

9.8 Umgang mit Widerständen

9.8.1 Quellen von Widerstand im Projekt

Zunächst ist es hilfreich, sich zu veranschaulichen, dass Widerstände in der Projektarbeit aufgrund der besonderen Situation relativ normal sind:

- Projekte stehen oft in einem komplexen personellen Umfeld (Stakeholder), meist mit unterschiedlichen/widersprüchlichen Erwartungen.
- Annahmen und subjektive Deutungen der Stakeholder haben einen hohen Stellenwert (Annahmen über Ressourcen, Voraussetzungen, Aufwände etc.).
- Projekte schaffen Veränderungen, die weitere Personenkreise „betreffen":
- Organisations- und Umstrukturierungsprojekte verändern beispielsweise Beziehungen und Netzwerke oder betreffen Arbeitsplätze. „Einfache" EDV-Projekte betreffen User und verändern Arbeitsweisen, ggf. auch Strukturen.
- Projekt-Teams sind oft interdisziplinär oder auch international zusammengesetzt:
- Sprachen, Fachsprachen und Kulturen prallen oft unvorbereitet aufeinander.

Der Umgang mit Widerständen gehört daher zur „normalen" Verhandlungssituation im Projekt.

9.8.2 Allgemeine Symptome für Widerstand

Widerstände können sich aktiv (Angriff) oder passiv (Verteidigung) äußern und haben typische Anzeichen auf der verbalen und nonverbalen Ebene:

	Aktiv (Angriff)	Passiv (Verteidigung)
Verbal (Reden)	**Widerspruch** Gegenargumentation Vorwürfe Drohungen Polemik Sturer Formalismus	**Ausweichen** Schweigen Bagatellisieren Blödeln Ins Lächerliche ziehen Unwichtiges diskutieren
Nonverbal (Verhalten)	**Aufregung** Unruhe Streit Intrigen Gerüchte Cliquenbildung	**Lustlosigkeit** Unaufmerksamkeit Müdigkeit Fernbleiben Innere Emigration Krankheit

Abbildung 2.11-V5: Anzeichen für Widerstände in Verhandlungsprozessen (in Anlehnung an DOPPLER & LAUTERBURG, 2005: 327)

9.8.3 Akzeptanz und positives Verständnis von Widerstand

Machen Sie sich klar, ähnlich wie schon generell bei den „schwierigen Situationen" in Verhandlungen: Widerstand ist zunächst nichts als ein Konstrukt Ihrer Wahrnehmung: Sie verfolgen ein bestimmtes Ziel, der Verhandlungspartner ein anderes, Sie interpretieren dieses Verhalten als Widerstand, für ihn ist es eine sehr sinnvolle und logische Verhaltensweise. Sobald Sie den Partner ernst nehmen und offen auf seine Probleme eingehen, gewinnen Sie Handlungsmöglichkeiten. Wenn Sie konfrontieren, riskieren Sie ein Scheitern mit hohem Preis.

DOPPLER & LAUTERBURG (2005: 333f) stellen hilfreiche Thesen zum Umgang mit Widerstand auf:

- Widerstand ist der siamesische Zwilling der Veränderung. In Veränderungsprozessen - die in Projekten die Regel sind - müssen Sie mit Widerständen fest rechnen.
- Widerstand enthält eine verschlüsselte Botschaft. Wenn Menschen sich gegen sinnvolle oder notwendige Veränderungen sträuben, haben sie Befürchtungen oder Bedenken, dass grundlegende Bedürfnisse nicht befriedigt werden könnten. Daher ist nach diesen Bedürfnissen und Befürchtungen zu fragen (siehe Harvard-Konzept 3: Interessen und Bedürfnisse hinter den Positionen).
- Nichtbeachtung von Widerstand führt zu Blockaden.
  Der Widerstand ist ein Symptom, dass noch nicht alle Voraussetzungen für eine Veränderung gegeben sind. Wenn Sie jetzt Druck ausüben, bewirken Sie nur die Verstärkung des Gegendrucks.

9.8.4 Möglichkeiten für den Umgang mit Widerständen

Deshalb lautet die Grundregel für den Umgang mit Widerständen:

💧 **Tipp** Mit dem Widerstand gehen, nicht gegen ihn! (vgl. DOPPLER & LAUTERBURG, 2005: 334). Dies bedeutet: Geben Sie dem Widerstand Raum. Solange Sie die Chance haben, zuhören und beobachten zu können, gewinnen Sie wertvolle Informationen als Grundlage für Ihr Handeln. Je zeitiger und je niederschwelliger Sie in eine offene Kommunikation einsteigen, desto besser. Je länger Sie warten, desto höhere Blockaden bauen sich auf.

Analysieren Sie die Situation, möglichst schon vor dem Gespräch:

- Betrifft der Widerstand nur Ihren Verhandlungspartner oder eine ganze Personengruppe?
- Resultiert er aus Erwartungen, aus bestimmten Deutungen der Situation, aus widersprüchlichen Anforderungen oder verdeckten Widersprüchen in Regeln usw.?
- Handelt es sich um ein festes Verhaltensmuster oder tritt der Widerstand spontan auf?
- Befindet sich der Verhandlungspartner - womöglich ungewollt - in einem Veränderungsprozess?
- Hat Ihr Partner in der Vergangenheit schlechte Erfahrungen mit bestimmten Themen oder Regeln gemacht?

Planen Sie für das Gespräch ausreichend Raum für die Klärungsphase ein:

- Stellen Sie Ihrem Verhandlungspartner Fragen,
- lassen Sie sich Hintergründe erläutern,
- fragen Sie auch nach den Gefühlen, die Ihren Gesprächspartner beherrschen.
- Meist werden diese Hintergründe nicht offen kommuniziert. Hilfestellungen bieten die Hinweise im Kapitel „mangelnde Offenheit".

Sodann sollten auch Sie Ihre Bedürfnisse für das Verhandlungsgespräch offen darlegen:

- Machen Sie deutlich, was Sie vom Verhandlungspartner benötigen,
- was Ihr Ziel, Ihre Rolle oder Aufgabe gegenüber dem Verhandlungspartner ist,
- was Sie ihm sagen oder von ihm fordern müssen.

Geben Sie anschließend Ihrem Verhandlungspartner Raum, um sich zu Ihren Erwartungen zu äußern:

- Fragen Sie, was Ihr Gesprächspartner angesichts der Situation vorschlägt.
- Welche Vereinbarung muss gegenwärtig getroffen werden?
- Was kann und muss er mittragen und verantworten, und
- was sollte zu einem späteren Zeitpunkt vereinbart oder überprüft werden?
- Sie können auch fragen, wie sich Ihr Partner angesichts der Situation und Ihrer Bedürfnisse verhalten würde, wenn er in Ihrer Rolle wäre.

Arbeiten Sie schließlich – am besten gemeinsam mit dem Verhandlungspartner – einen Lösungsvorschlag aus, der deutlich erkennbar die Bedürfnisse des Widerstands berücksichtigt.

Wenn Sie allein einen Lösungsvorschlag erarbeiten, bitten Sie Ihren Partner zunächst nur um seine Rückmeldung dazu, nicht um eine Entscheidung dafür oder dagegen, um ihn nicht zu bedrängen. Auf diese Weise können Sie ihn einbinden und zur Mitwirkung bewegen.

9.9 Unerklärliches oder irrationales Verhalten des Verhandlungspartners

Verhandlungspartner können bisweilen auf unerklärliche Weise reagieren. Dies ist häufig der Fall in einer eskalierten Konfliktsituation oder wenn der Partner unter starkem Stress steht. Ist dies nicht gegeben, sind Erfahrungen in der Vergangenheit oft ein wichtiger Schlüssel zu „unerklärlichen" oder „irrationalen" Verhaltensmustern Ihres Verhandlungspartners. Wer sich jahrelang und womöglich regelmäßig schlecht behandelt fühlte, den werden Sie nicht eben im Fluge überzeugen.

Die Herausforderung wird für Sie noch schwieriger, wenn der Partner aufgrund seiner Erfahrungen seine Vorbehalte nicht offen kommuniziert und womöglich auch nicht reflektiert hat, sondern seine Reserve hinter „harmlosem" Gesprächsverhalten verbirgt. Sie wundern sich dann nur über plötzliche Blockaden bei bestimmten Themen.

Beachten Sie in diesem Fall auch die Hinweise, die zur mangelnden Offenheit in Verhandlungen gegeben wurden. Wenn Sie herausfinden können, dass Ihr Gesprächspartner schlechte Erfahrungen gemacht hat, sollten Sie ihn berichten lassen, was ihn konkret gestört oder geärgert hat. Dann sollten Sie die gegenwärtige Situation beschreiben und die grundsätzlichen Unterschiede zur Vergangenheit des Partners herausarbeiten. Wenn Sie es vertreten können, können Sie ihm auch Zusicherungen machen. In jedem Fall ist nun zunächst der schrittweise Aufbau von Vertrauen notwendig.

Wenn getroffene Absprachen regelmäßig keinerlei Umsetzung erfahren, kommt Ihr Verhandlungspartner möglicherweise aus einem Kontext, in welchem offiziell oder inoffiziell andere Regeln gelten. Wiederum sollten Sie erkunden, von welchen Voraussetzungen Ihr Partner ausgeht.

Sodann sollten Sie deutlich machen, welche Regeln im Projekt herrschen, was Ihre Erwartungen sind und welche Konsequenzen sein Verhalten haben wird.

Gerade in Projekten mit komplexen Organisationsstrukturen können Mitarbeiter aus Linienstrukturen abgeordnet sein, welche die Projektaufgabe als sehr untergeordnet ansehen oder von ihrer Herkunfts-Linie mit Vorurteilen oder sogar mit inoffiziellen Auflagen in das Projekt geschickt wurden (z. B. mit der Order: „Informationen sammeln, nichts tun und nach der Sitzung verschwinden" oder mit der Auflage, das Projekt zu torpedieren).

Wenn es möglich ist, sollten Sie solche Situationen zunächst im Einzelgespräch mit Fragen sondieren, z. B.:

- *Welche Meinung hat der abgeordnete Mitarbeiter zum Projekt?*
- *Welchen Stellenwert räumt er der Projektaufgabe ein?*
- *Wie hoch ist seine Belastung in der Linie?*
- *Wie denkt sein Chef über das Projekt?*
- *Welche Chancen sieht er für ein stärkeres Engagement etc.?*

Sodann sollten Sie versuchen, den Linienvorgesetzten zu Ihrem Problem zu konsultieren, möglicherweise auf dem Umweg über den Lenkungsausschuss etc. Auch in diesem Gespräch ist es wichtig, zunächst zuzuhören und nach der Situation und den Bedürfnissen des Gesprächspartners zu fragen. Dann sollten Sie überlegen, welches Win-win-Angebot für den Linienvorgesetzten interessant sein könnte, um ihn zu einer aufgeschlosseneren Haltung gegenüber dem Projekt zu bewegen. Auf diese Weise kann eine verhandlungsähnliche Situation entstehen.

Im schlimmsten Fall, wenn Sie hartnäckig blockiert werden und alle Versuche vergeblich blieben, sollten Sie die Vorgänge und Ihre Bemühungen dokumentieren und auf die Grenzen Ihrer Handlungsmöglichkeiten verweisen.

9.10 Im äußersten Fall: Warnen statt drohen

Wenn Sie die Grenze Ihres Entgegenkommens erreicht haben und der Verhandlungspartner nicht bereit ist, einzulenken, kann es angemessen sein, eine Warnung auszusprechen, vorausgesetzt, Sie befinden sich in einer Machtposition, um die Warnung auch umzusetzen.

Entscheidend ist hierbei, zu warnen, aber nicht zu drohen. Beide unterscheiden sich nur in Wortwahl und Tonfall:

Eine Drohung ist emotional, abwertend, richtet sich gegen die Person des Verhandlungspartners und enthält eine feindselige Botschaft auf Beziehungsebene, z. B.:

- *„Mit Ihrer Sturheit blockieren Sie jede Einigung! Wenn Sie nicht unterschreiben, dann fliegen Sie aus dem Vergabeverfahren raus und brauchen bei uns nie wieder anzutreten!"*

Eine Warnung zeigt sachlich die Konsequenzen auf, stellt die Gemeinsamkeiten in den Vordergrund und bleibt dem Verhandlungspartner gegenüber respektvoll, z. B.:

- *„Wenn wir uns jetzt nicht einigen, wird unser Geschäftsführer entscheiden und ein anderes Unternehmen beauftragen. Sie würden dann auch aus der Lieferantenliste gestrichen werden und ich hätte dann auch in Zukunft keine Möglichkeit mehr, Ihre Angebote zu berücksichtigen."*

10 Zusammenfassung

Die strategische Ebene und die planmäßige Vorbereitung werden für komplexe Verhandlungen beschrieben. Zugleich werden Möglichkeiten aufgezeigt, auch auf unvorbereitete Verhandlungssituationen zu reagieren. Als wichtigste nonverbale Verhaltenselemente in Verhandlungsgesprächen werden Rapport, Pacing, Leading, Separatoren und Anker – diese insbesondere in Verbindung mit Medieneinsatz – beschrieben. Für schwierige Verhandlungssituationen werden grundsätzliche Hilfestellungen gegeben, bevor grundsätzliche Techniken der Einwandbehandlung und die Grundzüge für Preisgespräche vorgestellt werden. Sodann werden Lösungsansätze für verschiedene Schwierigkeiten vorgestellt: Unklarheit und emotionalisierte Verhandlungen, fehlende Offenheit bzw. Vertrauensmangel, Vorwände, Blockaden, Desinteresse, Widerstände, irrationales Verhalten.

11 Fragen zur Wiederholung

1. Was beinhaltet die strategische Ebene von Verhandlungen und nach welchen Schritten können komplexere Verhandlungen systematisch vorbereitet bzw. eine Recherche durchgeführt werden?
2. Was ist mit Verhandlungstaktik gemeint und was ist problematisch beim Einsatz von Verhandlungs-Tricks?
3. Was sind typische Fehler bei der Verhandlungsvorbereitung?
4. Was sind wichtige Hinweise für spontane Verhandlungssituationen?
5. Was sind die wichtigsten Faktoren für einen optimalen Verhandlungskontext?
6. Was sind die wichtigsten Grundsätze für Preisgespräche und was kennzeichnet die Gegenhandels-Methode?
7. Was bedeutet Tit-for-Tat und wann wird es eingesetzt?
8. Beschreiben Sie die Eskalationsdynamik, die durch Projektionen in schwierigen Situationen entsteht. Was unterscheidet Verhandlungs- von Konfliktsituationen?
9. Beschreiben Sie mindestens 3 Techniken zur Einwandbehandlung.
10. Was sind zirkuläre Fragen und wo werden sie eingesetzt?
11. Was sind Killerphrasen und wie können Sie dagegen reagieren?
12. Wie können Sie unklare oder emotionalisierte Situationen mit dem Präzisierungstrichter über Aktives Zuhören und Fragen klären?
13. Welche Handlungsmöglichkeiten haben Sie bei mangelnder Offenheit oder fehlender Vertrauensbasis beim Verhandlungspartner und wie können Sie angemessen darauf reagieren?
14. Wie erkennen Sie Blockaden, Vorwände oder Gleichgültigkeit und wie können Sie darauf angemessen reagieren?
15. Welches sind die Grundprinzipien für den Umgang mit Widerständen und wie können Sie auf Widerstände angemessen reagieren?

12 Checkliste

Checkliste für die Strategische Verhandlungsvorbereitung

Nachfolgend finden Sie eine Checkliste, auf die im Text wiederholt Bezug genommen wird, vor allem im „Strategische Verhandlungsvorbereitung". Die folgende Liste (in Anlehnung an FISHER, URY & PATTON, 1984; FISHER & ERTEL, 1997 sowie FISHER & BROWN, 1992) stellt eine Maximal-Zusammenstellung dar, die für die jeweilige Verhandlungs- und Aushandlungssituation herunter gebrochen werden muss. Vielfältige Bezüge finden sich zu anderen Elementen der ICB.

	1. Zielklärung	
1	Was ist Ihr Ziel? Was wollen Sie mit der Verhandlung erreichen?	☐
2	Was ist Ihr übergeordnetes Ziel, d. h. welches Ziel steht hinter Ihrem Ziel für die Verhandlung?	☐
3	In welchem übergeordneten Zusammenhang, z. B. im Kontext Ihrer Firma, steht die bevorstehende Verhandlung?	☐
	2. Eigene Interessenklärung	
1	Welchen Nutzen und welche Wirkung erhoffen Sie sich als Folge der Verhandlung?	☐
2	Welche grundlegenden Bedürfnisse sollen durch die Verhandlung besser befriedigt werden?	☐
3	Was sind Ihre Interessen und Bedürfnisse hinsichtlich der Arbeitsbeziehung mit dem Verhandlungspartner? Wollen Sie eine längerfristige Beziehung aufbauen bzw. halten oder sind Sie sich sicher, dass die Verhandlung ein einmaliger Kontakt bleiben wird?	☐
4	Wem werden Sie das Ergebnis der Verhandlung erläutern müssen und wie sind dessen Ziele, Nutzenerwartungen und Bedürfnisse?	☐
5	Was sind die Ziele bzw. Nutzenerwartungen des Entscheiders etc.?	☐
	3. Verhandeln oder nicht?	
1	Besteht eine echte Verhandlungssituation? Hat Ihr Verhandlungspartner im Hinblick auf Ihr Anliegen eine Wahl- und Entscheidungsmöglichkeit?	☐
2	Unterliegt Ihre Chance zum Verhandeln einer zeitlichen Einschränkung/Entwicklung?	☐
3	Wenn ja: wird sich durch den Zeitverlauf die Verhandlungsmöglichkeit verbessern oder verschlechtern? Eventuell lohnt es sich, abzuwarten.	☐
4	Würde eine Ausweitung des Problemzusammenhangs die Verhandlungschancen verbessern oder verschlechtern?	☐
5	Oder lohnt es sich, über einen Teilaspekt zu verhandeln?	☐
6	Sollten Sie eine gesetzte Vorgabe schlicht akzeptieren oder komplett ablehnen (love it or leave it), statt zu verhandeln (change it)?	☐
	4. Ihre Alternativen:	
1	Haben Sie in der beabsichtigten Verhandlung eine reale Chance oder besteht das Risiko, Ihre Position zu verschlechtern?	☐
2	Was können Sie tun, statt zu verhandeln? Gibt es andere Möglichkeiten als eine Verhandlung, um das anstehende Problem zu lösen/Ihr Ziel zu erreichen?	☐
3	Können Sie mit anderen Partnern verhandeln und wie sind Ihre Chancen dort?	☐
4	Statt diese Verhandlung zu führen: Was ist Ihre beste Alternative zu einer verhandelten Vereinbarung (BATNA)?	☐

5	Welche weiteren Alternativen bestehen für Sie?	☐
6	Würden sich durch weiteres Abwarten oder durch Ausweitung oder Einschränkung des Problems/Zieles bessere Alternativen für Sie ergeben?	☐
7	Was geschieht, wenn nichts geschieht?	☐
8	Was ist die Konsequenz, wenn Sie einseitig Fakten schaffen, also handeln, ohne sich mit dem Partner abzusprechen?	☐

5. Alternativen der Gegenseite:

Alle genannten Fragen, um die eigenen Alternativen zu erkunden, sollten Sie sich auch für die Gegenseite stellen.

| 1 | Welche Alternativen hat die Gegenseite, statt eine Vereinbarung mit mir zu erzielen? | ☐ |
| 2 | Was geschieht für Sie, wenn nichts geschieht? | ☐ |

6. Beteiligte Personen:

6.1. Verhandlungspartner:

1	Wer wird konkret Ihr Verhandlungspartner sein?	☐
2	Werden Sie mit einer Person oder mit mehreren verhandeln?	☐
3	Sind die Verhandlungspartner auch die Entscheider? Wenn nicht: Wer ist der Entscheider und welche Beziehungen hat er zu Ihnen und zu den verhandelnden Personen?	☐
4	Wer kann wie und wann einen Zugang zum direkten Entscheider ermöglichen?	☐

6.2. Eigene Partei:

1	Wer wird von Ihrer Partei bei der Verhandlung dabei sein?	☐
2	Wer ist in Ihrer Organisation der Entscheider und welche Beziehung hat er zur geplanten Verhandlung?	☐
3	Wann und wie haben Sie direkten Zugang zum Entscheider?	☐
4	Welche Punkte können Sie selbst entscheiden und welche müssen Sie dem Entscheider vorlegen?	☐
5	Wo sind Absprachen mit dem Entscheider zusätzlich einzubauen, um für Sie günstige Verhandlungspausen zu erzwingen oder den Partner in die Argumentation zu bringen? (z. B.: „Das ist eine Frage, die ich nicht (allein) entscheiden kann, dazu muss ich erst Frau/Herrn x konsultieren. Welche Argumente kann ich vorbringen, um dort eine günstige Entscheidung für Sie zu erwirken?")	☐

7. Beziehungen:

1	Welche Funktionen üben die beteiligten Personen aus und welche Rolle haben sie im Hinblick auf das Projekt? (möglichst alle Stakeholder untersuchen: Ihre Partei sowie die Gegenseite)	☐
2	Welche – offiziellen – Funktionen/Rollen haben die Beteiligten und welche Statusunterschiede ergeben sich daraus?	☐
3	Welche – informellen – Rollen üben die Beteiligten aus und wie wirken sich diese Rollen auf den Status aus?	☐
4	Was kann im Vorfeld getan werden, um hinsichtlich des Status eine möglichst ausgewogene bzw. für Sie günstige Gesprächssituation zu erzielen? (Auswahl der beteiligten Personen, Gestaltung des räumlichen/zeitlichen Kontextes, Verhandlungsablauf etc.)	☐

8. Zielklärung Verhandlungspartner

| 1 | Was möchte Ihr Verhandlungspartner vermutlich in der beabsichtigten Verhandlung konkret erreichen? Was liegt dazu bislang an Informationen vor? | ☐ |
| 2 | Welche Ausgangs-Position nimmt er ein bzw. was verkündet er bislang öffentlich? | ☐ |

9. Interessenklärung Verhandlungspartner

1	Was ist das übergeordnete Ziel des Verhandlungspartners, d. h. welches Ziel steht hinter seinem Ziel für die Verhandlung?	☐
2	In welchen übergeordneten Zusammenhang, z. B. in welche Strategie seiner Firma, lässt sich die bevorstehende Verhandlung einordnen?	☐
3	Welchen Nutzen und welche Wirkung erhofft sich Ihr Verhandlungspartner als Folge der Verhandlung?	☐
4	Welche Grundbedürfnisse stehen beim Verhandlungspartner im Vordergrund? Sicherheit, wirtschaftliches Auskommen, Zugehörigkeitsgefühl, Anerkennung, Selbstbestimmung etc.	☐
5	Welche dieser grundlegenden Bedürfnisse sollen durch die Verhandlung besser befriedigt werden?	☐
6	Wie stellt sich die Beziehung für den Verhandlungspartner dar und welche Interessen und Bedürfnisse bestehen hinsichtlich der Arbeitsbeziehung?	☐
7	Wem wird Ihr Verhandlungspartner das Ergebnis der Verhandlung erläutern müssen und wie sind dessen Ziele, Nutzenerwartungen und Bedürfnisse?	☐

10. Beziehungsanalyse und Planung einer guten Arbeitsbeziehung

10.1. Vorgeschichte:

1	Kennen sich die Verhandlungspartner bereits wechselseitig bzw. wer kennt sich noch nicht?	☐
2	Wie sieht der Partner die Beziehung zu Ihnen?	☐
3	Welches Vorwissen besteht bei den Verhandlungspartnern wechselseitig?	☐
4	Welche Informationen sollten im Vorfeld noch transportiert werden, auf welche Weise?	☐
5	Welche Annahmen oder Vorbehalte bestehen wechselseitig?	☐
6	Was sollte getan werden, um diese Annahmen oder Vorbehalte zu korrigieren oder produktiv zu beeinflussen?	☐
7	Welche Vorkontakte hat es bereits gegeben oder sollte es zuvor geben?	☐
8	Welche Signale sind im Vorfeld bereits gesendet worden (ggf. unbeabsichtigt)?	☐
9	Welche Signale sollten unbedingt gesendet werden – über welche Kommunikationskanäle?	☐

10.2. Rollen

1	Welche professionellen Rollen nehmen die Verhandlungspartner ein?	☐
2	Haben sie in ihren Organisationskontexten ggf. mehrere verschiedene Rollen inne?	☐
3	Welche inoffiziellen Rollen nehmen sie ein?	☐
4	Welche Rollen/Personen sind weiterhin beteiligt oder betroffen?	☐
5	Wie lassen sich die gefundenen Interessen, Nutzenerwartungen, Bedürfnisse den Rollen zuordnen?	☐
6	Wo gibt es Rollen- und dadurch Interessenkonflikte?	☐
7	Werden diese Konflikte offen ausgetragen?	☐
8	Sind es intrapersonelle Konflikte oder werden sie nach außen projiziert?	☐

10.3. Planung der Arbeitsbeziehung

1	Woran werden Sie erkennen, ob Respekt, Verständnis und Vertrauen herrschen?	☐
2	Was kann getan werden, um Respekt, Verständnis und Vertrauen zu stärken?	☐
3	Welche Vorleistungen können Sie erbringen, um für eine gute bzw. bessere Arbeitsbeziehung zu sorgen?	☐

4	Welche Ihrer „Beziehungsleistungen" werden voraussichtlich einseitig bleiben? Machen Sie sich klar, dass diese einseitigen Leistungen Ihre gute Investition für ein gutes Abkommen in Ihrem Sinne sind. Sie haben die Chance, dass sie sich kurzfristig oder auch erst langfristig „auszahlen".	☐
5	An welchen Stellen wird voraussichtlich Druck ausgeübt werden?	☐
6	Wie können Sie diesem Druck oder mangelnder Fairness begegnen, ohne selber unfair zu reagieren? Verdeutlichen Sie sich, dass Druckausübung häufig Schwäche verbergen soll. Souveränität besiegt den Druck. Eine gute Vorbereitung, vor allem auf der Beziehungsebene, stärkt Ihre Souveränität.	☐
7	Stellen Sie alle anstehenden Beziehungsprobleme getrennt von den Sachfragen zusammen und überlegen Sie die jeweiligen Lösungsmöglichkeiten, etwa in folgender Tabelle (nach FISHER & ERTEL, 1997: 114).	☐

Problem	Aktion: Was kann ich tun, um …
Missverständnisse	besseres Verständnis zu bewirken
Mangelndes Vertrauen	meine Zuverlässigkeit zu beweisen
Druckausübung	eher zu überzeugen als Druck auszuüben
Fehlender Respekt	Anerkennung und Respekt zu zeigen
Kränkungen	Status und Würde zu wahren

11. Entwicklung möglicher Lösungsoptionen

1	Erstellen Sie eine Liste aller geklärten Interessen, Grundbedürfnisse, Nutzenerwartungen etc. aller Beteiligten, getrennt nach:	☐
2	Sachfragen und Beziehungsfragen	☐
3	Gruppieren und gewichten Sie die gefundenen Interessen, z. B. nach den Fragestellungen:	☐
4	Welche Interessen, Grundbedürfnisse und Nutzenerwartungen des Verhandlungspartners überschneiden sich mit Ihren eigenen?	☐
5	Gibt es komplementäre Interessen, zwischen denen ein Ausgleich möglich ist?	☐
6	Kann durch die Klärung von Beziehungsfragen die Klärung von Sachfragen erleichtert werden? (z. B.: vertrauensbildende Maßnahmen vereinbaren, um später erst Informationen auszutauschen etc.)	☐
7	Wie können Sie das zentrale Grundbedürfnis oder den emotionalen Endnutzen des Partners und zugleich Ihre eigenen Interessen befriedigen?	☐
8	Welche Kombination gleichartiger Ressourcen und	☐
9	welche Kombination unterschiedlicher Ressourcen kann Zusatz-Nutzen erzeugen? (siehe Beispiel: „Hammer und Zange")	☐
10	Kann die Verhandlung auf ein größeres Gebiet ausgeweitet werden?	☐
11	Oder sollte nur ein Teilgebiet Gegenstand der Verhandlung sein?	☐
12	Sollte der gegenwärtige Fall auf eine längere Dauer betrachtet werden?	☐

12. Entwicklung von Kriterien für eine „gute Lösung"

1	Welche Ihrer Optionen wird der Verhandlungspartner voraussichtlich bevorzugen und aus welchen Gründen?	☐
2	Aus welchen Gründen halten Sie die von Ihnen bevorzugten Lösungsoptionen für gut und angemessen - für Sie und für den Partner?	☐
3	Aus welchen Gründen halten Sie diese Optionen für fair?	☐
4	Welche Gründe könnten den Verhandlungspartner überzeugen, dass diese Lösung auch für ihn angemessen und fair ist?	☐

5	Wie können Sie den Verhandlungspartner überzeugen, dass das, was Sie von ihm verlangen, legitim ist?	☐
6	Welche Kriterien garantieren Ihnen und dem Partner, dass keiner den anderen hereinlegt?	☐
7	Mit welchen rationalen Kriterien können Sie ein eventuelles Entgegenkommen legitimieren? (z. B.: Mengenrabatt, Qualitätsbonus)	☐
8	Welche Standards erfordern noch eine weitere Nachforschung?	☐
9	Wem müssen Sie/der Partner das Ergebnis der Verhandlung erklären?	☐
10	Welche Erklärung würde akzeptiert werden?	☐
11	Wo können Sie dem Partner helfen, die Abmachung zu begründen?	☐
12	Was unterstützt die spätere Einhaltung des Abkommens?	☐

13. Was können faire Verfahren sein?

1	Einer schneidet, der andere wählt	☐
2	Experten-Urteil	☐
3	Entscheidung eines Schlichters	☐
4	Reziprozität: • Gibt es Verhandlungen, bei denen sich der Verhandlungspartner in einer ähnlichen Situation befindet wie Sie? • Welche Standards würde/könnte er in dieser Situation benutzen? • Wie können Sie diese Standards für die bevorstehende Verhandlung einsetzen?	☐

14. Verhandlungsverlauf und Kommunikation vorstrukturieren
Strukturieren Sie den Gesprächsverlauf grob nach 4 Phasen vor:
Orientierung, Klärung, Lösungsfindung, Abschluss

14.1. Orientierungsphase:

1	Welche Stimmungs- und Gefühlslage des Partners ist zu erwarten und wie wird sie sich auf das Verhalten/die Gesprächsdynamik auswirken?	☐
2	Welche Themen eignen sich für die Einleitung? Welchen Smalltalk könnten Sie führen?	☐
3	Wie wird der Partner vermutlich in die Verhandlung einsteigen (wollen) und was ist Ihr Standpunkt dazu?	☐
4	Tagesordnung: Welche Themen sollten in welcher Reihenfolge auf den Tisch?	☐
5	Mit welchen Argumenten können Sie diesen Vorschlag einer Tagesordnung begründen?	☐
6	Wie können Sie den Partner einladen, gemeinsam eine Tagesordnung bzw. eine Struktur für die Verhandlung zu erarbeiten?	☐

14.2. Klärungsphase:

1	Stellen Sie zusammen, was vor einer Lösungsfindung geklärt werden muss:	☐
2	Welche Interessen stehen beim Verhandlungspartner hinter seinen Positionen? (siehe hierzu auch alle Fragen zu „Interessenklärung"	☐
3	Welche Ihrer Interessen sollten Sie in welcher Form einbringen?	☐
4	Welche Annahmen haben Sie über den Partner?	☐
5	Auf welche Signale sollten Sie achten, um diese Annahmen über den Partner kritisch zu prüfen?	☐

14.3. Veränderungsphase:

| 1 | Welche Argumente und welche Vorschläge für Lösungsoptionen und Kriterien werden Sie vorbringen? | ☐ |
| 2 | Wie könnte der Partner diese Äußerungen verstehen bzw. missverstehen, vor allem vor dem Hintergrund seiner erwarteten Stimmungslage? | ☐ |

3	Wie könnten Sie deshalb Ihre Aussagen klarer formulieren, um Missverständnisse zu vermeiden?	☐
4	Welche Zwischenschritte können Sie gehen, um sich verständlicher zu machen?	☐
5	Stellen Sie z. B. für Ihre Kern-Aussagen eine Tabelle zusammen (FISHER & ERTEL, 1997: 102.)	☐

Ihre Sichtweise	Wie könnte der Partner sie auffassen?	Mögliche Umformulierung
Was würden Sie sagen?	Mögliche Antworten der Gegenseite (Ja, aber ...)	Formulierungen, die Einwände einbeziehen und Missverständnisse ausschließen

14.4. Abschlussphase: Die Einigung planen

1	Was muss am Ende der gesamten Verhandlung konkret geregelt worden sein?	☐
2	Was davon kann sofort gelöst werden, was bedarf der Rücksprache, Klärung etc.?	☐
3	Was muss am Ende des konkret bevorstehenden Gesprächs vereinbart sein?	☐
4	Welche Teillösung wäre ein konstruktiver erster Schritt für weitere Vereinbarungen?	☐
5	Wenn im ersten Gespräch keine Vereinbarung zustande kommt: Was kann als minimales Ergebnis festgehalten werden? (z. B.: „Wir haben unsere Interessen ... kennengelernt.")	☐
6	Wo können oder müssen Spielräume bleiben?	☐
7	Welche Qualitätskriterien müssen definiert werden, damit sichergestellt ist, dass beide Seiten das gleiche Ergebnis meinen?	☐
8	Welche konkreten Aktionen/Handlungen sollen aus einer getroffenen Entscheidung erfolgen?	☐
9	Wie soll das Ergebnis der Vereinbarung festgehalten werden?	☐
10	Wie und an wen wird die Vereinbarung konkret kommuniziert werden?	☐
11	Welche Schritte werden unternommen/vereinbart, um die Umsetzung der Vereinbarung sicherzustellen?	☐
12	Sollen Überprüfungsverfahren vereinbart werden?	☐
13	Soll die Vereinbarung einen Vorläufigkeitscharakter erhalten? (Probezeit, Teillieferung, Rücktrittsrecht ...)	☐

15. Kontext, Vorbereitung

15.1. Zeitpunkt, Dauer

1	Wann sollte die Verhandlung stattfinden? • Beide Partner sollten ausreichende Zeit für die Vorbereitung haben und die Verhandlung sollte ohne Zeitdruck und harte Termingrenzen stattfinden können! • Die notwendigen Räumlichkeiten, Medien und Unterlagen sollten verfügbar sein!	☐
2	Welche Dauer (minimal – maximal) ist notwendig? • Faustregel: Nach 2 Stunden sinkt die Effizienzkurve erheblich! Besser mehrere Termine zu max. 2-3 Stunden mit zwischengeschalteten Klärungsphasen als eine Marathon-Sitzung!	☐
3	Verhandlungspausen sind Verhandlungsinstrumente: Planen Sie regelmäßige Pausen ein, sorgen Sie dafür, dass spontane Pausen möglich sind! • Wenn länger getagt werden muss: Erarbeiten Sie ein Pausen-Raster, welches erlaubt oder sogar erzwingt, nie länger als 2 Stunden hintereinander zu tagen! • Organisieren Sie geeignete Örtlichkeiten und Verpflegung für großzügige und ggf. auch spontane Pausen!	☐
4	Wenn mehrere Gespräche notwendig sind oder werden könnten: Welches Terminraster wäre sinnvoll und möglich?	☐

15.2. Ort, Räumlichkeiten

1. Welche Räumlichkeiten wären für die geplante Verhandlung optimal und welche stehen Ihnen zur Verfügung? ☐
2. Wägen Sie ab, ob Sie in den eigenen Räumen, beim Verhandlungspartner oder auf neutralem Boden tagen:
   - In eigenen Räumen haben Sie einen Standortvorteil, der Partner erhält aber viele Informationen über Sie/Ihre Organisation (Standort, Umfang, Arbeitsstil, Betriebsklima ...); Sie müssen dann entsprechende Räume/Medien vorhalten, was ggf. unrentabel ist, eventuell sind Störungen zu erwarten; Vorteil: Zugriff auf Unterlagen, Spezialisten, Anschauungsmaterial (Besichtigung möglich)
   - Für Räume beim Partner gilt das Gleiche umgekehrt; Wenn Sie sich auf eine Verhandlung beim Partner einlassen, besteht das Risiko, dass der Partner aus Nachlässigkeit oder in Manipulationsabsicht nur suboptimale Rahmenbedingungen bereitstellt ☐
   - Neutrale Räume, möglichst bei professionellen Veranstaltern, geben beiden Seiten die gleichen Chancen, meist ist die Medien-Ausstattung, die Pausen-Organisation und die Abschottung von Störungen besser gewährleistet; oft sind unkompliziert Ausweitungen möglich (mehr Medien, Pausen, Stühle, längere Tagung ...; sorgen Sie für eine „stille Reserve")
3. Sorgen Sie für ausreichenden Bewegungs-Freiraum! Kurzes Aufstehen oder Platzwechsel wegen eines Medien-Wechsels etc. bringen Verhandlungen „in Fluss"! ☐
4. Räumlichkeiten für Kurzpausen sollten in unmittelbarer Nähe sein, aber Bewegung erfordern (z. B.: Kaffeebar vor dem Raum)! Ungestörten Pausen-Smalltalk in separaten kleinen Gruppen ermöglichen! Günstig sind auch kleine Spaziergänge etc. ☐
5. Schaffen Sie die Möglichkeit, dass sich der Partner oder Sie zu ungestörten Zwischen-Besprechungen zurückziehen können (z. B. Nebenraum)! ☐

15.3. Einrichtung, Ausstattung

1. Wie können Sie sicherstellen, dass Sie störungsfrei verhandeln können? (Telefon aus, Abschirmung vom Bürobetrieb, niemand wird herausgerufen etc.) ☐
2. Licht- und Lärmverhältnisse: Schalten Sie Störungsquellen aus! Gegenlicht-Sitzpositionen gelten als unfair und werden oft als Manipulationsversuch gedeutet: Vermeiden! ☐
3. Möbel: Ideal ist bequemes und einladendes Arbeits-Mobiliar; Sofas und Sessel vermeiden, sie „immobilisieren" und dämpfen die Dynamik! ☐
4. Sitzordnung: Frontal-Positionierung (180°) vermeiden! Ideal ist eine Übereck-Position (ca. 90°) zwischen den Parteien! Wenn mehrere Personen pro Partei anwesend sind, Gruppen- und Frontenbildung vermeiden! ☐
5. Sorgen Sie für alle notwendigen Medien: ☐
6. Für Informationen ist oft ein Beamer + Notebook notwendig, incl. abgeschatteter Projektionsfläche ☐
7. Für Erläuterungen Flipchart mit ausreichendem Papier und gut gefüllten Stiften bereithalten ☐
8. Je nach Verhandlungsgegenstand: Pinwand und Moderationskoffer, z. B. für den – sehr sinnvollen – Einsatz kreativer Methoden ☐

15.4. Einladung

1. Wer lädt wann und wie ein? ☐
2. Ist die Tagesordnung festgelegt und an alle Verhandlungspartner verschickt? ☐
3. Ist die Tagesordnung konkret und zugleich offen genug, um ausreichend Spielraum für die Verhandlungsführung zu gewährleisten? ☐
4. Ist in der Einladung auf das notwendige/mitzubringende Material/notwendige Vorarbeiten hingewiesen worden? ☐

5	Weisen Sie Ihren Verhandlungspartner ausdrücklich darauf hin, dass Sie gerne seine Änderungs- und Ergänzungswünsche berücksichtigen.	☐
6	Rufen Sie Ihren Verhandlungspartner wenige Tage vor dem Termin an und fragen Sie ihn, ob er noch Änderungswünsche zur Tagesordnung hat oder ob noch andere Fragen zu klären sind.	☐

2.12a Konflikte (Conflict)

Christine Schmidt, Roland Straube

Lernziele

Sie kennen

- unterschiedliche Verfahren zur außergerichtlichen Streitregelung
- die Bedeutung wertschätzender Kommunikation für die Konfliktprävention und zur Konfliktlösung
- konkrete Arbeitstechniken für die Deeskalation und die Lösung von Konflikten
- die Bedeutung von Beziehungspflege und Streitkultur für die Konfliktprävention

Sie wissen

- welchen Einfluss eigene Wahrnehmungs- und Bewertungsprozesse sowie Stressreaktionsmuster auf die Entstehung und die Eskalation von Konflikten haben
- welche speziellen Techniken es für die kooperative Konfliktlösung gibt und wie sie einzusetzen sind

Sie können

- Mediation von anderen streitigen Konfliktregelungsverfahren abgrenzen

Inhalt

1	Konfliktverständnis	2187
1.1	Wahrnehmung, Wahrheit und Wirklichkeit in Projektkonflikten	2187
1.2	Stressreaktionen in Konflikten	2189
1.3	Eskalationsstufen – Auswirkungen und Handlungsempfehlungen	2190
1.4	Die wirtschaftliche Seite von Konflikten – Die Ausmaße des Konfliktschadens	2193
2	Konfliktbearbeitung – alternative Verfahren und angewandte Techniken	2194
2.1	Mediation im Vergleich	2194
2.1.1	Verschiedene Ansätze der Mediation	2195
2.1.2	Mediation im Vergleich zu traditionellen streitigen Verfahren	2195
2.2	Weitere Verfahren zur außergerichtlichen Konfliktregelung – u. a. auch im internationalen Kontext	2197
2.3	Spezielle angewandte Techniken zur Lösung von Konflikten	2198
2.3.1	Den Handlungs- und Lösungsspielraum erweitern durch Reframing (Referenztransformation)	2198
2.3.2	Ein Verfahren zur Ermittlung von Bedürfnissen	2200
2.3.3	Perspektivenwechsel und Wahrnehmungspositionen	2204
2.3.4	GRIT-Technik zur Deeskalation	2205
2.3.5	Das Modell der „Gewaltfreien Kommunikation"	2206
2.3.6	Die Arbeit mit dem „Inneren Team" bei inneren Konflikten	2209
3	Konfliktprävention	2210
3.1	Aktives Beziehungsmanagement	2210
3.2	Die Entwicklung einer Streitkultur im Projekt	2211
3.3	Ein neuer Ansatz: Projektbegleitende Mediation	2212
4	Zusammenfassung	2213
5	Fragen zur Wiederholung	2214

1 Konfliktverständnis

1.1 Wahrnehmung, Wahrheit und Wirklichkeit in Projektkonflikten

Konflikte existieren unabhängig davon, ob Außenstehende oder Beteiligte sie für „begründet" halten. Ein Konflikt besteht, wenn mindestens eine Person dies so wahrnimmt, sich also in ihrem Denken und Handeln eingeschränkt oder bedroht fühlt. Konflikte existieren zuerst in der „eigenen Wirklichkeit" der Beteiligten.

Diese „eigene Wirklichkeit" entsteht in den Köpfen der Beteiligten und zwar aus der Bewertung der wahrgenommenen Fakten. Weil diese Wahrnehmung und die damit verbundene Deutung und Bewertung ein höchst individueller Prozess sind, gibt es nie zwei identische „Wirklichkeiten".

Zur Verdeutlichung dieses Phänomens dient die Unterteilung der Wirklichkeiten von WATZLAWIK (1995: 142ff) in Wirklichkeiten oder Wahrheiten erster und zweiter Ordnung.

Wirklichkeiten 1. Ordnung sind Tatsachen, die objektiv feststellbar und messbar sind. Hier gibt es allgemeingültige Maßgrößen, auf die man sich geeinigt hat und die über einen längeren Zeitraum gültig bleiben. Beispiel: Uhrzeit oder Gewicht oder z. B. auch das, was man per Video oder Audio aufzeichnen kann.

Wirklichkeiten 2. Ordnung sind individuelle Meinungen, Werte und Bewertungen dieser Wirklichkeiten 1. Ordnung. Sie sind also rein subjektiv.

Beispiel 1 Ein Projekt verschiebt sich wegen unerwarteter Störungen um einen Monat und dauert statt 6 Monate nun 8 Monate (Wirklichkeit 1. Ordnung). Für den Projektleiter liegt diese Verschiebung noch im vertretbaren Rahmen (Wirklichkeit 2. Ordnung). Ein außen stehender Kollege bewertet die Verzögerung hingegen als negativ (andere Wirklichkeit 2. Ordnung).

Konflikte beziehen sich in der Regel auf die Wirklichkeiten 2. Ordnung. Über diese subjektiven Bewertungen wird gestritten, nämlich darüber, wessen Wirklichkeit wahrer und richtiger ist. Endlose Auseinandersetzungen um das „Rechthaben" und „Rechtbekommen" entstehen.

Dabei ist jede Wahrnehmung durch Menschen selektiv, perspektivisch und wertend. Diese subjektive Wahrnehmung erleben Menschen aber als objektive Realität und sie bestimmt folglich den Umgang der Menschen miteinander.

Beispiel 2 Die Lieferung der Ersatzteile verzögert sich. Der Kunde hält [„eigene Wirklichkeit"] die Firma für nachlässig. Da legt der Zulieferer eine detaillierte Begründung der Produktionsschwierigkeiten vor.
- Möglichkeit 1: Der Kunde bildet die neue „eigene Wirklichkeit": Okay, die kümmern sich tatsächlich, auf die kann man sich wohl doch verlassen.
- Möglichkeit 2: Der Kunde bildet die neue „eigene Wirklichkeit": Jetzt stecken die noch Zeit in Ausreden, statt endlich zu liefern; die sind völlig unfähig.
- Möglichkeit 3 bis n: …

Für die aufeinander bezogenen Handlungen von Kunde und Lieferant in diesem Beispiel ist erst einmal nicht relevant, was Realität (im Sinne einer Wirklichkeit 1. Ordnung) ist, sondern was die beiden in ihrer „eigenen Wirklichkeit" für real halten.

Wichtigste Aufgabe bei der Konfliktvermittlung ist es deshalb, die verschiedenen „eigenen Wirklichkeiten" der Beteiligten aufzudecken und transparent zu machen. So kann „Verstehen" erreicht werden („verstanden" bedeutet noch nicht „einverstanden"), was Klärung und Auflösung möglich macht.

Wie solche Wirklichkeiten entstehen, erklärt unter anderem das Modell der „Leiter der Schlussfolgerungen" (nach Argyris in: Senge, u. a. 1992: 280).

Die Leiter der Schlussfolgerungen

Die Leiter der Schlussfolgerungen ist ein Modell, das verdeutlichen hilft, welche – meist unbewussten – Denkprozesse uns in konfliktträchtige Situationen bringen können. Ähnliches beschrieb schon Watzlawik mit der Geschichte des Hammers (vgl. Watzlawik, 2007: 37).

Schnell entstehen Überzeugungen, an denen festgehalten wird, weil sie auf automatischen Schlussfolgerungen basieren, die sich aus Beobachtungen und Erfahrungen ableiten. So entstehen Feindbilder. Diese inneren Überzeugungen wirken konfliktfördernd und eskalierend. Auch schränken diese Überzeugungen das Handlungsspektrum sehr ein.

Beispiel Jede Woche am Freitagnachmittag findet beim Projektmanager der „jour fixe" aller Teilprojektleiter statt. Winfried Müller vom Vertrieb kommt zum dritten Mal verspätet zum Meeting.

- Objektiv beobachtbare Daten und Fakten: Das Meeting war um 13 Uhr anberaumt. Winfried Müller kommt um 13:20 Uhr dazu und setzt sich, ohne etwas zu sagen.
- Vom Projektmanager ausgewählte Daten: Winfried Müller kommt schon wieder zu spät, sagt nichts und lehnt sich gemütlich in seinen Stuhl.
- Deutung des Projektmanagers: Winfried Müller hält sich nicht an Vereinbarungen.
- Annahme des Projektmanagers: Das macht Winfried Müller absichtlich.
- Schlussfolgerung des Projektmanagers: Der war sowieso frustriert, dass er nicht die Gesamtverantwortung im Projekt bekommen hat, jetzt will er mir eins auswischen.
- Überzeugung des Projektmanagers: Ich muss aufpassen, Müller ist ein gefährlicher Konkurrent.
- …

Die Leiter der Schlussfolgerungen (oder Abstraktionsleiter) zeigt, wie Menschen meist unbewusst über fünf gedankliche Abstraktionsstufen letztendlich zu ihren Handlungen und Aktionen gelangen.

Mithilfe dieses Leitermodells können die eigenen Hypothesen, Bewertungen und Annahmen aufgespürt und transparent gemacht werden.

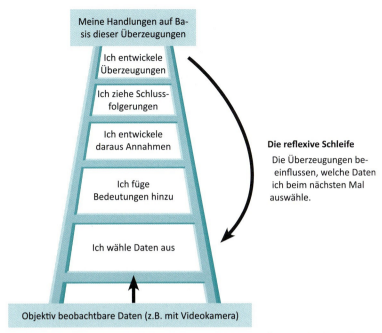

Abbildung 2.12a-V1: Leiter der Schlussfolgerungen (Quelle: Darstellung nach Ross in Senge, Kleiner & Roberts, 2004: 280)

Problemverstärkend wirkt dem Modell folgend die reflexive Schleife. Denn aufgrund der eigenen Überzeugung wird automatisch und unbewusst die Datenauswahl weiter eingeschränkt.

Wer beispielsweise jemanden für inkompetent hält, nimmt weitgehend nur noch das wahr, was seine Annahme und Überzeugung bestätigt, also nur die Aktionen, die schief gehen.

Um diesen Kreislauf aus irrtümlicher Deutung und irrtümlicher Bestätigung zu durchbrechen, müssen diese Denkprozesse sichtbar gemacht und offen besprochen werden. Es gilt Klarheit zu schaffen, bevor diese Prozesse weitergehen und die eigene Wahrnehmung – aber auch die der anderen – immer mehr einschränken und (weitere) schwer nachvollziehbare Handlungen auslösen. So liegt der Ausgangspunkt vieler Konflikte in Missdeutungen über die wahren Ziele und Absichten der Anderen.

Eine Schlüsselfunktion beim gegenseitigen Erkunden und Offenlegen der Abstraktionsprozesse hat dabei die bewusste und respektvolle Kommunikation. Sie ist gekennzeichnet durch ehrliche Ich-Botschaften und aktives Zuhören.

1.2 Stressreaktionen in Konflikten

Zum besseren Konfliktverständnis ist es nützlich zu wissen, wieso Menschen bei zunehmender Konflikteskalation immer unvernünftiger handeln und ein unreflektiertes Verhalten an den Tag legen. Sind die Zusammenhänge bekannt, kann frühzeitig eingegriffen und gegengesteuert werden. (vgl. auch Kapitel 2.05 „Stressmanagement" und Kapitel 2.03 „Selbststeuerung")

Auslöser für diese Phänomene ist das neuro-biologische Stressreaktionsmuster im Gehirn:
Schon seit Urzeiten ist im menschlichen Gehirn ein Muster zum Umgang mit Gefahrensituationen hinterlegt. Diese Überlebensinstinkte wurden z. B. beim Anblick eine Säbelzahntigers ausgelöst. Dabei ging es früher darum, alle Energie auf Flucht oder Kampf auszurichten.

Um dabei eine größtmögliche Leistungssteigerung der Muskeln zu erreichen, werden hinderliche, energie- und zeitraubende Prozesse wie das rationale Denken weitgehend unterdrückt. Dieser urzeitliche Mechanismus funktioniert in gleicher Weise noch heute.

Bedürfniserfüllung gehört zu den überlebensnotwendigen Dingen für Menschen. Werden also – wie im Konflikt typisch – Bedürfnisse bedroht, entsteht Stress. Das autonome (vegetative) Nervensystem der Menschen schaltet auf „Überleben" um und kennt nun nur noch die beiden Alternativen „Flucht" oder „Kampf". Rationales Denken findet jetzt nur noch sehr eingeschränkt statt.

Der Stressreaktionsmechanismus aus der Urzeit läuft also auch heute ab, sei es beispielsweise bei plötzlichen Gefahrensituationen im Auto oder sei es in eskalierenden Konfliktsituationen und zwar genau dann, wenn Bedürfnisse und damit das eigene Wohlergehen bedroht sind. Denn Bedürfnisse dienen dem Leben; ihre Erfüllung ist aus Sicht des autonomen Nervensystems lebensnotwendig. Stets wird im Stress das logische Denken zugunsten möglicher körperlicher Aktivität reduziert.

Der erste Schritt zur Reduzierung der Bedrohung ist deshalb die eigene und die gegenseitige Wahrnehmung und Akzeptanz der Bedürfnisse. Es ist hingegen nicht stressreduzierend, über die sachlichen Hintergründe des Konfliktes zu sprechen. Das ist genau der Grund, warum Bemühungen, wie „sachlich zu bleiben" oder „vernünftig miteinander zu reden", in Konfliktsituationen keine Wirkung zeigen.

Doch es lässt sich noch früher eingreifen, nämlich dann, wenn die stresshormonauslösenden unangenehmen Gefühle auftreten. Diese Gefühle der Angst, des Ärgers, der Frustration gilt es frühzeitig aufzugreifen, um zu ermitteln, durch welches Bedürfnis-Defizit sie ausgelöst wurden (Stichwort: Emotionale Kompetenz!).

1.3   Eskalationsstufen – Auswirkungen und Handlungsempfehlungen

Konflikte eskalieren stufenweise. Der Konfliktforscher Friedrich GLASL unterscheidet neun Eskalationsstufen, die, um den Trend Richtung Abgrund zu verdeutlichen, absteigend dargestellt sind (vgl. GLASL, 2004: 114). Andere Einteilungen, wie zum Beispiel die von Eberhard FEHLAU (2006) gehen von fünf Stufen aus. Je höher die Eskalation, desto größer die Projektgefährdung und desto geringer die Kooperationsbereitschaft der Streitenden.

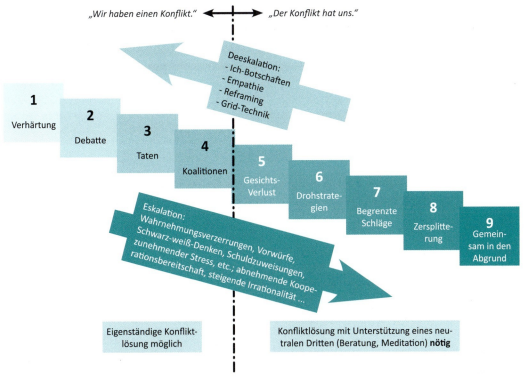

Abbildung 2.12a-V2: Eskalationsstufen nach F. GLASL

Es ist nicht nötig, die aktuelle Konflikt-Stufe exakt zu bestimmen. Das Stufenmodell hilft vielmehr bei der Orientierung, wo sich der Konflikt befindet und welche Gefahr besteht, wenn der Konflikt weiter eskaliert. Für Konfliktbeteiligte ergibt sich daraus auch eine Frage an die eigene Verantwortung: „Will ich hier bewusst aussteigen oder will ich es eskalieren lassen mit allen möglichen Konsequenzen?".

Nachfolgend sind die neun Stufen im Überblick beschrieben (nach GLASL, 2004).

Stufe 1 – Verhärtung
Kommunikationsstörungen führen zu Verhärtung und Verkrampfung. Standpunkte prallen auf einander. Spannungen werden wahr genommen. Kritik und Wertungen vergiften die Kommunikation, Vorwürfe werden laut.

Beispielsaussage: „Sie haben mich nicht ausreichend informiert!"

Stufe 2 – Debatte
Die Diskussionen und Auseinandersetzungen konzentrieren sich immer mehr am „Rechthaben wollen" und darauf, den eigenen Standpunkt bestmöglich darzustellen. Argumente werden mit Nachdruck vorgebracht. Vorwürfe werden vehementer und allgemeiner.

Beispielaussage: „Sie informieren immer unzureichend!"

Stufe 3 – Taten
„Reden hilft nichts mehr, also müssen Taten beweisen, worum es geht!" Misstrauen steigt, Verhalten wird interpretiert, psychologisiert und diagnostiziert. Das Verständnis geht verloren.

Beispielaussage: „Sie machen das bewusst, uns unzureichend zu informieren, und ich kann Ihnen das beweisen...!!"

Stufe 4 – Images, Koalitionen
Im Mittelpunkt steht jetzt die Sorge um das eigene Image. Verbündete werden zur Unterstützung gesucht. Man fühlt sich im Recht, die anderen haben ja angefangen und sind schuld an der Misere. In der Kommunikation werden die Personen pathologisiert und abgewertet, üble Nachrede und Verleumdungen können entstehen.

Beispielsaussage: „Sie sind völlig unfähig zur Zusammenarbeit." „ Was wir schon alles getan haben.., es hat eh keinen Zweck mehr...."

Stufe 5 – Gesichtsverlust
Es gibt öffentliche und direkte Angriffe unter die Gürtellinie. Die moralische Integrität geht verloren. Emotional zeigt sich Antipathie. „Böse" Absichten werden interpretiert. Der Gegner wird in Verruf gebracht.

Beispielaussage: „Herr X hat uns hintergangen!"

Stufe 6 – Drohstrategien
Durch Drohungen wird die eigene Macht dargestellt. Das verstärkt die Gewaltspirale: auf Drohung folgt sofort Gegendrohung. Der Stress nimmt zu, da mit jeder Drohung auch gleichzeitig Handlungszwang entsteht. Werden die Forderungen nicht erfüllt, so sind entsprechende Sanktionen die umgehende Reaktion.

Beispielaussage: „Wenn Sie bis zum ... nicht reagieren, werden wir zu schärferen Maßnahmen greifen!"

Stufe 7 – Begrenzte Vernichtungsschläge
Es wird der Gegenseite aktiv begrenzter Schaden zugefügt in Form von Lügen, Sabotage oder aktiver Sachschädigung. Der Gegner hat keine menschlichen Qualitäten mehr.

Beispielhandlung: „Ich lasse wichtige Unterlagen/Dateien verschwinden." Oder: „Wir demolieren die Spezial-Espresso-Maschine des anderen Teams."

Stufe 8 – Zersplitterung
Das Ziel dieser Stufe ist es, den Zusammenbruch des feindlichen Systems zu bewirken im Sinne einer wirtschaftlichen oder seelisch-sozialen Vernichtung.
   „Eine freiwillige Begrenzung der Gewaltanwendung und des zugefügten Schadens wird nach dem Schwellenübergang zur Stufe 8 aufgegeben." (GLASL, 2004: 177)

Beispielhandlung: „Ich schreibe einen öffentlichen, anonymen Brief über die ‚Skandale' des Projektleiters".

Stufe 9 – Gemeinsam in den Abgrund
Es gibt keinen Weg mehr zurück. Vernichtung wird um jeden Preis angestrebt – auch zum Preis der Selbstvernichtung.

Beispielhandlung: „Ich opfere meine eigene Existenz oder mein Leben, wenn ich damit erreiche, dass ich den Anderen vernichten kann."

Mit zunehmender Eskalationsstufe nimmt die Kooperationsbereitschaft ab und die Projektgefährdung nimmt zu. Während am Anfang der Eskalationsstufen beide Seiten sich eine Win-Win-Lösung zubilligen, wandelt es sich im Konfliktverlauf über das „Besiegen-Wollen" hin zu einem Lose-Lose. Die Parteien nehmen für den Schaden des Anderen jeglichen eigenen Schaden in Kauf.

Die kritische Grenze liegt etwa beim Übergang von Stufe 4 zu 5, spätestens bei Stufe 5. Hier sind die Konfliktparteien in ihrem Konflikt persönlich gefangen, sodass in der Regel externe Unterstützung nötig ist, um die Eskalation zu stoppen und eine kooperative Konfliktlösung zu ermöglichen.

„Der Konflikt hat uns" bedeutet, dass die Beteiligten in der konkreten Konfliktsituation die Selbstkontrolle und Selbstführung verloren haben (vgl. GLASL, 2004: 29). Ab diesem Zeitpunkt sind sie kaum mehr in der Lage, den Überblick über das Geschehen zu halten und zielgerichtet zu beeinflussen. Wahrnehmungsverzerrungen (vgl. „Leiter der Schlussfolgerungen") schränken den Handlungsspielraum immer mehr ein.

Stufe 7 zieht alle Energie der Beteiligten aus dem Projekt ab und schränkt ihre Wahrnehmung derart ein, dass im Kampf um den Sieg Schäden für das Projekt hingenommen werden. Die Stufen 8 und 9 erfordern in der Regel einen Machteingriff, um weiteren zielgerichtet und bewusst verursachten Schaden vom Projekt und von den Beteiligten abzuwenden. Erst danach ist eine kooperative Konfliktlösung möglich.

Eine in friedlichen Zeiten vereinbarte kooperative Konfliktlösung wird im Konflikt oft nicht mehr gewünscht. Kooperative Konfliktlösung muss deshalb vor Projektbeginn zwingend vereinbart oder im Konfliktfall von außen angeregt werden.

Konflikte im Projektumfeld sind oft schon weiter eskaliert, als es die verbalen und nonverbalen Umgangsformen vermuten lassen. An der Suche nach Verbündeten durch die Konfliktbeteiligten lässt sich der Beginn der ernsthaften Projektgefährdung erkennen.

1.4 Die wirtschaftliche Seite von Konflikten – Die Ausmaße des Konfliktschadens

Projektkonflikte kosten Geld. So selbstverständlich und offensichtlich dies ist, so schnell bleibt diese Tatsache in tatsächlichen Konfliktsituationen unbeachtet.

Wenn während der Arbeitszeit gestritten wird, entsteht Aufwand, der dem Projekt im Grunde fehlt. Bis zu einem gewissen Grad gehört dieser Aufwand einfach zur Projektarbeit dazu, genauso wie beispielsweise die „Kaffeegespräche" in der Teeküche. Aus wirtschaftlicher Sicht wird es vor allem dann problematisch, wenn Konflikte eskalieren und in einem Machtkampf münden, der die Projektarbeit richtig lahm legt. Dann entstehen erhebliche Zusatzkosten, die den vorgegebenen Budgetrahmen des Projektes schnell sprengen können und die Wirtschaftlichkeit des Projektes infrage stellen. Je nach Projekt können sich die Auswirkungen auch auf Unternehmensebene niederschlagen und Folgewirkungen bis hin zur Insolvenz haben.

Die möglichen Konfliktkosten und der mögliche monetäre Schaden eines Konfliktes sind abhängig von (vgl. BERNER, 2006):

- **der Art des Projektes**
  Ist es ein internes Projekt (wie z. B. „Auswahl und Einführung eines neuen Zeiterfassungssystems") oder ein externes Auftragsprojekt? (z. B. „Entwicklung einer neuartigen, speziellen Verpackungsmaschine für einen wichtigen Kunden")
- **seiner Bedeutung für das Unternehmen**
  Welche Außenwirkung hat das Projekt? Geht es um die Existenzsicherung des Unternehmens? Ist mit dem Projekt die Sicherung von Marktanteilen verbunden oder geht es darum, sich mit einem neuen Produkt von Konkurrenten abzuheben?

- **seinem Umfang**
  Welches Auftragsvolumen oder Budget hat das Projekt? Wie steht es im Verhältnis zu anderen Projekten und zum Gesamtumsatz?
- **den beteiligten Personen**
  Hier geht es vor allem um die Anzahl und die Hierarchie der beteiligten Team-Mitglieder. Je höher ein Projekt in der Hierarchie angesiedelt ist, umso größer wird das Schadenspotential eines Konfliktes. Das liegt zum einen an dem damit verbundenen Entscheidungsspielraum des jeweiligen Projektmanagers, und zum anderen an den größeren Ausbreitungsmöglichkeiten auf weitere Hierarchieebenen.

Welche Arten von Kosten können in Konfliktsituationen entstehen?

- Direkte Konfliktkosten
  Die Personalkosten der am Konflikt beteiligten Personen (z. B. Projektmanager, Projektteam usw.)
- Opportunitätskosten
  Der entgangene Nutzen – also die Kosten, die entstehen, weil sich die Konfliktbeteiligten statt mit Projektaufgaben mit dem Konflikt beschäftigen (z. B. Gespräche darüber, wer was gemacht hat, wer angefangen hat ... oder wie man nun damit umgehen will ..., was taktisch am geschicktesten wäre oder wie man sich am besten absichern könnte ...)
- Mehrausgaben durch ungeeignete Konfliktlösungsmaßnahmen, wie z. B. Kosten für einen Gutachter, kurzfristige, ineffektive Schulungen usw.
- Zusätzliche Transaktionskosten durch Ausweitung des Konfliktes auf andere Projekte oder Abteilungen
- Kosten des Verlustes von wichtigen Geschäftsbeziehungen, Imageschaden
- Kosten zur tatsächlichen Konfliktbeilegung – sei es für die Einschaltung von Rechtsanwälten oder für den Einsatz eines externen Mediators – oder auch die Kosten, die durch die Trennung von einem Kontrahenten entstehen.

Es ist wichtig, sich die möglichen finanziellen Dimensionen vor Augen zu führen, die durch Konflikteskalationen entstehen können. Der mögliche Schaden kann wirklich beträchtlich oder gar Existenz bedrohend sein. Deshalb sind Konflikte frühzeitig und mit Kosten sparenden Methoden zu bearbeiten und zu lösen.

2 Konfliktbearbeitung – alternative Verfahren und angewandte Techniken

2.1 Mediation im Vergleich

Zur Auswahl des geeigneten Konfliktbearbeitungsverfahrens ist es nötig, einen Überblick über die unterschiedlichen Ansätze zu haben.

Selbst bei der Mediation gibt es verschiedene Vorgehensweisen, die bei der Wahl des neutralen Dritten zu berücksichtigen sind. Und im internationalen Projektkontext kommen weitere Möglichkeiten alternativer Streitbeilegungsverfahren (im Englischen: „alternative dispute resolution" kurz: „ADR-Verfahren") hinzu.

2.1.1 Verschiedene Ansätze der Mediation

Es gibt zwei sehr unterschiedliche Mediationsansätze:

- den transformativen Ansatz und
- den verhandlungsorientierten Ansatz („Harvard-Prinzip").

Während beim verhandlungs- und lösungsorientierten Ansatz der Fokus bei der Konfliktvermittlung im Finden von Lösungen auf der Verhandlungsebene liegt (vgl. Element 2.11 Gesprächs- und Verhandlungsführung), stehen bei der transformativen Mediation die Menschen im Mittelpunkt. Die Konfliktparteien sollen soweit unterstützt und befähigt werden, dass sie ihre eigenen Ressourcen zur Lösung des Konfliktes nutzen können. Es entsteht ein Lernprozess mit dem Ziel, Autonomie und Selbstkompetenz der Parteien zu stärken. So sollen Konflikte dauerhaft beseitigt werden.

Zentrale Aspekte des transformativen Ansatzes sind:

- Rückgewinnung der Reflexions- und Handlungsfähigkeit durch nachträgliches Verstehen des Geschehens und der gegenseitigen Bedürfnisse (Empowerment)
- Auflösung des zwischenmenschlichen Konfliktes durch gegenseitige Anerkennung der Bedürfnisse (Recognition)

Durch diesen Transformationsprozess können wirklich befriedigende und befriedende Lösungen zustande kommen.

Beim verhandlungsorientierten Ansatz besteht die Gefahr, dass der Konflikt nicht ausreichend auf der Beziehungsebene (im Bereich der Gefühle und Bedürfnisse) geklärt wird und die Verhandlungen zu schnell wieder auf der Sachebene geführt werden, so dass dann eher (faule) Kompromisse als echte Win-Win-Lösungen zustande kommen.

Der transformative Ansatz ist deshalb besonders dann dem verhandlungsorientierten Ansatz vorzuziehen, wenn der Konflikt stark eskaliert ist und eine hohe Emotionalität vorliegt. Die beiden Ansätze stellen unterschiedliche Anforderungen an einen Mediator, die bei der Auswahl zu berücksichtigen sind.

Weiterführende Informationen zum Grundkonzept des verhandlungsorientierten Ansatzes vgl. Element 2.11

2.1.2 Mediation im Vergleich zu traditionellen streitigen Verfahren

Vielfach, besonders bei kleinen und mittleren Unternehmen, werden Konflikte zwischen Projekt-Auftragnehmern und Kunden oder mit Lieferanten noch immer über Schiedsgerichte oder ordentliche Gerichte bearbeitet.

Das kann in manchen Situationen durchaus sinnvoll sein. In vielen Fällen ist es jedoch empfehlenswert, lieber auf eine Einigung zum beiderseitigen Vorteil zu setzen, statt auf einen meist doch unbefriedigenden Vergleich oder auf ein unvorhersehbares Urteil zu warten. In großen Projekten mit besonders hohem Kostenrisiko ist die vertragliche Vereinbarung von Mediationsklauseln bereits üblich.

Zur Auswahl der Vorgehensweise bzw. des Konfliktbearbeitungsverfahrens kann folgende Gegenüberstellung helfen:

Verfahren: Kriterien	Gerichtsverfahren	Schiedsgericht/ Schlichtungsstelle	Mediation
Entscheider	Richter	Schlichter	Konfliktparteien
Kosten	Anwaltskosten + Gerichtskosten	Anwaltskosten + Gerichtskosten	Anwaltskosten + Kosten Mediator
Dauer	6 – 12 Monate (bei zwei Instanzen auch länger)	3 – 6 Monate	1-3 Wochen
Öffentlichkeit	Ja (Regelfall)	Nein	Nein
Fokus	Vergangenheit	Vergangenheit	Zukunft
Stil	Kompetitiv	Kompetitiv	Kooperativ
Konfliktlösung	Gewinn/Verlust Verlust/Verlust	Gewinn/Verlust Verlust/Verlust	Gewinn/Gewinn
Zufriedenheit	Gering	Gering	Hoch

Abbildung 2.12a-V3: Vergleich der Konfliktbearbeitungsverfahren (nach PONSCHAB)

An dieser Stelle noch ein Hinweis zum Schiedsgericht

Das Schiedsgericht ist ein privates Gericht, das an die Stelle der staatlichen Gerichte tritt (z. B. DIS – Deutsches Institut für Schiedsgerichtsbarkeit). Voraussetzung für ein schiedsgerichtliches Verfahren ist eine gültige Schiedsgerichtsklausel oder ein entsprechender Schiedsvertrag. Der gefällte Schiedsspruch stellt eine endgültige Entscheidung des Rechtsstreits dar.

 Rechtsberatung durch Juristen zum geeigneten Verfahren ist immer nötig!

Gerade in meist knapp kalkulierten Projekten ist der Kostenfaktor ein sehr maßgebender Aspekt für den Projekterfolg. Bei wirtschaftlicher Betrachtung allein der Verfahrenskosten ist eine Mediation wesentlich günstiger als alle anderen Verfahren. Dazu kommen Vorteile hinsichtlich der Zufriedenheit der Beteiligten und der deshalb möglichen weiteren Zusammenarbeit. Bemerkenswert ist aber auch das fehlende Risiko: Die Mediation kann nie nachteilig für eine der Parteien ausgehen. Sie kann höchstens scheitern. Dann stehen die anderen Wege der Konflikterledigung weiterhin offen.

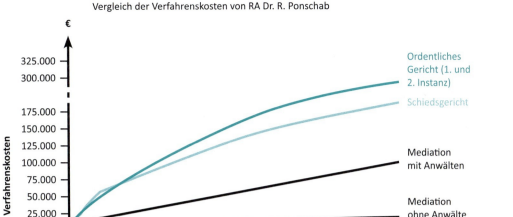

Abbildung 2.12a-V4: Kostengegenüberstellung der gängigen Konfliktbeilegungsverfahren
(Ponschab & Schweizer, 2004: 268)

Der Einsatz der Mediation hat auch seine Grenzen.

Mediation ist u. a. dann nicht geeignet, wenn
- der Wunsch nach Öffentlichkeit besteht
- Grundsatzentscheidungen getroffen werden sollen
- es darum geht, Recht zu bekommen.

2.2 Weitere Verfahren zur außergerichtlichen Konfliktregelung – u. a. auch im internationalen Kontext

Es gibt neben der Mediation eine Reihe weiterer außergerichtlicher Konfliktregelungsverfahren – vor allem auch im internationalen Kontext – von denen nachfolgend die Wesentlichsten kurz vorgestellt werden. Es ist hier empfehlenswert, im konkreten Fall tiefer gehende Informationen einzuholen und sich juristisch beraten zu lassen.

1. **1. „Med/Arb" und „Arb/Med"-Verfahren**
   Hier handelt es sich um eine Kombination von **Med**iation und Schiedsgerichtsverfahren (**Arb**itration). Bei Med/Arb wird im Falle einer erfolglosen Mediation nahtlos in ein Schiedsgerichtsverfahren übergegangen, mit dem bisherigen Mediator als Schiedsrichter. Im umgekehrten Fall, der Arb/Med, hat der Schiedsrichter schon eine Entscheidung bzgl. des Konfliktes gefällt. Er hält diese aber bis zum Ende der Mediation zurück. Sie wird nur dann verkündet, wenn die Parteien sich nicht einigen können. Das hat den Vorteil, dass die Konfliktparteien offener und kooperationsbereiter in die Mediation gehen können, weil sie nicht mehr zu befürchten haben, dass ihre Offenheit für den rechtsverbindlichen Schiedsspruch ausgenutzt werden könnte. Der Zweck dieses kombinierten Verfahrens ist es, die Parteien zu einem ADR-Kontinuum zu verpflichten (i.d.R. durch eine Vertragsklausel), das mit Sicherheit zu einer Lösung des Konfliktes führt.
2. **Mini-Trial**
   Das Mini-Trial wird vor allem bei größeren wirtschaftlichen Streitigkeiten eingesetzt. Das Besondere des Verfahrens ist der Einsatz eines Voruntersuchungsgremiums (Trial-Komitee), welches sich aus entscheidenden Führungspersönlichkeiten aller beteiligten Unternehmen zusammensetzt und eine Art Anhörung zum Konfliktgegenstand und zu den unterschiedlichen Standpunkten durchführt.

Es ist dabei auch möglich, Zeugen zu vernehmen oder Sachverständige zu befragen. Im Anschluss an die Informationserhebung findet die Verhandlungskonferenz des Trial-Komitees statt, mit dem Ziel, eine Einigung zu erreichen. Bei Bedarf wird ein neutraler Dritter (ein sog. Obmann) zur Unterstützung hinzugezogen. Das Mini-Trial stützt die Eigenverantwortlichkeit des oberen Managements hinsichtlich einer interessenorientierten und realitätskonformen Einigung. Gibt es keine Einigung in der Konferenz, gibt der Obmann eine Vergleichsempfehlung. Ist das Mini-Trial gescheitert, folgt in der Regel der Gang an die staatlichen Gerichte.

3. **Schlichtungsverfahren**

   Schlichtungsverfahren sind privatrechtliche Verfahren. Bekannt sind beispielsweise die Schlichtungsstellen bei der IHK oder den Handwerkskammern. Der Schlichter ist ein neutraler Dritter, der die Parteien auf eigenes Verlangen in ihrem Konflikt unterstützt und einen Schlichtungsspruch fällt. Dieser Schlichtungsspruch ist im Gegensatz zu Schiedsgerichtsverfahren nicht verbindlich. Wenn die Schlichtung erfolglos ist, bleibt der Weg zu den (Schieds-) Gerichten offen.

4. **ENE – Early Neutral Evaluation**

   Die ENE dient einer gütlichen Streitbeilegung und ist vor allem an US-amerikanischen Gerichten etabliert. Das Ziel dieses gerichtsnahen Verfahrens ist die Beurteilung des Rechtsstreits durch einen Dritten, typischerweise einen erfahrenen Rechtsanwalt in einem möglichst frühen Konflikt- oder Verhandlungsstadium. Auf der Grundlage dieser fachlich-rechtlichen Bewertung führen die Parteien dann ihre eigenen Verhandlungen oder entscheiden sich für einen Gerichtsprozess. Die ENE beginnt damit, dass die Parteien ihre Standpunkte vortragen. Der neutrale Dritte legt den Parteien danach seine Auffassung und Einschätzung dar. Die unverbindliche Beurteilung durch einen von beiden Seiten anerkannten Spezialisten soll den Parteien eine bessere Einschätzung ihrer (meist unrealistischen) Erwartungen an einen Rechtsstreit und ihrer Stärken und Schwächen im Konfliktfall bringen und zwar zu einem frühzeitigen und noch kostengünstigen Zeitpunkt.

   ENE ist vor allem bei technisch schwierigen und rechtlich komplexen Situationen sinnvoll.

5. **Dispute (Review) Boards in Projekten**

   Eine weitere Sonderform, die aber vor allem präventiven Charakter hat, sind die **Dispute Boards**. Gerade im internationalen Bau- und Anlagenbau spielen Dispute Boards zunehmend eine Rolle. Beim Dispute Board handelt es sich um ein Gremium, meist bestehend aus drei Personen (Juristen und Ingenieure) das in der Regel schon zu Projektbeginn vor irgendwelchen Streitigkeiten eingerichtet wird. Bahnen sich während des Projektverlaufs Konflikte an, so sollen diese frühzeitig und zügig durch das Board bearbeitet und gelöst werden.

   Im internationalen Bau- und Anlagenbau bewähren sich diese Projekt begleitenden Dispute Boards seit über 10 Jahren. Z. B. werden alle Projekte der Weltbank grundsätzlich nur mit vertraglich integriertem Dispute Board vergeben.

2.3 Spezielle angewandte Techniken zur Lösung von Konflikten

2.3.1 Den Handlungs- und Lösungsspielraum erweitern durch Reframing (Referenztransformation)

In Abschnitt 1.1 wurden Wahrnehmung und subjektive Wirklichkeit mit ihren Auswirkungen auf Konfliktsituationen beschrieben.

Aufgrund ihrer Wahrnehmungsverzerrungen haben die Konfliktbeteiligten nur noch einen sehr kleinen Ausschnitt der Handlungsmöglichkeiten im Blick. Um zu einem größeren Handlungsspielraum zu kommen, um neue Handlungsmöglichkeiten entwickeln zu können, ist es notwendig, das Bild der subjektiven Wirklichkeit zu verändern und zu erweitern. Das kann dadurch geschehen, dass der Kontext oder der Rahmen einer Situation verändert werden und dadurch dem Geschehen eine neue Bedeutung gegeben wird.

Reframing (oder Referenztransformation) ist eine Technik, die hilft, den eigenen Wahrnehmungsrahmen in einer bestimmten Konfliktsituation zu wechseln und zu einer neuen Deutung der Situation zu kommen. So entstehen weitere Handlungs- und Verhaltensmöglichkeiten, die einseitige negative Sicht auf die Handlungen der Gegenseite steht in ein neues Licht, Nachvollziehbarkeit und ein gewisses Verständnis wachsen.

 Beispiel In einer Projektstatus-Präsentation gähnt ein hochrangiges Mitglied des Lenkungsausschusses mehrmals. Der Projektleiter bewertet dies – aufgrund verschiedener Erfahrungen – als „Langeweile" (vgl. auch „Leiter der Schlussfolgerungen" in Abschnitt 1.1). In der Konsequenz seiner Bewertung bemüht er sich, noch eindringlicher und plastischer zu berichten, um das Interesse des Lenkungsausschuss-Mitgliedes wiederzugewinnen. Dies könnte u.U. bei dem Lenkungsausschuss-Mitglied zu Irritation oder Gereiztheit führen und in eine konfliktäre Situation münden.

Um in solchen Situationen zu neuen Handlungsmöglichkeiten zu kommen, muss der (Referenz-) Rahmen – also die zugrunde gelegte Deutung – verändert werden.

Deutungsänderungen für das „Gähnen" könnten z. B. Müdigkeit oder Sauerstoffmangel sein. Vor diesem Hintergrund (Referenzrahmen) würde der Projektmanager vorschlagen, neuen Kaffee zu bestellen und den Raum kurz durchzulüften.

Nützlich ist die Referenztransformation auch dann, wenn vermeintlich gute Lösungen das Problem nicht beseitigen. Statt dann immer noch „mehr Desselben" (Watzlawik) zu tun – was die Situation nur verschlimmert – werden durch die Veränderung des Blickwinkels neue Handlungsmöglichkeiten sichtbar.

„Man wechselt den Rahmen, in dem ein Mensch Ereignisse wahrnimmt, um die Bedeutung zu verändern. Wenn sich die Bedeutung verändert, verändern sich auch die Reaktionen und Verhaltensweisen des Menschen." (BANDLER & GRINDER zitiert in KÖNIG & VOLMER, 1994: 89)

Es gibt verschiedene Formen des Reframings/der Referenztransformation (KÖNIG & VOLMER, 1994: 90). Beispielsweise sind dies:

Inhaltliche Referenztransformation

Eine Situation oder ein Verhalten wird bewusst in einen positiven Deutungsrahmen gestellt.

 Beispiel Ein Team-Mitglied, das häufig Kritik in Meetings äußert, kann unterschiedlich betrachtet werden: als Störenfried und Quertreiber oder auch als „engagiert und eigeninitiativ". Letztere Sicht kann genutzt werden, indem der Projektmanager diesem Mitglied beispielsweise offiziell die Rolle des „Advocatus Diaboli" gibt. So steht die Kritik des Mitarbeiters in einem neuen Licht und kann effektiv genutzt werden.

Kontext-Referenztransformation

Die Frage nach dem Nutzen eines Verhaltens bringt auch einen neuen Referenzrahmen. In welchem Kontext könnte ein negativ gedeutetes Verhalten durchaus sinnvoll sein?

 Beispiel Was oder wem nützt es, wenn dieser Konflikt nicht gelöst wird?

Ziel-Referenztransformation

Bei dieser Art des Rahmenwechsels wird die Frage in den Mittelpunkt gestellt, was das positive Ziel hinter einem Verhalten oder hinter bestimmten Handlungen ist oder sein könnte.

Beispiel Ziel-Referenztransformationen geschehen genau dann, wenn sich Konfliktbeteiligte auf die möglichen Bedürfnisse ihres Gegners konzentrieren um herauszubekommen, was das eigentliche Anliegen ihres Kontrahenten sein könnte.

Reframing verlangt also nicht, das „gegnerische" Verhalten selbst in irgendeiner Form zu beschönigen oder für gut zu befinden. Es geht lediglich darum, die Ursache für das Verhalten neu zu definieren. Vor dem negativen Rahmen stehend würde davon gesprochen, dass der Konfliktgegner mit seinem Verhalten Schaden zufügen will, dass er böswillig agiert. Vor dem neuen, positiven Rahmen stehend würde erkannt, dass der Konfliktgegner mit seinem Verhalten eines seiner Bedürfnisse befriedigen will – auch wenn ihm das im Moment nur auf eine sehr ungünstige oder gar schädliche Art gelingt.

Für eine konstruktive und kooperative Lösung des Konfliktes ist es nötig, einen hilfreichen Referenzrahmen zu finden, auf dem aufbauend neue Handlungsmöglichkeiten zu beiderseitigem Vorteil entwickelt werden können.

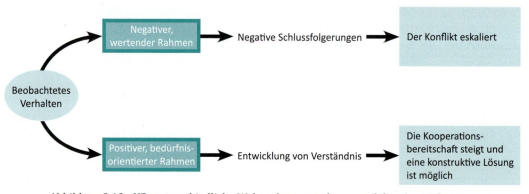

Abbildung 2.12a-V5: unterschiedliche Wahrnehmungsrahmen und ihre Auswirkungen

2.3.2 Ein Verfahren zur Ermittlung von Bedürfnissen

Hinter jedem Konflikt stecken unerfüllte Bedürfnisse, die für eine kooperative Auflösung des Konfliktes herausgearbeitet werden müssen.

Dazu gibt es verschiedene Formen der Bedürfnisdarstellung und -beschreibung. Sehr bekannt ist die Bedürfnishierarchie des amerikanischen Psychologen Abraham MASLOW, der die Bedürfnisse, nach verschiedenen Stufen aufeinander aufbauend, strukturiert hat. Für die praktische Konfliktlösung ist es jedoch unerheblich, auf welcher MASLOWSCHEN Hierarchiestufe sich das jeweils verletzte Bedürfnis befindet.

Ein neues Modell zur Bedürfnisermittlung ist das mit einer Kompensationstheorie verbundene Bedürfnis-Duodecim® des Systemikers und Mediators Roland STRAUBE. Dabei wird davon ausgegangen, dass die Verletzung eines Bedürfnisses durch die Überbefriedigung eines anderen innerhalb des gleichen Ringes (teilweise) kompensiert werden kann. Die Ringe geben dabei die Richtung an, von der her Bedürfnisse befriedigt oder bedroht werden.

Demzufolge führen verletzte Bedürfnisse nicht sofort und unmittelbar in einen Konflikt. Es entsteht erst einmal nur Konfliktpotenzial, das durch verstärkte Befriedigung eines anderen Bedürfnisses ausgeglichen, also kompensiert wird.

Für eine solche Kompensation stehen aber nur die drei anderen Bedürfnisse des gleichen Ringes (s. Abbildung 2.12a-V6) zur Verfügung.

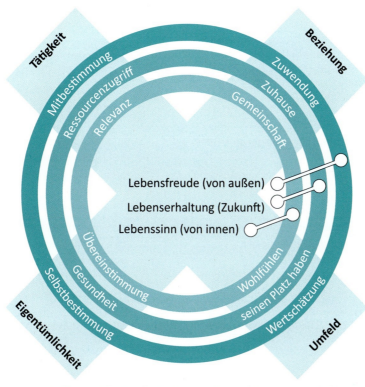

Abbildung 2.12a-V6: Bedürfnis-Duodecim® (STRAUBE, 2007)

Ist nun eine solche Kompensation nicht (mehr) möglich, bricht der Konflikt aus. Dabei muss wegen der zwischenzeitlichen Kompensation das schließlich konfliktauslösende Bedürfnisdefizit nicht mit dem ursprünglichen Bedürfnisdefizit übereinstimmen.

Sowohl für die Konfliktvorbeugung als auch für die kooperative Konfliktlösung ist es deshalb wichtig, als Projektleiter Bedürfnisse ermitteln zu können. Ist dann klar, welche Bedürfnisse dem Konflikt(-potential) zugrunde liegen, kann entweder für die Befriedigung dieser Bedürfnisse in einem mediativen Konfliktlösungsverfahren oder für eine sinnvolle Kompensation durch zweckmäßige Führungsentscheidungen gesorgt werden.

Die folgende Bedürfnisübersicht folgt dem Modell des Bedürfnis-Duodecim® von Roland STRAUBE:

Nach außen gerichtete Bedürfnisse:

Bedürfnis	Bedeutung	Hinweise auf Bedürfnisdefizit
Mitbestimmung	Ich will nicht nur Anweisungen ausführen. Ich will Einfluss darauf haben, was ich tue und was hier getan wird.	I Er hält sich für den Einzigen, der von der Sache Ahnung hat. I Hier muss alles immer über seinen Tisch gehen. I Wenn er mich vorher gefragt hätte, …! I Ich fühle mich übergangen!
Zuwendung	Ich will nicht abgelehnt werden. Ich will geliebt, geachtet und verstanden werden.	I Ich bin für die ja nur der Trottel, der die Arbeit macht. I Niemand hat Zeit für mich. I Um … wird viel mehr Gewese gemacht! I Ich bin so hilflos und leer.
Wertschätzung	Ich will nicht übersehen werden. Ich will Beachtung und Anerkennung für meine Worte und Taten.	I Bei allem, was ich für Euch getan habe, … I Ein bisschen was könntest Du auch tun! I Das habe ich auch schon gesagt! I Mir reicht's!
Selbstbestimmung	Ich will nicht von Menschen oder Umständen abhängig sein. Ich will frei sein in meinen Entscheidungen und meinem Handeln.	I Das geht Dich nix an! I Ich lasse mir überhaupt nichts mehr vorschreiben. I Das ist meine Sache, nicht Deine. I Ich will in Ruhe gelassen werden.

Abbildung 2.12a-V7: Bedürfnisse der Lebensfreude (mit Bezug nach außen) (STRAUBE, 2007)

In die Zukunft gerichtete Bedürfnisse

Bedürfnis	Bedeutung	Hinweise auf Bedürfnisdefizit
Ressourcenzugriff	Ich will nicht darben. Ich will bekommen (mir nehmen können), was ich brauche und was mir zusteht.	I Er glaube, alles gehöre ihm! I Das hast Du nicht alleine gemacht. I Das kann ich mir nicht leisten! I Und wovon soll ich leben?!
(ein) Zuhause (haben)	Ich will nicht heimatlos/ungeschützt sein. Ich will wissen, wo ich meinen Lebensmittelpunkt habe.	I Ich gehöre nirgends hin. I Mir fehlt die Orientierung. I Ich weiß nicht, wer ich bin. I Ich bin haltlos.
Seinen Platz haben	Ich will nicht ziellos sein/nicht überflüssig sein. Ich will in meiner Rolle wahrgenommen und akzeptiert werden.	I Ich muss mir das von Dir nicht bieten lassen. I Mit diesem Ergebnis gehe ich da nicht hin. I Ich muss mich erst noch umziehen. I Ich habe keine Lust, mich dort zu blamieren.

Gesundheit	Ich will nicht hilflos/krank sein.	I	Er glaubt, er kann uns wie Sklaven ausbeuten.
	Ich will allen Anforderungen gewachsen sein.	I I I	Ich will das nicht auch noch! Ich kriege schon beim Zuhören Kopfschmerzen. Mir ist das zuviel!

Abbildung 2.12a-V8: Bedürfnisse der Lebenserhaltung (mit Bezug auf die Zukunft) (STRAUBE, 2007)

Nach innen gerichtete Bedürfnisse

Bedürfnis	Bedeutung	Hinweise auf Bedürfnisdefizit
Relevanz	Ich will nicht sinnlos tätig sein.	I Das interessiert sowieso keinen. I Ich jedenfalls habe alles richtig gemacht!
	Mein Tätigsein und mein Leben sollen sich lohnen/nachhaltig sein.	I Diese Mühe mache ich mir nicht noch einmal. I Das ist alles so sinnlos!
Gemeinschaft	Ich will nicht auf mich allein gestellt sein.	I Auf die kann man sich nicht verlassen. I Die nerven mich alle. I Früher bei Euch war es schöner.
	Ich will mich auf andere verlassen können und Austausch haben.	I Ich fühle mich ausgeschlossen.
Wohlfühlen	Ich will nicht traurig/unzufrieden/unwohl sein.	I Die sind alle so komisch hier. I Hier ist alles unangenehm. I Ich wäre lieber in ...!
	Ich will glücklich sein.	I Mir geht es schlecht!
Übereinstimmung	Ich will nicht gegen meine Überzeugungen leben.	I Das haben Andere so entschieden, nicht ich! I Das liegt mir überhaupt nicht.
	Ich will leben, wie es mir gefällt und richtig erscheint.	I Also ich würde das anders machen. I Ich bin nicht zufrieden damit.

Abbildung 2.12a-V9: Bedürfnisse des Lebenssinnes (mit Bezug nach innen) (STRAUBE, 2007)

Bedürfnisse lassen sich erfragen. Wichtig dabei ist, nicht an scheinbaren Bedürfnissen, wie Macht oder Sicherheit, stehen zu bleiben, sondern weiter bis zum dahinter liegenden Bedürfnis vorzudringen.

Die Frage zur Bedürfnisermittlung ist:

I Woran merken Sie, dass ... für Sie gut ist?
I Und woran noch?
I Und woran noch?
I ...

Entscheidender Fragebestandteil ist „woran merken", wichtig für gründliches Arbeiten ist die mehrfache Ergänzung mit „Und woran noch?"!

Werden Antworten gegeben, die weder ein vorbehaltlos positives Verlangen beschreiben, noch allgemeingültige Wünsche beschreiben, ist die Ebene der Bedürfnisse noch nicht erreicht. Bei der Aussage: „Dann habe ich mehr Macht." müsste deshalb wiederum gefragt werden: „Woran merken Sie, dass mehr Macht für Sie gut ist?" usw.

> **§ Definition** Bedürfnisse lassen sich dadurch erkennen, dass sie ein vorbehaltlos positives Verlangen beschreiben, auch wenn die daran gebundene Handlung oder Forderung durchaus sehr negativ sein kann. Bedürfnisse sind allgemeingültig, sie gelten immer und nicht nur in einer konkreten Situation.

Nur die Erfüllung echter Bedürfnisse führt zur Konfliktlösung, egal, ob sie dann direkt oder kompensatorisch befriedigt werden. Die Frageform „Woran merken Sie ...? / Und woran noch?" wirkt je nach Projektkultur vielleicht etwas merkwürdig, gleichzeitig ist sie die effektivste, schnellste und direkteste Form, nach Bedürfnissen zu fragen.

Eine weitere wirksame Möglichkeit, zu den Bedürfnissen des Gegenübers zu kommen, sind Empathie und einfühlsames Zuhören (vgl. auch den Abschnitt zur „Gewaltfreien Kommunikation" im Vertiefungswissen).

2.3.3 Perspektivenwechsel und Wahrnehmungspositionen

Wie im Abschnitt 1 ausführlich dargestellt, ist Wahrnehmung selektiv und subjektiv. Beharren Konfliktparteien auf ihrer Sicht als der einzig wahren (richtigen) und alleingültigen Sicht, so ist es kaum möglich, zu einem Konsens, zu einer einvernehmlichen Lösung zu kommen.

„Ziel des Perspektivenwechsels ist das Hinaustreten aus dem eigenen, alltäglichen Erlebnisrahmen in eine neue Sicht der Wirklichkeit, die zeigt, dass die Wirklichkeit auch noch anders sein kann" (DULABAUM, 2001). Deshalb ist der Wechsel der Perspektive für die Konfliktbearbeitung ganz entscheidend. Er hilft, eine Handlung oder ein Verhalten aus einem anderen Blickwinkel zu betrachten und somit andere „Wirklichkeiten" zu erkennen. Für die kooperative Konfliktlösung kann mithilfe des Perspektivenwechsels mehr Verständnis erreicht werden und er ist ein erster Schritt zur Annäherung.

Perspektivenwechsel bringt eine Erweiterung der Sichtweisen und Wahrnehmungen. Das damit verbundene „Gesehenwerden" und das „Verstehenkönnen" bringen Entspannung in die konfliktäre Situation. Darauf aufbauend können sich leichter gegenseitiger Respekt und Achtung entwickeln, es wächst die Bereitschaft, den Konflikt kooperativ beizulegen. Praktisch funktioniert der Perspektivenwechsel dadurch, dass die Streitenden sich quasi „in die Schuhe des anderen stellen".

Im NLP spricht man von den drei Wahrnehmungspositionen (GRINDER & DELOZIER):

1. **Wahrnehmungsposition:**
   ich – in mir drin – fühlen (Assoziation)
   Die Betrachtung der Situation vom eigenen Standpunkt aus und die Wahrnehmung der eigenen Gefühle und Gedanken.
2. **Wahrnehmungsposition:**
   du – in dir drin – mitfühlen (Assoziation)
   Die „Landkarte" des Anderen erkunden. Die Betrachtung der Situation aus der Perspektive des Anderen, sich in den Anderen hineinversetzen, seine Gedanken und Gefühle erforschen.
3. **Wahrnehmungsposition:**
   sie – draußen/distanziert – denken (Dissoziation)
   Die Betrachtung der beiden vorhergehenden Standpunkte aus Sicht eines Dritten, der das Gesamtsystem, also auch die Beziehung der beiden Anderen in den Blick nimmt in einem weiten, systemischen Blickwinkel. Wie würde ein unabhängiger, neutraler Dritter den Konflikt und die Gesamtsituation beschreiben?

Beim Perspektivenwechsel geht es übrigens nicht um das Aufgeben der eigenen Sicht – ganz im Gegenteil, es geht um ihre Erweiterung.

Eng mit dem Perspektivenwechsel verbunden ist die Empathie, das Einfühlungsvermögen, was allerdings weder Mitleid noch Sympathie bedeutet. Es geht um die Fähigkeit und Bereitschaft, sich bewertungslos in den Anderen einzufühlen und ihn zu verstehen.

2.3.4 GRIT-Technik zur Deeskalation

GRIT (Graduated and Reciprocated Initiatives in Tension-Reduction) ist eine Methode zum Ausstieg aus der Konflikteskalation und zum schrittweisen Abbau von Spannungen bei gleichzeitigem Vertrauensaufbau. Sie wurde u. a. auch in internationalen politischen Konflikten (z. B. Abrüstung) erfolgreich angewandt.

Ziel der Methode, die von dem Amerikaner Charles E. Osgood 1962 entwickelt wurde, ist es, die eigene Selbststeuerung und Unabhängigkeit in fortgeschrittenen Konflikten wiederzugewinnen. Dazu werden einseitig und unabhängig von einer Seite vertrauensbildende Maßnahmen (Vorleistungen) zur Deeskalation durchgeführt, mit der Einladung an die andere Seite, Vergleichbares oder dasselbe zu tun.

Dabei weist Glasl darauf hin, dass es wichtig ist, bei der Vorbereitung und Ankündigung des ersten Schrittes mit enttäuschenden Reaktionen des Gegners zu rechnen. Einseitige Aktionen guten Willens werden wahrscheinlich beargwöhnt. „Sie könnten ja eine bloße Propaganda-Aktion oder eine Falle sein. Bereiten Sie sich darauf vor, wie Sie sich verhalten wollen, wenn sie auf Unverständnis oder arglistige Ablehnung stoßen." (Glasl, 2004: 175)

Argwohn und Misstrauen der Gegenseite sind ganz normal und müssen bei dem Vorgehen mit einkalkuliert werden. Entscheidend ist, die eigenen Aktionen unabhängig fortzusetzen. Mittelfristig kann dies zu einer Wahrnehmungs- und Verhaltensänderung führen. So soll sukzessive Vertrauen aufgebaut und ein Wandel von Konfrontation zu kooperativem Vorgehen vollzogen werden.

Vorgehensweise:

1. Es sind drei Maßnahmen zur Spannungsreduzierung zu definieren, die schrittweise durchgeführt werden können. Diese drei Maßnahmen sollen positiv und versöhnend sein und sie sollten hinsichtlich ihrer Wirkung immer größer werden. Auch müssen sie völlig unabhängig von der anderen Seite durchführbar sein. Dabei kann es sich um kleine Aktionen handeln, die aber von der Gegenseite bemerkbar sein.
2. Die erste Maßnahme muss offensiv und öffentlich angekündigt werden, sodass deren Beachtung sichergestellt ist.
3. Die angekündigte Maßnahme durchführen und die Gegenseite einladen, dasselbe zu tun. Bei abwehrender, feindseliger Gegenreaktion ist öffentlicher Protest nützlich, jedoch muss die Maßnahme tatsächlich durchgeführt werden.
4. Ankündigung der zweiten Maßnahme – auch wenn die Gegenseite nichts tut – und Einladung an die Gegenseite, wieder dasselbe zu tun.
5. Durchführung der zweiten Maßnahme – unabhängig davon, wie die andere Seite reagiert.
6. Ankündigung der dritten Maßnahme usw.

Es ist hilfreich, dieses Vorgehen mit Unterstützung eines externen Beraters durchzuführen. Dieser kann z. B. prüfen, inwieweit die gewählten Maßnahmen tatsächlich vertrauensbildend sind.

Auch wenn dieses Verfahren recht wirkungsvoll ist, bleibt ein Rest-Risiko. Es kann sein, dass die andere Seite auf das Angebot zur Kooperation nicht einsteigt oder das Vorgehen ausnutzt. Außerdem muss beim Einsatz der GRIT-Technik die jeweilige Konfliktsituation und deren Eskalation Beachtung finden.

Die GRIT- Methode ist nicht zu verwechseln mit „Tit for Tat" (vgl. Dixit & Nalebuff, 1997: 105). „Tit for Tat" ist eine kooperative Strategie aus der Spieltheorie. Eine Partei reagiert immer in der Art und Weise, wie es die andere Seite tut (Wie du mir, so ich dir.). Dabei ist der Start jedoch immer kooperativ und freundlich. Und es gehört zu dieser Strategie, nachsichtig zu sein. Das heißt, wenn eine Seite nach einem unkooperativen Zug wieder ein kooperatives Angebot macht, ist die eigene Bereitschaft vorhanden, selbst auch wieder kooperativ zu reagieren. (Vgl. auch Element 2-11 Verhandlungs- und Gesprächsführung).

2.3.5 Das Modell der „Gewaltfreien Kommunikation"

Die „Gewaltfreie Kommunikation" (GFK) wurde von dem amerikanischen Psychologen und Konfliktforscher Dr. Marshall B. Rosenberg entwickelt und wird seit fast 40 Jahren in internationalen Kriegs- und Krisengebieten, in Unternehmen und Organisationen oder auch in Schulen erfolgreich angewandt.

Die GFK beruht auch auf der Grundannahme, dass das Handeln von Menschen – im privaten wie auch im beruflichen Umfeld – immer ein Versuch ist, Bedürfnisse zu erfüllen. Bedürfnisse sind die treibende Lebenskraft, die Grundmotivation zum Handeln.

Das Ziel der GFK ist es, das im Menschen von Natur aus steckende Einfühlungsvermögen wieder zu entdecken und wegzukommen von Urteilen, Schuldzuweisungen, Diagnosen und Schwarz-Weiß-Bewertungen. Sie verbindet dabei Gedanken, Sprache und Kommunikation und zeichnet sich durch eine wertschätzende und respektvolle Haltung gegenüber dem Gesprächspartner oder der Gegenseite im Konflikt aus.

Zwei Fragen stellt die Gewaltfreie Kommunikation in ihren Mittelpunkt:

1. Was ist in uns (in mir und dir) lebendig? (Wie geht es mir? Wie geht es dir?)
2. Was können wir tun, um das Leben für uns beide zu bereichern (für mich und für dich)?

Voraussetzung für die Wirksamkeit der Gewaltfreien Kommunikation ist die innere Haltung mit der Absicht nach einer aufrichtigen Verbindung zum Gegenüber. Dabei geht es darum, einerseits die eigenen Anliegen (Gefühle und Bedürfnisse) klar und offen auszudrücken und gleichzeitig ein ehrliches Interesse an den Bedürfnissen des Gegenübers zu haben.

Die Methode der GFK ist recht einfach, die Umsetzung erfordert jedoch sehr viel Übung.

Sie besteht aus einem 4-Schritte-Modell, das dabei hilft, sich mit den eigenen Bedürfnissen zu verbinden und gleichzeitig Konfliktsituationen frei von Beurteilungen, Kritik und Diagnose anzusprechen. Denn Beurteilungen, Kritik und Diagnose führen beim Gesprächspartner zwangsläufig zu einer abwehrenden Haltung

Abbildung 2.12a-V10: Das Modell der Gewaltfreien Kommunikation (nach ROSENBERG, 2001)

1. Schritt: Auslösende Situation des Konfliktes – Beobachtung ohne Bewertung

Es ist sehr wichtig, wie ein Klärungs- oder Konfliktgespräch begonnen wird, denn damit entscheidet sich, ob der Gesprächspartner wirklich bereit ist, zuzuhören, ohne gleich in Abwehrstellung zu gehen.

Es geht also darum, die Konfliktsituation oder beispielsweise den Auslöser für Ärger so anzusprechen und zu beschreiben, dass weder Interpretation noch Bewertung enthalten sind.

Dabei werden nur objektiv wahrnehmbare Tatsachen angesprochen und zwar so neutral, dass der Andere keinen Anlass hat, zu widersprechen. Dadurch kann seine Aufmerksamkeit beim eigentlichen Anliegen des Sprechers bleiben, sie wird nicht auf Selbst-Verteidigung oder Angriff gelenkt.

 Beispiel: „Zur letzten Lenkungsausschuss-Sitzung sind Sie 30 Minuten nach dem vereinbarten Termin gekommen." statt „Immer kommen Sie zu spät." oder „Sie sind schon wieder zu spät gekommen!".

 Tipp Zu vermeiden sind:
- Formulierungen, die nach einer Diagnose klingen (z. B. „Das ist typisch für Sie…")
- Formulierungen, die eine Interpretation enthalten (z. B. „Sie haben sich über mich lustig gemacht.")
- Verallgemeinerungen (z. B. Wörter wie „nie" oder „immer")
- Beurteilungen und Vorwürfe (z. B. „Sie sind unkooperativ!")

2. Schritt: Gefühl benennen

Als Nächstes wird das zur Situation gehörende und von ihr ausgelöste unangenehme Gefühl genannt.

Beispiel: „Ich bin ärgerlich/frustriert/…"

Tipp Zu vermeiden sind:
- Versteckte Schuldzuweisungen
  z. B. „Ich fühle mich [VON DIR] ausgenutzt." oder "Ich fühle mich [VON EUCH] hintergangen."

Gefühle sind als Signallämpchen für das Konflikt-Controlling zu verstehen. Unangenehme Gefühle, wie Ärger, Unsicherheit, Irritation usw. weisen darauf hin, dass Bedürfnisse nicht erfüllt sind.

3. Schritt: Bedürfnisse ausdrücken

Schritt 2 und 3 sind ganz eng miteinander gekoppelt. Denn es geht nun darum, die eigentliche Ursache für das Gefühl, das unerfüllte Bedürfnis, zu benennen.

 Beispiel „Ich brauche Verlässlichkeit!" oder: „Mir ist wichtig, meine Zeit sinnvoll zu nutzen."

Bedürfnisse im Sinne der GFK sind allgemeingültig und positiv, unabhängig von Zeit, Ort und Personen (z. B. Autonomie, Unterstützung, Respekt, Entspannung usw.) und sie zeichnen sich dadurch aus, dass es jeweils eine Vielzahl von Handlungsmöglichkeiten zu ihrer Erfüllung gibt.

Physische Bedürfnisse	Selbstbezogene Bedürfnisse	Soziale Bedürfnisse
- Luft	- Autonomie / Selbstbestimmung	- Verbindung / Kontakt
- Nahrung	- Integrität	- Gemeinschaft / Zugehörigkeit
- Bewegung	- Authentizität / Ehrlichkeit	- Respekt
- Unterkunft	- Sinn / einen Beitrag leisten	- Unterstützung
- Ruhe / Entspannung	- Kreativität	- Empathie / Verständnis
- Körperkontakt	- Freude / Leichtigkeit	- Anerkennung / Wertschätzung
- Schutz / Sicherheit	- Selbstvertrauen	- Beachtung
- ...	- Entwicklung / Lernen	- Rücksichtnahme
	- ...	- Nähe
		- Geborgenheit
		- Liebe
		- ...

Spirituelle / Geistige Bedürfnisse
- Harmonie
- Inspiration
- Struktur / Klarheit
- Frieden
- Schönheit
- Verbindung zum Leben (Feiern / Trauern)
- ...

Anmerkung: Die Liste ist nicht vollständig. Sie soll als Anregung dienen.

Abbildung 2.12a-V11: Bedürfnisse-Überblick (nach ROSENBERG, 2001)

Zu beachten ist:
I Schritt 2 und 3 sind reine Ich-Botschaften, ohne jeden Bezug zum Gegenüber!

4. Schritt: Die Handlungs-Bitte

Schritt 4 führt über eine Bitte an den Gesprächspartner zu einer direkten Handlung oder zu weiterem vertiefenden Kontakt.

 Beispiel: „Bitte informieren Sie mich, wenn Sie nicht rechtzeitig zum Meeting kommen können. Sind Sie dazu bereit?"

Es wird um eine konkrete Handlung gebeten. Diese wird am besten so formuliert, dass eine gegenwartsbezogene sofortige Antwort möglich ist und die Bitte nicht als frommer Wunsch im Raum hängen bleibt. Bei der Bitte ist ganz entscheidend, dass es eine wirkliche Bitte ist und keine Forderung. Forderungen erzeugen Ablehnung – offen oder verdeckt.

Ob es sich tatsächlich um eine Bitte oder Forderung handelt, ist ersichtlich aus dem Umgang mit einem möglichen „Nein" als Antwort. Eine offene Haltung im Sinne einer Bitte respektiert das Nein. Gleichzeitig wird das Gespräch fortgeführt und als Nächstes das hinter dem Nein liegende Bedürfnis des Gesprächspartners ermittelt. Das eigene Bedürfnis bleibt nach wie vor gleichwertig bestehen! Es entsteht ein Dialog auf der Basis beider Bedürfnisse mit dem Ziel der Verständigung und der einvernehmlichen Vereinbarung.

Das Ergebnis der 4 Schritte ist eine klare und kurze Aussage, die verständnishalber nicht mehr als vierzig Wörter enthalten sollte.

Beispiel "Ich habe den Entwurf nicht zu dem Termin bekommen, den wir vereinbart hatten. Ich bin sehr beunruhigt, weil ich Verlässlichkeit und Effektivität in der Zusammenarbeit brauche. Bitte teilen Sie mir rechtzeitig mit, wenn sich Ihr Zeitplan ändert oder es irgendwelche Probleme gibt. Sind Sie dazu bereit?"

Auch wenn der Name „Gewaltfreie Kommunikation" auf den ersten Blick etwas irritierend oder missverständlich erscheint, die GFK hat nichts zu tun mit „Kuschelkurs" und „Warmduscherei". Die Wirkung der GFK ist eng verbunden mit der Absicht der Personen, die sie einsetzen: Sie verbindet eigene Ehrlichkeit und Offenheit mit dem Verständnis und der Empathie Anderen gegenüber. GFK ist dann geeignet, wenn es darum geht, Ziele so zu erreichen, dass gleichzeitig zwischenmenschliche Beziehungen verbessert und gepflegt werden.

2.3.6 Die Arbeit mit dem „Inneren Team" bei inneren Konflikten

Die Bewältigung der eigenen inneren Konflikte stärkt die Vermittlungsfähigkeit und wirkt gleichzeitig konfliktpräventiv.

Ein hilfreiches Modell zur Auflösung innerer Konflikte und damit zur Persönlichkeitsentwicklung ist das „Innere Team" von F. SCHULZ VON THUN. Bei diesem inneren Konfliktbearbeitungsprozess ist in der Regel externe Begleitung notwendig.

Unter dem Inneren Team werden die verschiedenen inneren Stimmen mit ihren unterschiedlichen – meist konträren – Meinungen und Werten (die verschiedenen Seelen in einer Brust) verstanden, die sich in bestimmten Situationen gleichzeitig „melden" oder auch in Aktion treten und somit innere und ggf. auch äußere Konflikte auslösen.

Solche inneren, ungelösten Konflikte können sich im Außen wie folgt darstellen (vgl. VON THUN, 2003: 120)

- Leistungsminderung, Lähmung, Sprachlosigkeit
- Widersprüchliche Kommunikation
- Vergraulen des Gesprächspartners
- Image- und Vertrauensverlust

Die Konfliktbearbeitung mit dem „Inneren Team" verläuft in 5 Phasen (vgl. VON THUN, 2003: 155). Benötigt werden dazu ein ungestörter Raum, genügend Platz und ausreichend viele Stühle.

Vorgehensweise:

1. **Identifikation der inneren Kontrahenten**
   Im ersten Schritt geht es um die Ermittlung der unterschiedlichen inneren Stimmen. Dabei erhält jede Stimme einen Namen und wird einem bestimmten Stuhl zugeordnet.
2. **Die einzelnen Stimmen dürfen sich äußern** (monologische Selbstoffenbarung)
   Was hat jeder Einzelne zu sagen? Wie geht es den einzelnen inneren Stimmen oder Anteilen? Der Protagonist setzt sich dafür auf den jeweiligen Stuhl und lässt diese innere Stimme sprechen.
3. **Dialog der inneren Stimmen**: sich „auseinandersetzen" und aneinander geraten
   Es wird ein Konfliktgespräch geführt, indem der Protagonist dabei von Stuhl zu Stuhl wechselt. Ziel ist es, dass sich die inneren Stimmen wirklich offen die Meinung sagen.

4. **Versöhnung und teilweise Akzeptanz**
   In diesem Schritt kommt auch hier die Bedürfnisorientierung zum Tragen. Denn letztendlich verkörpern diese inneren Stimmen (scheinbar unvereinbare) Bedürfnisse. Es geht dabei darum, diese Bedürfnisse innerlich gegenseitig anzuerkennen.
5. **Teambildung und konkrete Entscheidung durch das Oberhaupt (Protagonist)**
   Der Protagonist führt jetzt die Stimmen und deren Bedürfnisse zusammen oder entscheidet, welches Bedürfnis in der aktuellen Situation den Vorrang hat oder wie ggf. alle Bedürfnisse (u.U. auch zeitversetzt) erfüllt werden können.

Das Wahrnehmen und die Klärung der inneren Stimmen, ihre Anerkennung und ihre Integration fördern im Außen eine stimmige, authentische Kommunikation und ein zielgerichtetes, energievolles Handeln.

Da sich innere Konflikte meist auch im Außen zeigen (z. B. durch Entscheidungen, die einfach nicht getroffen werden), hat die Klärung innerer Konflikte präventive und deeskalierende Wirkung.

3 Konfliktprävention

3.1 Aktives Beziehungsmanagement

Eine effektive und nachhaltige Maßnahme zur Vorbeugung interpersonaler Konflikte sind gelingende Beziehungen – sei es im Projektteam selbst, sei es zum Auftraggeber oder Kunden oder sei es zu den anderen Stakeholdern.

Unkooperatives Verhalten kann sehr schädlich sein und den Projekterfolg massiv gefährden. Deshalb gilt es zu überlegen, wie der Kooperationsgedanke gepflegt werden kann, sodass das Miteinander und die Beziehungen im Projekt gelingen können. Das minimiert Reibungsverluste, beugt Konflikten vor, erhält die Motivation und hilft letztendlich, den Projekterfolg und die Ergebnisse zu sichern.

Dass der Mensch genetisch auf Kooperation programmiert ist, haben neueste Erkenntnisse aus der Neurobiologie bestätigt (vgl. BAUER, 2006). Sie „ließ die Konturen eines Menschen hervortreten, der von Natur aus, von den Genen bis zum Alltagsverhalten, auf Kooperation hin ‚konstruiert' zu sein scheint. Das kann nicht ohne Konsequenzen bleiben für die Art, wie Menschen ihr Zusammenleben gestalten." Dies betrifft natürlich auch die Formen des Umgangs in der Wirtschaft und im Projektalltag.

Das Bild des Menschen als eines ausschließlich zweckrationalen Entscheiders ist u. a. deshalb falsch, weil es den im Menschen verankerten Wunsch, vertrauensvoll zu agieren und gute Beziehungen zu gestalten, außer acht lässt (vgl. BAUER, 2006). Im Mittelpunkt des menschlichen Strebens steht demnach die Gestaltung von sozialer Resonanz.

Gelingende Beziehungen bedeuten immer zweierlei Arten des „in-Beziehung-sein":

1. **Zum Gegenüber**
   Das bedeutet, auf den Mitmenschen einzugehen, seine Wahrheiten und seine Standpunkte kennenzulernen und dadurch aus einem Gegner ein Gegenüber zu machen.
2. **Zu sich selbst**
   Das bedeutet Selbstreflexion, sich selbst auch wahrzunehmen und zu sich zu stehen.
   Gelingende Beziehungen sind keine Einbahnstraße, sondern kennzeichnen sich durch Wechselseitigkeit und Gleichwertigkeit aus. Sie drücken sich aus in der Form des Umgangs und der Kommunikation.

Welche Auswirkungen aktives Beziehungsmanagement und eine beziehungsfördernde Kommunikation im Projekt haben, zeigt die Studie „Projectmanagement and Emotions" von TURNER und MÜLLER (2002), aus der hervorgeht, dass Kommunikation essentiell für den „comfort level", also für den Grad der Zufriedenheit des Kunden, ist.

Die Studie stellt vor allem auch die Zusammenhänge zwischen der Projekt Performance einerseits und einem kooperativen Umfeld andererseits dar.

So weisen „high-performing" Projekte eine signifikante Korrelation zwischen „high levels of collaboration and medium level of structure" auf. Was bedeutet, dass, wenn der Auftraggeber ein optimales Projektergebnis anstrebt, er den Projektmanager eine „medium level of structure" vorschreibt, um solch ein kooperatives Umfeld zu schaffen, in welchem beide optimal zusammenarbeiten können.

MÜLLER stellt auch den Zusammenhang von Vertrauen und Kommunikation und deren Einfluss auf die Kooperationsbereitschaft heraus. Förmliche Kommunikation weist auf ein geringeres Vertrauen und einen größeren Bedarf an Kontrollmechanismen hin, was wiederum zu geringerer Kooperation führt. Bei zwangloser oder formloser Kommunikation war das Vertrauen groß, da man das Gefühl hatte, „zu wissen, was auf der anderen Seite vorgeht", was sich wiederum direkt in der Projektperformance ausdrückte.

Zu vergleichbaren Ergebnissen führten auch Tests aus der Neurobiologie: Entgegengebrachtes Vertrauen schafft umgekehrt auch Vertrauen. Misstrauen und Ablehnung begünstigen Aggression (vgl. BAUER, 2006).

Das sind Erkenntnisse, die sich direkt für die Konfliktprävention nutzen lassen. Eine aktive Einbindung der Betroffenen und Beteiligten in das Projekt auf der Basis von offener und vertrauensvoller Kommunikation sorgt für eine partnerschaftliche und kooperative Zusammenarbeit im Projekt.

3.2 Die Entwicklung einer Streitkultur im Projekt

Streitkultur bedeutet einen Umgang mit Konflikten jenseits von Konfliktscheu (dem Vermeiden von Konflikten) und jenseits von „Streithanseltum" (den verletzenden und entwertenden Auseinandersetzungen). Im Sinne einer Konfliktfestigkeit von Projekten ist es das Ziel, einen Umgang mit Konflikten im Projekt zu entwickeln, der konstruktiv und effektiv ist, bei dem Spannungen aufgefangen, getragen und aufgelöst werden können.

Über Projekt- oder Konfliktkultur wird viel geredet, ihre Pflege und bewusste Gestaltung sind jedoch in der Praxis eher selten anzutreffen.
 Unabhängig davon ist eine Projektkultur in jedem Projekt existent. Sie ist Ausdruck der Haltung und Einstellungen der Beteiligten in Bezug auf das Miteinander. Sie zeigt sich gerade in schwierigen Situationen. Konfliktprävention bedeutet hier, diese Projektkultur bewusst (weiter-)zuentwickeln.

Eine Streitkultur, die den konstruktiven und kooperativen Umgang mit konfliktären Situationen im Projekt zulässt, könnte wie folgt aussehen:

| Die Möglichkeit, offen über Probleme zu sprechen
| Die konstruktive Bearbeitung von bestehenden Widersprüchen, Spannungsfeldern und Gegensätzen
| Das Führen eines echten Dialoges (vgl. BOHM, 2002)
| Eine wertschätzende Haltung zum Gegenüber, gegenseitige Akzeptanz auch bei unterschiedlichen Interessen und bei Auseinandersetzungen
| Klarer Ausdruck der eigenen Anliegen und gleichzeitig Offenheit für die Anliegen der Anderen

- Eigenverantwortung übernehmen für die eigenen Handlungen, die eigenen Gefühle und Bedürfnisse bei gleichzeitiger Orientierung an den übergeordneten (Projekt-)Zielen
- Eine kooperative Haltung, mit dem Ziel, im Konfliktfall die einvernehmliche Einigung aller Beteiligten zu erreichen.

Letztendlich ist eine positive Streitkultur geprägt von dem Wunsch nach Verständigung und gegenseitigem Verstehen, sie lässt aber auch „Andersartigkeit" zu und fördert somit die echte, konstruktive Auseinandersetzung.

3.3 Ein neuer Ansatz: Projektbegleitende Mediation

Eine noch relativ wenig verbreitete, jedoch sehr effektive und unterstützende Projektfunktion ist die der projektbegleitenden Mediation.

> **§ Definition** Projektbegleitende Mediation ist die Anwendung mediativer Verfahren projektbegleitend zur Prävention von Konflikten.

Eine Studie des Europäischen Instituts für Wirtschaftsmediation vom März 2005, die durch das Österreichische Bundesministerium für Wirtschaft und Arbeit in Auftrag gegeben wurde, hat sich damit ausführlicher befasst.

Ziel dieser speziellen Projektfunktion ist es, Konfliktpotential frühzeitig wahrzunehmen, Konflikte rechtzeitig zu erkennen und mediativ (auf kooperativem Weg) zu lösen sowie eine ressourcenschonende, nachhaltige und zufrieden stellende Projektabwicklung zu erreichen. Diese Funktion (zentrale Stelle im Projekt) wird besetzt durch einen Projekt-Mediator, der als Kommunikator die Aufgabe hat, bei Gesprächen und Verhandlungen die Interessen (Bedürfnisse) aller im Blick zu haben und auf einen gleichwertig Ausgleich zu achten. Diese Funktion kann so gestaltet sein, dass der Projektmediator Ansprechpartner für die Betroffenen und Beteiligten (Stakeholder) im Projekt ist. Der Nutzen zeigt sich spätestens in den Projektergebnissen und in der Zufriedenheit der Projektbeteiligten, ausgedrückt auch durch die Festigung von Kunden- und Geschäftsbeziehungen.

Diese Projektfunktion ist unterstützend und als Ergänzung zur Projektleitung vorgesehen und wird so früh wie möglich, am besten schon bei der Anbahnung des Projektes eingesetzt. Dabei handelt es sich in der Regel um einen externen Berater, der neben der Mediationserfahrung auch umfangreiche Erfahrung in der Durchführung von Projekten aus der entsprechenden Branche mitbringen muss. Dieser externe Mediator/Berater wird von den verschiedenen Projektvertrags- oder Kooperationspartnern gleichermaßen akzeptiert und anerkannt.

Die Aufgaben des Projektmediators sind:

- Gewährleistung eines dauerhaft konstruktiven Gesprächsklimas
- Begleitung des Projektteams
- Unterstützung der Projektleitung
- Hinweise auf Konfliktpotential, erste Konfliktanzeichen oder verdeckte Konflikte
- Unterstützung bei der ressourcenschonenden, partnerschaftlichen (kooperativen) Projektabwicklung
- Gewährleistung der Nachhaltigkeit der Projektergebnisse (im Sinne der Interessen- und Bedürfnisorientierung)

Außerordentlich wichtig sind beim Einsatz eines projektbegleitenden Mediators die klare Aufgaben- und Rollenklärung zwischen ihm und der Projektleitung. Auch hier kann wiederum Konfliktpotential verborgen sein.

Als Ziele von projektbegleitender Mediation können genannt werden:

- Die Interessen aller Beteiligten transparent machen
- So früh wie möglich mit der Integration der unterschiedlichen Sichtweisen und Interessen beginnen und so früh wie möglich informieren und Vertrauen aufbauen (durch Offenheit und Transparenz)
- Kontakt- und Beziehungspflege
- Gemeinsam (mit allen Beteiligten) Probleme bearbeiten
- Gemeinsam Lösungen erarbeiten (einerseits Sachinhalte transportieren und andererseits Ideen von den Beteiligten sammeln, sie bewerten und die Lösungen schließlich immer wieder mit den vorab definierten Zielen überprüfen)
- Transparenz des Prozesses für alle beteiligten Parteien sicherstellen

Erste praxisnahe Überlegungen zum Einsatz dieser Form von projektbegleitender Mediation gibt es derzeit u. a. in großen Offshore-Windfarm-Projekten (vgl. RABERGER & SCHMIDT, 2007).

Die Projektmediation ist jedoch generell für alle Arten von Projekten in Industrie und Forschung mit hoher Komplexität und hohem Risikopotential sowie vielfältigen Schnittstellen (Stakeholder) geeignet.

4 Zusammenfassung

Für ein tiefer gehendes Konfliktverständnis wird das Problem der Subjektivität von Wahrnehmung und Wirklichkeiten in Konflikten vorgestellt und aufgezeigt, wie unbewusste Denk- und Bewertungsprozesse letztendlich unsere Handlungen steuern. Es wird außerdem erklärt, wie biologische Stressreaktionen in Konflikten dazu führen, dass sachliche und vernunftorientierte Argumentation nicht mehr wirkungsvoll greifen kann. Eine genaue Beschreibung der Konflikteskalationsstufen mit entsprechenden Handlungsempfehlungen, eine detaillierte Übersicht von Konfliktsymptomen und die wirtschaftliche Betrachtung des möglichen Projektschadens runden diesen ersten Abschnitt ab.

Der Vertiefungsteil der Konfliktbearbeitung vermittelt als Erstes einen breiten Überblick über die außergerichtlichen Verfahren zur Konfliktregelung – auch im internationalen Umfeld – um dem Projektmanager eine Entscheidungsgrundlage zur Verfügung zu stellen. Zum Zweiten werden dem Projektmanager, der selber in Konflikten vermitteln möchte, konkrete Arbeitstechniken vorgestellt. Dazu gehören u. a. die Methoden des Reframings und des Perspektivenwechsels, ein Modell zur Bedürfnisermittlung, die „Gewaltfreie Kommunikation" sowie die Arbeit mit dem „Inneren Team". Der Abschnitt der Konfliktprävention beschäftigt sich mit dem aktiven Beziehungsmanagement im Projekt, der Entwicklung einer Streitkultur sowie mit einem neuen Ansatz: der projektbegleitenden Mediation.

5 Fragen zur Wiederholung

1	Wie entstehen eigene Wirklichkeiten und welchen Einfluss haben sie auf das Konfliktgeschehen?	☐
2	Wie ist zu erklären, dass Menschen in Konfliktsituationen immer weniger vernunftorientiert denken und handeln können?	☐
3	Was kennzeichnet eine klassische Konflikteskalation und wann ist eine kritische Grenze erreicht? Welche Maßnahmen können zur Deeskalation und zur Bearbeitung ergriffen werden?	☐
4	Welche konkreten Symptome kennen Sie, die auf verdeckte Konflikte hinweisen und worauf ist dabei zu achten?	☐
5	Welche finanziellen Ausmaße kann ein Konfliktschaden haben und durch was wird er beeinflusst?	☐
6	Wodurch unterscheidet sich eine Mediation von anderen streitigen Konfliktbearbeitungsverfahren?	☐
7	Welche unterschiedlichen Verfahren zur alternativen Streitbeilegung gibt es?	☐
8	Wie kann Reframing zur Konfliktlösung eingesetzt werden und welchen Nutzen hat diese Technik?	☐
9	Welche Ziele verfolgen Perspektivenwechsel und GRIT-Technik in der Konfliktbearbeitung?	☐
10	Wie kann mit dem Inneren Team bei intrapersonalen Konflikten gearbeitet werden?	☐
11	Wie können aktives Beziehungsmanagement und die Entwicklung einer Streitkultur zur Konfliktprävention beitragen?	☐
12	Was kennzeichnet eine projektbegleitende Mediation und welcher Nutzen ergibt sich daraus für das Projekt?	☐

2.12b Krisen – Projektkrisen (Crises)

Christine Schmidt, Roland Straube

Lernziele

Sie kennen

- die wesentlichen Merkmale von Krisen
- spezielle Modelle zur Krisenbewältigung und zur Krisenvorsorge

Sie wissen

- welche verschiedenen externen Verfahren es zur Krisenbewältigung gibt und können beschreiben, wann sie jeweils nützlich und angebracht sind
- welche Handlungsmuster in Krisen eher ungeeignet sind
- was komplexe Situationen und Krisen verbindet und welche Handlungsempfehlungen sich daraus ableiten lassen

Inhalt

1	Krisenverständnis – Krisenmerkmale	2217
1.1	„Typischer" Krisenverlauf und Handlungsmuster	2217
2	Krisenbewältigung	2218
2.1	Spezielle Vorgehensweisen mit externer Unterstützung	2218
2.1.1	Projekt-Audit	2219
2.1.2	Projektsanierung	2219
2.1.3	Projekt-Relaunch	2219
2.1.4	Projektberatung und Coaching	2219
2.1.5	Projektabbruch	2220
2.1.6	Verhandlung, Mediation und Schlichtung	2221
2.2	Weiteres „Handwerkszeug" für kritische Projektphasen	2221
2.2.1	KOPV-Methode	2222
2.2.2	Anregungen aus dem Komplexitätsmanagement und dem vernetzten Denken	2222
3	Krisenvorsorge	2224
3.1	Szenariomanagement	2224
3.2	Entwicklung eines „kulturellen" Frühwarnsystem für sich anbahnende Krisen-Früherkennung durch Achtsamkeit	2225
4	Zusammenfassung	2225
5	Fragen zur Wiederholung	2226

1 Krisenverständnis – Krisenmerkmale

Nicht jede kritische Projektsituation ist tatsächlich eine Krise.

„Bei genauerem Hinsehen sind Krisen etwas sehr Persönliches: Was für den einen eine Krise ist, muss für den anderen noch lange keine sein. Insofern sind Krisen immer auch Ausdruck unserer (derzeitigen) Grenzen. Das heißt aber auch, dass Krisen mehr mit uns selbst zu tun haben als uns normalerweise bewusst ist – sowohl in ihrer Entstehung als auch in ihrer Lösung." (BERNER, 2006)

Im Grundlagenteil wurde schon ausführlich erläutert, dass eine Krise vor allem durch Steuerungslosigkeit des Projektes und Handlungsunfähigkeit der Betroffenen gekennzeichnet ist. Es gibt eine Reihe von krisenimmanenten Kennzeichen auf der persönlichen Ebene, die diese Steuerungslosigkeit und Handlungsunfähigkeit typischerweise kennzeichnen:

- **Lähmung oder Blockade**
  Durch die als bedrohlich und ausweglos erlebte Situation bleiben die betroffenen Personen auf eine bestimmte Handlungsebene fixiert, die unter Umständen tatsächlich keine Möglichkeiten zur Problembeseitigung enthält. Die Beteiligten sehen sich außerstande, auf eine andere Lösungsebene zu wechseln und bleiben so in einer Lähmung stecken. Es gibt enormen Handlungsdruck auf die Beteiligten und gleichzeitig sehen sie keine Handlungsmöglichkeit.
- **Schuldzuweisungen**
  Die so entstandene Stresssituation (u.a. ausgelöst durch den Handlungsdruck und die Angst) führt dazu, dass die Betroffenen den Fokus ihrer Aktionen darauf lenken, sich zu entlasten und für die eigene „Sicherheit" zu sorgen (vgl. die Antriebskraft der Bedürfnisse im Konflikt-Teil). Das heißt, der eigene Druck wird weitergegeben und die Schuld an der Misere Anderen angelastet.
- **Realitätsverlust**
  Krisensituationen sind auch dadurch gekennzeichnet, dass die Beteiligten sich immer weiter von der Projektrealität wegbewegen. Die Gefahren, aber auch mögliche Chancen für das Projekt werden nicht wahrgenommen, obwohl die Existenzbedrohung objektiv messbar wäre. Stattdessen werden beispielsweise irgendwelche Routinearbeiten erledigt, „als ob nichts los wäre". (Weitere typische Handlungsmuster fern von der Projektrealität beschreibt das nachfolgende Unterkapitel.)
- **Resignation**
  Die Beteiligten bestätigen sich selbst und gegenseitig immer wieder, dass sie in einer ausweglosen Situation sind. Damit entlasten sie sich vom Handlungsdruck. Sie nehmen die Krise nicht als Wendepunkt, sondern als Endstation wahr.

1.1 „Typischer" Krisenverlauf und Handlungsmuster

Eine sich anbahnende Krise wird mehr oder weniger unbewusst wahrgenommen. Irgendwann beginnen die Betroffenen jedoch zu reagieren, und dann zeigen sich typische ungünstige Handlungsmuster, die zu einem projektgefährdenden Krisenverlauf führen:

1. Verharmlosung oder Verdrängung der kritischen Aspekte solange, bis die Krise nicht mehr zu leugnen ist.
2. Dann beginnt die „Operative Hektik", ein engagiertes, aber ineffizientes Handeln auf Nebenschauplätzen, angeblich zum Gegensteuern, tatsächlich aber meist nur zur eigenen Beruhigung: „Wir handeln ja!".
3. Gleichzeitig wird der Druck erhöht und von jedem, der ihm ausgesetzt ist, schnellstmöglich an Andere „weitergereicht".

4. Es folgt die weitere Zuspitzung der Situation bis zu einem extremen End-Ereignis. Dieses Ereignis markiert den Krisenhöhepunkt, Auswege sind kaum noch möglich. Sachlich zeigt sich dieser Höhepunkt in enormem Schaden für das Projekt, für die Betroffenen und unter Umständen für das gesamte Unternehmen. Beispielhaft seien Zahlungsunfähigkeit, Liquiditätsverlust, öffentliches Breittreten von Fehlern in den Medien usw. genannt.

Krisen werden in manchen Fällen auch erst dann ernst genommen, wenn der Auftraggeber oder das verantwortliche (Projekt-)Management zum Handeln gezwungen werden: z. B. durch Schadensersatz- oder Zahlungsklagen, durch die Bestellung eines Gutachters, durch Medienanfragen in der Unternehmenszentrale usw. Diese Wahrnehmungslücke bei den Betroffenen vor Ort ist kein böser Wille, sondern Folge unbewältigter Ängste und Lähmungen. Solche Ängste können von der Unternehmenskultur gefördert oder begrenzt werden. Je höher emotionale Intelligenz und Selbstreflexionsfähigkeit der Führungskräfte sind, desto geringer ist das Risiko, in den oben beschriebenen Krisenverlauf zu rutschen.

Handlungsmuster in der Krise

„Ohne die Bereitschaft, Verantwortung zu übernehmen, ist keine Krise lösbar." (BERNER, Umsetzungsberatung). Und gleichzeitig ist das genau das, was in Krisensituationen fehlt: verantwortungsvolles Entscheiden und Handeln. Stattdessen trifft man auf folgende typische Handlungsmuster der von der Krise betroffenen Personen:

- „Mehr desselben"
  Wenn schon eine Lösung nicht gleich funktioniert, dann hilft vielleicht noch mehr davon, nach dem Motto „Wir tun das, was wir können, aber nicht das, was das Problem löst." WATZLAWIK beschreibt es als das Katastrophenrezept: „Wenn die Lösung das Problem wird." (Watzlawik, 1997)
- „Vogel-Strauß-Taktik"
  Den Kopf in den Sand stecken
- „Schwarzer Peter-Spiel"
  Rechtfertigungen und Schuldzuweisungen lösen sich gegenseitig ab
- Den Druck auf Andere erhöhen
- Griff nach jedem Strohhalm – Irreale Hoffnungen
- Extremlösungsversuche („Pakt mit dem Teufel") durch erhöhte Risikobereitschaft
- Alles oder Nichts-Wetten – Resignation und Bitterkeit

2 Krisenbewältigung

2.1 Spezielle Vorgehensweisen mit externer Unterstützung

Um ein Projekt nachhaltig wieder in Fahrt und auf Kurs zu bringen, sind tief greifende Maßnahmen nötig. Der Höhepunkt einer Krise ist zugleich der mögliche Wendepunkt und dafür bedarf es klarer Entscheidungen über die Maßnahmen, die maßgeblich für das Fortbestehen des Projektes sind.

Die Möglichkeiten sind vielfältig und reichen von der vollen Wiederherstellung und Sicherung des Projekterfolgs über Schadensbegrenzungen durch Projektsanierung oder Neustart des Projektes bis hin zum Projektabbruch. Der Anstoß für eines dieser Verfahren kommt in der Regel vom Projektauftraggeber, vom Lenkungsausschuss oder von der Unternehmensleitung.

2.1.1 Projekt-Audit

Die Durchführung eines Audits dient der Bestandsaufnahme der kritischen Projektsituation.

Unter einem Projekt-Audit versteht man die „von einem unabhängigen Auditor systematisch durchgeführte Projektanalyse" (DIN 69905). (Vergleiche dazu auch den Begriff „Projekt-Review").

Das Audit dient in aller Regel als Basis für die Entscheidung über das weitere Vorgehen. Die Gegenstände der Projektkrisen-Analyse ist dabei vor allem der bisherige Schaden (Zeit- und Kostenüberschreitungen, Ergebnisse, Sachschaden usw.), die weiteren Erfolgsaussichten, Risiken und Wirtschaftlichkeit. Das Ergebnis eines Projektaudits können ein systematischer Projektabbruch oder eine Projektsanierung sein, es kann aber auch zu einem Projekt-Relaunch führen.

Gegebenenfalls werden weitere Sachverständige hinzugezogen, wie z. B. Juristen, IT-Sachverständige und andere.

2.1.2 Projektsanierung

Eine Rettungsmaßnahme für ein schwer angeschlagenes Projekt ist dessen Sanierung. Sie ist dann geeignet, wenn das eigentliche Projektziel und der Projektauftrag nach wie vor Bedeutung für das Unternehmen haben. Die Sanierung wird in der Regel mit externer Unterstützung durchgeführt. Im Mittelpunkt der Sanierung stehen die Neuausrichtung der Projektziele, die Umgestaltung der strukturellen und prozessuellen Projektorganisation sowie ggf. personelle Veränderungen. Auch bei der Sanierung liegt der Schwerpunkt neben der Lösung der Sachprobleme (Erstellen einer neuen realistischen Projektplanung, Aufbau eines effektiven Controllings usw.) auf der Lösung der ursächlichen Konflikte oder Probleme. Dadurch soll Vertrauen (insbesondere von Kunde und Auftraggeber) wiederaufgebaut und die Motivation im Team gestärkt werden.

Nach erfolgreicher Sanierung kann das Projekt aus eigener Kraft zu Ende geführt werden.

2.1.3 Projekt-Relaunch

Ein Projekt-Relaunch kennzeichnet einen echten Neustart des Projektes. Das kann dann notwendig sein, wenn sich aufgrund der Krise die Rahmenbedingungen und Ziele umfassend geändert haben oder wenn die Krise zu einer langen Unterbrechung des Projektes geführt hatte.

Der Projekt-Relaunch ist nur dann sinnvoll, wenn Nutzen und Zweck des Projektes auch unter den neuen Bedingungen klar erkennbar sind und wenn gleichzeitig ausreichend Management-Unterstützung vorhanden ist. Beim Relaunch sind unbedingt die Krisen-Erfahrungen zu berücksichtigen. Für den Neustart gibt es meist eine externe, professionelle „Anschub-Unterstützung". Mit diesem Projekt-Neustart greifen dann auch wieder die Anforderungen an eine professionelle Projektabwicklung (vgl. Methodenkompetenz-Elemente der ICB).

2.1.4 Projektberatung und Coaching

Eine bevorzugte Maßnahme in Krisensituationen – sozusagen als „Feuerwehrmaßnahme" – ist es, personelle Konsequenzen zu ziehen, also der Austausch von Projektleitung und/oder Team. In etlichen Fällen ist dies sicherlich eine notwendige und wirksame Maßnahme. Meist ist es jedoch eher eine „Verlegenheitsaktion" oder eine Ablenkung von der eigenen Mitverantwortung an der Misere. In solchen Fällen zeigen sich die Probleme bald in neuer Form am gleichen Ort.

Überhaupt ist – abgesehen davon, dass selten qualifiziertes „Austausch-Personal" zur Verfügung steht – eine Projektkrise an sich kein Zeichen für die Disqualifizierung von Projektleitung oder Team. Kritische Situationen gehören zum Projektgeschäft aufgrund dessen hoher Komplexität und Neuartigkeit. Auch die menschlichen Stress-Reaktionsmuster treten geradezu zwangsläufig auf, bei neuen Teams noch schneller als bei solchen, die schon die eine oder andere Krise miteinander durchgemacht haben.

Deshalb sollte die Krise eher mit der bestehenden Projektleitung und der erprobten Mannschaft bewältigt werden. Dazu bedarf es jedoch externer Unterstützung.

Ziel eines solchen externen Coachings ist

- die Stärkung der persönlichen Ressourcen,
- Hilfe zur Selbsthilfe,
- Anleitung zur Selbst-Reflexion und
- Persönlichkeitsentwicklung.

Vor allem in den frühen Stadien einer Projektkrise ist die Unterstützung des Projektmanagers durch Coaching sehr effektiv, weil das seine Handlungsfähigkeit stärkt und sichert. Es wird dem begleiteten Projektmanager besser gelingen, mit Unsicherheit, Ohnmachtsgefühlen und Komplexität konstruktiv umzugehen.

Je nach der Art der Probleme kann es zusätzlich sinnvoll sein, fachliche Unterstützung zu bekommen, wie sie eine externe Projektmanagementberatung leistet.

Es gibt ein breites Spektrum an wirkungsvollen Formen der kurzfristigen Unterstützung für Einzelpersonen und Teams. Eine Auswahl an wirksamen Interventionstechniken sind:

- Lösungsorientierte Kurzzeitberatung (DE SHAZER, ERICKSON, SCHMIDT usw.)
- Psycho- und Soziodrama-Techniken (MORENO)
- System- und Organisationsaufstellungen (SATIR, VON KIBET, u.a.)

2.1.5 Projektabbruch

Der Projektabbruch ist der letztmögliche Weg aus der Krise. Er wird gewählt, wenn

- die Ziele nicht mehr erreichbar sind,
- die Rahmenbedingungen sich grundlegend verändert haben oder gänzlich wegfallen
- das Aufwand-Nutzen-Verhältnis nicht mehr angemessen ist und
- das Risiko unbeherrschbar oder zu hoch ist
- die Projektmannschaft irreparabel zersplittert ist
- keine anderen Vorteile mit der Projektfortführung verbunden sind.

Nach DIN 69905 bedeutet der Projektabbruch das „Einstellen der Projektabwicklung vor Erreichen der Projektziele mit dem Willen, das Projekt nicht weiterzuführen." Voraussetzung dafür ist eine klare Entscheidung des Managements, die z.B. aus dem Ergebnis eines Audits abgeleitet wird.

In der Praxis werden Projekte möglichst „still und heimlich" beendet. Hier geht es den Beteiligten darum, nicht mit kritischen Fragen konfrontiert oder mit den Misserfolgen in Verbindung gebracht zu werden. Und trotzdem entstehen abschreckende Gerüchte über das Ende des einstmals so wichtigen Projektes.

Auch die Art des Projektes beeinflusst die Form des Projektabbruchs.

Bei Vertragsprojekten wird in der Regel eine Rückabwicklung eingeleitet. Hier geht es um Fragen der Abnahme und Bezahlung bisheriger Leistungen, um die Klärung des Mitverschuldens des Projektauftraggebers und viele weitere strittige Punkte. Gutachter und Rechtsanwälte werden eingeschaltet und häufig kommt es noch zu einem Rechtsstreit. Mediation kann hier helfen, das Schlimmste zu vermeiden.

Es ist wichtig, Projekte stets sauber zu beenden und einen klaren Projektabschluss herbeizuführen (vgl. Element 1.20)

Die Mindestanforderungen dafür sind:

1. Klare Management-Entscheidung für die Beendigung des Projektes
2. Information des Projektleiters und des Projektteams über die Entscheidung
3. Abwicklung des Projektabschlusses
4. Entsprechende Information über den Projektabbruch an weitere Stakeholder
5. Konsequenzen für andere Projekte ableiten (Lessons learned sichern)

2.1.6 Verhandlung, Mediation und Schlichtung

Der Vollständigkeit halber müssen bei den Verfahren zur Bewältigung von Projektkrisen auch Verhandlung, Mediation und Schlichtung mit aufgeführt werden.

Gerade bei Projektkrisen in Vertragsprojekten ist eine geeignete, angemessene Verhandlungsführung (vgl. Element 2.11) notwendiger Teil der Krisenaktivitäten. Neben Fragen zu Form und Inhalten der Projekt-Restabwicklung und zur gemeinsamen Schadensbegrenzung sollte es dabei auch um das Aufarbeiten und um das Aufrechterhalten von geschäftlichen und persönlichen Beziehungen gehen.

In vielen Fällen verbergen sich hinter Projektkrisen ungelöste, verschleppte Konflikte. Dann ist parallel zu allen anderen Aktivitäten auch eine Lösung des Konfliktes Voraussetzung für die gesicherte Fortführung des Projektes. Insofern sind Mediationen und Schlichtungen zusätzliche Maßnahmen zur Krisenbewältigung.

2.2 Weiteres „Handwerkszeug" für kritische Projektphasen

Viele Krisen-Modelle stellen einen eher technokratischen Ansatz vor und vermitteln damit eine Pseudo-Sicherheit: Mit Vorgehensanleitungen für die sachlichen Probleme lässt sich eine Krise nicht umfassend „in den Griff" bekommen. An dieser Stelle sei noch einmal ganz ausdrücklich darauf hingewiesen, dass im Vordergrund der Krisenbewältigung die Stärkung oder Wiedergewinnung der Handlungsfähigkeit von Personen stehen muss. Erst danach können die Lösungsprozesse auf den fachlichen Ebenen greifen.

Es braucht also für eine erfolgreiche Krisenbewältigung sowohl Fach- und Methodenkompetenz als auch Kreativität, Empathie, Feedback und Intuition.

2.2.1 KOPV-Methode

Die „Kommunikations-Orientierte Problem-Verlagerungs"-Methode ist ein Vorgehensmodell zur Krisenbewältigung nach NEUBAUER (2003), das aus folgenden fünf Phasen besteht:

1. Analyse der Krise
   Schriftliche Erfassung der aktuellen Projektsituation, vorurteilsfrei und umfassend. Die Analyse soll vor allem dazu dienen, eine Ausgangsbasis zu schaffen, damit die gezielte Veränderung von Rahmenbedingungen möglich wird. Dies ist Voraussetzung für die spätere Suche nach Lösungswegen.
   Auch Neubauer sieht eine Krise nicht allein als eine Folge von sachlichen Problemen, sondern im Wesentlichen als eine Folge von menschlichen Konflikten. Deshalb werden bei der Analyse der Krise und ihrer Probleme auch die menschlichen Konfliktbereiche dargestellt.
2. Ermittlung der Schadenserwartung
   In der zweiten Phase werden der aktuelle Schaden und das noch zu erwartende Schadensausmaß ermittelt.
   Die Quantifizierung des Umfangs ist bedeutsam für die Auswahl des weiteren Vorgehens.
3. Erarbeitung und Bewertung von Lösungsmöglichkeiten
   Im Mittelpunkt der Lösungssuche stehen in erster Linie die (Projekt-) Ziele und nicht das einzelne Problem.
4. Darstellung des Nutzens der gewählten Lösungsvariante und des geplanten Vorgehens
   Diese Darstellung sollte vor allem auch aus Kunden- oder Auftraggebersicht überzeugend sein.
5. Treffen verbindlicher Vereinbarungen zwischen allen Krisenbeteiligten
   Die letzte Phase des KOPV-Modells ist gekennzeichnet durch ausführliche Verhandlungen über das weitere Vorgehen mit allen Beteiligten (vgl. Kapitel 2-11 „Gesprächs- und Verhandlungsführung").

Auch wenn das Modell auf den ersten Blick etwas abstrakt erscheint, zwei Aspekte aus diesem Modell sind sehr wichtig und hilfreich für Krisensituationen:

1. Intensive und permanente Kommunikation mit allen Betroffenen/Beteiligten und ihre Einbindung mit dem Ziel der Entlastung durch die Auflösung von Konflikten, Blockaden etc.
2. Problemverlagerung
   Gemäß dem Ausspruch von Albert Einstein, dass kein Problem auf derselben Ebene gelöst werden kann, auf der es entstanden ist, verlagert die KOPV-Methode das Problem auf eine andere Ebene. Das erfordert systemisches Arbeiten, z. B. mit Lösungen zweiter Ordnung, mit Referenztransformation usw. (vgl. auch Konfliktkapitel).

Als weitere wichtige Grundprinzipien der KOPV-Methode gelten:

| Die durchgängig wirtschaftliche Betrachtung der Situation und der Lösungsmöglichkeiten sowohl aus eigener, interner Projektsicht als auch aus Sicht des Kunden bzw. des Auftraggebers.
| Die konsequente Zielorientierung mit der Prämisse, das Projektziel zu erreichen, statt den Fokus auf Analyse und Lösung eines einzelnen Teilproblems zu richten.

2.2.2 Anregungen aus dem Komplexitätsmanagement und dem vernetzten Denken

Projekte sind aus Sicht der Systemtheorie an sich schon komplexe Systeme. Besonders hohe Komplexität weisen z. B. typische Großprojekte, F&E-Projekte oder Investitionsprojekte auf.

Noch komplexer wird es in Krisensituationen, betrachtet man die einzelnen Merkmale von komplexen Situationen (vgl. DÖRNER 2007):

- Hohe Vernetzung und Abhängigkeiten von Teilkomponenten, Maßnahmen und Aktionen.
- Hohe Dynamik und Veränderlichkeit der Prozesse, verbunden mit einem großen Zeit- und Handlungsdruck im Projekt
- Unbestimmtheit bzw. mangelnde Vorhersehbarkeit von Entwicklungen
- Intransparenz durch fehlende (Detail-)Informationen

Diese Komplexität stellt hohe Anforderungen an die Projektsteuerung, die einerseits bestrebt ist, das Projekt und damit die (potentielle) Krisensituation unter Kontrolle zu haben, und die andererseits mit zunehmender Intransparenz und Unbeherrschbarkeit zurechtkommen muss.

Zu beachten ist dabei, dass auch die Komplexität eine subjektive Größe ist, abhängig vom Projektmanager und seinen Erfahrungen im Umgang mit Unsicherheiten und dynamischen Entwicklungen.

Ein für komplexe Situationen und damit auch für Krisen typisches Phänomen sind die eigenen Kompetenzschutzmechanismen der Beteiligten. Diese Kompetenzschutzmechanismen haben das Ziel, die zukünftigen Handlungsmöglichkeiten zu sichern und aufrechtzuerhalten.

Die Kompetenz wird als bedroht erlebt, je mehr das Gefühl entsteht, eine Situation nicht mehr unter Kontrolle zu haben (subjektiver Kompetenzverlust). Die daraus resultierenden Aktionen der Beteiligten sind für die Bewältigung der Probleme innerhalb der komplexen Krisensituation sehr kontraproduktiv: exzessive Detail-Planungen, komplett vereinfachte Annahmen, umfassende Informationssammlungen usw. Diese Aktionen stärken das Gefühl der eigenen Handlungsfähigkeit und somit das eigene Kompetenzempfinden, sie lösen aber nicht die Krisensituation, sondern verschärfen sie eher.

Auch DÖRNER beschreibt das Streben der Beteiligten nach Sicherheit: „Und dieses Streben hindert sie, die Möglichkeit der Falschheit ihrer Annahmen oder die Möglichkeit der Unvollständigkeit angemessen in Rechnung zu stellen. Daher ist der Umgang mit unvollständigen und falschen Informationen und Hypothesen eine ... wichtige Anforderung beim Umgang mit einer komplexen Situation." (DÖRNER, 2007: 66)

Gerade in krisenhaften Projektsituationen werden vor allem kurzfristige Entscheidungen vom Projektmanager verlangt, die er trotz mangelnder Information und fehlender Klarheit über die weiteren Zusammenhänge treffen können muss.

Eine weitere für komplexe Situationen nicht immer geeignete Handlungstendenz ist, so schnell wie möglich zu reagieren und zu handeln. Für tiefer gehende Analysen und Überlegungen darf angeblich keine Zeit verschwendet werden. Und doch ist es gerade bei beginnenden Krisen wichtig, sich die Auswirkungen und Zusammenhänge in angemessenem Umfang deutlich zu machen.

Es lassen sich aus diesen Aspekten eine ganze Reihe von Verhaltens- und Handlungsempfehlungen für komplexe Situationen und Krisen entwickeln (in Anlehnung an DÖRNER 2007; LOMNITZ 2005):

- Arbeiten Sie gleichzeitig an mehreren Baustellen und verfolgen Sie mehrere Ziele parallel. Versuchen Sie, unvereinbare Teilziele auszubalancieren.
- Beachten Sie Zusammenhänge und Vernetzungen sowohl bei der Planung als auch bei der Projektsteuerung. Jede Maßnahme im Projekt hat ihre „Nebenwirkungen", unmittelbar oder auch etwas zeitverzögert.
- Vermeiden Sie „Reparaturdienstverhalten", indem Sie nur die Probleme lösen, die gerade offensichtlich erscheinen. Das kann dazu führen, dass Sie sich auf die falschen Probleme konzentrieren oder auf diejenigen, für die Sie zufällig eine Lösungsmethoden parat haben.
- Hinterfragen Sie Ihre Annahmen und Hypothesen kritisch.
- Vertrauen Sie auf ihren „gesunden Menschenverstand" und verbinden Sie bei Entscheidungen Kopf und Bauch. Bleiben Sie sich selbst treu.

- Beziehen Sie den Kontext (Hintergründe und Rahmenbedingungen) mit in Ihre Analysen ein, um die Situation umfassender zu begreifen und zu verstehen.
- Entscheiden und agieren Sie wohlüberlegt, aber nicht verzögert. Es ist besser, eine Entscheidung zu treffen, als gar keine.
- Berücksichtigen Sie Fern- und Nebenwirkungen Ihrer Maßnahmen, denken Sie dabei auch in Zeitabläufen.
- Verlieren Sie bei Detailproblemen nie den Blick auf den Gesamtzusammenhang und verlieren Sie nicht das übergreifende Ziel aus den Augen.
- Reflektieren Sie Ihre Arbeit und auch die Teamarbeit und lernen Sie aus den Fehlern.
- Tauschen Sie sich mit Anderen aus bei der Einschätzung von Krisenmerkmalen und holen Sie sich bei Bedarf Hilfe. Es zeugt von (Führungs-) Stärke, zu den eigenen Schwächen zu stehen.
- Delegieren Sie Aufgaben und halten Sie diese weiterhin im Blick, um den Gesamtzusammenhang nicht zu verlieren.
- Koppeln sie methodisches, standardisiertes Vorgehen mit situationsgerechter Einzelfallüberlegung.

3 Krisenvorsorge

Krisenvorsorge bedeutet Aufwand, besonders bei komplexeren Verfahren. Von daher ist immer zu prüfen, welche krisenverhindernden oder -vorbeugenden Maßnahmen in einem ausreichenden Kosten-Nutzen-Verhältnis für das Projekt stehen. Das ist wiederum abhängig von der Art und der Bedeutung des Projektes. Nachfolgend werden zwei spezielle Verfahren vorgestellt, die vor allem im Bereich strategisch bedeutsamer Projekte anzutreffen und sinnvoll sind.

3.1 Szenariomanagement

Das Szenariomanagement beschäftigt sich mit der Entwicklung von Zukunftsszenarien, aus denen Erkenntnisse für die strategische Planung und die strategische Früherkennung abgeleitet werden. Dabei sind „verschiedene Methoden zur Handhabung von Ungewissheit (Zukunftsoffenes Denken), Komplexität (Vernetztes Denken) und Wettbewerb (Strategisches Denken) integriert" (SCMI Paderborn).

Die zugrunde liegende Szenariotechnik findet sowohl auf Unternehmensebene als auch auf Projektebene Anwendung. Für Projektkrisen ist die Szenariotechnik deshalb sinnvoll, weil sich die Beteiligten vorab – in einer noch entspannten Lage – Gedanken über mögliche Krisensituationen und den Umgang mit ihnen machen können. Die Bildung von hypothetischen Szenarien sollte einerseits sehr kreativ und andererseits auch nachvollziehbar und realistisch sein. Aus diesen Krisenszenarien können entsprechende Notfallpläne entwickelt werden.

> **§ Definition** Unter Szenariotechnik wird die „Gesamtheit von Prognosetechniken" verstanden, „mittels derer versucht wird, Zukunftsbilder (Szenarien) von einem bestimmten Sachgebiet, zu einem bestimmten Themenbereich oder zu einer bestimmten Fragestellung zu entwerfen. Dabei wird – ausgehend von einer fundierten Beurteilung der gegenwärtigen Situation auf dem zu prognostizierenden Gebiet – meist schrittweise vorgegangen, um so genannte Ereignispunkte zu finden, an denen sich alternative Entwicklungsmöglichkeiten ergeben. Diese werden dann systematisch weiterverfolgt." (Motzel, 2006)

3.2 Entwicklung eines „kulturellen" Frühwarnsystem für sich anbahnende Krisen-Früherkennung durch Achtsamkeit

In ihrem Buch „Das Unerwartete managen" beschreiben die Organisationsforscher WEICK und SUTCLIFFE, was „normale" Organisationen – und damit auch Projekte – von „High Reliability Organizations" (Organisationen, die ein Höchstmaß von Zuverlässigkeit auszeichnet, wie z. B. Flugzeugträger-Besatzungen, Feuerwehrspezialeinheiten etc.) für den Umgang mit Krisensituationen lernen können: den kollektiven Zustand der Achtsamkeit.

„Achtsam zu sein bedeutet, dass man über ein reiches Detailwissen und ein differenziertes Urteilsvermögen verfügt sowie über die ausgeprägte Fähigkeit, Fehler zu entdecken und zu berichtigen, ehe sie zu einer Krise eskalieren können."

Diese Achtsamkeit wird durch fünf grundlegende Aspekte von Haltungen und Vorgehensweisen beschrieben.

1. Konzentration auf Fehler
   Es herrscht eine Vertrauens-Kultur vor, die motiviert, Fehler – auch noch so kleine – aufzudecken und als Optimierungspotential zu nutzen.
2. Abneigung gegen vereinfachende Interpretation
   Umfassende Wahrnehmung für die komplexen Zusammenhänge (systemisches, vernetztes Denken)
3. Sensibilität für betriebliche Abläufe
   Diese Sensibilität steht in enger Verbindung mit der Sensibilität für Beziehungen. Das bedeutet, eine Antenne für Missstimmungen und Ablaufschwierigkeiten zu haben sowie dieses sofort anzusprechen und aufzugreifen.
4. Streben nach Flexibilität
   Neben der Fähigkeit und der Bereitschaft, Fehler frühzeitig zu entdecken, geht es zusätzlich um die Fähigkeit, das System durch improvisierte Methoden permanent am Leben zu halten.
5. Respekt vor fachlichem Wissen und Können
   Entscheidungen werden in Krisenzeiten von den Personen getroffen, die diesbezüglich das größte Fachwissen haben oder die sich in der Situation am besten auskennen.

Es ist eine große Herausforderung und gleichzeitig ein großes Nutzenpotential, diese Aspekte auch angemessen in „normale" Projekten zu integrieren und zu leben. Es handelt sich dabei letztlich um eine Frage der Projekt- oder Unternehmenskultur.

4 Zusammenfassung

Der Vertiefungsteil gibt zuerst einen detaillierten Einblick in die Merkmale von Krisen und stellt die typischen Handlungsmuster in Krisensituationen vor, die sich sehr hinderlich und negativ auf die Bewältigung von Krisen auswirken. Zur Krisenbewältigung werden dann in einem Überblick verschiedene mögliche Vorgehensweisen und Verfahren vorgestellt, die mithilfe von externer Unterstützung ein Projekt aus der Krise führen können. Darüber hinaus erhält der Leser hilfreiche Hinweise aus dem Komplexitätsmanagement für den Umgang mit Krisen.

Im Bereich der Krisenvorsorge wird ein weiteres Instrument vorgestellt: das Szenariomanagement. Den Abschluss bilden Anregungen für ein Frühwarnsystem, das durch eine Kultur der Achtsamkeit gekennzeichnet ist.

5 Fragen zur Wiederholung

1	Welches sind die besonderen Merkmale einer Krise?	☐
2	Was sind die typischen Handlungsmuster in Krisensituationen?	☐
3	Welche Vorgehensweisen und Verfahren gibt es zur Bewältigung von Krisen? Wann sind sie jeweils sinnvoll?	☐
4	Was ist die Vorgehensweise im KOPV-Modell zur Krisenbewältigung? Worauf ist dabei zu achten?	☐
5	Welche Handlungs- und Verhaltensempfehlungen gibt das Komplexitätsmanagement für Krisensituationen in Projekten?	☐
6	Was versteht man unter Szenariotechnik und Szenariomanagement?	☐
7	Wie könnte eine Kultur der Achtsamkeit, wie sie „high realibilty organisations aufweisen, für Projekte genutzt und umgesetzt werden?	☐

2.13 Verlässlichkeit (Reliability)

Gerold Patzak, Artur Hornung

Lernziele

Sie verstehen

- den Beitrag, den die Komponente Mensch bei der Fehlerwahrscheinlichkeit im MMS (Mensch-Maschine-System) liefert
- das Wesen der Fehlerrate verteilt über den Lebenszyklus und deren typische Abschnitte
- das Fehlerverhalten des Menschen im Zeitablauf und wie es dazu kommt

Sie kennen

- unterschiedliche Ansätze der Gliederung des menschlichen Fehlers
- das Zustandekommen von Stress beim Menschen
- unterschiedliche Möglichkeiten des Vorsehens von Redundanz im MMS

Sie können

- die Verlässlichkeit und ihre Komponenten Zuverlässigkeit, Verfügbarkeit, Instandhaltbarkeit und Sicherheit definieren sowie deren Quantifizierung angeben und erläutern
- die Badewannenkurve als allgemein gültigen Verlauf der Fehlerrate erklären und für ihre typischen Bereiche Maßnahmen der Zuverlässigkeitserhöhung angeben
- das Zusammenspiel der Systemkomponenten in einem MMS erläutern und deren Merkmale beschreiben
- Möglichkeiten der Gliederung des menschlichen Fehlers angeben
- das Belastungs-Beanspruchungs-Modell skizzieren und dessen Umsetzung zur Beeinflussung der Verlässlichkeit des Menschen im MMS erklären
- Gestaltungsansätze der Zuverlässigkeit, unterschieden nach den Phasen der Badewannenkurve, angeben und umsetzen
- das THERP-Verfahren entsprechend seiner Vorgehenslogik anwenden
- Ansätze zur Hebung der Zuverlässigkeit durch Vorsehen von Redundanz bei sozialen wie technischen Systemen angeben

Inhalt

1	Komponenten der Verlässlichkeit beliebiger Systeme	2229
2	Das Zuverlässigkeitsverhalten beliebiger Systeme	2231
2.1	Frühfehlerbereich (Decreasing Failure Rate) DFR	2232
2.2	Zufallsfehlerbereich (Constant Failure Rate) CFR	2233
2.3	Alterungsfehlerbereich (Increasing Failure Rate) IFR	2233
2.4	Mathematische Erfassung der Badewannenkurve	2234
3	Die Zuverlässigkeit des Menschen in soziotechnischen Systemen	2234
3.1	Das Mensch-Maschine-System (MMS)	2234
3.2	Grundlegender Unterschied im Fehlerverhalten von Mensch und Maschine	2235
3.2.1	Der menschliche Fehler	2236
4	Gestaltungsmöglichkeiten der menschlichen Zuverlässigkeit	2237
4.1	Die Bedeutung des menschlichen Fehlers im MMS	2237
4.2	Das Belastungs-Beanspruchungs-Modell	2238
4.3	Das Stress-Strength-Modell für technische Systeme	2241
4.4	Das THERP-Verfahren zur Gestaltung der Zuverlässigkeit von MMS	2242
4.5	Gestaltung der Zuverlässigkeit von MMS auf Basis des Fehlerratenverlaufes	2243
4.6	Zuverlässigkeitserhöhung durch Redundanz	2244
5	Zusammenfassung	2245
6	Fragen zur Wiederholung	2246

1 Komponenten der Verlässlichkeit beliebiger Systeme

In diesem Abschnitt sei, aufbauend auf den Definitionen und Erläuterungen des Kapitels Grundlagen, die Zuverlässigkeit im Sinne ihrer Komponenten RAMS eingehender diskutiert und mittels quantitativer Größen dargestellt.

Die Verlässlichkeit setzt sich aus folgenden Komponenten und Einflussgrößen zusammen, die ihrerseits untereinander in Abhängigkeit stehen (Abbildung. 2.13-V1):

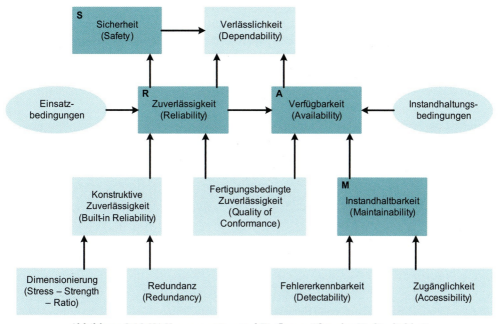

Abbildung 2.13-V1 Komponenten und Einflussgrößen der Verlässlichkeit

Im Folgenden seien die einzelnen Komponenten der Verlässlichkeit (hervorgehobene Boxen) samt deren Einflussgrößen besprochen.

> **§ Definition** Die Zuverlässigkeit (Reliability) ist definiert als die Wahrscheinlichkeit, dass eine Betrachtungseinheit die ihr zugedachte Aufgabe/Funktion
> - während einer bestimmten Zeitspanne (Einsatzdauer/Mission Time)
> - bei einem gegebenen Alter (Anzahl und Dauer der bisherigen Einsätze)
> - unter Einhaltung vorgegebener Betriebsbedingungen
> - innerhalb vorgegebener Toleranzgrenzen (Fehlerdefinition) erbringt.

Die Zuverlässigkeit (**R**eliability) ergibt sich als Funktion angeschrieben demgemäß mit

$$\text{Zuverlässigkeit } R = R(t, t_0, B, F)$$

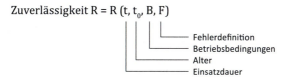

Die Zuverlässigkeit wird auch Funktionsfähigkeit genannt. In der Praxis wird die Zuverlässigkeitsfunktion in vereinfachter Form $R = R(t)$ erfasst, wobei die Variablen t_0, B, F als konstant und damit kontrolliert angenommen werden. Damit ist die Zuverlässigkeit nur mehr von der Einsatzdauer t abhängig.

Bei der Zuverlässigkeitsbetrachtung wird vorausgesetzt, dass keine Instandhaltung im weitesten Sinne (Unterbrechungen für Reparaturen, Nachjustierungen, Erholungspausen und Ähnliches) vorgenommen werden kann bzw. darf. Es handelt sich um ein Merkmal bei **nicht-instandsetzender** Betrachtung. Die Zuverlässigkeit ist dort vordringlich interessant, wo ein Ausfall schwerwiegende Konsequenzen für die Sicherheit und die damit verbundenen Fehlerkosten hat.

Die Zuverlässigkeit wird durch folgende **Kenngrößen** erfasst:

- Fehlerrate z(t): Es ist dies die Fehlerneigung zu einem interessierenden Zeitpunkt t.
  (Ist z(t) konstant, so wird für die Fehlerrate üblicherweise das Symbol λ verwendet)
- Mittlere Lebensdauer MTTF (Mean Time To Failure): Mittlere Dauer bis zum Fehler/Ausfall

Werden Instandhaltungsmaßnahmen in die Betrachtungen mit einbezogen, was in der Realität des Betriebes in vielen Fällen weit mehr interessiert, so handelt es sich um das Merkmal Verfügbarkeit.

> § **Definition** Die **Verfügbarkeit** (Availability) ist die Wahrscheinlichkeit, dass eine Betrachtungseinheit zu einem bestimmten Zeitpunkt für eine Nutzung einsatzbereit ist, somit weder kaputt ist, noch sich gerade in Reparatur befindet.

Wird die Verfügbarkeit im Zentrum der Betrachtungen gesehen, so handelt es sich um Systeme, bei denen ein Fehler oder Ausfall zwar nicht gewünscht ist, jedoch durch eine passende Instandhaltungsorganisation relativ rasch und ohne große Auswirkungen behoben wird. Hochzuverlässige Systeme mit sehr niedriger Ausfallwahrscheinlichkeit wären für eine Verwendung, bei der bei Ausfällen der Schaden, etwa in Form von Produktionsausfallkosten, relativ gering ist, unvertretbar teuer und daher unwirtschaftlich.

Die Verfügbarkeit wird durch folgende **Kenngrößen** erfasst:

- mittlere Dauer zwischen den Fehlern MTBF (Mean Time Between Failure)
- mittlere Ausfallzeit MTTR (Mean Time to Repair, Mean Down Time)
- wirtschaftliche Nutzungsdauer: Zeitspanne bis zu jenem Ausfall, bei dem die Reparaturkosten höher sind als die Kosten für eine Ersatzinvestition.

Die Verfügbarkeit (Availability) ergibt sich mit

$$A = \frac{MTBF}{MTBF + MTTR}$$

> § **Definition** Die **Instandhaltbarkeit** (Maintainability) ist ein Merkmal, das alle Aspekte der Eignung für eine Instandhaltung (Inspektion, Wartung, Reparatur) zusammenfasst.

Die Instandhaltbarkeit wird durch folgende **Kenngrößen** erfasst:

- mittlere Ausfallzeit MTTR oder auch Mean Down Time,
- die Qualität der jeweilgen Instandhaltungsorganisation.

> **§ Definition** Die **Sicherheit** (Safety) ist ein Merkmal, das alle Aspekte der negativen Auswirkungen eines Fehlers auf das Wohlbefinden des Menschen zusammenfasst. Sicherheit bezeichnet einen Zustand, der frei von unvertretbaren Risiken der Beeinträchtigung des Menschen ist bzw. als gefahrenfrei angesehen wird.

Sicherheit wird unterschieden in

- aktive Sicherheit: Sie kann beeinflusst werden durch Senkung der Eintrittswahrscheinlichkeit.
- passive Sicherheit: Sie kann beeinflusst werden durch Senkung der Schädigungsschwere.

Die Sicherheit ist durch die **Kenngröße** der erwarteten Auswirkung in Form von Beeinträchtigung und Schädigung des Benutzers erfasst. Dabei ist es nahe liegender Weise sehr problematisch, den Personenschaden in Geld auszudrücken, um ihn so den Verhütungskosten gegenüberstellen zu können.

Die obigen vier, ursprünglich auf unbelebte Systeme (Produkte, Sachmittel) bezogenen Aspekte der Qualität sind bei gewissen Anpassungen für beliebige Systeme und damit auch für den **Menschen** von großer Bedeutung und auch auf diesen anwendbar, wenngleich so mancher Begriff nur in übertragener Weise Verwendung findet.

> **Beispiele** für die Übertragbarkeit der Begriffe der Zuverlässigkeit auf den Menschen:
- Man spricht beim Menschen nicht von Maßnahmen der Instandhaltung, sondern von der Wiederherstellung der Arbeitskraft, d. h. Leistungsfähigkeit und Leistungsbereitschaft. Dies betrifft etwa das Vorsehen von Pausen, von Nahrungsaufnahme, von Erholung, vom Setzen neuer Anreize.
- Man spricht bei der Leistungserbringung durch den Menschen nur von einem Fehler, wenn dieser übersehen wird (die so genannte Durchschlupfwahrscheinlichkeit) und nicht wenn er unmittelbar durch Korrekturmaßnahmen des Ausführenden behoben wird.
- Im Gegensatz zur Maschine kommt ein Totalausfall in sozialen Systemen, d. h. im Team oder auch beim Einzelnen, nur in Ausnahmefällen vor, wohl aber wird von einem Abfall der Funktionstüchtigkeit gesprochen (sog. Driftfehler).

2 Das Zuverlässigkeitsverhalten beliebiger Systeme

Alle Systeme weisen in ihrem Lebenszyklus einen typischen Verlauf der Ausfallsneigung auf. Diese Ausfallswahrscheinlichkeit wird am eindrucksvollsten durch die Fehlerrate repräsentiert.

> **§ Definition** Die **Fehlerrate** gibt an, wie groß die Wahrscheinlichkeit eines Fehlers oder Ausfalls in einem betrachteten Zeitpunkt t ist unter der Voraussetzung, dass bis zu diesem Zeitpunkt kein Ausfall stattgefunden hat.

Der typische Verlauf der Fehlerrate wird als **Badewannenkurve** bezeichnet. Dieser Verlauf ist für alle Betrachtungsobjekte (Sachmittel wie auch Menschen) prinzipiell gültig.

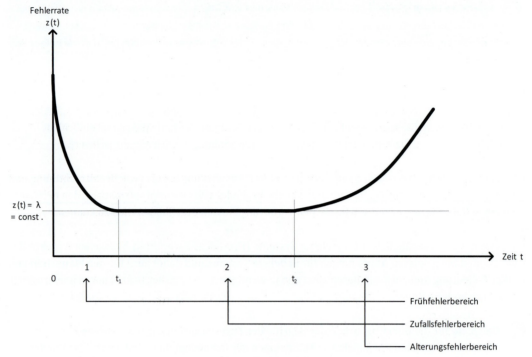

Abbildung 2.13-V2: Allgemein gültiger Verlauf der Fehlerrate (Badewannenkurve)

Die Erkenntnisse aus diesem generell beobachtbaren Verhaltensmuster sind, dass jedes System drei typische Abschnitte der Ausfallswahrscheinlichkeit in seinem Leben durchmacht. Im Folgenden werden diese **drei Fehlerbereiche** detailliert besprochen.

2.1 Frühfehlerbereich (Decreasing Failure Rate) DFR

In diesem ersten Abschnitt der Badewannenkurve treten die Frühfehler, auch Kinderkrankheiten oder Anlauffehler genannt, auf. Die Fehlerrate zeigt hier eine fallende Tendenz.

Die **Ursachen** für Frühfehler sind insbesondere mangelhafte Montage, schlechte Qualitätskontrolle, starke Fertigungsstreuung, unsachgemäße Logistik (Verpackung, Transport, Lagerung). Beim Menschen sind die entsprechenden Ursachen für Frühfehler:

I Unterweisungsmängel, schlechte Einübung bzw. Einarbeitung, Umstellungsfehler.
I Zu geringer Routineaufbau, zu wenig Erfahrung.
I Falsche Personalauswahl, mangelnde Motivation, Arbeitsunlust, Unkonzentriertheit bei Arbeitsbeginn, Unausgeschlafenheit.

Maßnahmen zur **Zuverlässigkeitserhöhung** im Frühfehlerbereich sind:

I Einbrennen (Burn In, ein Einlaufen unter erschwerten Bedingungen), Einfahren (Run in), Ausmerzen von Kinderkrankheiten durch Probelauf (Debugging).
I Speziell beim Menschen: Einübung und Unterweisung, Motivation, Hebung der Fitness.

2.2 Zufallsfehlerbereich (Constant Failure Rate) CFR

Im zweiten Abschnitt der Badewannenkurve treten ausschließlich zufallsbedingte Fehler ohne erkenntlichen Trend auf. Die Fehlerrate besitzt hier einen konstanten Wert über die Zeit. Es ist dies jener Bereich, für den das System ausgelegt wurde. Es ist offensichtlich, dass man trachtet, diesen zweiten Lebensabschnitt möglichst lange anhaltend zu gestalten, sodass er annähernd der geplanten Nutzungsdauer entspricht.

Die **Ursache** für Zufallsfehler ist das zufällige Zusammenfallen von gleichzeitig auftretenden Belastungsspitzen, die sich gegenseitig möglicherweise noch verstärken und die von einer zufällig schwächeren Systemeinheit nicht verkraftet werden. Dies gilt genauso für den Menschen. Die Betrachtungsperiode bis zum Fehler/Ausfall kann dabei jedoch unterschiedlich sein: Der Arbeitseinsatz, der Arbeitstag usw. bis letztlich das gesamte Arbeitsleben (vgl. Kapitel 9.5).

Maßnahmen zur **Zuverlässigkeitserhöhung** im Zufallsfehlerbereich sind:

- Konstruktive Maßnahmen, wie etwa stärkere Dimensionierung, Qualitätssicherung, genauere Fertigung, Filter für Belastungsspitzen, Materialwahl, Redundanzen (Überzähligkeit von Komponenten), bessere Wartung und Ähnliches.
- Speziell beim Menschen: Selbsterklärende Bedienung, Verringerung von Monotonie, Vorsehen von so genannten fehlertoleranten Systemen (Fail-Safe-Systeme), begleitende Überwachung, Abschirmung von Extrembelastungen, wie Lärm, Hitze, Vermeidung von Zeitdruck, Pausenregime, Schulung für Notfälle (Emergency Prepair).

2.3 Alterungsfehlerbereich (Increasing Failure Rate) IFR

Im dritten Abschnitt der Badewannenkurve treten die so genannten Alterungsfehler auf. Die Fehlerrate weist hier einen exponentiellen Anstieg auf.

Die **Ursachen** für Alterungsfehler sind: Ermüdung des Materials, Schwächung durch Abnützung (Verschleiß), Versprödung, chemische Veränderungsprozesse (Korrosion). Beim Menschen sind die analogen Phänomene festzustellen: Physische und psychische Abnützung, Veränderungen und Schädigungen, Ermüdung, Konzentrationsabfall, Vergessen. Es kommt sukzessive zu einem so genannten Miss-Match, d.h. dass aktuelle Belastungen auf zu geringe Leistungsvoraussetzungen treffen. Auch hier ist zu unterscheiden, ob als Zyklus die Periode des Arbeitseinsatzes (z.B. 3 Stunden) oder das ganze Arbeitsleben betrachtet wird.

∑ Fazit Zusammenfassend kann gesagt werden, dass diese drei typischen Fehlerratenabschnitte prinzipiell bei allen konkreten Systemen auftreten. Zugleich erhebt sich die Frage, ob speziell das Alterungsfehlerphänomen – der dritte Abschnitt der Badewannenkurve – auch bei abstrakten Systemen, etwa bei Software-Programmen, Wissenssystemen und Ähnlichem zutrifft. Hohe Zuverlässigkeit wird in der Praxis vor allem dadurch erzielt, dass Frühfehler sowie Alterungsfehler vermieden werden, indem nur im reinen Zufallsfehlerbereich gearbeitet wird.

Das Ende der wirtschaftlichen Lebensdauer setzt frühestens beim Ende der zweiten Phase, dem Zufallsfehlerbereich, ein. Ab diesem Zeitpunkt wird überlegt, ob Ersatzinvestitionen unter der Betrachtung der Wirtschaftlichkeit einer Reparatur vorzuziehen sind.

2.4 Mathematische Erfassung der Badewannenkurve

Der typische Verlauf der Fehlerrate, die Badewannenkurve, wird durch folgende Wahrscheinlichkeitsverteilungen hinreichend gut abgebildet:

- Der Frühfehlerbereich durch die Weibull-Verteilung
- Der Zufallsfehlerbereich durch die Exponentialverteilung
- Der Alterungsfehlerbereich durch die Normalverteilung

Sollen alle drei Bereiche zugleich erfasst werden, so bietet sich vordringlich die Weibull-Verteilung an, wobei durch die entsprechende Wahl des Formungsparameters der Wahrscheinlichkeitsverteilung der jeweils interessierende Fehlerbereich abgebildet wird. Es wurde hierfür ein spezielles Wahrscheinlichkeitspapier entwickelt, das aus der Fachliteratur entnommen werden kann.

> **Tipp** Meist wird, wie bereits ausgeführt, davon ausgegangen, dass
> - die Frühfehler bereits ausgemerzt sind,
> - man nicht wesentlich in den Alterungsfehlerbereich eindringen will,
>
> somit gilt ausschließlich das Gesetz des reinen **Zufallsfehlers** mit der Fehlerrate z (t) = konstant = λ, abgebildet durch die Exponentialverteilung.

Die Zuverlässigkeit ergibt sich dann als Exponentialfunktion: $R(t) = e^{-\lambda t}$, $\lambda > 0$

Für rein technische Systeme und Bauelemente sind mannigfache Tabellen für Fehlerraten verfügbar, oft werden diese vom Erzeuger der Komponenten mitgeliefert. Mit deren Hilfe kann dann die Gesamtzuverlässigkeit eines technischen Systems zusammengesetzt werden. Derartige Tabellen liegen nahe liegender Weise für den Menschen nur ansatzweise vor.

3 Die Zuverlässigkeit des Menschen in soziotechnischen Systemen

3.1 Das Mensch-Maschine-System (MMS)

In den immer komplexer werdenden Systemen kommt dem Beitrag des Menschen eine zunehmende Bedeutung zu, da der Menschh, generell gesprochen, im verstärkten Maße die Ursache für Systemfehler ist, zugleich aber auch durch sein intelligentes Verhalten unentbehrlicher Bestandteil im System ist. Es gewinnen dabei die psychologischen Aspekte in Form von **Leistungsbereitschaft** an Bedeutung, was einen wesentlichen Ansatzpunkt zur Vermeidung von Fehlern und damit zur Erzielung hoher Verlässlichkeit in Mensch-Maschine-Systemen darstellt.

In den nachfolgenden Ausführungen wird daher auf unterschiedliche Zugänge zum Verständnis des menschlichen **Fehlers** eingegangen. Darauf aufbauend sei ein Erklärungsmodell für das Zustandekommen von Fehlern im Rahmen von Mensch-Maschine-Systemen gebracht.

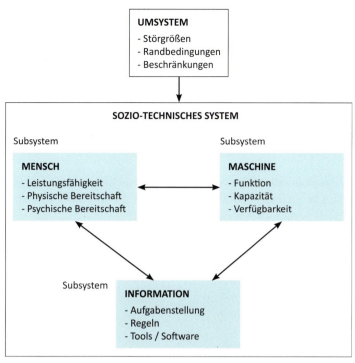

Abbildung 2.13-V3: Das Zusammenwirken der drei Subsysteme in komplexen Systemen

3.2 Grundlegender Unterschied im Fehlerverhalten von Mensch und Maschine

Jedes der drei Subsysteme (Abbildung 2.13-V3) bringt eine Teil-Zuverlässigkeit in das Systemverhalten ein, jeweils abhängig vom Umsystem, d.h. von der Umwelt. Dabei ist zu unterscheiden:

| Das Subsystem Technik liefert eine definierte **Funktion**, wobei Fehler auftreten können.
| Das Subsystem Mensch erfüllt eine **Aufgabe**, wobei ebenfalls Fehler auftreten, die allerdings, zum Teil entscheidungsbasiert, unmittelbar behoben werden.

Der Mensch kann im Unterschied zur Maschine das Handlungsziel auch mit anderen Mitteln oder geänderten Prozessen erreichen und so Fehler kompensieren.

Dies bedeutet für die Zuverlässigkeit des **Gesamtsystems**, dass die Wahrscheinlichkeit von Fehlern bei der Komponente Mensch durchaus hoch sein kann, die Wahrscheinlichkeit von Fehlern des Gesamtsystems sich aber trotzdem als nieder erweist. Der Grund hierfür liegt in der Fähigkeit des Menschen, sein Handeln selbst zu überwachen und fehlerhafte Handlungsschritte zu korrigieren, noch bevor sie sich auf das Fehlerverhalten des Gesamtsystems auswirken.

Darüber hinaus fehlt bei der unbelebten Maschine die Leistungsvoraussetzung in Form von psychischer Leistungsbereitschaft (Wollen) und physischer Leistungsbereitschaft (Kondition), was die Zuverlässigkeitsanalyse von technischen Systemen wesentlich vereinfacht.

Ein gängiger Ansatz zur quantitativen Erfassung der menschlichen Zuverlässigkeit baut auf der Fehlerhäufigkeit auf:

Die Fehlerwahrscheinlichkeit des Menschen (Human **Error** Probability, HEP) = $\dfrac{\text{Anzahl der fehlerhaft durchgeführten Aufgaben des Typs A}}{\text{Gesamtzahl der durchgeführten Aufgaben des Typs A}}$

Die Zuverlässigkeit des Menschen (Human **Reliability** Probability, HRP) = **1** - HEP

Diese nahe liegende Erfassung einer Wahrscheinlichkeit, nämlich als Grenzübergang der relativen Häufigkeit, macht nur Sinn bei streng repetitiven Tätigkeiten, wobei die Dauer bis zum Fehler als Bestimmungsgröße der Zuverlässigkeit nicht berücksichtigt wird.

Als Kenngröße für die Zuverlässigkeit des Menschen ist die HRP aber durchaus brauchbar, vor allem als Ausgangspunkt für verbessernde Gestaltungen.

3.2.1 Der menschliche Fehler

Die Basis sämtlicher Betrachtungen von Zuverlässigkeit ist der Fehler, hier der menschliche Fehler. Er ist das Erfolgskriterium bei Handlungen und Verhaltensweisen.

> **§ Definition** Ein Fehler liegt ganz allgemein vor, wenn bei einem Betrachtungsobjekt ein gefordertes Merkmal eine unzulässige Abweichung vom Soll-Wert aufweist, d.h. der Ist-Wert den vorgegebenen Toleranzbereich überschreitet. Beim Menschen können Fehler nur über Handlungen und deren Ergebnisse beobachtet werden, Denkfehler sind dem Außenstehenden als solche nicht zugänglich.

Um den menschlichen Fehler greifbarer zu machen, kann nach unterschiedlichen Gesichtspunkten untergliedert werden:

Menschliche Fehler können nach dem **Auftreten** unterschieden werden in:

- absichtliche Fehler: (wird hier nicht weiter behandelt)
- systematische Fehler: treten bei bestimmten Konstellationen immer ein, sie sind deterministisch, es liegt ein klarer Trend vor
- zufällige Fehler: entstehen aufgrund einer zufälligen Nichtübereinstimmung zwischen Belastung und Leistungsvoraussetzung (vgl. 4.2)
- sporadische Fehler: entstehen als Ausreißer durch unvorhergesehene Spitzen der Umwelteinflüsse

Menschliche Fehler können weiter nach der **Art** unterschieden werden in:

- Ausführungsfehler
- Auslassungs-/Hinzufügungsfehler
- Reihenfolgefehler
- Auswahlfehler

(Eine gängige Technik der Fehlervorhersage bei Menschen ist die Methode THERP, Technique for Human Error Prediction. Sie baut auf obiger Gliederung der Fehlererfassung auf (vgl. SWAIN, 1963), vgl. Abschnitt 4.4).

Menschliche Fehler können weiter nach **Regulationsebenen** und **Prozessschritten** unterschieden werden: Da die menschliche Arbeit vornehmlich als Informationsverarbeitung zu sehen ist, kann eine Gliederung nach den Ebenen der Handlungsregulation sowie über alle Prozessschritte vorgenommen werden, wie in Tabelle 2.13-V1 dargestellt.

Tabelle 2.13-V1: Fehlersystematik nach Regulationsebenen und Prozessschritten

Prozess-schritte Ebenen der Regulation	INFORMATIONS-			
	AUFNAHME	**VERARBEITUNG**	**ZWISCHEN SPEICHERUNG**	**ABGABE**
INTELLEKT	Übersehensfehler Diagnosefehler	Zugriffsfehler Denkfehler	Merkfehler	Selektionsfehler
HANDLUNGS-MUSTER	Wahrnehmungsfehler Unterscheidungsfehler	Auswahlfehler Routinefehler	Auslassungsfehler	Interpretationsfehler
SENSOMOTORIK	Fehler der 5 Sinne Erkennungsfehler		Motorikfehler	

Festgehalten sei in diesem Zusammenhang, dass Fehler grundsätzlich immer auftreten können und somit nie völlig vermieden werden können. Folgerichtig besteht gleichsam ein Menschenrecht auf Fehler. Obige Feststellung soll jedoch nicht als Freibrief gesehen werden, sich nicht permanent um Fehlerfreiheit zu bemühen. Sowohl so genannte Null-Fehler-Programme (Zero Defects Programs) als auch die verbreitete Six-Sigma Philosophie können die Möglichkeit von Fehlern zwar nicht ausschließen, sehr wohl aber deren Vermeidung so weit wie möglich anstreben.

In der Zuverlässigkeitstheorie schlägt sich dieser Gedanke in den folgenden Axiomen nieder:

| kein Betrachtungsobjekt funktioniert ewig: $R(t = \infty) = 0$
| nur für äußerst kurze Zeitspannen kann eine 100%ige Zuverlässigkeit angenommen werden: $R(t = 0) = 1$

4 Gestaltungsmöglichkeiten der menschlichen Zuverlässigkeit

4.1 Die Bedeutung des menschlichen Fehlers im MMS

Im Mensch-Maschine-System wird auf die Gesamtzuverlässigkeit vor allem über die Zuverlässigkeit des Subsystems Mensch Einfluss genommen. Ziel ist eine so genannte robuste Systemgestaltung (Robust System Design).

Prinzipiell sind folgende **Gestaltungsfelder** in Betracht zu ziehen:

| die optimale **Auswahl** der Komponente Mensch
| die optimale Beeinflussung der **Leistungsbereitschaft**
| die optimale Gestaltung der **Schnittstelle** Mensch - Maschine, zum Betriebsmittel, zum gesamten Arbeitsplatz (anthropotechnische Gestaltung der Benutzerschnittstellen)
| die optimale Gestaltung der **Prozesse** (Arbeitsorganisation, Informationssystem)

> Insbesondere in Projekten kommt der Zuverlässigkeit des Menschen, d.h. dem Projektleiter und jedem einzelnen Teammitglied, somit dem Team als sozialem System, höchste Bedeutung für den Gesamterfolg zu. Der Anteil des Individuums an der Zuverlässigkeit eines beliebigen Mensch-Maschine-Systems wird von Experten mit über 60 % eingestuft, für Projektarbeit kann von etwa 90 % ausgegangen werden (vgl. SWAIN, 1985).

Es besteht hier eine Analogie etwa zu einer Flugzeug-Crew auf einem Langstreckenflug, bei dem mit höchster Zuverlässigkeit und nur geringen Möglichkeiten, ad-hoc Reparaturen vorzunehmen (vgl. Einmaligkeit eines Projekts), die geforderte Mission erfüllt wird. Der Anteil der technischen Subsysteme am Auftreten von Fehlern oder dem Ausfall ist dabei nachweislich äußerst gering, $R(t) \cong 0{,}998$. Bei Fehlern des Gesamtsystems werden erfahrungsgemäß in den meisten Fällen menschliche Fehler als Ursache festgestellt.

4.2 Das Belastungs-Beanspruchungs-Modell

Um die wichtige Komponente Mensch möglichst verlässlich zu gestalten, sind unterschiedliche Maßnahmen möglich, die sich einzeln aus dem so genannten **Belastungs-Beanspruchungs-Modell** ableiten lassen.

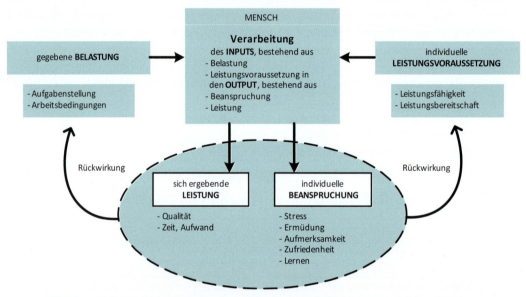

Abbildung 2.13-V4: Das Belastungs-Beanspruchungs-Modell der menschlichen Leistung

Grundgedanke des Modells ist es, dass im Unterschied zur Maschine das Bündel von Belastungen beim einzelnen Individuum jeweils unterschiedliche Beanspruchungen bewirkt und sich daher eine unterschiedliche Neigung, Fehler zu machen, ergibt.

Die Qualität der Überführung einer Aufgabenstellung (Input) in ein Leistungsergebnis (Output), wie in Abbildung 2.13-V4 dargestellt, sei ganz allgemein nach folgenden Kriterien beurteilt:

- **Sachergebnis** (Sachleistung): Qualität, Effektivität (Grad der Zielerreichung)
- **Wirksamkeit** (Ökonomie): Wirkungsgrad des Arbeitsprozesses, Aufwand an Zeit und Ressourcen, Effizienz
- **Sicherheit** (Humanität): Rückwirkung auf den Menschen in Form von Befindlichkeitsveränderungen (Beanspruchung)
- **Umweltverträglichkeit** (Ökologie). Rückwirkung auf die Systemumwelt

Die Fehlerwahrscheinlichkeit schlägt sich dem Modell nach unmittelbar in der Qualität des Sachergebnisses (tangible output) nieder. Über Veränderungen der Befindlichkeit des Menschen und über Veränderungen der Systemumwelt kommt es jedoch durch Rückkopplungen zu Veränderungen des menschlichen Verhaltens und damit ebenfalls zu Auswirkungen auf die Qualität des Outputs und damit zu Fehlern.

Der prinzipielle Zugang der Beeinflussung der Qualität von menschlicher Leistung ist dem entsprechend:

Anpassung der **Arbeit** an den Menschen (Industrial Engineering)

1. Gestaltung der Aufgabenstellung
2. Gestaltung sämtlicher Arbeitsbedingungen

Anpassung des **Menschen** an die Arbeit (Behavioral Engineering)

1. Gestaltung der Leistungsfähigkeit des Menschen (Auswahl, Schulung)
2. Gestaltung der Leistungsbereitschaft des Menschen (Motivation, Kondition)

> Es wird in diesem Zusammenhang in der Fachliteratur mit dem Begriff der Performance Shaping Factors (PSF) gearbeitet. Es sind dies Gestaltungsfaktoren der menschlichen Leistung, unterschieden in exogene PSF und endogene PSF.

Die PSF wirken auf den Menschen individuell unterschiedlich. Sie gruppieren sich dem Modell folgend in:

Belastung
1. **Aufgabenstellung** (Ziele betreffend Leistung, Termine, Kosten)
2. **Arbeitsbedingungen**
   - Arbeitsorganisation
   - **Führungsqualität**
   - Prozessgestaltung
   - Arbeitsplatzgestaltung
   - Umfeldeinflüsse

Leistungsvoraussetzungen
1. **Leistungsfähigkeit** (Qualifikation)
   - physisch: Fertigkeiten, Geübtheit, Regenerationsfähigkeit
   - psychisch: Fach - und Methodenkompetenz, Sozial- und Individualkompetenz
2. **Leistungsbereitschaft**
   - physisch: Kondition, Gesundheitszustand, Trainiertheit
   - psychisch: Disposition, Motivation, Gefühlslage

Beanspruchung
1. **Stress**
   - Ermüdung, physische Abnützung
   - Emotionale Ermüdung
2. **Aufmerksamkeitsniveau** (Vigilanz)
   - Motivationslage, Zufriedenheit
   - Wissenszuwachs, Lernen

Im Detail seien **einzelne** Gestaltungsfaktoren (markiert) aus obiger Systematik diskutiert:

Führungsqualität Sie ist das Maß der Befähigung von Führungskräften, die Geführten zu einem optimalen Maß an Leistungserbringung zu bewegen, wobei der Einzelne ein hohes Niveau an Zufriedenheit erleben soll.

Leistungsfähigkeit Fehlleistung und Unzuverlässigkeit werden in hohem Maße durch fehlende Eignung, einem Mangel der Übereinstimmung von Anforderungen und Leistungsfähigkeit bestimmt: Qualifikationsdefizite sind Hauptursachen von Fehlleistungen. Neben physischen Voraussetzungen sind alle Formen der kognitiven Kompetenz und emotionalen Kompetenz zu nennen.

Leistungsbereitschaft Das Ausspielen einer gegebenen Leistungsfähigkeit ist von der Bereitschaft zur Leistungserbringung abhängig. Dies ist ein weiterer Ansatzpunkt zur Erhöhung der Zuverlässigkeit.

Stress Durch Belastung entsteht im Ausführenden individuell unterschiedlich Stress, was sich auf die Qualität der Leistungserbringung auswirkt. Es ist ein optimales Ausmaß an psychischen Belastungen, genannt Stressoren, anzustreben. Eine darüber hinausgehende Belastung ist für langfristig funktionierende Arbeitssysteme abträglich, kurzfristig ist das Vermögen, mit überhöhten Stressoren umgehen zu können, von großem Vorteil.

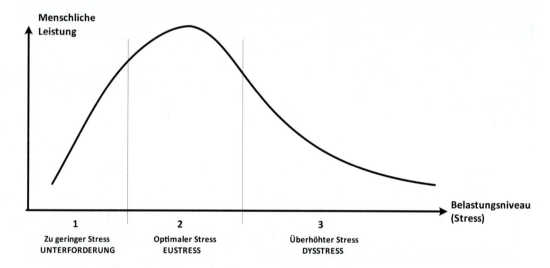

Bereich 1, **Unterbelastung**: Äußert sich in Form von Langeweile, Unaufmerksamkeit, geistige Abwesenheit, Sorglosigkeit, Überforderung durch Unterforderung, Flüchtigkeitsfehler (Bore Out Syndrom)

Bereich 2, **Leistungsadäquate Belastung**: Äußert sich in hoher Konzentration, Arbeitsfreude, motivierte Arbeit

Bereich 3, **Überbelastung**: Äußert sich in Hektik, Panik, Mattheit, Ermüdungserscheinungen, unkontrollierte Alibihandlungen, Fehlleistungen (Burn Out Syndrom)

Abbildung 2.13-V5: Die menschliche Leistung abhängig vom Stress

Aufmerksamkeitsspanne Das Aufmerksamkeitsniveau (Vigilanz) hängt beim Menschen vor allem mit der Ermüdung, dem Charakter der Aufgabenstellung, der Arbeitsplatzgestaltung sowie der Dauer der Tätigkeit zusammen. Insbesondere bei der Informationsverarbeitung, wie etwa bei Steuer- und Überwachungstätigkeiten, geht es um die Aufrechterhaltung eines erforderlichen Vigilanzniveaus, d.h. einer Bereitschaft, Informationen adäquat aufzunehmen. Hinsichtlich der Aufmerksamkeit sind vor allem folgende Gestaltungsfaktoren anzugeben:

Signalhäufigkeit, Regelmäßigkeit, Frequenz, Amplitude, Bandbreite, Reaktionserfordernisse, Diskriminierungsspanne, physiologische Gestaltung von Displays (stereotypenkonformes Design), Plausibilität, Konformität mit Konventionen, Einflussfaktoren wie Lärm, Klima, Vibration usw.

4.3 Das Stress-Strength-Modell für technische Systeme

Wenn unbelebte, rein technische Systeme betrachtet werden, so vereinfacht sich das unter Punkt 4.2. gebrachte Belastungs-Beanspruchungs-Modell ganz wesentlich, da alle Aspekte des Bewusstseins wegfallen. Belastung und Beanspruchung sind dann identisch und werden einfach als Stress zusammengefasst. Die Leistungsfähigkeit der Einheit wird mit Strength bezeichnet.

Das Modell ist insofern statisch, als Frühfehler wie auch Alterungsfehler nicht abgebildet werden (dies müsste über eine Veränderung der Verteilungsdichte des Merkmals Strength über die Zeit erfolgen).

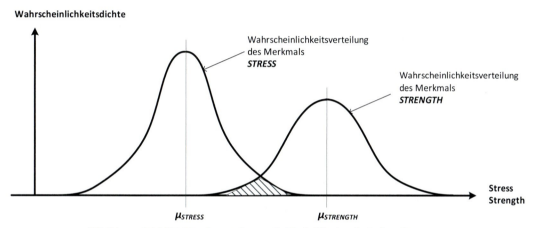

Abbildung 2.13-V6: Das Stress-Strength-Modell bei technischen Systemen

Erläuterung der Abbildung:

- Die beiden Merkmale Belastung (Stress) und Leistungsfähigkeit (Strength) werden als Zufallsvariable aufgefasst. Beide besitzen jeweils einen Mittelwert (entsprechend der technischen Auslegung des Systems) und eine Streuung. Für beide Wahrscheinlichkeitsverteilungen wird als plausibler Ansatz jeweils eine Normalverteilung angenommen.
- Fehler treten auf, wenn im Einsatzfall die Belastung zufällig höher ist als die Leistungsfähigkeit (schraffierter Bereich), somit, wenn sich eine Überlastung ergibt.

Die Maßnahmen der **Zuverlässigkeitserhöhung** lassen sich entsprechend dem Stress-Strength-Modell wie folgt gruppieren:

- Verschiebung der Stressverteilung nach links: Unterbelastung/Underrating
  Analogie beim Menschen: Schutzmaßnahmen gegen Staub, Lärm, Vibration, Temperaturschwankungen usw., Pausengestaltung
- Verschiebung der Strengthverteilung nach rechts: Stärkere Dimensionierung, besseres Material
  Analogie beim Menschen: Personalauswahl, Schulung, Training, psychische Begleitung (Coaching) usw.

- Verringerung der Streuung der Stressverteilung: Vermeiden von Belastungsspitzen
  Analogie beim Menschen: Katastrophenmanagement (Emergency Management), Notfallübungen, Überlastungsfilter, Reservierungen (Redundanzen), klar definierte und überwachte Einsatzbedingungen, gewissenhafte Planung
- Verringerung der Streuung der Strengthverteilung: Qualitätskontrolle, Verbesserung der Fertigungstechnologie
  Analogie beim Menschen: Hilfe bei psychischen Problemen, Einhaltung von Pausen, Maßnahmen der Leistungswiederherstellung, Vermeidung von Burn-out, Einsatz von Spezialisten.

4.4 Das THERP-Verfahren zur Gestaltung der Zuverlässigkeit von MMS

Die Zuverlässigkeit eines Systems kann im Nachhinein ermittelt werden, indem Statistiken bezüglich Fehlern bzw. Ausfällen erstellt werden (retrospektive Betrachtung). Eine **Vorhersage** der Zuverlässigkeit ist naheliegender Weise wesentlich interessanter, zugleich auch wesentlich schwieriger (prospektive Betrachtung).

Das **THERP-Verfahren** (Technique for Human Error Prediction) liefert eine Anleitung, wie das Fehlerverhalten und damit die Zuverlässigkeit von Mensch-Maschine-Systemen analytisch abgeschätzt und auf quantitativem Wege vorhergesagt werden können. Es wird dabei dem Faktum Rechnung getragen, dass die Zuverlässigkeit der menschlichen Handlung
- eine geringere Quantifizierbarkeit
- eine stärkere Abhängigkeit von Einflussgrößen
- eine höhere Variabilität

aufweist.

Vorgehensschritte:

1. Definition der interessierenden Systemfehler bei gegebener Systemfunktion. Instrumente sind hierfür der Fehlerbaum (Fault Tree Analysis FTA), Ereignisbaum (Event Tree Analysis ETA), die Fehler-Möglichkeits- und Einfluss-Analyse (Failure Mode and Effects Analysis FMEA)
2. Erfassung des Beitrags des Menschen bei der Erbringung der Systemfunktion
3. Abschätzung der Fehlerwahrscheinlichkeit des Menschen durch Analogienbildung, anhand von Fehlerraten-Tabellen (wenn vorhanden), mittels HEP-Ansatzes (vgl. Kap. 8.2), durch Expertenschätzung
4. Abschätzung der Auswirkung des menschlichen Fehlers auf den Systemfehler
5. Ableitung von Gestaltungsempfehlungen zur Fehlervermeidung bzw. Zuverlässigkeitserhöhung

Das Verfahren THERP, vor allem im englischen Sprachraum gängig, kann nur tendenzielle Aussagen liefern, es ist für eine systematische Gestaltung jedoch sehr aufschlussreich.

Der Versuch, den Einfluss der menschlichen Zuverlässigkeit auf die Zuverlässigkeit des Gesamtsystems zahlenmäßig zu erfassen, muss aus all den oben genannten Gründen mit großem Vorbehalt gesehen werden. Zielführender ist der Zugang durch Simulation, durch Was-Wäre-Wenn-Analysen (What If Analysis), durch Sensitivitätsanalysen, mit welchen die Auswirkung bestimmter Fehler auf die Systemzuverlässigkeit erfasst wird.

Es kann dann an jenen Stellen der Verbesserungs-Hebel angesetzt werden, an denen gravierende Auswirkungen auf das Gesamtsystem zu erwarten sind.

4.5 Gestaltung der Zuverlässigkeit von MMS auf Basis des Fehlerratenverlaufes

Der typische Fehlerratenverlauf in Form der Badewannenkurve gilt, wie früher bereits ausgeführt, prinzipiell auch für das Fehlerverhalten des Menschen. Diese Fehlerratenkurve liefert ebenfalls Ansätze für die Gestaltung der Zuverlässigkeit, wobei Folgendes zu beachten ist:

I Es sind nur relativ kurze Einsatzdauern möglich wegen Ermüdung, Aufmerksamkeitsverlust (nach etwa 30 Minuten starker Abfall), Monotonie. Danach ist jeweils eine Instandsetzung erforderlich (Pausen, Kompensationen).
I Permanente Wartungsmaßnahmen sind erforderlich.
  - In physischer Form: Energiezufuhr (Nahrung)
  - In psychischer Form: Setzen von Anreizen, Motivation
I Es ist eine hohe Sensitivität bezüglich der Veränderungen der Einsatzbedingungen festzustellen, zugleich aber auch eine starke Anpassungsfähigkeit (aktive Flexibilität, Adaptivität).
I Es gibt eine mitlaufende Fehlerüberwachung durch den Ausführenden selbst (eine Form von BIST, Built In Self Test), eine erfahrungsbasierte Fehlerkorrektur (es ist dies eine Form von selbstheilendem Verhalten) und es gibt eine Fehlerkompensation (Fail-Safe-Verhalten, Minimierung der Personengefährdung - der Mensch übernimmt im MMS immer auch sicherheitsrelevante Aufgaben).
I Es gibt keine ausgeprägten Perioden konstanter Fehlerrate, das Fehlerverhalten verändert sich permanent.

Vor allem den letzten Punkt betreffend, sei für zwei interessierende Arbeitsperioden das typische Fehlerraten-Modell der Badewannenkurve gezeigt:

I der Arbeitstag mit den üblichen Arbeitsperioden und Pausen (Abbildung 2.13-V7)
I das Berufsleben, von der Schulung, Ausbildung, bis zum Ruhestand (Abbildung 2.13-V8)

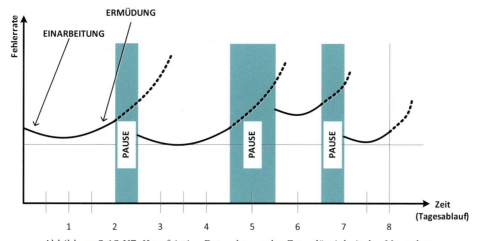

Abbildung 2.13-V7: Kurzfristige Betrachtung der Zuverlässigkeit des Menschen

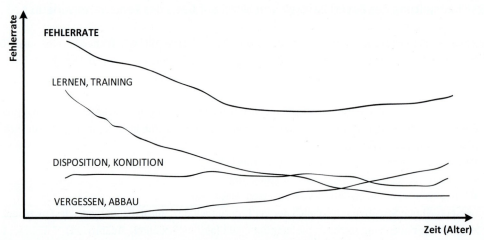

Abbildung 2.13-V8: Langfristige Betrachtung der Zuverlässigkeit des Menschen (Die Fehlerrate ergibt sich als Überlagerung der beeinflussenden Größen)

In beiden Fällen ist das typische Muster der Fehlerrate in Form der Badewannenkurve erkennbar.

4.6 Zuverlässigkeitserhöhung durch Redundanz

Redundanz bedeutet Überzähligkeit, d.h. dass Systemkomponenten vorgesehen sind, die für die Funktionserbringung nicht erforderlich sind, im Fall eines Fehlers/Ausfalls jedoch die volle Last der Funktion übernehmen.

Man unterscheidet:

Kalte Redundanz: Reserve-Redundanz, Stand-by
Das Reserveelement trägt nicht zur Funktionserbringung bei, springt jedoch bei Ausfall ein.
Nachteil: Ein Umschaltmechanismus, der selbst eine Fehlerwahrscheinlichkeit besitzt, ist erforderlich. Die Reservekomponente altert im Ruhezustand.
Analogie zur Systemkomponente Mensch:
Es gibt eine Ersatzregelung, d.h. eine Person mit der erforderlichen Qualifikation ist für den Eventualfall zur Funktionsübernahme bestimmt, sie steht dafür bereit.
Nachteil: Die Person ist bei Übernahme nicht auf dem nötigen Wissensstand, es ist eine eigene problembehaftete Übergaberegelung erforderlich, die Person könnte zwischenzeitlich verlernen und ihre Qualifikation verlieren.

Warme Redundanz: Lastteilungs-Redundanz, Unterbelastung (Underrating)
Das Reserveelement ist unter verringerter Belastung permanent an der Funktionserbringung beteiligt und zwar wegen der Unterbelastung mit erhöhter Zuverlässigkeit.
Nachteil: Beide Komponenten benötigen Energie, beide Komponenten nützen sich ab.
Analogie zur Systemkomponente Mensch:
Eine Ersatzperson ist im Funktionsfluss, arbeitet an der gleichen Aufgabe, jedoch unter verminderter Belastung und als Entlastung des Hauptfunktionsträgers, wie etwa ein Projektleiter und ein eingebundener Projektleiter-Stellvertreter. Der Übergabeprozess ist einfach, eine Stellvertreterregelung garantiert die permanente informationelle Einbindung, der Aufwand ist allerdings relativ hoch.

Heiße Redundanz: Aktive Redundanz, Parallelschaltung

Statt einer Komponente sind zwei (oder mehrere) vorgesehen, wobei jede für sich permanent die erforderliche Funktion erbringt, obwohl nur eine einzige erforderlich wäre. Das System ist ausgefallen, wenn auch die letzte der parallel vorgesehenen Komponenten ausgefallen ist.

Nachteil: Beide Komponenten benötigen Energie, beide nützen sich ab. Der mittlere Fehlerabstand (MTBF) ist relativ schlechter. Die Lösung ist sehr aufwändig, teuer, voluminös, sie ist nur bei Systemen mit höchsten Sicherheitsforderungen angebracht.

Analogie zur Systemkomponente Mensch:

Es gibt zwar kein Übergabeproblem, aber durchaus ein Problem bei der Zuordnung der Gesamtverantwortung unter den parallel arbeitenden Personen im regulären Betrieb.

> Im Falle des Vorsehens von Redundanz beeinflusst man nicht das Zuverlässigkeitsverhalten einer Komponente, sondern gestaltet die Zuverlässigkeit des **Gesamtsystems** durch das Vorsehen von Reserven, dies in unterschiedlicher Form der Einbindung derselben.

5 Zusammenfassung

Im Vertiefungsteil zum Fachgebiet Verlässlichkeit wurde auf allgemein gültige Zugänge der Behandlung des Themas eingegangen, ohne dabei den Betrachtungsfokus Mensch aus den Augen zu verlieren.

Zunächst wurde ein Modell zum heutigen Wissensstandard bezüglich Verlässlichkeit beliebiger Systeme gebracht, das, dem Konzept RAMS folgend, die Bestandteile und Einflussgrössen und deren Zusammenhänge aufzeigt. Es wurden die Bausteine Zuverlässigkeit, Verfügbarkeit, Instandhaltbarkeit und Sicherheit im Detail behandelt. Im Zentrum steht weiter das typische Zuverlässigkeitsverhalten von Systemen, das durch die Fehlerrate erfasst wird und das die typische Ausprägung in Form der so genannten Badewannenkurve aufweist. Diese Erkenntnisse sind die Basis für sämtliche weitere Maßnahmen der Zuverlässigkeitserhöhung, gegliedert nach den drei typischen Abschnitten bzw. Lebenszyklus-Phasen.

Die Stellung und hohe Bedeutung der Komponente Mensch im Mensch-Maschine-System erfordern weiter eine eingehende Behandlung des Fehlers des Menschen. Es wurden Gliederungsmöglichkeiten für Fehler und, darauf aufbauend, Ansätze der Verringerung des Auftretens derselben gebracht. Basis für Überlegungen der Zuverlässigkeitsgestaltung ist das Belastungs-Beanspruchungs-Modell, wobei die einzelnen bestimmenden Größen detailliert besprochen wurden. Die nachfolgend präsentierte Methode THERP macht sich dieses Wissen zunutze und liefert eine Vorgehenssystematik zur Gestaltung von zuverlässigen sozio-technischen Systemen. Zuletzt wurde eine Systematik der Möglichkeiten des Vorsehens von Redundanz zur Erhöhung von Systemzuverlässigkeit gebracht.

6 Fragen zur Wiederholung

1	Wie werden die Bestandteile von Verlässlichkeit definiert?	☐
2	Welche Maßnahmen der Zuverlässigkeitserhöhung gibt es, gegliedert nach den Abschnitten der „Badewannenkurve"?	☐
3	Was ist der wesentliche Unterschied im Fehlerverhalten von Mensch und Maschine?	☐
4	Nach welchen Gesichtspunkten kann der menschliche Fehler untergliedert werden?	☐
5	Welche Systemkomponenten enthält ein Mensch-Maschine-System?	☐
6	Skizzieren Sie das Belastungs-Beanspruchungs-Modell der menschlichen Leistung und erklären sie die Aussagen des Modells.	☐
7	Wie hängen Stress und menschliche Leistung zusammen?	☐
8	Diskussion der Unterschiede zwischen Leistungserbringung des Menschen und jener der Maschine (z. B. unter Verwendung der „Badewannenkurve")	☐
9	Wie geht die Methode THERP – Technique for Human Error Prediction vor?	☐
10	Was ist Redundanz, wie kann sie zur Erhöhung der Zuverlässigkeit Verwendung finden?	☐

2.14 Wertschätzung (Values appreciation)
Urs Witschi

Lernziele

Sie kennen

- unterschiedliche Qualitäten bzw. Phasen der Kommunikation und was Wertschätzung dabei bedeutet
- die hintergründige Steuerung unserer Gespräche bzw. die Zwei-Spalten-Methode nach Argyris und Schön
- die Schwierigkeit, Grundwerte einer Kultur transparent zu machen, kennen aber mindestens Ansatzpunkte dazu

Sie wissen

- welche Rolle Werte in Organisationskulturen spielen und sind fähig, diese zu einem gewissen Grad zu verstehen und zu thematisieren
- warum man bei Problemlösungen in Organisationen oft auf die Werteebene gehen muss und kennen dazu ansatzweise das „Doppelschleifen-Lernen"
- woran Unternehmen erkennbar sind, die Projekte und Projektmanagement als einen wesentlichen Beitrag zum Erfolg schätzen oder ignorieren

Sie können

- als Prozess- Architekt projektspezifische Werte erkennen und bis zu einem gewissen Grad beeinflussen

Inhalt

1	Wertschätzendes Coaching von Projektleitern	2249
1.1	Vom höflichen Gespräch zum gemeinsamen Gedankenfluss	2250
1.1.1	Das Dialogmodell nach Isaacs	2250
1.1.2	Die Zwei-Spalten-Methode nach Ross und Kleiner	2252
1.2	Wertschätzung von sozialen Systemen	2253
1.2.1	Werte als Fundamente für Kulturen	2253
1.2.2	Projekte als Subkultur – Nukleus für kulturelle Veränderungen	2256
1.2.3	Lernende Organisation: Ein- und Doppelschleifen-Lernen	2258
1.3	Wertschätzung des Projektmanagements im Unternehmen	2258
2	Zusammenfassung	2260
3	Fragen zur Wiederholung	2260

1 Wertschätzendes Coaching von Projektleitern

Besonders erfahrene Projektleiter umfangreicher Projekte sowie Programm-Manager kommen oft in die Lage, Kollegen, die sie nicht direkt führen, zu coachen. Ein Projektleiter, der seine Arbeit reflektieren möchte oder der in einem Problem steckt, erachtet es als hilfreich, einen Gesprächspartner zu suchen. Vielleicht ist das ein professioneller Berater, es könnte aber auch ein Projektmanagement-Kollege sein.

Bei einer solchen „Anfrage" muss der Coach zunächst wissen, was der Unterschied zwischen Führung (z. B. seiner Teilprojektleiter) und Coaching ist:

Tabelle 2.14-V1: Unterschied zwischen Führung und Coaching

Führung	Coaching
<ul><li>Der Projektleiter ist ermächtigt, Entscheidungen zu fällen (vor allem, was den Projektprozess betrifft)</li><li>Der Projektleiter kann kommunizieren und anordnen, z. B. Konsequenzen bei ungenügenden Leistungen</li></ul>	<ul><li>Der Coach ist für die Zielerreichung der unterstützenden Person nicht verantwortlich</li><li>Der Coach hat keine Entscheidungsbefugnisse gegenüber der zu beratenden Person</li><li>Der Coach kann nur kommunizieren – dies aber professionell: fragen, rückspiegeln, Hypothesen formulieren, Perspektiven wechseln, Optionen vorschlagen</li></ul>

Im Coaching ist Wertschätzung sehr zentral. Was heißt wertschätzendes Coaching?

- Ich nehme den Coachee ernst, höre ihm zu, interessiere mich für seine Fragen
- Weder qualifiziere ich ihn, noch fälle ich Urteile
- Ich werte seine Wirklichkeit als seine Wahrheit, biege sie nicht in die meiner Welt
- Ich tendiere dahin, dass möglichst er auf Lösungsansätze kommt und diese in seine Logik passen; ich bin daher eher zurückhaltend mit meinen Ratschlägen: Du musst....
- Ich versuche, ihm andere Standpunkte aufzuzeigen (z. B. Standpunkt des Auftraggebers, Sicht des Kunden, Versetzung in die Zukunft: „was wäre, wenn das Problem gelöst wäre?"
- Wenn er von mir Ratschläge und Tipps erwartet, biete ich ihm auch Alternativen, Optionen an – allenfalls erzähle ich einfach von meinen Erfahrungen

Niemand kann natürlich erwarten, dass ein Projekt- oder Programmleiter ein professionelles Coaching beherrscht. Er kann aber eine Haltung einnehmen, die den Menschen wertschätzt, d. h. respektiert und nicht gleich mit eigenen Ratschlägen „Du musst unbedingt....." auf ihn einredet –, sonst nimmt er der zu coachenden Person Eigenverantwortung weg. Der nächste Schritt wäre dann, dass der Coachee zurückkommt und sagt: ich habe genau das gemacht, was Du mir angeraten hast und ich war voll daneben..."

Coaching ist in den Unternehmen immer noch ein relatives Tabuthema, weil es Versagen suggeriert. Es könnte aber auch zum Standard erklärt werden, wenn z. B. jedem Projektleiter, der ein anspruchsvolles Projekt in die Hand nimmt, ein erfahrener Kollege als „Götti" bzw. Gesprächspartner zur Seite gestellt würde.

1.1 Vom höflichen Gespräch zum gemeinsamen Gedankenfluss

1.1.1 Das Dialogmodell nach Isaacs

Gespräche können ganz unterschiedliche Stadien bzw. Qualitäten aufweisen. Sie können zum Beispiel distanziert, nett, hitzig debattierend, gemeinsam entwickelnd sein, je nach dem Gesprächsziel, den Voraussetzungen und Verfassungen der Teilnehmenden. Oft entwickelt sich die Gesprächsrunde unbewusst in eine bestimmte Phase – es ist aber auch möglich, Gespräche zu steuern. Ein zentrales Kriterium ist dabei die Wertschätzung (vgl. auch Kap. 1.3). Im Folgenden sei als kurzer Einblick ein Ansatz vorgestellt, wie nach dem „Wertschätzungsgrad" die Qualität einer Kommunikation unterschieden werden kann. Nach Isaacs (1999) sind für die Kommunikation vier Phasen (besser: vier Stadien, Qualitätsstufen, da die Phasen nicht chronologisch ablaufen) beschreibbar. Er unterscheidet dabei zwei Dimensionen: Grad der Reflexion und Grad der Orientierung am Ganzen (bzw. am Einzelnen). Anders gesagt: die Wertschätzung steigt vom ersten bis zum vierten Quadranten. Dabei nimmt nicht nur die Wertschätzung für die einzelnen Wirklichkeiten und Meinungen zu, sondern auch die Wertschätzung des kollektiven Lernens, der gemeinsamen Entwicklung. Der Ansatz ist weniger als Methode, denn als Haltung zu verstehen. Im Dialog nehmen die Mitwirkenden eine lernende Haltung ein. Dabei geht es um „die Herausarbeitung von Wirkungszusammenhängen und Rückkoppelungsprozessen sowie die ganzheitliche Betrachtung von Gegebenheiten, Fragestellungen, Herausforderungen und Dynamiken. Wichtige Aspekte, Vorschläge, Einschätzungen vieler Personen werden zusammengetragen, erkundet, entfaltet, hinterfragt und ergänzt. Es entsteht ein Fluss von Gedanken, dessen Geschwindigkeit und Richtung kollektiv gesteuert wird, mit engagierten bis chaotischen, mit nachdenklichen bis hin zu stillen Phasen" (vgl. Kramer & Lau-Villiger, 2005: 32).

Auch eine Debatte kann durchaus wertschätzend gestaltet werden: „lassen wir uns doch auf ein Streitgespräch ein". Wenn das Gesprächsziel gemeinsam und die Spielregeln transparent sind, so kann eine derartige Debatte eine hohe Qualität haben. Sogar ein Höflichkeitsaustausch kann wertschätzend sein – nur ist gemeinsames bzw. organisationales Lernen am besten mit dem dialogischen Prinzip (IV) möglich. Aber jedes Niveau hat seinen „Platz". Wenn wir uns dessen bewusst sind, können wir eher feststellen, wo wir uns im Gespräch befinden und wo wir uns hinbewegen möchten.

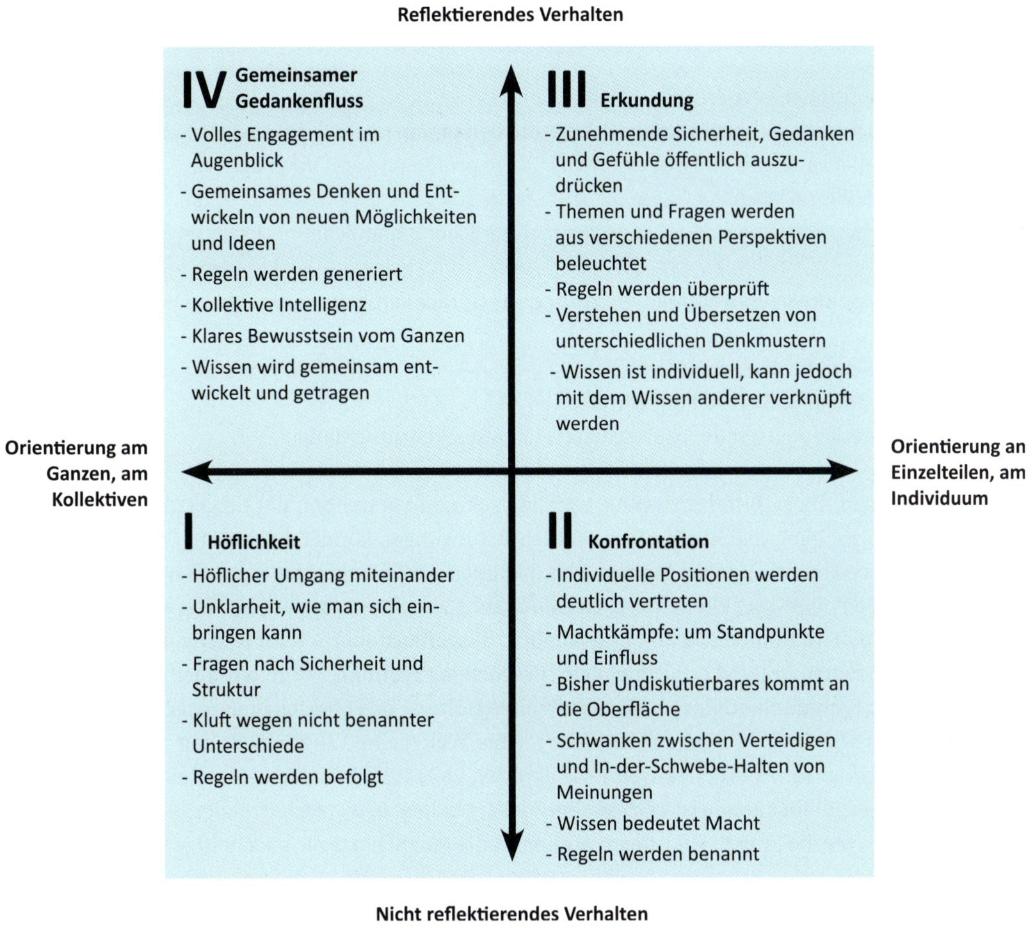

Reflektierendes Verhalten

IV Gemeinsamer Gedankenfluss
- Volles Engagement im Augenblick
- Gemeinsames Denken und Entwickeln von neuen Möglichkeiten und Ideen
- Regeln werden generiert
- Kollektive Intelligenz
- Klares Bewusstsein vom Ganzen
- Wissen wird gemeinsam entwickelt und getragen

III Erkundung
- Zunehmende Sicherheit, Gedanken und Gefühle öffentlich auszudrücken
- Themen und Fragen werden aus verschiedenen Perspektiven beleuchtet
- Regeln werden überprüft
- Verstehen und Übersetzen von unterschiedlichen Denkmustern
- Wissen ist individuell, kann jedoch mit dem Wissen anderer verknüpft werden

Orientierung am Ganzen, am Kollektiven ←→ **Orientierung an Einzelteilen, am Individuum**

I Höflichkeit
- Höflicher Umgang miteinander
- Unklarheit, wie man sich einbringen kann
- Fragen nach Sicherheit und Struktur
- Kluft wegen nicht benannter Unterschiede
- Regeln werden befolgt

II Konfrontation
- Individuelle Positionen werden deutlich vertreten
- Machtkämpfe: um Standpunkte und Einfluss
- Bisher Undiskutierbares kommt an die Oberfläche
- Schwanken zwischen Verteidigen und In-der-Schwebe-Halten von Meinungen
- Wissen bedeutet Macht
- Regeln werden benannt

Nicht reflektierendes Verhalten

Abbildung 2.14-V1: Die vier Phasen der Kommunikation, vgl. Lau-Villiger (2005: 10) in Anlehnung an Isaacs (1999)

Praxis-Tipp Hier einige Handlungsanweisungen, wie der moderierende Projektleiter das Gespräch von einer Phase/einem Niveau in die/das andere bewegen kann (in Anlehnung an Isaacs und Scharmer):

Weg von der Höflichkeit Richtung Konfrontation:

- Sich jeder Person spezifisch zuwenden
- Meinungen, Einschätzungen, Werte, Ideen und Überzeugungen deutlich äußern
- Die Oberflächlichkeit auflösen: andere Standpunkte benennen, Aussagen hinterfragen, Herausforderer stärken

Weg von der Konfrontation in Richtung Erkundung:

- Ansichten und Meinungen Anderer erfragen und verstehen zu wollen, um die eigene Sichtweise zu erweitern
- Unterschiede deutlich machen, gelten lassen und wertschätzen
- Feedback geben und einholen
- Festgefahrene Situationen konfrontieren: beschreiben, was man sieht und nachfragen
- Trennen des „Lärms" von der Intention der Person

Weg von der Erkundung Richtung gemeinsamer Gedankenfluss:

I Fragen und Erkunden vertiefen:
I Zentrale und wichtige Themen wahrnehmen und benennen
I Eigene Gedanken auf Sinn und Zweck für das Ganze prüfen und erst dann äußern
I Pausen und Stille zulassen
I Den inhaltlichen Fortgang und die zwischenmenschliche Dynamik aufmerksam verfolgen

Gemeinsamer Gedankenfluss abschließen, zurück zur Höflichkeit bzw. in die „normale Welt":

I Erkenntnisse und Ideen zusammenfassen
I Entstandene Ideen und Einsichten würdigen
I Dialog mit anerkennenden und wertschätzenden Aussagen abschließen

Theoretisch scheint diese Differenzierung zwar logisch und verstehbar, die Umsetzung in die eigene Praxis ist aber nicht ganz so einfach. Sicher, diese Ausführungen können helfen, ein Gespräch mindestens tendenziell zu steuern, und die Stadien 1 bis 3 können wir uns noch gut vorstellen, aber das Niveau 4, der echte Dialog oder das „Fließen", scheint doch sehr anspruchsvoll zu sein. Ist es auch und es ist auch nicht in allen Situationen sinnvoll und möglich, dies anzusteuern. Für die souveräne Moderation innerhalb aller Stadien braucht es auch ein entsprechendes Training. Wenn wir aber den Kern der dialogorientierten Kommunikation, die wertschätzende Haltung den Menschen und der Welt gegenüber, verstehen, wenn wir davon ausgehen, dass jeder seine Welt, seine Wirklichkeit konstruiert und dass sie für jeden „richtig" sein kann, und wenn wir dadurch viele Parallelwelten entstehen lassen für neue gemeinsame Ideen, dann können wir schon sehr viel erreichen. Je wertschätzender die Wahrnehmung und je konstruktiver die Fragen sind, desto größer ist die Möglichkeit für nachhaltige Veränderungen.

1.1.2 Die Zwei-Spalten-Methode nach Ross und Kleiner

Die folgende Übung (vgl. Senge, Kleiner, Smith, Roberts & Ross, 2004) soll uns bewusst machen, wie unsere Gespräche durch unausgesprochene, hintergründige Annahmen und Werte gesteuert werden. Sie beruht auf einer Forschungsmethode der zwei Spalten, die von Argyris und Schön entwickelt wurden. Das Vorgehen:

1. Wählen Sie ein schwieriges Problem und beschreiben Sie die Situation in einigen Sätzen. Was wollen Sie erreichen? Wer oder was blockiert Sie?
2. Rufen Sie sich ein frustrierendes Gespräch ins Gedächtnis, das Sie über diese Situation geführt haben. Tragen Sie auf einem Blatt Papier in die rechte Spalte den Dialog ein, wie er tatsächlich stattgefunden hat
3. Tragen Sie in die linke Spalte ein, was Sie gedacht und gefühlt, aber nicht ausgesprochen haben
4. Reflektieren Sie nach einigen Tagen die linke Spalte, indem Sie Ihr Denken wie einen unbeteiligten Beobachter betrachten:
    I Was hat mich zu diesen Gedanken und Gefühlen veranlasst?
    I Was war meine Absicht, was wollte ich erreichen? Habe ich die Ergebnisse erzielt, die ich erreichen wollte?
    I Wie könnten meine Äußerungen zu den Schwierigkeiten beigetragen haben?
    I Warum habe ich nicht gesagt, was in der linken Spalte steht?
    I Welche Mutmaßungen habe ich über die andere Person bzw. anderen Personen angestellt?
    I Wie kann ich meine linke Spalte als Ressource für eine bessere Kommunikation nutzen?

Tabelle 2.14-V2: Beispiel für die zwei Spalten, nach Ross und KLEINER (2004)

Was ich gedacht habe	Was wir gesagt haben
Wir hinken dem Zeitplan zwei Monate hinterher. Ich dachte, er wüsste es nicht. Ich hatte gehofft, dass wir den Rückstand wieder aufholen könnten.	ER: ich würde nächste Woche gern mal zu Ihnen kommen. Wir sind einige Wochen hinter unserem Zeitplan zurück. Es wäre sicher für uns alle von Vorteil, wenn wir die Sache mal gemeinsam durchsprechen.
Ich muss ihm klar machen, dass ich bereit bin, die Verantwortung für diese Sache zu übernehmen, aber ich will mir nicht freiwillig noch mehr Arbeit aufhalsen.	ICH: Ich bin sehr beunruhigt wegen dieser Terminschwierigkeiten. Sie wissen ja, dass wir hier einige Probleme hatten. Wir arbeiten rund um die Uhr. Aber natürlich werden wir eine Besprechung einschieben, wenn Sie möchten.
In den Planungsstufen, wenn ich seine Unterstützung wirklich brauchen könnte, bietet er nie seine Hilfe an. Jetzt ist es zu spät.	ER: Na ja, ich habe gedacht, dass wir uns besser koordinieren sollten. Ich könnte sicher einiges tun, um Ihnen zu helfen.
Seine ewigen Veränderungen sind der Grund für unsere Terminschwierigkeiten. Gleich wird er wieder mit irgend etwas rausrücken.	ICH: Ich bin natürlich gerne bereit, Ihre Verbesserungsvorschläge zu besprechen.
	ER: Ich habe nichts Bestimmtes im Sinn.
Es ist ein Jammer, dass ich ihm nicht sagen kann, dass er die Ursache für die Verzögerung ist. Wenn ich ihn noch zwei Wochen hinhalten kann, werden wir es vielleicht schaffen.	ICH: Ich würde gern einen Prototyp fertig stellen, bevor Sie kommen. Wie wäre es, wenn wir einen Termin so um den 27. machen?

Diese Methode ermöglicht es, Gedachtes (also linke Spalte) Anderen zu erklären, ohne dass es vorwurfsvoll dient. Es muss jedoch nicht alles aus der linken Spalte gesagt werden. Ziel ist es, diejenigen Annahmen und beidseitigen Missverständnisse anzusprechen, deren Aufdeckung die künftige Kommunikation verbessern kann.

1.2 Wertschätzung von sozialen Systemen

1.2.1 Werte als Fundamente für Kulturen

Eng mit dem Wertebegriff ist der Begriff der „Kultur" verbunden. Was ist eine Kultur? Welche Bedeutung haben Werte in Kulturen? Nach Edgar Schein wird Kultur durch drei Ebenen charakterisiert:

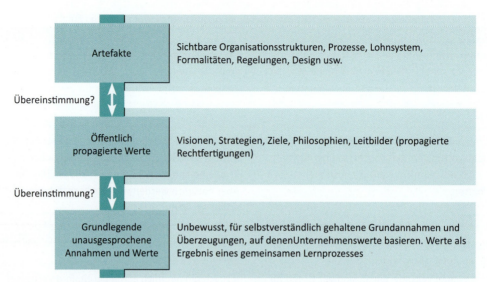

Abbildung 2.14 V-2: Die drei Ebenen der Kultur nach SCHEIN (2006) (vgl. auch Abbildung 2.14-G1)

Nach Edgar SCHEIN sind Kulturen gemeinsame mentale Modelle, also gemeinsame Konstruktionen, an denen wir uns orientieren und nach denen wir handeln. Kulturen beherrschen die Denk- und Handlungsmuster der Organisationen viel eher, als die Menschen diese Kulturen beherrschen. Kulturen sind sehr komplex und es besteht dabei die Gefahr der Vereinfachung und der Nichtberücksichtigung der folgenden Eigenschaften:

I Kulturen sind sehr tief. Wenn nur die Oberflächlichkeit betrachtet wird und man glaubt, man könne sie einfach nach Wunsch verändern, so ist das Scheitern sicher
I Kulturen sind breit: Die Entschlüsselung einer Kultur kann zu einem unendlichen Unterfangen werden, falls man sich nicht entschließt, sie unter einem bestimmten Aspekt oder einem speziellen Grund zu betrachten
I Kulturen sind stabil: sie geben Halt, stiften Sinn, machen das Leben berechenbar. Jeder anstehende Kulturwandel löst daher große Ängste und Widerstände aus.

Nach Edgar Schein ist der wirkliche Motor der Kultur die gemeinsamen, unausgesprochenen Annahmen und Werte, auf die sich das tägliche Verhalten stützt. Umgekehrt ist es aber sehr schwierig, vom sichtbaren Verhalten auf die Werte zu schließen. Das ist auch nicht mit einer Umfrage möglich – um auf die Werte zu kommen, muss man sich sehr intensiv mit den drei Ebenen befassen.

Daher ist es auch bei Stakeholder-Analysen sehr schwierig, die Werthaltungen einfach so zu erfassen. Gut vorstellbar ist dies bei Fusionen: zwei Organisationen mit zwei unterschiedlichen Kulturen werden ineinander integriert – das Thema so vieler Organisationsprojekte. Eine zentrale Frage ist dabei, ob und wie die öffentlich propagierten Werte mit den unbewussten Überzeugungen übereinstimmen. Wenn z. B. Teamarbeit als besonders wertvoll propagiert wird, so muss das Unternehmen nicht notwendigerweise von der Teamarbeit überzeugt sein. „Ironischerweise spiegeln die propagierten Werte oft gerade die Bereiche, in denen das Unternehmen besonders ineffektiv ist, weil es mit widersprüchlichen kulturellen Annahmen arbeitet" (SCHEIN, 2003).

Für die Analyse heißt das: Wir können aus den Artefakten und propagierten Werten die tatsächlichen zunächst nur hypothetisch ableiten. Stellen wir aber fest, dass das offensichtliche Verhalten, die Regelungen, die Formalitäten usw. nicht mit den propagierten Werten übereinstimmen, müssen wir nach den tieferen Grundannahmen suchen. Schein macht dazu auch methodische Vorschläge, wie Kulturen und Werte transparent gemacht werden können. Am ehesten eignen sich dafür Workshops mit repräsentativen Gruppen, die aber mit dem entsprechenden Know-how und einer großen Erfahrung durchgeführt werden müssen.

Tabelle 2.14-V3: Beispiel des Ablaufs eines Workshops für die Kulturerhebung (nach SCHEIN, 2004)

Workshop I mit einer ersten Gruppe:
5. Projektkonsens herstellen (z. B. Entwicklung einer neuen Arbeitsweise und neuer Werte für die neue, zentralisierte Service-Abteilung) 6. Erläuterung des Kulturmodells 7. Analyse der Artefakte 8. Fokussierung auf die propagierten Werte 9. Exploration und Identifizierung der zugrunde liegenden unausgesprochenen Annahmen 10. Exploration dieser Annahmen unter dem Aspekt, ob sie die Entwicklung der neuen Arbeitsweise fördern oder hindern
Zusätzliche Workshops mit anderen Gruppen, um das Bild zu überprüfen und zu ergänzen

Gewisse allgemeine Werte lassen sich indessen leicht von den institutionellen Grundtypen ableiten, denen der konkrete Stakeholder zugeordnet werden kann.

Grob können drei Typen unterschieden und die entsprechenden Grundwerte zugeordnet werden: Verwaltung, Wirtschaft und NGO's.

Tabelle 2.14-V4: Die drei Archetypen von Institutionen

	Verwaltung	Wirtschaft	NGO's
Grundwerte	Stabilität, Ordnung	Erfolg/Sieg	Ethik/Wahrheit
Hauptdifferenzierung	Erlaubt - verboten	Zweckmässig – unzweckmässig	Gut – böse
Mögliche Werte	I Loyalität I Konformität I Seriosität I Verlässlichkeit	I Unternehmertum I Ergebnisorientierung I Kundenorientierung I Flexibilität I Dynamik	I Fairness I Glaubwürdigkeit I Respekt I Verantwortungsbewusstsein I Unabhängigkeit
Werte, die bei allen möglich sind:	Professionalität, Kompetenz, Qualitätsbewusstsein, Ausdauer, Verbindlichkeit usw.		
Beispiele formulierter Werte (z. T. mit Überlappungen, da keine Organisation dem reinen Archetyp entspricht	Stadtverwaltung München: I Dem Gemeinwohl verpflichtet I dienstleistungs- und kundenorientiert I Sicherung des sozialen Friedens I Basis sind die Grundwerte der Verfassung I usw.	ABB Schweiz: I offen I initiativ I engagiert I kundenorientiert I innovativ I erstklassig I lernbereit	Max Havelaar-Stiftung: I Unterstützung benachteiligter Regionen I Fair Trade I Achtsamkeit gegenüber der Umwelt I usw.

Die meisten Organisationen, die in Projekte involviert sind, können diesen drei Grundtypen oder Schattierungen davon zugeordnet werden, wobei ganz junge Organisationen noch in allen vertreten sind, bis sie sich „entscheiden". Die Werte, die sie vertreten, können aber sehr spezifisch sein, wie die Beispiele zeigen. Diese werden in der Regel im Leitbild formuliert (aber nicht immer gelebt!), können aber auch aus Indikatoren abgeleitet werden. Zum Beispiel anhand des Lohnsystems: was wird belohnt: Konformität oder Risikobereitschaft oder Selbstständigkeit? Wer wird in erster Linie befördert: Kritische oder anpassungsfähige Menschen, Frauen oder Männer? Über was wird gesprochen, und was ist tabu? Wie wird mit Fehlern umgegangen?

1.2.2 Projekte als Subkultur – Nukleus für kulturelle Veränderungen

Die Frage bzw. die Relevanz der Kulturen bzw. Werte spielen vor allem dann eine Rolle, wenn das Projekt eine hohe soziale Komplexität aufweist, d. h. wenn viele unterschiedliche Werte ins Projekt hineinspielen. Dies ist zum Beispiel bei Change Projekten hochgradig der Fall. Durch das Änderungsprojekt soll oft auch eine neue Kultur eingeführt werden, z. B. ein höherer Grad an Eigenverantwortung, bessere Zusammenarbeit und Kommunikation.

Wenn wir davon ausgehen, dass Projekte soziale Systeme sind, haben (oder sind) sie auch eine Kultur. Diese leitet sich in der Regel von der Stammorganisation ab (aus der sie entspringt), kann aber mit der Zeit durchaus eigene Wege gehen, z. B. dass sich die Art der Zusammenarbeit und der Kommunikation im Projekt von derjenigen der permanenten Organisation unterscheidet. Wir sprechen dann von Subkultur. Und Subkulturen können auch als Impulse für Kulturveränderungen genutzt werden. Anstatt diese Subkultur zufällig entstehen zu lassen, wie dies meistens der Fall ist, kann diese gestaltet werden. Damit können wir eine zukünftige, durch das Veränderungsvorhaben gewollte Kultur bereits im Projekt verwirklichen bzw. „ins Projekt hinein nehmen" und leben. Wir arbeiten damit nicht nur am Projektinhalt, sondern am Kontext – Kulturgestaltung ist Kontextgestaltung – quasi das Treibhaus mit der richtigen Temperatur, Feuchtigkeit, Licht usw. Dabei müssen aber der Kultur zugrunde liegende Werte angesprochen, transparent gemacht und mit ihnen gearbeitet werden. Aber Achtung: ein Kulturprojekt an sich geht nicht – wir müssen damit harte Strukturen verbinden, d. h. z. B. von einem Problem ausgehen, neue Strukturen und Abläufe zum Ziel haben – Kulturveränderung ohne Hardware- Veränderung ist nicht möglich.

Beispiel Re-Engineering-Projekt, Umwandlung einer Automotive-Fabrikation von einer Sparten- in eine Prozessorganisation; Mitarbeiterbestand ca. 3'500.
Absolut notwendig war, dass mit der Umstrukturierung die verkrustete Stammorganisation in eine neue Kultur überführt werden sollte. Dabei waren die folgenden Wertpaare bzw. Wertunterschiede wegleitend:

Tabelle 2.14-V5: Typische Werte einer bürokratischen und einer gewollten zukünftigen Kultur (PETERSEN & WITSCHI 2002)

Bisher beobachtete, gelebte Werte und Normen	Anzustrebende Werte
1. Strebe nach oben. Dort bist Du angesehener und besser bezahlt	1. Zeige, was du kannst
2. Die Plätze der oberen Ränge sind rar, daher musst Du mit anderen Aspiranten konkurrieren	2. Kooperiere! Es gibt keine Statusunterschiede
3. Kümmere Dich in erster Linie um Deinen eigenen Laden	3. Wir haben eine gemeinsame Aufgabe; trage deinen Teil dazu bei!
4. Willst Du was werden, wechsle von der Fach- in die Management-Laufbahn	4. Willst Du was erreichen, musst du fachliches Können mit guter Kommunikation verbinden
5. Handle nach den Anweisungen deiner Vorgesetzten – dann machst du alles richtig	5. Handle eigenverantwortlich, initiativ und selbstständig, riskiere mal einen Fehler
6. Behandle „heiße Themen" in Vier-Augen-Gesprächen, damit niemand sein Gesicht verliert	6. Strebe nach Transparenz und Öffentlichkeit! Machtspiele haben keine Chance
7. Halte die Arbeitszeiten ein	7. Geben und nehmen – zeige angemessene Flexibilität
usw.	

Der Projektkontext wurde aufgrund dieser Werte und Normen gestaltet, u. a. durch „Nicht-Regeln", die besser den Freiraum für die Projektakteure umreißen können:

I Keine zentrale Steuerung durch das Kernteam, jedoch Unterstützung (daher: „Unterstützungsteam")
I Keine formale Führung der Arbeitsteams, sondern Selbststeuerung
I Keine Überraschungen – nur kommunizierte Ergebnisse gelten als Lösungen
I Keine Bestimmung von Projektmitarbeitenden durch die Führung – Freiwilligkeit und Nominierungsverfahren
I Keine Hierarchie in den Teams – sondern selbstentwickelte Entscheidungsstrukturen

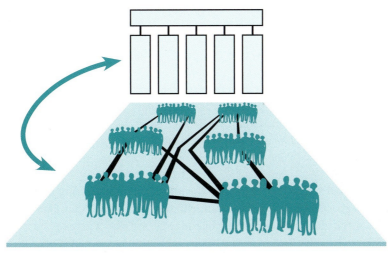

Abbildung 2.14-V3: Das Projekt mit einer gewollten, von der Stammorganisation deutlich unterschiedlichen Kultur

Der Projektkontext wurde durch eine vernetzte Organisation und durch Spielregeln und Rahmenbedingungen definiert, welche sich von der Stammorganisation wesentlich unterschieden haben. Durch weitere Maßnahmen, wie weitgehende Transparenz und Öffentlichkeit des Projektes, durch das Engagement einer außenstehenden Kommunikationsspezialist, durch Großgruppenveranstaltungen usw. konnten Voraussetzungen geschaffen werden, die den grundlegenden Wandel voll ermöglichten.

Eine Frage ist dabei dann immer die Nachhaltigkeit: mit dem Projektende verschwindet die neue Kultur dann, wenn für die Nachphase keine Verankerungsstrategie vorgesehen wird, etwa durch ein entsprechend sensibilisiertes Management oder/und eine relativ unabhängige kritische Kontrollgruppe, die quasi das „Changegewissen" repräsentiert. Werte sitzen sehr tief und lassen sich nur nach und nach verändern. Jedenfalls waren im obigen Beispiel in der Nachprojektphase deutliche Rückfälle in die alte Kultur zu beobachten, was neue Anstrengungen der Führungskräfte herausforderte.

Projekte im politischen Bereich sind besonders den unterschiedlichen Werten der involvierten und interessierten Anspruchsgruppen ausgesetzt. Hier müssen besonders sorgfältig die Voraussetzungen dafür geschaffen werden, dass für die verschiedenen Parteien ein akzeptabler, neutraler und gleichberechtigter Boden für die Kommunikation geschaffen wird. In sehr konfliktreichen Situationen werden dann mediative Verfahren angewandt. Und für eine erfolgreiche Mediation ist u. a. Wertschätzung sehr entscheidend: „…es muss wechselseitig eine Wertschätzung geben, und von der Verfahrensleitung her müssen Sie alle Beteiligten wertschätzen. Das ist möglich, ohne sich zu verbiegen" (Aus dem Vortrag von Thomas PRADER anlässlich des Internationalen Kongresses für Projektmanagement und Mediation, Universität Klagenfurt 19. bis 21. Januar 2006).

Sogar alltägliche Projekte der öffentlichen Verwaltung, die nach außen sicht- und spürbar sind – z. B. Sanierung von Straßen und Plätzen – sind mit Anspruchsgruppen konfrontiert, die sehr unterschiedliche Werte und Interessen vertreten, und die es zu gewinnen gilt – etwas Quartierbewohner, Geschäftsinhaber, aber auch Umweltschutz- und andere Verbände. Hier muss die Projektleitung ein Gespür dafür entwickeln, was die Betroffenen bewegt, und ihr Projektmarketing entsprechend darauf ausrichten.

In diesem Sinne erlebt die Verwaltung auch einen Transformationsprozess: sie ist dabei, sich von einer Haltung der Staatsmacht zur Servicehaltung zu bewegen. Projektmarketing heißt dabei u.a.: mit denjenigen Themen und in der Sprache mit den Anspruchsgruppen kommunizieren, was sie wirklich bewegt und sie verstehen – d.h. ihre Interessen, Bedürfnisse und Werte „abschätzen" und verstehen zu wollen. Umgekehrt müssen sie auch ihre hoheitlichen Aufgaben so weitergeben, dass sie nicht belehrend wirken. Ein Projektleiter ist wie ein Surfer, der im öffentlichen Raum die verschiedenen Wellenlängen aufspürt und sie in sein Projekt zu integrieren versucht.

1.2.3 Lernende Organisation: Ein- und Doppelschleifen-Lernen

Echte und nachhaltige Verbesserungen in Organisationen durch Projekte sind oft nicht möglich, weil konservative Grundwerte nicht angetastet werden. So können z.B. Projekte zur Effizienzsteigerung wohl einige kurzfristige Verbesserungen aufzeigen, langfristig schleicht sich aber wieder die alte Situation ein – und vielleicht noch schlimmer. Um wirklich zu nachhaltigen Veränderungen zu kommen, muss auch an gewissen Grundmustern und Grundannahmen gearbeitet werden.

Dazu haben ARGYRIS und SCHÖN (2006) das sog. Doppelschleifen-Lernen entwickelt. Die eine Schleife oder das Lernsystem 1 haben zum Ziel, das offensichtliche Problem zu lösen, ohne Hinterfragung der tiefer liegenden Leitwerte. Die zweite Schleife oder das Lernsystem 2 arbeiten an den Bedingungen, d.h. an den handlungsleitenden Werten, also z.B. am Problemlösungsverhalten oder am Lernverhalten, damit die neue Lösung wirklich nachhaltig funktionieren kann. Wenn sich die beiden Ebenen im Widerspruch befinden, so kann das „oberflächliche" Verbessern sogar problemverstärkend wirken.

Beispiel In einer Fertigung wird TQM eingeführt. Das führt nachweisbar zu besseren Leistungen. „Endlich!", „wir haben's ja schon lange gesagt!", sagen zum Beispiel die Meister. Jetzt kommt die Frage auf der Werteebene: Warum habt Ihr denn nie etwas gesagt oder angestossen? Weil in dieser Organisation die Werte gelten:

- Verrichte das, was dir gesagt wird und wofür du bezahlt bist
- Mache dich bei Kollegen nicht unbeliebt durch Strebertum

Diese Grundwerte sind zu laufenden Verbesserungen gegenläufig und müssen daher hinterfragt werden. Klar: Es ist nicht einfach, die für das Problem relevanten Grundannahmen zu entdecken. Es gibt jedoch viele Hinweise, die entsprechende Werte vermuten lassen, z.B. im beobachteten Verhalten der Mitarbeiter (Dienst nach Vorschrift versus Eigeninitiative), im Mitarbeiterbeurteilungssystem (welches sind die Beurteilungskriterien?), in der Verweildauer in einer Position usw.

1.3 Wertschätzung des Projektmanagements im Unternehmen

Es gibt viele Unternehmen, die basieren auf Wertevorstellungen, die der Projektwelt geradezu entgegenwirken. Besonders in Organisationen, in denen die Gesamtheit der Projekte eine strategische Bedeutung erhalten haben, vertun sie da eine große Chance, wenn sie das Potenzial, das Projekte eben in sich haben, nicht nutzen. Immer wieder trifft man Projektleiter an, die darüber klagen, dass sie für ihr Projekt nicht die adäquate Management-Aufmerksamkeit erhalten, dass sie nicht genügend Entscheidungskompetenzen haben, dass sie mit Bürokratie zu kämpfen haben. Das zeigt, dass die Unternehmenskultur nicht kompatibel ist mit der Projektmanagement-Kultur.

Um herauszufinden, ob die Projektwelt vom Unternehmen wirklich als „Wert" erkannt, gestaltet und geführt wird, eignen sich Wertvorstellungsprofile. Stephen RIETIKER (2006) hat ein einfaches Verfahren für das Projektmanagement abgeleitet. Es ist offensichtlich, dass die Projektwelt dann unterstützt wird, wenn die Unternehmenskultur bzw. die Werte Richtung Profil B tendieren. Allenfalls sind dann einige Strukturen anzupassen. Ist sie aber vorwiegend im Bereich A zu finden, so ist eine tiefergreifende Kulturänderung angesagt – was z. B. durch eine Projektmanagement-Einführungsprojekt – sprich Change-Projekt – durchaus vorstellbar ist.

Tabelle 2.14-V6: Raster zur Erstellung von projektbezogenen Wertvorstellungsprofilen (RIETIKER, 2006)

Faktor	Ausprägung A	1	2	3	4	Asprägung B
Leitmotiv	Stabilität, Kontinuität, Status quo					Geplante Evolution, Wandel
Innovationsneigung	Gering					Hoch
Risikoneigung	Gering					Hoch
Orientierung	Intern, instrumentell (Aufgaben, Strukturen)					Extern, Zweckneigung (Kunde, Wirkung)
Vertrauen	In Regeln (viele starre Regeln, eher milde Konsequenzen)					In Menschen (flexible Leitprinzipien, wenig Regeln, eher harte Konsequenzen)
Motivation wird erreicht durch…	Primär extern durch Compliance (Strafe vermeiden)					Primär intern durch Commitment (basierend auf Überzeugungen und gemeinsamen Werten)
Führungsverständnis	Autokratisch, kontrollierend					Enabling, Empowering
Systempräferenz	Bürokratisch					Einfach, schlank
Zeithorizont	Kurzfristige Bottom-Line-Erfolge					Balance zwischen kurzfristigen Erfolgen und langfristiger Lebensfähigkeit
Organisationstypologie	Hierarchie					Netzwerk
Machtverteilung	Zentral					Dezentral
Wissen und Lernen	Wissen ist Macht					Wissen teilen, lernende Organisation
Anspruch an Rolle des Projektleiters	Führt vorgegebene Pläne aus (z. B. von Verkaufsabt.); eher administrative Rolle					Eigenverantwortlicher, eher intrinsisch motivierter Unternehmer mit Gesamtverantwortung
Projektauftrag	Bloße Formalität ohne Verbindlichkeit					Verbindliches Grundlagendokument, das mit Budget und Zeit verbunden ist
Projekte sind….	Ein Ausführungsinstrument mit Null-Fehler-Toleranz					Eine Quelle für individuelles und organisationales Lernen; Fehler bis zu einem gewissen Grad werden toleriert, wenn sie nicht wiederholt werden
Philosophie für Planung und Controlling	Detailplanung des Gesamtprojektes bis auf Aktivitätenebene - dann gegebenenfalls Meilensteine einfügen					Zweck, Ziele, Meilensteine, Verantwortlichkeiten – dann Aktivitäten (zuerst was, dann wie)
Verbindlichkeit und Transparenz	Unwesentlich					Wesentlich

Dieser Raster kann durch das Führungsteam zuerst in Einzelarbeit ausgefüllt werden, um dann die Ergebnisse gemeinsam zu diskutieren. Dadurch können Differenzen aufgedeckt und ein eventueller Handlungsbedarf abgeleitet werden. Gewisse Unterschiede zwischen Stammorganisation und Projektwelt bestehen natürlich immer, aber sie dürfen nicht extrem sein. Die Voraussetzung ist allerdings, dass die Mitglieder der Führungsebene sich ehrlich äußern und willens sind, eine entsprechende Initiative zur Verbesserung der unternehmensweiten Projektarbeit zu unterstützen bzw. in die Hand zu nehmen.

Entsprechend kann sich die Wertschätzung gegenüber dem Personal äußern: in einer projektwertschätzenden Kultur gibt es z. B. attraktive Angebote für Projektleiter-Laufbahnen, Aus- und Weiterbildungsmöglichkeiten oder Ermutigung für die Zertifizierung (falls nicht Vorbedingung).

2 Zusammenfassung

In diesem zweiten Teil wird nochmals auf die Kommunikation eingegangen: welche Phasen es gibt, welche Rolle dabei Wertschätzung spielt, dass Werthaltungen unsere Gespräche steuern und wie dies transparent gemacht werden kann.

Eine zentrale Rolle spielen soziale Systeme, mit denen Projekte – die ebenfalls als soziale Systeme verstanden werden müssen - vernetzt sind. Dabei muss sich das Projektmanagement unweigerlich mit unterschiedlichen Kulturen und Grundwerten auseinandersetzen, was sehr komplex und anspruchsvoll zu handhaben ist.

3 Fragen zur Wiederholung

1	Welches sind unterschiedliche Gesprächsphasen und was haben sie mit Wertschätzung zu tun?	☐
2	Durch was werden unsere Gespräche weitgehend beeinflusst, ja bestimmt? Wie können wir diese unbewusste Steuerung sichtbar machen?	☐
3	Wie kann Kultur definiert bzw. umschrieben werden?	☐
4	Inwieweit ist Kultur für das Projektmanagement relevant?	☐
5	Kann Kultur geschaffen, beeinflusst, weiterentwickelt werden? Welches wären Ansatzpunkte dazu?	☐
6	An was ist erkennbar, ob Projekte bzw. das Projektmanagement im Unternehmen als wertvoll oder eher wertlos eingeschätzt werden?	☐

2.15 Ethik (Ethics)
René Schanz, Michael Müller-Vorbrüggen

Lernziele

Sie können

- ethische Werte für projektorientierte Unternehmungen vorschlagen und fördern
- die Zusammenhänge mit der ethisch-moralischen Wertebeurteilung und der Risikobeurteilung eines Projekts erklären
- Produkte aus Projekten und Programmen in Bezug auf die ethisch-moralische Nachhaltigkeit und Lebensfähigkeit (Viability) beurteilen

Inhalt

1	Einleitung	2263
2	Ethikmodell	2263
3	Korrelat der Projektarten auf Moral, Konflikt und Lebensfähigkeit	2264
4	Methodik zur Ethik- und Moralbeurteilung von Projekten	2266
5	Zusammenfassung	2268
6	Fragen zur Wiederholung	2268
7	Checkliste	2269

1 Einleitung

Garantierte Nachhaltigkeit von Produkten und Lösungen erfordern auch die Entwicklung der Projektethik im Kontext des Werte-Managements moderner Unternehmungen. Projekte werden in Abwägung der Risiken bei Durchführung beziehungsweise bei Nichtdurchführung initialisiert oder zurückgestellt. Aus diesem Grund werden in den folgenden Kapiteln die Chancen, aber auch die Risiken von Projekten der Wirtschaft und der Verwaltung aus ethisch-moralischer Sichtweise beschrieben.

Als Risikoethik bezeichnet man ein Teilgebiet der Ethik. Gegenstand der Risikoethik ist die moralische Bewertung von Handlungen, deren Folgen hinsichtlich ihres Eintretens, Nutzens und Schadens mit Unsicherheiten behaftet sind. Sie befasst sich mit der allgemeinen Frage, unter welchen Bedingungen eine Person sich selbst oder andere einem Risiko aussetzen darf. Die Risikoethik als Bereich der angewandten Ethik behandelt diese Frage vor allem in Zusammenhang mit gesellschaftlichen Risiken, wie der Anwendung von Technologien aller Art, Forschungsmethoden, der Zulassung von Medikamenten oder Arbeitsplatzverlusten bei Reorganisationen.

Somit ist zu klären und zu beachten, was die betroffenen und beteiligten Interessengruppen von einem Projekt erwarten (oder nicht erwarten). Diese Handlungsweise ist der bekannten Risikobeurteilung vorweg zu nehmen. In diesem Sinne ist die Beurteilung eines Projekts hinsichtlich des ethischen und moralischen Inhalts und Umfelds auch Garant für das Aufdecken verborgener Chancen.

Die ethische Orientierung hat einerseits eine rationale Komponente. Diese ergibt sich aus der Tatsache, dass moralische Urteile in einem logischen Zusammenhang stehen, der über ihre Begründung durch Regeln und Prinzipien gestiftet ist. Andererseits ist die Quelle ethischer Wertungen von Gefühlen und Affekten auch auf die Intuition zurückzuführen. Die Frage, was genau ethische und moralische Intuitionen sind und auf welchen Strukturen diese Art sinnlicher Wahrnehmung basiert, ist weitgehend ungeklärt. Dies gilt ebenso für die Frage, wie rationale und intuitive Komponenten der Ethik zusammenwirken.

In den letzten Jahren ist der Ruf nach mehr Ethik in der Wirtschaft immer lauter geworden. Auf eine Unternehmensethik beruft man sich vor allem im Zusammenhang mit Ereignissen, welche die Wirtschaft und die Gesellschaft in starkem Maße betreffen und nachteilige Auswirkungen zur Folge haben (schwerwiegende Chemieunfälle, Entlassungen von Mitarbeitern, Verschwendung von Ressourcen). Wenn das Überleben eines Unternehmens auf dem Spiel steht, treffen Mitarbeiter oft Entscheidungen, die gegen moralische und ethische Grundsätze verstoßen. Manche Organisationen lösen dieses Problem, indem sie entsprechende Vorschriften oder einen gemeinsamen Glaubenssatz (Firmencredo) aufstellen, wie in einer solchen Situation zu handeln ist. Warum aber sollten Projektleiter moralischen Normen folgen, wenn sie dafür bspw. unter den Innovationsbedingungen der modernen Wirtschaft und Gesellschaft Nachteile in Kauf nehmen müssen, weil Konkurrenten die gleichen Normen mangels eigener Motivation nicht befolgen?

2 Ethikmodell

Wenn die Zeichen nicht trügen, hat der Terminus „Projektethik" fabelhafte Aussichten auf eine Karriere, wie die Unternehmen sie bisher auch von den Umwelt-Labels kannten. Er hat die seltene Chance, sich aus den gelehrten Zirkeln der Wissenschaft zu emanzipieren und zu einem Gütesiegel für das unbedenkliche Handeln zu werden. Im Gegensatz zum Umweltschutz ist ethisch korrektes Verhalten in der Wirtschaft und der Politik ohne eigentliche finanzielle Investitionen zu bewerkstelligen. Ethik ist also primär eine mentale und nicht materielle Angelegenheit. Es wird aber zur monetären Angelegenheit, wenn daraus Wettbewerbsvorteile (bspw. für Kundenprojekte) entstehen. Wirtschaft und Ethik sind keineswegs miteinander unversöhnliche Welten. Viele Unternehmen haben längst die strategischen Vorzüge einer ethischen Denk- und Verhaltensweise hinsichtlich ihrer Corporate Identity, ihres Images und ihrer Unternehmenskultur erkannt. Die dabei propagierten Werte sind erkennbar für jedermann vorzuleben und sollten nachvollziehbar das Entscheidungsverhalten bestimmen. Ethik darf nicht nur Taktik (etwa zur Erlangung von noch mehr Profit), keine bloße Goodwill-Geste, kein überkandideltes Reflektions- und Mediationszentrum sein, sondern sollte innere Werteüberzeugung und -gesinnung im Changeprozess für alle Menschen sein. Dieses Ethikmodell kategorisiert die Ausprägungen des Gesinnungsgrads von Projekten:

Tabelle 2.15-V1 Ausprägungen der ethischen Gesinnungsgrade in Projekten

Gesinnungsgrad	Ausprägung zur Ethik	Beurteilung der Nachhaltigkeit für Projekt und Produkt
Light	formelle Nennung im Sinne der Selbstverständlichkeit, Scheinverpflichtung	Unglaubwürdigkeit, schlechter Ruf
Prudence	freiwillige Nennung mittels Führungs- und Teamkodizes, Tendenz zur „Nischenethik" als Marketinginstrument	Abhängigkeit vom Aufwand und Ertrag
Strategy	Verbindung mit Versprechungen	Frage der Reputation (Gefährdung des Rufes)
Integrity	In allen Belangen besteht Einheit von Wort und Tat, tiefgreifend	dauerhaft, aber personifiziert
Deep	Teil des normativen, fundamentalen Selbstverständnisses, Profitoptimierung ist nur Mittel, um ethische Ziele zu erreichen	die Generationenkonflikte mit den Gründern müssen gelöst werden

3 Korrelat der Projektarten auf Moral, Konflikt und Lebensfähigkeit

Projektarten implizieren unterschiedliche Ausprägungen von Moral und Ethik, deren Nichtbeachtung Konfliktpotenzial birgt und schlussendlich die „Lebensfähigkeit" der Lösung gefährdet. Diese Auflistung hat keinen Anspruch auf Vollständigkeit. Indessen dient sie als Basis und Erweiterung für die in der Einleitung dargelegten Thesen und der vorgängig aufgeführten ethischen und moralischen Aspekte:

Tabelle 2.15-V2: Übersicht der Korrelation von Projektarten zu ethisch-moralischen Vorhalten (SCHANZ, 2006: 19)

Projektart	Kreativitäts- und Innovationsanspruch	Moralische (M) und/oder ethische (E) Vorhalte	Konfliktpotential	Gefährdung der Viability
Bauprojekt (Kundenprojekt)	Hoch	Schwarzarbeit (M) Täuschung (E) Mehrkosten (M) Vertreibung (E)	Ortsbild, Natur- und Heimatschutz Enteignung	Konkurs Terror
Bauprojekt (Verwaltung)	Tief	WTO-Ausschreibung (M) Nichtberücksichtigung des ortsansässigen Gewerbes (E)	Mehrkosten Markteinflüsse Bezirke/Kantone Verwaltungsreform	Laufzeit von Eingabe bis Realisierung, Verpflichtungskredit vorhanden
IT-Projekt (Kundenprojekt)	Tief	Verwendungszweck des Produkts (bspw. Kriegsspiele) (M)	Auftragsklärung und -verständnis	Change-Prozess, Konkurrenz
IT-Projekt (Verwaltung)	Tief	Wegrationalisierung von Stellen (E)	Formalismus	Neue Technologien, Wissensstand der MA = fehlende Fach-kompetenzen
F&E Projekt (Kundenprojekt)	Hoch	Verwendungszweck des Produkts (bspw. Automobil) (M) Profitgier (E)	Protest, Streik Tierschutz, Unfälle/Tote	Skandale Schädlinge Klimawechsel Spionage
F&E Projekt (Verwaltung)	Hoch	Konkurrenzierung der Wirtschaft (M)	Verwendung Steuergelder	Politischer Verzicht
Reorg-Projekt (Kunden-projekt)	Mittel	Entlassungen (E) Überschreibungen (M) (bspw Familienbetrieb)	Gewerkschaften Ängste	Veränderungen im Markt Wissensverlust
Reorg-Projekt (Verwaltung)	Mittel	Statusverlust (M) Kulturwandel (E) Verlust von „Seilschaften" (E)	Trotzreaktionen Widerstände Umsetzung Projekt-Portfolio	Identifikation der MA Sabotage
Kulturprojekt (Kundenprojekt)	Hoch	Religion (M) Ethnie (M) Kunst (E)	Verständigung Toleranz Standort	Interesse, Rentabilität
Medienprojekt (Kundenprojekt)	Hoch	Exklusivrecht (M) Privatsphäre (M) Selektion (E)	Zensur Gegendarstellungen	mangelnde oder sinkende Quoten
Beschaffungsprojekt (Kundenprojekt)	Hoch	Ökologie (M) Amortisation (M) Solvenz (E)	Make or buy-Entscheid	Verfügbarkeit Terminverzug
Beschaffungsprojekt (Verwaltung)	Tief	Eigennutzen (M) WTO-Ausschreibung (M) Kriegsmaterial (E)	Bedürfnisnachweis Macht Neid	Ressourcenmangel Doktrinwechsel
Ausbildungsprojekt (Kundenprojekt)	Hoch	Normierung (E) Englisch oder Französisch als Hauptfremdsprache (E)	Generationen Erwartungen Umsetzung in den Kantonen	Fortschritt der Didaktik Gefolgschaft

Projektart	Kreativi-täts-und Innovations-anspruch	Moralische (M) und/oder ethische (E) Vorhalte	Konfliktpotential	Gefährdung der Viability
Ausbildungs-projekt (Verwaltung)	Hoch	Sturheit (E) Abhängigkeit der Beratung (M)	Übersetzung Tragfähigkeit	Bereitschaft zum Lernen Zeit- und Spardruck
Integrations-projekt (NGO-Projekt)	Hoch	keine Bsp. Projekte „Beraber" (türkisch = gemeinsam); Ein- und Aufstieg fremdspra-chiger Kinder im CH Schul-system (M)	Ausländerfeind-lichkeit Migration	Laufzeit seit 2000, wurde 2001 mit dem Basler Integrationspreis und 2005 von der UNICEF ausgezeich-net
Rechtssetzungs-projekt	Tief	zu wenig/zu viel Staat (M) Schutz von Minderheiten (E)	Ämterkonsultati-onen Politische Ausrich-tungen	„Ewiges" Projekt bis zum Inkrafttre-ten Referendum
Gesundheits-projekt (Kundenprojekt)	Mittel	Verwendungszweck des Pro-dukts (bspw. Anabolika) (M) Monopolstellung (M)	Versorgungsängste Kostenexplosion	Kriminalität Nebenwirkungen Generika
Medizinisches Forschungspro-jekt	Hoch	Genveränderung von Orga-nismen (E), Tierversuche (E)	Skandalberichte via öffentliche Medien, Proteste	Verlust der Repu-tation

4 Methodik zur Ethik- und Moralbeurteilung von Projekten

Der Projektleiter muss seinen Auftrag und das daraus resultierende Produkt auch ethisch und mora-lisch taxieren. Dies bedeutet, dass sowohl die Handlungsethik während der Projektabwicklung als auch die Folgenethik als Wirkung aus dem Projektresultat bewertet werden müssen. Grundsätzlich ist des-halb eine Risikoanalyse ohne moralische und ethische Klärungsfrage der Projektziele unvollständig.

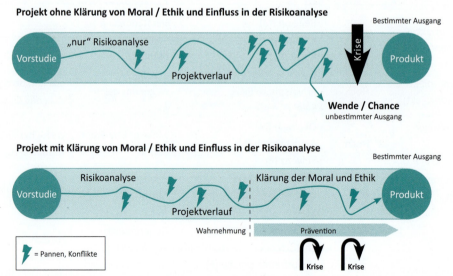

Abbildung 2.15-V1: Alle Lebenszyklen eines Produkts/einer Lösung müssen moralisch/ethisch gefolgert werden (Schanz, 2006: 20)

In der Praxis hat sich das nachstehende Beurteilungsschema bewährt. Zur Verdeutlichung seines Nutzens wurde ein imaginables Entwicklungsprojekt gewählt. Der Mehrwert ergibt sich daraus, dass sich der Auftraggeber, der Projektausschuss, der Projektleiter sowie das Projektteam von Beginn an der Konsequenzen ihres Handelns bewusst sind (Erfahrung und Intuition müssen zum Ausdruck gebracht werden) und somit den „Go oder No Go – Entscheid" ethisch und moralisch begründet tragen können!

Tabelle 2.15-V3: Ethik und Moralbeurteilung (Schanz, 2006: 32)

Ethik- und Moralbeurteilung für das Entwicklungsprojekt OLIVETTA Oliven-Pflück-Maschine (Beispiel)	Projekttätigkeit oder Zielsetzung		Oliven-Pflück-Maschine entwickeln		
	Relevanz zum Ethik- und Moralbereich		Arbeitsmarkt	Botanik	Überproduktion
	Grundlage		Recht auf Arbeit	Pflanzenschutz	Kontingentierung Zolltarife
Stand der Erhebung / Projektteamsitzung vom (Datum)	Relevanz zur Projektphase oder zum Arbeitspaket		Vorstudie	Konzeption	Umsetzung
	Bedeutung / Risiko der Missachtung		Verlust von Arbeitsplätzen und Verlagerung von Arbeitsplätzen durch Automation	Zerstörung der Wurzeln durch Rüttelung; Irreversible Schäden an der Natur	Marktbeeinflussung, d.h. Angebot steht über der Nachfrage = Handelspreise sinken
	Bewertung	Vergleiche	Artgleich nicht; ev. Bereich der Kirschernte (für uns kein Vergleichsmarkt)	Kirschbäume (Bericht Forschungsanstalt)	Schlachtfleisch- und Milchmarkt
		Tragweite der Betroffenheit	Italienischer Markt, vorwiegend Ligurien, Arbeitslosigkeit bei 5,2 %	28 % des Olivenbaumbestandes Liguriens	Einkommenseinbußen, gezielte Vernichtung von Rohstoffen zwecks Marktpreis-Stabilität
		Wahrscheinlichkeit einer Intervention	Zur Zeit nicht voraussehbar, ev. ital. Handelskammer	Gering; ev. Umweltschutzorganisationen	Groß; Existenzgefährdung
	Fazit und / oder Konsequenzen		Die Markterschließung wird schrittweise erfolgen und der Benchmark liegt bei 30 %	Flankierende Maßnahme: Kultivierung von Jungbäumen (Budgetforderung)	Ertragreiche Ernte = Erhöhung der bestehenden Verarbeitungskapazitäten (z. B. Zukauf von Maschinen) Position im Absatzmarkt (bei Olivenöl besteht bereits ein breites Angebot) Stärkung der Domains (USP), z. B. durch Handlesung (Spezifikation, Labels) Offene Nachhaltigkeit
	Einfluss auf die Risikoanalyse		nein	ja	ja
Konklusion / Weiteres Vorgehen - Auftraggeber / Projektausschuss über die Fazite informieren - Image- und Marktverlust folgern - Flankierende Massnahme budgetieren - Lösungsansatz (Produkt) hinterfragen/erweitern					

5 Zusammenfassung

In der Einleitung wird der Zusammenhang zwischen Chancen, Risiken und Ethik in der heutigen Arbeitswelt angesprochen. Diese Themen sind eng mit der strategischen Ausrichtung des nachhaltigen Vorteilsstrebens verbunden. Unternehmen forcieren gezielt und abgestuft, formell oder freiwillig (meist auf der Basis von Codes of conduct) eine als pflichtbewusst wahrnehmbare ethisch-moralische Außendarstellung. Vielerorts wird diese „Nischenethik" genannte Reputationsmaßnahme leider unseriös umgesetzt und birgt mittelfristig den Verlust der Glaubwürdigkeit.

Basierend auf einem Ethikmodell, zeigt in der Folge ein Korrelat von Projektarten die impliziten Unterschiede von Ethik und Moral sowie deren Potenzial für Konflikte und mögliche Nutzungskrisen auf.

Als bewährte Vorlage wird ein Beurteilungsschema vorgestellt, das im Vorfeld einer Risikoanalyse erweiterte Aspekte von Gefahren und Chancen aufdeckt und somit die Folgenethik weit über das eigentliche Projekt hinaus zu diskutieren hilft und entsprechend bewusst werden lässt.

6 Fragen zur Wiederholung

1	Welcher Zusammenhang besteht zwischen der Folgenethik und den Projektrisiken?	☐
2	Welche moralisch/ethischen Ausprägungen charakterisieren die bekannten Projektarten?	☐
3	Welche Phasen durchlaufen Organisationen bei Veränderungen der ethischen Wertehaltung?	☐
4	Welche Vor- und Nachteile haben formelle beziehungsweise freiwillige Gesinnungsgrade für die Projektabwicklung?	☐
5	Welche Chancen für Projekte ergeben sich aus der Ethik- und Moralbeurteilung?	☐
6	Womit reguliert der Staat die Projektinnovationen der Wirtschaft?	☐
7	Wie schadet die Missachtung von ethischen und/oder moralischen Werten der Reputation eines Projekts	☐
8	Was ist bei der Selbstverpflichtung (Global Compact) zur Ethik zu beachten?	☐
9	Was umfasst im ethischen Kontext „integer handeln"?	☐

7 Checkliste

Diese Fragen helfen die ethisch-moralischen Aspekte im Projektalltag zu reflektieren und zu diskutieren:

Datum	Fragestellung	Stichwortartige Antwort
	Wer hat den Nutzen fernab ethischer und moralischer Vorhalte?	
	Würden Andere, die in derselben Situation sind wie wir, genauso handeln? Welche Bedenken könnten sie haben?	
	Wie würde sich die Situation ändern, wenn wir die geplanten Aktivitäten nicht und/oder Alternativen ausführen würden?	
	Würden alle anderen Beteiligten so handeln wie wir, ergäbe sich dann eine Win-Win-Situation mit einer gleichberechtigten Wertschöpfung für alle?	
	Wann und weshalb haben wir eine Notlüge angewendet?	
	Wohin werden uns die entwickelten Lösungen führen? Welche Probleme sind auf dem Weg dorthin zu erwarten?	
	Welche Effekte werden die geplanten Aktivitäten auf uns selbst haben? Wie werden wir uns im Rückblick auf unsere Aktivitäten fühlen?	
	Welche Effekte werden die geplanten Aktivitäten auf Andere haben? Werden Rechte, Freiheiten und Würde von Dritten beschränkt oder verletzt?	
	Sind alle geplanten Aktivitäten nötig, sinnvoll und in Erfordernissen begründet?	
	Sind Art, Ausprägung und zeitliche Operationalisierung der geplanten Aktivitäten nötig, sinnvoll und in Erfordernissen begründet?	
	Welche Werte-Aussagen beinhaltet unser Ethik-Codex? Sind diese mit der Unternehmensstrategie stimmig?	
	Dient unser Handeln der Glaubwürdigkeit? Wie schätzen uns Andere ein?	
	Wenn wir entscheiden müssen, wer und aufgrund wessen wird entschieden?	

3.00 Projektmanagement und Unternehmensstrategie

Heinz Schelle

Lernziele

Sie kennen

- die Aufgaben des Chief Project Officers, der Projektportfoliomanager und des Projektportfolio-Boards und ihre organisatorische Stellung

Sie wissen

- was unter dem Anwendungs- und dem Abwicklungserfolg eines Projekts zu verstehen ist
- wie Projekte, die sich über mehrere Kalenderjahre erstrecken, in der Budgetplanung des Unternehmens zu berücksichtigen sind

Sie können

- die Aufgaben des Portfoliomanagers von denen des Projektleiters und des Programmmanagers abgrenzen

Inhalt

1	Einführung	2273
2	Institutionelle Verankerung der strategischen Steuerung in der Organisation	2273
2.1	„Steuerungshebel" in der Organisation	2273
2.2	Weitere Prinzipien des strategiegesteuerten Projektmanagements	2274
3	Ausblick	2275
4	Fragen zur Wiederholung	2275

1 Einführung

Die bisherigen Ausführungen haben sich nur mit Instrumenten beschäftigt, mit denen ein Zusammenhang zwischen den Unternehmens- und Geschäftsfeldstrategien und der Projektauswahl hergestellt werden kann. Wichtiger als solche Instrumente ist die institutionelle Verankerung der strategischen Steuerung von Projekten in der Organisation.

2 Institutionelle Verankerung der strategischen Steuerung in der Organisation

Auf die Einbettung der strategischen Steuerung von Projekten in die Organisation ist bisher nur in wenigen Unternehmen große Sorgfalt verwendet worden. Peter MORRIS und Ashley JAMIESON (2004) haben vor einiger Zeit eine Befragung unternommen. 57 Fragebögen wurden zurückgeschickt, darunter etwa die Hälfte aus Großbritannien. Bei der Interpretation muss aber darauf geachtet werden, worauf die Autoren selbst hinweisen, dass die Stichprobe und das Resultat möglicherweise verzerrt sind. Das wichtigste Ergebnis der Studie ist: „Some form of portfolio management is implemented by many organizations but most survey respondents perceive it to be about managing around a common theme rather than maintaining a balanced portfolio or selecting the right project (contrary to the literature)". Im Klartext: Projekte werden in den meisten befragten Unternehmen nach Themengebieten zu Portfolien zusammengefasst, eine Abstimmung mit der Unternehmensstrategie, um den Projektmix zu optimieren, gibt es nicht. In Deutschland dürfte das Ergebnis nicht besser sein.

Die Empfehlungen, die beide Autoren geben, sind relativ allgemein. Sehr viel konkreter sind die Ratschläge von RIETIKER (2006), einem der wenigen Autoren, die sich mit der institutionellen Verankerung und nicht mit den Instrumenten ausführlich befassen. Seine Vorschläge sind zum größten Teil nicht neu, bemerkenswert ist aber sein Ziel, nicht ein projektorientiertes, sondern ein projektbewusstes Management zu schaffen, und der Gedanke der indirekten Steuerung. Seine Vorschläge sollen in den Grundzügen dargestellt und ergänzt werden. Die „strategische Steuerung der Projektarbeit" ist zwischen der Steuerung der Einzelprojekte und der strategischen Steuerung des Unternehmens angesiedelt und, wie schon erwähnt, indirekter Natur. Sie soll nicht auf einzelne Projekte einwirken, sondern die Bedingungen so setzen, dass sich Projekte daran orientieren können. (Dieses Prinzip der indirekten Steuerung wird freilich nicht ganz konsequent durchgehalten.)

2.1 „Steuerungshebel" in der Organisation

Folgende „Steuerungshebel" sollen permanent eingestellt werden:

- Manager für die verschiedenen Projektportfolien. Er soll zwischen den verschiedenen Projektinteressenten und auch zwischen den Verantwortlichen für Strategie und den Zuständigen für Projekte vermitteln. Er sollte auf keinen Fall nur ein Administrator sein, der Berichte aus den einzelnen Projekten zusammenfasst. Er kann den Projektleiter nicht ersetzen. Der Projektportfoliomanager ist dabei nicht mit dem Programmmanager zu verwechseln. Der übt, wie der Projektmanager, seine Funktion nur auf Zeit aus. Er wird entlastet, wenn das Programm abgeschlossen ist. Die Aufgaben des Portfoliomanagers werden sehr anschaulich bei LOMNITZ (2001) beschrieben:
  - Navigator der Projektlandschaft
  - Fokus: Gesamtsicht über die Projekte
  - Koordinationsaufgabe
  - Analysiert und stellt die Probleme dem Projektleiter, dem Auftraggeber und dem Portfolio-Board dar.
  - Hat keine Budgetverantwortung, muss aber über das Gesamtbudget wachen.

- Analysiert die Personalsituation.
- Daueraufgabe, solange die Projektelandschaft zu koordinieren ist.

I Ein Projektportfolio-Board. Er trifft Prioritätsentscheidungen auf der Basis der Entscheidungsvorbereitung durch den Portfolio-Manager. Dabei geht es nicht nur um die Aufnahme neuer Projekte, sondern auch um den bewussten Abbruch, strategiekonforme Änderungen der Ziele und erhebliche Prioritätsänderungen (z. B. größere zeitliche Streckung oder Verkürzung der Projektdauer). Prioritätsentscheidungen müssen immer mit der Zuweisung von entsprechenden Ressourcen, in der Regel Finanzmittel und Personal, verbunden sein. Die Mitglieder des Boards sollten sich bei funktionaler Gliederung aus den Funktionsbereichen der zweiten Ebene unter der Geschäftsleitung rekrutieren, also etwa aus F&E, Beschaffung bzw. Logistik, Produktion, Marketing und Rechnungswesen. Bei sehr spezialisierten Portfolien (z. B. alle IT-Projekte) genügt es u. U., wenn nicht alle Funktionsbereiche vertreten sind.

I Ein Chief Project Officer (CPO). Er ist die zentrale Figur. Seine Hauptaufgabe ist es, für die „Übereinstimmung von Strategie, Struktur im Unternehmen und Unternehmenskultur" zu sorgen. Er macht Vorgaben für die Gestaltung von projektfreundlichen Strukturen und kümmert sich z. B. um die Entwicklung und Einhaltung von Standards oder im Zusammenwirken mit der Personalentwicklung um die Eröffnung eines neuen Karrierepfads, der es erlaubt, auch durch Bewährung in Projekten in der Hierarchie aufzusteigen. Er sorgt dafür, dass Projektarbeit kein Fremdkörper in der Organisation bleibt, sondern in die Strukturorganisation eingebettet wird und interne und externe Projekte strategisch gesteuert werden. Er muss auch entsprechende Prozesse und Verantwortlichkeiten schaffen. Um die Bedeutung des Projektmanagements zu verdeutlichen, sollte er in der Hierarchie möglichst hoch, also eine Ebene unter der Geschäftsleitung angesiedelt sein. Ihm unterstehen die Projektleiter und die Projektportfoliomanager. Er leitet das Projektmanagement-Office.

2.2 Weitere Prinzipien des strategiegesteuerten Projektmanagements

I Der Nutzen, den Projekte für die Organisation gestiftet haben, wird kontrolliert. Gemeint ist damit der Anwendungserfolg, nicht der Abwicklungserfolg (in den Kosten, in der Zeit und mit der geforderten Qualität). Damit soll sichergestellt werden, dass diejenigen, die Projekte vorschlagen und fördern, stärker in die Verantwortung genommen werden.

I Die Planung des Projektportfolios fließt in die jährliche, zumeist während des Jahres mehrmals revidierte Budgetplanung ein. Dafür müssen die einzelnen Vorhaben notgedrungen in Zeitscheiben „zerlegt" werden. Die Eingliederung schließt eine grobe Ressourcenplanung mit ein. Die detaillierte Beschreibung eines solchen Budgetierungsprozesses, der mithilfe einer künstlichen Sprache formuliert wird, findet sich bei von FRAJER & SCHELLE (1985) und in neuerer Zeit haben sich KNÖSS & KRESSMANN (2005) damit beschäftigt.

I Für die Ankoppelung der Projektauswahl an die Strategie und für die Priorisierung müssen Kriterien gefunden werden. (Vgl. dazu den Basisteil)

Beinahe selbstverständlich, aber häufig nicht gegeben:

I Das Topmanagement ist sich der Tatsache bewusst, dass Strategien durch Projekte realisiert werden und zeigt entsprechendes projektbewusstes Verhalten.
I Es existieren explizit formulierte Strategien.
I Sie und die Überlegungen, die zu ihrer Formulierung geführt haben, werden offen kommuniziert.

3 Ausblick

Die bisherigen Ausführungen dürften deutlich gemacht haben, dass eine konsequente, von der Strategie gesteuerte Projektauswahl ein projektbewusstes Topmanagement erfordert. Zumindest für Deutschland ist diese Voraussetzung häufig noch nicht gegeben. Eine Studie der Volkswagen Coaching GmbH (2002) kommt zu folgendem ernüchternden Ergebnis:

- Mehr als die Hälfte der Befragten stellte fest, dass Projektmanagement nicht in die strategische Unternehmensführung integriert ist.
- Projektmanagement wird von den meisten Unternehmen nicht als Mittel zur Implementierung von Strategien gesehen.

Und Morris & Jamieson (2004) stellen fest:

- „Few explicitly connect corporate and business unit strategy with project strategy."

Die Konsequenz aus beiden Feststellungen ist: Wir müssen dem Topmanagement noch mehr verdeutlichen, dass Unternehmensstrategien durch Projekte, Programme und Projektportfolien realisiert werden. PMI hat dies seit einigen Jahren erkannt (vgl. Thomas, 2002) und folgende Forderung zum Programm erhoben: „Selling Projectmanagement to Senior Executives"

4 Fragen zur Wiederholung

1	Welches sind die wichtigsten Aufgaben des Strategischen Projektmanagements?	☐
2	Warum werden Projektauswahl und Unternehmensstrategie lange Zeit weitgehend getrennt betrachtet?	☐
3	Welche zwei Kriterien hat die Boston-Matrix?	☐
4	Wie heißen die vier Geschäftsfelder dieser Matrix?	☐
5	Erläutern Sie kurz ihre Bedeutung.	☐
6	Welche Normstrategien lassen sich aus den vier Feldern ableiten?	☐
7	Welche Rolle spielen Erfolgsfaktoren von Produkten bei der Projektauswahl?	☐
8	Nennen Sie an einem konkreten Beispiel wichtige Erfolgsfaktoren.	☐
9	Geben Sie ein Beispiel für eine Entscheidungsregel auf der Grundlage von Normstrategien.	☐
10	Welche Vorteile hat die Nutzwertanalyse bei der Auswahl von strategiekonformen Projekten?	☐
11	Zeigen Sie an einem selbstgewählten Beispiel die Ermittlung des Strategiebeitrags eines Projekts.	☐
12	Welche Aufgaben hat der Portfoliomanager?	☐
13	Wie unterscheidet sich seine Aufgabe von der des Programmmanagers?	☐
14	Welche Aufgaben hat ein Projektportfolio-Board?	☐
15	Welche Aufgaben hat ein Chief Project Officer?	☐
16	Wo sollte er nach Möglichkeit in der Organisation angesiedelt sein?	☐
17	Was versteht man unter dem Anwendungserfolg eines Projekts im Gegensatz zum Abwicklungserfolg?	☐
18	Wie kann eine projektorientierte Ressourcenplanung in die gesamte jährliche Budgetplanung eingebettet werden?	☐

3.01 Projektorientierung (Project orientation)

David Thyssen

Lernziele

Sie kennen

- die Unterschiede zwischen Projektgesellschaften, projektbasierten und projektorientierten Organisationen
- Prozesse, die von temporären Organisationen ausgeübt werden und Prozesse, die von permanenten Organisationen ausgeübt werden
- Nutzen und Ziele von Reifegradmodellen
- die Struktur, die Inhalte und die Anwendungsfelder des Reifegradmodells CMMI

Sie können

- erkennen, was eine projektorientierte von einer nicht projektorientierten Organisation unterscheidet
- Kriterien entwickeln, anhand derer Sie ein für ihre Organisation angemessenes Reifegradmodell auswählen
- anhand eines Reifegradmodells bewerten, in welchem Maße ihre Organisation projektorientiert arbeitet
- Vorschläge entwickeln, wie ihre Organisation projektorientierter ausgerichtet werden kann

Inhalt

1	Der Begriff der projektorientierten Organisation	2279
1.1	Projektgesellschaft	2279
1.2	Projektbasierte Organisation	2279
1.3	Projektorientierte Organisation	2280
2	Gestaltung projektorientierter Organisationen	2280
2.1	Projektorientiertes, organisatorisches Design	2280
2.2	Prozesse projektorientierter Organisationen	2281
2.3	Ergebnisse projektorientierter Organisationen	2283
3	Projektorientierung als Reifegrad einer Organisation	2284
4	Das Reifegradmodell CMMI	2286
4.1	Inhalte und Struktur von CMMI	2286
4.2	CMMI in der Umsetzung	2288
4.2.1	Initialisierung und Definition	2288
4.2.2	Projektplanung und -durchführung	2289
4.2.3	Projektabschluss und offizielles Assessment eines Reifegrades	2291
4.3	Projektorientierung und CMMI	2291
5	KERZNERS Project Management Maturity Model (PMMM)	2292
6	Bewertung von Reifegradmodellen	2296
7	Fragen zur Wiederholung	2297

1 Der Begriff der projektorientierten Organisation

Projektorientierte Organisationen (PO) etablieren neben Methoden und Techniken des Projekt- und Programmmanagements auch dauerhafte **Strukturen** zur Koordination ihrer Vorhaben. Es werden neue Instrumente entwickelt, wie zum Beispiel die Portfoliosteuerung (3.03) und das Ressourcenmanagement (1.12). Bereits bestehende Instrumente, wie das Personalmanagement (3.08) oder das unternehmensweite Controlling (1.13), werden um projektorientierte Aspekte und Prozesse ergänzt, um die Integrationsfähigkeit in das Gesamtunternehmen (3.06) sicherzustellen.

Projektorientiertes Denken und Handeln werden auch an veränderten Werten, Normen und Symbolen sowie einem sich verändernden Verständnis von Management und Führung sichtbar. Mit einer zunehmenden Projektorientierung der gesamten Organisation verändert sich auch deren **Kultur** entscheidend. Projektorientierung ist damit mehr als das perfekte Beherrschen von Managementmethoden und Werkzeugen. Sie gleichzusetzen ist gleich mit Projektmanagement als organisationaler Kompetenz.

Der Begriff der Projektorientierung bringt zum Ausdruck, wie Projekt affin eine Organisation und ihr Umfeld sind. Damit ist die Frage verknüpft, wann und in welchem Maße Methoden und Formen temporärer Organisation und wann und in welchem Maße Methoden und Formen permanenter Organisation genutzt werden.

In der Literatur finden sich nebeneinander Begriffe, wie Projektgesellschaft, projektbasierte Organisation oder projektorientierte Organisation, mit denen zum Teil überschneidende Konzepte bezeichnet werden. Daher wird zu Beginn eine begriffliche Abgrenzung vorgenommen.

1.1 Projektgesellschaft

Der Begriff der Projektgesellschaft kennzeichnet den formalen **Rahmen** einer Organisation. Als Projektgesellschaft wird eine rechtlich selbstständige Organisation bezeichnet, die temporär zur Erreichung eines in der Regel einmaligen Ziels gegründet wird. Nach dem Erreichen des Projektziels wird die Organisation wieder aufgelöst. Sie stellt somit die eindrucksvollste Form der temporären Organisation dar.

Risiken, die sich aus großen und komplexen Projekten ergeben, werden oftmals von der Stammorganisation in eine rechtlich unabhängige Projektgesellschaft verlagert. So kann verhindert werden, dass das Scheitern eines Projektes die Existenz der Stammorganisation gefährdet.

1.2 Projektbasierte Organisation

Der Begriff der projektbasierten Organisation bezieht sich auf den **Leistungsprozess**. Wird der gesamte Leistungsprozess einer Organisation in Projektform erbracht, bezeichnet man diese als projektbasiert. Im anglo-amerikanischen Sprachraum werden solche Organisationen als „Professional Services Firm" bezeichnet (vgl. MAISTER, 2003). Gebräuchlich ist diese Organisationsform für Dienstleistungsorganisationen, wie Unternehmensberatungen, Anwaltskanzleien oder auch Softwarehersteller. In diesen werden in der Regel lediglich die Supportprozesse (wie Personalmanagement oder Einkauf) und die Steuerungsprozesse (wie Geschäftsplanung) als Linienprozesse organisiert.

Projektbasierte Organisationen bilden damit das Gegenstück zu traditionellen, eher technokratisch-hierarchisch ausgerichteten Unternehmen, deren herausragendes Merkmal die repetitive Abarbeitung immer gleicher Prozesse ist.

1.3 Projektorientierte Organisation

Das Konzept ‚Projektorientierte Organisation' wird hier als eine übergeordnete Kategorie verstanden. Sowohl Projektgesellschaften als auch projektbasierte Organisationen können als (in unterschiedlichem Maße) projektorientiert betrachtet werden.

GAREIS charakterisiert eine projektorientierte Organisation folgendermaßen (vgl. GAREIS, 2005: 25; eigene Übersetzung):

- Management by Projects ist eine explizite Organisationsstrategie
- Projekte und Programme werden als temporäre Organisationen eingesetzt
- Projekte-Netzwerke, Projekte-Ketten und Projektportfolien sind Betrachtungsobjekte des Managements
- Projektmanagement, Programmmanagement und Projektportfolio-Management sind spezifische Prozesse
- die Know-how-Sicherung erfolgt in Expertenpools
- die Projektmanagement-Kompetenz wird durch ein PM Office und von einer Projektportfolio Group gesichert und
- ein neues Management-Paradigma, das durch Teamarbeit, Prozessorientierung und Empowerment charakterisiert ist, wird angewandt.

Der Begriff Projektorientierung umfasst somit nicht ausschließlich Aussagen zur Organisationsstruktur oder -zielen. Im Konstrukt „projektorientiert" sind vielmehr kulturelle, strukturelle und strategische Aspekte vereint.

Aufgabe der Führungskräfte in projektorientierten Organisationen ist es, soweit wie möglich Einfluss auf die Entstehung eines projektfreundlichen Umfeldes einzuwirken (vgl. RATTAY, 2007). Im Folgenden sind die Ansätze dazu beschrieben.

2 Gestaltung projektorientierter Organisationen

Zur erfolgreichen Gestaltung einer Organisation gehören neben der Herstellung geeigneter Rahmenbedingungen auch die Ausrichtung der Prozesse und die spezifische Definition und Messung der Ergebnisse (vgl. SKUMOLSKI, 2001).

Eine Rahmenbedingung, die in der Organisation aktiv gestaltet werden kann, sind die Strukturelemente. Im Folgenden werden einige, für projektorientierte Organisationen typische Strukturelemente vorgestellt. Auch die intensive Auseinandersetzung damit, welche Prozessgebiete in temporären Formen und welche in der permanenten Organisation verankert werden sollen, ist ein spezifisches Merkmal projektorientierter Organisationen. Abschließend werden Fragen vorgeschlagen, mit denen überprüft werden kann, ob eine Organisation projektorientiert arbeitet.

An dieser Stelle sei nochmals betont: Projektorientierung ist kein absoluter Zustand, sondern ein Kontinuum, ein Weg. Projektorientierung ist daher immer nur im Vergleich mit früheren Arbeitsweisen einer Organisation oder im Vergleich mit anderen Organisationen sinnvoll zu betrachten.

2.1 Projektorientiertes, organisatorisches Design

Das organisatorische Design einer Organisation kann die Projektorientierung unterstützen oder behindern. Dabei muss jede Organisation die für sie adäquaten Organisationsstrukturen, Gremien und/oder Standards spezifisch definieren. Es gibt jedoch Elemente, die helfen, projektorientierte Organisationen von anderen zu unterscheiden. Projektorientierte Organisationen etablieren insbesondere (vgl. GAREIS, 2003):

- ein zentrales Projekt Management Office (PMO)
- eine Portfoliosteuerung
- Experten-Pools, inkl. ggf. eines Projektleiterpools
- Dokumenten- und Prozessstandards für Projekt- und Programmmanagement
- Standardprojektpläne und/oder Vorgehensmodelle
- Definitionen von Projektfunktionen
- Eigenständige Berichts- und Entscheidungswege außerhalb der Stammorganisation (3.05)

Die Leistungserbringung in Projekten erfolgt in der für die moderne Arbeitswelt typischen Arbeitsteilung (vgl. Motzel, 2006). Projektorientierte Organisationen prägen dazu spezifische dauerhafte Funktionen und temporäre Rollen aus, die in nicht projektorientierten Organisationen nicht anzutreffen sind[1]. Ein Vorhandensein solcher Funktionen kann somit als ein weiteres Kriterium für den Grad der Projektorientierung einer Organisation angesehen werden. Dem Personalmanagement kommt in einer projektorientierten Organisation besondere Bedeutung zu. Insbesondere projektorientierte Karriere- und Laufbahnmodelle (vgl. Lang & Rattay, 2005; Kessler & Hönle, 2002) oder ausgeprägte Qualifizierungs- und Zertifizierungsmöglichkeiten (wie zum Beispiel die Zertifizierungsstufen der IPMA) gehören zum Standard projektorientierter Organisationen.

In welcher Reihenfolge und in welchen Detaillierungsstufen die Strukturelemente entwickelt und etabliert werden, kann dabei von Organisation zu Organisation unterschiedlich sein (Gessler & Thyssen, 2006).

2.2 Prozesse projektorientierter Organisationen

Eine ganzheitliche Betrachtung der Prozesse projektorientierter Organisationen geht über die klassischen PM-Prozesse (Projektanbahnung, Projektstart, Projektsteuerung, Projektabschluss etc.) hinaus. Vielmehr steht auch auf dem Prüfstand, ob der Support und die Steuerungsprozesse der Organisation auf den Erfolg von Projekten ausgerichtet sind. Als Anregung ist hier die von Rietiker (2006) auf Basis eines IBM Referenzmodells entworfene Prozesslandkarte dargestellt. Sie gibt einen Überblick darüber, welche Prozessgebiete betrachtet werden können, um in einer Organisation ein projektfreundliches Umfeld zu schaffen. Auf eine Darstellung, in welchen organisatorischen Einheiten diese Aufgaben erfüllt werden, ist bewusst verzichtet, da dies spezifisch festzulegen ist. Allerdings kann unterschieden werden, welche Prozesse in temporären Organisationsformen abgewickelt werden sollten und welche in permanenten. Es ist deutlich erkennbar, dass typisch projektorientierte Prozessgebiete, wie das Portfoliomanagement oder das Ressourcenmanagement, in eine stabile, permanente Organisation einzubinden sind. Qualitäts- und Risikomanagement können hingegen Bestandteil beider Organisationsformen sein. Die Abwicklung des Projektgeschäftes (in der Grafik mit Transformationsmanagement beschrieben) ist bis auf die Ebene des normativen Managements jedoch ausschließlich temporär zu organisieren.

---

1 Funktionen werden in der arbeitsteiligen Organisation genutzt und sind dauerhaft in einer Organisation verankert. Damit unterscheiden sie sich von dem im Projektgeschäft gebräuchlichen Begriff der temporären Rolle.

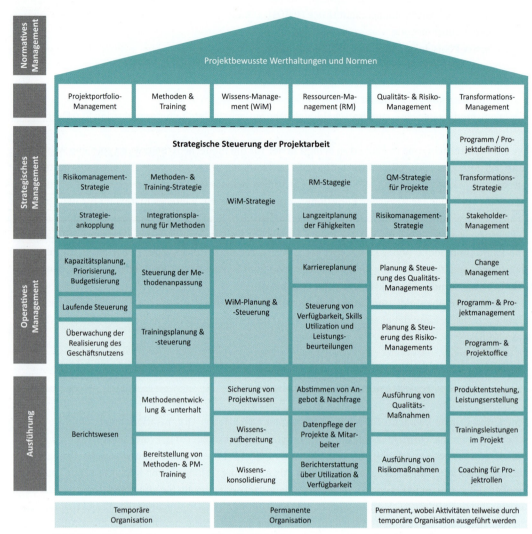

Abbildung 3.01-V1: Prozesse und Zuständigkeiten einer projektorientierten Organisation (nach RIETIKER, 2006: 166f)

Welche Veränderungen das projektorientierte Paradigma auch für permanente Prozessgebiete haben kann, wird an zwei Beispielen aus dem Personalmanagement besonders deutlich: Das Personalmanagement als Funktion einer projektorientierten Organisation beschäftigt sich mit der Rekrutierung, Planung und Weiterentwicklung des gesamten Projektpersonals.

Beispiel 1 Ein Mitarbeiter hat die Funktion des Projektmanagers. Sein Arbeitsvertrag und seine Stellenbezeichnung weisen ihn als solchen aus. In einem konkreten Projekt ist er aufgrund seines erwiesenen Fachwissens aber als Fachexperte im Projektteam eingesetzt. In einem weiteren Projekt nimmt er die Rolle des Projektgruppenleiters ein. Wenn für jeden Projekteinsatz die Funktion des Mitarbeiters aus personalwirtschaftlicher Sicht angepasst werden müsste, wäre die Flexibilität der Organisation stark eingeschränkt. Dies gilt insbesondere dann, wenn die vor- und nach gelagerten arbeitsrechtlichen Notwendigkeiten berücksichtigt werden müssten.

Beispiel 2 Projekte sind von ihrer Grundidee her einmalig. Eine Besonderheit projektorientierter Organisationen besteht daher darin, permanent mit Neuem konfrontiert zu werden und Lösungen finden zu müssen, die bisher noch nicht bekannt waren. Würde eine Organisation lediglich über Mitglieder verfügen, die hoch spezialisiert in einem Fachgebiet bzw. einer Tätigkeit sind, wären die Möglichkeiten der Lösungsfindung beschränkter. Daraus ergeben sich zwei Konsequenzen: Zum einen arbeiten projektorientierte Organisationen in aller Regel mit einem deutlich höheren Anteil an externen Mitarbeitern und Beratern als traditionelle Organisationen. Zum anderen fokussiert sich die interne Entwicklung verstärkt auf Kompetenzen, statt auf Qualifikation. Die Möglichkeit, sich schnell in neue Sachverhalte einzuarbeiten, ist mindestens genauso wichtig wie die perfekte Qualifikation für die aktuelle Aufgabe. Die Tatsache, dass immer wieder aufs Neue Fähigkeiten benötigt werden, die bisher in der Organisation nicht vorhanden waren, bedeutet auch für die Personalgewinnung und Personalentwicklung deutliche Veränderungen. Traditionelle Organisationen rekrutieren Personal unter der Prämisse des ‚best fit', also der Maßgabe, den bestqualifizierten Mitarbeiter für eine Position finden zu müssen. Die Stärke projektorientierter Organisationen ist es hingegen, Mitarbeiter zu gewinnen, die in der Lage sind, sich möglichst schnell neue Kenntnisse und Fertigkeiten anzueignen.

Diese Beispiele machen deutlich, dass die Arbeitsform Projekt und die Einführung von Projektmanagement als Steuerungsmethode (3.04) nicht nur die direkten Projektbeteiligten betreffen. Die Veränderungen sind für die gesamte Organisation von großer Bedeutung. „Projekte laufen in einem spezifischen Projektkontext ab, der nicht unabhängig ist, sondern sich seinerseits in Wechselwirkung mit dem internen Unternehmensumfeld befindet, das wiederum in mehrere externe Umweltsphären eingebunden ist" (RIETIKER, 2008: 24).

2.3 Ergebnisse projektorientierter Organisationen

Messbar bessere Projektergebnisse sind der beste Ausdruck steigender Projektmanagement-Reife. Die Erhebung von Projektmanagementerfolgen (vgl. 1.01) und das Lernen aus Projekterfolgen und Projektmisserfolgen werden daher als ein weiteres Kriterium projektorientierter Organisationen genannt (PATZAK & RATTAY, 2004).

Woran aber sind die Ergebnisse projektorientierter Organisationen erkennbar? Im Grundlagenteil wurden Ziele genannt, die mit steigender Projektorientierung verfolgt werden (vgl. HUEMANN, 2002: 69). Der Einsatz von Projektorientierung als Organisations- und Managementparadigma ist daher an diesen Ansprüchen zu messen. Beispielhaft können dazu folgende Fragen genutzt werden:

Tipp
Schnelle Reaktionsgeschwindigkeit auf veränderte Umweltanforderungen
I   Welche Veränderungen aus der Umwelt werden in Projekten bearbeitet? Welche nicht?
Delegation von Managementverantwortung in den Arbeitsprozess
I   Wie lange dauert es, bis projektrelevante Entscheidungen getroffen werden können?
I   Welche Entscheidungen müssen in den vorhandenen Gremien, welche in projektspezifischen Gremien getroffen werden?
Kunden- bzw. Auftragsorientierung
I   Was muss unternommen werden, damit der gesamte Auftragsprozess (vom Kunden zum Kunden) projekthaft abgewickelt werden kann?
Sicherung der Qualität der Ergebnisse und der Qualität des Arbeitsprozesses durch eine ganzheitliche Projektdefinition
I   Wissen alle am Arbeitsprozess Beteiligten (incl. der Supportprozesse), dass sie Teil eines Projektes sind und kennen sie die konkreten Projektziele?
I   Welche Prozessbereiche sind nicht in die Qualitätsbetrachtungen der Projekte mit eingeschlossen?
Prozessorientierung vor organisatorischer Grenzsetzung
I   Welche organisationsinternen Grenzen behindern den Erfolg der Projekte?
I   Welche organisationsübergreifenden Grenzen und Regeln behindern den Erfolg der Projekte?

Sicherung organisatorischen Lernens durch Projekte
- Wie kann allen Organisationsmitgliedern und Kunden transparent gemacht werden, welches die erfolgreichen Projekte sind und warum diese erfolgreich sind?
- Welche Prozessverbesserungen sind im letzten Jahr auf Anregung von Projektteams vorgenommen worden?

Wandlungsfähigkeit als organisatorisches Potenzial
- Wie können Projektergebnisse erfolgreich in die Stammorganisation übergeben/re-integriert werden?

Eine regelmäßige Überprüfung dieser Fragen kann einen Beitrag dazu leisten, den Grad der Projektorientierung in der Organisation immer wieder infrage zu stellen.

Besonders im Umfeld der projektgetriebenen IT-Branche wird dies durch intensives Benchmarking mithilfe von Reifegradmodelle praktiziert. Auch wenn der empirische Nachweis der Wirksamkeit von Reifegradmodellen bisher aussteht, finden diese zunehmend Verbreitung (AHLEMANN, SCHROEDER & TEUTEBERG, 2005). Im Folgenden werden zwei zur Verfügung stehende Modelle kurz vorgestellt.

3 Projektorientierung als Reifegrad einer Organisation

Mit der Nutzung von Reifegradmodellen werden im Wesentlichen zwei Ziele verfolgt: Zum einen soll die Bestimmung eines Reifegrads helfen, die Stärken und Schwächen der eigenen Projektmanagement-Prozesse zu identifizieren und daraus **Verbesserungspotenziale** abzuleiten. Zum anderen soll durch ein standardisiertes Verfahren die **Bewertung** einer Organisation auf der Skala eines Reifegradmodells ermitteln werden.

Modelle zur Beschreibung des Reifegrads von Organisationen orientieren sich in der Regel an Best-Practice-Prozessen. Diese werden als Benchmark verwendet und mit der Realität in einer Organisation verglichen (GESSLER & THYSSEN, 2006). Die Ausrichtung der Organisation an Best-Practice-Modellen kann den Erfolg von Projekten nicht garantieren. Ihr Ziel ist es aber, die Wahrscheinlichkeit erfolgreicher Projektdurchführungen zu erhöhen.

Zur Bewertung einer Organisation als projektorientiert ist eine multidimensionale Bewertung notwendig. Dazu sind in den vergangenen Jahren eine Vielzahl von Reifegradmodellen entwickelt worden (vgl auch: Qualität 1.05).

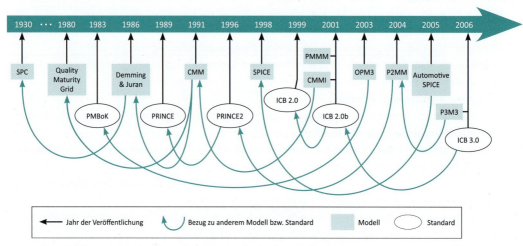

Abbildung 3.01-V2: Historische Entwicklung von Reifegrad- und Kompetenzmodellen
(in Anlehnung an WAGNER, 2008: 41)

Auch Projektorientierung kann als Reifegrad ausgedrückt werden:

> **§ Definition** Als Reifegrad von Projektorientierung bezeichnet man die Fähigkeit einer Organisation, Projekte ganzheitlich zur Erreichung ihrer strategischen Organisationsziele einzusetzen. Dazu gehören neben der erfolgreichen Abwicklung einzelner Projekte auch die strategiekonforme Projektauswahl und die Etablierung entsprechender Struktur- und Kulturelemente.

Im Umfeld des Projektmanagements haben sich unterschiedliche, mehr oder weniger branchen- und themenspezifische Standards etabliert (vgl. Qualität, 1.05).

Zu den branchenunabhängigen Reifegradmodellen, die auf die gesamte Organisation Anwendung finden können, zählen:

- OPM3: Organizational Project Management Maturity Model, verantwortlich: Project Management Institute (PMI)
- Project Management Maturity Model, verantwortlich: Harold Kerzner
- PM Delta: verantwortlich: Gesellschaft für Projektmanagement (GPM)

Insbesondere das OPM3-Modell, welches die Verknüpfung zwischen den Ebenen Projekt, Programm und Portfolio schafft, löst sich deutlich von der Einzelprojektsicht. Es schließt die Lücke zwischen Projektmanagement und Unternehmensstrategie. Neben den genannten Modellen gibt es auch Beispiele für branchenspezifische Modelle. In diesen sind neben den (Projekt-)Management Prozessen auch die jeweiligen Leistungsprozesse als Best Practice hinterlegt:

- CMMI (Capability Maturity Modell Integration), verantwortlich: Software Engineering Institute
- SPICE (Software Process Improvement and Capability Determination) = ISO/IEC 15504

In ihrer Grundstruktur ähneln sich die Reifegradmodelle sehr. Sie bilden eine Matrix aus Reifegradstufen und Prozessgebieten bzw. Themengebieten, zu denen spezifische Anforderungen im Sinne von Best Practice beschrieben sind. Zu beachten ist ferner, dass je nachdem welcher Bestandteil des sozialen Systems analysiert werden soll, unterschiedliche Modelle benötigen werden. Diese Modelle sind nicht unabhängig von einander zu sehen, fokussieren jedoch verschiedene Aspekte der Organisation.

Spezifische Reifegradmodelle sind verfügbar zu:

- Team-Reifegrad (Team-Radar)
- Reifegrad der projektorientierten Organisation (vgl. Gareis & Stummer, 2006)
- Reifegrad der projektorientierten Gesellschaft (vgl. Gareis & Gruber, 2004)

Welches Verfahren für die eigene Organisation nutzbar ist, hängt von Faktoren, wie Branchenabhängigkeit, Benchmarkfähigkeit oder Einfachheit der Anwendung, ab.

Exemplarisch werden hier das Reifegradmodell CMMI und das Reifegradmodell PMMM von Kerzner vorgestellt. CMMI bildet den Ausgangspunkt für eine Vielzahl von Reifegradmodellen, Kerzners Modell ist eine Weiterentwicklung, die auf Projektmanagement spezialisiert ist.

4 Das Reifegradmodell CMMI

Zunehmend lassen sich Kunden bei der Entscheidung, welches Unternehmen einen Auftrag bekommt, auch vom Reifegrad einer Organisation beeinflussen (vgl. DEIDERT, 2007). Wenn nicht mehr die langjährige persönliche Erfahrung mit einem Geschäftspartner die Entscheidung zur Zusammenarbeit bestimmt, nimmt die Bedeutung von standardisierten und damit vergleichbaren Bewertungskriterien immer mehr zu.

„CMM/CMMI hat mittlerweile eine derart weite Verbreitung in der Softwarebranche gefunden, dass insbesondere in Hinblick auf die Vergleichbarkeit mit anderen Organisationen kaum noch ein anderer Standard in Frage kommt" (AHLEMANN & TEUTEBERG, 2007: 8). Neben den IT-Spezifika definiert CMMI auch Standards für das Projektmanagement, die angrenzenden Prozesse und deren organisationsweite Implementierung.

Ausgangspunkt des CMMI ist die projekthafte Entwicklung von Softwareprodukten. In diesem Modell ist somit projektorientiertes Arbeiten grundlegend verankert. Es ist jedoch nicht nur auf Softwareentwicklungsprojekte, sondern auf viele weitere Arten von Projekten übertragbar, stellt es doch einen Zusammenhang zwischen dem Einzelprojektmanagement und dem Management einer Organisation als projektorientiert her. CMMI basiert auf der grundlegende Vorstellung eines ingenieurmäßig plan- und steuerbaren Projektgeschäftes. Hauptkritikpunkt ist, wie bei fast allen Reifegradmodellen, die fehlende Orientierung an den „weichen Faktoren" (SCHELLE, 2006: 31).

4.1 Inhalte und Struktur von CMMI

Das CMMI (*Capability Maturity Model Integration*) ist die Weiterentwicklung und der Nachfolger von CMM. Ziel ist die Bewertung und Verbesserung der Qualität von Prozessen in der Produkt- und Systementwicklung. Entwickelt wurde es vom Software Engineering Institute SEI und liegt seit 2007 in der Version 1.2 vor.

Das grundlegende Strukturelement des Modells stellen die so genannten Prozessgebiete dar. Ein Prozessgebiet fasst alle Inhalte eines Themengebiets zusammen. CMMI gliedert die Anforderungen in vier Prozessgebiete und 5 Stufen. Nicht auf jeder Stufe der Entwicklung ist die Etablierung aller Prozesse gefordert. Die oberen Stufen schließen die unteren jedoch immer vollumfänglich mit ein. Die nächst höhere Stufe kann nicht erreicht werden, wenn auch nur ein Prozess der darunter liegenden Stufe nicht ausreichend implementiert und etabliert ist.

- Das *Prozessmanagement (Process Management)* beinhaltet alle Prozessgebiete, die hinsichtlich des Managements der organisationsweiten Prozesse wichtig sind. Dazu gehören auch die Definition und kontinuierliche Verbesserung dieser Prozesse.
- Das *Projektmanagement (Project Management)* umschließt alle Prozessgebiete, die sich mit dem Planen, Steuern und Leiten von Projekten beschäftigen.
- *Die Ingenieurdisziplinen (Engineering)* umfassen als technische Entwicklungsthemen neben einem einfachen Lebenszyklusmodell zusätzlich die Verifikation und Validation der Ergebnisse.
- *Die Unterstützung* besteht aus einer Reihe von Querschnittsthemen, welche die Arbeit in den anderen Prozessgebieten unterstützen.

Mit Ausnahme der ersten Stufe ist jedem Reifegrad eine Reihe von Prozessgebieten mit konkreten Anforderungen zugeordnet (vgl. Abbildung 3.01-V3):

5	Organizational Innovation and Deployment (OID)			Causal Analysis and Resolution (CAR)
4	Organizational Process Performance (OPP)	Quantitative Project Management (QPM)		
3	Organizational Process Focus (OPF)	Integrated Project Management (IPM)	Requirements Development (RD)	Decision Analysis and Resolution (DAR)
	Organizational Process Definition	Risk Management	Technical Solution (TS)	
	Organizational Training (OT)		Product Integration (PI)	
			Verification (VER)	
			Validation (VAL)	
2		Project Planning (PP)	Requirements Management (REQM)	Confoguration Management (CM)
		Project Monitoring and Control (PMC)		Process & Product Quality Assurance (PPQA)
		Supplier Agreement Management (SAM)		Measurement and Analysis (MA)
	Process Management	**Project Management**	**Engineering**	**Support**

Abbildung 3.01-V3: Prozessgebiete des CMMI (nach KNEUPER, 2008)

Alle Anforderungen werden dabei in spezifische und generische Ziele unterschieden:

„**Spezifische Ziele** gelten nur für das jeweilige Prozessgebiet und beschreiben die speziellen Anforderungen für dieses Prozessgebiet.

Generische Ziele beschreiben die Institutionalisierung des Prozessgebietes, also all das, was zu tun ist, „damit die spezifischen Ziele regelmäßig, dauerhaft und effizient umgesetzt werden" (KNEUPER, 2006: 14). Die generischen Ziele sind übergreifend für die alle Prozessgebiete formuliert und beschreiben, wie die jeweiligen Prozesse in der Organisation verankert werden sollen. Sie haben eine enge Beziehung zum Reife- bzw. zum Fähigkeitsgrad. Das Modell umfasst insgesamt 5 Reifestufen:

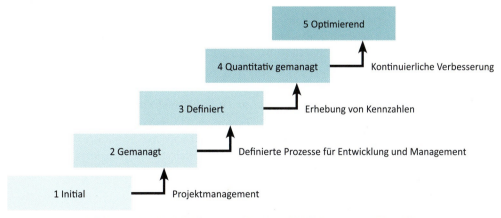

Abbildung 3.01-V4: Reifegradstufen des CMMI (KNEUPER, 2006: 17)

Der Schnittpunkt von Reifegrad und Prozessgebiet identifiziert die, im Assessment relevanten Prozesse.

4.2 CMMI in der Umsetzung

Die Vorbereitung und die Durchführung einer offiziellen Überprüfung eines Reifegrades sind ein sowohl im Aufwand als auch in der zeitlichen Dauer nicht zu unterschätzendes Vorhaben.

💧 **Tipp** Erfahrungsgemäß sollten für die erstmalige Analyse, Optimierung, Umsetzung und Routinisierung von Prozessen mit abschließendem Appraisal mindestens 2 Jahre eingeplant werden. Nach einer Untersuchung des SEI benötigen Organisationen im Durchschnitt 20 Monate, um von einem Reifegrad zum jeweils nächst höheren Reifegrad zu gelangen (AHLEMANN, SCHROEDER & TEUTEBERG, 2005)

Da die Erreichung eines Reifegrades eine neuartige, einmalige und zeitlich begrenzte Herausforderung für eine Organisation darstellt, eignet sie sich hervorragend, um als Projekt organisiert zu werden. Die Benennung eines offiziellen Projektleiters unterstreicht die Bedeutsamkeit für die gesamte Organisation genauso wie die klassischen Instrumente eines Machtsponsors und der mit Entscheidungsträgern aus der Stammorganisation besetzten Steuerungsgremien. Das Vorhaben, ausgewählte Prozesse einer Organisation stufenweise weiterzuentwickeln, greift in der Regel tief in die Abläufe der Stammorganisation (vgl. 3.05) ein. Bereits auf den unteren Stufen des CMMI-Modells sind neben den spezifischen Projektdisziplinen auch unterstützende Bereiche, wie Einkauf, Lieferantenmanagement oder Qualitätsmanagement betroffen, bei denen Eingriffe und Veränderungen in ihren Prozesse zu erwarten sind. Ab der Stufe 3 des Reifegradmodells haben die Veränderungen Auswirkungen auf die Arbeitsweise beinahe aller Mitarbeiter einer projektorientierten Organisation. Die Erreichung eines Reifegrades nach CMMI ist ein typisches Organisationsentwicklungsprojekt, das ein intensives Change Management und ein phasenweises Vorgehen erfordert.

4.2.1 Initialisierung und Definition

Hat eine Organisation den Bedarf zu einer Prozessverbesserung und/oder einem Benchmarking durch das Reifegradmodell CMMI erkannt, gilt es an erster Stelle, den Ausgangspunkt für die Optimierungsmaßnahmen festzulegen.

Zur Ermittlung von Stärken und Schwächen der Prozesse einer Organisation wird das definierte Assesmentverfahren „Standard CMMI Appraisal Method for Process Improvement" (SCAMPI) eingesetzt. Dieses unterscheidet quasi inoffizielle Varianten, um zu einer erste Einschätzung des eigenen Reifegrades zu erlangen (Scampi B oder Scampi C), und ein offizielles Assessment (SCAMPI A). Der im SCAMPI A vergebene Reifegrad verdeutlicht auch außerhalb der Organisation, ob diese ihre Entwicklungsprozesse systematisch beherrscht.

Für eine erste IST-Analyse des Reifegrades eines Prozessgebietes bietet sich ein SCAMPI B Assesment durch einen externen Assessor an. „Appraisals der Klasse B macht man üblicherweise zu Beginn, wenn man mit der Nutzung von CMMI anfängt und wissen will, wo man steht, oder auch im Laufe der Verbesserungsbemühungen, um im Abstand von ca. 1 bis 2 Jahren seinen Fortschritt zu überprüfen. Die dritte typische Einsatzmöglichkeit für Appraisals der Klasse B ist, wenn man die Einführung einer neuen Stufe weitgehend abgeschlossen hat und überprüfen will, ob es noch Lücken gibt, bevor man die neuen Prozesse dauerhaft nutzt und sich das schließlich in einem SCAMPI-Appraisal bestätigen lässt" (KNEUPER, 2008: 1). Scampi C Appraisals können auch von internen geschulten Mitarbeitern durchgeführt werden. Ihr typischer Aufwand beträgt ca. nur 2-4 Personentage, da sie einen deutlich niedrigeren Anspruch an die Zuverlässigkeit und Genauigkeit der Ergebnisse haben.

Das Ergebnis der IST-Analyse ist eine Deltaliste zum angestrebten Reifegrad. Auf der Basis dieser Analyse kann das konkrete Organisationsentwicklungsprojekt geplant werden.

4.2.2 Projektplanung und -durchführung

Für jedes Prozessgebiet kann im nächsten Schritt ein eigenes Teilprojekt initiiert werden, in dem die notwendigen Optimierungsschritte geplant werden. Grundlage für die Optimierungen jedes Prozessgebietes sind die strategischen Vorgaben des Top Managements, in denen die Grobziele definiert werden, die in einem Prozessgebiet erreicht werden sollen:

	Für jedes Projekt wird im Rahmen des Projektmanagements sichergestellt, dass
Planung	[2.1.1] Meilensteine, Arbeitspakete, Ergebnisse und Verantwortlichkeiten auf der Grundlage des Vorgehensmodells und den Rahmenbedingungen für das Tailoring geplant und zugewiesen werden. [2.1.2] Kosten und Aufwände auf der Grundlage von Produktattributen geschätzt werden. [2.1.3] Abläufe und Termine geplant werden. [2.1.4] angemessene Skills/Ressourcen (Mitarbeiter, Werkzeuge) eingeplant werden und zur Verfügung stehen, um das Projekt erfolgreich durchzuführen. [2.1.5] Risiken identifiziert, bewertet und gesteuert sowie Begegnungsstrategien für diese Risiken festgelegt werden. [2.1.6] das Management der Projektdaten geplant wird. [2.1.7] Beschaffungs- und Ausschreibungsaktivitäten – soweit notwendig – geplant werden. [2.1.8] das Projektangebot geprüft und durch ein übergeordnetes Gremium explizit freigegeben werden, bevor es an den Kunden kommuniziert wird.
	Im Rahmen der Projektsteuerung und -durchführung
Steuerung	[2.2.1] unterliegen die Ergebnisse des Projektmanagements dem Konfigurationsmanagement (entsprechend dem Konfigurationsmanagementplan). [2.2.2] wird das Projekt gegen den Plan überwacht und bei Bedarf angemessene Korrekturmaßnahmen ergriffen. [2.2.3] werden alle identifizierten Stakeholder im Projekt beteiligt.

Abbildung 3.01-V5: Auszug aus einer Management-Policy zum Prozessgebiet Projektplanung (PP) (SCHMEDT, 2008: 18)

Aus diesen Vorgaben sind konkrete Vorgehensweisen, verbindliche Ergebnistypen und Templates, bis hin zu konkreten Handlungsanweisungen ableitbar. Diese müssen kommuniziert, trainiert und anschließend in jedem Projekt umgesetzt und erreicht werden. Organisationen, welche die Erfüllung eines Reifegrades anstreben, verfügen in der Regel über die beschriebenen Projektmanagementverfahren oder Vorgehensmodelle. Die aus den Management-Policies ableitbaren Regelungen müssen in diese Verfahren und Modelle eingearbeitet werden, damit keine widersprüchlichen Anforderungen dokumentiert werden und „zwei getrennte Welten" entstehen. Neben der Überarbeitung der bisherigen Standards können auch für die Organisation vollkommen neue Kompetenz- oder Rollenprofile notwendig sein.

Beispiel Wenn eine Organisation vor Beginn des Organisationsentwicklungsprojektes beispielsweise nicht über etablierte Verfahren zum Prozess „Konfigurationsmanagement" verfügt, ist diese Aufgabe neu zu beschreiben. In diesem Rahmen ist auch festzulegen, ob die Konfigurationsmanagementaufgaben von bereits existierenden Funktionen bzw. Rollen zusätzlich übernommen werden oder ob neue Funktionen bzw. Rollen eingerichtet werden müssen.

An diesem Beispiel zeigt sich sehr deutlich, wie tiefgreifend ein CMMI-Projekt unter Umständen in die Stammorganisation eingreift.

Tipp Es ist daher unerlässlich, einen Projektleiter für dieses Vorhaben auszuwählen, der Spannungen und Interessenskonflikte zwischen der Stammorganisation und dem Projektgeschäft erkennt und zwischen diesen in der Organisation vermitteln kann.

Ob die konkrete Umsetzung im Projekt den Anforderungen des CMMI genügt, kann in standardisierten Reviewverfahren (vgl. 1.05, Qualität) überprüft werden. Ab dem Reifegrad 2 ist bereits die Etablierung von Verfahren zur Messung und Analyse von Prozessen verankert. Die Einrichtung eines vom Projektmanagement unabhängigen Qualitätsmanagements unterstützt die objektive Überprüfung der Prozessreife in den Projekten. Die Summe aller Prozessreifemessungen ergibt einen Rückschluss auf die Prozessreife der gesamten Organisation.

Tipp Die Einbindung des Assessors, der zum Abschluss des Projektes das offizielle SCAMPI A Appraisal durchführen wird, ist von großem Vorteil, da es Sicherheit und Verbindlichkeit für die permanente Überprüfung der erzielten Fortschritte gibt.

Nr. Checkliste	Frage Checkliste	Feb.	März	Apr.	Mai	Jun.	Jul.	Aug.
Projektmanagement (PM)								
PM A 1	Ist die Policy bekannt?							
PM A 2	Sind Arbeitspakete für das Vorhaben geplant?							
PM A 3	Sind ausr. Ressourcen geplant und zugesagt							
PM A 4	Wird der Ress. -eins. gegen den Plan überw.?							
PM A 5	Werden Ergebnisse konfiguriert?							
PM A 6	Sind Stakeholder einbezogen?							
PM A 7	Wird der Projektfortschritt berichtet?							
PM A 8	Werden Zeiten/Aufwa. gegen d. Plan überw.?							
PM A 9	Werden Meilenstein-Reviews durchgeführt?							
PM A 10	Findet eine attributbas. Aufw. -schätzung statt?							
PM A 11	Findet eine Ablauf- und Terminplanung statt?							
PM A 12	Werden alle QG wie geplant durchlaufen?							
PM A 13	Liegen alle relevanten Pläne gem. VGM vor?							
PM A 14	Finden Reviews auf die Pläne statt?							
PM A 15	Wird die Einhaltung des Projektplans überw.?							
PM A 16	Werden Beschaffungen geplant und überw.?							
PM A 17	Werden Ausschreib. geplant und überwacht?							
PM A 18	Werden Kennz. lt. Messplan erhoben/einges.?							
PM A 19	Wird ein Acceptance-Test f. Zulief. Durchg.?							
PM A 20	Wird der ext. Lieferantenfortschritt überw.?							
PM A 21	Werden Lieferantenprozesse überwacht?							
PM A 22	Werden kritische ext. Produkte bewertet?							
PM A 23	Werden Risiken identifiziert und gesteuert?							
PM A 24	Wird das Datenmgmt. geplant und überw.?							
PM A 25	Werden Issues identifiziert und gesteuert?							
	Anteil umgesetzter Punkte (in %) [Ist]	60,00 %	60,00 &	88,00 %	96,00 %	96,00 %	96,00 %	96,00 %
	Umgesetzte Punkte [Ist]	15	15	22	24	24	24	24
	Nicht umgesetzte Punkte [Ist]	10	10	3	1	1	1	1

Abbildung 3.01-V6: Beispiel für eine permanente Prozessüberprüfung von Projekten (SCHMEDT, 2008: 21)

Werden diese drei Instrumente ‚Management Vorgaben', ‚Regelungen im Vorgehensmodell' und ‚permanente Überprüfung des Fortschritts' umgesetzt, ergibt sich ein Optimierungskreislauf, der eine permanente Verbesserung der Organisation nach sich zieht. Abbildung 3.01-V7 zeigt das Zusammenspiel der Instrumente der Prozessverbesserung:

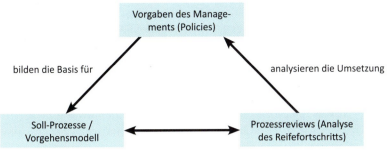

Abbildung 3.01-V7: Zusammenspiel der Instrumente der Prozessverbesserung (SCHMEDT, 2008: 17)

Soll das Erreichen eines Reifegrades nach CMMI attestiert werden, müssen die Prozesse nicht nur schriftlich fixiert, sondern auch in der Praxis umgesetzt sein. CMMI schreibt vor, dass Prozesse **institutionalisiert** sein müssen, womit in der Regel eine mehr als 6-monatige Umsetzungsdauer gemeint ist. Konkret bedeutet dies: Soll organisationale Reife attestiert werden, müssen alle Projekte seit mindestens 6 Monaten die Prozesse des entsprechenden Reifegrades *„leben"*.

4.2.3 Projektabschluss und offizielles Assessment eines Reifegrades

Den Abschluss eines Organisationsentwicklungsprojektes zur Prozessverbesserung nach CMMI bildet das durch einen zertifizierten Assessor durchgeführte SCAMPI A. Ein vollständiges Assessment aller Projekte einer Organisation ist aufgrund des Aufwandes nur bei sehr kleinen Organisationen denkbar. In der Regel werden vom Prüfer exemplarische Projekte ausgewählt, anhand derer in einem mehrtägigen Dokumentensichtungs- und Interviewverfahren die Umsetzung der Prozesse überprüft wird. Neben den formalen Dokumenten, die belegen, dass Policies formuliert und Regelungen erstellt worden sind, ist es besonders wichtig, die Einbindung der Mitarbeiter überprüfbar zu machen. Dazu werden neben den Managern der Stammorganisation auch Projektmanager und Projektmitarbeiter getrennt voneinander interviewt.

Eine permanent aktualisierte Übersicht der von zertifizierten Assessoren durchgeführten SCAMPI A Appraisals ist unter unter http://www.sei.cmu.edu/cmmi/abrufbar.

4.3 Projektorientierung und CMMI

Die Tatsache, dass CMMI über ein eigenständiges Prozessgebiet Projektmanagement verfügt, ermöglicht die Übertragung und Anwendung des Modells auch auf Projekte außerhalb des IT-Sektors. Die folgende Tabelle trägt die Kernaussagen des Modells zur Disziplin Projektmanagement zusammen und macht damit deutlich, dass mit einer Professionalisierung anhand von CMMI auch eine Steigerung der Projektorientierung einer Organisation einhergeht.

Reifegrad: 1 „initial":

Projekte werden durchgeführt, aber Prozesse sind kaum oder gar nicht definiert. Der Erfolg des einzelnen Projektes hängt vom Engagement und den Fähigkeiten Einzelner ab. Erfolgreiche Projektabschlüsse werden als „Heldentum" gefeiert, gutes Projektmanagement als eine Persönlichkeitseigenschaft interpretiert.

Reifegrad 2: „gemanagt":

Grundlegende (Projekt-)Managementprozesse sind definiert. So sollen Kosten, Zeit und Qualität von Projektergebnissen plan- und steuerbar gemacht werden. Reifegrad 2 fordert eine detaillierte Beschreibung davon, wie Projektmanagement gelebt werden soll. Fokus der Betrachtung ist das einzelne Projekt. Vor allem die drei Prozessgebiete, Anforderungsmanagement, Projektplanung und Projektverfolgung und -steuerung sind die Basis für ein erfolgreiches Projektmanagement. Daran, dass auch die übrigen Prozessgebiete ebenfalls Bestandteil der Competence Baseline der IPMA sind, wird erkennbar, dass es sich bis hierher nicht um ein spezifisches Softwareentwicklungsmodell, sondern um ein allgemeines Projektmanagementmodell handelt.

Reifegrad 3: „definiert":

Die Betrachtung verlagert sich in der Stufe drei vom Einzel-Projekt auf die Projektorientierung einer Organisation als Ganzes. Darüber hinaus werden Branchenspezifika (Validation, Verifikation) eingeführt. Die Anforderungen des Reifegrades konzentrieren sich darauf, einheitliche Prozesse für die gesamte Organisation einzuführen. Mit dem Hinweis auf integriertes Projektmanagement sowie mit einem organisationsweiten Prozessfokus und Training sind auch Kernanliegen der projektorientierten Organisation betroffen. Zur organisationsweiten Definition von Prozessen gehört die Entwicklung und Pflege von verbindlichen Vorgehensmodellen und Standardprojektplänen. Sind Projekte in die gesamte Prozesslandschaft der Organisation integriert (und werden nicht als Sonderfall interpretiert) und wird Projektmanagement und projekthaftes Arbeiten organisationsweit als Kernkompetenz gefordert und gefördert? Diese beiden Fragestellungen weißen klar in Richtung Projektorientierung.

Reifegrad 4: „quantitativ gemanagt":

Nach der Einführung einheitlicher Prozesse sollen im vierten Schritt Metriken und Kennzahlen verstärkt zum Einsatz kommen. Ziel ist eine verbesserte Entscheidungsgrundlage für weitere Prozessoptimierungen. Dieser Reifegrad zielt also auf die im Zusammenhang mit Projekten immer wieder hingewiesene Fähigkeit, aus Fehlern und Erfolgen zu lernen

Reifegrad 5: „optimierend":

Fehler und Probleme werden jetzt systematisch behoben Die höchste Stufe des Modells fordert die kontinuierliche Verbesserung aller Prozesse. Lernen aus Projekten, basierend auf quantitativ erhobenen Kenngrößen, ist eine Selbstverständlichkeit und führt zu einer permanenten Verbesserung aller Prozesse.

Abbildung 3.01-V8: Projektorientierung in CMMI

5 KERZNERS Project Management Maturity Model (PMMM)

Das von Harold KERZNER entworfene Project Management Maturity Model (PMMM) ist zuerst 2001 veröffentlicht worden. Es basiert ebenfalls auf Best Practice Ansätzen und wurde in einer zweijährigen Phase bei einem Netzwerk- und Kommunikationsdienstleister validiert (AHLEMANN, SCHROEDER & TEUTEBERG, 2005)[2].

Parallel zu CMMI nutzt auch KERZNER fünf Reifegradstufen. Diese lauten: *Einheitliche Sprache (Common Language), Verfahren und Standards (Common Processes), Einheitliche Methodik (singular Methodolody), Benchmarking und ständige Verbesserung (Continuous Improvement).*

---

[2] Dieses Modell darf nicht mit dem von Kent CRAWFORD (2007) publizierten, namensgleichen Project Management Maturity Model verwechselt werden. CRAWFORDS Modell lehnt sich durchgängig an CMMI als Referenzmodell und das PMBOK als inhaltliche Referenz an.

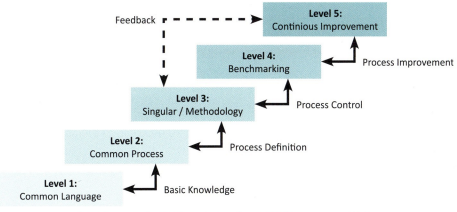

Abbildung 3.01-V9: Die 5 Stufen des PMMM (KERZNER, 2001)

Auf eine Erläuterung der einzelnen Stufen des Reifegradmodells wird an dieser Stelle verzichtet, da diese im Kapitel 1.05, Qualität, beschrieben sind. KERZNER betont insbesondere, dass die Stufen nicht trennscharf sind und sich durchaus überlappen können (KERZNER, 2005). Konkret bedeutet dies, dass die Entwicklung einer höheren Stufe nicht erst dann begonnen werden kann (bzw. beginnt), wenn die Entwicklung der anderen vollkommen abgeschlossen worden ist (vgl. GESSLER & THYSSEN, 2006: 227):

- Überschneidung Level 1 und Level 2: Während in einzelnen Prozessen oder Bereichen noch Bedarf nach Basiswissen (Level 1) besteht, werden bereits gemeinsame Prozesse definiert (Level 2).
- Überschneidung Level 3 und Level 4: Die Phase der Entwicklung einer einheitlichen Methode kann noch andauern (Level 3), während die Vorüberlegungen für einen Benchmark bereits begonnen haben (Level 4).
- Überschneidung Level 4 und Level 5: Während die Organisation zunehmend die Idee des Benchmarks akzeptiert (Level 4), kann dies bereits den Prozess der kontinuierlichen Verbesserung einleiten (Level 5).

Insbesondere die Phasen 3, 4 und 5 bilden durch Feedback-Schleifen einen kontinuierlichen Verbesserungsprozess. Level 2 und Level 3 überschneiden sich hingegen nur äußerst selten. KERZNER behauptet, dass in Organisationen, die sich zu einer einheitlichen Methodik bekennen, die Nutzung unterschiedlicher Standards und Verfahren eingestellt wird (KERZNER, 2005). Hinter dieser Formulierung steht die Annahme eines homogenen, gleichartigen Projektgeschäftes. Besonders große Organisationen, die unterschiedlichste Arten von Projekten bewältigen müssen, werden jedoch stellenweise Abweichungen von einer einheitlichen Methodik vornehmen müssen. Es muss daher unterschieden werden, welche Teile der Organisation (oder Domänen) in die Beobachtungen mit einbezogen werden können. Übergeordnetes Ziel bleibt die Integration aller Projekte in einheitliche Projektmanagement Prozesse.

Die Reifegradestufen des PMMM werden z. B. an den ‚Knowledge Areas' des Project Management Body of Knowledge (PMBOK) des Project Management Institute (PMI) gespiegelt. So kategorisiert KERZNER das Level 1 nach (2005: 65):

- Scope Management
- Time Management
- Cost Management
- Human Ressource Management
- Procurement Management
- Quality Management
- Risk Management
- Communications Management

In dieser ersten Stufe liegt, abgesehen von den Spezifika der Ingenieursdisziplinen des CMMI, auch der Hauptunterschied zwischen den beiden Modellen. PMMM setzt auf Level 1 bereits ein grundlegendes Wissen über Projektmanagement und die Bedeutung von Projektmanagement für die Leistungserbringung voraus, während CMMI diese Stufe noch als initial, chaotisch oder heroisch beschreibt.

Ab Stufe 2 erweitert PMMM den Blick auf organisationsübergreifende Prozesse. Erkennbar wird dies an den Selbsteinschätzungsfragen, die sehr häufig mit der Formulierung „My company" beginnen. Bei der Überwindung dieser Stufe sieht PMMM die größten Widerstände gegen eine erfolgreiche Etablierung von Projekten als professionelle Arbeitsform. Der Reifegrad 2 wird in 5 Entwicklungsphasen unterteilt, die auch als Zwischenstufen innerhalb des Reifegrades verstanden werden können. KERZNER unterscheidet fünf Entwicklungsphasen (vgl. KERZNER, 2005):

Die *Embrio-Phase* (embryonic), in der eine Organisation:

- die Notwendigkeit, Projektmanagement einzusetzen, erkennt
- das Potenzial und den Nutzen von Projektmanagement erkennt
- die Anwendbarkeit von Projektmanagement in verschiedenen Organisationsteilen erkennt
- die Veränderungen identifiziert, die notwendig sind, um Projektmanagement erfolgreich einzuführen

Das Potenzial und der Nutzen von Projektmanagement werden oftmals zuerst auf der mittleren und unteren Managementebene erkannt. Die zweite Phase ist *Akzeptanz der Unternehmensleitung* (executive management acceptance) benannt. Diese Akzeptanz wird gekennzeichnet durch:

- Sichtbare Unterstützung der Unternehmensleitung
- Verständnis der Unternehmensleitung für Projektorientierung und deren Vor- und Nachteile
- Projekt-Patenschaften/Sponsorship
- Bereitschaft, die Arbeitsweisen der Organisation zu verändern

Wenn die Unternehmensleitung hinter Projektmanagement als Arbeitsform steht (und wahrscheinlich nur dann), folgt die Phase der *Akzeptanz im Linienmanagement* (line management acceptance), die sich durch folgende Aspekte auszeichnet:

- Sichtbare Unterstützung aller Management Ebenen
- Commitment des Managements zu Projektmanagement
- Projektmanagement Aus- und Weiterbildung auch auf der Managementebene
- Freistellung von Mitarbeitern für Projektmanagement Trainingsprogramme

Die vierte Phase ist die so genannte *Wachstumsphase* (growth). Vor dem Abschluss dieser Phase sollten die ersten drei Entwicklungsphasen abgeschlossen sein. Denn in dieser Phase beginnt die Organisation mit der Institutionalisierung ihrer Projektmanagement Prozesse. Dies wird erkennbar an:

- Entwicklung eine Vorgehens- und/oder Phasenmodells für Projekte
- Entwicklung einer Projektmanagement Methode
- Bereitschaft zu professioneller Planung
- Reduzierung der Veränderungen während der Projektlaufzeit
- Auswahl von unterstützenden Tools

Den Abschluss des Reifegrades 2 bildet die Entwicklungsphase der *grundlegenden Reife* (initial maturity phase). In ihr werden die vorhandenen Projektmanagementansätze gebündelt, um eine möglichst einheitliche Sprache sicherzustellen. Sie umfasst:

| Entwicklung und Integration einer Planungs- und Kostenverfolgung
| Entwicklung eines permanenten Trainings-Curriculums

Ist die Stufe zwei erst einmal erreicht, werden die Sinnhaftigkeit und der Nutzen von (standardisiertem) Projektmanagement nicht mehr infrage gestellt. Neben der einheitlichen Methodik (Stufe 3) werden ab dann organisationsübergreifende Vergleiche genutzt (Level 4), um einen permanenten Verbesserungsprozess (Level 5), getragen durch eine adäquate Kultur, umzusetzen.

Anders als CMMI ist die Überprüfung eines Reifegrades nach dem Project Management Maturity Modell als Selbsteinschätzung angelegt. Dazu stehen umfangreiche Fragenkataloge zur Verfügung, die entweder in Papierform (vgl. KERZNER, 2005: 66ff) oder softwaregestützt genutzt werden können. Die Softwarelösung eröffnet dabei die Möglichkeit des organisationsübergreifenden Benchmarkings. Beide Varianten offenbaren Verbesserungsmöglichkeiten und ggf. die Notwendigkeit, neue oder optimierte Prozesse in der Organisation zu verankern. Die folgende Tabelle vermittelt einen Eindruck von den Selbsteinschätzungsfragen des PMMM:

Reifgrad	Kriterium	Überprüfungsfrage
1	Prozessgebiete des PMBOK	Auswahl aus vorgegebenen Alternativen (80 Fragen)
	Scope Management	Was sind die drei gebräuchlichsten Arten, Projektaufwand zu schätzen?
	Time Management	Was sind die Grundelemente der Netzplantechnik?
	Cost Management	Was sollten Sie tun, um die aktuellen Projektkosten mit den erwarteten Kosten zu vergleichen?
	Human Ressource Management	Was sind die größten Nachteile der funktionalen Organisationsform?
	Procurement Management	Entscheiden Sie, welche der vier vorgegebenen Antworten nicht Bestandteil eines Vertrages ist.
	Quality Management	Qualität wird oft mit Eignung verwechselt. Was ist der Unterschied?
	Risk Management	Wie wird der Prozess genannt, in dem erkannt werden soll, welche Risiken das Projekt betreffen könnten?
	Communications Management	Was umfasst das Sender-Empfänger Modell der Kommunikation?
2	Entwicklungsphasen	Bewertung auf einer 7-stufigen Skala (20 Fragen)
	Embryonic Phase	Die Notwendigkeit, Projektmanagement zu nutzen, wird auf allen Ebenen der Organisation erkannt.
	Executive Management acceptance	Die Unternehmensleitung unterstützt Projekte sichtbar durch Status Reports, Präsentationen und die Teilnahme an Projektsitzungen.
	Line Management acceptance	Unsere Linienmanager halten sich an die Zusagen, die sie den Projekten gegeben haben.
	Growth	Mein Unternehmen hat eine definierte Projektmanagement Methode und verfügt über ein phasenorientiertes Vorgehensmodell.
	Maturity	Die Organisation hat ein Curriculum, um Projektmanagement Qualifikation zu trainieren.

3	„Hexagon of Excellence"	Auswahl aus vorgegebenen Alternativen (42 Fragen)
	Integrated Processes	Welche der folgenden Prozesse nutzt Ihr Unternehmen aktiv?
	Culture	Wie beschreibt man am besten die Kultur Ihres Unternehmens?
	Management Support	Wodurch entsteht die Autorität (i.S.v. Verantwortung und Befugnisse) der Projektmanager Ihres Unternehmens?
	Training an Education	Wie groß ist der Anteil Ihrer Projektmanagement Trainings, in denen lessons learned Ihrer oder anderer Firmen diskutiert werden?
	Informal Project Management	Wann werden in Ihrem Unternehmen Mitarbeiter ins Management befördert?
	Behavioral Execellence	Wem wird in Ihrem Unternehmen Projektverantwortung übertragen?
4	Checkliste von Kerzner	Bewertung auf einer 7-stufigen Skala (25 Fragen)
	Quantitative Benchmarking	Unsere Benchmarking-Aktivitäten machen die Einbindung der Lieferanten in unsere Projekte deutlich.
	Qualitative Benchmarking	Unsere Benchmarking-Aktivitäten machen deutlich, wie die Anwendung der einheitlichen Projektmanagement-Methoden weiter erhöht werden könnte.
5	Checkliste von Kerzner	Bewertung auf einer 7-stufigen Skala (16 Fragen)
	ohne Kategorie	Wir haben Fortschritte bei der Geschwindigkeit erzielt, mit der Verbesserungen in unsere Vorgehensweisen eingearbeitet werden.
	ohne Kategorie	Die Veränderungen der Macht- und Autoritätsverhältnisse haben dazu geführt, dass wir weniger Regelungen benötigen.
	ohne Kategorie	Die Art und Weise, mit dem Kunden zu kommunizieren, hat sich verändert.

Abbildung 3.01-V10: Exemplarische Fragen zur Selbsteinschätzung des PMMM- Reifegrades (KERZNER, 2005: 53ff; eigene Übersetzung)

Diese Überprüfungsfragen sind zweifelsohne nützlich, um eine individuelle Einschätzung hinsichtlich des Reifegrades einer Organisation zu erhalten. Sie machen allerdings auch die Limitierung und damit die größte Kritik am vorliegenden PMM-Modell deutlich. PMMM basiert auf fallbasiertem Wissen und nicht auf methodisch-empirischem Wissen. Besonders ab der Stufe 3 ist im PMMM nicht mehr erkennbar, warum gerade die ausgewählten Fragen genutzt werden und auf welcher Basis diese entstanden sind (vgl. SCHELLE, 2003: 29). Für eine erste Überprüfung bietet sich das Modell aufgrund der leichten Verfügbarkeit und der sofortigen Anwendbarkeit an. Als Grundlage für eine offizielle Überprüfung und eine tiefgehenden Analyse und Optimierung der Prozesse ist dieses Modell jedoch nur bedingt geeignet (vgl. AHLEMANN, SCHROEDER & TEUTEBERG, 2005).

6 Bewertung von Reifegradmodellen

Unter anderem von großen Organisationen, wie dem US-Verteidigungsministerium, das von seinen Lieferanten mindestens CMMI Level 3 fordert, angetrieben, steigen die Zertifizierungsbemühungen in den vergangenen Jahren stark an. Dies kann als ein weiterer Schritt der Professionalisierung und Etablierung von projektorientierten Arbeitsformen angesehen werden, zeigt es doch die Bereitschaft, sich mit anderen zu vergleichen. Die Vermutung liegt nahe, dass besonders größere Organisationen, die über die notwendigen Mittel verfügen, um projektorientiertes Arbeiten institutionell zu verankern, diese Modelle nutzen werden.

∑ Fazit Die Umsetzung und Überprüfung des Reifegrades eine Organisation sind sehr aufwändig und bedürfen eines ausgebildeten Expertenteams. Das Einrichten eines Organisationsentwicklungs-Projektes mit internen und externen Experten sowie definierten Zeit- und Zielvorgaben wird angeraten. Bei der Nutzung von Reifegradmodellen ist immer zu beachten, dass die einzelnen Stufen nicht überschneidungsfrei sind und auch nicht sein können. Daher sollte bei aller Orientierung an den Prozessgebieten und Stufen des gewählten Modells nicht vernachlässigt werden, dass Entwicklung in sozialen Systemen nicht linear verläuft und auf verschiedenen Ebenen eines Systems mit unterschiedlicher Geschwindigkeit erfolgt. Wenn dies beachtet wird, bieten Reifegradmodelle, wie CMMI und PMMM, wichtige Ansatzpunkte für die Weiterentwicklung einer Organisation in Richtung Projektorientierung.

Die Orientierung an Reifegradmodellen und damit an Best Practice Prozessen offenbart in jedem Fall ein intensives Spannungsfeld. Dieser Weg der Professionalisierung des Projektgeschäftes trifft auf den Grundkonflikt von Standardisierung versus Einzellösung. Projekte werden per se initiiert, um noch nicht da gewesene Probleme und Aufgaben zu lösen. Die Orientierung an anderswo bereits gefundenen Lösungen und Prozessen scheint dazu im Widerspruch zu stehen. Mit der Nutzung von Reifegradmodellen geht immer auch ein gewisses Maß an Individualismus verloren, der unter Umständen das differenzierende Merkmal zur Konkurrenz darstellt (vgl. LADO, 2006). Allerdings trifft dies allgemein auf jede Form von Standardisierung (incl. der IPMA Competence Baseline) zu. Aufzulösen ist dieser Widerspruch nicht. Es sollte aber bei der Entscheidung thematisiert werden, ob eine Orientierung an Reifegraden sinnvoll ist. Nur dann kann vermieden werden, dass falsche Erwartungen entstehen.

👍 Tipp Im Idealfall liegen vor der Einführung eines Reifegradmodells Kenngrößen für den Erfolg des Projektgeschäftes vor. Dann kann im Anschluss an die Prozessverbesserungsmaßnahme ein Fortschritt auch fundiert nachgewiesen werden.

CMMI hat gerade in der Systementwicklungsbranche eine hohe Verbreitung gefunden, da sich dort projekthaftes Arbeiten und industrielle Prozesse anzunähern scheinen. Inwieweit dies langfristig den Charakter projekthaften Arbeitens verändern wird und welche neuen Arbeitsformen daraus entstehen werden, bleibt abzuwarten.

7 Fragen zur Wiederholung

1	Welche ICB Elemente ergänzen bzw. unterstützen durch ihre projektorientierten Inhalte den Aufbau und die Prozesse eines Unternehmens?	☐
2	Welcher generelle Unterschied besteht zwischen Projektgesellschaften und projektbasierten Organisationen?	☐
3	Welche Prozessgebiete einer Organisation sollten in temporären Organisationsformen, welche innerhalb der permanenten Organisation umgesetzt werden?	☐
4	Welche 5 Stufen kennzeichnen das CMMI-Modell? Wie schätzen Sie Ihr eigenes Unternehmen in Bezug auf den Reifegrad der Projektorientierung ein?	☐
5	Skizzieren Sie, wie die Instrumente der Prozessverbesserung (Abbildung 5) mit den Prozessen und Zuständigkeiten einer projektorientierten Organisation in Verbindung stehen!	☐
6	Was unterscheidet die Reifegradmodelle CMMI und PMMM voneinander? Welches ist für die Prozessverbesserung in Ihrer Organisation geeignet?	☐
7	Was ändert sich bei Projekten und Projektmitarbeitern mit zunehmendem Reifegrad der Projektorientierung?	☐
8	An welchen Merkmalen würden Sie die Projektorientierung Ihres Unternehmens messen bzw. welche Potentiale sehen Sie, den Reifegrad Ihres Unternehmens zu verbessern?	☐

3.02 Programmorientierung (Programme orientation)

Frank Berge, Jörg Seidl

Lernziele

Sie können

- die Zusammenhänge zwischen Einzelaufgaben, Projekten und Gesamtstrategie beschreiben
- für Programmorientierung wichtige Kompetenzelemente anwenden, analysieren
- Projektprogramm-Denken für Ihren eigenen Tätigkeitsbereich entwickeln
- durch Vermittlung der Unternehmensstrategien ihre Mitarbeiter motivieren
- die notwendigen Strukturen schaffen, um Programme in der Praxis erfolgreich anwenden zu können

Inhalt

1	Programmorientierung als strategisches Instrument	2301
2	Praxisbeispiel für ein programmorientiertes Unternehmen	2301
3	Zukunft der Programmorientierung	2304
3.1	Aufstiegschancen in Programm- und Projektorientierten Unternehmen	2305
3.2	Strukturierung und Umgang mit Programmorientierung	2305
3.3	Programmorientierung als unternehmerisches Erfolgsmodell?	2305
4	Zusammenfassung	2306
5	Fragen zur Wiederholung	2306

1 Programmorientierung als strategisches Instrument

Programme können in besonderer Weise genutzt werden, um ein oder mehrere strategische Unternehmensziele zu verfolgen. Mit den Methoden des professionellen Programmmanagements werden hierzu Programme über aufbauorganisatorische Grenzen hinweg definiert, die der Erreichung des strategischen Unternehmensziels (Unternehmensprogramm) dienen.

Der Programmmanager eines solchen strategischen Programms ist verantwortlich für die Umsetzung der strategischen Unternehmensziele und Visionen. Aus seinem Blickwinkel hat er mehrere Projekte organisatorisch zugeordnet, deren integrierte Betrachtung und Steuerung zum Erfolg des Unternehmens beitragen soll. Im Unterschied zu den klassischen, temporären Programmen werden solche Strategieprogramme, sofern keine Änderung der strategischen Ziele vorgenommen werden, zuweilen auch ohne zeitliche Begrenzung aufgesetzt.

Projekte verfolgen einzelne Ziele. Portfolios umfassen mehrere, nicht zwingend in Zusammenhang stehende Projekte oder Programme hinsichtlich der Kontinuität ihres Zusammenwirkens untereinander. Strategische Programme verfolgen eine Strategie unter Berücksichtigung der einzelnen Ziele aus den Projekten und Portfolios.

2 Praxisbeispiel für ein programmorientiertes Unternehmen

Beispiel Ein Unternehmen verfolgt ein Programm, um eine Planungssoftware für Fahrleitungssysteme zu entwickeln. Das Programm hat als strategisches Ziel, eine Software herzustellen, mit der alle Fahrleitungssysteme, unabhängig von den deutschlandweit verschiedenen Anforderungen und Bauarten der einzelnen Verkehrsbetriebe, geplant werden können. Das Programm besteht aus mehreren Projekten, welche die einzelnen Fahrleitungssysteme auf einer gemeinsamen Plattform verbinden sollen.

Jeder Projektleiter muss für sein Vertriebsgebiet spezifische Systemblätter entwerfen und in einer bestimmten Form dem Projekt „Softwareentwicklung FL-Systeme" zur Verfügung stellen. In diesem Projekt wird die Plattform mit den einzelnen FL-Systemen zusammengestellt. Diese Leistung wird an einen Subunternehmer vergeben. Der firmeninterne Systemadministrator wird mit dem Projekt „Migration der FL-Plattform" in das Unternehmensnetzwerk betraut. Die Aufgabe der Arbeitsvorbereitung ist es, nach Systemtests Schulungen für die einzelnen Mitarbeiter zu organisieren. Das Programm endet mit der Einführung der Planungssoftware.

Dieses Beispiel verdeutlicht die in Kapitel 2 im Basisteil unterschiedlich verwendete Terminologie der Programmorientierung in Bezug auf den Programm-Direktor und den Portfolio-Direktor. Beide Projektdirektoren erfüllen die in der ICB 3.0 beschriebene Definition des Level A und werden als Programmmanager bezeichnet:

Deutsche Übersetzung der ICB3.0

Hat erfolgreich Programme und/oder die Entwicklung von Programmmanagementrichtlinien, Instrumenten und Verfahren in seinem Verantwortungsbereich geleitet. Hat die erfolgreiche Umwandlung von Geschäftsstrategien in Programme oder Portfolios entweder geleitet oder war wesentlich daran beteiligt. Hat erfolgreich Projektmanager und/oder Programmmanager in seinem Verantwortungsbereich ausgewählt und aufgebaut.

Ein professionelles Programmmanagement kann demnach auch über aufbauorganisatorische Grenzen hinweg durch die Definition geeigneter Programme einen wertvollen Beitrag zur Erreichung der strategischen Ziele leisten.

Abbildung 3.02-V2 zeigt ein denkbares, bereits auch schon realisiertes Organisationsmodell, das am

Beispiel eines Unternehmens mit dem strategischen Ziel der Vermarktung von Fahrleitungsanlagen dargestellt wird.

Das Unternehmen besteht aus einer Linienorganisation mit flachen Hierarchien. Die Projektorganisation ist als Projekt-Matrix-Organisation in die Stammorganisation eingebunden (Abbildung 3.02-V1). Die Projektportfoliomanager der jeweiligen Organisation haben direkten Zugriff auf die Mitarbeiter der einzelnen Fachabteilungen. Bei organisationsbedingten Ressourcen- bzw. Einsatzmittelkonflikten entscheidet der Lenkungsausschuss, der sich aus den 2 Programmmanagern „Fernverkehrsanlagen" und „Nahverkehrsanlagen" zusammensetzt.

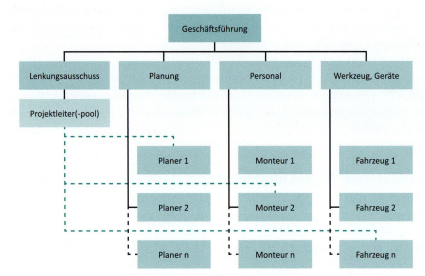

Abbildung 3.02-V1: Matrixorganisation

Das Unternehmen hat als strategisches **Leistungsziel**, im eigenen Land in marktführender Position den Auf- und Umbau von Fahrleitungsanlagen zu vertreiben. Diese marktführende Position ist gebunden an den Unternehmensumsatz. Zur Erhaltung und Ausbau dieser Position müssen die „richtigen" Projekte gewonnen werden und durch integrierte Betrachtung und Steuerung des Zusammenspiels dieser Projekte der Umsatz bzw. der Ertrag gesteigert werden – d.h. die Erreichung des **Kostenziels** unter Berücksichtigung der festgelegten Vertriebsspanne (Gewinn). Je nach Unternehmens- oder Projektgröße wird für hierfür ein **Terminziel** (ca. 1 – 5 Jahre) festgelegt.

In diesem Organisationsmodell wird der Bereich Nahverkehr näher betrachtet.

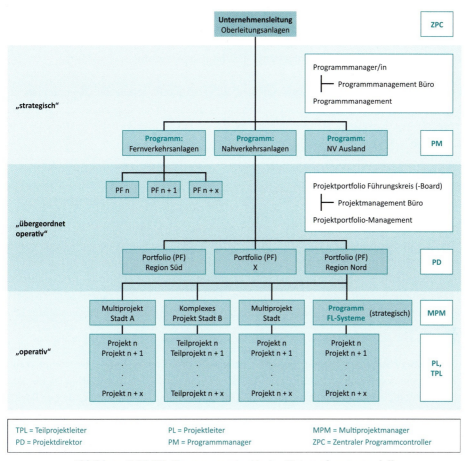

Abbildung 3.02-V2: Programmorientiertes Unternehmensmodell

Der Multiprojektmanager (MPM) wird in diesem Beispiel wie folgt definiert: Der MPM leitet ein komplexes Projekt mit mehreren Teilprojekten oder mehrere kleinere Projekte, die für sich ein komplexes Multiprojekt darstellen. Hierfür werden dem MPM durch den Portfoliomanager (PD) Ressourcen zugeordnet, die ausschließlich für diese Multiprojektsituation eingesetzt und innerhalb dieses Multiprojekts dem Einzelprojekt nach Erfordernissen zugeordnet werden. Der MPM hat in diesem Beispiel *keine* Budgetverantwortung. Mehrere dieser Multiprojekte bilden ein Portfolio, Die Budgetverantwortung für das gesamte Portfolio trägt der PD.

Das Multiprojektmanagement ist in diesem Zusammenhang nicht mit dem Mehrprojektmanagement zu verwechseln. Unter dem Mehrprojektmanagement versteht man die Gesamtheit aller Projekte und Programme in einem Unternehmen; das Multiprojektmanagement ist die Steuerung mehrerer miteinander in Beziehung stehenden Projekte durch einen MPM.

In der „übergeordnet operativen" Ebene ist es im angeführten Unternehmensbeispiel sinnvoll, Projektdirektoren mit Schwerpunkt Portfolioorientierung einzusetzen. Diese werden hier mit Portfolio-Direktor bezeichnet. Durch die strategische Zielsetzung des Unternehmens, eine führende Position am Markt zu halten oder anzustreben, übernimmt der Projektportfoliomanager auch Teile des Unternehmensprogramms, um die Unternehmensstrategien in seinem Portfolio durchzusetzen, in dem regional strategische Projekte akquiriert und abgewickelt werden.

Der Programmmanager, hier als Programm-Direktor beschrieben, ist ein Projektdirektor mit Schwerpunkt Programmorientierung – er ist auf der strategischen Ebene der Unternehmensorganisation angesiedelt und hat, übertragen auf das Unternehmensprogramm, dieselbe Rollenbeschreibung. Tabelle 3.02-G2 beschreibt die Rolle des **Programmmanagers** am Beispiel des Projektprogramms „Handy" und „FL-Systeme" bzw. die Rolle des programmorientierten Projektdirektors als Programmmanager in der strategischen Unternehmensführung (**Unternehmensprogramm**).

Die Aufgabenstellung beider Programmmanager ist größtenteils kohärent. Sie unterscheidet sich nur inhaltlich durch die unterschiedliche Positionierung innerhalb des Unternehmens. Weiter *kann* ein Projektprogramm strategische Ziele verfolgen – zwingend notwendig wird die Strategie im Unternehmensprogramm.

3 Zukunft der Programmorientierung

In der herkömmlichen Linienorganisation werden die Aufstiegschancen durch die flacher werdenden Hierarchien immer schwieriger – zumal bei größeren Unternehmen immer noch die Regel vorherrscht, freigewordene Stellen in höheren Führungsebenen mit „neuen" Leuten zu besetzen, die aus ähnlichen Positionen anderer Bereiche oder Unternehmen stammen, nicht aber erfahrene Kräfte aufsteigen zu lassen. Problematischer wird dies noch, wenn diese Führungskräfte Programm- oder Projektverantwortung zugeordnet bekommen, ohne professionelle Projektmanagement-Kenntnisse und Erfahrungen einzubringen.

Ein weiterer Unterschied zwischen projekt- bzw. programmorientierten Unternehmen und (reinen) Linienorganisationen zeigt sich im kaufmännischen Bereich. In der Linienorganisation ist eine Abteilung oder ein Segment meistens mit einer technisch und einer kaufmännisch verantwortlichen Position vertreten. Beide haben formal gleiches Stimmrecht. Die Praxis zeigt aber, dass immer mehr Entscheidungen wirtschaftlich geprägt sind, frei nach dem Motto: „Der günstigste Anbieter bekommt den Zuschlag!" Hier werden eindeutig wirtschaftliche Interessen vorangestellt. Betrachten wir das Zieldreieck des Projektmanagements, so werden Terminziele und Leistungsziele (Qualität) in ihrer Priorität gegenüber Kostenzielen abgewertet. Minderwertige Qualität in einem Projekt kann aber für das Unternehmen verheerende wirtschaftliche Konsequenzen haben. Den Qualitätsmangel kann ein „Ingenieur" bzw. „Techniker" beurteilen – die wirtschaftlichen Folgen aus dem Qualitätsmangel zu ermitteln erfordert bereits technische und ökonomische Kenntnisse (z. B. Wirtschaftsingenieur) ein „Techniker" mit „Wirtschaftskenntnissen" bezogen auf ein Projekt und namentlich genannt: ein **Projektmanager**.

Der Beruf des Projektdirektors, Projektmanagers oder Projektfachmann ist gekennzeichnet von technischen und wirtschaftlichen Aufgaben und Kenntnisse. Der „Kaufmann" bzw. „Projektkaufmann" im herkömmlichen Sinn unterstützt den Projektmanager bei seinen Entscheidungen und hilft ihm, komplexe wirtschaftliche Zusammenhänge in die Projekt- oder Programmarbeit zu integrieren (z.B. als Projekt-Controller). In einem projekt- oder programmorientierten Unternehmen sollten Leistung und Qualität nicht aus wirtschaftlichen Interessen vernachlässigt werden – was vielleicht in Linienorganisationen eher der Fall sein kann.

Durch die Einführung von Projekt-, Programm- und Portfoliomanagement (vgl. Element 3.04 PPP-Einführung) in ein Unternehmen wird diese Vermischung der Verantwortlichkeiten getrennt und die Projekte und Programme werden von Projektspezialisten professionell geleitet.

3.1 Aufstiegschancen in Programm- und Projektorientierten Unternehmen

In Abbildung 3.02-V1 der Matrixorganisation sind 3 Fachabteilungen abgebildet (Planung, Personal und Werkzeug), die durch Linienverantwortliche geführt werden. Die Mitarbeiter dieser Abteilungen sind in diverse Projekte der Matrix eingebunden. Über den Fachabteilungen ist die Geschäftsleitung angesiedelt, die in Abbildung 3.02-V2 die Aufgabe eines zentralen Programm-Controllers übernimmt. Innerhalb der Fachabteilungen können interne Projekte/Programme entstehen, beispielsweise die Anschaffung eines neuen Spezialfahrzeugs (internes Projekt), die Entwicklung einer Planungssoftware mit Systemplattform (Programm), die Schulung des Montagepersonals für ein neues Fahrzeug (Projekt) etc.

Durch die projektorientierte Sicht scheint eine Programmorientierung als Organisationsmodell für Unternehmen sinnvoll und im Zeitalter der Globalisierung zukunftsorientiert. Als Maß für den Einsatz und die Karriere von Projektpersonal kann das 4-LC-Modell (oder ein erweitertes Zertifizierungsmodell) der IPMA angewendet werden. In Ingenieur- und Wirtschaftsstudiengängen von Universitäten und Fachhochschulen wird bereits Projektmanagement als Studienrichtung angeboten (vgl. DWORATSCHEK / KIRSCHNIK-J. 1996). Auch die Fachpresse schreibt bereits über „Projektkarrieren als Alternative zum Linienaufstieg".

3.2 Strukturierung und Umgang mit Programmorientierung

Im Prinzip gleicht der Umgang mit Programmen dem Verfahren mit Projekten. Der Unterschied besteht in der übergeordneten strategischen Ausrichtung und Sichtweise. Die Methoden für ein professionelles Projektmanagement lassen sich auf das Programmmanagement übertragen. Ähnlich wie der Projektmanager den Gesamtüberblick über sein Projekt hat, muss der Programmmanager die Ziele der Einzelprojekte unter Berücksichtigung der strategischen Unternehmensziele seines Programms ansteuern und überwachen – dies ist oft verbunden mit einer disziplinarischen Personalverantwortung bzw. Budgetverantwortung für des Gesamtprogramm.

3.3 Programmorientierung als unternehmerisches Erfolgsmodell?

Üblicherweise werden in projektorientierten Unternehmen Projekte und Programme in einem sich ständig erneuernden und fortgeschriebenen Portfolio initiiert, priorisiert und abgewickelt. Der Unternehmenserfolg wird in regelmäßigen Jahresabschlüssen ermittelt und dokumentiert. Ein normaler, repetitiver Vorgang innerhalb eines Unternehmens.

Annahme: Es wird eine neues programmorientiertes Unternehmen gegründet. Das Unternehmensprogramm ist auf sechs Jahre begrenzt. Innerhalb dieser Zeit muss das Unternehmensprogramm zum Erfolg geführt werden, danach wird ein neues Programm gestartet. Die Zielorientierung und Motivation der Mitarbeiter bekommen durch das definierte Programmende, das bei Misserfolg die Auflösung des Unternehmens zur Folge hat, eine besondere Bedeutung. Alle Projektmitarbeiter sind neben ihren Projektzielen an der Erreichung des strategischen Gesamtziels interessiert, weil es ihren Arbeitsplatz sichert. Die Motivation, ihre Kollegen auch in anderen Projekten zu unterstützen, ist durch die eigene Abhängigkeit vom zeitlich begrenzten Unternehmensprogramm verständlicherweise größer als in anderen Unternehmensformen. Der gemeinsame Nutzen wird zusätzlich zum eigenen Projekterfolg verfolgt. Folgt daraus ein Gewinn für die Sozialkompetenz des Einzelnen und ein Erfolgskonzept für unternehmerische Visionen und Strategien?

4 Zusammenfassung

Das Zusammenspiel und die integrierte Betrachtung verbundener Projekte und (nicht „projektwürdiger") Aufgaben eines komplexen Vorhabens mit strategischen Zielen und Visionen werden mit Programm bezeichnet. Durch die Projektion der Programmorientierung auf eine Unternehmensorganisation werden Projektstrukturen sichtbar, die eine Linienorganisation im herkömmlichen Sinn insoweit infiltriert, dass eine neue Organisationsform mit neuen möglichen Karrierechancen entsteht. Bei der Betrachtung der levelbezogenen Aufgabenstellung von Projektpersonal werden Projektdirektoren (Projects Director, ICB3 4LC Level A) anhand ihrer Aufgaben im Unternehmen als Programm- und Portfoliodirektoren unterschieden sowie die Entstehung einer neuen „Gattung", die des Projektassistenten, generiert.

Operatives Projektmanagement mit den Elementen der ICB 3.0 kann größtenteils auf Programme durch strategische und übergeordnet operative Sichtweisen angewendet werden. Bestehende und hinreichend bezeichnete Linienfunktionen und Aktivitäten können durch programm- oder projektbezogene Sichtweise auch Projektmanagement betreiben, indem sie Projekte aus ihrem Tagesgeschäft generieren und bearbeiten. In Programmen und programmorientierten Unternehmen muss das strategische das Programmziel an alle Mitarbeiter kommuniziert werden. Sie können durch hohe soziale Kompetenz des Programmmanagers mehr als ausreichend motiviert werden. Diese Ziele und Visionen sind, unabhängig vom eigenen Projekterfolg, zu priorisieren. In der Programmorientierung sollte der Focus speziell auf der praktizierten sozialen Kompetenz des Projektdirektors liegen. Personalentwicklung und -führung, breite PM-Schulung und levelbezogene Zertifizierung des Projektpersonals fördern eine „einheitliche Sprache" und erleichtern die Programmarbeiten.

5 Fragen zur Wiederholung

1	Wie stehen Projekte, Programme und nicht projektwürdige Aufgaben in Zusammenhang?	☐
2	Wie werden operative Kompetenzelemente der ICB 3.0 auf das Programm angewendet (Beispiele)?	☐
3	Wie kann ich meine Mitarbeiter für die strategische Zielerreichung des Gesamtprogramms motivieren?	☐
4	Wie würde ich meiner Geschäftsleitung die Vorteile eines programmorientierten Unternehmens aufzeigen und diese auch durchsetzen (lassen)?	☐
5	Welche Vorteile würden meinem Unternehmen durch ein professionelles Programmmanagement entstehen?	☐
6	Inwiefern ist eine PM- Ausbildung der Mitarbeiter in meinem Unternehmen von Vorteil?	☐
7	Welche Bedeutung haben die so genannten „Soft Facts" für den Projektdirektor?	☐
8	Inwiefern unterscheiden sich die Aufgaben des Programmmanagers im Unternehmensprogramm von denen eines Programms, das im Unternehmensprogramm durchgeführt wird?	☐
9	Welche unterschiedliche Aufgabenorientierung für Projektdirektoren kennen Sie (Beispiele)?	☐

3.03 Portfolioorientierung (Portfolio orientation)

Jörg Seidl, Daniel Baumann

Lernziele

Sie können

- mindestens zwei gebräuchliche Projektportfoliodarstellungen nennen und erläutern, wie sich diese zur Priorisierung nutzen lassen
- wesentliche Ziele des projektübergreifenden Wissensmanagements aufzählen
- mindestens ein typisches Projektpriorisierungsverfahren erläutern
- das Konzept der prioritätsorientierten Ressourcenallokation erklären
- den Unterschied zwischen einer Maximierungs- und Minimierungsstrategie auf Ebene des Projektportfolios erklären

Inhalt

1	Strategien zur Optimierung des Projektportfolios	2309
1.1	Minimierungsstrategie	2309
1.2	Maximierungsstrategie	2309
1.3	Anwendung der Optimierungsstrategien	2309
2	Priorisierung von Projekten	2310
2.1	Visualisierungstechniken	2310
2.2	Priorisierungsmethoden	2311
2.3	Flexibilität des Priorisierungsverfahrens	2312
3	Prioritätsorientierte Ressourcenallokation	2314
4	Nutzencontrolling im Projektportfolio	2316
5	Projektübergreifendes Projektwissensmanagement	2317
6	Zusammenfassung	2320
7	Fragen zur Wiederholung	2322

1 Strategien zur Optimierung des Projektportfolios

Mit einer zunehmenden Anzahl von Projekten verstärkt sich in Unternehmen bzw. Organisationen das Bedürfnis, die Gesamtheit der Projekte in optimierter Weise zu steuern. Dies ist verständlich, da durch ein umfangreiches Projektportfolio auch entsprechende Budgets, Personal- und Sachressourcen und Leitungskapazitäten gebunden sind.

Eine Optimierung setzt aber ganz allgemein voraus, dass eine Optimierungsstrategie ausgewählt wurde. Die wichtigsten Optimierungsstrategien, nämlich die Minimierungsstrategie und die Maximierungsstrategie werden im Folgenden kurz vorgestellt.

1.1 Minimierungsstrategie

Eine Minimierungsstrategie liegt vor, wenn ein vorgegebenes Ergebnis mit möglichst geringem Aufwand erreicht werden soll. Die Anwendung dieses Konzepts auf ein Projektportfolio setzt eine exakte Definition der Projektergebnisse voraus, die durch die Gesamtheit aller Projekte in einer festgelegten Periode zu erarbeiten sind.

Die Minimierungsstrategie verfolgt dann das Ziel, die so definierten Ergebnisse in möglichst kurzer Zeit und/oder mit möglichst geringen Personal- und Sachressourcen zu erreichen.

1.2 Maximierungsstrategie

Im Rahmen einer Maximierung wird das Ziel verfolgt, auf der Basis vorgegebener, begrenzter Ressourcen einen maximalen Nutzen zu generieren.

Wird im Projektportfoliomanagement eine Maximierungsstrategie verfolgt, so bedeutet dies also, die Projekte so zu gestalten, dass mit den für die Projektarbeit in einer Steuerungsperiode verfügbaren Personal- und Sachressourcen möglichst viele und qualitativ gute Projektergebnisse generiert werden.

Da zumeist nicht alle bereits laufenden Projekte, Projektideen und Projektanträge mit den verfügbaren Ressourcen angemessen bedient werden können, ist ein wesentliches Element einer solchen Maximierungsstrategie eine effektive Auswahl der nutzbringendsten Vorhaben.

1.3 Anwendung der Optimierungsstrategien

In der Unternehmenspraxis werden je nach Kontext meist unterschiedliche Strategien gewählt. Bei einzelnen Projekten oder auch Programmen umfasst der Projekt- bzw. der Programmauftrag üblicherweise klar definierte Projektergebnisse, die man möglichst effizient zu erreichen versucht. Hier wird demzufolge üblicherweise die Minimierungsstrategie angewendet.

In der Projektportfoliosteuerung wird dagegen häufig entweder der Gesamtaufwand der Projektaktivitäten in einer Steuerungsperiode begrenzt, z. B. durch ein Jahresbudget, oder aber es stehen nur begrenzte Personal- oder Sachressourcen für die Projektarbeit zur Verfügung. Aus diesem Grund folgt eine Optimierung im Rahmen der Portfoliosteuerung meist einer Maximierungsstrategie.

Problematisch ist nun, dass auf der Einzelprojekt- und der Portfolioebene nach unterschiedlichen Gesichtspunkten optimiert wird. Die dadurch entstehenden Konflikte erfordern eine Sensibilisierung der Beteiligten für die unterschiedlichen Sichtweisen und eine aktive Informationspolitik im Projektportfolio.

2 Priorisierung von Projekten

2.1 Visualisierungstechniken

Portfoliodarstellungen werden heute in vielfältiger Form für das Multiprojektmanagement genutzt. Zum Einsatz kommen entweder ordinal- oder intervallskalierte Portfoliodarstellungen.

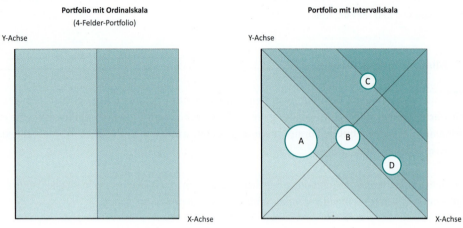

Abbildung 3.03-V1: Portfoliodarstellungen

Mit den Darstellungen lassen sich verschiedene Projektkennzahlen bzw. -klassifizierungen visualisieren. Für die Achsen geeignete Größen sind hierbei Nutzen, Risiken, Bedeutung, Dringlichkeit, Zwänge etc.

Die Größe der Blasen bei intervallskalierten Darstellungen kann sinnvollerweise mit dem Projektnutzen, den Projektkosten oder auch einem Risikoindex ausgedrückt werden. Zudem lassen sich die Blasen sinnvoll einfärben, z. B. um Projekttypen, Projektphasen oder die Zugehörigkeit der Projekte zu Teilportfolien darzustellen. Auf diese Weise lassen sich in einem einfachen Ordinatensystem mehrere Dimensionen darstellen, was allerdings die Interpretation anspruchsvoller macht.

Die beiden Darstellungsformen haben jeweils gewisse Vor- und Nachteile. Ordinalskalen können ohne großen Erhebungsaufwand auf der Basis einfacher Projektklassifizierungen erstellt werden. Ein Vier-Felder-Portfolio nach Bedeutung und Dringlichkeit ließe sich schon erstellen, wenn für jedes Projekt eine Klassifizierung der Kriterien mit den Ausprägungen „hoch" und „niedrig" vorläge. Der Nachteil von Vier-, Neun- oder 16-Felder-Portfoliodarstellungen liegt in der geringen Trennschärfe des Verfahrens. Nimmt man ein Portfolio von 40 Projekten an, so würde bei einer angenommenen Gleichverteilung jeder Quadrant 10 Projekte umfassen. Innerhalb der Quadranten bleibt die Rangfolge jedoch ungeklärt, so dass sich das Verfahren zwar für eine grobe Selektion der Projekte eignen mag, nicht aber für weitergehende Aufgabenstellungen wie z. B. die Ressourcenallokation.

Intervallskalierte Portfoliodarstellungen erlauben hingegen eine sehr trennscharfe Ermittlung von Projektprioritäten. In der Abbildung wird dies durch Anwendung des Diagonalverfahrens verdeutlicht. Die Positionen der Projekte werden mittels der Kriterien in Form von Koordinaten im Portfolio bestimmt und dargestellt. Wir nehmen an, dass die Achsen so gewählt sind, dass die Attraktivität eines Projektes mit dem X- und Y-Wert gleichermaßen steigt. Um das attraktivste Projekt zu finden, bewegt man nun eine orthogonale Linie zur Diagonale von rechts oben nach links unten. Im Beispiel trifft diese Linie zuerst auf Projekt C, dann auf die Projekte D, B und A. Somit ist eine Projektrangfolge anhand der beiden Kriterien ermittelt worden. Das Verfahren kann auch angewendet werden, wenn die Kriterien unterschiedliche Gewichte erhalten. Grafisch entspräche dies einer Neigung der Diagonale zur Achse des stärker gewichteten Kriteriums.

Sofern mehr als zwei Kriterien zur Bestimmung der Rangfolge herangezogen werden sollen, kommt das grafische Portfolioverfahren an seine Grenzen. In diesem Fall sind Entscheidungsbäume oder Scoringverfahren für die Priorisierung zu empfehlen.

2.2 Priorisierungsmethoden

Ziel der Projektpriorisierung sollte eine eindeutige Projektrangfolge sein.

Wesentliche weitere Anforderungen an die Priorisierung sind in ihrer Nachvollziehbarkeit, der schnellen Anpassung an neue Gegebenheiten sowie der Trennung von Priorisierungsregel und Rangermittlung zu sehen.

Hierzu ist der Einsatz von regelbasierten Priorisierungsverfahren zu empfehlen. Diese erlauben eine situativ an das Unternehmen und die aktuelle Lage angepasste Priorisierungslogik und durch weitgehende Automatisierungsmöglichkeiten eine schnelle Ermittlung der Projektrangfolge bei veränderten Rahmenbedingungen.

Für die eigentliche Priorisierung stehen verschiedenste Verfahren zur Verfügung, die sich zudem miteinander in vielfältiger Form kombinieren lassen. Die nachfolgende Abbildung 3.03-V2 stellt eine Auswahl wichtiger und geeigneter Verfahren im Überblick vor. Weitergehende Informationen zu Priorisierungsverfahren finden sich u. a. bei KUNZ (2006, 123ff).

Eindimensionale Priorisierungsmethoden	Vergleichende Priorisierungsmethoden	Mehrdimensionale Priorisierungsmethoden
Kapitalwert-Methode (Net Present Value)	Paarvergleiche/ Sensitivitätsanalysen	Checklisten-Verfahren (meist i.V.m. Punktbewertung)
Interner-Zinsfuß-Methode	Lineare Programmierung	Portfolio-Modelle (Diagonalverfahren)
Entscheidungsbaum-Verfahren		Punktbewertungsverfahren (Scoring-Modelle)
Realoptionen-Bewertung		Regelbäume (unter Berücksichtigung unterschiedlicher Kriterien)

Abbildung 3.03-V2: Übersicht über gängige Priorisierungsverfahren

2.3 Flexibilität des Priorisierungsverfahrens

Eine flexible Priorisierung aller Unternehmensprojekte sollte nach Möglichkeit die Berücksichtigung unterschiedlicher Priorisierungskriterien erlauben und sich flexibel auf neue Rahmenbedingungen anpassen. Während in früheren Jahren die meisten Organisationen eine einmalige Priorisierung der Projekte im Rahmen des jährlichen Budgetprozesses für ausreichend erachteten, wächst in jüngerer Zeit die Erkenntnis, dass aufgrund der vielfältigen Änderungen in einem Projektportfolio während eines Jahres eine drastische Verkürzung der Projektpriorisierungs- und Steuerungszyklen notwendig ist. Viele Unternehmen gehen inzwischen von der statischen Projektpriorisierung über zu einer **rollenden Planung des Projektportfolios**. Dies führt dazu, dass zur Ermittlung der Projektprioritäten deutlich weniger Zeit zur Verfügung steht, als dies noch im Rahmen einer jährlichen Projektpriorisierung möglich war. Um dieser beschleunigten Form der Projektpriorisierung gerecht zu werden, müssen vermehrt Möglichkeiten geschaffen werden, die Projektprioritäten auf der Basis fest definierter Regeln automatisch zu ermitteln. Eine weitere funktionale Anforderung besteht in der Standardisierung des Projektberichtswesens. In der Vergangenheit war es häufig üblich, dass sich jedes Projekt seine eigene Berichtsstruktur schuf, was dazu führte, dass Entscheidungsträger – wie zum Beispiel Lenkungsausschussmitglieder – sich in unterschiedliche Berichtsstrukturen immer wieder neu einarbeiten oder hineindenken mussten. Dies kann durch ein standardisiertes Berichtswesen deutlich verbessert werden.

Als wichtigste Auswahleigenschaften im Sinne einer umfassenden Beurteilung von Projekten kann man den Nutzen und das Risiko ansehen (vgl. LUKESCH, 2000: 58).

Interessant ist dabei zudem die Frage, bis zu welchem Zeitpunkt auf seinem Lebensweg ein Projekt in die Auswahl einbezogen werden soll. Werden bereits laufende Projekte in die Projektauswahl mit einbezogen, so müssen unter anderem die sogenannten Sunk costs berücksichtigt werden.

> **§ Definition** Unter Sunk costs versteht man Kosten von Projekten, die in der Durchführung bereits relativ weit fortgeschritten sind und damit schon einen großen Teil ihrer Kosten verursacht haben.

Werden solche Projekte bei der Projektauswahl mit einbezogen, so sind bei der Errechnung des finanziellen Nutzens des Projektes diese Sunk costs nicht mehr zu berücksichtigen. Mit anderen Worten werden bei der Berücksichtigung laufender Projekte im Rahmen der Projektauswahl lediglich Grenznutzen und Grenzkosten solcher Projekte einander gegenübergestellt. Da bei laufenden Projekten somit die um die Sunk costs verminderten Gesamtkosten des Projektes mit dem vollen Nutzen ins Verhältnis gesetzt werden, steigt die Rentabilität des Projektes im Laufe seiner Durchführung immer weiter an und verbessert damit die Position des Projektes im Rahmen der Projektauswahl (vgl. LUKESCH, 2000: 63).

Entlang des Lebenswegs eines Projektes wird immer mehr Wissen aufgebaut. Je weiter ein Projekt fortschreitet, werden auch Unsicherheiten im Projekt reduziert und somit Projektrisiken gemindert. Die nachfolgende Abbildung 3.03-V3 verdeutlicht diesen Zusammenhang (vgl. LUKESCH, 2000: 64).

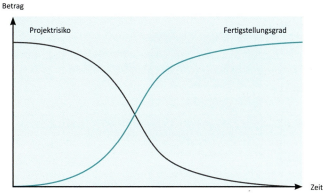

Abbildung 3.03-V3: Entwicklung von Fertigstellungsgrad und Projektrisiken entlang des Lebenswegs

 In der Praxis muss die Priorisierung einfach und flexibel an neue Rahmenbedingungen angepasst werden können.

Aus diesem Grunde bevorzugen viele Unternehmen einfache Verfahren. Die folgende Abbildung 3.03-V4 zeigt das Priorisierungsverfahren eines Finanzdienstleisters.

Abbildung 3.03-V4: Projektpriorisierung bei einem Finanzdienstleister

Zunächst werden die Projekte dabei bezüglich der mit ihnen verbundenen Notwendigkeiten und Zwänge klassifiziert. Innerhalb der Zwangsprojekte, welche insgesamt die höchste Priorität erhalten, werden die Projekte nach der Art der Zwänge priorisiert. Dabei haben gesetzliche Zwänge die höchste Priorität. Nachdem das Pflichtprogramm geklärt ist, wird die Menge der verbleibenden Projekte nach zwei unterschiedlichen Nutzenkriterien priorisiert. Dabei wird zwischen dem so genannten strategischen und monetären Nutzen unterschieden. Beide Kriterien werden in Form von Klassifikationen ausgedrückt, so dass eine 16-Felder-Matrix gebildet werden kann. Nachteilig wirkt sich bei diesem Verfahren aus, dass es innerhalb der einzelnen Felder keine Präferenzordnung zwischen den dort angesiedelten Projekten erzeugt. Diese muss in einer Nachbearbeitung erst noch festgelegt werden.

Die folgende Abbildung 3.03-V5 zeigt eine Musterlösung für eine eindeutige Priorisierung, bei der berücksichtigt wird, dass in den meisten Unternehmen Zwangsprojekten eine höhere Priorität erhalten als Kann-Projekte. Diese Priorisierungspraxis konnte auch empirisch belegt werden.

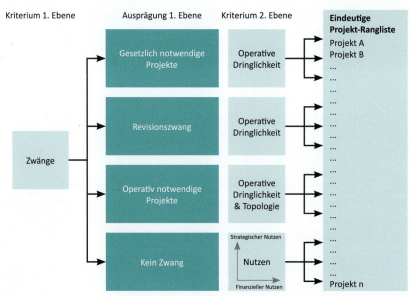

Abbildung 3.03-V5: Musterlösung für ein eindeutiges Priorisierungsverfahren (SEIDL, 2007)

3 Prioritätsorientierte Ressourcenallokation

Nachdem die Projektrangfolge geklärt ist, sollte eine an den Projektprioritäten orientierte Ressourcenallokation erfolgen. Diese muss natürlich auch die geplante zeitliche Inanspruchnahme der Ressourcen berücksichtigen.

Wesentliche Fragen in diesem Kontext lauten:

- Welche Projekte können mit einer gegebenen Ressourcenkapazität abgewickelt werden? Wann?
- Wie werden die Ressourcen quantitativ und qualitativ optimal den Projekten zugeordnet?
- Wer entscheidet über die Ressourcenzuordnung?
- Wie geht man mit Ressourcenengpässen um?
- Nach welchen Prinzipien kann eine Optimierung erfolgen?

Zur Beantwortung dieser Fragen können unterschiedliche Ansätze verfolgt werden. Um beurteilen zu können, welche Projekte mit einer gegebenen Ressourcenkapazität abgewickelt werden können, müssen Termin- und Ressourcenplanung unter Berücksichtigung der Projektprioritäten miteinander verknüpft werden. Um zudem die Ressourcen optimal den Projekten zuzuordnen, ist zwingend eine prioritätsorientierte Ressourcenallokation notwendig. Dabei können neben den Projektprioritäten ggf. auch die Skills der Ressourcen berücksichtigt werden.

Ein sehr wichtiger Aspekt ist die Entscheidung über die Ressourcenzuordnung. Hier erscheint es sinnvoll, die Ressourcenanforderung ohne konkrete Personalzuordnung auf der Basis skillorientierter Anforderungen durch die Projektmanager zu stellen, während die konkrete Ressourcenzuweisung dann durch den zuständigen Ressourcen- oder Linienmanager erfolgt.

Schwierig ist immer der Umgang mit Ressourcenengpässen. Für die Projekte ist meistens eine externe Beschaffung die bequemste Lösung. Unternehmensweit müssen dagegen bei dauerhaften Engpässen entsprechende Qualifizierungs- und/oder Personalakquisitionsmaßnahmen ergriffen werden. Diese kommen aber i.d.R. erst späteren Projektvorhaben zu gute.

Zu empfehlen ist generell, zunächst die Ressourcenallokation und -steuerung im Bereich von Engpassressourcen anzugehen und zu verbessern. Unternehmensweite Ansätze wurden in der Vergangenheit oft überfrachtet und zu breit angelegt. Die dadurch bedingte Notwendigkeit, vielfältige Kompromisse einzugehen hat dann leider häufig dazu geführt, dass der eigentliche Nutzen nicht erzielt werden konnte und auch die Akzeptanz der Ansätze nicht gesichert war.

Wenn man eine Optimierung der Ressourcensteuerung durchführen möchte, sollte man zudem eine grundlegende Festlegung nicht übersehen: man sollte klar festlegen, nach welchen Prinzipien diese Optimierung erfolgen soll. Diese Festlegung ist schlicht eine notwendige Voraussetzung, um überhaupt optimieren zu können.

Hierbei gibt es grundsätzlich zwei mögliche **Optimierungsprinzipien**:

- Maximierung: maximaler Output bei gegebenen Ressourcen
- Minimierung: minimaler Ressourcenaufwand bei vorgegebenem Output

Ein ebenso einfaches wie überzeugendes Visualisierungsinstrument für eine prioritätsorientierte Ressourcenallokation bieten gestapelte Balkendiagramme der **Ressourcenbindung im Zeitverlauf**.

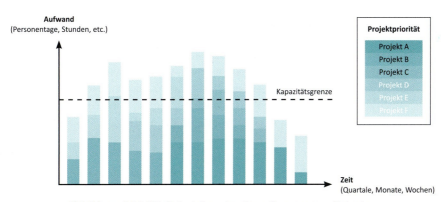

Abbildung 3.03-V6: Prioritätsorientierte Ressourcenallokation

Bei der praktischen Umsetzung sollten einige Empfehlungen beachtet werden. So ist es nicht notwendig, das Ressourcenmanagement von Anfang an auf alle Ressourcen auszudehnen. Vielmehr kann es sinnvoll sein, diese Form der Steuerung zunächst auf Engpassbereiche anzuwenden – unabhängig davon, ob es sich um Personal- oder Sachressourcen handelt.

Einschränkend muss hier allerdings festgestellt werden, dass die Engpassbereiche oft erst identifiziert werden, wenn eine umfassende Ressourcenallokation unter Einbeziehung aller verfügbaren Ressourcen vorgenommen wurde. Eine Einschränkung der Ressourcenplanung auf Engpassressourcen birgt daher immer die Gefahr, dass bereits bestehende oder in der Zukunft drohende Ressourcenengpässe nicht oder nicht rechtzeitig erkannt werden.

Ein anderer wichtiger Aspekt besteht in der angemessenen Festlegung der Detaillierungsebene. So sollte die Ressourcenplanung eher auf der Ebene von Ressourcengruppen oder auch skillbezogenen anhand von Planungsressourcen erfolgen, während für die kurzfristig anstehenden Umsetzungsaufgaben eine Zuordnung und damit Allokation von konkreten Einzelressourcen erfolgen sollte. Auch die tatsächliche Ressourcenbindung sollte auf dieser Ebene erfasst und ermittelt werden.

4 Nutzencontrolling im Projektportfolio

Die Planung und Verfolgung des Nutzens, der durch ein Projekt erzielt werden soll oder erzielt worden ist, gestaltet sich schon auf der Ebene eines einzelnen Projektes als sehr schwierig. Hierfür gibt es unterschiedliche Gründe.

Ein wesentliches Problem besteht darin, den Nutzen überhaupt zu messen. In der Praxis erscheint „der Projektnutzen" vielmehr als eine unbestimmte Größe, der sich subjektiv aus den Einschätzungen der wichtigsten Projektstakeholder zusammenfügt, aber sich nur schwer objektiv in Form einer oder einiger weniger Kennzahlen ausdrücken lässt. Man sollte daher qualitativen und quantitativen Nutzen unterscheiden.

Ein anderes Problem besteht darin, dass sich hinter dem Begriff „Projektnutzen" bei genauerem Hinsehen eine sich im Zeitablauf verändernde Größe verbirgt. In den frühen Projektphasen beschäftigten sich die Stakeholder mit **Nutzenerwartungen**, die mit dem Projekt – zu Recht oder zu Unrecht -verbunden werden. Diese Nutzenerwartung wird in der Regel im Projektauftrag festgeschrieben. Das Projektportfoliomanagement hat in der Folge die schwierige Aufgabe, die Umsetzung diese Nutzenerwartungen vor dem Hintergrund des gesamten Projektportfolios zu steuern und zu optimieren.

Wie empirisch belegt werden kann, finden während der Laufzeit von Projekten nur selten Nutzenüberprüfungen statt (vgl. SEIDL, 2007). Sofern ein Nutzeninkasso in Projekten überhaupt vorgenommen wird, findet dieses meist gegen Ende des Projektes statt. Zum Projektende können die meisten Projekte allerdings meist erst ein **Nutzenpotenzial** vorweisen, da die Realisierung eines **konkreten Nutzens** in aller Regel die Nutzung des im Projekt erstellten Produkts oder Ergebnisses über einen gewissen Zeitraum voraussetzt, also erst mit einem gewissen zeitlichen Abstand zum Projekt erfolgt. Ergo kann der konkrete Nutzen auch erst mit diesem zeitlichen Abstand gemessen werden. Die Genauigkeit dieser Ermittlung ist jedoch eingeschränkt, da es oft schwierig ist, den Beitrag des Projektes zum Nutzen gegenüber anderen Beiträgen und Einflüssen zu isolieren.

Das Projektportfoliomanagement steht somit vor der schwierigen Aufgabe bei der projektübergreifenden Verfolgung und Optimierung der Nutzenbeiträge höchst unterschiedliche Qualitäten von Nutzen zusammenzuführen, auf einen gemeinsamen Nenner zu bringen und darauf aufbauend Entscheidungen vorzubereiten oder zu treffen.

Hierzu ist es sinnvoll, den Gesamtnutzen der Projekte auf kleinere, in sich abgeschlossene Nutzenbeiträge herunter zu brechen, die einerseits die Verfolgung des Projektnutzens im Zeitverlauf und andererseits die projektübergreifende Zusammenführung von Nutzenbeiträgen durch das Projektportfoliomanagement innerhalb der festgelegten Steuerungsperioden ermöglichen.

Während der Projektlaufzeit kann die Ermittlung und Verfolgung von Projektwerten im Rahmen der **Earned-Value-Analyse** (EVA) ein geeignetes Instrument hierfür sein. Kritisch anzumerken ist allerdings, dass diese Methode qualitative Nutzenaspekte nicht erfasst und beim quantitativen Nutzen zuweilen Scheingenauigkeiten vorspiegelt. Daher sollte sich das Nutzencontrolling im Projektportfolio nicht auf diese Methode alleine beschränken.

5 Projektübergreifendes Projektwissensmanagement

Bevor man sich näher mit dem Begriff des Projektwissensmanagements auseinandersetzt, sollten die Begriffe „Daten", „Informationen" und „Wissen" begrifflich geklärt werden.

> **Definition**
>
> **Daten** sind Repräsentationen von Fakten über beliebige Interessensobjekte.
>
> Daten können verschiedene Ebenen repräsentieren:
> - Dinge, Objekte (i. S. von Entitäten)
> - Attribute
> - Beziehungen (zwischen Entitäten)
>
> **Informationen** sind Daten in einem spezifischen Kontext. Eine Information spiegelt die Bedeutung der Daten wieder. Sie ergibt sich aus den Daten selbst, der Datendefinition und der Präsentation der Daten.
>
> **Wissen** ergibt sich aus Informationen (nicht Daten!) und einem speziellen Erfahrungskontext. Wissen bedeutet, eine Information vor dem Hintergrund von (i. d. R. persönlichen) Erfahrungen zu interpretieren, ihre Signifikanz zu erkennen und zu verstehen.

Im Projektmanagement sind drei **Typen von Wissen** zu unterscheiden

- Das Ex-Post-Wissen aus Projekten
- Das aktuelle Wissen in Projekten
- Das Wissen über die aktuellen Projekte

Das Ex-Post-Wissen aus Projekten wird durch eine Nachbetrachtung der Projekte gewonnen und umfasst somit die sogenannten „Lessons Learned". Dieses Wissen kann sehr wichtig für nachfolgende Projekte sein, steht aber parallel laufenden Projekten aufgrund des späten Ermittlungs- und Aufbereitungszeitpunkts in der Regel nicht mehr zur Verfügung.

Das aktuelle Wissen in Projekten umfasst das Wissen, das zur Durchführung des Projektes notwendig ist und hierzu im Projekt entwickelt oder erhoben wurde.

Für die Steuerung des Projektportfolios ist nicht die Summe des aktuellen Wissens in allen Projekten erforderlich, sondern vielmehr ein relevantes Wissen über die Projekte sowie deren jeweiligen Projekt- und Organisationskontext.

Das PM-System tauscht darüber hinaus mit seinem Umsystem, also der Organisation selbst, zwei weitere Wissenstypen aus:

- Projektrelevantes Wissen der Organisation und
- Organisationsrelevantes Projektwissen

Diese unterschiedlichen Wissenstypen werden an verschiedenen Stellen im Prozessmodell angesprochen, wie die folgende Abbildung 3.03-V7 verdeutlicht (vgl. SEIDL, 2007:128; s.a. SCHINDLER, 2002: 119; KUNZ, 2005: 206).

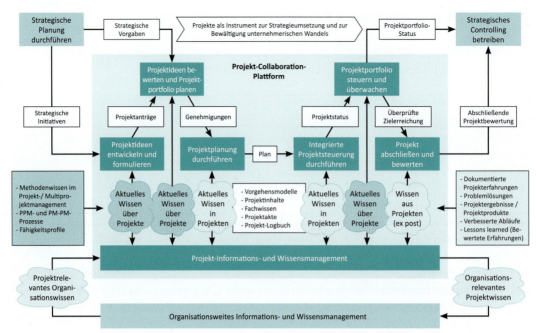

Abbildung 3.03-V7: Wissenstypen in Projektprozessen

Das Projektwissensmanagement ist noch eine recht neue Disziplin im Rahmen des Projektmanagements. Die Anwendung von Projektwissensmanagement auf Projekte ist insofern Erfolg versprechend, als Projekte über eine Vielfalt gut dokumentierter und bereits vielfältig klassifizierter Informationen und Dokumente verfügen. Projekte sind somit ein gutes Anwendungsfeld für das Wissensmanagement. Andererseits sind die Motive für die aktive Nutzung des Instruments Projektwissensmanagement je nach Sichtweise sehr unterschiedlich. Aus der Sicht einer konkreten Projektorganisation, also insbesondere aus der Sichtweise des Projektleiters und des Projektteams, sind die Anreize zur Aufbereitung von Projekterfahrungen teilweise recht gering. **Hemmnisse** liegen teilweise in ganz allgemeinen Umständen begründet, wie sie bereits aus dem Projektwissensmanagement selbst bekannt sind. Dazu gehören zum Beispiel Hemmungen, negative Erfahrungen oder Fehler offen zu legen und für andere aufzubereiten, weil man Nachteile für die eigene Position befürchtet. Betrachtet man allerdings Projekte auf ihrem Lebensweg, so muss man feststellen, dass die Aufbereitung von Projekterfahrungen vor allem deshalb nicht attraktiv ist, weil sie in der Regel dem Projekt selbst nicht mehr zugutekommen. Somit wird in einem typischen Projektverlauf, d.h. Bearbeiten unter hohem Termindruck und bei hohen Ressourcenengpässen, die Aufbereitung von Projekterfahrungen nur allzu gerne zugunsten anderer vermeintlich wichtigerer oder dringenderer Aufgaben geopfert. Ganz anders sieht die Motivationslage aus der übergeordneten Sicht des Projektportfoliomanagements oder des Gesamtunternehmens aus. Aus dieser Perspektive ist die Aufbereitung von Lessons Learned eine sehr wichtige, ja geradezu notwendige Tätigkeit. In dem Zusammenwirken dieser beiden Sichtweisen wird es also darauf ankommen, geeignete Anreizsysteme zu schaffen, welche sicherstellen, dass der Aufbereitung und Dokumentation von Projekterfahrungen hinreichend Raum eingeräumt wird.

Von dem effizienten Umgang mit Wissen ist neben der Dokumentation und Bereitstellung entsprechender Unterlagen vor allem auch ein geeignetes **Trägersystem** notwendig.

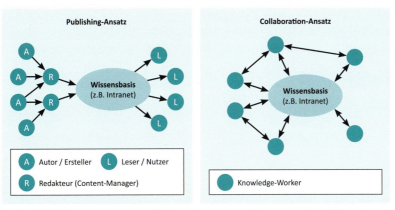

Abbildung 3.03-V8: Publishing- versus Collaboration-Ansatz (DIEFENBRUCH & HOFFMANN, 2001: 42)

Eine solche Plattform sollte idealerweise dem Collaboration-Ansatz folgen, bei dem jeder Projektmitarbeiter gleichzeitiger Autor und Nutzer der abgelegten Dokumente ist. Nur so lässt sich ein intensiver Austausch bewerkstelligen. Reine Publishing-Ansätze, bei denen das aufbereitete Wissen zunächst einen Redaktionsprozess durchläuft, haben sich in der Vergangenheit als zu schwerfällig für diesen Zweck erwiesen. Während die Bereitstellung von Informationen über solche Plattformen bereits in vielfältiger Weise zufrieden stellend geregelt werden konnte, bereitet ein angemessenes Information-Retrieval nach wie vor einige Probleme. Wichtig erscheint hier, dass neben klassischen Verfahren, wie der hierarchische Ablage oder Klassifikationen mit Freitextsuche, auch modernere Zugriffsmöglichkeiten bereitgehalten werden, wie zum Beispiel die Unterstützung einer semantischen Navigation.

Für die Projektarbeit haben sich generische Konzepte wie ein Projekttagebuch mit organisationsspezifischen Eintragstypen als geeignete Instrumente herausgestellt.

Als technische Basis für das Wissensmanagement kommt heutzutage zunehmend die Portaltechnik zum Einsatz. Die folgende Abbildung 3.03-V9 zeigt auf, mit welchen Komponenten der Aufbau von Projektportalen für das Projektwissensmanagement erfolgen kann.

Abbildung 3.03-V9: Portale im Internet und Intranet (SEIDL & SCHAAL, 2001: 45)

Ein wesentliches Erfolgskriterium ist auch bei technischen Implementierungen von Plattformen zum Projektwissensmanagement die Möglichkeit zur weitestgehenden Personalisierung der Arbeitsplattform. Die folgende Abbildung 3.03-V10 zeigt die verschiedenen Dimensionen der Personalisierung auf.

Dimensionen der Personalisierung				
Inhalte/ Informationssphären	persönliche Sphäre	Projektsphäre	Unternehmenssphäre	externe Informatiosshäre
Personalisierung der Benutzeroberfläche	rollenbasiert/ systemgesteuert		individuell/benutzergesteuert	
personalisierbare Funktionen	Navigation Menü	vordefinierte Suchen	Abonnements z. B. Newsletter	Benachrichtigungsagenten
Gewinnung von Benutzerprofilen	Benutzerbefragung	vom Benutzer erstellte Profile	automatisch erstellte Profile (Webtracking)	

Abbildung 3.03-V10: Dimensionen der Personalisierung (SEIDL & SCHAAL, 2001: 46)

Auch im Rahmen des Projektwissensmanagements wird das Konzept eines kontinuierlichen Lernens in Projekten verfolgt (vgl. SCHINDLER, 2001: 174f)

Danach wird am Ende einer jeden Projektphase eine Aufbereitung von **Lessons Learned** vorgenommen, die in die Projektwissensbasis des Gesamtunternehmens eingehen. Aus diesen Lessons Learned werden regelmäßig Best Practices im Projektmanagement für das Unternehmen abgeleitet (vgl. KUNZ, 2005: 211).

6 Zusammenfassung

Mit der Anwendung von Projektmanagement-Methoden wird normalerweise eine Optimierung angestrebt. Hierzu muss eine Optimierungsstrategie festgelegt sein. Während im operativen Projektmanagement die Optimierung meist einer Minimierungsstrategie folgt, kommt im Projektportfoliomanagement eher die Maximierungsstrategie zum Einsatz. Das heißt dann konkret, dass mit den in einem bestimmten Zeitraum verfügbaren Personal- und Sachressourcen durch die Projekte innerhalb des Portfolios möglichst viele und qualitativ gute Ergebnisbeiträge erzielt werden sollen. Sofern die Ressourcen nicht ausreichen, um alle Vorhaben durchzuführen, muss im Rahmen der Maximierungsstrategie eine effektive Auswahl der nutzbringendsten Vorhaben erfolgen.

Da die Optimierung auf der Einzelprojekt- und der Portfolioebene häufig unterschiedlichen Strategien folgt, entstehen Zielkonflikte, die identifiziert und einer Lösung zugeführt werden müssen. Hier muss eine Portfoliosteuerung Konfliktpotenziale frühzeitig identifizieren, aktiv informieren und mit viel Fingerspitzengefühl belastbare Lösungen finden.

Ein Projektportfolio kann je nach Art und Umfang der darin enthaltenen Projekte und Programme sehr unübersichtlich wirken. Daher ist es wichtig, für wesentliche inhaltliche Aspekte geeignete Darstellungen zur Visualisierung des Projektportfolios zu finden. Hierzu bieten sich unter anderem Portfoliodarstellungen an. Zu unterscheiden sind dabei ordinal- und intervall-skalierte Portfoliodarstellungen. Diese können unter bestimmten Umständen auch für die Priorisierung von Projekten genutzt werden.

Das Ziel einer Projektpriorisierung sollte möglichst die Festlegung einer eindeutigen Projektrangfolge sein. Wichtig ist auch, dass die Priorisierung zu nachvollziehbaren Ergebnissen führt und dass Sie schnell neue Rahmenbedingungen angepasst werden kann. Hierfür ist es von Vorteil, wenn zunächst das Priorisierungsverfahren mit den heranzuziehenden Kriterien und der Art und Weise ihrer Anwendung festgelegt wird und in einem unabhängigen zweiten Schritt die eigentliche Rangermittlung für die Projekte erfolgt. Dieses Vorgehen erleichtert auch die Einführung einer rollenden Projektportfolioplanung, bei der die Projektprioritäten regelmäßig und fortlaufend an aktuellen Entwicklungen angepasst werden.

Ein Priorisierungsverfahren wird häufig nur mit neuen Projekten in Verbindung gebracht. Es lässt sich aber auch auf laufende Projekte anwenden. In diesem Fall können z. B. Kandidaten für eine Projektunterbrechung oder auch einen Projektabbruch identifiziert werden.

Neben reinen Nutzenkriterien, wie z. B. der strategischen Bedeutung oder dem finanziellen Nutzen eines Projekts, müssen in der Praxis meist auch Zwänge im Priorisierungsverfahren angemessen berücksichtigt werden. Üblicherweise liegen Zwangsprojekte in der Priorität vor den übrigen Projekten, was zuweilen zu Irritationen führt, weil die Projektrangfolge im Sinne der Priorität nicht identisch ist mit der Reihenfolge, in der die Projekte abgewickelt werden müssen bzw. sollen. Es ist daher wichtig, auf diesen Unterschied hinzuweisen.

Die ermittelten Projektprioritäten können und sollten vor allem genutzt werden, um die Zuordnung der meist knappen Ressourcen und Budgetmittel auf die Projekte vorzunehmen. Ein ebenso einfaches wie überzeugendes Instrument zur Planung und Darstellung der Ressourcenallokation anhand von Projektprioritäten bieten gestapelte Balkendiagramme der Ressourcenbindung im Zeitverlauf.

Eine sehr anspruchsvolle Aufgabe stellt das Nutzencontrolling innerhalb des Projektportfolios dar. Die Planung und Verfolgung des Nutzens, der durch ein Projekt erzielt werden soll oder erzielt worden ist, ist schon auf der Ebene einzelner Projekte sehr schwierig, da zum Zeitpunkt der Projektgenehmigung nur Annahmen über den erwarteten Nutzen getroffen werden können und auch bei Projektende meist erst ein Nutzenpotenzial geschaffen wurde. Der wirkliche Nutzen, den ein Projekt erzielt, kann – wenn überhaupt – meist erst mit einem gewissen zeitlichen Abstand zum Projektende bewertet werden. Zu diesem Zeitpunkt ist die Projektorganisation allerdings bereits aufgelöst. Die Verantwortung für das Nutzencontrolling sollte daher einer permanenten Organisationseinheit innerhalb der Aufbauorganisation zugeordnet werden, z. B. dem Projektportfoliomanagement oder dem Unternehmens- bzw. Konzerncontrolling.

Ein weitere wichtige Aufgabe, der man sich im Rahmen der Portfolioorientierung widmen sollte, ist das projektübergreifende Wissensmanagement. Dabei sind verschiedene Wissenstypen zu unterscheiden, nämlich die in früheren Projekten gesammelten Erfahrungen, das Wissen in den aktuell laufenden Projekten sowie das Wissen über diese aktuellen Projekte. Darüber hinaus beziehen die Projekte relevantes Wissen aus der Unternehmung bzw. der Organisation, in die sie eingebettet sind, und vermitteln für die Organisation relevantes Projektwissen zurück.

Einen guten Ansatzpunkt zur Verbesserung des projektübergreifenden Projektwissensmanagements bietet der gezielte Abbau von Hemmnissen für den Wissenstransfer. So sollten beispielsweise Anreize zur Aufbereitung und Dokumentation von Projekterfahrungen geschaffen werden. Zudem sollte der effiziente Umgang mit Informationen gefördert werden. Hierzu ist neben der Dokumentation und Bereitstellung entsprechender Unterlagen auch die Bereitstellung eines geeigneten Trägersystems für das Projektwissensmanagement notwendig. In vielen Unternehmen gibt es bereits geeignete Portale, Content Management-Systeme oder Kollaborations-Plattformen, die für eine Nutzung im Rahmen des Projektwissensmanagement lediglich angepasst werden müssten.

7 Fragen zur Wiederholung

1	Welche beiden unterschiedlichen Skalen kommen bei Projektportfoliodarstellungen zum Einsatz?	☐
2	Wie kann man in einem zweidimensionalen Portfolio die Rangfolge der darin abgebildeten Projekte bestimmen?	☐
3	Nennen Sie Beispiele für mehrdimensionale Projektpriorisierungsverfahren.	☐
4	Was versteht man unter einer prioritätsorientierten Ressourcenallokation?	☐
5	Welches Optimierungsprinzip wird in der Regel bei der Projektportfoliosteuerung verfolgt?	☐
6	Welche Typen von Wissen lassen sich im Projektmanagement unterscheiden?	☐

3.04 Einführung von Projekt-, Programm- und Portfoliomanagement (Project, programme & portfolio implementation)

Andreas Frick, Martin Raab

Lernziele

Sie kennen

- Instrumente zur Standortbestimmung und können deren Einsatzmöglichkeiten erläutern
- den Unterschied zwischen reifegradorientierten Verfahren zur Standortbestimmung und Verfahren mit fester Soll-Vorgabe
- Anwendungsformen der Instrumente zur Standortbestimmung
- den Nutzen von Großgruppenveranstaltungen im Rahmen eines PPP-Einführungsprojekts

Sie wissen

- in welcher Phase des Einführungsprojekts Instrumente zur Standortbestimmung eingesetzt werden
- welche Kriterien bei der Auswahl von Instrumenten zur Standortbestimmung relevant sind
- wie Interviewtechniken, Selbstbewertung und Workshops zur Standortbestimmung im PPP Einführungsprojekt eingesetzt werden

Sie können

- den prinzipiellen Aufbau von Reifegradmodellen erläutern und können den Nutzen im Rahmen eines Einführungsprojekts zu PPP aufzeigen
- branchenspezifische und branchenunabhängige Verfahren zur Standortbestimmung unterscheiden
- für ein gegebenes Projekt ein geeignetes Instrument zur Standortbestimmung auswählen

Inhalt

1	Instrumente zur Standortbestimmung bei der PPP Einführung	2325
1.1	Kategorisierung der Instrumente zur Standortbestimmung	2325
1.2	Projektmanagement-Verständnis und Referenzdokumentation	2326
1.2.1	Branchenspezifische Verfahren	2326
1.2.2	Branchenunabhängige Verfahren	2326
1.3	Verfahren mit fester Sollvorgabe versus reifegradorientierte Verfahren	2328
1.3.1	Verfahren mit fester Soll-Vorgabe	2329
1.3.2	Reifegradorientierte Verfahren	2329
1.3.3	Schrittweises Lernen in Reifegradstufen	2330
1.3.4	Reifegradmodelle und PPP-Einführung	2332
1.4	Bewertungsgegenstand der Instrumente zur Standortbestimmung	2333
2	Praktische Anwendung der Instrumente zur Standortbestimmung	2334
2.1	Führen von Interviews mit den Beteiligten	2334
2.2	Durchführung einer Selbstbewertung mit Fragebögen	2336
2.3	Workshops zur Standortbestimmung	2337
2.4	Großgruppenveranstaltungen	2338
3	Fragen zur Wiederholung	2340

1 Instrumente zur Standortbestimmung bei der PPP Einführung

In den Abschnitten 1 – 5 wurden die grundlegenden Themenstellungen eines Projekts zur Einführung vom PPP vorgestellt. Im Abschnitt Vertiefungswissen sollen ausgewählte Themen der Einführung von PPP in detaillierter Form behandelt werden. Hierbei wollen wir uns auf die zweite Phase des Einführungsprozesses zum PPP konzentrieren – auf die „Kritische Bestandsaufnahme".

Nachfolgend werden die Unterschiede und Einsatzmöglichkeiten gängiger Instrumente zur Standortbestimmung erläutert. Der Einsatz der Instrumente muss mit Bedacht gewählt werden, denn mit der Festlegung auf ein bestimmtes Instrument wird zu einem erheblichen Grad bereits die angestrebte Lösung festgelegt. Die Instrumente unterscheiden sich z. B. in dem grundlegenden Projektmanagement-Verständnis, welches jedem Instrument zugrunde liegt. Weitere Unterscheidungen liegen z. B. in der Frage, ob ein reifegradorientiertes Verfahren vorliegt oder eine fest definierte Soll-Vorgabe angestrebt werden soll.

In einem letzten Abschnitt wird dargestellt, in welcher Form die Instrumente eingesetzt werden können. Eine gängige Form ist das Führen von Interviews. Aber auch der Einsatz von Fragebögen ist möglich. Ebenso können die Instrumente z. B. in Form von Workshops eingesetzt werden. Welche Aspekte hierbei zu beachten sind, wird im letzten Abschnitt dargestellt.

1.1 Kategorisierung der Instrumente zur Standortbestimmung

In Abschnitt 4 des Grundlagenwissens wurde der Prozess zur Einführung von PPP-Verfahren dargestellt. Der zweite Prozessschritt, die „Kritische Bestandsaufnahme", ist für die Ausrichtung eines Veränderungsvorhabens von besonderer Bedeutung. Hier wird geklärt, von welcher Ausgangssituation ausgegangen werden kann. Zur Klärung dieser Frage wurden in den vergangenen Jahren zahlreiche Instrumente zur Standortbestimmung entwickelt, die eine relativ genaue Bestimmung des Ausgangspunkts ermöglichen.

Ausgehend vom Ergebnis der Standortbestimmung, wird es möglich, die Themen und Inhalte festzulegen, die in den folgenden Prozessschritten „Externe Orientierung und Qualifizierung" und „Soll-Konzept" im konkreten Fall in das PPP-Einführungsvorhaben aufgenommen werden sollen. So können z. B. Maßnahmen der Qualifizierung und der externen Unterstützung entwickelt und festgelegt werden, die, ausgehend von dem aktuellen Status, eine Weiterentwicklung ermöglichen, ohne die Organisation zu überfordern.

Die Instrumente zur Standortbestimmung können in mehrfacher Hinsicht unterschieden werden (vgl. Tab. 1.). Im Kern lassen sich drei Kriterien unterscheiden. Zunächst ist zu bedenken, dass jedes Instrument bestimmte Projektmanagement-Themen adressiert und jeweils ein bestimmtes Verständnis zum Projektmanagement zugrunde gelegt wird. Dem einen Verfahren liegt z. B. das Projektmanagement-Verständnis des Project Management Institut (PMI) aus den USA zugrunde. während andere Verfahren sich z. B. an den Standards der International Project Management Assoziation (IPMA) und der International Competence Baseline (ICB) orientieren.

Des Weiteren unterscheiden sich die Verfahren zur Standortbestimmung in der Frage, ob eine feste Soll-Vorgabe adressiert wird oder ob eine Reifegradorientierung vorliegt. Im ersten Fall geht es darum, das Delta zwischen einem idealen Soll-Zustand und dem aktuellen Ist-Zustand aufzuzeigen. Bei der Reifegradorientierung hingegen werden die nächsten möglichen und sinnvollen Schritte zur Weiterentwicklung des PPP ermittelt. Zuletzt sind die Instrumente zur Standortbestimmung entweder auf die Bewertung einzelner Projekte ausgerichtet oder für die Bewertung der ganzen PPP-Organisationen konzipiert.

Nachfolgend sollen diese Unterscheidungen näher erläutert und eine Auswahl bekannter Instrumente zur Standortbestimmung aufgeführt werden.

1.2 Projektmanagement-Verständnis und Referenzdokumentation

Die Instrumente zur Standortbestimmung unterscheiden sich zunächst in der Frage, welche Themenfelder bei der Analyse hinterfragt werden sollen und welches Projektmanagement-Verständnis zugrundegelegt werden soll. Im Regelfall liegt hierzu eine umfangreiche Dokumentation in Form einer Referenzdokumentation vor. Die Verfahren unterscheiden sich in mehrfacher Hinsicht. Betrachten Sie hierzu auch die Übersicht in Tabelle 3.04-V1.

1.2.1 Branchenspezifische Verfahren

Es existieren z. B. Verfahren, die für bestimmte Branchen entworfen wurden. Hierzu zählen z. B. das Capability Maturity Model, kurz CMM, welches durch das Software Engineering Institute (SEI) der Carnegie Mellon University 1991 in seiner ersten Version veröffentlicht wurde (vgl. PAULK, 1991). Auf dieser Basis erfolgten weitere Entwicklungen, z. B. SPICE (Software Process Improvement and Capability Determination) 1995 oder das CMMI (Capability Maturity Model Integration) im Jahr 2000 (vgl. KNEUPER, 2006) (vgl. Kapitel 1.05 Qualität). Wie die Namen der Modelle zeigen, handelt es sich hier um branchenspezifische Modelle aus dem Bereich der Informationstechnik. Das Themenfeld Projektmanagement spielt in diesen Verfahren zwar eine wichtige Rolle, es wird aber dennoch nicht ausführlich, z. B. im Sinne der ICB, behandelt.

1.2.2 Branchenunabhängige Verfahren

Eine weitere Gruppe von Verfahren bezieht sich ausschließlich auf das Themenfeld PPP. Diese Verfahren unterscheiden sich in der Frage, welche grundlegende Schule des Projektmanagements vorliegt. Wenn das zu schaffende PPP-Verfahren sich z. B. an den internationalen Standards der IPMA orientieren soll, so wären Instrumente, wie das IPMA DELTA, das Project Excellence Model oder das PM-Delta-Compact geeignet (vgl. Kapitel 1.05).

Soll das zu schaffende Verfahren sich an den Standards des PMI orientieren, so wären Instrumente, wie das Project Management Maturity Model (PMMM, KERZNER, 2001) oder das Organizational Project Management Maturity Model (vgl. FAHRENKROG, 2003) geeigneter.

> ! Den Analyseinstrumenten liegt also immer eine konkrete ideale Vorstellung darüber zugrunde, wie die Methoden und Verfahren des PPP umgesetzt und angewendet werden sollen. In Bezug auf diese ideale Vorstellung werden Fragen angeboten, mit deren Beantwortung und Auswertung dann die Differenz zwischen den jeweiligen idealen Vorstellungen bzw. der Projektmanagement-Schule und der aktuellen Situation gezeigt werden kann. Eine daraus abgeleitete Maßnahmenplanung wird naturgemäß darauf zielen, dass das jeweils adressierte Verständnis bzw. die jeweilige Schule des Projektmanagements schrittweise erreicht werden sollen. Die Wahl des Instruments zur Standortbestimmung legt damit auch die Art der zu schaffenden PPP-Lösung in ihren Grundzügen fest. Dies muss bei der Auswahl des Instruments zur Standortbestimmung berücksichtigt werden. Nachfolgend sollen die unterschiedlichen Gruppen von Verfahren näher kategorisiert werden.

(1) Projektmanagement nach IPMA/ICB

Eine Gruppe von Verfahren orientiert sich an den Standards der IPMA, die über die ICB beschrieben sind. Hierzu zählen z. B. PM-Delta Compact, das orientiert an der International Competence Baseline (ICB) entwickelt wurde und die Themen adressiert, die in der heute nicht mehr verfügbaren DIN 69904 definiert sind.

Die GPM startete 2007 unter der Bezeichnung GPM3 (General Project Management Maturity Model) die Entwicklung eines neuen Reifegradmodells, das inzwischen im IPMA-Produkt „IPMA DELTA" aufgegangen ist, mit dessen Hilfe eine Organisation eine umfassende Standortbestimmung im PPP durchführen kann. Beim IPMA DELTA bewerten ausgewählte Projektleiter und -mitarbeiter ihre individuelle Kompetenz im PPP mit Hilfe des ICB 3.0 Selbst-Assessments sowie die Leistung in ausgewählten Projekten anhand der Kriterien des Project Excellence Modells. International zugelassene Assessoren evaluieren schließlich in intensiven Interviews verschiedenste Aspekte des PPP einer Organisation, klassifizieren den Reifegrad, den diese Organisation insgesamt erreicht hat und zeigen den Handlungsbedarf für eine Weiterentwicklung auf.

(2) Projektmanagement nach OGC

Eine andere Gruppe von Verfahren orientiert sich an dem Projektmanagement-Verständnis, wie es durch das Office of Government Commerce (OGC, England) definiert wird. Hierzu zählen Verfahren, wie das P3M3 (Portfolio, Programm and Projekt Management Maturity Model) (OGC 1) oder das Reifegradmodell zu PRINCE2 (Projects in Controlled Environments 2) (OGC 2), das PRINCE 2 Maturity Model. Ist z. B. durch bestimmte Rahmenbedingungen bereits festgelegt, ein an PRINCE2 angelehntes Projektmanagement einzuführen, so macht es natürlich Sinn, das PRINCE 2 Maturity Model für die Standortbestimmung einzusetzen.

(3) Projektmanagement nach PMI

Weitere Verfahren beziehen sich auf das Projektmanagement, wie es im Guide to the Project Management Body of Knowledge (PMBok) dargelegt ist. Hierzu zählen z. B. die Verfahren OPM3 (vgl. FAHRENKROG, 2003) oder das PMMM (vgl. KERZNER, 2001). Beide letztgenannten Verfahren adressieren neben dem PMBok aber auch weitere Themenfelder. So adressiert das OPM3 ebenso die Themen Portfolio- und Programmmanagement, wie es durch das PMI (Project Management Institute, USA) vertreten wird. Ist also geplant, ein an den Standards des PMI angelehntes Projektmanagement einzuführen, so macht es Sinn, z. B. das OPM3 einzusetzen.

(4) EFQM basierte Systeme

Ein weiteres Modell ist das Project Excellence Model, das sich an den 9 Elementen des EFQM-Modells (European Foundation for Quality Management) orientiert und speziell darauf ausgerichtet ist, die Excellence eines spezifischen Projekts zu prüfen. (vgl. Kapitel 1.05). Die Entwickler des Modells haben sich in erster Linie an dem Excellence-Verständnis des EFQM-Modells orientiert und dieses auf das Themenfeld Projektmanagement ausgerichtet. Dem Modell liegt aber keine explizite Schule des Projektmanagements zugrunde, wie z. B. dem Verständnis nach IPMA oder PMI.

Tabelle 3.04-V1: Ausgewählte Instrumente zur Standortbestimmung und Kategorisierung

	Kriterium 1: Projektmanagement-Verständnis, Themen und theoretische Grundlage		Kriterium 2: Reifegrad oder feste Sollgröße	Kriterium 3: Einzelprojekt oder Projektmanagement der Organisation			
Instrument	PM-Verständnis/ Schule	Quelle	Orientierung	Einzelprojekt	PM der Org	Portfolio- und Programmmgt	Bemerkungen
Branchen-spezifisch							
CMMI	Software-Engineering und Projektmanagement gem. SEI	SEI (1991 – 2000)	Reifegrad	bei Großprojekten	X		Nachfolger des CMM
SPICE	ISO/IEC 15504	Basis: 1998	Reifegrad	bei Großprojekten	X		
Branchen-neutral							
PM-Delta PM-Delta Compact	DIN 69904 ICB	GPM	Definierte Soll-Vorgabe	X	X		
Project Excellence Model	EFQM	GPM	Definierte Soll-Vorgabe	X			
IPMA Delta	u.a. ICB, ISO 10006, ISO 21500	IPMA	Reifegrad	-	X	X	ab 2011 verfügbar
PMMM	PMBok PM gem. PMI	Kerzner (2001)	Reifegrad		X		
OPM3	PMBok	PMI (2003)	Reifegrad		X	X	
P3M3	OGC	OGC (2006)	Reifegrad		X	X	
PRINCE 2	OGC	OGC	Reifegrad	X			

Legende:
CMMI: Capability Maturity Model Integration
SEI: Software Engineering Institut (USA)
SPICE: Software Process Improvement and Capability Determination) oder ISO/IEC 15504
ICB: International Competence Baseline
GPM: GPM Deutsche Gesellschaft für Projektmanagement e.V.
ICB: international competence baseline
EFQM: European Foundation for Quality Management
GPM3: General Project Management Maturity Model
PMMM: Project Management Maturity Model
OPM3: Organizational Project Management Maturity Model
PMBok: Project Management Body of Knowledge (PMI)
PMI: Project Management Institute
OGC: Office of Government Commerce (England)
P3M3: Portfolio, Programm and Project Management Maturity Model
PRINCE2: Projects in Controlled Environments 2

1.3 Verfahren mit fester Sollvorgabe versus reifegradorientierte Verfahren

Eine weitere Unterscheidung und damit ein wichtiges Auswahlkriterium bei den Instrumenten zur Standortbestimmung ist die Frage, ob ein reifegradorientiertes Verfahren vorliegt oder ob es sich um ein Verfahren mit einer definierten Soll-Vorgabe handelt.

1.3.1 Verfahren mit fester Soll-Vorgabe

Verfahren mit definierter Soll-Vorgabe zielen darauf ab, den Ist-Zustand der Organisation oder des Projekts vor dem Hintergrund einer fest definierten Soll-Vorgabe abzubilden und die Differenz zwischen dem Ist-Zustand und dem vordefinierten Soll-Zustand aufzuzeigen. Hieraus werden dann konkrete Ziele und Maßnahmen abgeleitet, die es ermöglichen sollen, den fest definierten Soll-Zustand zu erreichen.

Das Bewertungsverfahren PM-Delta-Compact z. B. zeigt die Differenz zwischen dem aktuell in der Organisation praktizierten Projektmanagement und dem Projektmanagement, wie es gem. DIN 94904 bzw. in der ICB definiert ist, relativ genau auf. Die Organisation erhält als Ergebnis einer solchen Analyse eine Auflistung von Handlungsempfehlungen, durch deren Beachtung der Soll-Zustand erreicht werden kann.

> Dies stellt in vielen Fällen eine sehr wertvolle Hilfe dar und wird bei erfolgreicher Umsetzung der Handlungsempfehlungen zu Verbesserungen des Projektmanagements führen. Bei Organisationen, die noch über wenig Erfahrungen mit Projektmanagement verfügen, kann der Einsatz des Instrumentes aber auch zu Problemen führen. Die Analyse wird in einem solchen Fall ergeben, dass die Differenz zwischen dem vorgegebenen Soll-Zustand und dem Ist-Zustand sehr groß ist und es damit sehr schwer fallen wird, die Liste der Handlungsempfehlungen umzusetzen. Dies kann eine Organisation auch überfordern.

Verfahren mit fester Soll-Vorgabe bieten zunächst keinerlei Hilfestellung zur Frage, welche der Handlungsempfehlungen denn nun als erste und welche nachfolgend umgesetzt werden soll. Das Verfahren verleitet vielmehr zu der Auffassung, dass der ideale Soll-Zustand erstrebenswert ist und dass es deshalb erforderlich und sinnvoll ist, alles zu tun, um den idealen Soll-Zustand zu erreichen und damit allen Handlungsempfehlungen zu folgen.

Das Defizit dieser Verfahren muss durch die Erfahrungen des für die Analyse und Auswertung zuständigen Teams kompensiert werden. Aus der Summe der Handlungsempfehlungen muss dann ein Liste von Maßnahmen ausgewählt werden, die sinnvollerweise nun als erstes angegangen werden sollen. Die Instrumente selbst liefern hierzu aber keine methodische Hilfestellung. Dieses Defizit wurde erst mit den reifegradorientierten Verfahren behoben.

1.3.2 Reifegradorientierte Verfahren

Reifegradorientierte Verfahren zielen darauf ab, den Grad der Fähigkeit einer Organisation zu ermitteln, erfolgreich Projekte durchzuführen oder Portfolios oder Programme zu steuern. Dieser Grad wird dann als Reifegrad bezeichnet. Ausgehend vom ermittelten Reifegrad, können dann die nächsten möglichen und sinnvollen Schritte abgeleitet werden. Hierbei liegen kein festes Endziel, kein idealer Soll-Zustand vor Augen, sondern eine Bestimmung von Zielen und Maßnahmen, die sinnvollerweise und, ausgehend von der aktuellen Situation, als nächstes angegangen werden sollten, um das Projekt-, Portfolio- oder Programmmanagement der Organisation auf das nächst höhere Niveau – den nächst höheren Reifegrad – zu heben.

Das erste Reifegradmodell war das Capability Maturity Model (vgl. PAULK, 1991). Dann folgten zunächst weitere branchenspezifische Entwicklungen, wie z.B. SPICE 1995 oder das CMMI im Jahr 2000 (vgl. KNEUPER, 2006). Das erste Reifegradmodell, das sich dezidiert dem Themenspektrum des Projektmanagements widmet, stammt von KERZNER und trägt die Bezeichnung: Project Management Maturity Model, kurz PMMM (vgl. KERZNER, 2001). Ihm folgte 2003 das Organizational Project Management Maturity Model (OPM3) (vgl. FAHRENKROG, 2003).

Das PMMM und auch das OPM3 wurden im Abschnitt Qualität (vgl. Kapitel 1.05) bereits erläutert. Ein grundlegendes Verständnis zu den Reifegradmodellen wird daher für die folgenden Erläuterungen vorausgesetzt. Nachfolgend wird auf die aus Sicht der Einführung von PPP wichtigen Sachverhalte von Reifegradmodellen eingegangen.

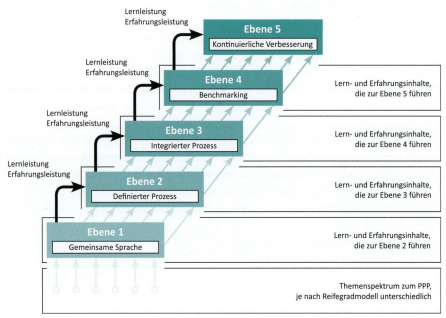

Abbildung 3.04-V1: Generisches Reifegradmodell

1.3.3 Schrittweises Lernen in Reifegradstufen

Die einzelnen Stufen des Reifegradmodells spiegeln jeweils einen bestimmten Wissens- und Fähigkeitsstatus der Organisation wider. Nun wäre es für Organisationen sicher wünschenswert, möglichst schnell einen hohen Reifegrad zu erreichen. Dies ist aber nicht ohne Weiteres möglich. Der Entwicklungsweg von der einen zur nächst folgenden Reifegradstufe dauert je nach Organisationsgröße zwischen einem dreiviertel Jahr und zwei Jahren. Es ist darüber hinaus bekannt, dass es nicht möglich sein wird, eine Reifegradstufe einfach zu überspringen. Die erforderliche Lernleistung und auch die damit verbundenen Erfahrungen müssen in jeder Organisation zunächst erbracht und gesammelt werden. Es ist also organisationales Lernen erforderlich (vgl. Abschnitt 1 des Grundlagenkapitels). Wenn eine Organisation ihren Reifegrad kennt, dann kann anhand des Reifegradmodells der weitere Lern- und Entwicklungsweg abgelesen werden. Hier haben Reifegrandmodelle im Vergleich zu Verfahren mit fester Soll-Vorgabe einen entscheidenden Vorteil.

Anhand der Frage der Softwareunterstützung zum PPP soll dieser Zusammenhang näher erläutert werden (vgl. Abbildung 3.04-V1).

Reifegradstufe 1: Gemeinsame Sprache

Wie wir wissen, gibt es in Unternehmen, die noch über geringe Erfahrungen im Projektmanagement verfügen, noch keine gemeinsame Sprache zum Projektmanagement. Projekt-, Portfolio- oder Programmmanagement werden, wenn überhaupt, nicht konsequent und in einfacher Form angewendet. Projekterfolge stellen sich eher zufällig ein und bilden die Ausnahme, Misserfolge sind die Regel.

In einer solchen Situation würde es nun keinen Sinn machen, z. B. komplexe Softwarewerkzeuge für die Planung einzuführen, denn die Mitarbeiter wären gar nicht in der Lage, diese Werkzeuge zu nutzen, da die Voraussetzungen für deren Anwendung nicht gegeben sind. Dennoch ist gerade dieser Fehler in der Praxis leider häufig anzutreffen. In einer solchen Situation wäre es eher ratsam, zunächst ein gemeinsames Verständnis zum PPP zu entwickeln, z. B. durch entsprechende Qualifizierungs- und Trainingsmaßnahmen. Es gilt somit, zunächst alle Lerninhalte der Stufe eins zu erfüllen und sich dann mit den Lerninhalten der Stufe zwei zu befassen.

Reifegradstufe 2: Definierter Prozess

Liegt eine gemeinsame Sprache zum PPP vor, so wird es der Organisation möglich, die PPP-Prozesse zu definieren, die in Bezug auf das jeweilige Anwendungsfeld des Unternehmens geeignet sind. Die Methoden des PPP können nun angewendet werden. Softwarewerkzeuge zur Unterstützung des PPP sollten sich hier auf die Unterstützung bei der Erstellung der einzelnen Planungsergebnisse beziehen. Es wäre allerdings noch immer nicht zu empfehlen, komplexe integrierte Planungswerkzeuge einzuführen, da die PPP-Prozesse noch nicht in die weiteren Prozesse des Unternehmens eingebunden sind.

Reifegradstufe 3: Integrierter Prozess

Liegen die PPP-Prozesse vor, so wird es möglich, eine Integration der PPP-Prozesse in alle weiteren Prozesse des Unternehmens durchzuführen. Für das Projektmanagement bedeutet dies z. B., dass es möglich wird, die Systeme der Kostenrechnung in Bezug auf Planungs- und Controllingdaten zu den Projekten mit den Planungssystemen für die Projekt-, Programm- oder Portfoliosteuerung zu verbinden. Für das Portfoliomanagement würde dies z. B. bedeuten, dass die Prozesse der Strategieentwicklung des Unternehmens in die der Portfoliosteuerung integriert und ineinander verzahnt ablaufen.

Die Reifegradstufe 3 wäre damit die Ebene, in der komplexe integrierte Planungswerkzeuge eingesetzt werden können.

Reifegradstufe 4: Benchmarking

Die vierte Ebene in den Reifegradmodellen wird typischerweise mit dem Thema Benchmarking verbunden. Wenn PPP-Prozesse gut integriert sind und Projekte daher relativ gut strukturiert abgewickelt werden können, taucht der Bedarf auf, das Messen des Projekterfolgs und auch das Messen der Qualitäten einzelner Prozessschritte im Projektverlauf auszubauen. Es wird damit begonnen, ein Metriksystem zum PPP zu entwickeln und auszubauen. Dies oft mit dem Ziel, Projekte zu vergleichen. Hier wird es nun möglich, z. B. ein internes Benchmarking von Projekten durchzuführen. Einige Unternehmen gehen auch den Weg und führen ein externes Benchmarking ein. Dies kann z. B. in der Form geschehen, dass die eigenen Projektdaten in anonymisierter Form an ein Institut gegeben werden, das ebenso die Daten anderer Unternehmen in einer Datenbank zur Verfügung hat. So können Vergleiche z. B. mit branchenähnlichen Unternehmen durchgeführt werden.

Die Art der Softwareunterstützung ist auf dieser Ebene natürlich eine ganz andere und es ist auch nachvollziehbar, dass eine Softwareunterstützung für diese Zwecke auf der Reifegradstufe 1 oder 2 gar nicht denkbar wäre.

Reifegradstufe 5: Kontinuierliche Verbesserung

Die fünfte Ebene des Reifegradmodells ist durch die Daueraufgabe der kontinuierlichen Verbesserung geprägt. Es wird ständig an der Weiterentwicklung und Verbesserung der PPP-Prozesse gearbeitet. Wenn Fehler bekannt werden, dann werden diese systematisch analysiert und es werden Lösungen erarbeitet, die ein erneutes Auftreten des Fehlers verhindern sollen.

Wie dieses Beispiel zeigt, ermöglichen Reifegradmodelle, die einzelnen Themenfelder des Projektmanagements in differenzierter Form in verschiedenen Stufen abzubilden. Hierbei wurden die einzelnen Themenfelder des Projektmanagements in das meist in fünf Stufen organisierte Reifegradmodell übertragen. Die Basisthemen und grundlegenden Lern- und Erfahrungsinhalte werden dann eher den unteren Stufen zugeordnet und die darauf aufbauenden und anspruchsvolleren Lern- und Erfahrungsinhalte dann den höheren Stufen des Modells zugeordnet.

1.3.4 Reifegradmodelle und PPP-Einführung

Die Vorgehensweise bei den Einführungsprojekten zu PPP hat sich mit der Entwicklung des Reifegradansatzes entscheidend verändert. Beim Einsatz von Verfahren mit fester Soll-Vorgabe galt zuvor die Orientierung, dass Projektmanagement in Gänze und mit Bezug auf den idealen Soll-Zustand einzuführen.

Mit dem Einsatz von Reifegradmodellen wurde erkannt, dass die Einführung von PPP als organisationaler Lern- und Entwicklungsprozess verstanden werden muss und es wurde zudem eine Systematik entwickelt, in welcher Form und in welcher Reihenfolge die einzelnen Themenbereiche des PPP in die Organisation idealtypisch eingebracht werden sollten. Dies ist von besonderer Bedeutung. Wenn neue Methoden und Handlungsweisen in Organisationen eingeführt werden sollen, dann müssen sie grundsätzlich anschlussfähig sein. Dies bedeutet konkret, dass sie von der aktuellen Praxis der Mitarbeiter nicht zu weit entfernt sein dürfen. Hier bieten Reifegradmodelle eine wichtige Hilfestellung.

Hierzu zwei Beispiele:

Beispiel In einer Organisation, in der Projektmanagement in einfacher Form angewendet wird, würde die Methode der Earned Value Analyse (vgl. Kapitel 1.16) nicht anschlussfähig sein, da die Voraussetzungen für die Nutzung der Earned Value Analyse gar nicht gegeben wären. Denn hierzu fehlen oft die benötigten grundlegenden projektbezogenen Informationen.

Beispiel In einer Organisation, in der die Prozesse der Strategieentwicklung und Strategieumsetzung in der Unternehmensleitung nicht in expliziter Form definiert sind und bearbeitet werden, sind auch die Methoden des strategischen Projektmanagements, wie z. B. das Portfoliomanagement, nur schwer einzusetzen. In einem solchen Fall würde es sich anbieten, zunächst ein projektbezogenes Reporting aufzubauen, das alle Projekte einbezieht. Erst in einem späteren Schritt und nachdem die Prozesse der projektbezogenen strategischen Unternehmensführung herausgearbeitet wurden, wird es möglich, das Portfoliomanagement aufzubauen. Denn erst dann liegen die für das Portfoliomanagement wesentlichen Informationen, wie projektbezogene Kriterien der Unternehmensstrategie, sowie die erforderlichen Gewichtungen und Skalen vor (vgl. Kapitel 3.0).

Reifegradmodelle geben dem für die Einführung zuständigen Personenkreis somit wichtige Hinweise und Hilfestellungen darauf, welche Themenfelder, ausgehend vom aktuellen Status, sinnvoller Weise als Nächstes zu behandeln sind, und auch darauf, welche Themenfelder noch nicht behandelt werden sollten. Es wird damit möglich, aus der großen Menge von Fachthemen die Themen herauszufiltern, die in der aktuellen Situation hilfreich sind, um das PPP der Organisation zu verbessern.

Tipp Verfügt eine Organisation noch über geringe Erfahrungen im PPP, liegt also ein geringer Reifegrad vor, so können Verfahren mit fester Soll-Vorgabe die Organisationen überfordern, denn diese Verfahren legen im Regelfall einen hohen Anspruch fest. Die dann ermittelte Differenz zwischen Ist-Zustand und Soll-Vorgabe ist sehr hoch und kann sicher nicht in einem Schritt ausgeglichen werden. Hier empfiehlt sich, ein reifegradorientiertes Verfahren, wie z. B. das IPMA Delta oder das PMMM, in Erwägung zu ziehen.

Verfügt eine Organisation jedoch über reichlich Erfahrung im PPP und liegt ein akzeptabler Reifegrad von z. B. der Stufe drei „Integrierter Prozess" vor, so können Verfahren mit fester Soll-Vorgabe, wie z. B. das Prozessmodell nach DIN 69901, PM-Delta-Compact oder das Project Excellence Model gut geeignet sein. Die sich dann abzeichnende Differenz zwischen dem Ist-Zustand und der Soll-Vorgabe stellt hier keine Überforderung dar. Reifegradorientierte Verfahren sind hier aber ebenso einsetzbar, denn sie bieten gegenüber den Verfahren mit fester Soll-Vorgabe den oben beschriebenen zusätzlichen Nutzen.

1.4 Bewertungsgegenstand der Instrumente zur Standortbestimmung

Die Instrumente zur Standortbestimmung unterscheiden sich weiter in der Frage, ob ein einzelnes Projekt analysiert werden soll oder ob das gesamte Projektmanagement-System einer Organisation bewertet werden soll. Zusätzlich wird unterschieden, ob neben dem Projektmanagement auch die Themen des Portfoliomanagements und des Programmmanagements adressiert werden sollen. Das Project Excellence Modell z. B. wird dazu genutzt, ein einzelnes Projekt zu bewerten (vgl. Tabelle 3.04-V1). Die durch die Analyse erkannten Verbesserungspotentiale können dann direkt im Projekt umgesetzt und in Folgeprojekten berücksichtigt werden.

Andere Instrumente, wie PM-Delta-Compact, das PMMM oder OPM3, dienen dazu, das gesamte PM-System der Organisation zu analysieren. Die hieraus abgeleiteten Maßnahmen zielen in erster Linie auf eine Verbesserung der Projektmanagement-Verfahren der Organisation insgesamt ab, die dann in der praktischen Arbeit in allen Projekten umgesetzt werden sollen.

Ebenso ist bekannt, dass Instrumente, die ursprünglich zur Bewertung der gesamten Organisation entwickelt wurden, wie z. B. das CMMI, auch im Bereich der Großprojekte zur Analyse der Qualität des Projektmanagements eingesetzt werden, um gezielt für das Großprojekt kontinuierlich die Qualität des Projektmanagements zu verbessern (vgl. KNEUPER, 2006).

Neben den in Tabelle 3.04-V1. dargestellten Standardinstrumenten werden am Markt eine ganze Reihe spezifischer Instrumente zur Standortbestimmung angeboten. Diese sind zum Teil aus einer spezifischen Branchenorientierung heraus entwickelt worden oder ergeben sich aus den speziellen Erfahrungen und Schwerpunkten der Beratungsunternehmen, die diese Instrumente entwickelt haben und einsetzen. In großen Unternehmen findet man auch die Praxis vor, dass ein speziell auf das Projektmanagement-Verfahren des Unternehmens ausgerichtetes Instrument eingesetzt wird.

Diese individuell entwickelten Instrumente unterscheiden sich in erster Linie in der Auswahl der Themen, die sie adressieren. Zum Beispiel werden zahlreiche Instrumente angeboten, die lediglich die Methoden des Projektmanagements adressieren und andere Themenfelder, wie die sozialen Kompetenzen oder Aspekte der Personalentwicklung oder der Unternehmensorganisation, nicht beinhalten.

∑ Fazit In diesem Kapitel wurde aufgezeigt, welche Kriterien herangezogen werden können, um aus der Fülle der Angebote das für das konkrete PPP-Einführungsprojekt geeignete Instrument zur Durchführung der Standortbestimmung auszuwählen. Das erste zentrale Kriterium ist die Frage nach dem grundlegenden PPP-Verständnis, das dem Projekt zugrundegelegt werden soll. Wichtig ist zu wissen, dass mit der Entscheidung für ein Instrument die Grundzüge einer angestrebten PPP-Lösung für das Unternehmen zu einem gewissen Grad bereits vorbestimmt werden. Ein weiteres Kriterium ist die Frage, ob ein Verfahren mit fester Ziel-Vorgabe oder ein reifegradorientiertes Verfahren gewählt werden soll. Und das dritte Kriterium legt fest, ob ein einzelnes Projekt oder das PPP der ganzen Organisation in Augenschein genommen werden sollen.

2 Praktische Anwendung der Instrumente zur Standortbestimmung

Die jeweilige Form der Anwendung der Instrumente zur Standortbestimmung wird zum einen durch die Größe des Unternehmens bestimmt. In Abschnitt 3.2 wurde dargestellt, dass es der Einbindung von etwa 20 % der von der Veränderung betroffenen Personen bedarf, damit das Veränderungsvorhaben nachhaltig Wirkung zeigt und erfolgreich verlaufen kann. Bei großen Unternehmen wird es damit wesentlich aufwändiger sein, die Instrumente einzusetzen, als bei kleinen bis mittleren Organisationen.

Des Weiteren wird die Anwendungsform der Instrumente von der Themenstellung des Einführungsprojekts selbst bestimmt. Hier muss unterschieden werden, ob es sich um die Einführung von Projektmanagement, von Portfoliomanagement oder von Programmmanagement handelt.

Die Beteiligten bei der Einführung von PPP-Verfahren wurden in Abschnitt 3.1 des Grundlagenkapitels ausführlich dargestellt. Aus der Gruppe der Beteiligten sind nun über die Mitglieder des Kernteams des Einführungsprojekts hinaus die Mitarbeiter festzulegen, die in die Standortbestimmung mit einbezogen werden sollen. Steht fest, wie groß diese Gruppe ist, kann die konkrete Form der Einbindung in die Standortbestimmung festgelegt werden.

Hier ergeben sich folgende Möglichkeiten:

- Führen von Interviews mit den Beteiligten
- Durchführung einer Selbstbewertung mit Fragebögen
- Workshops zur Standortbestimmung
- Großgruppenveranstaltungen

2.1 Führen von Interviews mit den Beteiligten

Eine gängige Form der Einbindung der Perspektive der Mitarbeiter bei der Standortbestimmung ist das Führen von Interviews. Nachdem das Instrument zur Standortbestimmung ausgewählt wurde, liegen die zentralen Fragestellungen fest. Ebenso wurde aus der Gruppe der vom Einführungsprojekt betroffenen Mitarbeiter die Gruppe der Personen ausgewählt, die als Interviewpartner eingebunden werden sollen.

Folgende Schritte sind bei der Durchführung der Interviews vorzunehmen:

- Erstellen eines Interviewleitfadens
- Abstimmung und Genehmigung
- Durchführen der Interviews
- Auswertung der Interviews
- Präsentation der Ergebnisse

Erstellen eines Interviewleitfadens

In einem ersten Schritt ist es erforderlich, einen Interviewleitfaden zu erstellen. Dies ist ein wichtiger Schritt, denn es muss sichergestellt werden, dass für jedes Interview die gleichen Fragestellungen und Rahmenbedingungen vorherrschen, damit die Antworten und Ergebnisse auch vergleichbar und akzeptabel vorliegen.

Im Regelfall liegen für die bisher aufgeführten Standardverfahren standardisierte, am Markt erhältliche Fragebögen vor. Diese müssen ggf. noch an das aktuelle Projekt und an die Sprache der Organisation und Branche angepasst werden und ggf. sind noch formale Anpassungen erforderlich.

Abstimmung und Genehmigung

Liegt der Interviewleitfaden vor und sind alle organisatorischen Vorkehrungen getroffen, so ist der Fragebogen im Lenkungsausschuss zu begutachten und freizugeben. Im Regelfall sind hier auch die Vertreter aus der Personalabteilung und der Personalvertretung oder des Betriebsrates mit eingebunden, damit auch deren Zustimmung vorliegt.

Durchführen der Interviews

An die Interviewer sind besondere Anforderungen zu stellen. In keinem Fall dürfen Fragen suggestiv formuliert oder z. B. bei Nachfragen des Interviewpartners umformuliert oder erläutert werden. Dies würde das Ergebnis verfälschen. Die Durchführung standardisierter Interviews ist nur scheinbar einfach. Es genügt keinesfalls, davon auszugehen, durch die Verwendung eines standardisierten Fragebogens sei dessen Erhebung ebenfalls standardisiert, vielmehr bedarf es einer Reihe von Regeln und Hilfestellungen für die Interviewer, damit keine verfälschten oder ungenauen Daten erhoben werden und jedes Interview auch tatsächlich standardisiert, d. h. unter den gleichen Bedingungen, abläuft. Hierzu bedarf es einer speziellen Einweisung und Abstimmung.

Auswertung der Interviews

Die Auswertung der Interviews liefert bei der Verwendung von Standardinstrumenten ein darauf abgestimmtes Ergebnis. Ein reifegradorientiertes Verfahren liefert z. B. für die einzelnen Themenbereiche, die hinterfragt wurden, den jeweiligen Reifegrad und ebenso die Handlungsempfehlungen, die darauf ausgerichtet sind, den jeweils folgenden Reifegrad zu erreichen. Daneben liefern die Interviews eine Fülle von zusätzlichen Informationen, z. B. Ideen der Mitarbeiter und Hinweise auf weitere Schwachstellen, die für das Projekt wertvoll sein können. Das für die Befragung zuständige Team fasst die Ergebnisse zusammen und erstellt eine erste Auswertung in Form eines Stärken-/Schwächenprofils, das dann im Projektteam diskutiert wird.

Im Projektteam erfolgt eine erste Bewertung der Ergebnisse und es werden Vorschläge für Maßnahmen abgeleitet, die dann mit einer ersten vorläufigen Priorisierung versehen werden.

Präsentation der Ergebnisse

Die Ergebnispräsentation erfolgt zunächst im Lenkungsausschuss. Hier werden die Ergebnisse der Befragung unter Beachtung der Zielstellung des Projekts, unter Beachtung der strategischen Ausrichtung des Unternehmens und unter Beachtung der Möglichkeiten des Unternehmens bewertet und priorisiert. Hierzu können Methoden der Nutzwertanalyse eingesetzt werden oder eine Priorisierung mit der ABC-Analyse oder nach dem Eisenhower-Prinzip (vgl. Kapitel 1.08).

Die inhaltliche Ausrichtung und die Schwerpunkte des Projekts zur Einführung von PPP werden damit festgelegt. In der Praxis ist es immer wieder interessant, zu beobachten, dass die Ergebnisse der Standardinstrumente relativ genau das eigene Bild der Führungskräfte zur aktuellen Situation treffen, die Handlungsempfehlungen der Standardinstrumente hingegen als zunächst schwierig umzusetzen angesehen werden. Erst in der weiteren Diskussion stellt sich dann ein Konsens zur konkreten Handlungsplanung ein. Sehr wertvoll werden im Regelfall die zusätzlichen Vorschläge der Mitarbeiter aus den Interviews eingeschätzt. Diese führen oft zu zusätzlichen Maßnahmen, die durch die Standardinstrumente nicht direkt identifiziert wurden.

🔍 **Beispiel** In einem Einführungsprojekt zum Projektmanagement wurde im Rahmen von Interviews von mehreren Mitarbeitern unabhängig voneinander der Vorschlag gemacht, die aktuell unternehmensinterne Intranetplattform durch eine auf die aktuell laufenden Projekte ausgerichtete Informationsplattform zu erweitern. Aus diesem Vorschlag heraus wurde das Einführungsprojekt zum Projektmanagement um diese Aufgabenstellung erweitert.

> ❗ Sehr wichtig ist es, dass die Ergebnisse der Interviews und auch die durch den Lenkungsausschuss abgeleitete Bewertung und die Maßnahmenplanung den eingebundenen Mitarbeitern (den Interviewpartnern) und allen Mitarbeitern, die von dem Einführungsprojekt betroffen sind, bekanntgegeben werden. Dies kann z. B. in Form einer Präsentation geschehen, die im Rahmen einer Mitarbeiterversammlung stattfindet. Hier wären dann auch das weitere Vorgehen und die Gesamtplanung des Projekts vorzustellen.

2.2 Durchführung einer Selbstbewertung mit Fragebögen

Sehr verbreitet ist auch die Durchführung einer Selbstbewertung in Form von Fragebögen, die an die Gruppe der vom Veränderungsvorhaben betroffenen Personen ausgegeben werden. Der Vorteil einer schriftlichen Befragung ist, dass sie zum einen weniger aufwändig ist und zum anderen dadurch wesentlich mehr Personen in die Befragung eingebunden werden können. Der Nachteil von Fragebögen ist, dass sie unpersönlich sind und die Einbindung der Betroffenen in das Vorhaben von den Betroffenen als weniger stark erlebt wird. Dies führt auch dazu, dass die Beteiligungsquote oft nicht sehr hoch ausfällt. Eine Beteiligung zwischen 60 % und 70 % darf bereits als erfolgreich bezeichnet werden. Die Vorgehensweise bei der Durchführung einer Selbstbewertung muss daher in besonderer Weise gestaltet werden.

Folgende Schritte sind bei der Durchführung einer Selbstbewertung mit Fragebögen vorzunehmen:

- Erstellen eines Selbstbewertungsbogens
- Abstimmung und Genehmigung
- Durchführen der Selbstbewertung
- Auswertung der Selbstbewertung
- Präsentation der Ergebnisse der Selbstbewertung

Wir gehen auch hier davon aus, dass die Entscheidung für ein Instrument zur Standortbestimmung vorliegt und ebenso davon, dass die Gruppe der vom Einführungsprojekt betroffenen Mitarbeiter festliegt.

Hier empfiehlt es sich nun, aus der Gruppe der betroffenen Mitarbeiter eine kleinere Gruppe von Personen zu bilden, welche die Durchführung der Selbstbewertung inhaltlich und organisatorisch vorbereitet. Hierzu wird in einem Workshop das Konzept der Selbstbewertung erläutert und der Standardfragebogen vorgestellt. Die erforderliche Anpassung des Fragebogens, die in jedem Projekt erforderlich ist und die z. B. auch bei der Erstellung eines Interviewleitfadens erforderlich ist, wird dann durch die Gruppe der im Workshop eingebundenen Personen vorgenommen. Hier wird es möglich, den Fragebogen sprachlich und inhaltlich auf das Unternehmen hin anzupassen. Ebenso wird dadurch erreicht, dass die Mitarbeiter sich mit dem Vorhaben identifizieren und das Vorhaben dann bei der Durchführung unterstützen. Ebenso wird es in diesem Workshop möglich, die eingebundenen Mitarbeiter über das Vorhaben zu informieren und sie dafür zu interessieren. Auch die organisatorische Abwicklung soll hier festgelegt werden, um zu einer möglichst hohen Rücklaufquote zu gelangen.

Alle weiteren Schritte, wie die Abstimmung und Genehmigung, die Durchführen der Selbstbewertung, die Auswertung der Selbstbewertung und die Präsentation der Ergebnisse der Selbstbewertung, erfolgen analog zu den Darstellungen bei der Durchführung von Interviews (vgl. Abschnitt 2.1).

2.3 Workshops zur Standortbestimmung

Bei kleinen bis mittleren Unternehmen, wenn die Gruppe der Beteiligten klein genug ist, kann die Anwendung der Instrumente zur Standortbestimmung auch in Form eines oder mehrerer Workshops erfolgen. Sofern das Projektmanagement nur in einer bestimmten Abteilung oder Bereiche eines Großunternehmens erfolgen soll, ist dies oft auch bei mittleren bis größeren Unternehmen möglich. Bei der Einführung des Portfolio- oder Programmmanagements bietet sich die Standortbestimmung in Workshopform ebenso an, da hier die Gruppe der Beteiligten auch bei Großunternehmen übersichtlich groß ist.

Auch hier wird davon ausgegangen, dass die Entscheidung für ein Instrument zur Standortbestimmung vorliegt und ebenso, dass die Gruppe der vom Einführungsprojekt betroffenen Mitarbeiter festliegt.

Folgende Schritte sind bei der Durchführung einer Standortbestimmung in Workshopform vorzunehmen:

- Vorstellung des Instruments zur Standortbestimmung
- Durchführen der Standortbestimmung
- Auswertung der Standortbestimmung
- Ableiten der Maßnahmen und Ausrichten des Projekts zur Einführung von PPP

Vorstellung des Instruments zur Standortbestimmung

Zu Beginn wird das Instrument zur Standortbestimmung vorgestellt. Hier lassen sich sehr gut Werkzeuge einsetzen, die eine Visualisierung der jeweiligen Fragestellung über einen Beamer ermöglichen. Damit wird eine direkte Diskussion zur jeweiligen Fragestellung möglich. Das Werkzeug PM-Delta Compact z. B. ist direkt für einen solchen Einsatz ausgelegt. Aber auch für die anderen Werkzeuge zur Standortbestimmung existieren entweder dedizierte Werkzeuge oder aber es ist möglich, die Fragestellungen über Standardwerkzeuge, wie z. B. den Mind-Manager, zu visualisieren.

Ebenso sind die Werkzeuge darauf ausgelegt, die Bewertung der Gruppe zur jeweiligen Fragestellung direkt aufzunehmen, um später über eine andere Darstellung die Ergebnisauswertung sichtbar zu machen.

Durchführen der Standortbestimmung

Die Durchführung der Standortbestimmung erfolgt im direkten Dialog. Die für die Durchführung des Workshops verantwortlichen Personen haben zusätzlich die Möglichkeit, an den Stellen, an denen es erforderlich ist und Fragen entstehen, zusätzliche Informationen und Präsentationen zu den jeweiligen Themen der Bewertung einzubringen. Dies ist von großem Vorteil und kann die Qualität des Ergebnisses fördern.

So kann der Workshop auch so konzipiert werden, dass vor den jeweiligen Themenblöcken, z. B. zum Portfoliomanagement, eine Präsentation zur idealtypischen Umsetzung des Portfoliomanagements, zu Studienergebnissen oder zu Beispielen aus anderen Unternehmen erfolgen kann.

Auswertung der Standortbestimmung

Die Auswertung der Ergebnisse liegt bei geeigneter Werkzeugunterstützung direkt mit der Beantwortung der Fragestellung vor. Eine ausführliche Betrachtung, z. B. der Reifegradsituation zu den einzelnen Themenfeldern, und ebenso die jeweilige Liste der Handlungsempfehlungen können nun beurteilt werden. Hieraus können direkt aus der Gruppe heraus Ideen und Vorschläge gewonnen werden, über deren Umsetzung die Ziele des Einführungsprojekts erreicht werden sollen.

Ableiten der Maßnahmen und Ausrichten des Projekts zur Einführung von PPP

Nach der Auswertung steht auch hier die Festlegung von konkreten Maßnahmen für die Ausrichtung und Durchführung des Einführungsprojekts an. Die Erfahrung zeigt, dass es den Beteiligten oft schwer fällt, direkt gegen Ende eines Workshops die Entscheidungen für die Ausrichtung des Projekts zu treffen. Auch dann nicht, wenn der Workshop auf mehrere Tage ausgerichtet sein sollte. Die Ergebnisse müssen erst einmal sacken. Die Führungskräfte benötigen Zeit, über die Ergebnisse nachzudenken und diese mit den Kollegen in der Organisation zu besprechen.

Es empfiehlt sich daher, die Auswertung der Standortbestimmung und das Ableiten von Maßnahmen zeitlich zu trennen und erst nach einiger Zeit und nachdem die Auswertung der Selbstbewertung im Unternehmen diskutiert werden konnte, eine Ableitung der Maßnahmen und damit eine schlussendliche Ausrichtung des Projekts zur Einführung von PPP vorzunehmen. Auch hier können Methoden der Nutzwertanalyse eingesetzt werden oder eine Priorisierung mit der ABC-Analyse oder nach dem Eisenhower-Prinzip (vgl. Kapitel 1.08).

2.4 Großgruppenveranstaltungen

Eine weitere Form der Methodik zur Standortbestimmung, die bei mittleren bis großen Organisationen eingesetzt werden kann, sind Großgruppenveranstaltungen. Großgruppenveranstaltungen ermöglichen eine sehr hohe Beteiligung und Einbindung der Mitarbeiter und Betroffenen bei Veränderungsprojekten. Hierbei geht es nicht darum, eines der Instrumente zur Standortbestimmung einzusetzen. Es geht vielmehr darum, das Potential, die Anliegen und Ideen der Mitarbeiter in den Veränderungsprozess zur Einführung und Verbesserung von PPP aufzugreifen und einzubinden.

Es haben sich in den letzten Jahren verschiedene Formen der Großgruppenveranstaltungen entwickelt, z. B. Open Space Conference, Appreciative Inquiry, World Café oder die RTSC-Konferenz (Real Time Strategic Change) (vgl. DITTRICH-BRAUNER, 2008). Beispielhaft soll hier die Konferenzmethode Open Space dargelegt werden.

Open Space (englisch für „offener Raum") oder Open Space Technology ist eine Methode zur Moderation von Großgruppen, die für Gruppen mit 30 bis 1000 Teilnehmer konzipiert wurde. Kennzeichen der Methode ist die inhaltliche und formale Offenheit, so gibt es neben der zentralen Themenstellung keine inhaltliche Struktur oder Agenda. Die Teilnehmer selbst geben eigene Themen und Vorschläge ins Plenum und bieten hiermit den anderen Teilnehmern die Möglichkeit, zusammen mit ihnen einen Workshop zu gestalten.

Für die Konferenz muss zunächst ein Leitthema festgelegt werden. Mit Bezug auf das Thema PPP Einführen und Optimieren könnte man sich z. B. folgende Themenstellung vorstellen: „Mit Projektmanagement die Zukunft gestalten" oder „Der Weg der Müller AG zum projektorientierten Unternehmen".

Der prinzipielle Ablauf einer Open Space Conference verläuft dann in drei Schritten.

Marktplatzentwicklung

Im ersten Teil, nachdem der Moderator in der Großgruppe das Konzept der Konferenz erläutert und das Leitthema vorgestellt hat, erfolgt die Marktplatzentwicklung. Dies findet in einem großen Raum statt, in dem die Teilnehmer meist in einem sehr großen, manchmal zwei- und dreireihigen Kreis zusammenkommen. Hier sind die eingeladenen Mitarbeiter aufgefordert, Vorschläge und Ideen zur zentralen Themenstellung der Konferenz einzubringen, die dann zusammen mit anderen Mitarbeitern in der dann folgenden Phase in Workshopform diskutiert und bearbeitet werden. Prinzipiell ist es jedem Teilnehmer möglich, seine Vorschläge für Workshopthemen einzubringen. Am Ende der Phase liegt oft eine Vielzahl von Vorschlägen für Workshops vor, die am Marktplatz, einer Reihe von Moderationswänden, zu sehen sind.

Arbeitsphase

In der zweiten Phase, dies ist die längste Phase, sind die Teilnehmer eingeladen, die vorgeschlagenen Themen zu bearbeiten. Der Themengeber hat nun die Möglichkeit, in einem der vielen vorbereiteten Workshopräume mit den Teilnehmern, die sich für sein Thema interessieren, den Workshop zu starten. Es ist nun so, dass es prinzipiell allen Teilnehmern freisteht, sich an dem Workshop zu beteiligen, in dem sie selbst ihr Interesse sehen und ihr Potential einbringen wollen. So kann es durchaus passieren, dass es Workshops gibt, die stark besucht werden, und auch andere, für die sich keiner oder nur wenige der anwesenden Mitarbeiter interessieren. Dies ist auch so gewollt. Jeder Mitarbeiter hat die Möglichkeit, jederzeit zu kommen und zu gehen, je nachdem, ob er den Eindruck hat, dass er sich in das Thema für sich oder für das Unternehmen nutzbringend einbringen kann. Auf der Konferenz finden somit sowohl parallel als auch hintereinander viele Workshops statt.

Präsentationsphase

In der letzten Phase werden die Ergebnisse der Workshops in Form einer Ausstellung allen an der Konferenz beteiligten Mitarbeitern präsentiert. Dies findet wiederum in der Großgruppe statt. Zum Beispiel in der Form, dass alle Ergebnisse in einem großen Kreis ausgestellt werden und die Mitarbeiter die Möglichkeit haben, sich die Ergebnisse anzusehen und diejenigen erläutern zu lassen, für die sie sich interessieren.

Über diesen Weg kommen sehr nützliche und vielversprechende Vorschläge für Maßnahmen und Initiativen zusammen, die es lohnt, im weiteren Projektverlauf aufzugreifen und umzusetzen. Diese Vorschläge und Initiativen haben einen starken Bezug zur aktuellen Situation des Unternehmens und zielen nicht unbedingt auf Maßnahmen, die sich z. B. aus den Handlungsempfehlungen ergeben, die über eines der Bewertungsinstrumente aus Abschnitt 1 des Vertiefungswissens ermittelt werden könnten. Es handelt sich damit um zusätzliche Maßnahmen, die den Projekterfolg für das Einführungsprojekt fördern können.

Nachbearbeitung

Wichtig ist es, dass diese Vorschläge und Initiativen auch aufgegriffen und in das Projekt integriert werden. Es sind damit in jedem Fall eine Nachbearbeitung und eine Bewertung erforderlich, die in einem ersten Schritt im Projektteam und im Anschluss daran im Lenkungsausschuss erfolgen müssen. Die Umsetzung der Ergebnisse der Open Space Conference im Projekt zur Einführung von PPP muss dann auch den Teilnehmern der Konferenz, also den vom Einführungsprojekt betroffenen Mitarbeitern, bekanntgegeben werden. Dies ist auch eine gute Gelegenheit zu zeigen, dass die Anliegen der Mitarbeiter im Projekt aufgegriffen werden und schafft einen hohen Beitrag zur Akzeptanz des Projekts.

Vom zeitlichen Ablauf her sollte so eine Konferenz in der Phase 2 des Einführungsprojekts – Kritische Bestandsaufnahme und Standortbestimmung – durchgeführt werden (vgl. Kapitel 3.04 des Grundlagenwissens, Abschnitt 4), dies ggf. zeitgleich mit dem Einsatz eines der Instrumente zur Standortbestimmung. Die Ergebnisse können so mit in die Soll-Konzept-Entwicklung des Projekts einfließen.

∑ **Fazit** Es gilt, die jeweilige Anwendungsform der Methoden zur Standortbestimmung in Bezug auf die jeweilige Größe der Organisation und in Bezug auf die Themen- und Zielstellung des Einführungsprojekts festzulegen. Möglich sind hier das Führen von Interviews mit den Beteiligten, die Durchführung einer Selbstbewertung mit Fragebögen, die Ausrichtung von Workshops zur Standortbestimmung oder die Durchführung von Großgruppenveranstaltungen.

3 Fragen zur Wiederholung

1	In welcher Phase des PPP-Einführungsprojekts werden Instrumente zur Standortbestimmung eingesetzt?	☐
2	Welche Kriterien spielen bei der Auswahl eines Instruments zur Standortbestimmung eine Rolle?	☐
3	Was ist in Bezug auf die Herkunft der Instrumente zur Standortbestimmung zu beachten?	☐
4	Welche branchenspezifischen Instrumente zur Standortbestimmung kennen Sie?	☐
5	Welche branchenunabhängigen Instrumente zur Standortbestimmung kennen Sie?	☐
6	Welche Vorteile bieten reifegradorientierte Verfahren zur Standortbestimmung gegenüber Verfahren mit fester Soll-Vorgabe?	☐
7	Nennen Sie Anwendungsformen der Instrumente zur Standortbestimmung?	☐
8	Nennen Sie Vor- und Nachteile der Anwendungsform Interview bei der Anwendung eines Instrumentes zur Standortbestimmung?	☐
9	Nennen Sie Vor- und Nachteile der Anwendungsform Selbstbewertung mit Fragebogen bei der Anwendung eines Instruments zur Standortbestimmung?	☐
10	Nennen Sie Vor- und Nachteile der Anwendungsform Workshop bei der Anwendung eines Instruments zur Standortbestimmung?	☐
11	Welchen Nutzen bringt der Einsatz einer Großgruppenveranstaltung?	☐

3.05 Stammorganisation (Permanent Organisation)
Frank Pohl, David Thyssen

Lernziele

Sie kennen

- Möglichkeiten und Grenzen von Management by Projekts
- die wichtigsten Elemente des Prozessmanagements
- den Beitrag von Projekten zum Wissensmanagement eines Unternehmens

Sie können

- Schnittstellen zur Stammorganisation analysieren
- einen Veränderungsprozess im Sinne der Strategie und der Kultur einer Stammorganisation verantwortlich begleiten
- Auswirkungen von organisatorischen Veränderungen auf den betrieblichen Erfolg einer Stammorganisation beurteilen
- Widerstände innerhalb der Stammorganisation erkennen und konstruktiv bearbeiten

Inhalt

1	Management by Projects	2343
1.1	Ziele von Management by Projects	2343
1.2	Erfolgsfaktoren	2343
1.3	Glaubenssätze, die es zu überwinden gilt	2344
2	Prozessmanagement	2345
2.1	Strategische Prozessorganisation	2345
2.2	Prozessgestaltung	2345
3	Analyse der Schnittstelle „Projektmitarbeiter"	2347
3.1	Identifikation	2347
3.2	Wahrgenommene gegenseitige Abhängigkeit	2348
3.3	Rollenverständnis	2348
3.4	Kooperationsstrategien	2349
3.5	Soziale Kontakte	2349
3.6	Konfliktbearbeitung	2350
4	Diagnose der Unternehmenskultur	2350
4.1	Kulturoberfläche	2351
4.2	Kulturkern	2351
5	Veränderungsanalyse	2352
6	Partizipation	2353
6.1	Formen der Partizipation von Stakeholdern	2353
6.2	Theorie vs. Praxis	2354
7	Lernzyklus	2355
7.1	Relevante Fragestellungen für das Projektmanagement	2355
7.2	Wissensgebiete in der Stammorganisation	2356
8	Zusammenfassung	2356
9	Fragen zur Wiederholdung	2357

1 Management by Projects

1. Prozessschritt: Verständnis der Organisationsstruktur, ihrer Ziele und Arbeitsweisen.

> **§ Definition** Management by Projects ist ein zentrales Managementkonzept von projektorientierten Stammorganisationen. Zentrale Führungsgremien geben Verantwortlichkeiten an Projekte ab und das Projektmanagement bekommt einen größeren Entscheidungsspielraum eingeräumt. Strategische Vorhaben werden grundsätzlich in Form von Projekten parallel begonnen, geführt und abgeschlossen.

Auf diese Art und Weise sollen die Managementverantwortung ähnlich dem sehr viel bekannteren Konzept „Management by Objectives" dezentralisiert werden und somit das unternehmerische Denken einer Stammorganisation verbessert und Veränderungen erleichtert werden. (vgl. SCHELLE, 2005, ICB 2)

In der deutschsprachigen Literatur wird der Begriff Management by Projects häufig synonym mit den Begriffen Multiprojektmanagement oder Portfoliomanagement verwendet (Element 3.03 und DAMMER, 2005).

> Management by Projects ist eine Managementstrategie und ist damit synonym mit Projektorientierung (→ 3.01). Multiprojektmanagement hingegen ist ein Prozess des temporären Projektmanagements, Portfoliomanagement ein Steuerungsprozess der dauerhaften projektorientierten Organisation.

1.1 Ziele von Management by Projects

Management by Projects zielt auf die Steigerung der Flexibilität und Dynamik einer Stammorganisation durch Dezentralisierung der Managementfunktionen ab. Durch das Management by Projects werden Mitarbeiter mit ihren Fähigkeiten und ihrem Kreativitätspotenzial verstärkt in Entscheidungsprozesse eingebunden. Ausgehend von der gewonnenen größeren „Kundennähe" von Veränderungsvorhaben, erreicht die Stammorganisation das primäre Ziel einer optimalen Prozess-, Ergebnis- und Marktorientierung. Insbesondere in sich schnell ändernden Märkten mit hohem Konkurrenzdruck bietet der Ansatz für das übergreifende Ressourcenmanagement der Stammorganisation viele Vorteile (Element 1.12, Vertiefungswissen, Kapitel 2).

1.2 Erfolgsfaktoren

In vielen Stammorganisationen sind inzwischen Systeme eingeführt, die auf Basis ihrer Strukturen „Management by Projects" suggerieren. Die mangelnde Abstimmung von Strategie und Projektauswahl und eine Kultur, wonach Projektpersonal nach wie vor teilweise auf Basis freier Kapazitäten ausgewählt wird, verhindern eine gute Durchdringung des Ansatzes.

Damit Management by Projects funktionieren und nachhaltig in einer Stammorganisation zur strategischen Umsetzung von Zielen führen kann, müssen folgende Rahmenbedingungen geschaffen werden (vgl. BARCLOW, 2006):

- Die Stammorganisation muss konsequent Entscheidungskompetenz an das Projektmanagement abtreten, auch wenn kurzfristig spürbare Vorteile des Systems nicht offensichtlich sind
- Unterstützung durch das Top Management drückt sich durch kurze Kommunikationswege, schnelle Entscheidungen und gut geschultes Personal aus, das dem Projektmanagement aus der Stammorganisation zur Verfügung gestellt wird
- Bürokratische und formalisierte Systemregelungen erschweren, genau wie eine große Komplexität von Aufbaustrukturen und Prozessen, die Umsetzung von Management by Projects
- Damit Management by Projects gute Projektergebnisse ermöglichen kann, müssen eine hohe Transparenz, externe Anstöße und hervorragende Technikunterstützung vorhanden sein

Die organisatorische Einbindung von „Management by Projects" in die Stammorganisation erfordert methodisch demzufolge zunächst einmal frühzeitige Information und aktive Einbeziehung der betroffenen Führungskräfte. Es ist Einvernehmen darüber zu erzielen, dass unternehmensweit Transparenz bezüglich Inhalt und Umfang sämtlicher Projekte erzielt wird: Kein Projekt ohne schriftlichen Auftrag (Element 3.04). Insbesondere bei Ressourcenkonflikten müssen die Projektbewertung und Priorisierung nachvollziehbar und somit akzeptabel sein (vgl. POHL, 2007, Element 3.03).

1.3 Glaubenssätze, die es zu überwinden gilt

Damit in Unternehmen künftig Projektmanagement den erwarteten Beitrag zur Strategieerreichung leisten kann, der mit dem Konzept „Management by Projects" möglich ist, muss neben dem Top Management und den Leitern der betroffenen Bereiche auch das Projektmanagement einen Beitrag leisten. Dieser Beitrag geht über den Einsatz von Methoden und Techniken hinaus. Vielmehr geht es darum, Glaubenssätze, die sich noch in einer Zeit hoher Dominanz einer zentralen Führungsstruktur verfestigt haben, zu überwinden.

 Tipp Fragen Sie sich einmal selber, wann sie das letzte Mal durch Ihr Verhalten einen dieser Glaubenssätze bestätigt oder widerlegt haben:
- „Projektmanagement macht man mal nebenbei"
- „Projektmanagementregelungen sind formale Auflagen, die Aufwand verursachen, aber wenig Nutzen stiften"
- „Projektarbeit ist primär dispositive Arbeit. Vorhersagen sind schneller überholt, als sie aufgestellt werden"
- „Der Projekterfolg ist vor allem abhängig von dem Projektleiter und seiner Erfahrung"
- „Wer die Kontrolle über das Projekt hat, kontrolliert den Verlauf und das Ergebnis"
- „Je mehr am Projekt beteiligt sind, umso ineffizienter wird das Projekt"
- „Strategische Initiativen und damit die meisten Projekte lassen sich nicht wirklich rechnen"
- „Projektergebnisse werden früher oder später angenommen"
- „Am Ende ist das Ergebnis entscheidend"
- „Projekte gehen doch auch ohne Projektmanagement"
- „Projekte mache ich nur, wenn ich andere brauche"
- „Mit Projektmanagement macht man keine Karriere"

Die Überwindung dieser Glaubenssätze, die in vielen Stammorganisationen „kulturell" verankert sind und übermittelt werden, kann auf zwei Arten erfolgen: Erfolgserlebnisse und Desasters. Daher ist es für das Projektmanagement von hoher Bedeutung, sowohl sehr erfolgreiche Projekte als auch gescheiterte Vorhaben offensiv in der jeweiligen Stammorganisation bekannt zu machen.

> **!** Es genügt nicht, dass das Projektmanagement eine sehr gute Arbeit leistet; das Management und die Auftraggeber aus der Stammorganisation müssen es auch wissen.

2 Prozessmanagement

2. Prozessschritt: Berücksichtigung der Struktur der betroffenen Interessengruppen, ihrer Ziele und Arbeitsweisen.

Die Weiterentwicklung der eigenen Prozesse ist eine wichtige und dauerhafte Aufgabe der Stammorganisation. Sie kann Teilaspekte dieser Aufgabe an IT- oder Organisationsprojekte delegieren. Hier greifen die Methoden des Projekt- und Organisationsmanagements ineinander. Insbesondere die Prozessgestaltung lässt sich als ein Projekt umsetzen, das den Ablauf der Veränderung bei der grundsätzlichen Neuentwicklung oder Überarbeitung bestehender Prozesse steuert. (vgl. FISCHERMANNS, 2006).

2.1 Strategische Prozessorganisation

Die Strategische Prozessorganisation in einer Stammorganisation kann die unmittelbare Schnittstelle zum Management by Projects sein.

> Ziel der Strategischen Prozessorganisation ist es, langfristig alle Prozesse auf die Unternehmensstrategie zur Steigerung der Kundenorientierung und Leistungsfähigkeit auszurichten. Ergebnis der Strategischen Prozessorganisation sind Initiativen und somit häufig Projekte, um ein prozessorientiertes Unternehmen zu realisieren.

Die Strategie beschreibt, wie die Abläufe in der Stammorganisation zukünftig organisiert werden sollen. Die Schritte zur Strategieumsetzung erfolgen dann entweder durch eine Reihe abgestimmter Prozessgestaltungsprojekte oder bei kleineren Veränderungen durch die kontinuierliche Optimierung der Prozesse (KVP). Die Strategieumsetzung erfolgt durch die Prozessgestaltung (vgl. FISCHERMANNS, 2006).

2.2 Prozessgestaltung

Beim sollorientierten Vorgehen der Prozessgestaltung folgt das Prozessmanagement der Strategie. Dementsprechend werden zunächst Markt- und Wettbewerbsstrategien aus der Mission und der Vision abgeleitet:

- Welche langfristigen Ziele, z. B. beim Wachstum, verfolgt das Top Management?
- Mit welchen Produkten bei welchen Kunden in welchen Märkten sollen die Ziele erreicht werden?
- Welche Wettbewerbsposition nimmt das Unternehmen ein, Kostenführerschaft, Differenzierung oder Konzentration?

In diesem Zusammenhang ist auch die fundamentale Frage zu stellen, ob neue Geschäftsfelder besetzt und/oder bisherige Märkte aufgegeben werden sollen.

Aus diesen Strategien und Zielvorstellungen wird ein Prozessmodell konzeptionell entwickelt. Einzig und allein die zukünftige Ausrichtung der Stammorganisation ist maßgeblich dafür, wie die Prozesse konzipiert werden. Im dritten Schritt werden die bestehenden Prozesse mit der Strategie und dem Prozessmodell verglichen. Je nach Ausmaß der Ist- Soll Differenz entstehen kontinuierliche Verbesserungen oder Projekten zur Prozessoptimierung (vgl. HAMMER & CHAMPY, 1995).

Die Phasen bei den Prozessoptimierungsprojekten entsprechen dem klassischen Schema der Planung-Realisierung- Kontrolle. Zunächst werden die Prozesse im Ist-Zustand erhoben und die Zeiten, Kosten und die Kennzahlen für die Qualität analysiert (Element 1.13, Vertiefungswissen, Kapitel 4.4.) Anhand der mit der Prozessoptimierung verfolgten Ziele werden in der anschließenden Prozesswürdigung die Stärken und Schwächen des Ist-Ablaufs sowie deren Ursachen und Wirkungen ermittelt. Beim Prozessdesign werden die organisatorischen, technischen und personellen Gestaltungsmöglichkeiten ausgeschöpft. In der anschließenden Prozessbewertung werden die Folgen der Prozessoptimierungen auf die Zielerreichung der Stammorganisation eingeschätzt (vgl. FISCHERMANNS, 2006).

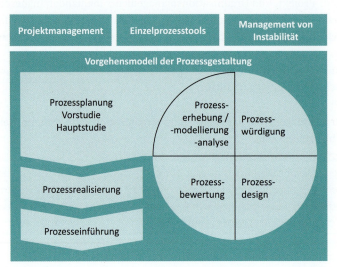

Abbildung 3.05-V1: Prozessgestaltung (FISCHERMANNS, 2006: 23)

Diese Schritte sollten grundsätzlich zweimal durchlaufen werden. Ziel eines ersten Grobkonzepts ist es, Grundsatzentscheidungen bezüglich der Prozessgestaltung herbeizuführen.

In dieser Phase werden somit die Vorgaben aus der Strategie in konkretere Prozesspläne gefasst, jedoch noch nicht so detailliert, dass sie sofort realisiert werden können. Dazu bedarf es in der Regel eines zweiten Durchlaufes im Planungszyklus. In diesem zweiten Schritt werden die Grundsatzentscheidungen durch genaue Prozessbeschreibungen sowie fachliche Anforderungen an Personal und Technik im Detail ausgearbeitet. Mit der Prozessrealisierung wird der nach der Planungsphase bisher auf dem Papier stehende Ablauf in die Praxis umgesetzt. Arbeitsanweisungen werden dokumentiert, Techniken installiert und Mitarbeiter qualifiziert. Ebenfalls sind umfangreiche Tests anzusetzen.

Damit die neuen oder optimierten Prozesse auch gelebt werden, ist die aktive Unterstützung der Prozesseinführung durch Dokumentation, Information und Schulung besonders wichtig (vgl. FISCHERMANNS, 2006).

Tipp Ebenso muss im Zusammenhang mit Prozessoptimierungen im Rahmen von Projekten auch immer die Frage gestellt werden, ob Abläufe tatsächlich nachhaltig verbessert werden können, ohne Aufbaustrukturen zu verändern. Analytisch scheint dies nur schwer möglich. Diese Fragestellung muss das Projektmanagement mit den Auftraggebern aus der Stammorganisation klären, sollen die Projektergebnisse über Konzepte hinausgehen.

3 Analyse der Schnittstelle „Projektmitarbeiter"

3. Prozessschritt: Identifizierung und Entwicklung von Schnittstellen zwischen der Stammorganisation und den projektgebundenen Teilen der Organisation.

> Die Mitarbeiter in einem Projekt bilden häufig die Schnittstelle zur Stammorganisation mit dem größten Entwicklungspotential.

Mit der Analyse dieser Schnittstelle wird im Rahmen des Vertiefungswissens methodisch eine Metaebene betreten. Neben den strukturell verankerten Schnittstellen, wie zum Beispiel dem Projektmanagementbüro, „entsendet" die Stammorganisation Mitarbeiter in Projekte. Organisatorisch erfolgt dies über eine reine Projektorganisation oder über eine Matrixorganisation. (Element 1.06).

Tipp Es ist für das Projektmanagement von hoher Bedeutung, die Beziehung der einzelnen Projektmitarbeiter zur entsendenden Stammorganisation kontinuierlich zu analysieren.

Diese Thematik wird an den unterschiedlichsten Stellen dieses Buches, jeweils mit dem entsprechenden Fokus auf ein Kompetenzelement, aufgegriffen. Das im Folgenden dargestellte Analysetool soll in einem ersten Schritt mögliche Problemfelder beschreiben und Anhaltspunkte für das Projektmanagement liefern. Im Sinne eines Regelkreises Erhebung- Analyse- Optimierung bildet die Zeitpunkt und Zeitraum bezogene Analyse dann die Basis für Maßnahmen durch das Projektmanagement.

Selbstverständlich ergeben sich in jedem Projekt zusätzlich spezifische Schnittstellen und Situationen. Um diese kann das Tool bedarfsgerecht erweitert werden.

Folgende Kriterien bilden als Indikator den Analyseinhalt für die Schnittstelle „Mitarbeiter":

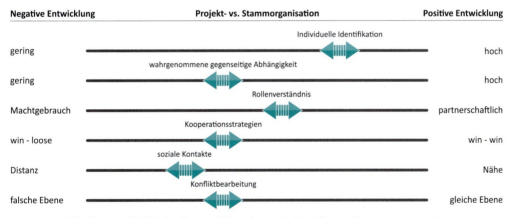

Abbildung 3.05-V2: Analysetool Mitarbeiter in Projekt- vs. Stammorganisation

3.1 Identifikation

Die erste Entwicklungsmöglichkeit zielt auf die Bedeutung eines Projekts für den einzelnen Mitarbeiter ab: die persönliche Identifikation mit den Projektzielen. Grundsätzlich sollten Projektziele und strategische Ziele einer Stammorganisation natürlich im Einklang stehen. Aber gilt dies auch für die individuellen Ziele einzelner Mitarbeiter?

Auch viele Jahre nach Einführung von Management by Projects in Stammorganisationen werden Mitarbeiter häufig noch an Projekte „abgestellt". Dies erfolgt, ohne dass deren individuelle Jahresziele (zumindest zu einem gewissen Teil) an die Projektziele angeglichen werden. Insbesondere in einer Situation von Ressourcenkonflikten entscheiden sich Mitarbeiter bei Überlastung häufig für die Stammorganisation (Element 3.08, Basisteil, Kapitel 2.2).

Deutlich extremer kann die Identifikation abnehmen, wenn ein Projekt sogar die Zielsetzung verfolgt, Prozesse oder Strukturen der Stammorganisation zu verändern. Realisiert der Mitarbeiter die individuelle Betroffenheit, so kann die Identifikation mit den Projektzielen abnehmen und das Projektmanagement muss sich auf Widerstände einstellen.

3.2 Wahrgenommene gegenseitige Abhängigkeit

Neben der Identifikation ist die gegenseitige Abhängigkeit zwischen Projekt und der Stammorganisation die zweite zentrale Fragestellung der Analyse. Dabei ist nicht nur die tatsächliche (objektive) Abhängigkeit von Bedeutung. Diese sollte, sofern die Projektergebnisse die Stammorganisation betreffen, mit Dauer des Projekts zunehmen.

👍 **Tipp** Der Fokus des Projektmanagements sollte auch die von Einzelnen **wahrgenommene**, subjektive Abhängigkeit erfassen. Je nach Projektziel sollte diese planmäßig ab- oder zunehmen. Auf Basis von Planwerten muss das Projektmanagement zu jedem Zeitpunkt des Projekts Aussagen zum objektiv und subjektiv wahrgenommenen Abhängigkeitsverhältnis mit der Stammorganisation machen können.

Besonders in komplexen Situationen handeln Mitarbeiter nur dann im Sinne des Projekts, wenn die Abhängigkeit der persönlichen Zielerreichung von einem positiven Projektverlauf oder zumindest von anderen Mitarbeitern oder betroffenen Einheiten wahrgenommen wird (Element: 2.05).

🔍 **Beispiel** Ein guter Indikator für die Ausprägung der wahrgenommenen gegenseitigen Abhängigkeit ist das Gesprächs- bzw. Diskussionsverhalten von Mitarbeitern. Spricht der Einzelne vermehrt in der „Ich" statt der „Wir" Form oder werden Ideen mit Drohungen verknüpft, so muss das Projektmanagement eher von einer einseitig empfundenen Abhängigkeit ausgehen.

3.3 Rollenverständnis

In der Regel sind in Projekt- Programm- oder Portfoliomanagement- Systemen neben Projektphasen auch formelle Rollen beschrieben und definiert (Element 3.08, Basisteil Kapitel 4).

Die Frage, die sich im Projektverlauf im Zusammenhang mit dem Verhältnis zur Stammorganisation stellt, sollte dementsprechend nicht sein, ob es die beschriebenen Rollen tatsächlich gibt. Vielmehr scheint es sinnvoll zu hinterfragen, wie die Rollen im Spannungsfeld unzureichender übergeordneter Ressourcenplanung und -steuerung gelebt werden. Ein häufig genannter Kritikpunkt aus der Stammorganisation lautet, dass in Projekten Parallelwelten (Strukturen, Prozesse und Visionen) entwickelt werden. Das Ausmaß dieser Gefahr hängt zum einen stark von der Projektorientierung eines Unternehmens ab (Element 3.01). Aus dem Fokus des Einzelprojekts heraus, das die bestehende Stammorganisation als Rahmenbedingung betrachtet, macht es eher Sinn, am Rollenverständnis des einzelnen, betroffenen Mitarbeiters oder der Führungskraft anzusetzen:

🔍 **Beispiel** Zeichnet sich das Rollenverständnis durch Machtgebrauch aus oder werden Rollen partnerschaftlich ausgeführt? In wie weit können das Projektmanagement tatsächlich die Moderation einer Sitzung abgeben (Element: 1.07, Basisteil, Kapitel 4.5) bzw. der Abteilungsleiter sich im Sinne des Projekts unterordnen?

💧 **Tipp** Eine sehr gute Möglichkeit zur Erhebung dieses Indikators ist es, zusätzlich zu den „klassischen" Punkten einer Prozessanalyse im Team die Frage nach den (informellen) Rollen hinzuzufügen:
- Wie sind wir vorgegangen?
- Welche Rollen hat es gegeben?
- Was hat unsere Zusammenarbeit gefördert?
- Was hat sie behindert?
- Wie machen wir weiter?

3.4 Kooperationsstrategien

Wie im Kapitel 5 des Grundlagenteils dargestellt, beeinflussen die bestehende Unternehmenskultur und die Frage nach der übergreifenden Einsatzplanung von Ressourcen maßgeblich die Projektarbeit. An der Schnittstelle zur Stammorganisation müssen Projektmanagement und betroffene Einheiten kooperieren (Element 3.08, Basisteil Kapitel 2).

Wie wird diese Situation verstanden: Als Konkurrenzsituation, das heißt, ist es dem Einzelnen vor allem wichtig, besser als die anderen abzuschneiden (win-loose)? Oder beurteilen die Betroffenen und Beteiligten dagegen nicht ihr eigenes Abschneiden im Vergleich zu den anderen Einheiten, sondern steht das Abschneiden des Gesamtsystems im Vordergrund (win-win)?

Diese Fragestellung vertieft unmittelbar die oben gestellte Frage nach der wahrgenommenen gegenseitigen Abhängigkeit. Häufig ist es nicht leicht, Kooperationsstrategien einzelner Personen, aber auch ganzer Teams zu antizipieren. Insbesondere unter Beobachtung verhalten sich viele Personen sozial erwünscht; wer lässt sich schon gerne nachsagen, nicht kooperieren zu wollen? Die Wahrscheinlichkeit für kooperative Handlungen des Projektpartners steigt, wenn aus dem Projekt ebenfalls eindeutige kooperative Signale gesandt werden. Dies erfordert jedoch eine positive Grundhaltung der Projektmitarbeiter.

🔍 **Beispiel** Schwache Indikatoren für eine Win-Loose Strategie sind, wenn Sachverhalte als unveränderbar dargestellt werden oder wenn Macht eingesetzt wird, um persönliche Ziele zu erreichen. Dagegen sind Indikatoren für eine Win-Win Strategie, wenn so genannte „was wäre wenn" Fragen gestellt werden oder wenn sich Mitarbeiter regelmäßig in Sitzungen oder Gesprächen aufeinander beziehen.

3.5 Soziale Kontakte

Sicherlich stellen soziale Kontakte zwischen Stammorganisation und Projekt nicht den Kern einer professionellen Schnittstellendiagnose bezüglich Umsetzung einer Problemlösung dar. Der Umkehrschluss ist aber genau so wenig zulässig: Es ist nicht völlig unerheblich, wie sich eine Projektorganisation auf der Beziehungsebene zur Stammorganisation verhält. Grundsätzlich können hier als Attribute die Schlagworte Distanz und Nähe verwendet werden, wobei darauf verwiesen werden muss, dass die Frage nach sozialen Kontakten nicht als Schwarz/Weiß-Frage geklärt werden kann.

💧 **Tipp** Vielmehr scheint es zielführend zu analysieren, welche Tendenzen bzw. Entwicklung die Beziehungen zueinander nehmen: Gibt es punktuell Gruppen, welche sich durch eine zu große Nähe auszeichnen (Cliquen), bzw. gibt es einzelne Schlüsselpersonen, welche –organisationsunabhängig – menschlich einfach nicht zusammen einen professionellen Auftrag oder eine Rolle dabei erfüllen können?

Bei der Fortschrittskontrolle ist insbesondere bei diesem Indikator der Verlauf der Beziehungen und nicht die Momentaufnahme von Bedeutung (Element 2.05, Basisteil Kapitel 2.1).

3.6 Konfliktbearbeitung

Bei Veränderungen in einer Stammorganisation kommt es zu Konflikten. Das ist normal und kann förderlich sein. Wie in Element 2.12 beschrieben wurde, steckt in Konflikten Potential und Energie. Sehr häufig werden allerdings Probleme auf der Beziehungsebene gleichsam als Vorwand auf der Sachebene ausgetragen.

> Die entscheidende Schnittstellenthematik für das Projektmanagement sollte nicht sein, ob es Konflikte gibt oder nicht, sondern wie diese Konflikte bearbeitet werden.

Für eine intakte Schnittstelle zur Stammorganisation spricht, wenn die Konflikte dort bearbeitet werden, wo sie ursächlich vorliegen. Konflikte auf der Sachebene werden auf der Sachebene gelöst, Konflikte auf der Beziehungsebene auf der Beziehungsebene. Hingegen spricht für eine negative Entwicklung und einen Interventionsbedarf, wenn im Konfliktfall auf eine ursächlich nicht betroffene Thematik oder Ebene ausgewichen wird: Bei Problemen auf der Sachebene wird auf die Beziehungsebene gewechselt und umgekehrt (Element 2.12 sowie Element 1.18, Kapitel 2.1 und Element 2.15, Vertiefungswissen, Kapitel 4).

4 Diagnose der Unternehmenskultur

4. Prozessschritt: Ermittlung von Übereinstimmungen und Differenzen

Möglichkeiten und Grenzen von Projektmanagementmethoden und -techniken hängen stark von dem Umfeld ab, in dem sie Anwendung finden. Auch die Anforderungen an die persönlichen und sozialen Kompetenzen des Projektmanagers sind, je nach betroffener oder beteiligter Stammorganisation, unterschiedlich.

Der Stellenwert von Projekten, aber auch die übergeordnete Strategie und die Struktur in der Stammorganisation werden maßgeblich durch die bestehende Unternehmenskultur beeinflusst (Element 3.01, Vertiefungswissen Kapitel 1).

> Die Anzahl von Handlungsoptionen vergrößert sich durch eine gute Kenntnis des Systems: Unternehmenskultur ist kein „Bauchgefühl", sondern drückt sich durch sichtbare Elemente, wie Verhalten der Mitarbeiter und Führungskräfte, Gebäude, die Räumlichkeiten, aber auch Ausprägung von Organisationsstrukturen aus.

Vertiefend zu den im Basisteil angesprochenen Aspekten, lohnt es sich, insbesondere bei Projekten, welche Aufbaustrukturen und Prozesse verändern, bestehende Büro- und Organisationsgestaltung sowie Führungsgrundsätze in Einzelgesprächen zu hinterfragen. Beginnend mit eher allgemeinen Fragen zur Organisation sowie zur Person, Aufgabe und Position des Gesprächspartners, kann das Interview mit Fragen zu folgenden Aspekten der projektspezifischen Unternehmenskultur vertieft werden:

4.1 Kulturoberfläche

Tabelle 3.05-V1: Diagnose der oberflächlichen Unternehmenskultur (Makrobereich) (in Anlehnung an BERGER, CHALUPSKY & HARTMANN, 2008)

Diagnosebereich	Fragestellungen
Unternehmensorganisation Prozessorganisation Aufbauorganisation	I Wie ist die hierarchische Struktur (Steilheit, Kontrollspanne, Stellenwert von Projekten)? I Gibt es ein Projektmanagement- System, wird dieses genutzt (wann wird es genutzt und wann nicht)? I Welchen Status genießt ein Projektleiter? I Wie sind der Formalisierungsgrad und das Ausmaß der Spezialisierung in Projektteams?
Unternehmenspolitik	I Welche Grundsätze und Strategien existieren für das Multiprojektmanagement?
Verhaltensweisen, Erfahrungssicherung	I Welche Kriterien sind bei der Auswahl und Beförderung von Projektmitarbeitern tatsächlich ausschlaggebend? I Wie freimütig werden Informationen ausgetauscht? (lernende Organisation) I Wie werden Projektergebnisse dokumentiert? (Erfahrungen, Know-how Transfer)
Führungsstil und Betriebsklima	I Wie verhalten sich Mitglieder der Führungsspitze in Projektsitzungen? I Wie schnell entscheiden „Entscheider" I Wird mehr Wert auf Einzel- oder auf Teamarbeit gelegt? I Wie zufrieden sind die Projektmitarbeiter? I Wie ausgeprägt ist das Engagement für das Projekt bei Konflikten mit dem „Linienjob"? I Wie wird mit Fehlern umgegangen?

4.2 Kulturkern

In einem zweiten Schritt wird der Mikrobereich, das Projektteam oder die zu verändernde Abteilung diagnostiziert:

Tabelle 3.05-V2: Diagnose des Kulturkerns (Mikrobereich) (in Anlehnung an BERGER, CHALUPSKY & HARTMANN, 2008)

Diagnosebereich	Fragestellungen
Bewahren und Verändern	I Was sollten wir in der Abteilung/im Projektteam bewahren? I Was sollten wir in der Abteilung/im Projektteam verändern?
Normen, Verbote, Gebote	I Was darf „man" hier in der Abteilung/im Projektteam? was darf man nicht? I Was würden Sie einem guten Freund empfehlen, was er tun soll, um in der Abteilung/im Projektteam gut angesehen zu sein? I Was müssen wir in der Abteilung/im Projektteam tun, um mit einem Vorhaben zu scheitern? I Wann werden Personen schwierig? Wie wird mit diesen umgegangen?
Werte	I Woher kommen unsere Werte? I Was ist unserer Organisation heilig, was ist unumstößlich? I Welche Werte werden bei welchen Anlässen beteuert?
Tabus	I Worüber wird hier nicht gesprochen, obwohl es alle wissen?
Innovationsorientierung	I Wie steht es mit • Risikofreudigkeit und Flexibilität • Veränderungsbereitschaft • Innovationshäufigkeit • Offenheit gegenüber neuen Ideen • „fehlerfreundlichem" Projektmanagement?

5 Veränderungsanalyse

5. Prozessschritt: Erwägung der Optionen und ihrer Auswirkungen.

Projekte sind nur dann erfolgreich, wenn Betroffene und Beteiligte hinter den Veränderungen stehen. Den Veränderungsprozess von Anfang an mit den fachlichen und strukturellen Rahmenbedingungen in der Stammorganisation zu synchronisieren, ist somit wesentlich für den Gesamterfolg von Projekten. Erst durch eine systematische Veränderungsanalyse, die schon zu Beginn eines Vorhabens Optionen und Risiken und deren Auswirkungen antizipiert, wird tatsächliche Auftragsklarheit geschaffen. (vgl. Element 1.05 Kapitel 2.3.3 und Element 2.08, Basisteil Kapitel 1.5)

Tabelle 3.05-V3: Systematische Veränderungsanalyse (in Anlehnung an BERGER, CHALUPSKY & HARTMANN, 2008)

Veränderungsziele	<ul><li>Wer hat das Veränderungsziel vorgegeben?</li><li>Woher kommt der Veränderungsdruck? (von innen oder/und außen?)</li><li>In welchem Bereich liegt momentan der Fokus der Energie? Liegt sie noch im Problemzustand („weg von") oder bereits im Lösungszustand („hin zu")?</li><li>Gibt es Beispiele in der Organisation oder bei anderen, die beweisen, dass ähnliche Vorhaben erfolgreich waren? Wie sehen diese aus?</li><li>Welche Gerüchte treten auf? Was besagen sie?</li><li>Wer wird am meisten Widerstand gegen die Veränderung leisten, weil es für ihn subjektiv gefährdend ist?</li><li>Wie können Einwände nachhaltig in Vorteile umgewandelt und nutzbar gemacht werden?</li><li>Sind die Veränderungsgegner intensiv in den Prozess eingebunden?</li></ul>
Sinn und Vision der Veränderung	<ul><li>Wurde der Sinn der Veränderungen entsprechend kommuniziert?</li><li>Existiert ein konkretes Bild davon, womit die Veränderung beendet ist?</li><li>Kann die entstehende Unruhe schöpferisch genutzt werden?</li><li>Sind ausreichend harte Daten kommuniziert worden, warum nicht alles so bleiben kann, wie es ist?</li><li>Was passiert, wenn nichts passiert?</li></ul>
Fokus der Veränderung	<ul><li>Wie passt die Veränderung in die bestehende Struktur und Kultur?</li><li>Muss zuerst die Aufbaustruktur geändert werden?</li><li>Welche unbeabsichtigten Wirkungen sind zu erwarten?</li><li>Wie ist die Auswirkung auf das Gesamtsystem, wenn sich in einem Teilbereich etwas ändert?</li></ul>
Veränderungsintensität	<ul><li>Wie tiefgreifend ist die Veränderung?</li><li>Sollen sich Verhaltensweisen, Einstellungen, Identitäten, Fähigkeiten, Normen usw. ändern?</li></ul>
Grad der Betroffenheit durch die Veränderung	<ul><li>Wer hat objektiv und subjektiv die meisten Vorteile und Nachteile von den geplanten Veränderungen?</li><li>Können die Betroffenen/Beteiligten einen für sie bedeutsamen Nutzen/Vorteil erkennen?</li><li>Wer muss sich am meisten verändern, wer am wenigsten?</li><li>Wie wird die Veränderung in die Machtbalance der Organisation eingreifen?</li><li>Wo und bei wem werden die meisten Ängste auftreten? Welche werden es sein?</li><li>Wie wollen wir damit umgehen?</li></ul>
Ressourcen für die Veränderung	<ul><li>Wo sind verfügbare Ressourcen? Wer/was kann die Veränderung unterstützen?</li><li>Wo existieren schon andere Lösungen und in welcher Form können sie nutzbar gemacht werden?</li></ul>

6 Partizipation

6. Prozessschritt: Diskussion, Entscheidung, Kommunikation und Umsetzung

Eine große Lücke zwischen Theorie und Praxis stellt das Thema „Umgang mit Widerstand" im Rahmen der Umsetzung vieler Projekte dar. Nach DOPPLER & LAUTENBURG gibt es keine Veränderung ohne Widerstand.

> Für das Projektmanagement sollte es Anlass zur Besorgnis sein, wenn bei einer Veränderung keine Widerstände auftreten. Dies bedeutet vermutlich, dass die Betroffenen nicht an eine Realisierung glauben.

Die Ursache für Widerstand sind emotional oder sachlich begründete Bedenken, Befürchtungen oder Ängste. Für das Projektmanagement zeigen Widerstände an, dass die Voraussetzungen für ein Vorgehen im geplanten Sinne (noch) nicht gegeben sind. Verstärkter Druck führt in diesem Fall lediglich zu mehr Gegendruck. Die im Widerstand gebundene Energie sollte somit zunächst ernst genommen und dann sinnvoll kanalisiert werden (vgl. DOPPLER & LAUTENBURG, 2005 und Element 2.04, Vertiefungswissen Kapitel 2).

Theoretisch scheinen diese Erkenntnisse eindeutig, teilweise sogar trivial. Das Projektmanagement muss bei Änderungsvorhaben Betroffene beteiligen, wenn Widerstände ernst genommen und professionell bearbeitet werden sollen. Dies ist insbesondere dann eine zwingende Vorraussetzung für den Projekterfolg, wenn die Ergebnisqualität mit der Akzeptanz der betroffenen Menschen oder Abteilungen steht oder fällt. Diese Partizipation kann wie folgt differenziert dargestellt werden:

6.1 Formen der Partizipation von Stakeholdern

Tabelle 3.05-V4: Formen von Partizipation (vgl. auch Element 1.02,)

Information der betroffenen Mitarbeiter (repressiv)	Absolutes Minimum! Die Information muss rechtzeitig, offen, wahrheitsgemäß und empfängerorientiert erfolgen. (z. B. Info-Veranstaltungen, Gespräche, Rundschreiben, Hauszeitschrift, Mails)
Berücksichtigung der Meinungen der Mitarbeiter (diskursiv)	Nur dann, wenn Handlungsspielraum besteht und Auftraggeber/Projektteam bereit sind, teilweise von eigenen Vorstellungen abzulassen - sachliche Richtigkeit vorausgesetzt. (z. B. Mitarbeiter-Befragungen, Workshops, Interviews, Vorschlagswesen)
Mitarbeit der betroffenen Mitarbeiter (kooperativ)	Betroffene Mitarbeiter haben Gelegenheit, ihre Ideen, ihre Erfahrungen und ihr Know-how konkret einzubringen. (z. B. Projektarbeit, Zukunftswerkstatt, Arbeitskreise, Vorschlagswesen)
(Mit-)Entscheidung der betroffenen Mitarbeiter (demokratisch)	Die betroffenen Mitarbeiter bzw. ihre Repräsentanten werden an der Auswahl von Lösungsvarianten, an der Vorbereitung von Entscheidungen beteiligt. (z. B. Workshops zur Entscheidungsfindung)

6.2 Theorie vs. Praxis

In der Praxis gibt es nicht wenige Führungskräfte und Projektmanager, die von diesem Konzept zwar reden, jedoch nicht danach handeln. Viel schlimmer: Sie praktizieren nur eine **Scheinpartizipation**.

Beispiel Während sie ihre Mitarbeiter zu Beginn einer Sitzung zu einer gemeinsamen Entscheidung einladen, wird den Betroffenen nach kurzer Zeit klar, dass die Entscheidung bereits gefallen ist und diese ihnen nur noch „verkauft" werden soll. Dies führt dann, verglichen mit einer ehrlichen Aussage, zu erheblich mehr Widerstand.

Natürlich gibt es auch eine hinreichende Begründung für dieses offensichtliche Fehlverhalten: Professioneller Umgang mit Widerstand und somit Veränderungsmanagement erfordern einen Aufwand, der zu Beginn eines Vorhabens nur in den seltensten Fällen eingeplant wird.

> Je höher das Niveau der Beteiligung ist, desto geringer sind die Widerstände und umso höher der Aufwand.

Ein aus Sicht der Praxis erfolgversprechenderes Vorgehen liegt in der Metakommunikation bezüglich der Intensität der Beteiligung, abgestimmt mit einzelnen Projektphasen. Ein Beispiel eines solchen Vorgehens könnte wie folgt aussehen:

Tabelle 3.05-V5: Beispiel für Beteiligungskonzept

(Mit-)Entscheidung der betroffenen Mitarbeiter in der Vorstudie	Betroffene werden eingeladen, ihre Wünsche und Ziele zu formulieren und werden mit den finanziellen/terminlichen Konsequenzen konfrontiert
Mitarbeit der betroffenen Mitarbeiter in Konzeptphasen und bei der Planung	Betroffene Mitarbeiter haben Gelegenheit, ihre Ideen, ihre Erfahrungen und ihr Know-how konkret einzubringen.
Berücksichtigung der Meinungen der Mitarbeiter während der Umsetzung	Dort, wo Handlungsspielraum besteht und Auftraggeber/Projektteam bereit sind, teilweise von eigenen Vorstellungen abzuweichen - sachliche Richtigkeit vorausgesetzt- werden Fachexperten involviert.
Information der betroffenen Mitarbeiter bei der Einführung	Information bezüglich sämtlicher Schritte, rechtzeitig, offen, wahrheitsgemäß und empfängerorientiert, im Rahmen von Schulungen

Tipp Ein derartiges Vorgehen impliziert die Möglichkeit, den Aufwand für ein professionelles Veränderungsmanagement einzuplanen.

Durch die explizite Klärung der Beteiligung je Phase auf der Metaebene beugt dieses Verfahren auch einer „schleichenden" Erweiterung von Projektinhalt und Umfang (scope creep) vor.

7 Lernzyklus

7. Prozessschritt: Überwachung des Fortschritts, Einführung eines Lernzyklus.

Der Begriff „Lernzyklus" ist ein handlungsorientierter Begriff, der die Erwartung nach kurzfristiger Umsetzbarkeit weckt, etwa im Vergleich zur Personalentwicklung durch Projekte (Element 3.08). Die Übergabe von Projektergebnissen und Erfahrungen in die Stammorganisation kann neben der Wertschöpfung dem Unternehmen dazu verhelfen, nachhaltig künftige Vorhaben besser, schneller und effizienter umzusetzen (Element 1.17, Kapitel 3).
Ziel der lernenden Organisation ist es, Wissen und Innovationspotential von der Begrenzung auf Personen zu lösen.

Für die Überwachung des Fortschritts und der Einführung eines Lernzyklus sind folgende Fragen aus Sicht des Projektmanagements sinnvoll:

7.1 Relevante Fragestellungen für das Projektmanagement

Tabelle 3.05-V6: Relevante Fragestellungen für das Projektmanagement (in Anlehnung an ROHDE & PFETZING, 2006)

Fragestellung	Ausprägung
Was ist aus Sicht der Stammorganisation gegenwärtiges und zukünftiges Wissen?	Know-how Kompetenzen
Soziale und persönliche Kompetenzen	Was muss jemand wissen? Was muss jemand können? Wie muss jemand sein?
Wo ist dieses Wissen in der Stammorganisation bereits vorhanden?	Bei welchen Personen? In welchen Standards? In welcher Form dokumentiert und abrufbar/nutzbar?
Welches erfolgsrelevante Wissen musste in der Stammorganisation erst aufgebaut- bzw. weiterentwickelt werden?	Wo sind externe Quellen für dieses Wissen?
Was sind für uns passende, nützliche Strukturen und Prozesse, um vorhandenes Wissen der Stammorganisation verfügbar zu machen?	Welches explizite (dokumentierte) Wissen existiert? Welches implizite (an Personen gebundene) Wissen ist vorhanden?
Was fördert/behindert bei uns derzeit möglicherweise den internen Wissenstransfer, das „voneinander und miteinander Lernen"?	Wie förderlich/hinderlich sind hierzu die Gehalts- und Beurteilungssysteme? Wie attraktiv und benutzerfreundlich sind relevante Projektmanagement- Handbücher, Datenbanken und Informationssysteme gestaltet?

7.2 Wissensgebiete in der Stammorganisation

Projektübergreifendes Wissensmanagement wurde bereits im Element 3.03, Vertiefungswissen Kapitel 5 aufgegriffen und dargestellt. Daher soll an dieser Stelle nur systematisiert werden, welche Arten von Wissen in einer Stammorganisation Inhalt und Entwicklungsgegenstand eines Lernzyklus sein sollten:

Tabelle 3.05-V7: Wissensgebiete in der Stammorganisation

Wissen über Produkte, Technologien und Produktionsprozesse	Expertenwissen
Dieses Wissen wird von Organisationsgründern, von Mitarbeitern unterschiedlicher Professionen und Qualifikationen, aber auch von Kunden und Kooperationspartnern eingebracht. Es handelt sich beim Produktwissen um die zentrale unternehmerische Fähigkeit, mit einem Produkt die Ungewissheit, ob es zur Lösung eines Problems geeignet ist, zu bewältigen und auch derart wach zu halten, dass ein kontinuierlicher Produktabsatz gewährleistet werden kann.	In Organisationen entsteht Expertenwissen aller Art. Das ist beispielsweise das Wissen über die relevanten Umwelten der Stammorganisation, das auch mithilfe externer Berater entwickelt wird und von speziellen Abteilungen bereitgestellt wird.
Führungswissen	**Gesellschaftliches Wissen**
Ein verdeckt thematisiertes Wissen darüber, wie eine Organisation als Hierarchie zu führen und als Arbeitsteilung zu koordinieren ist. Es ist sowohl Teil des gesellschaftlichen Wissens (Standards akzeptierter Autorität) als auch Teil des in die Strukturen der Organisation eingelassenen Wissens darüber, wie die Mitarbeiter einer Organisation in gewünschter Weise zur Mitarbeit zu motivieren sind.	Es gibt ein als selbstverständlich vorausgesetztes, gesellschaftliches Wissen darüber, was eine Organisation ist, wie sie funktioniert, was man von ihr erwarten kann und unter welchen Umständen sie vom Rest der Gesellschaft akzeptiert wird. Auf dieses Wissen beruft man sich etwa beim Abschluss von Arbeitsverträgen und Kaufverträgen mit Kunden/Lieferanten.

8 Zusammenfassung

Management by Projects ist ein zentrales Managementkonzept von projektorientierten Stammorganisationen. Zentrale Führungsgremien geben Verantwortlichkeiten an Projekte ab und das Projektmanagement bekommt einen größeren Entscheidungsspielraum eingeräumt. Strategische Vorhaben werden hierbei grundsätzlich in Form von Projekten parallel begonnen, geführt und abgeschlossen. Management by Projects zielt auf die Steigerung der Flexibilität und Dynamik einer Stammorganisation durch Dezentralisierung der Managementfunktionen ab.

Im Prozessmanagement greifen die Methoden des Projekt- und Organisationsmanagements ineinander. Insbesondere die Prozessgestaltung lässt sich als ein Projekt umsetzen, das den Ablauf der Veränderung bei der grundsätzlichen Neuentwicklung oder Überarbeitung bestehender Prozesse steuert. Ziel der Strategischen Prozessorganisation ist es, langfristig alle Prozesse auf die Unternehmensstrategie zur Steigerung der Kundenorientierung und Leistungsfähigkeit auszurichten. Ergebnis der Strategischen Prozessorganisation sind Initiativen und somit häufig Projekte, um ein prozessorientiertes Unternehmen zu realisieren. Die Phasen bei Prozessoptimierungsprojekten entsprechen dem klassischen Schema von Planung- Realisierung- Kontrolle. Zunächst werden die Prozesse im Ist-Zustand erhoben und die Zeiten, Kosten und die Kennzahlen für Qualität analysiert. Anhand der mit der Prozessoptimierung verfolgten Ziele werden in der anschließenden Prozesswürdigung die Stärken und Schwächen des Ist-Ablaufs sowie deren Ursachen und Wirkungen ermittelt. Beim Prozessdesign werden die organisatorischen, technischen und personellen Gestaltungsmöglichkeiten ausgeschöpft. In der anschließenden Prozessbewertung werden die Folgen der Prozessoptimierungen auf die Zielerreichung der Stammorganisation eingeschätzt.

Die Mitarbeiter in einem Projekt bilden häufig die Schnittstelle zur Stammorganisation mit dem größten Entwicklungspotential. Somit ist es für das Projektmanagement von hoher Bedeutung, die Beziehung der einzelnen Projektmitarbeiter zur entsendenden Abteilung kontinuierlich und methodisch zu analysieren.

Der Stellenwert von Projekten, aber auch die übergeordnete Strategie und die Struktur in der Stammorganisation werden maßgeblich durch die bestehende Unternehmenskultur beeinflusst. Die Anzahl von Handlungsoptionen vergrößert sich durch eine gute Kenntnis des Systems: Unternehmenskultur ist kein „Bauchgefühl", sondern drückt sich durch sichtbare Elemente, wie Verhalten der Mitarbeiter und Führungskräfte, Gebäude, die Räumlichkeiten, aber auch Ausprägung von Organisationsstrukturen, aus.

Projekte sind nur dann erfolgreich, wenn Betroffene und Beteiligte hinter den Veränderungen stehen. Den Veränderungsprozess von Anfang an mit den fachlichen und strukturellen Rahmenbedingungen in der Stammorganisation zu synchronisieren, ist entscheidend für den Gesamterfolg von Projekten. Erst durch eine systematische Veränderungsanalyse, die schon zu Beginn eines Vorhabens Optionen und Risiken und deren Auswirkungen antizipiert, wird tatsächliche Auftragsklarheit geschaffen. Eine große Lücke zwischen Theorie und Praxis stellt das Thema „Umgang mit Widerstand" im Rahmen der Umsetzung vieler Projekte dar. Ein aus Sicht der Praxis erfolgversprechenderes Vorgehen liegt in der Metakommunikation bezüglich der Intensität und Art der Beteiligung, abgestimmt mit einzelnen Projektphasen.

Schlussendlich ist der Begriff „Lernzyklus" ein handlungsorientierter Begriff, der die Erwartung hinsichtlich einer kurzfristigen Umsetzbarkeit weckt. Die Übergabe von Projektergebnissen und Erfahrungen in die Stammorganisation kann neben der Wertschöpfung der Unternehmung dazu verhelfen, künftige Vorhaben besser, schneller und effizienter umzusetzen. Ziel der lernenden Organisation ist es, Wissen und Innovationspotential von der Begrenzung auf Personen zu lösen.

9 Fragen zur Wiederholdung

1	Beschreiben Sie Möglichkeiten und Grenzen von Management by Projekts.	☐
2	Was sind Phaseninhalte von Prozessoptimierungsprojekten und warum werden diese Schritte in der Regel zweimal durchlaufen?	☐
3	Was sind mögliche Analyseinhalte, bezogen auf die Schnittstelle von Stammorganisation und Projekt?	☐
4	Wieso ist eine Diagnose der Unternehmenskultur, die gemeinsam mit Führungskräften und Mitarbeitern der Stammorganisation durchgeführt wird, nicht nur Diagnose, sondern auch eine Intervention?	☐
5	Welche Konsequenz hat eine gemeinsam mit dem Auftraggeber durchgeführte Veränderungsanalyse für das Projektmanagement?	☐
6	Wie kann eine schleichende Erweiterung des Inhalts und Umfangs von Projekten verhindert werden?	☐
7	Worin liegt vermutlich die größte Schwierigkeit von Projekten mit dem Inhalt „Wissens- oder Innovationsmanagement"?	☐

3.06 Geschäft (Business)

Thor Möller

Sie kennen

- Vorgehensweisen bei der Berechnung von Wirtschaftlichkeiten
- wesentliche Schnittstellen und Unterstützungsfunktionen des Controllings der allgemeinen Geschäftstätigkeiten und PPP sowie die Zusammenhänge der Themenfelder Kommunikation, Stakeholder und Projektmarketing mit der allgemeinen Geschäftstätigkeit
- wichtige Aspekte der Einführung und Optimierung von PPP

Sie verstehen

- ein vertieftes Realisieren von Wirtschaftlichkeitsbetrachtungen

Sie können

- das Projektmanagement in einer Organisation projektbezogen und auch projektübergreifend bezüglich der Schnittstellen zu den allgemeinen Geschäftstätigkeiten koordinieren und optimieren

Inhalt

1	Einleitung	2361
2	Wirtschaftlichkeitsrechnung für Projekte	2361
2.1	Überblick	2361
2.2	Methoden der Wirtschaftlichkeitsrechnung	2363
2.3	Sensitivitätsanalysen und Fortschreibung der Wirtschaftlichkeitsbetrachtungen	2368
3	Controlling von PPP mit Balanced Scorecards	2369
4	PPP-Aufgaben und PPP-Optimierung	2373
4.1	PPP-Aufgaben	2373
4.2	PPP-Optimierung am Beispiel von Project Excellence	2374
5	Zusammenfassung	2375
6	Fragen zur Wiederholung	2376

1 Einleitung

Das Vertiefungswissen zum Thema Business beschäftigt sich zunächst mit dem tiefer greifenden Verständnis von Wirtschaftlichkeitsbetrachtungen. Dazu gehört ergänzend zu den im Basiswissen dargestellten Aspekten unter anderem ein klares Verständnis zu den Vorgehensweisen bei der Berechnung von Wirtschaftlichkeit in Projekten. Im darauf folgenden Kapitel werden die Schnittstellen und Unterstützungsfunktionen des Controllings der allgemeinen Geschäftätigkeiten und PPP betrachtet. Der letzte Abschnitt verweist auf wichtige Aspekte der Einführung und Optimierung von PPP in Verbindung mit der allgemeinen Geschäftätigkeit. Insgesamt nehmen das Basiswissen und Vertiefungswissen somit eine Integration der Themen Business und Projektmanagement vor.

2 Wirtschaftlichkeitsrechnung für Projekte

Dieser Abschnitt beinhaltet ergänzend zu den diesbezüglichen Ausführungen im Basiswissen eine methodengestützte Einführung in die Wirtschaftlichkeitsrechnung für Projekte. Nach einem kurzen Überblick stellt er die wichtigsten Methoden dar und erläutert anschließend das Vorgehen bei den so genannten Sensitivitätsanalysen. Da ein Projektleiter auch daran gemessen werden sollte, ob die im Vorfeld geplante Wirtschaftlichkeit am Ende des Projekts weiterhin besteht, behandelt dieser Abschnitt abschließend Hinweise zur Fortschreibung und Sicherung der Wirtschaftlichkeit.

2.1 Überblick

Wirtschaftlichkeitsrechnungen für Projekte betrachten das **Verhältnis von investierten Finanzmitteln** und weiteren Leistungen in einem Projekt **mit deren (finanziellem) Nutzen** meistens auf der Basis quantitativer, vornehmlich monetärer Bewertung. Projekte werden dabei also als Vorhaben bzw. Investitionen im weiteren Sinne betrachtet, die in der Regel zunächst Leistungen investieren, um anschließend einen höheren Nutzen daraus zu ziehen (Output > Input). Dort, wo monetäre Quantifizierungen schwer durchzuführen sind oder unsinnig erscheinen, setzen Nutzwertanalysen an.

Bei Wirtschaftlichkeitsanalysen können zwei **grundsätzliche Entscheidungssituationen** entstehen. Bei nur einer Projektalternative überprüft man das erwartete Kosten-Nutzen-Verhältnis und vergleicht es mit den generellen Erwartungen. Liegt das Kosten-Nutzen-Verhältnis über den generellen Erwartungen, dann ist dies als Empfehlung zur Durchführung des Projekts zu betrachten, anderenfalls wird die Unterlassung empfohlen. Bei mehreren Projektalternativen vergleicht man deren Kosten-Nutzen-Verhältnisse und es wird diejenige mit dem besten Kosten-Nutzen-Verhältnis empfohlen. Bei allen Ergebnissen handelt es sich um **Empfehlungen**. Die Entscheidungen müssen durch die jeweiligen Verantwortlichen getroffen werden, die dafür auch die potenziellen Risiken der Handlungsalternativen mit einbeziehen. Bei den Berechnungsmethoden handelt es sich also lediglich um Entscheidungshilfen! Die endgültige Entscheidung für eine Investitionsalternative wird auf der Basis der Ergebnisse aus den Investitionsrechnungen getroffen. Das muss aber nicht unbedingt die als beste berechnete Alternative sein.

Insgesamt bestehen **mehrere Verfahrensmöglichkeiten** zur Bewertung der Wirtschaftlichkeit von Projekten. Grundsätzlich unterscheidet man dabei zunächst in Methoden zur Bewertung von leicht quantifizierbaren Kosten-Nutzen-Größen und in Methoden zur Bewertung von schwer quantifizierbaren Kosten-Nutzen-Größen (vgl. Abbildung 3.06-V1).

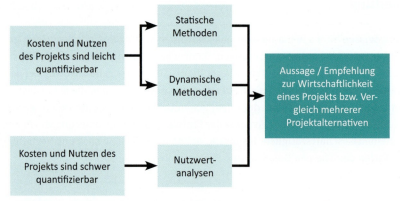

Abbildung 3.06-V1: Alternative Verfahrensmöglichkeiten zur Bewertung

Leicht quantifizierbar sind alle konkreten Ein- und Auszahlungen. Ein Beispiel dafür ist ein Projekt, bei dem ein externer Auftraggeber einen fixen Betrag für eine Leistung bezahlt, bei der die Beträge aller Kostenarten leicht zu schätzen sind. Diese Methoden unterteilen sich zudem in statische und dynamische Methoden. Der Unterschied zwischen statischen und dynamischen Verfahren ist, dass die **statischen Verfahren** von durchschnittlichen, gleich bleibenden Raten über die gesamte Nutzungsdauer ausgehen und die **dynamischen Verfahren** die tatsächlichen Ein- und Auszahlungen und zeitlichen Unterschiede des Zahlungsanfalls berücksichtigen.

Tipp Die dynamischen Verfahren sind zwar aufwändiger, dafür aber genauer und werden daher in der Unternehmenspraxis häufiger verwendet! Dabei dienen die statischen Methoden mehr und mehr nur ersten Grobeinschätzungen.

Eines haben alle Methoden gemein. Man erstellt zur Übersicht und für Kalkulationen einen so genannten **vollständigen Finanzplan**, der in der Regel in Jahresscheiben unterteilt wird. In einigen Fällen werden diese Zeitskalen aber auch verkleinert über die Halbjahres- bis hin zur Quartals- oder sogar Monatsbetrachtung. Ein stark vereinfachtes Beispiel für einen vollständigen Finanzplan zeigt die Abbildung 3.06-V2. Mit dem vollständigen Finanzplan erstellt man eine Übersicht, welche Zahlungen während des Projektverlaufs aus dem Unternehmen heraus- und welche herein fließen. Die hier dargestellten Zeilen 1 und 2 sind Summenzeilen, die aus einer Vielzahl einzelner Positionen addiert werden. In Ergänzung zum jährlichen Überschuss/zur jährlichen Unterdeckung werden auch kumulierte Werte berechnet, um so einen Gesamtüberblick zum Überschuss/zur Unterdeckung zu erhalten.

	alle Angaben in T€	1. Jahr	2. Jahr	3. Jahr
1	Summe Einzahlungen durch das Projekt	260 €	345 €	320 €
2	Summe Auszahlungen durch das Projekt	450 €	180 €	120 €
1-2 = 3	Jährlicher Überschuss/Unterdeckung	- 190 €	165 €	200 €
4	Kumulierter Überschuss/Unterdeckung	- 190 €	- 25 €	175 €

Abbildung 3.06-V2: Stark vereinfachtes Beispiel für einen vollständigen Finanzplan

Bei **schwer quantifizierbaren Kosten-Nutzen-Größen** handelt es sich z. B. um Projekte der Organisationsentwicklung zur Steigerung von Ergonomie oder Motivation, um Image- und Werbekampagnen, langfristige Sicherheitsmaßnahmen etc. Hier bedient man sich so genannter Nutzwertanalysen oder Punktwertverfahren. Anstatt einer monetären Bewertung greift man auf Hilfsbewertungen zurück, indem man z. B. einzelne Merkmalsausprägungen untereinander gewichtet und dann je nach Projektalternative in einem Notensystem o.Ä. bewertet.

💡 **Tipp** Es ist in jedem Fall zu empfehlen, **jede Projektalternative mit mehreren Verfahren** zu bewerten. Je neuartiger und risikoreicher und größer das Projekt ist, umso mehr Verfahren sollten eingesetzt werden. Viele Unternehmen haben dafür schon fertige Tools und Templates, sodass nur noch Eckwerte eingegeben werden müssen. Als Ergebnis erhält man **Kennzahlen**, die miteinander abgewogen werden müssen. Die Anwendung mehrerer Methoden schafft ein genaueres Bild über die Wirtschaftlichkeit eines Projekts. Es ist damit vergleichbar, ob man den Wert eines Hauses aufgrund eines einzelnen Fotos mit wenigen Eckdaten beurteilen soll oder ob man sich ein umfassendes Bild des Hauses von außen und innen und von dessen gesamter Lage gemacht hat. In Grenzsituationen kann es dabei durchaus vorkommen, dass ein Verfahren die Durchführung des einen Projekts und ein anderes Verfahren die Durchführung eines anderen Projekts empfiehlt.

2.2 Methoden der Wirtschaftlichkeitsrechnung

Abbildung 2.06-V3 zeigt eine Übersicht relevanter Methoden zur Wirtschaftlichkeitsbetrachtung von Projekten. Sie sind entsprechend des vorhergehenden Überblicks unterteilt in **statische und dynamische Methoden sowie Nutzwertanalysen**. Alle hier genannten Methoden werden im Folgenden kurz erläutert.

leicht quantifizierbare Kosten-Nutzen-Größen		schwer quantifizierbare Kosten-Nutzen-Größen
statische Methoden	**dynamische Methoden**	**Nutzwertanalysen**
I Kostenvergleichsrechnung I Gewinnvergleichsrechnung I Rentabilitätsrechnung/ROI I Amortisationsrechnung (statisch)	I Kapitalwertmethode I Interne Zinsfußmethode I Annuitätenmethode I dynamische Amortisationsrechnung	I Scoring-Modelle

Abbildung 3.06-V3: Übersicht relevanter Methoden

Die **Kostenvergleichsrechnung** verwendet man bei identischen Nutzenerwartungen unabhängig von der Projektalternative, also wenn gleich bleibende **Erlöse**, keine Mehr- oder Mindererlöse, durch die unterschiedlichen Projektalternativen zu erwarten sind. Sie dient einer ersten Einschätzung und bewertet nur Kosten von Projektalternativen. Man ermittelt mit dieser Methode die Alternative mit den geringsten Kosten. Sie lässt sich sowohl in Form einer Periodenrechnung (z. B. Kosten pro Jahr) als auch in Form einer Stückrechnung (z. B. Kosten pro Leistungseinheit) durchführen. Ein Beispiel ist, wenn zwei Projektalternativen dasselbe Projektergebnis erzielen sollen, dabei aber unterschiedlich vorgehen.

Ebenso wie die Kostenvergleichsrechnung dient auch die **Gewinnvergleichsrechnung** zur ersten Einschätzung von Projektalternativen. Hier werden **Kosten und Erlöse bzw. Einsparungen** aus dem Projektergebnis geschätzt bzw. berechnet und einander gegenübergestellt. Man berechnet die Projektalternative mit dem am höchsten zu erwartenden Gewinn. Dementsprechend können im Gegensatz zur Kostenvergleichsrechnung auch Projektalternativen mit unterschiedlicher Leistung bzw. Erlösen verglichen werden. Beispiel: Zwei Projektalternativen werden verglichen. Während die eine Lösung eine höhere Qualität und Ausfallsicherheit gewährleistet, dafür aber teurer ist, hat die andere Lösung geringere Kosten, jedoch auch eine geringere Qualität.

Als **Rentabilität** bezeichnet man das Verhältnis vom Gewinn eines Projekts zum eingesetzten Kapital. Man berechnet den **Return on Investment (ROI)**. Die Rentabilitätsrechnung berechnet, wie viel Gewinn mit dem Projekt im Verhältnis zum investierten Kapital über die Laufzeit erzielt wird. Bei der Berechnung wird der durchschnittliche Gewinn ins Verhältnis zum durchschnittlich gebundenen Kapital gesetzt (vgl. Abbildung 3.06-V4). Der errechnete Wert wird als Return on Investment (ROI) bezeichnet. Liegt die Rentabilität über dem Kapitalmarktzins, so wird die Investition grundsätzlich als empfehlenswert angesehen.

$$\text{Rentabilität} = \frac{\text{durchschnittlicher Gewinn} \times 100}{\text{durchschnittlich gebundenes Kapital}}$$

$$\frac{\varnothing \text{ Gewinn}}{\varnothing \text{ Umsatz}} \times \frac{\varnothing \text{ Umsatz}}{\varnothing \text{ geb. Kapital}} \times 100 = \text{Return on Investment (ROI) [\%]}$$

Umsatzrendite × Kapitalumschlag = ROI

Abbildung 3.06-V4: Berechnung Rentabilität/Return on Investment

Mit der **statischen Amortisationsrechnung** berechnet man den Zeitraum, in dem die zu amortisierende Investitionssumme für das Projekt durch Kostensenkung oder Erlössteigerung – also meistens erst in der Nutzungsphase der Projektergebnisse – in das Unternehmen zurückfließen wird (vgl. Abbildung 3.06-V5). Bei den Kosten, die zum Zweck der Amortisationsrechnung ermittelt werden, dürfen weder Abschreibungen noch Zinsen berücksichtigt werden. Ein Berechnungsbeispiel mitsamt Vergleich mit der später besprochenen dynamischen Amortisationsrechnung bietet die Abbildung 3.06-V11.

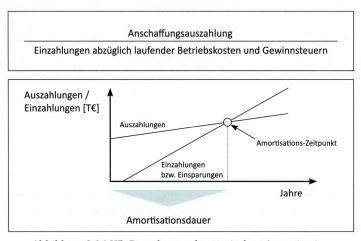

Abbildung 3.06-V5: Berechnung der statischen Amortisation

Den bisher besprochenen **statischen** folgen nun die **dynamischen** Methoden der Wirtschaftlichkeitsrechnung.

Die **Kapitalwertmethode** zinst alle Einzahlungen (bzw. Einsparungen) und Auszahlungen eines Projekts auf den Zeitpunkt des Projektstarts ab. Eine auf einen Zeitpunkt abgezinste Zahlung nennt man **Barwert (Present Value)**. Der **Kapitalwert** ist die Summe der Barwerte aller Einzahlungen abzüglich der Summe der Barwerte aller Auszahlungen, die mit dem Projekt zusammenhängen, bezogen auf „Heute". Zur Abzinsung verwendet man einen **Kalkulationszinsfuß**. Dieser entspricht der gewünschten Mindestverzinsung bzw. den Kapitalkosten des Investors.

$$K = \sum_{t=0}^{n} (E_t - A_t) \times (1 + i)^{-t} \quad \text{das entspricht} \quad \sum_{t=0}^{n} \frac{(E_t - A_t)}{(1 + i)^t}$$

K: Kapitalwert
E_t: Einzahlungen am Ende der Periode t
A_t: Auszahlungen am Ende der Periode t
i: Kalkulationszinsfuß
t: Periode (t = 0, 1, 2, ..., n)
n: Nutzungsdauer des Investitionsobjekts

Abbildung 3.06-V6: Formel zur Berechnung des Kapitalwerts

Zur Berechnung des Kapitalwerts vgl. Abbildung 3.06-V6, ein Beispiel in Form eines vollständigen Finanzplans zeigt Abbildung 3.06-V7. Fällt der Kapitalwert positiv aus, bedeutet dies, dass die Verzinsung des eingesetzten Kapitals über der gewünschten Mindestverzinsung liegt und sich das Projekt somit rechnet. Das Ergebnis in diesem Beispiel, also der Saldo des Gegenwartswerts aller Ein- und Auszahlungen, ist positiv. Somit lohnt sich die Investition, da sie mehr erwirtschaftet als die erwartete Rendite.

		in T€, Zinssatz i = 10%	Start	1. Jahr	2. Jahr	3. Jahr
		Einzahlungen aus Umsatzerlösen		610	715	670
+		Einzahlungen aus Anlagenverkauf				350
1		**Summe Einzahlungen**		610	715	1.020
		Auszahlungen für Anlagenkauf	1.000			
+		Auszahlungen für Umsatzprozess		320	395	360
2		**Summe Auszahlungen**	1.000	320	395	360
1-2 = 3		Jährlicher Überschuss/Unterdeckung	- 1.000	290	320	660
		Zeit in Jahren (t)	0	1	2	3
4		Abzinsungsfaktor bei i = 10 %, Formel $(1+i)^{-t}$	1,00	0,91	0,83	0,75
3x4 = 5		Gegenwartswert	- 1.000	264	264	496
		Summe aller Gegenwartswerte	- 1.000	- 736	- 472	24

Abbildung 3.06-V7: Vereinfachtes Beispiel zur Berechnung des Kapitalwerts

Die Interne Zinsfußmethode berechnet den **Internen Zinsfuß**, das ist der Zinssatz, bei dem der **Kapitalwert = 0** ist. Dazu bedient man sich der Gleichung für die Kapitalwertmethode und setzt diese = 0, anschließend nähert man sich dem Zinswert durch Interpolation. Diese Methode ist die in der Praxis am häufigsten verwendete, da ihr Ergebnis den „Return" in Prozent des investierten Kapitals voraussagt und somit Vergleiche mit alternativen Projekten und Investitionen, wie Beteiligungen, Geldanlagen etc., leicht möglich sind. Am Beispiel der selben Zahlen aus Abbildung 3.06-V7 für die Ermittlung des Kapitalwerts zeigt Abbildung 3.06-V8 die Berechnung des Internen Zinsfußes, der hier als Ergebnis 11,18 % beträgt.

in T€, Zinssatz i = 11,18 %		Start	1. Jahr	2. Jahr	3. Jahr
	Einzahlungen aus Umsatzerlösen		610	715	670
+	Einzahlungen aus Anlagenverkauf				350
1	**Summe Einzahlungen**		610	715	1.020
	Auszahlungen für Anlagenkauf	1.000			
+	Auszahlungen für Umsatzprozess		320	395	360
2	**Summe Auszahlungen**	1.000	320	395	360
1-2 = 3	Jährlicher Überschuss/Unterdeckung	- 1.000	290	320	660
	Formel Abzinsungsfaktor (1+ i)-t	0	1	2	3
4	Abzinsungsfaktor	1,00	0,90	0,81	0,73
3x4 = 5	Gegenwartswert	- 1.000	261	259	480
	Summe aller Gegenwartswerte	- 1.000	- 739	- 480	0

Abbildung 3.06-V8: Vereinfachtes Beispiel zur Berechnung des Internen Zinsfusses

Die **Annuitätenmethode** ist eine **Sonderform der Kapitalwertmethode**. Während die Kapitalwertmethode den totalen Erfolg einer Investition misst, stellt die Annuitätenmethode dem **durchschnittlichen jährlichen Erfolg die durchschnittlichen jährlichen Auszahlungen gegenüber**. Annuitäten (A) sind somit die durchschnittlichen jährlichen Einzahlungsüberschüsse, wenn man den Kapitalwert (K) mit dem Kapitalwiedergewinnungsfaktor (auch Annuitätenfaktor genannt) multipliziert (vgl. Abbildung 3.06-V9).

$$\text{Annuität } A = K \frac{(1 + r)^t \times r}{(1 + r)^t - 1}$$

K: Kapitalwert
E_t: Einzahlungen am Ende der Periode t
A_t: Auszahlungen am Ende der Periode t
r: Kalkulationszinsfuß
t: Periode (t = 0, 1, 2, ..., n)
n: Nutzungsdauer des Investitionsobjekts

Abbildung 3.06-V9: Formel zur Berechnung der Annuität

Die Zahlen aus den Beispielen für die Kapitalwertmethode und die Interne Zinsfußmethode zugrunde gelegt, ergibt sich bei der Annuitätenberechnung das in Abbildung 3.06-V10 dargestellte Ergebnis.

bei i = 8:

$$A = 67 \frac{(1{,}08)^3 \times 0{,}08}{(1{,}08)^3 - 1}$$

$$A = 67 \frac{0{,}1008}{0{,}2597}$$

$A = 67 \times 0{,}3880$

$A = 26{,}00\ €$

bei i = 7:

$$A = 89 \frac{(1{,}07)^3 \times 0{,}07}{(1{,}07)^3 - 1}$$

$$A = 89 \frac{0{,}0858}{0{,}2250}$$

$A = 89 \times 0{,}3811$

$A = 33{,}92\ €$

bei i = 6:

$$A = 113 \frac{(1{,}06)^3 \times 0{,}06}{(1{,}06)^3 - 1}$$

$$A = 113 \frac{0{,}0715}{0{,}1910}$$

$A = 113 \times 0{,}3741$

$A = 42{,}27\ €$

Abbildung 3.06-V10: Vereinfachtes Beispiel zur Berechnung der Annuität

Die **dynamische Amortisationszeit** nimmt nicht wie bei der statischen Amortisationszeit die Durchschnittswerte pro Jahr, sondern berücksichtigt jährlich schwankende Überschüsse bzw. Einsparungen. Sie ist damit geringfügig komplexer, dafür aber genauer. In der Praxis setzt sich die dynamische Amortisationsrechnung daher mehr und mehr durch. Im Gegensatz zur statischen beträgt das Ergebnis der dynamischen Methode einen etwas längeren Zeitraum durch die Herabzinsung der späteren Werte, da hier in der Regel die Überschüsse höher sind als in den frühen Zeiträumen. Beide Vorgehensweisen stellt die Abbildung 3.06-V11 vereinfacht dar.

in T€, Zinssatz = 6 %	Start	1 Jahr (Ende)	2 Jahr (Ende)	3 Jahr (Ende)	statisch	dynamisch
zu amortisierende Investitionssumme	607				607	607
lfd. Kosten pro Jahr		207	192	166	188	168,51
lfd. Kosten pro Jahr		342	326	322	330	294,38
jährliche Einsparung/ Kapitalrückfluss		135	134	156	142	126
				Amortisationszeit in Jahren	4,28	4,82

Abbildung 3.06-V11: Vereinfachtes Beispiel zur Berechnung der Amortisation

Bisher wurden nur Methoden zur Bewertung **leicht quantifizierbarer Kosten-Nutzen-Größen** betrachtet. In der Unternehmenspraxis gibt es aber bei jedem Projekt auch schwer quantifizierbare Kosten-Nutzen-Größen. Dabei handelt es sich zum Beispiel um Faktoren, wie Risiken bei der Bedienung, Bedienungskomfort und -sicherheit, geschätzte Ausfallzeiten, Sozialfaktoren der Mitarbeiter etc. Bei der Anschaffung einer Maschine, wo zwei oder mehr Alternativen zur Verfügung stehen, sind die **schwer quantifizierbaren Kosten-Nutzen-Größen** noch eher gering. Doch wie berechnet (quantifiziert) man z.B. den Nutzen bei einer Zertifizierung nach DIN ISO 9000ff., die Vorteile eines neuen Unternehmensstandorts, die Internationalisierung eines Unternehmens, verschiedene Werbemaßnahmen etc.? Für die Bewertung der schwer quantifizierbaren Kosten-Nutzen-Größen kann man die Kosten-Nutzen-Analysen verwenden. Bei diesem Vorgehen wandelt man die nicht-monetären Faktoren um und bewertet sie dann monetär. Wenn z.B. eine Investition zur Betriebssicherheit getätigt wird, bewertet man den erwarteten Rückgang von Schäden und Unfällen in Geldeinheiten, indem man jeden einzelnen Schaden monetär bewertet. Bei den so genannten **Nutzwertanalysen** sieht man hingegen von einer monetären Bewertung ab und verwendet stattdessen **Punkt-Bewertungsverfahren (z.B. Scoring-Modelle)**, mit denen man den Gesamtnutzen in Punkten bewertet.

Bewertungskriterien (Nutzenkriterien)	Kriteriengewichte	Projekt A		Projekt B	
		Teilnutzen	gewichteter Teilnutzen	Teilnutzen	gewichteter Teilnutzen
Ergonomiebeitrag	0,2	9	1,8	3	0,6
Emissionenvermeidung	0,3	3	0,9	6	1,8
Geräuschentwicklung	0,3	9	2,7	6	1,8
Einarbeitungsdauer	0,1	6	0,6	3	0,3
Öffentliche Förderungen	0,1	0	0	6	0,6
Nutzwerte	**100%**		**6,0**		**5,1**

Bewertungsskala für die Teilnutzen: sehr gut = 9; gut = 6; befriedigend = 3; kein Nutzenbeitrag = 0

Abbildung 3.06-V12: Vereinfachtes Beispiel zur Anwendung eines Scoring-Modells

Abbildung 3.06-V12 zeigt ein vereinfachtes Beispiel zur Anwendung eines Scoring-Modells. An einem Standort sollen die Arbeitsbedingungen verbessert werden. Nach verschiedenen Voranalysen werden zwei Projektalternativen mit verschiedenen Konzepten (z.B. zwei verschiedene Anbieter) in Betracht gezogen. Mithilfe eines Scoring-Modells soll nun die attraktivere Alternative analysiert werden. In diesem Beispiel erreicht die Alternative A die höhere Punktzahl. Somit empfiehlt das Scoring-Modell diese Alternative. Dieses vereinfachte Beispiel ist noch gut überschaubar.

> **Tipp** Sobald aber die Anzahl der Projektalternativen und Bewertungskriterien steigt, bietet dieses Verfahren eine große Hilfestellung als Grundlage für die Auswahlentscheidung. Zudem können auch so genannte KO-Kriterien eingebracht werden. Sobald diese erfüllt sind, wird die entsprechende Handlungsalternative verworfen. Abschließend sei angemerkt, dass die Skalierung der Teilnutzen z. B. ebenso von 0 bis 5 oder 1 bis 10 gehen könnte.

2.3 Sensitivitätsanalysen und Fortschreibung der Wirtschaftlichkeitsbetrachtungen

Alle Investitionsrechnungen basieren auf der Prognose zukünftiger Umsätze, Kosten, Zinsen etc., sie sind daher mit relativ großer Unsicherheit behaftet. Durch Sensitivitätsanalysen lässt sich herausfinden, wie empfindlich die Zielwerte auf die Variation einzelner oder mehrerer Eingangsgrößen reagieren. Sensitivitätsanalysen ermöglichen es z. B. herauszufinden, bei welchen Schwankungen von Eingangsgrößen sich starke bzw. nur schwache Auswirkungen auf den Zielwert ergeben. So können die Bedeutung und somit auch die Risikobewertung der Einflussgrößen festgestellt werden.

Basisfall:		
Bewertung der Einflussgrößen, wie sie nach eigener Einschätzung mit recht hoher Wahrscheinlichkeit eintreten.		
Sensitivitäten:	**Best Case Betrachtung:**	**Worst Case Betrachtung:**
Variation einzelner Eingangsgrößen **nacheinander** und Betrachtung, welche Auswirkungen dies auf die sich ergebenden Kennzahlen hat.	Annahme aller Eingangsgrößen in einer (besonders) optimistischen Ausprägung	Annahme aller Eingangsgrößen in einer (besonders) pessimistischen Ausprägung.

Abbildung 3.06-V13: Übersicht Sensitivitätsanalysen

Grundsätzlich sollte man bei einer Wirtschaftlichkeitsbetrachtung immer von einer **Basisannahme** ausgehen. Hier bewertet man die Einflussgrößen so, wie sie nach eigener Einschätzung mit recht hoher Wahrscheinlichkeit eintreten (most likely case). Von diesem Basisfall ausgehend, entwickelt man **Sensitivitäten**, indem man nacheinander einzelne Eingangsgrößen variiert und betrachtet, welche Auswirkungen dies auf die relevanten Kennzahlen hat. Neben der Variation einzelner Eingangsgrößen nimmt man auch so genannte **Best Case** und **Worst Case** Betrachtungen vor. In diesen Fällen variiert man alle Eingangsgrößen einerseits (besonders) optimistisch und andererseits (besonders) pessimistisch (vgl. Abbildung 3.06-V13). Vereinfacht gesagt, man nimmt an, dass bei der Best Case Betrachtung alles optimal verläuft, während bei der Worst Case Betrachtung alles schlecht läuft. In beiden Fällen, aber insbesondere in der Worst Case Betrachtung, ist die Ergebnislage besonders spannend, denn dies ergibt den maximalen Wert, der insgesamt durch das Projekt riskiert wird. Daher besteht hier ein direkter Zusammenhang mit der Risikoanalyse.

Mithilfe der **Monte Carlo-Methode** kann man im Rahmen der Risikoanalyse Wahrscheinlichkeiten für die Schwankungen der einzelnen Parameter eingeben und deren Folgen somit durchspielen und abschätzen. So können die Wahrscheinlichkeiten für das Eintreten bestimmter Zielwerte ermittelt werden. Dazu werden verschiedene Parameterkonstellationen (entsprechend den Wahrscheinlichkeitsverteilungen der einzelnen Einflussgrößen als Parameter) – oft in mehreren hundert Rechendurchläufen – simuliert.

Vereinfachte Beispiele für einzelne Schritte der Sensitivitätsanalyse zeigt Abbildung 3.06-V14. Bei der **Basisannahme** (realistische Kalkulation) verzinst sich die Investition mit 9,59 %. **Sensitivität 1**: Kommt es im Projekt zu selbst verursachten Verzögerungen, sodass sich die Einsparungen erst später ergeben, die Auszahlungen aber wie geplant bleiben, verringert sich der Return auf 6,91 %. **Sensitivität 2**: Kommt es im Projekt zu höheren Kosten, da bestimmte Teile nicht richtig geplant wurden und zusätzliche Beschaffungen erforderlich waren, die Einsparungen aber konstant bleiben, verringert sich der

Return auf 3,64 %. Worst Case: Um einen Worst Case zu berechnen, müssten die schlechteren Zahlen aus den Sensitivitäten 1 und 2 genommen werden. Return: 2,85 % (hier nicht abgebildet). Anschließend ermittelt man, welcher der beiden Parameter relativ stärker das Ergebnis unter der Ceteris paribus-Bedingung beeinflusst. **Sensitivität 3** (Best Case): Im Projekt läuft alles optimal. Die Einsparungen sind höher als geplant und die Auszahlungen verringern sich. Der Return steigt auf 21,60 %.

Basisannahme: Die Investition verzinst sich bei realistischer Kalkulation mit 9,59 %.						
in T€, Return = 9,59%		Start	1. Jahr	2. Jahr	3. Jahr	4. Jahr
1	Einsparungen	0	780	940	890	0
2	Auszahlungen	1.200	280	430	470	0
1-2 = 3	Überschuss/Unterdeck.	- 1.200	500	510	420	0
Sensitivität 1: Die Einsparungen stellen sich wegen Projektverzögerungen erst später ein.						
in T€, Return = 6,91%		Start	1. Jahr	2. Jahr	3. Jahr	4. Jahr
1	Einsparungen	0	455	780	960	430
2	Auszahlungen	1.200	280	430	470	0
1-2 = 3	Überschuss/Unterdeck.	- 1.200	175	350	490	430
Sensitivität 2: Die Auszahlungen sind höher als erwartet.						
in T€, Return = 3,64 %		Start	1. Jahr	2. Jahr	3. Jahr	4. Jahr
1	Einsparungen	0	780	940	890	0
2	Auszahlungen	1.250	320	460	490	0
1-2 = 3	Überschuss/Unterdeck.	- 1.250	460	480	400	0
Sensitivität 3: Einsparungen und Auszahlungen optimistisch kalkuliert (Best Case).						
in T€, Return = 21,60 %		Start	1. Jahr	2. Jahr	3. Jahr	4. Jahr
1	Einsparungen	0	850	990	940	0
2	Auszahlungen	1.150	260	410	450	0
1-2 = 3	Überschuss/Unterdeck.	- 1.150	590	580	490	0

Abbildung 3.06-V14: Vereinfachte Beispiele für Schritte der Sensitivitätsanalyse

> **!** Wichtig ist die **Fortschreibung und Sicherung der Wirtschaftlichkeit**. In den meisten Fällen werden in der Definitionsphase eines Projekts umfangreiche Analysen zur Wirtschaftlichkeit getätigt. Leider werden sie dann nur als Entscheidungsgrundlage genutzt und nicht als Kontroll- und Steuerungsinstrument fortgeschrieben. Die Fortschreibung ermöglicht während der Projektumsetzung das frühzeitige Erkennen von Abweichungen der zu erwartenden Wirtschaftlichkeit. Sie gibt somit dem Projektleiter die Chance, so früh wir möglich zu intervenieren. Bei Abschluss des Projekts kann nach Fortschreibungen belegt werden, ob die im Vorfeld berechnete Wirtschaftlichkeit – die ja als Grundlage für die Entscheidung zur Durchführung diente – auch eingehalten wurde. Neben den offensichtlichen Effekten zur Sicherung der Wirtschaftlichkeit hat dies auch den besonderen Effekt, dass im Vorfeld geschönte Prognosen seltener auftreten, da die zuständigen Personen schnell erkennen und lernen, dass sie bei geschönten Prognosen schnell von der Realität eingeholt werden.

3 Controlling von PPP mit Balanced Scorecards

Für Projekte und Projektlandschaften bestehen verschiedene Controlling-Möglichkeiten. Auf der **Projektebene** ist es zu jedem Zeitpunkt des Projektlebenswegs, insbesondere in Bezug auf die Zielerreichung, wichtig zu wissen, welchen Status die einzelnen Kennzahlen haben. Der Projektmanager muss wie in einem Cockpit einen permanenten, prognostizierenden Überblick darüber haben, ob das Projekt die (vertraglich) zugesicherten Leistungen in Quantität und Qualität in der vorgegebenen Zeit und innerhalb des Budgets erbringen wird. Zudem sollte er grundsätzlich aktuelle Informationen über die Zufriedenheit der Stakeholder sowie die Risikosituation haben. **Projekt- und auch programmübergreifend** ist es zudem wichtig, dass neben diesen zentralen Informationen pro Projekt zusätzliche Informationen überwacht werden. Dazu gehören projektübergreifendes Risikomanagement, Kapazitätsplanungen etc. Viele dieser Aspekte betreffen die allgemeine Geschäftstätigkeit und stehen somit im direkten Zusammenhang mit dem ICB-Element Business. Am Beispiel einer Balanced Scorecard für PPP stellt dieser Abschnitt ein diesbezügliches Steuerungsinstrument vor.

vorgegebene strategische Unternehmensziele

- Minderung der Konzentration auf finanzielle Kennzahlen und stattdessen ausgewogene Kennzahlenbereiche mit Berücksichtigung der wichtigsten Zielgrößen („**balanced**")
- Kennzahlengestützte Operationalisierung von Visionen und Strategien der Institutionen durch klare Ziel- bzw. Ergebnisvorgaben („**score**")
- Veringerung der Informationsflut und Komprimierung der wichtigsten Zielgrößen auf eine übersichtliche einzelne Karte („**card**")

Integration der strategischen Maßnahmen in das Tagesgeschäft

Abbildung 3.06-V15: Begriff und Intention von Balanced Scorecards

Die Grundzüge der Balanced Scorecard (BSC) wurden in den 1990er Jahren in den USA entwickelt und sollten insbesondere der effektiven und effizienten Strategieumsetzung dienen. Nach vielen Anfangsproblemen nutzen mittlerweile viele Unternehmen weltweit diesen Ansatz. Auch für das Projektmanagement wurden mehrere BSC-Ansätze entwickelt. Zum Grundverständnis sollten zunächst der Begriff und die Intentionen bekannt sein. Abbildung 3.06-V15 zeigt, dass, ausgehend von den strategischen Unternehmenszielen, ausgewogene (balanced) Kennzahlenbereiche (vgl. Abbildung 3.06-V17) mit klaren Zielgrößen/Ergebnissen (scores) auf nur einer Karte (card) dargestellt werden.

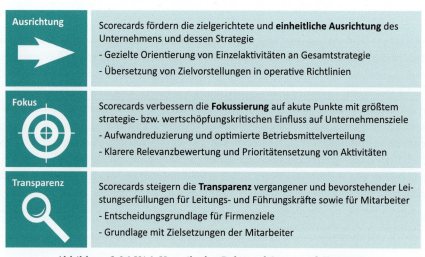

Abbildung 3.06-V16: Vorteile des Balanced Scorecard-Konzepts

Da die Umsetzung von Strategien in der Regel durch Programme und Projekte erfolgt, liegt eine programm- und projektbasierte Steuerung nahe. Das bedeutet, dass alle Projekte eines Unternehmens – also die Projektlandschaft – mit ausgewogenen Kennzahlenbereichen und klaren Zielgrößen/Ergebnissen auf einer Karte dargestellt werden können. Die Vorteile dieser Vorgehensweise stellt Abbildung 3.06-V16 übersichtlich dar:

- Balanced Scorecards fördern die zielgerichtete und **einheitliche Ausrichtung** des Unternehmens und dessen Strategie. Projekte werden nicht voneinander losgelöst, sondern in ihrer Gesamtwirkung und bezüglich ihres Beitrags zur Strategieerfüllung betrachtet.
- Balanced Scorecards verbessern die **Fokussierung** auf akute Punkte mit größtem strategie- bzw. wertschöpfungskritischen Einfluss auf Unternehmensziele. Projekte erhalten klare Ziel- bzw. Ergebnisvorgaben.
- Balanced Scorecards steigern die **Transparenz** vergangener und bevorstehender Leistungserfüllungen für Leitungs- und Führungskräfte sowie für Mitarbeiter. Der aktuelle Status von allen Projekten ist bekannt.

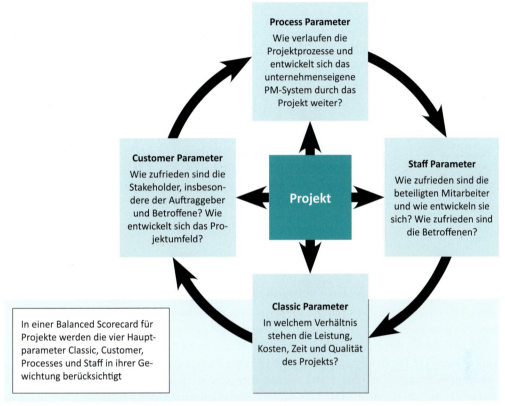

Abbildung 3.06-V17: Beispiel für Kennzahlenbereiche einer BSC für Projekte

Die Kennzahlenbereiche bei BSC für Projekte und Projektlandschaften weichen leicht von den Kennzahlenbereichen der allgemeinen BSC ab. Abbildung 3.06-V17 zeigt ein Beispiel dafür. Die hier dargestellten Parameter könnten mit folgenden **Kennzahlen** belegt werden:

- **Classic Parameter:** Status und Verhältnis von Leistung, Qualität, Terminen und Kosten, Rendite, ROI, Kosten-Nutzen-Verhältnis, Qualitäts- u. Risikomanagement etc.
- **Customer Parameter:** Zufriedenheit beim Auftraggeber, Zusatzaufträge, Eigen- u. Fremdclaims, Partner, Lieferanten, sonstige Stakeholder, wie die Gesellschaft, Wettbewerb, Projektmarketing etc.
- **Process Parameter:** Einbindung in Strategie, Initiierung, Planung, Steuerung, Innovationen, PM-Systementwicklung, Wissensmanagement, Abschluss, Evaluation etc.
- **Staff Parameter:** Projektkultur, MA-Zufriedenheit, Akzeptanz des Projektleiters, Unterstützung durch U-Leitung, MA-Entwicklung, Verfügbarkeit Ressourcen etc.

Für Organisationen macht die Einführung eines BSC-Systems die Führung bzw. Steuerung von Projekten und deren Interaktion wesentlich transparenter und gradliniger. Eine Gewichtung der Kennzahlen und Zielerfüllungen ermöglicht ein einheitliches Bild der Projektlandschaft. Die Erschließung der Einzelkennzahlen mit ganzheitlichem BSC-Ansatz ermöglicht die Bewertung der projektübergreifenden Einflüsse auf das Gesamtergebnis. Die ganzheitliche Betrachtung aller ein Unternehmen beeinflussenden Faktoren (nicht nur der finanziellen) macht eine strategiegetreue Steuerung der Projekte möglich.

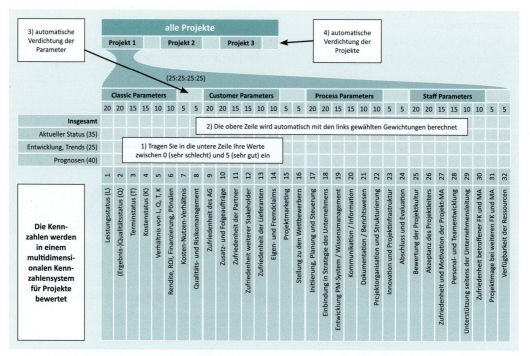

Abbildung 3.06-V18: Multidimensionales Kennzahlensystem für Projekte

Ausbalancierte Kennzahlensysteme und Zielvereinbarungen sind eine wichtige Voraussetzung für die nutzenoptimale Steuerung der Projekte. Die gewichtete Betrachtung ermöglicht Unternehmen, die aktuellen Problemzonen der Projekte zweifelsfrei zu erkennen und mit entsprechendem Fokus zu reagieren. Kennzahlen werden bezüglich ihres aktuellen Status sowie ihrer bisherigen und künftigen Entwicklung bewertet. Die Bewertung erfolgt einheitlich in Punkten. Auf allen Stufen können individuell Gewichtungen festgelegt werden. Somit werden vergleichbare Kennzahlen erreicht. Abbildung 3.06-V18 zeigt ein Beispiel für ein multidimensionales Kennzahlensystem für Projekte.

Abbildung 3.06-V19: Grafische Darstellung der Bewertung

Aus den Eingaben werden grafische Übersichten erstellt. Anhand eines Histogramms können die Bewertungen der einzelnen Kennzahlen leicht verglichen werden. Zur schnelleren Übersicht werden z. B. Ampelfarben eingesetzt. Abbildung 3.06-V19 stellt eine grafische Darstellung der Bewertungen dar.

4 PPP-Aufgaben und PPP-Optimierung

„Um wirklich effektiv und effizient zu sein, muss das Projektmanagement zum Geschäftsumfeld passen. Einführung von Projekt-, Programm- und Portfoliomanagement ist mit der Unternehmensstrategie verknüpft und dazu gedacht, die Umsetzung der Unternehmensstrategie zu ermöglichen. Die Einführung von PPP-Management muss den Unternehmensvorschriften und -richtlinien entsprechen" (NCB, Element 3.06 Geschäft).

Die Verknüpfung zwischen Unternehmensstrategie und PPP kann z. B. durch den Ansatz Balanced Scorecard unterstützt werden (vgl. Abschnitt Controlling von PPP mit Balanced Scorecards in diesem Kapitel). Dieser Abschnitt zeigt auf, inwieweit PPP-Aufgaben und PPP-Optimierung mit der allgemeinen Geschäftstätigkeit zusammenhängen und welche Aspekte zu berücksichtigen sind.

4.1 PPP-Aufgaben

Das Management von Projektlandschaften gewinnt rasant an Bedeutung, nachdem über Jahrzehnte der Fokus auf der Abwicklung einzelner Projekte gelegen hat. Viele Aufgaben sollten projektübergreifend wahrgenommen werden, um so die wirtschaftliche Wirkung der einzelnen Projekte in ihrer Summe zu optimieren. Zu den wichtigsten Aufgaben des PPP gehören (vgl. dazu ICB-Elemente 3.03 und 3.04 zum PPP):

- Projektbewertung
- Projektauswahl
- Projektpriorisierung
- Projektbeauftragung
- PPP-Kapazitätsmanagement
- PPP-Finanzierungsmanagement
- PPP-Risikomanagement
- Übergreifende Projektüberwachung (Reviews)
- Nutzung von Synergien
- Übergreifende Projektdokumentation
- Übergreifender Projektabschluss
- PPP-Standards einführen, überwachen und optimieren

Betrachtet man diese wichtigen Aufgaben des PPP, so ist bei den meisten unschwer die direkte Verknüpfung mit der allgemeinen Geschäftstätigkeit einer Organisation zu erkennen. Würden an dieser Stelle Versäumnisse oder falsche Prioritätensetzungen erfolgen, dann hätte das direkten Einfluss auf den Geschäftserfolg insgesamt.

Beispiel Ein typisches Beispiel für ein solches Versäumnis ist ein Prestigeprojekt, das mit aller Macht zum Erfolg geführt werden soll. Alle Kräfte konzentrieren sich auf dieses eine Projekt und vernachlässigen mehrere andere Projekte. Selbst wenn das Prestigeprojekt erfolgreich abgeschlossen wird, kann es dann einen größeren Schaden als Nutzen angerichtet haben, wenn andere Projekte dadurch in Probleme geraten oder sogar scheitern.

Die Implementierung von PPP muss als (Pilot-)Projekt erfolgen. Dabei hat dieses Projekt einen enormen Vorbildcharakter! An der vorbildlichen Abwicklung sollten später alle Projekte gemessen werden. Würde der Vorbildcharakter durch mäßige Projektabwicklung nicht gegeben sein, dann hätten andere Projekte einen wesentlichen geringeren Anreiz zur Einhaltung und Umsetzung der PPP-Vorgaben.

4.2 PPP-Optimierung am Beispiel von Project Excellence

Der Erfolg von einzelnen Projekten und dem gesamten Projektmanagement kann durch das Project Excellence (PE) Modell der GPM erheblich gesteigert werden. Es handelt sich dabei um ein umfassendes Werkzeug zur Bewertung und Optimierung von Projekten. Die Anwendung kann in einem ersten Schritt durch Selbstbewertungen einzelner Projekte vorgenommen werden. Darauf aufbauend können interne Vergleiche von Projekten stattfinden inklusive eines Austauschs von Erfolg fördernden Vorgehensweisen. Hier findet sich für die Projekte in der Regel bereits ein erhebliches Optimierungspotenzial.

> Ab einem gewissen Reifegrad des Projektmanagements können durch die Teilnahme am Deutschen Project Excellence Award auch Fremdbewertungen stattfinden. Neben dem enormen Vorteil der Neutralität des Assessorenteams bringen diese auch eine umfangreiche Expertise zur Beurteilung von Vorgehensweisen und Ergebnissen von Projektarbeit mit. Zudem entwickelt sich aus den internen Projektvergleichen ein Benchmarking, das in einer umfassenden Datenbank der GPM Best Practice-Beispiele aus den erfolgreichsten Projekten aus mehreren Jahren berücksichtigt.

Das Project Excellence Modell der GPM ist ein umfassendes Bewertungs- und Optimierungsverfahren für Projekte und Projektmanagement. Die GPM hat dieses Verfahren 1996, basierend auf dem Modell der Business Excellence der EFQM – European Foundation für Quality Management, entwickelt und schreibt seit 1997 den Deutschen Project Excellence Award (bis 2006 Projektmanagement Award) aus. Nach der erfolgreichen Etablierung in Deutschland hat die GPM diesen Preis internationalisiert und der IPMA übergeben. Die IPMA verleiht diesen Preis nun auch international und kümmert sich um ein Roll-Out für weitere Project Excellence Awards in seinen Mitgliedsländern. Mittlerweile schreiben bereits über zehn Länder auch nationale Awards aus.

Das Project Excellence Modell (vgl. Abbildung 3.06-V20) besteht aus den beiden Bereichen Projektmanagement und Projektergebnisse. Der Bereich Projektmanagement beurteilt das Vorgehen über den gesamten Projektlebensweg. Er beinhaltet fünf Kriterien. Im Bereich Projektergebnisse werden die Ergebnisse des Projekts anhand von vier Kriterien beurteilt. Die insgesamt neun Kriterien unterteilen sich in 22 Teilkriterien. Mithilfe von standardisierten Bewertungstabellen, Checklisten etc. wird ein Projekt somit umfassend bewertet.

Projektmanagement			Projektergebnisse	
	Führung Wie das Verhalten aller Führungskräfte im Projekt exzellente Projektarbeit inspiriert, unterstützt und promotet		**Kundenzufriedenheit** Was das Projekt im Hinblick auf die Erwartungen und Zufriedenheit der Kunden leistet	
Zielorientierung Wie das Projekt seine Ziele aufgrund umfassender Informationen über die Anforderungen der Interessengruppen formuliert, entwickelt, überprüft und umsetzt	**Mitarbeiter** Wie die Projektmitarbeiter einbezogen und ihre Potenziale erkannt und genutzt werden	**Prozesse** Wie im Projekt wertschöpfende Prozesse identifiziert, überprüft und gegebenenfalls verändert werden	**Mitarbeiterzufriedenheit** Was das Projekt im Hinblick auf die Erwartungen und Zufriedenheit seiner Mitarbeiter leistet	**Zielerreichung** Was das Projekt im Hinblick auf das geplante Projektziel leistet
	Ressourcen Wie die vorhandenen Ressourcen wirksam und effizient eingesetzt werden		**Zufriedenheit sonst. Interessengruppen** Was das Projekt im Hinblick auf die Erwartungen und Zufriedenheit sonst. Interessengruppen leistet	

Abbildung 3.06-V20: Modell für Project-Excellence der GPM (GPM: Trainingsunterlage für Project Excellence Assessoren)

Einzelne deutsche Unternehmen setzen bereits eine umfassende Anwendung des PE-Modells zur Optimierung ihres Projektmanagement erfolgreich um. Es gewinnt aber vor allem international rasant an Bedeutung. Besondere Erfolgsfaktoren dafür sind einerseits die hohe Effektivität durch die detaillierten Bewertungen mit entsprechend substantiellen Optimierungshinweisen und andererseits die hohe Effizienz durch das sehr gute Verhältnis von Nutzen zu Aufwendungen bei der Anwendungen des Modells auf allen Stufen.

5 Zusammenfassung

Zum tief greifenden Verständnis von Wirtschaftlichkeitsbetrachtungen gehört ergänzend zu den im Basiswissen dargestellten Aspekten unter anderem ein klares Verständnis der Vorgehensweisen bei der Berechnung von Wirtschaftlichkeit in Projekten. Nur so können die Ergebnisse auch fundiert beurteilt werden. Dazu gehören auch die bei jeder Methode anwendbaren Sensitivitätsanalysen. Die wesentlichen Methoden werden mit Berechnungsbeispielen vorgestellt und diskutiert.

Für das Controlling der allgemeinen Geschäftstätigkeiten und PPP bietet der Ansatz der Balanced Scorecard Möglichkeiten zur durchgehenden Steuerung und Kontrolle auf allen Stufen von der Strategie über das Projektportfoliomanagement, das Programmmanagement bis zum Projektmanagement einzelner Projekte und auch Teilprojekte.

Bei der Einführung und Optimierung von PPP in Verbindung mit der allgemeinen Geschäftstätigkeit gilt es viele wichtige Aspekte zu berücksichtigen. Insbesondere der Vorbildcharakter von Projekten zur Einführung von PPP ist zu beachten. Für die Optimierung wird die Anwendung des Project Excellence Modells der GPM vorgeschlagen.

Insgesamt nehmen das Grundlagen- und Vertiefungswissen dieses ICB-Elements eine Integration der Themen Business und Projektmanagement vor.

6 Fragen zur Wiederholung

1. Nennen Sie Verfahren zur Beurteilung von Wirtschaftlichkeit und unterteilen Sie diese in statische und dynamische Methoden! ☐
2. Welche Unterschiede bestehen zwischen statischen und dynamischen Methoden zur Beurteilung von Wirtschaftlichkeit? ☐
3. Wann greift man in der Regel auf Nutzwertanalysen (Scoring-Modelle) zurück und warum? ☐
4. Warum sollte man grundsätzlich nicht nur ein Verfahren anwenden, sondern die Ergebnisse mehrerer Verfahren berücksichtigen? ☐
5. Warum ist die Fortschreibung von Wirtschaftlichkeitsanalysen für die Sicherung der Wirtschaftlichkeit von besonderer Bedeutung? ☐
6. Erläutern Sie die Hintergründe und das Vorgehen bei Balanced Scorecards zum Controlling von PPP! ☐
7. Welche Vorteile bietet die Anwendung von Balanced Scorecards zum Controlling von PPP? ☐
8. Nennen Sie Beispiele für Parameter und einzelne Kennzahlen von Balanced Scorecards zum Controlling von PPP! ☐
9. Nennen Sie die wichtigsten Aufgaben des PPP in Bezug auf Business! ☐
10. Welche neun Bewertungskriterien verwendet das Project Excellence Modell der GPM? ☐
11. Warum stellt das Project Excellence Modell der GPM eine besonders attraktive Methode zur Optimierung von PPP dar? ☐

3.07 Systeme, Produkte und Technologie
(Sytems, products & technology)

Reinhard Wagner, Konrad Spang

Lernziele

Sie können

- die Wechselwirkungen zwischen einem System und seinem Kontext mithilfe eines praktischen Beispiels erklären
- die Auswirkungen einer frühen Zielklärung auf die Änderungsaufwendungen beschreiben
- den Unterschied zwischen funktionalen und nicht-funktionalen Anforderungen erläutern und jeweils ein Beispiel anführen
- begründen, warum das Lastenheft eine wichtige Rolle im Zusammenspiel zwischen Auftraggeber und Auftragnehmer spielt
- die Ziele der QFD Quality Function Deployment skizzieren
- die wichtigsten Schritte der Systemarchitekturgestaltung wiedergeben
- das Prinzip des Simultaneous Engineering mit seinen Vor- und Nachteilen erklären
- die Zielsetzung und das Vorgehen der Wertanalyse beschreiben
- die Funktion von Reifegradindikatoren erklären und kennen das Verhältnis dieser Indikatoren zum Projektfortschrittsgrad
- die wichtigsten Prüfphasen wiedergeben und verstehen, wozu eine systematische Auswertung und Dokumentation der Prüfergebnisse nützlich ist

Inhalt

1	Ausgewählte Aspekte der Systementwicklung	2379
2	Analyse der Ausgangssituation	2380
3	Klärung von Zielen und Anforderungen	2381
3.1	Zielformulierung	2381
3.2	Anforderungsbeschreibung	2383
3.3	Lastenheft und Pflichtenheft	2385
3.4	Quality Function Deployment	2385
4	Systemgestaltung	2387
4.1	Systemarchitekturgestaltung	2387
4.2	Systementwicklung	2388
4.3	Wertanalyse	2390
5	Systemintegration und -verifikation	2391
6	Zusammenfassung	2394
7	Fragen zur Wiederholung	2395

1 Ausgewählte Aspekte der Systementwicklung

Nachdem im Basisteil der Lebenszyklus von Systemen mit den wesentlichen Aktivitäten dargestellt wurde, sollen im Vertiefungswissen ausgewählte Aspekte der Systementwicklung mit ihren Beziehungen zum Projektmanagement beleuchtet werden. Dies geschieht vor dem Hintergrund steigender Komplexität im Projektgeschäft in allen Branchen und der Notwendigkeit für den Projektmanager und sein Team, die wichtigsten Zusammenhänge bei der Entwicklung von Systemen zu kennen, um so die inhaltliche Arbeit und das Projektmanagement möglichst optimal aufeinander abstimmen zu können.

Der Anstoß für ein Projekt zur Systementwicklung kann entweder durch die Anfrage eines Kunden zur Lieferung eines Systems erfolgen oder durch das interne Bedürfnis zur Einführung, Anpassung oder Anwendung eines Systems. Das Vorgehen bei der Systementwicklung folgt der Logik des Problemlösungszyklus im Systems Engineering (vgl. ZÜST, 2004) und besteht im Wesentlichen aus der Analyse der Ausgangssituation, der Klärung von Zielen und Anforderungen, der eigentlichen Systemgestaltung sowie der Systemintegration und -verifikation. Das Vorgehen orientiert sich in vielen Fällen an kunden- oder betriebsinternen Vorgehensmodellen.

Beispielsweise wird bei der Entwicklung von IT-Systemen im Auftrag der Bundesregierung das „V-Modell XT" vorgeschrieben (vgl. www.v-modell-xt.de). Dieses Vorgehen ist relativ einfach auf andere Entwicklungsprojekte – auch außerhalb der IT-Industrie – übertragbar. Die Abbildung 3.07-V1 zeigt schematisch das Vorgehen bei der Systemerstellung.

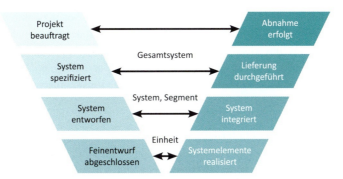

Abbildung 3.07-V1: Systemerstellung nach dem V-Modell XT (V-Modell XT, 2007: 36)

Das Vorgehen erfolgt dabei in der Regel nicht sequentiell. Die Aktivitäten stehen in wechselseitiger Abhängigkeit und werden – wenn neuere Erkenntnisse bzw. Informationen dies notwendig erscheinen lassen – mehrfach durchlaufen. Die Planung und Steuerung der Systementwicklungsaktivitäten werden, abhängig von Umfang und Komplexität des Vorhabens, durch ein Entwicklungsteam vorgenommen. Einzelne Spezialisten können weitergehende Koordinationsfunktionen wahrnehmen. Dabei konzentrieren sie sich auf die inhaltliche Gestaltung und stimmen sich eng mit dem übergeordneten Projektmanagement ab.

2 Analyse der Ausgangssituation

Die Analyse der Ausgangssituation ist der erste Schritt der Systementwicklung, alle weiteren Schritte bauen darauf auf. Ziel der Analyse ist es, sich ein genaues Bild über die tatsächliche Situation des Betrachtungsgegenstandes mit dem relevanten Umfeld und dem Lösungs- bzw. Gestaltungsspielraum zu machen. Dabei kommt es auf eine systematische Vorgehensweise und eine saubere Trennung zwischen dem betrachteten System und seinem Kontext an.

> **§ Definition** Der Kontext eines betrachteten Systems ist der Teil der Umgebung, der für die Definition und das Verständnis der Anforderungen an das System relevant ist. Gegenstand des Kontextes können materielle wie immaterielle Aspekte sein, wie z. B. Personen, Systeme oder Prozesse (vgl. POHL, 2007).

Der Kontext und das betrachtete System sind durch eine Systemgrenze voneinander getrennt. Innerhalb dieser Grenze können Veränderungen durch die Systementwicklung durchgeführt werden, der Kontext selbst kann in der Regel nicht oder nur schwer beeinflusst werden. Die Schnittstellen bilden die Wechselwirkungen zwischen dem System und seinem Kontext ab. Bei der Festlegung der Systemgrenzen sollte sehr sorgsam vorgegangen werden, sonst kann die gesamte Systementwicklung auf falschen Annahmen aufbauen oder wichtige Aspekte bleiben unberücksichtigt. Bei der Analyse der Ausgangssituation ist es sinnvoll, die Stakeholder von Anfang an einzubeziehen. Diese können wichtige Informationen zum Betrachtungsgegenstand, dem Kontext und dem Lösungsraum liefern und mögliche Fehlinterpretationen vermeiden helfen. Wichtige Stakeholder sind dabei neben dem Auftraggeber die Entwickler, die Nutzer, das Inbetriebnahme- und das Wartungspersonal. Vor allem bei der Einführung oder Anwendung eines Systems ist es wichtig, möglichst alle Betroffenen an der Situationsanalyse zu beteiligen, da so Vertrauen aufgebaut und die Motivation zur Umsetzung von Veränderungen erhöht werden können.

> **Beispiel** Ein mittelständiges Unternehmen der Blechumformung möchte den Automatisierungsgrad in seiner Fertigung erhöhen und hierfür einen Roboter für komplexe Handhabungsvorgänge einführen. Der Roboter soll aus einem vorbereiteten Lager großflächige Bleche entnehmen und einer Presse zuführen. Zuerst wird eine genaue Analyse der Ausgangssituation durchgeführt. Dabei stehen die aktuellen Probleme bei der Handhabung der großflächigen Bleche im Vordergrund. Deren Zuführung erfordert relativ viel Zeit, weil die Mitarbeiter zu ihrem eigenen Schutz hohe Sicherheitsvorkehrungen einhalten müssen und die Zuführung der Bleche nur eine geringe Toleranz erlaubt. Nach der Skizzierung der möglichen Einbindung eines Roboters in den Ablauf wird nun der gesamte Prozess von der Anlieferung der Bleche bis zur Auslieferung der fertigen Umformteile analysiert. Anschließend wird die vorhandene Infrastruktur (z. B. die Eignung des Hallenbodens für eine Montage des Roboters und die verfügbaren Energieversorgungen) eingehend betrachtet. Für die Projektierung sind darüber hinaus auch eine Reihe von „weichen" Faktoren zu berücksichtigen, so z. B. die Verfügbarkeit qualifizierter Facharbeiter zur Bedienung und Wartung des Roboters sowie die Einstellung des Betriebsrats zu der Investition, da der Roboter mehrere Hand-Arbeitsplätze ersetzen soll. Die Ergebnisse der Analyse werden ausführlich dokumentiert und für die weiteren Schritte in der Projektierung bereitgestellt.

Die Analyse der Ausgangssituation wirft erfahrungsgemäß eine Reihe von Fragen auf. Diese Fragen beziehen sich z. B. auf die Abgrenzung des Untersuchungsgegenstandes, d. h. was genau betrachtet wird und was nicht. Diese Abgrenzung kann ggf. auch erst in einem späteren Schritt vorgenommen werden, die Aufzählung dieser offenen Fragen in einer LoP-Liste („Liste offener Punkte") ist hilfreich für den weiteren Entwicklungsprozess.

💧 **Tipp** Bei der Analyse der Ausgangssituation sollte auf die Erfahrung ähnlicher Projekte zurückgegriffen werden. Auch wenn jedes Projekt einen gewissen Einmaligkeitscharakter hat, so können gerade bei ähnlichen Aufgabenstellungen bewährte Vorgehensweisen, Methoden oder Tools im Sinne von Standards genutzt werden. Zudem können Vorlagen (z. B. Checklisten), Datenbanken mit Referenzdaten oder Expertenwissen bei der Analyse der Ausgangssituation hilfreich sein.

Der Projektmanager wird bei der Analyse der Ausgangssituation auf die Erfahrung und das spezifische Know-how seiner Fachleute zurückgreifen. Er wird in enger Abstimmung mit dem Systems Engineering-Team die notwendigen Aktivitäten planen und dafür Sorge tragen, dass diese an die entsprechenden Fachleute delegiert werden. Für das übergeordnete Projektmanagement können einzelne Aspekte von besonderem Interesse sein. Diese werden durch den Projektmanager als Arbeitsaufträge oder als zu klärende Fragen in der LoP-Liste formuliert.

3 Klärung von Zielen und Anforderungen

Bei der Systementwicklung spielt die Klärung von Zielen und Anforderungen eine herausragende Rolle. Dies ist vergleichbar mit der Klärung von Projektzielen (vgl. Element 1.03 Projektanforderungen und Projektziele). Allerdings liegt der Fokus hier bei der Klärung von spezifischen Zielen und Anforderungen für den Projektgegenstand.

3.1 Zielformulierung

Die Zielklärung ist zumeist ein iterativer Prozess. Ausgehend von ersten Ideen, werden die Ziele sukzessive weiter detailliert und schließlich in entsprechender Form dokumentiert. Dem Aufwand für die Zielklärung stehen etliche Vorteile gegenüber (vgl. POHL, 2007: 89):

- Erreichung eines besseren Systemverständnisses
- Ableitung relevanter Anforderungen
- Aufdeckung irrelevanter Anforderungen
- Begründung von Anforderungen
- Klärung der Vollständigkeit von Anforderungsspezifikationen
- Identifikation und Auflösung von Konflikten
- Identifikation und Bewertung von Lösungsalternativen
- Langfristige Stabilität durch Zielorientierung

Durch die explizite Formulierung von Zielen wird bei allen Beteiligten das Verständnis bezüglich Ziel und Zweck des Systems gefördert und damit die Akzeptanz für die Aufgabe an sich erhöht. Die zur Erreichung des Ziels notwendigen Anforderungen an das System können aus der Zielstellung abgeleitet und von unnötigen Anforderungen abgegrenzt werden. Ziele dienen damit auch zur Begründung von Anforderungen gegenüber den jeweiligen Stakeholdern. In einem offenen Dialog mit den Stakeholdern können die Anforderungsspezifikationen auf Vollständigkeit und Richtigkeit überprüft werden, oft kommt es dabei auch zu Konflikten zwischen einzelnen Anforderungen, die dann möglichst frühzeitig gelöst werden sollten. Eines der Grundprinzipien im SE-Vorgehensmodell ist das Finden von möglichst vielen Lösungsalternativen. Diese Lösungsalternativen können anhand der Zielstellung identifiziert und bewertet werden. Eine Lösungsauswahl findet damit vor dem Hintergrund der objektiven Zielsetzung und nicht aufgrund von individuellen Präferenzen eines einzelnen Stakeholders statt. Ziele bilden somit auch eine langfristig stabile Basis für die weitere Systementwicklung.

Ziele werden durch einen intensiven Dialog mit dem Auftraggeber und den vielfältigen Stakeholdern geklärt. Hierzu können die Ziele zuerst in einem Katalog gesammelt und anschließend strukturiert, priorisiert und bereinigt werden. Eine Freigabe des bereinigten Zielkatalogs (z. B. in Form eines Lastenhefts) ist ein wichtiger Meilenstein in der Systementwicklung, auch wenn im Verlauf des Vorhabens dann immer noch Änderungen an den Zielen vorgenommen werden können. Der Änderungsaufwand kann aber entscheidend reduziert werden, wenn die Ziele rechtzeitig geklärt und vereinbart sind (vgl. Abbildung 3.07-V2).

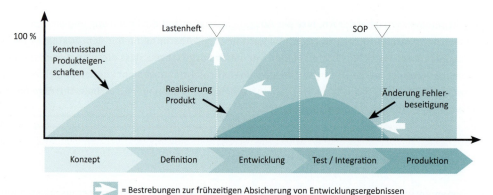

Abbildung 3.07-V2: Frühzeitige Zielklärung reduziert Änderungsaufwand (HAB & WAGNER, 2006: 73)

Bei der Zielklärung ist zu beachten, dass es sehr unterschiedliche Kategorien von Zielen gibt. So können Ziele z. B. nach ihrem jeweiligen Inhalt unterschieden werden, z. B. Sachziele, Systemziele, Leistungsziele, Qualitätsziele, Wirtschaftlichkeitsziele, Finanzziele, Abwicklungs- und Durchführungsziele. Des Weiteren können Ziele in strategische und operative Ziele unterteilt werden, je nachdem, wie konkret sie formuliert werden können. Abbildung 3.07-V3 zeigt eine mögliche Zielkategorisierung.

Abbildung 3.07-V3: Zielkategorisierung (HAB & WAGNER, 2006: 75)

In der Praxis findet die Klärung der Ziele in enger Kooperation zwischen dem Auftraggeber, dem Projektmanager und den Spezialisten der Stammorganisation statt. Gegebenenfalls unterstützt ein auf die Klärung von Zielen und Anforderungen spezialisierter Requirements Engineer und sein Team diesen Prozess. Der Projektmanager konzentriert sich bei seiner Zielklärung auf die strategischen Ziele sowie die für die Gestaltung der Gesamtaufgabe zu berücksichtigenden Abwicklungs- und Durchführungsziele. Die für die eigentliche Systemgestaltung relevanten Sach- und Ergebnisziele werden in der Regel durch das Systems Engineering-Team oder die auf die Entwicklung spezialisierten Fachleute erarbeitet.

Beispiel Nach der Klärung der Ausgangssituation im obigen Beispiel machen sich nun der Projektmanager und seine Spezialisten an die Klärung der Frage, welche Ziele mit dem Einsatz des Roboters erreicht werden sollen. Die Geschäftsleitung hat als strategische Ziele eine Verbesserung der Produktivität in der betreffenden Fertigungslinie um 15 %, eine Reduzierung der bislang recht hohen Rate von betriebsbedingten Unfällen um 30 % sowie eine Erweiterung der Kapazitäten durch längere Betriebszeiten um ebenfalls 30 % vorgegeben. Diese Ziele sollen durch einen Roboter erzielt werden, der neben den vom Lieferanten ohnehin schon garantierten Leistungsmerkmalen eine regelmäßige Verfügbarkeit von mehr als 99 %, eine Positionierungsgenauigkeit von 0,1 Millimetern sowie eine Taktzeit von 2 Minuten erreicht. Die für die Einführung des Roboters vorgesehenen Zeit- und Budgetvorgaben sind ebenfalls eng begrenzt. So sollen Lieferung, Programmierung und Inbetriebnahme des Roboters komplett durch den Lieferanten verantwortet werden. Es ist hierfür ein Zeitfenster von 3 Monaten vorgesehen, das Budget liegt bei 250.000 Euro.

Da die Unterbrechung der Produktion für die Inbetriebnahme des Roboters möglichst gering ausfallen soll, ist eine Installation an einem Sonntag vorzusehen. Die Einweisung und Schulung der eigenen Mitarbeiter sollen durch den Lieferanten möglichst bei laufendem Betrieb durchgeführt werden. Als Randbedingungen sollen noch die Einhaltung gängiger Standards und Normen vereinbart werden, hier insbesondere die Einhaltung von Sicherheitsrichtlinien der Kunden aus der Automobilindustrie sowie die Einbeziehung firmeneigener Qualitäts- und Sicherheitsstandards. Darüber hinaus soll mit dem Betriebsrat eine einvernehmliche Lösung zur werksinternen Versetzung der verloren gehenden Arbeitsplätze gefunden werden.

3.2 Anforderungsbeschreibung

Auf Grundlage der formulierten Ziele werden in einem weiteren Schritt lösungsorientierte Anforderungen formuliert. Sie sind eine wesentlich detailliertere Beschreibung der zur Zielerreichung geforderten Eigenschaften und Merkmale des zu entwickelnden Systems. Bei den Anforderungen kann zwischen funktionalen und nicht-funktionalen Anforderungen unterschieden werden (vgl. Abbildung 3.07-V4).

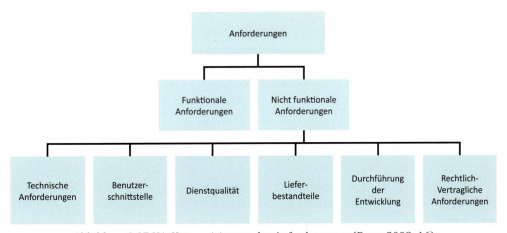

Abbildung 3.07-V4: Kategorisierung der Anforderungen (Rupp, 2008: 16)

Im Vorgehensmodell V-Modell XT werden die Anforderungen wie folgt beschrieben: „Funktionale Anforderungen beschreiben die Fähigkeiten eines Systems, die ein Anwender erwartet, um mithilfe des Systems ein fachliches Problem zu lösen. Die Anforderungen werden aus den zu unterstützenden Geschäftsprozessen und den Ablaufbeschreibungen zur Nutzung des Systems abgeleitet. Die Beschreibung der funktionalen Anforderungen erfolgt beispielsweise in Form von Anwendungsfällen (Use Cases). Ein Anwendungsfall beschreibt dabei einen konkreten, fachlich in sich geschlossenen Teilvorgang. Die Gesamtheit der Anwendungsfälle definiert das Systemverhalten. Ein Anwendungsfall kann in einfachem Textformat beschrieben werden, häufig stehen jedoch organisationsspezifische Muster zur Beschreibung zur Verfügung. Für datenzentrierte Systeme wird im Rahmen der funktionalen Anforderungen ein erstes fachliches Datenmodell erstellt, das als Grundlage des späteren Datenbankentwurfs dient. Das fachliche Datenmodell des Systems wird aus den Entitäten des Domänenmodells abgeleitet. Die funktionalen Anforderungen sind die zentralen Vorgaben für die Systementwicklung.

Nicht-funktionale Anforderungen beschreiben Anforderungen an das System, die nicht-fachlicher Natur sind, jedoch entscheidend zur Anwendbarkeit des Systems beitragen. Sie definieren beispielsweise Qualitätsanforderungen, Sicherheitsanforderungen oder Performanceanforderungen. Nicht-funktionale Anforderungen definieren grundlegende Eigenschaften eines Systems, die im Architekturentwurf berücksichtigt werden müssen. Sie können zur Abschätzung der Entwicklungskosten herangezogen werden und sollten, soweit möglich, messbar beschrieben sein" (V-Modell XT 2007: 368).

Zu den nicht-funktionalen Anforderungen zählen technische Anforderungen (z. B. Vorgaben an Hardware, Software, Schnittstellen und Systemarchitektur), Anforderungen an die Benutzerschnittstelle (z. B. Benutzeroberfläche und deren Ergonomie), Anforderungen an die Dienstqualität (z. B. Änderbarkeit und Wartbarkeit), Anforderungen an sonstige Lieferbestandteile (z. B. Dokumentation und Schulungen), Anforderungen an die Systementwicklung (z. B. Vorgehensmodelle und zu verwendende Methoden bzw. Tools) sowie rechtlich-vertragliche Anforderungen (z. B. Vertragsart und Zahlungsplan).

Beispiel In dem oben beschriebenen Fall der Einführung eines Roboters wird nun auf Basis der Ziele eine Liste der funktionalen und nicht-funktionalen Anforderungen erstellt. Die funktionalen Anforderungen beinhalten die Vorgänge, die der Roboter in der Fertigung unterstützen soll. Diese Vorgänge umfassen das Ansaugen und Aufnehmen der Bleche in einem Lager, der Transport der Bleche in Richtung der Presse mit den hierzu nötigen Dreh- und Schwenkbewegungen, das Positionieren und Zuführen der Bleche sowie das Absetzen der Bleche auf der Vorrichtung in der Presse. Darüber hinaus muss der Roboter noch zahlreiche weitere Anforderungen erfüllen, so z. B. Anforderungen hinsichtlich Bewegungsfreiheit und Belastbarkeit, intuitiver Bedienung und Programmierbarkcit, Dokumentation und Schulung sowie Ausführung als „Turnkey"-Projekt auf Festpreisbasis.

Ein wesentliches Erfolgskriterium bei der Klärung von Zielen und Anforderungen ist, sich schon am Anfang des Projektes Gedanken über die relevanten Abnahmekriterien zu machen. Diese legen fest, welche Kriterien die Lieferung erfüllen muss, um den Anforderungen zu entsprechen. Die Abnahmekriterien sollten SMART formuliert werden, d. h. spezifisch, messbar, anspruchsvoll, realistisch und terminiert. Aus vertraglicher Sicht beschreiben sie die Bedingungen für die Entscheidung, ob das System die gestellten Anforderungen erfüllt oder nicht. Abnahmekriterien beziehen sich dabei sowohl auf die funktionalen als auch auf die nicht-funktionalen Anforderungen.

Noch vor Auftragsvergabe ist durch Auftraggeber und Auftragnehmer eine Bewertung der Anforderungen hinsichtlich ihrer Realisierbarkeit vornehmen. Dies dient einerseits dazu, mögliche Konflikte und Widersprüchlichkeiten zwischen den Anforderungen aufzudecken und zu bereinigen, andererseits können mögliche Risiken bei der Realisierung des Systems identifiziert und geeignete Maßnahmen vorbereitet werden.

Bei der Bewertung wird u. a. überprüft, ob die Anforderungen technisch machbar, finanzierbar und betriebswirtschaftlich sinnvoll sind. Die Bewertung kann im ersten Schritt anhand einer Gegenüberstellung von qualitativen Größen, wie z. B. Stärken und Schwächen sowie Chancen und Risiken erfolgen („SWOT"-Analyse). In einem zweiten Schritt ist die Bewertung dann mittels meßbarer Kriterien vorzunehmen.

Die Betrachtung der Wirtschaftlichkeit hat dabei oft Vorrang vor anderen Bewertungsfaktoren (vgl. Element 3.06 Geschäft) Die Wirtschaftlichkeitsbetrachtung kann sehr komplex werden, wenn die Kosten über den gesamten Produktlebenszyklus betrachtet werden müssen. Dabei spielen Entwicklungs- und Herstellkosten genauso eine Rolle wie die Gemeinkosten und Kosten für begleitende Dienstleistungen (z. B. Schulung, Instandhaltung, Garantien). Eine sinnvolle Bewertung des Projekts ist aber in den meisten Fällen nur bei Einbeziehung der gesamten Aufwendungen und der Gegenüberstellung der jeweiligen Erlöse möglich. Bei wirtschaftlich fraglichen Anforderungen beziehungsweise bei kostenseitig nicht ausreichend abschätzbaren Anforderungen kann hilfsweise auf eine Optionierung der Leistungen zurückgegriffen werden. Zu den weiteren Bewertungskriterien zählen beispielsweise die Erzielung des erwünschten Nutzens durch das System, die Plausibilität der definierten Anforderungen, die Durchführbarkeit des Projekts und die Kompatibilität.

3.3 Lastenheft und Pflichtenheft

Üblicherweise stellt der Auftraggeber die Anforderungen in einem Lastenheft zusammen (vgl. Element 1.03 Projektanforderungen und Projektziele). Das Lastenheft enthält alle Anforderungen, die für die Entwicklung des Systems verbindlich sind. Es ist in der Regel auch Grundlage bei Ausschreibungen. Das Lastenheft wird als Basis für die Erstellung eines Angebots genutzt und fließt damit später in die Vertragsgestaltung mit ein. Mit den Anforderungen werden die Rahmenbedingungen für die Entwicklung maßgeblich festgelegt.

Das Vorgehen und die wesentlichen Inhalte bei der Erstellung eines Lastenheftes werden im V-Modell wie folgt erklärt: „Alle relevanten Anforderungen an das System werden vom Auftraggeber ermittelt und dokumentiert. Sie enthalten die für den Auftragnehmer notwendigen Informationen zur Entwicklung des geforderten Systems. Kern des Lastenhefts sind die funktionalen und nicht-funktionalen Anforderungen an das System sowie eine Skizze des Gesamtsystementwurfs. Der Entwurf berücksichtigt die zukünftige Umgebung und Infrastruktur, in der das System später betrieben wird, und gibt Richtlinien für Technologieentscheidungen. Zusätzlich werden die zu unterstützenden Phasen im Lebenszyklus des Systems identifiziert und als logistische Anforderungen aufgenommen. Ebenfalls Teil der Anforderungen ist die Festlegung von Lieferbedingungen und Abnahmekriterien.

Die funktionalen und nicht-funktionalen Anforderungen dienen nicht nur als Vorgaben für die Entwicklung, sondern sind zusätzlich Grundlage der Anforderungsverfolgung und des Änderungsmanagements. Die Anforderungen sollten so aufbereitet sein, dass die Verfolgbarkeit (Traceability) sowie ein geeignetes Änderungsmanagement für den gesamten Lebenszyklus eines Systems möglich sind. Für die Erstellung des Lastenhefts sowie für dessen Qualität ist der Auftraggeber alleine verantwortlich. Bei Bedarf kann er Dritte mit der Erstellung beauftragen. Das Lastenheft sollte im Allgemeinen keine technischen Lösungen vorgeben, um Architekten und Entwickler bei der Suche nach optimalen technischen Lösungen nicht einzuschränken" (V-Modell XT 2007: 367).

Das Pflichtenheft basiert auf dem Lastenheft und bildet – aus Sicht des Auftragnehmers – die Realisierungsvorgaben ab (vgl. Element 1.03 Projektanforderungen und Projektziele).

Tipp Die Fähigkeit zur Erstellung von Lasten- bzw. Pflichtenheften stellt heute vor dem Hintergrund einer Zunahme der organisatorischen wie inhaltlichen Komplexität eine Schlüsselkompetenz in der Systementwicklung dar. Die hierzu notwendigen Aktivitäten sollten bei Auftraggebern wie Auftragnehmern standardisiert und die Kompetenz durch entsprechende Qualifizierungsmaßnahmen aufgebaut werden. Sollte der Auftraggeber über keine ausreichende Kompetenz zur Erstellung eines Lastenheftes verfügen, so kann der Auftragnehmer die Erstellung des Lastenhefts als eigenständige Dienstleistung anbieten bzw. im Rahmen eines Vorprojektes für den Auftraggeber tun.

3.4 Quality Function Deployment

Bei der Klärung von Anforderungen für die Systementwicklung kann die Methode der Quality Function Deployment QFD hilfreich sein. Der Grundgedanke der QFD liegt in der Abstimmung von Marktanforderungen bzw. spezifischen Kundenwünschen mit der Systementwicklung. Die Vorgehensweise der QFD wird durch eine Reihe von Listen, Tabellen und Matrizen im „House of Quality" wiedergegeben (vgl. Abbildung 3.07-V5).

Abbildung 3.07-V5: House of Quality der QFD (HAB & WAGNER, 2006: 80)

Dabei werden auf der horizontalen Achse („Markt") – von links nach rechts – die für den Kunden wichtigsten Merkmale des Systems in einer hierarchischen Liste abgelegt (1) und jedem Merkmal eine relative Bedeutung zugeordnet (2). Anschließend (3) werden diese Kundenmerkmale mit den bei Wettbewerbern gebotenen Merkmalen verglichen. In der vertikalen Achse („Technik") – von oben nach unten – werden zuerst einmal die technischen Produktmerkmale in eine Liste eingetragen (4). Die Abhängigkeiten und mögliche Konflikte zwischen den einzelnen Produktmerkmalen werden in der Kopfmatrix abgebildet (6). In der Hauptmatrix erfolgt die Verknüpfung der Kundenwünsche mit den Produktmerkmalen (5). Dabei kann ermittelt werden, wie stark die gewichteten Kundenwünsche die technischen Produktmerkmale beeinflussen. In der untersten Tabelle (7) kommt es schließlich zur Abstimmung der technischen Zielwerte.

Die QFD kann auch in einem mehrstufigen Verfahren eingesetzt werden (vgl. Abbildung 3.07-V6). Dabei werden im ersten Schritt die Produktmerkmale, im zweiten Schritt die Teilemerkmale, im dritten Schritt die Prozessmerkmale und im letzten Schritt die Produktionsmittel mitsamt ihren Ausprägungen festgelegt.

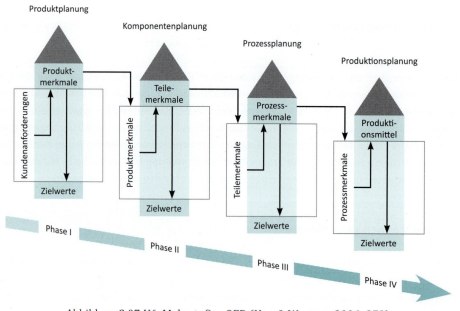

Abbildung 3.07-V6: Mehrstufige QFD (HAB & WAGNER, 2006: 272)

Auch wenn der Aufwand zur erstmaligen Erstellung einer QFD relativ groß ist, können mit der QFD die Ziele und Anforderungen an ein Produkt und weitere Systemeigenschaften systematisch ermittelt, auf ihre Abhängigkeiten hin überprüft und gesamthaft aufeinander abgestimmt werden. Das reduziert den nachträglichen Änderungsaufwand und die Entwicklungszeiten. Der Aufwand kann bei einer relativ hohen Wiederholrate der Tätigkeiten auch weitgehend standardisiert werden.

4 Systemgestaltung

Ausgehend von den funktionalen und nicht-funktionalen Anforderungen, geht es nun bei der Systemgestaltung darum, auf Basis eines geeigneten Lösungsansatzes die Systemarchitektur mit den wesentlichen Bausteinen und Schnittstellen zu entwerfen und, darauf aufbauend, die Teil-Systeme und Komponenten zu entwickeln. Dies ist ein kreativer Prozess, der eine enge Zusammenarbeit der an der Systemgestaltung beteiligten Spezialisten erfordert. Das Projektmanagement gibt den Rahmen (Erwartungen bezüglich Termine, Budgets und Ergebnissen) für die Systemgestaltung vor und steuert die Aktivitäten über vordefinierte Meilensteine („Quality Gates").

Die Suche nach einem geeigneten Lösungsansatz hängt entscheidend vom Gestaltungsfreiraum ab, der bei der Definition der Systemgrenzen sowie bei der Formulierung von Zielen und Anforderungen gelassen wurde. Auch für die Suche nach Lösungen ist es ratsam, ein zielgerichtetes Vorgehen auszuwählen. Dies kann z. B. aus der Variation bestehender Lösungen bestehen oder ein Vergleich mit vorhandenen Lösungen aus ähnlichen Problemstellungen sein. Schließlich können auch vollständig neue Lösungen unter Einsatz geeigneter Kreativitätstechniken (vgl. Element 2.07 Kreativität) erarbeitet werden. Grobe Lösungsideen können schrittweise verfeinert und zu einem ersten Entwurf des Systems bzw. einem Konzept weiterverarbeitet werden. Dies bildet die Ausgangsbasis für die weitere Gestaltung des Systems.

Die Bewertung der Lösungsvorschläge sollte nach vorgegebenen Kriterien erfolgen. Diese orientieren sich einerseits an den projektspezifischen Anforderungen, andererseits spielen bei der Lösungsbewertung auch langfristige Ziele (wie z. B. die Durchsetzung einer Gleichteile-Strategie im Unternehmen) eine Rolle.

4.1 Systemarchitekturgestaltung

Nach der Auswahl eines geeigneten Lösungsansatzes ist es nun Aufgabe des Systemarchitekten, eine geeignete Architektur für das System zu entwerfen. Die Architektur spiegelt die strukturell organisierte Beziehung von materiellen wie immateriellen Teilen des Systems (z. B. Module, Baugruppen oder Komponenten) wider. Sie ist das zentrale Dokument für den Prozess der Systementwicklung. Die Spezifikationen und Architekturen der Systemkomponenten werden aus dieser Systemarchitektur abgeleitet. Der Systemarchitekt wird bei seiner Aufgabe von den verschiedenen Experten aus der Entwicklung (Hardware, Software, etc.) unterstützt. In einem ersten Schritt werden auf Basis der Ausgangssituation sowie der vereinbarten Ziele und Anforderungen die Architekturprinzipien festgelegt.

Gemäß V-Modell XT gibt es grundsätzlich für ein System mehrere Architekturlösungen, von denen jede ihre Vor- und Nachteile hat. „Durch die Beschreibung der zugrunde liegenden Architekturprinzipien sowie möglicher Entwurfsalternativen wird der Entscheidungsprozess zur letztendlich gewählten Architektur dokumentiert und die Basis für eine Architekturbewertung gelegt. Architekturprinzipien sind Vorgaben, die beispielsweise aufgrund der Systemart oder anderer Systemeigenschaften richtungsweisend für den Architekturentwurf sind. Auf Systemebene kann dies beispielsweise die Festlegung der Anwendungsdomäne (eingebettetes System, Informationssystem) oder die Entscheidung für ein verteiltes System sein. Entwurfsalternativen beschreiben unterschiedliche Möglichkeiten der Dekomposition des Systems in Segmente, HW-, SW- und Externe Einheiten. Für jede Alternative werden anhand einer zu definierenden Kriterienliste Vor- und Nachteile identifiziert und die Lösung bewertet. Als Grundlage für die Suche nach möglichen Entwurfsalternativen eignen sich auf Systemebene beispielsweise Musterarchitekturen.

Vorgaben zu Architekturprinzipien sowie Einschränkungen bei möglichen Entwurfsalternativen ergeben sich vor allem aus den Anforderungen der Systemspezifikation beziehungsweise der Gesamtsystemspezifikation" (V-Modell XT 2007: 410).

Ein wichtiger Schritt bei der Erstellung der Systemarchitektur ist die „Dekomposition" des Systems, d. h. seine Zerlegung in Teil-Systeme, Baugruppen oder Komponenten. Dies ist vergleichbar mit der Erstellung einer Projektergebnis- oder Produktstruktur, bei der üblicherweise die Projektergebnisse im Sinne von Liefer- und Leistungsumfängen abgebildet werden. Neben dem „statischen" Abbild des Systems werden mithilfe der Dekomposition auch die Beziehungen und Schnittstellen zwischen den Elementen und zur Umgebung identifiziert und im Überblick dargestellt. So kann die gewählte Architektur auch hinsichtlich ihrer Eignung für das zu entwickelnde System bewertet werden. Abbildung 3.07-V7 zeigt das Beispiel einer Roboterzelle mit einem Lasersystem zur Bearbeitung von Karosserieteilen.

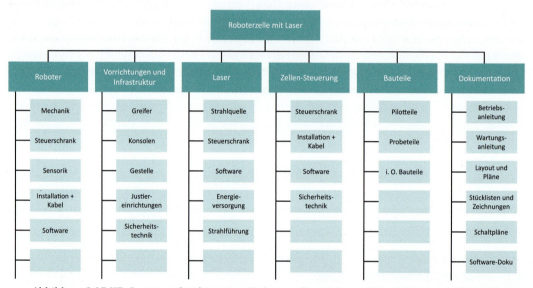

Abbildung 3.07-V7: Systemarchitektur einer Roboterzelle mit Laser (Hab & Wagner, 2006: 86)

4.2 Systementwicklung

Durch die Entwicklungstätigkeit werden auf Basis vorab geklärter Ziele und Anforderungen die Merkmale eines (technischen) Systems sowie seine Eigenschaften über den Lebenszyklus hinweg festgelegt (vgl. Ehrlenspiel, 2003). Bei der Entwicklungstätigkeit kann zwischen der Vorentwicklung, der Serienentwicklung und der Applikationsentwicklung unterschieden werden. Die Vorentwicklung beschäftigt sich vor allem mit neueren Lösungsansätzen (Verfahren, Technologien), die in zukünftigen Produkten/Systemen Einzug halten sollen, sowie mit den Entwürfen und Konzeptionen für neue Produkte/Systeme. Diese sind relativ abstrakt und noch nicht detailliert. Die Serienentwicklung kümmert sich um Produkte/Systeme, die in Serie hergestellt werden sollen. Die auf Einzelaufträge oder Applikationen (Anwendungen) bezogene Entwicklungstätigkeit passt bestehende Lösungen an die auftragsbezogenen Vorgaben an oder entwickelt durch geschickte Kombination vorhandener Lösungsprinzipien neue, kundenspezifische Lösungen.

> **§ Definition** Simultaneous Engineering ist die zielgerichtete und interdisziplinäre Zusammen- bzw. Parallelarbeit von Produkt-, Produktions- und Vertriebsentwicklung unter Zuhilfenahme eines straffen Projektmanagements, wobei der gesamte Produktlebenszyklus betrachtet wird (vgl. EHRLENSPIEL, 2003).

Die Entwicklungstätigkeiten sind heute stark vernetzt. Der hohe Wettbewerbsdruck erfordert neue Wege in der Entwicklung, um die engen Vorgaben bezüglich der Kosten, Termine und Qualität einhalten zu können. Das Simultaneous Engineering wird hierbei genutzt, um mittels Parallelisierung und Standardisierung von Entwicklungsschritten die Effizienz zu erhöhen, und um durch eine stärkere Integration aller Beteiligten unnötige Reibungsverluste in der Zusammenarbeit zu vermeiden.

Durch die Parallelisierung von Aktivitäten in der Systementwicklung soll eine Verkürzung der Entwicklungszeiten und damit eine schnellere Auslieferung des Systems erreicht werden (vgl. Abbildung 3.07-V8). Viele Aktivitäten sind aber von anderen Aktivitäten abhängig, sodass eine enge Abstimmung zwischen den abhängigen Aktivitäten im Entwicklungsprozess notwendig wird. Beispielsweise beeinflussen sich Design und Konstruktion, sodass der Konstrukteur seine Arbeiten zwar schon parallel zum Designer beginnen kann, er aber über jede kleine Änderung im Design informiert werden sollte, da sonst seine Arbeiten hinfällig sind oder größere Änderungen notwendig werden.

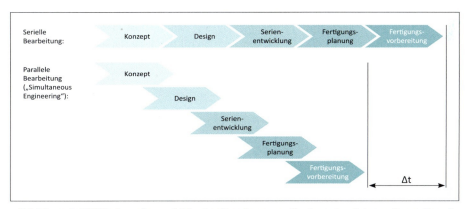

Abbildung 3.07-V8: Gestaltungsfelder im Simultaneous Engineering (eigene Darstellung)

> **Tipp** Simultaneous Engineering setzt eine sehr detaillierte Betrachtung von Aktivitäten und deren Abhängigkeiten voraus. Dies macht vor allem bei immer wiederkehrenden Aktivitäten Sinn. In einem ersten Schritt werden die Abhängigkeiten zwischen den einzelnen Aktivitäten analysiert. Auf Basis dieser Abhängigkeiten wird dann in einem zweiten Schritt geprüft, ob einzelne Aktivitäten parallelisiert werden können und welche Risiken (z. B. durch auftretende Verzögerungen) bestehen. Eine zu starke Parallelisierung im Entwicklungsprozess erhöht nämlich das Risiko von Doppelarbeiten und Änderungsmehraufwendungen. Deshalb ist Vorsicht beim Einsatz der Parallelisierung geboten. Schließlich ist darauf zu achten, dass die Bearbeiter der abhängigen Aktivitäten sich möglichst früh und intensiv abstimmen.

Die Standardisierung hilft, die Abläufe in der Systementwicklung transparent zu machen und damit das Zusammenspiel zwischen den beteiligten Personen zu optimieren. In der Praxis bedeutet Standardisierung die Beschreibung von Prozessen und Methoden in der Systementwicklung mit den dazugehörigen Aufgaben, Kompetenzen und Verantwortlichkeiten. Dies fördert einerseits die Kommunikation zwischen den Beteiligten und andererseits auch die Koordination zwischen den einzelnen Aktivitäten. Gleichzeitig können bei wiederkehrenden Arbeitsabläufen in der Systementwicklung Erfahrungen zur kontinuierlichen Verbesserung von Prozessen und Methoden gesammelt werden.

💡 **Tipp** Das Know-how eines Unternehmens bezüglich der Systementwicklung sollte in Verfahrensanweisungen, Checklisten oder Entwicklungshandbüchern standardisiert sein. Ein so genannter „Masterplan" zeigt das generelle Vorgehen auf. Aus diesem Masterplan können individuelle, auf die besonderen Anforderungen des Projekt zugeschnittene, Vorgehenspläne und Aktivitäten abgeleitet werden. Projektmanagement und Entwicklungsteam sollten in der Anpassung des Masterplans geübt sein.

Das Simultaneous Engineering zielt letztlich auch auf eine stärkere Integration der an der Systementwicklung beteiligten Unternehmensbereiche, Funktionen und Partner ab. Dies kann einerseits durch organisatorische Maßnahmen und den Einsatz eines Funktionendiagramms (vgl. Kapitel 3 im Basisteil zu diesem Element) erreicht werden, andererseits aber auch durch die Stärkung des Projektmanagers. Dieser bindet alle Beteiligten möglichst früh in das Projekt ein („front-loading") und fördert durch intensive Kommunikation eine effektive Zusammenarbeit.

🔍 **Beispiel** Der Roboter aus unserem Beispiel wird nach Beauftragung durch den Kunden mithilfe eines standardisierten Entwicklungsprozesses entwickelt. Dabei müssen die speziellen Anforderungen des Kunden berücksichtigt werden. Die Konstruktionsabteilung verändert die Bodenplatte und passt auch noch den mechanischen Aufbau und die Verkabelung an die Kundenwünsche an. Die Steuerungsabteilung programmiert parallel die Benutzeroberfläche für den Kunden und adaptiert die Steuerungssoftware, sodass nach relativ kurzer Zeit die gewünschte Funktionalität erzielt ist. Nach dem Aufbau des Roboters und einer Erprobung wird dieser verpackt und zum Kundenunternehmen transportiert. Dort wartet schon das Inbetriebnahmeteam, das zeitgleich mit Konstruktion und Steuerungsentwicklung die gewünschte Funktionalität des Kunden analysiert und in einen Plan für die Inbetriebnahme und Erprobung vor Ort umgesetzt hat. Die Dokumentation für den Roboter sowie die Schulungsunterlagen wurden ebenfalls parallel zur Konstruktion von der Abteilung für Technische Dokumentation erstellt und können nun beim Kunden genutzt werden.

4.3 Wertanalyse

In vielen Industrieunternehmen hat sich seit etlichen Jahren auch der Einsatz der Wertanalyse („Value Analysis" oder „Value Engineering") zur Lösung komplexer Aufgabenstellungen bewährt. Die Wertanalyse zielt darauf ab, die Funktionen eines Produktes für die niedrigsten Kosten zu erstellen, ohne dass die erforderliche Qualität, Zuverlässigkeit und Marktfähigkeit des Produktes negativ beeinflusst werden.

§ **Definition** Die Wertanalyse ist eine „schrittweise, anwendungsneutrale Vorgehensweise, bei der die Funktionen eines Objektes unter Vorgabe von Wertzielen durch interdisziplinäre Teamarbeit, ganzheitliche Problembetrachtung und mit Hilfe von Kreativitätstechniken hinsichtlich Nutzen und Aufwand entwickelt bzw. verbessert werden" (VDI 1991: 16). Dabei wird nach einem systematischen Arbeitsplan (vgl. Abbildung 3.07-V9) vorgegangen.

Das Hauptaugenmerk der Wertanalyse liegt heute aber eindeutig auf der Reduzierung unnötiger Kosten durch eine Optimierung der Systemgestaltung. Das kann z. B. durch die Verwendung von standardisierten Bauteilen (Gleichteile, Teilefamilien usw.) erreicht werden, um Kosten für die Neuentwicklung zu sparen bzw. Skaleneffekte durch die Abnahme größerer Stückzahlen zu erzielen. Darüber hinaus können durch die Optimierung der Entwicklungs- und Fertigungsprozesse die Kosten gesenkt und die Produktivität erhöht werden. In den letzten Jahren wird die Wertanalyse unter besonderer Berücksichtigung von psychosozialen Aspekten bei der Systemgestaltung zum Value Management weiterentwickelt.

Grundschritt	Teilschritt (Bearbeitungsintensität und ggf. auch die Reihenfolge der Teilschritte innerhalb eines jeden Grundschrittes sind projektabhängig
1 Projekt vorbereiten	1.1 Moderator benennen 1.2 Auftrag übernehmen, Grobziel mit Bedingungen festlegen 1.3 Einzelziele setzen 1.4 Untersuchungsrahmen abgrenzen 1.5 Projektorganisation festlegen 1.6 Projektablauf planen
2 Objektsituation analysieren	2.1 Objekt- und Umfeldinformationen beschaffen 2.2 Kosteninformationen beschaffen 2.3 Funktionen ermitteln 2.4 Lösungsbedingte Vorgaben festlegen 2.5 Kosten den Funktionen zuordnen
3 Soll-Zustand festlegen	3.1 Informationen auswerten 3.2 Soll-Funktion festlegen 3.3 Lösungsbedingte Vorgaben festlegen 3.4 Kostenziele den Soll-Funktionen zuordnen
4 Lösungsideen entwickeln	4.1 Vorhandene Ideen sammeln 4.2 Ideenfindungstechniken anwenden
5 Lösungen festlegen	5.1 Bewertungskriterien festlegen 5.2 Lösungsideen bewerten 5.3 Ideen zu Lösungsansätzen verdichten und darstellen 5.4 Lösungsansätze bewerten 5.5 Lösungen ausarbeiten 5.6 Lösungen bewerten 5.7 Entscheidungsvorlage erstellen 5.8 Entscheidungen herbeiführen
6 Lösungen verwirklichen	6.1 Realisierung im Detail planen 6.2 Realisierung einleiten 6.3 Realisierung überwachen 6.4 Projekt abschließen

Abbildung 3.07-V9: Beispiel für Wertanalyse-Arbeitsplan (VDI 1991: 92ff)

Σ Fazit Die Suche nach Lösungen in der Systementwicklung und die eigentliche Systemgestaltung sind kreative Aufgaben, die in enger Abstimmung aller Beteiligten im Sinne eines simultanen Entwicklungsprozesses und unter Beachtung der Vorgaben ablaufen. Hierzu sind nicht nur die Bereitschaft und Fähigkeit aller internen und externen Stakeholder zur Kooperation, sondern vor allem auch die geschickte Koordination aller Aktivitäten durch den Projektmanager nötig.

5 Systemintegration und -verifikation

Nach der Entwicklung des Systems und der Beschaffung oder Herstellung der nötigen Teil-Systeme, Baugruppen und Komponenten folgt die Systemintegration. Dies kann ein mehrstufiger und komplexer Vorgang sein. So müssen beispielsweise bei der Montage eines neuen Fahrzeugs mehrere Tausend Baugruppen und Komponenten von mehreren Hundert Lieferanten zusammengeführt werden. Die Bewältigung dieser komplexen Aufgabenstellung ist heute ohne die Einbeziehung leistungsfähiger Sublieferanten nicht mehr denkbar. Deshalb wird in der Automobilindustrie die Verantwortung für die Systemintegration an System- oder Modul-Lieferanten delegiert, die für die Aussteuerung der nachgelagerten Lieferkette („Supply-Chain") verantwortlich sind. So werden z. B. komplette Front-Module (Kühler, Scheinwerfer und Stoßfänger sind zu einem Modul vereint) oder vollständige Innenausstattungen an den Automobilhersteller geliefert, die dort entweder vom Lieferanten oder vom Automobilhersteller selbst verbaut werden. Dadurch wird die Komplexität in der Lieferkette erhöht, der Automobilhersteller spart aber Zeit und reduziert seinen Aufwand für die Anpassung fehlerhafter Teile. Das größte Risiko liegt bei dem verantwortlichen Zulieferer.

Beispiel Der Roboterlieferant hat seine Fertigungstiefe auf Entwicklung und Herstellung weniger mechanischer Teile sowie auf die Anpassung von Steuerung und Bedienführung reduziert. Die Sublieferanten werden beauftragt, die notwendigen Teile auftragsspezifisch anzuliefern. Anschließend werden alle Komponenten des Roboters zusammengebaut und auf ihre Funktion hin überprüft. Die Montage des Roboters erfolgt nach einem standardisierten Vorgehen und wird mitlaufend auf Einhaltung der Sicherheits- und Qualitätsvorschriften hin überprüft.

Die Integration neuer Produkte oder Systeme erfordert einen höheren Aufwand für die Absicherung als bei bekannten Lösungen. Mit modernen Softwarelösungen können heute auch komplexe Systeme virtuell, d. h. am Computer, aufgebaut und auf Probleme beim Zusammenbau überprüft werden. Dieses „Digital Mock-up" genannte Verfahren hilft, die Kosten für den Bau realer Prototypen zu reduzieren. Dennoch sind auch weiterhin physikalische Prototypen zur Überprüfung von komplexen Systemen notwendig. In der industriellen Fertigung werden Prototypen als Design-Modell zur Überprüfung der optischen und haptischen Eigenschaften, als Funktionsprototyp zur Überprüfung der funktionalen und geometrischen Eigenschaften, als technischer Prototyp zur seriennahen Abbildung aller Systemeigenschaften oder als Vorserienprototyp zur Überprüfung aller Eigenschaften unter Serienbedingungen ausgelegt (vgl. EVERSHEIM, 2005).

Für die Systemintegration werden verschiedene Reifegradstufen eingeplant, an denen eine Bewertung des Ergebnisses vorgenommen und eine Aussage dazu getroffen werden kann, inwieweit das Ergebnis den Anforderungen entspricht. In der Fahrzeugentwicklung gibt es eine große Zahl von Reifegradindikatoren (vgl. Abbildung 3.07-V10), die an unterschiedlichen Stellen des Fahrzeugentwicklungsprojekts zur Geltung kommen (vgl. Abbildung 3.07-V11).

Konstruktionsfreigaben	Service-Beurteilung	Bemusterung
Cubing-Beurteilung	Nullserienbeurteilung	Versuchsfreigaben
Prototypenbeurteilung	Anlaufkurve	Produkt-Audit-Note
Packaging	Produktionszeit je Fzg.	Gewicht
Designmodellabsicherung	Crashwagen-Beurteilung	Herstell-Kosten
Lieferantenfestlegung	Heide-Dauerlauf	Zeit/Meilensteine
Festlegungsbeurteilung	Problempunkteliste	Expertenschätzung

Abbildung 3.07-V10: Reifegradindikatoren in der Fahrzeugentwicklung (HAB & WAGNER, 2006: 158)

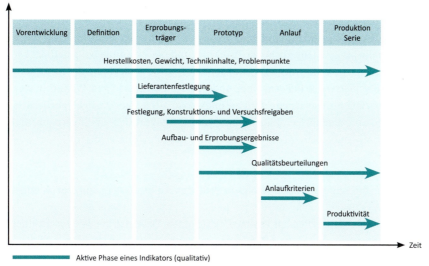

Abbildung 3.07-V11: Zeitliche Relevanz der Reifegradindikatoren (HAB & WAGNER, 2006: 159)

Die betrachteten Reifegradindikatoren werden in Regel in einer Darstellungsform zusammengefasst („Reifegrad-Spiegel") und zu einem Gesamtreifegrad aggregiert. Dieser Reifegrad läßt Aussagen über den Fortschritt bei der Systementwicklung und über die notwendigen Korrekturmaßnahmen zu.

Tipp Die Ermittlung des Reifegrades bei der Lösung inhaltlicher Projektaufgaben wird oft vernachlässigt. Die Ermittlung eines auf Zeit- und Budgetverbrauch ausgerichteten Projektfortschrittsgrades hilft aber erfahrungsgemäß bei der Beurteilung des tatsächlichen Projektstatus nicht weiter. Deshalb empfiehlt es sich, auf Basis der Anforderungen an das System eine Reihe von Reifegradindikatoren zu definieren, mit denen der tatsächliche Projektstatus ermittelt werden kann.

Für die Systemintegration können sich vor allem die Schnittstellen als kritisch erweisen. Deshalb kommt es schon bei der Systementwicklung darauf an, die Schnittstellen zwischen den Teil-Systemen, Baugruppen und Komponenten zu identifizieren, die wichtigsten Parameter und deren Toleranz zusammen mit den betroffenen Mitarbeitern oder Partnern festzulegen und sich beim Zusammenbau auf diese Stellen zu konzentrieren.

Nach Abschluss der Systemintegration stehen in der Regel umfangreiche Testläufe und Erprobungen des Systems an. Die Tests haben zum Ziel, die Erfüllung der gewünschten Anforderungen zu überprüfen, Fehler frühzeitig zu erkennen und Vorschläge zu deren Beseitigung zu erarbeiten. Dabei sind üblicherweise gesetzliche Regelungen, Normen, Richtlinien, kundenspezifische Anforderungen und interne Vorgaben zu berücksichtigen. Parallel zur Systementwicklung werden deshalb schon frühzeitig Prüfpläne (was wird unter welchen Bedingungen geprüft?) und Prüfmittelpläne (welche Prüfmittel sind notwendig?) erstellt und für die Durchführung der Prüfungen vorbereitet.

Die Tests können bei komplexeren Systementwicklungen die Phasen Komponententest, Integrationstest, Systemtest und Abnahmetest umfassen. Diese Tests können je nach Testobjekt auch noch in einen Detail-, einen Funktions- und einen Aufgabentest unterteilt werden. „Der Detailtest („White-Box-Test") bezieht sich bei Software auf Module, Prozeduren und Ablaufstrukturen, in denen der Test der einzelnen Zweige und Pfade das Testziel darstellt. Bei Hardware ist dies der Test der Funktionsmodule (eine Baugruppe oder mehrere Baugruppen) ggf. mit Firmware. Der Funktions- und Aufgabentest („Black-Box-Test") konzentriert sich auf Funktionen und Aufgaben (Leistungsmerkmale) des Gesamtsystems" (BURGHARDT, 2002: 391).

Die Überprüfung des Systems sollte mit Hilfe von standardisierten Prüfabläufen und mit verbindlichen, ggf. projektspezifisch angepaßten, Prüfspezifikationen durchgeführt werden. „Die Prüfspezifikation dient dem Prüfer als Vorgabe und Anleitung bei der Durchführung der Prüfung. In ihr werden die Prüffälle (und die Testfälle als spezielle Form der Prüffälle) und die Prüfumgebung definiert sowie die Zuordnung der Prüffälle zu den Anforderungen vorgenommen. Die Abdeckung der Anforderungen durch die Prüffälle kann beispielsweise in Form einer Abdeckungsmatrix erfolgen. Weiterhin werden Schutzvorkehrungen beschrieben, die während der Prüfung einzuhalten sind. Die Prüfspezifikation orientiert sich an den Vorgaben im zugehörigen Implementierungs-, Integrations- und Prüfkonzept. Mithilfe der Prüfspezifikation muss entschieden werden können, ob die Prüfung erfolgreich war oder nicht" (V-Modell XT, 2006: 342).

Die Dokumentation der Prüfergebnisse erfolgt in Prüfprotokollen. Das Prüfprotokoll enthält eine Aufzeichnung über den Verlauf der Prüfung, die Ist- und Soll-Ergebnisse sowie die Analyse der identifizierten Abweichungen mit entsprechenden Lösungsvorschlägen. Dabei ist bei der Durchführung der Prüfungen auch darauf zu achten, dass das Prüfergebnis reproduziert werden kann und die geforderten, internen wie externen Vorgaben eingehalten werden.

Das Projektmanagement baut bei der Bewertung des Projektfortschritts auf die Ergebnisse der Systemtests auf. Darüber hinaus können aus den Ergebnissen Rückschlüsse auf den Entwicklungsprozess und mögliche Verbesserungen gezogen werden. Diese Ergebnisse sollten deshalb in die „Lessons Learned" einfließen und konkrete Maßnahmen zur Folge haben. Schließlich hilft die systematische Dokumentation der Tests auch noch, das Vorgehen in der Systementwicklung nachvollziehbarer zu machen, sodass in Fällen von Mängel- und Gewährleistungsansprüchen die Fehlerquellen leichter identifiziert werden können.

6 Zusammenfassung

Die Fähigkeit zur Entwicklung komplexer Produkte und Systeme wird für viele Unternehmen im globalen Wettbewerb zum entscheidenden Erfolgsfaktor. Die Entwicklungsaufgaben benötigen einerseits Freiraum zur kreativen Entfaltung, um intelligente Lösungen für die vorgegebenen Anforderungen zu finden, andererseits bedarf es einer perfekten Synchronisation zwischen den Spezialisten der Stammorganisation und dem Projektmanagement, um im Rahmen der gesetzten Termine und Budgets zu bleiben. Vielfach folgt die Systementwicklung vorgegebenen Standards (z. B. V-Modell XT). Standards geben Orientierung bezüglich des Vorgehens und der anzuwendenden Methoden und Tools. Darüber hinaus erleichtern sie die Abstimmung und die Kommunikation zwischen den Beteiligten.

Das hier vorgestellte Vorgehen orientiert sich an dem allgemeinen Problemlösungszyklus des Systems Engineering. Am Anfang der Entwicklungsaufgabe stehen die Klärung der Ausgangssituation mit der Abgrenzung von System und Kontext sowie eine Betrachtung der relevanten Schnittstellen und Abhängigkeiten. Als Nächstes steht die Klärung der Ziele und Anforderungen an. Diese geben Klarheit über den genauen Soll-Zustand am Ende der Entwicklungsaufgaben und sind ständige Orientierungshilfe bei der Systemgestaltung, insbesondere aber bei der Systemverifikation. Lastenhefte und Pflichtenhefte dienen dem Abgleich der Anforderungen zwischen Auftraggeber und Auftragnehmer. Methodisch kann die Abklärung der Anforderungen durch eine QFD abgesichert werden.

Die eigentliche Gestaltung des Systems basiert auf der Auswahl eines geeigneten Lösungsansatzes, der dann in eine Systemarchitektur umgesetzt wird, die den Aufbau und die Abhängigkeiten zwischen den einzelnen Elementen des Systems aufzeigt. Im Anschluss daran können diese Elemente weiter spezifiziert und entwickelt werden. Dabei wird häufig auf das parallele Vorgehen des Simultaneous Engineering zurückgegriffen. Die Parallelisierung von Entwicklungsaktivitäten erfordert aber eine saubere Abstimmung und Kommunikation zwischen den Beteiligten, sonst drohen Mehraufwand und Konflikte.

Die Wertanalyse kann dazu genutzt werden, den Wert eines Systems zu optimieren bzw. die Kosten zu senken.

Bei der Systemintegration sollen die vorab spezifizierten und entwickelten (bzw. auch beschafften) Komponenten zu einem Ganzen verbunden werden. Dies läuft nicht immer fehlerfrei ab und erfordert eine enge Koordination aller Beteiligten. Reifegradindikatoren sorgen für eine bessere Transparenz im Geschehen und geben dem übergeordneten Projektmanagement wichtige Hinweise für die Erstellung des Projektstatusberichts. Mit verschiedenen Erprobungen und Tests wird das System zum Schluss noch daraufhin überprüft, ob es sowohl den vereinbarten funktionalen als auch den nicht-funktionalen Anforderungen gerecht wird.

7 Fragen zur Wiederholung

1	Welche Funktion erfüllen Schnittstellen an der Systemgrenze?	☐
2	Welche Vorteile ergeben sich durch die systematische Klärung von Zielen?	☐
3	Wodurch kann der Änderungsaufwand bei der Systementwicklung entscheidend gesenkt werden?	☐
4	Nennen Sie ein Beispiel für die nicht-funktionale Anforderung „Dienstqualität".	☐
5	An welcher Stelle werden im „House of Quality" der QFD Abhängigkeiten und mögliche Konflikte zwischen den einzelnen Produktmerkmalen abgebildet?	☐
6	Was ist mit der „Dekomposition" bei der Systemarchitekturgestaltung gemeint?	☐
7	Welches Risiko besteht bei einer zu starken Parallelisierung im Rahmen des Simultaneous Engineering?	☐
8	Welches Ziel wird mit dem Einsatz der Wertanalyse verfolgt?	☐
9	Was ist mit einem „Reifegrad-Spiegel" gemeint?	☐
10	Inwieweit sind die Prüfergebnisse der Systemverifikation im Rahmen der „Lessons Learned" des Projektmanagements hilfreich?	☐

3.08 Personalmanagement (Personnel management)

Maren Windus, Daniela Mayrshofer

Lernziele

Sie kennen

- verschiedene Verfahren zur Beurteilung von Projektpersonal und können diese Verfahren in Bezug auf ihren Einsatz in verschiedenen Situationen einschätzen
- Ansatzpunkte für die Weiterentwicklung von Projektleitern
- die Vor- und Nachteile der Entwicklung von Projektleitern durch den Einsatz in Projekten

Sie wissen

- wie sich Leistungsbeurteilung im Projekt von Beurteilung in der Linie unterscheidet
- welche Kriterien für die Beurteilung von Projektpersonal besonders relevant sind
- welche Bedeutung die Zertifizierung im Rahmen der Qualifizierungsmaßnahmen hat
- welche Möglichkeiten der Qualifizierung von Projektmitarbeitern es gibt und mit welchen Zielen die verschiedenen Maßnahmen verbunden sind
- welche verschiedenen Karrieremodelle es in Organisationen gibt
- welche möglichen Karrierestufen es für das Projektpersonal gibt und was unter Karrierepfad verstanden wird

Inhalt

1	Einleitung	2399
2	Beurteilung von Projektpersonal	2399
2.1	Verfahren zur Leistungsbeurteilung	2400
2.1.1	Merkmalsorientierte Verfahren	2400
2.1.2	Zielorientierte Verfahren	2402
2.2	Beurteilung aus der Linie oder aus dem Projekt?	2402
2.3	Das-360-Grad-Feedback	2403
2.4	Team- oder Einzelbeurteilung	2404
3	Qualifizierung und Entwicklung von Projektpersonal	2405
3.1	Qualifizierung durch Zertifizierung	2406
3.2	Weitere Entwicklungsmaßnahmen	2408
3.3	Personalentwicklung durch den Einsatz in Projekten	2410
3.4	Karriere im Projektmanagement	2411
3.5	Der Aufbau von Karrierepfaden	2412
4	Leistungsbezogene Vergütung bei Projekten	2414
5	Zusammenfassung	2415
6	Fragen zur Wiederholung	2416

1 Einleitung

Im Vertiefungswissen wird auf die Personalprozesse eingegangen, die über den einmaligen Einsatz des Projektpersonals und die damit verbundenen Entscheidungen zur Auswahl und Rekrutierung hinausgehen. Dabei wird insbesondere auf das Handlungsfeld Personalentwicklung eingegangen. Als Grundlage dafür erfolgt eine Einführung in das Thema Personalbeurteilung. Den Abschluss bilden einige Hinweise zur Gestaltung leistungsbezogener Vergütung bei Projekten.

2 Beurteilung von Projektpersonal

In fast jedem Unternehmen gibt es Personalbeurteilungssysteme, die zum Ziel haben, die Leistung und das Potenzial der Mitarbeiterinnen und Mitarbeiter zu erfassen und zu dokumentieren. Mithilfe von standardisierten Personalbeurteilungen werden Informationen über Mitarbeiter erhoben, um folgende Ziele zu erreichen:

- Dem Unternehmen Auskunft über den Qualifikationsstand der Mitarbeiter zu geben
- Die richtigen Entscheidungen bei der Personalauswahl und bei Personalentscheidungen (künftiger Einsatz, Beförderung, Kündigung) zu treffen
- Daten für Personalentwicklungsentscheidungen zu bekommen
- Mitarbeiterführung, Zusammenarbeit und Kommunikation zu optimieren
- Eine Basis für leistungsgerechte Bezahlung zu schaffen
- Die Motivation zu erhöhen

Unterschieden wird dabei zwischen **Leistungsbeurteilung** (vergangenheitsorientiert), die sich auf konkrete Aufgaben in der Vergangenheit bezieht, und **Potenzialbeurteilung** (zukunfts- und entwicklungsorientiert), welche die mögliche Entwicklung des Mitarbeiters in den Blick nimmt, um zukünftige Einsatzmöglichkeiten ausfindig zu machen.

Um die künftige Auswahl und den Einsatz insbesondere der Projektleiter auf eine solide Grundlage zu stellen, ist es auch für die Projektarbeit sinnvoll, zu erfahren und zu dokumentieren, wie die am Projekt beteiligten Mitarbeiter die an sie übertragenen Aufgaben bewältigt haben.

Dabei gibt es zusätzlich zur grundlegenden Problematik der Gestaltung von Beurteilungsprozessen weitere Herausforderungen.

Das sind zum Beispiel Fragen wie:

- Wer beurteilt den Projektleiter bzw. die Projektmitarbeiter?
- Wie löst man das Dilemma zwischen den in Unternehmen gängigen Einzelbeurteilungen und der im Projekt erbrachten Teamleistung?
- Was passiert mit den Informationen aus der Projektleiter- oder Projekt-mitarbeiterbeurteilung?
- Wie löst man das Dilemma zwischen projektrelevanten Kriterien, die im Standard-Beurteilungsverfahren der Linie nicht oder nicht vollständig auftauchen?

Im Folgenden werden zunächst einige grundlegende Methoden der Personalbeurteilung und ihre Anwendbarkeit auf die Projektarbeit erläutert. Anschließend folgen einige Hinweise zu den Prozess-Schritten bei der Durchführung von Beurteilungen sowie Lösungsansätze zum Dilemma zwischen der Beurteilung der Gesamt- und der Einzelleistungen.

Zum Abschluss wird dann auf das Multi-Source-Feedback (360-Grad-Feedback) als Instrument der Potenzialbeurteilung eingegangen. Die weiteren Fragestellungen werden im Verlauf des Kapitels behandelt.

2.1 Verfahren zur Leistungsbeurteilung

2.1.1 Merkmalsorientierte Verfahren

Grundsätzlich unterschieden werden bei merkmalsorientierten Verfahren summarische und analytische Verfahren der Beurteilung. Während der Mitarbeiter bei summarischen Methoden als Ganzes pauschal beurteilt wird, (vgl. z. B. FERSCH, 2002) orientiert sich der Beurteiler bei analytischen Methoden an vorher festgelegten Beurteilungsmerkmalen. Darüber hinaus gibt es natürlich Mischformen, bei denen sowohl bestimmte Bereiche in ihrer Gesamtheit als auch Merkmale beurteilt werden. In beiden Verfahren gibt es die Möglichkeit, die Ergebnisse quantitativ (z. B. durch Zahlen) oder qualitativ (durch verbale Aussagen zur Leistung) darzustellen. Im Rahmen dieser grundlegenden Verfahren gibt es eine Vielzahl verschiedener Methoden für unterschiedliche Zielgruppen, die hier nicht ausführlicher dargestellt werden können.

Das Ziel der Beurteilung im Rahmen der Projektarbeit kann zum einen die Überprüfung der Auswahlentscheidung und zum anderen die Ableitung weiterer Qualifizierungsmaßnahmen der ausgewählten Mitarbeiter sein. In beiden Fällen werden mithilfe analytischer Verfahren qualifiziertere Aussagen erreicht als durch ein relativ globales Pauschalurteil. Damit Entscheidungsträger über den weiteren Einsatz eines Projektleiters Aussagen treffen können, ist es wichtig, über relativ differenzierte Beurteilungen zu verfügen, die sich auf die einzelnen Anforderungen (vgl. Kapitel 5, Basisteil) beziehen.

 Insbesondere vor dem Hintergrund, dass die Anforderungen bei Projekten aufgrund ihres unterschiedlichen Charakters nicht immer gleich sind, ist eine differenziertere Betrachtung wünschenswert.

Dabei ist die Formulierung von Beurteilungskriterien in der Organisation ein wichtiger Schritt.

§ **Definition** Bei Beurteilungskriterien handelt es sich um (…) „gezielt normativ gesetzte Variablen. Mit ihnen ist die Annahme verbunden, dass sie geeignet sind, das entsprechende Objekt strukturgenau und inhaltlich treffend zu erfassen" (BECKER, 2002: 128).

Für die Qualität dieser Kriterien ist die Zusammenarbeit zwischen dem Personalmanagement der Linienorganisation, dem Linienmanagement und dem für die Projektarbeit zuständigen Management maßgeblich. Die Auswahl der **Beurteilungskriterien** sollte dabei auf die Anforderungen, die für die Auswahlentscheidung für Projektpersonal ausschlaggebend waren, referieren.

Ergänzend dazu sollte der Projekterfolg, also die Projektzielerreichung, beurteilt werden.

Ein Beispiel für eine Leistungsbeurteilung des Projektleiters bringen KESSLER und HÖNLE (2002).

Sie unterscheiden dabei die Kriterien

- Projekterfolg (Projektzielerreichung)
- Projektmanagement (Umgang mit Gremien, Teamführung, Risikomanagement, Koordination, Methodik, Prozesssteuerung, Beziehungsmanagement, Qualitätsmanagement)
- Unternehmertum (Kundenmanagement, unternehmerische Verantwortung, Führung)
- Interkulturelles Management

Darüber hinaus erfolgt die Beurteilung der Gesamtleistung im Hinblick auf die einzelnen Kriterien:

Tabelle 3.08-V1: Kriterien merkmalsorientierter Verfahren zur Leistungsbeurteilung in Projekten (KESSLER & HÖNLE, 2002, 123f)

Beurteilung des Projekterfolgs Gewicht: 25 %	Punkte 0-5
Projektzielerreichung	
Gesamt	
Beurteilung des Projektmanagements: Gewicht: 50 %	Punkte 0-5
Projektmanagement	
Umgang mit Gremien	
Teamführung	
Risikomanagement	
Koordination	
Methodik	
Prozesssteuerung	
Beziehungsmanagement	
Qualitätsmanagement	
Gesamt	
Beurteilung des Unternehmertums: Gewicht: 15 %	Punkte 0-5
Kundenmanagement	
Unternehmerische Verantwortung	
Führung	
Gesamt	
Beurteilung des Interkulturellen Managements Gewicht: 10 %	Punkte 0-5
Interkulturelles Management	
Gesamt	
Beurteilung der Gesamtleistung	Gesamtpunkte
Projekterfolg	
Projektmanagement	
Unternehmertum	
Interkulturelles Management	
Bonus/Malus für den Grad der Erreichung der persönlichen Ziele	
Gesamtwert:	

Wünschenswert ist eine Ergänzung qualitativer Aussagen zu den einzelnen Beurteilungsdimensionen.

KESSLER und HÖNLE haben die Kriterien umfangreich erläutert. Die Erläuterung ist ebenfalls wichtig, um ein gemeinsames Grundverständnis darüber zu erzielen, was mit den Kriterien hauptsächlich gemeint ist. Für den Beurteilungsprozess ist es anschließend wichtig, dass beobachtbares Verhalten statt unsichtbarer Persönlichkeitseigenschaften die Grundlage für die Beurteilung darstellt.

Auch die Selbstbewertungsbögen der Zertifizierungsstelle der Deutschen Gesellschaft für Projektmanagement (PM-ZERT) können für die Erstellung von merkmalsorientierten Personalbeurteilungssystemen verwendet werden.

Im oben aufgeführten Beispiel von KESSLER und HÖNLE geht ebenfalls das Kriterium „Projektzielerreichung" mit in die Beurteilung ein. In den letzten Jahren sind neben den merkmalsorientierten Verfahren die zielorientierten Verfahren zunehmend zum Einsatz gekommen (vgl. CRISAND & STEPHAN, 1992). Auf diese Verfahren wird im Folgenden kurz eingegangen.

2.1.2 Zielorientierte Verfahren

Die Grundlage der zielorientierten Beurteilungsverfahren ist die Festlegung bzw. Vereinbarung von Zielen mit dem jeweiligen Mitarbeiter. Der jeweilige Grad der Zielerreichung wird dann zum Maßstab der Beurteilung.

Für die Leistungsbeurteilung von Projektleitern bietet sich eine zielorientierte Beurteilung in Bezug auf das Kriterium „Projekterfolg" an, da seine zentrale Aufgabe in der Erfüllung vorab definierter Projektziele besteht. Es ist wünschenswert, dass das Kriterium „Projekterfolg" auf der Grundlage von Zielen, die der Projektleiter selbst bzw. mit seinem Team herbeiführen kann, definiert wird, damit die Beurteilung nicht willkürlich wird und er eventuell für Misserfolge verantwortlich gemacht wird, die nicht in seinem Einflussbereich liegen. Wichtige Voraussetzungen sind dabei natürlich die klare und konkrete Zielfestlegung, die Festlegung des genauen Verantwortungsbereichs und die Zuteilung entsprechender Befugnisse.

Zielorientierte Verfahren bieten darüber hinaus bei der Beurteilung von Projektleitern folgende Vorteile (vgl. CRISAND & STEPHAN, 1992):

- Sie sind aufgabenbezogene Systeme
- Sie tragen dazu bei, dass der Projektleiter die an ihn gestellten Anforderungen genau kennen lernt und deshalb auch weiß, woran er gemessen wird
- Sie können mit Leistungsanreizen verbunden werden

Demgegenüber stehen folgende Schwierigkeiten, die gelöst werden müssen:

- Die Ziele müssen präzise formuliert werden bzw. es muss Einigkeit über ihre Bedeutung erzielt werden (vgl. Zielformulierung nach den SMART Kriterien, Element 1.03 Projektanforderungen und Projektziele)
- Mit der genauen Zielformulierung ist ein hoher Aufwand verbunden
- Veränderungen, die während des Projekts auftreten, müssen iterativ in die Zielformulierung einfließen
- In die Zielformulierung kann nur das eingehen, was der Projektleiter selbst beeinflussen kann

Da der Grad der Zielerreichung natürlich auch im Zusammenhang mit anderen Beurteilungsdimensionen, wie z. B. Führungs- und Projektmanagementkompetenz, steht, bieten sich Mischformen aus merkmals- und zielorientierten Verfahren an, aus denen auch mögliche Zusammenhänge zwischen Projekterfolg bzw. -misserfolg und dafür relevante Kompetenzen abgeleitet werden können.

2.2 Beurteilung aus der Linie oder aus dem Projekt?

Bei der Beurteilung des Projektleiters und der Projektmitarbeiter stellt sich die Frage, wer die Beurteilung vornimmt. Die Linien-Führungskräfte haben meistens keinen Einblick in das konkrete Geschehen im Projekt, sind aber aus ihrer disziplinarischen Funktion heraus für die Beurteilung ihres Mitarbeiters zuständig. Mitglieder aus der Projektorganisation haben den größeren Einblick in die Kompetenz des Projektleiters und kommen deshalb eher für die Beurteilung in Frage, fühlen sich aber häufig nicht zuständig oder haben zu wenig Zeit.

In der Praxis findet man häufig Beurteilungsgespräche zu dritt, sogenannte „Triangel-Agreements" (BECKER, 2004):

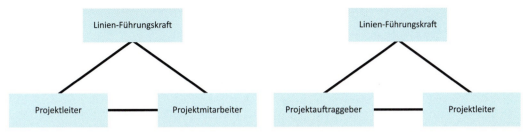

Abbildung 3.08-V1: Triangel-Agreements in der Personalbeurteilung

Dabei werden die Beurteilungen gemeinsam durch Linien-Führungskräfte und Mitglieder aus der Projektorganisation vorgenommen.

Tipp Wenn die Beurteilung des Projektmitarbeiters nicht gemeinsam durch den Projektleiter und die zuständige Linien-Führungskraft vorgenommen werden kann, sollten zumindest Anregungen einfließen.

Eine andere Möglichkeit zur Beurteilung von Projektmitarbeitern ist es, dem Projektleiter – zumindest bei längeren Projekten – temporär eine Personalverantwortung zu geben, sodass er die Leistungsbeurteilung allein vornehmen kann. Das bietet sich eher an, wenn der Projektmitarbeiter zu 100 % im Projekt arbeitet, und ist eher in projektorientierten Unternehmen und im Falle einer autonomen Projektorganisation sinnvoll.

Verbindliche Vorgaben in der Organisation zur Gestaltung des Beurteilungsprozesses tragen zu einer reibungslosen Durchführung bei. Außerdem gilt: Je weniger Konflikte bei der Ressourcenplanung und Auswahl der Projektmitarbeiter zwischen der Linien- und der Projektorganisation vorausgegangen sind, desto besser funktioniert in der Regel auch das Zusammenwirken bei der Leistungsbeurteilung.

Neben der möglichen Beurteilung durch disziplinarische Vorgesetzte oder Mitglieder aus der Projektorganisation kommen auch 360-Grad-Feedback-Systeme zum Einsatz. Darauf wird im Folgenden kurz eingegangen.

2.3 Das-360-Grad-Feedback

Das 360-Grad-Feedback ist eine Methode aus den USA, bei der verschiedene Personengruppen dem zu Beurteilenden ein möglichst umfassendes Feedback geben. Das Ziel ist, dass die Führungskraft durch Einholen möglichst unterschiedlicher Perspektiven möglichst umfassend die eigenen blinden Flecken und deren Auswirkungen erkennen kann und Ansatzpunkte für die eigene Weiterentwicklung bekommt (vgl. FERSCH, 2002).

Abbildung 3.08-V2 zeigt die unterschiedlichen Beurteilungsgruppen auf:

Abbildung 3.08-V2: Beurteilungsgruppen beim 360-Grad-Feedback (in Anlehnung an FERSCH, 2002)

Das 360-Grad-Feedback ist ein sehr umfassendes Verfahren, bei dem zunächst schriftliche Urteile bei verschiedenen Gruppen eingeholt werden sowie eine eigene Einschätzung mithilfe strukturierter Fragebögen vorgenommen wird. Anschließend erfolgen eine individuelle Auswertung, ein Rückmeldegespräch und/oder ein moderierter Workshop zur Dateninterpretation und Maßnahmenentwicklung. Die Befragung mittels der Fragebögen erfolgt anonym. Die Auswertung wird häufig computergestützt von Dritten (Personalabteilung) vorgenommen. Das Ergebnis erhält die beurteilte Person, häufig werden aber auch alle am Prozess Beteiligten informiert. Nach der Interpretation und Diskussion der Ergebnisse werden individuelle Maßnahmen bzw. Entwicklungspläne erarbeitet.

Vollständige 360-Grad-Beurteilungen gibt es eher selten, da sie einerseits sehr aufwändig sind und andererseits einen sehr sorgfältigen Prozess der Einführung und Durchführung erfordern, damit aussagekräftige Ergebnisse erzielt werden. Auf die mit der Durchführung verbundenen Schwierigkeiten soll an dieser Stelle nicht weiter eingegangen werden. Der Gewinn dieser Beurteilungsmethode für die Projektarbeit liegt in der Betonung der Erfassung unterschiedlicher Perspektiven, die den Projekterfolg und das Handeln des Projektleiters jeweils aus ihrer eigenen Interessenlage und Sichtweise beschreiben. Diese Perspektivvielfalt ist gerade für Projekte, bei denen immer Menschen aus unterschiedlichen Disziplinen zusammen arbeiten, wichtig und könnte zum besseren Verständnis untereinander und zu weniger einseitigen Beurteilungen bestimmter Verhaltensweisen beitragen.

∑ **Fazit** Der Einsatz eines solchen zeitaufwändigen und kostenintensiven Verfahrens ist nur sinnvoll im Zusammenhang mit der gezielten Entwicklung von Projektleitern bzw. dem Aufbau von Karrierewegen (vgl. dazu Kapitel 3.4., Vertiefungswissen).

Ebenfalls schwierig ist die Frage nach dem Sinn von Einzelbeurteilungen im Projekt, da es sich ja bei der Projektarbeit definitionsgemäß um Teamarbeit mit entsprechendem Teamerfolg handelt. Auf dieses Thema wird im Folgenden kurz eingegangen.

2.4 Team- oder Einzelbeurteilung

Im Projekt arbeiten die Mitarbeiter als Team zusammen und erzielen gemeinsam ein Teamergebnis. Damit stellt sich die Frage, ob Einzelbeurteilungen der Projektmitarbeiter sinnvoll, bzw. anders gefragt, ob Einzelbeurteilungen – herausgelöst aus dem Teamgeschehen – überhaupt funktionieren können oder ob es nur eine Beurteilung der Gesamt-Teamleistung geben sollte.

Im Zusammenhang mit dem Projektabschluss ist eine Würdigung der Teamleistung wichtig. Für nachfolgende Projekte kann es hilfreich sein, eine Auswertung zu Stärken und Schwächen der gemeinsamen

Arbeit vorzunehmen, allerdings ist dabei zu berücksichtigen, dass jedes Projektteam in jedem Projekt unter unterschiedlichen Rahmenbedingungen arbeitet, die mehr oder weniger auf den Erfolg und die Zusammenarbeit einwirken. Die Leistung eines Projektteams hängt immer mit dem Zusammenwirken der einzelnen Mitglieder, der Projektleitung und der konkreten Umfeldbedingungen zusammen. Vor diesem Hintergrund ist die Beurteilung eines konkreten Teamerfolgs eher als Anerkennung ihrer geleisteten Arbeit relevant und weniger als Hinweis für die Auswahl von Teams für weitere Projekte, da es sehr unwahrscheinlich ist, dass ein gleiches Team mit gleicher Leitung unter gleichen Rahmenbedingungen nochmals mit der Durchführung eines Projekts beauftragt wird.

Für die Organisation und den möglichen künftigen Einsatz der einzelnen Teammitglieder ist es trotzdem wichtig, die einzelnen Mitarbeiter und den Projektleiter zu beurteilen. Diese Einzelbeurteilungen müssen allerdings im Kontext des situativen Teamgeschehens betrachtet werden.

Hierbei ist zu beachten, dass Einzelbeurteilungen an die Gewohnheit von Mitarbeitern anknüpfen, dass sie individuell für ihre Leistung bewertet werden. Sie tragen somit wenig dazu bei, eine Kultur der gemeinsamen Leistungserbringung – wie es für Projektarbeit wichtig ist – zu fördern.

Wenn die Offenheit und das Vertrauen der Teammitglieder es zulassen, kann gegenseitiges Feedback, das im Rahmen eines Abschluss-Workshops gegeben wird, hilfreich sein, um Informationen zum Beitrag Einzelner am Gesamterfolg des Projekts zu erheben. Mit ehrlichen Äußerungen dazu kann allerdings nur gerechnet werden, wenn die Vertraulichkeit der Informationen gewährleistet ist.

Im Element 1.07 Teamarbeit wird das Prozessmodell der Teamarbeit von WEST vorgestellt. In diesem Modell wurden von WEST (1998) Variablen auf Seiten des Projektteams und der Organisation ermittelt, die wichtige Voraussetzungen für effektives Arbeiten im Team (Inputs) darstellen. Er hebt außerdem Prozesse hervor, die für die Umwandlung der Inputs in die gewünschten Ergebnisse (Outputs) von Bedeutung sind. Die in diesem Modell beschriebenen Kriterien sowie die Erkenntnisse zu konstruktivem oder ungünstigem Zusammenwirken der Input-Faktoren mit den Prozessen können genutzt werden, um über die Entstehung des spezifischen Teamerfolgs bzw. Projektergebnis zu reflektieren (Weitere Informationen finden sich dazu im Element 1.07 Teamarbeit, Kapitel 6: Messen von Teamerfolg).

3 Qualifizierung und Entwicklung von Projektpersonal

Unsere Zukunft ist ohne Projektarbeit nicht mehr denkbar, denn viele Neuentwicklungen können nur funktionsübergreifend bewältigt werden. Der Anteil komplexer, kostenintensiver Projekte nimmt weiter zu und stellt nicht zuletzt aufgrund der Internationalität der Organisationen höhere Anforderungen an die Gestaltung des Projektmanagements. Damit steigt auch das Risiko des Auftragnehmers, zu den vereinbarten Konditionen zu liefern. Viele externe Auftraggeber achten deshalb darauf, ob das von ihnen beauftragte Unternehmen über qualifiziertes bzw. zertifiziertes Projektpersonal und über klare, standardisierte Prozesse verfügt. Qualifiziertes Projektpersonal ist folglich ein wichtiger Wettbewerbsvorteil.

Im vorigen Kapitel ist die Notwendigkeit der Kompetenzüberprüfung des Projektleiters und der Projektmitarbeiter durch eine Leistungsbeurteilung verdeutlicht worden. Wie beschrieben, dient diese unter anderem dazu, Lücken zwischen den Soll-Anforderungen der jeweiligen Funktion und der vorhandenen Eignung des Mitarbeiters festzustellen. Das Handlungsfeld Personalentwicklung beschäftigt sich mit der Anpassung der Qualifikationen der Mitarbeiter an den qualitativen Personalbedarf in der Organisation. Auf der Grundlage der Beurteilungsergebnisse können entsprechende Qualifizierungsmaßnahmen für die einzelnen Mitarbeiter durchgeführt werden. Das Angebot an möglichen Qualifizierungsmaßnahmen sollte einerseits unterschiedliche Personalentwicklungsmethoden umfassen, die individuell angepasst werden können (z. B. Training, Coaching), andererseits aber auch für einen einheitlichen Standard in der Projektmanagement-Kompetenz des Projektpersonals in der Organisation sorgen.

Der Anforderung nach einem einheitlichen Standard kann durch die **Zertifizierung** des Projektpersonals Rechnung getragen werden. Darauf wird im Folgenden eingegangen.

3.1 Qualifizierung durch Zertifizierung

Projektleiter und Projektmitarbeiter können durch den Erwerb eines Zertifikates ihre Projektmanagement-Kompetenzen nachweisen. Im Unternehmen muss dazu vorab festgelegt werden, welche Zertifizierung den geforderten Standard auf welcher Karrierestufe umfasst. Auf dieser Basis können dann sowohl die Qualifizierungsmaßnahmen, die zu der Zertifizierung führen, als auch anschließende individuelle Maßnahmen vereinbart werden. Im Rahmen der Planung von Qualifizierungsmaßnahmen muss auch berücksichtigt werden, dass die International Project Management Association (IPMA) vorschreibt, dass die Schulung und das Assessment eines Zertifikanten nicht von derselben Person durchgeführt werden dürfen. Es können sich auch Kandidaten zertifizieren lassen, ohne dass sie vorher an Qualifizierungsmaßnahmen teilgenommen haben. Das schafft die Möglichkeit, dass z. B. auch bereits erfahrene Projektleiter den Kompetenzstandard nachweisen können, ohne erst an aufwändigen Schulungsmaßnahmen teilnehmen zu müssen.

Die IPMA hat ein vierstufiges Zertifizierungsprogramm entwickelt, das unterschiedliche Anforderungen der Projekte an die Kompetenzen des Projektpersonals berücksichtigt.

Diese unterschiedlichen Anforderungen ergeben sich aus der:

- jeweiligen Komplexität des Projektes
- jeweiligen Projektumgebung
- Professionalität der Beteiligten

Abbildung 3.08-V3 zeigt die 4 Stufen der IPMA-Zertifizierung:

4 Levels

Competence = Knowledge + Experience + Altitude

- **Certified Projects Director** — Zertifizierter Projektdirektor — **A**
- **Certified Senior Project Manager** — Zertifizierter Projektmanager — **B**
- **Certified Project Manager** — Zertifizierter Projektleiter — **C**
- **Certified Project Management Associate** — Zertifizierter Projektmanagement-Fachmann — **D**

Project report / Assessment / Exam / Knowledge

Abbildung 3.08-V3: Die Stufen der IPMA-Zertifizierung (Stand 2008)
(in Anlehnung an www.GPM-IPMA.de)

Folgende Beschreibungen erläutern die unterschiedlichen Stufen:

Tabelle 3.08-V2: Beschreibung der IPMA-Zertifizierungsstufen (Stand 2008) (in Anlehnung an ICB IPMA Competence Baseline 3.0, 26ff)

Level	Beschreibung
Level D Zertifizierter Projektmanagment-Fachmann (GPM)	I Verfügt über eine schulische und berufliche Ausbildung sowie Berufserfahrung I Besitzt gute Kenntnisse in allen Projektmanagement-Bereichen I Ist fähig, diese Kenntnisse anzuwenden I Kann als Teammitglied in einem Projekt in jedem Projektmanagement-Bereich arbeiten
Level C Zertifizierter Projektleiter (GPM)	I Hat mindestens 3 Jahre Projektmanagement-Erfahrung in verantwortlicher Leitung von nicht-komplexen Projekten I Ist fähig, ein nicht-komplexes Projekt mit den entsprechenden Projektparametern zu leiten und/oder die Projektleitung eines komplexen Projektes verantwortlich zu unterstützen
Level B Zertifizierter Projektmanager (GPM)	I Hat mindestens 5 Jahre Projektmanagement-Erfahrung, davon 3 Jahre in verantwortlichen Leitungsfunktionen von komplexen Projekten I Ist fähig, ein komplexes Projekt mit allen Projektparametern in allen Projektmanagement-Bereichen zu leiten I Ist verantwortlich für ein größeres Team von Projektmanagement-Personal und führt das Team I Setzt gebräuchliche und weitergehende Projektmanagement-Methoden,-Techniken und –Werkzeuge ein
Level A Zertifizierter Projektdirektor	I Hat mindestens 5 Jahre Erfahrung im Mehrprojekt- und Programm-Management, davon 3 Jahre in verantwortlicher Leitungsfunktion für die Koordination und das Portfolio-Management von Projekten I Ist fähig, alle Projekte einer Organisation oder Organisationseinheit oder eines Programms verantwortlich zu koordinieren, zu überwachen und zu steuern I Hat Entscheidungsvollmacht für ein Projekt-Portfolio und setzt Prioritäten für das Management I Ist verantwortlich für die Entwicklung von Projektmanagement-Personal und das Coaching von Projektmanagern I Ist verantwortlich für die Einführung und den Einsatz von Projektmanagement-Methoden, -Techniken, -Werkzeugen,-Leitfäden und -Richtlinien

Wenn es in der Organisation Karrierepfade gibt, können diese zum Beispiel nach den Projektmanagement-Zertifizierungsstufen strukturiert werden. So kann zum Beispiel von einem Senior-Projektleiter die Zertifizierung auf Level B verlangt werden.

Durchgeführt werden diese Zertifizierungen von den Nationalen Gesellschaften der IPMA – in Deutschland die Gesellschaft für Projektmanagement (GPM). Auch die GPM hat ein korrespondierendes vierstufiges Qualifizierungssystem (4-L-Q) entwickelt, das von verschiedenen Anbietern in Deutschland durchgeführt wird.

Das Zertifizierungsverfahren wird ausführlich beschrieben in der IPMA Competence Baseline (ICB, Version 3.0).

Wichtig für die Wirksamkeit der Personenzertifizierung ist es, dass parallel dazu die Projektmanagement-Prozesse in der Organisation optimiert werden und eine konstruktive Haltung zum Projektgeschehen entsteht. So nützen viele gut ausgebildete Projektleiter dem Unternehmen wenig, wenn es keine standardisierten Prozesse gibt, die in der Organisation auch akzeptiert werden, und wenn keine Kompetenzen aufgebaut werden, mit denen den mit internen Entwicklungsprojekten häufig verbundenen Widerständen in der Organisation begegnet werden kann.

3.2 Weitere Entwicklungsmaßnahmen

Über die Zertifizierung hinaus gibt es verschiedene Möglichkeiten der Qualifizierung, die mit unterschiedlichen Zielen verbunden sind und Lernen auf verschiedenen Ebenen ermöglichen.

Tabelle 3.08-V3 zeigt die gängigsten Qualifizierungsmaßnahmen[1]:

Tabelle 3.08-V3: Qualifizierungsmaßnahmen für Projektpersonal

Art der Maßnahme	Beschreibung	Ziele
Schulung	I Es wird Wissen insbesondere durch Vortrag bzw. Lehrgespräch vermittelt I Seminarform	I Wissen z. B. zu Projektmanagement-Methoden aufbauen bzw. erhöhen
Training off the job	I Es werden Methoden durch Lehrgespräch vermittelt und in Übungen ausprobiert I Seminarform I Interaktiv I Mit Transfersicherung	I Erfolgreiche Anwendung z. B. von Projektmanagement-Methoden sichern I Erfahrung bereichern
Training on the job	I Das Training findet direkt am Arbeitsplatz während des Projektgeschehens statt I Ein Trainer leitet den Projektleiter oder das Team z. B. bei der Erstellung seines Projektstrukturplans direkt an und/oder beobachtet und gibt Feedback I Es erfolgt eine direkte Umsetzung	I Erfolgreiche Anwendung und Praxistransfer sichern

---

[1] Auf die verschiedenen Möglichkeiten der Projektberatung, die selbstverständlich auch zur Qualifizierung beitragen, soll hier nicht weiter eingegangen werden (Ausnahmen: Coaching und Teamentwicklung).

Einzelcoaching	I Ein Coach klärt mit dem Coachee (z. B. Projektleiter) z. B. Fragen bei der Lösung von Konflikten, der Teambildung oder der Projektsteuerung I Zu zweit außerhalb des Arbeitsplatzes I Klärung (Hilfe zur Selbsthilfe) statt Anleitung steht im Vordergrund I Insbesondere die psychosozialen Aspekte der Arbeitssituation stehen im Vordergrund	I Eigenes Vorgehen reflektieren und Feedback zur eigenen Wirkung bekommen I Persönliche Kompetenz stärken I Klärung persönlicher Fragen durch größere Offenheit in der Zweier-Situation ermöglichen
Mentoring	I Ein erfahrener Projektmanager oder andere geeignete Person unterstützt einen weniger erfahrenen Projektleiter durch Erfahrungsaustausch und -weitergabe I Häufig eher in informellem Rahmen	I Lernen durch Vorbild ermöglichen I Erfahrungsweitergabe in der Organisation ermöglichen
Teamentwicklung	I Ein Trainer/Moderator klärt mit einem Projektteam wichtige Aspekte zur Zusammenarbeit und zur Vorgehensweise im Projekt I Workshop-Form	I Gute Zusammenarbeit sichern I Gemeinsames Verständnis des Auftrags und der Vorgehensweise im Projekt sichern

Die Zielbeschreibungen der unterschiedlichen Maßnahmen greifen auch einen Grundsatz der Personenzertifizierung der GPM auf:

> Der Inhalt der Personenzertifizierung bildet die Summe der drei Teilkompetenzen: Kompetenz = Wissen + Erfahrung + Persönliches Verhalten (vgl. SCHELLE, OTTMANN & PFEIFFER, 2005: 390)

Wissen wird dabei im Allgemeinen durch Schulungen erreicht, Erfahrung gewinnt man neben der Praxis eher aus den Trainingsmaßnahmen und eine Stärkung der Persönlichkeit kann z. B. durch Coaching erreicht werden.

Bei der Auswahl einer Fortbildungs- oder Entwicklungsmaßnahme ist sehr genau darauf zu achten, welche dieser Teilkompetenzen gestärkt werden soll und wie das am besten sichergestellt werden kann. Immer noch gilt für die Auswahl von Fortbildungsmaßnahmen, dass Ziele zu wenig konkret formuliert werden und bei der Auswahl von Maßnahmen zu wenig darauf geachtet wird, ob die anvisierten Ziele überhaupt damit erreicht werden können.

Eine Schwierigkeit bei der Planung von Entwicklungsmaßnahmen für Projektpersonal ist die geteilte Verantwortung für die Personalentwicklung (vgl. KESSLER & HÖNLE, 2002):

I Die fachliche Entwicklung und Qualifizierung der Mitarbeiter verantwortet der Projektleiter
I Die generelle Entwicklung von Projektleitern sowie die Nachwuchsförderung im Projektmanagement verantwortet – wenn vorhanden – das Programmmanagement bzw. der für das Projektmanagement zuständige Teil der Geschäftsleitung. Dabei sollte eine enge Zusammenarbeit mit der Personalentwicklung der Linie und den jeweiligen Linien-Führungskräften erfolgen.

Diese geteilte Verantwortung führt sehr leicht dazu, dass sich keiner zuständig fühlt bzw. jeder die Verantwortung auf den anderen schiebt, weil es bekanntlich viel Mühe macht und sehr zeitaufwändig ist, sich mit der Entwicklung von Mitarbeitern zu beschäftigen. Darüber hinaus gibt es die Erfahrung, dass viele Trainingsmaßnahmen nicht den erhofften Erfolg bringen, weil der Transferaspekt zu schlecht gelingt bzw. im Training die Transferfrage zu wenig Raum eingenommen hat.

Für Qualifizierungen im Projektmanagement ist es deshalb besonders wichtig, dass das Lernen an eigenen Projekten stattfindet. Es hat sich gezeigt, dass eine Verbindung zwischen dem Ausprobieren erlernter Methoden und Techniken an den eigenen Fallbeispielen mit anschließender Reflexion eine besonders nachhaltige Umsetzung mit sich bringt. Wird darüber hinaus die Qualifizierung mit dem Aufbau eines standardisierten Vorgehens bei der Durchführung von Projekten in der Organisation gekoppelt, wachsen die Chancen einer erfolgreichen Umsetzung nochmals.

Im Zusammenhang mit dem häufig nicht erfolgreichen Transfer von Seminarinhalten in die Praxis wird die Projektarbeit selbst als Instrument der Personalentwicklung diskutiert. Darauf wird im Folgenden eingegangen.

3.3 Personalentwicklung durch den Einsatz in Projekten

Hintergedanke der Personalentwicklung durch Einsatz in Projekten ist, dass Projekte zunächst eine gute Lernmöglichkeit – gerade für Nachwuchskräfte – darstellen, da sie einen zeitlich abgegrenzten Rahmen bieten, in dem der Projektleiter vielen neuartigen Situationen ausgesetzt ist und dabei die Chance hat, seine Kompetenzen entweder unter Beweis zu stellen oder durch das Wechselspiel zwischen Ausprobieren, Fehler machen und erneut Probieren zu lernen. Ein Vorteil dieses Trainings on the Job ist, dass das Projekt eine reale Arbeitssituation ist und somit die mit der Trennung zwischen Lern- und Arbeitsort beschriebenen Schwierigkeiten aufgehoben sind. Allerdings sollte bedacht werden, dass in ernsthaften Projekten (vgl. KESSLER & HÖNLE, 2002) kein wirklicher Platz ist für Experimente, bei denen nicht sicher ist, ob diese zur Zielerreichung beitragen. Wählt man dagegen Lernprojekte, die lediglich dazu dienen, Kompetenzen zu erwerben, fehlt oft der Charakter der Ernsthaftigkeit und es liegt wieder keine reale Situation mit wirklichen Risiken vor.

Σ Fazit Die Vorteile des Lernens in Projekten können nur dann gesichert werden, wenn dieser Lernprozess systematisch begleitet, unterstützt und evaluiert wird.

Der Nachwuchs-Projektleiter braucht einen kompetenten Coach an seiner Seite, der den Prozess begleitet, regelmäßig für Gespräche zur Verfügung steht, Feedback gibt und mit dafür sorgt, dass Lernschleifen in die praktische Arbeit eingebaut werden. Dafür muss dem Projektleiter Zeit zur Verfügung gestellt werden, das heißt, diese Zeit muss bei der Projektplanung mit berücksichtigt werden. Voraussetzung für den Erfolg ist die konsequente Unterstützung durch das Management. Solange nicht die Einsicht vorhanden ist, dass Lernprozesse Zeit und Aufmerksamkeit brauchen, ist dieses Vorhaben zum Scheitern verurteilt. Da ernsthafte Projekte immer in erster Linie aufgesetzt werden, um Ziele zu erreichen, und nicht, um Personal zu entwickeln, verlangt diese Art von Lernen besondere Rahmenbedingungen, damit sie gelingen kann.

Sind diese Rahmenbedingungen gesichert, kann durch Projektarbeit neben der Methodenkompetenz insbesondere Prozesskompetenz aufgebaut werden. Projekte bieten meistens eine gute Gelegenheit, funktionsübergreifende Prozesse in der Organisation zu verstehen, mit internen und externen Kunden zu kommunizieren und Gruppenprozesse zu gestalten.

Andere Qualifizierungsmaßnahmen können dann flankierend in das Lernen in Projekten integriert werden und sollten unternehmens- und zielgruppenspezifisch als Maßnahmenbündel angeboten werden.

Erfolgen die Begleitung und Auswertung des Lernprozesses systematisch, kann meistens auch eine Aussage über die Eignung des Projektleiters für die Übernahme weiterer komplexerer Projekte getroffen werden. Damit dieses interne Assessment nicht zu kostspielig wird, muss allerdings im Vorfeld schon eine Auswahl im Hinblick auf die potenzielle Eignung getroffen werden. Als Instrument dafür eignen sich das Assessment Center zur Potenzialbeurteilung oder gezielte Beobachtungen und Auswertungen im bisherigen Tätigkeitsumfeld.

3.4 Karriere im Projektmanagement

Hochqualifizierte Mitarbeiter für das Projektgeschäft zu rekrutieren und zu halten, ist für Organisationen besonders wichtig. Projektarbeit ist für viele Mitarbeiter sehr reizvoll, weil sie immer wieder neue Situationen mit sich bringt, wenig Routine aufkommen lässt und viel Spielraum für die persönliche Entwicklung zulässt. Leider fehlen auch in großen Organisationen noch sehr häufig gezielte Karriereangebote für hoch qualifiziertes und hoch motiviertes Projektpersonal innerhalb des Projektgeschäfts. Viele Karrieremodelle in Organisationen orientieren sich noch an traditionellen Vorstellungen, die darin bestehen, dass Karriere mit hierarchischem Aufstieg und erweiterter Führungsverantwortung verbunden ist. Insbesondere in projektorientierten Organisationen, bei denen es darauf ankommt, kompetente Mitarbeiter für die verschiedenen Funktionen im Projekt zu gewinnen, müssen aber auch Karrieremodelle für das Projektumfeld geschaffen werden, die das Bedürfnis kompetenter Menschen nach persönlicher Weiterentwicklung und Erhöhung des Ansehens in der Organisation berücksichtigen.

Organisationen, die auch für den Projektmanagement-Bereich gezielte Karriereangebote machen, können auf dem engen Personalmarkt für Projektmanager gezielte Pluspunkte verbuchen und somit einen Wettbewerbsvorteil erringen.

GAREIS (2006) unterscheidet in projektorientierten Organisationen drei Formen von Karrieren, für die Karrierepfade aufgebaut werden können:

- Managementkarrieren
  Ursprünglich sind damit traditionelle Karrieren gemeint, die mit Personal- und Führungsverantwortung verbunden sind (vgl. WALKER, 1992). Die Realisierung einer solchen Karriere setzt hierarchische Strukturen voraus. In projektorientierten Organisationen setzen sich diese Karrierepfade eher aus einer Kombination klassischer Aufstiegsbewegungen und der Wahrnehmung verschiedener Rollen in Projekten und Programmen zusammen. Auf diese Weise entsteht Verständnis sowohl für die Situation der Linie als auch für die im Projekt.
- Expertenkarrieren (z. B. IT-Spezialist oder Projektmanagementexperte)
  Fachexperten spielen bei der Projektarbeit eine große Rolle, deshalb sollten auch für Experten Karrieremöglichkeiten geschaffen werden. Diese sind meistens nicht mit Personalverantwortung verbunden. Es können hier z. B. Stufen wie Junior-Experte, Experte, Senior-Experte etc. unterschieden werden.
- Projektmanagementkarrieren
  Hiermit sind Karrierestufen im Projektmanagement wie z. B. Junior-Projektmanager, Projektmanager, Senior-Projektmanager, Programm-Manager etc. gemeint. Sie unterscheiden sich durch die Wahrnehmung unterschiedlicher Rollen in Projekten und der Übertragung der Verantwortung für Projekte oder Programme unterschiedlicher Komplexität.

Karrieren im Projektmanagement werden häufig noch nicht als gleichwertig gegenüber den traditionellen Management-Karrieren betrachtet. Dafür gibt es mehrere Gründe: Zum einen fehlt Projektmanagern häufig die disziplinarische Personalverantwortung, die als deutliches Signal für Macht und Ansehen verstanden wird. Zum anderen erhalten Projektmanager oft nicht die für ihre Aufgaben notwendigen Befugnisse, was sich negativ auf ihr Ansehen und ihr Standing in der Organisation auswirkt. Darüber hinaus wird das Projektgeschäft noch immer nicht überall als gleichwertig gegenüber den Aufgaben in der Linie betrachtet. Das spiegelt dann die Wertigkeit des Projektpersonals in der Organisation wider.

Unerlässlich für die Akzeptanz der Karrieren im Projektgeschäft sind die unbedingte Unterstützung der Geschäftsleitung für diese Karrierewege und die Ausstattung mit Kompetenzen, die gegenüber der Linie als gleichwertig angesehen werden. Diese Haltung ist meistens mit einem Kulturwandel verbunden, der aktiv gesteuert und gestaltet werden muss.

∑ Fazit Damit die Experten- und Projektmanagementkarrieren gegenüber den traditionellen Managementkarrieren je nach Neigung als gleich attraktiv angesehen werden können, ist es wichtig, dass in den Organisationen Diskussionsprozesse entstehen, welche die Gleichwertigkeit verschiedener Karrierebewegungen in den Vordergrund rücken.

Aufgabe des Personalmanagements ist es, für die verschiedenen Karrierewege geeignete Kandidaten zu identifizieren und sie dann auf ihrem Weg professionell zu begleiten. Dabei sollte die Diskussion der Eignung der Kandidaten für die verschiedenen Wege mit ihren Vor- und Nachteilen intensiv diskutiert werden. Zu diesen Gesprächen können auch erfahrene Projektmanager hinzugezogen werden. Ziel ist es, dass die jeweiligen Mitarbeiter ein gutes Bild davon bekommen, welche Karrierewege für sie am besten geeignet sind.

3.5 Der Aufbau von Karrierepfaden

Als Karrierepfade bezeichnet man standardisierte Schritte der individuellen Entwicklung (vgl. KESSLER & HÖNLE, 2002), die in der Organisation als mögliche Schritte vorstrukturiert sind und als Perspektive für verschiedene Projektbeteiligte aufgezeigt werden können. Sie dienen dazu, den Mitarbeitern Orientierung darüber zu geben, welche Karriereschritte in der Organisation grundsätzlich möglich sind und welche nicht. So ist zum Beispiel eine Karriere als Programmleiter in einem kleinen Unternehmen, das nur eine begrenzte Zahl an Projekten im Jahr durchführt, gar nicht oder nur im Einzelfall möglich.

Karrierepfade sollten Folgendes beschreiben

- Die möglichen Karrierestufen im Projektmanagement
  (Welche Möglichkeiten gibt es in der Organisation? Welche gibt es für mich?)
- Den Prozess zwischen den einzelnen Karriereschritten
  (Was passiert zwischen den Schritten? Was muss ich tun, um die nächste Stufe, den nächsten Schritt zu erreichen?)
- Die Meilensteine mit Terminen für die Eignungsdiagnostik und Potenzialüberprüfung und die dafür geltenden Kriterien
  (Welche Kompetenzen muss ich aufbauen? Durch welche Qualifizierungsmaßnahmen kann ich diese Kompetenzen aufbauen? Wie und wann erfolgt die Prüfung?)

Abbildung 3.08-V4 zeigt ein Beispiel für mögliche Karrierestufen

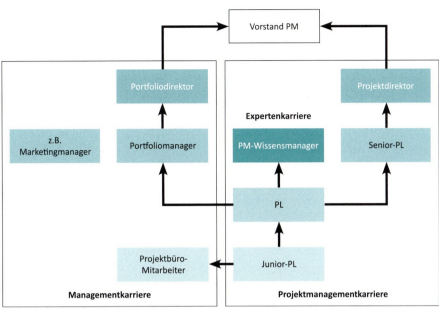

Abbildung 3.08-V4: Karrierestufen im Projektmanagement (in Anlehnung an KESSLER & HÖNLE, 2002: 8)

Am Anfang steht der Junior-Projektleiter, der entweder stellvertretend die Leitung eines Projekts übernimmt oder eigenständig ein kleines Projekt leitet. Er lernt auf diese Weise die Arbeitsform Projekt grundsätzlich kennen. Wenn er ausreichend Erfahrung gesammelt hat, kann er als Projektleiter die ersten Projekte in eigener Verantwortung übernehmen oder er entscheidet sich, als Projektbüro-Mitarbeiter in die Linie zu wechseln. In der Funktion des Projektleiters wird er Projekte mit zunehmender Komplexität und unterschiedlichen Typs (Abwicklungs- und Entwicklungsprojekte, nationale und internationale Projekte usw.) übernehmen, damit er unterschiedlichen Projekt-Anforderungen begegnet ist. Anschließend muss er sich entscheiden, ob er seine Karriere als Linienmanager, Projektmanager oder als Experte fortsetzen möchte.

Als Projektmanager kann er sich dann zum Beispiel über die Stufe Senior-Projektleiter bis zum Projektdirektor entwickeln und Projekte mit zunehmendem Komplexitätsgrad leiten. Als Linienmanager ist eine Karriere als Portfoliomanager in der Linie möglich, mit der dann die Steuerung des Multi-Projektmanagements verbunden ist. Als Experte (PM-Wissensmanager) kann er sich z. B. schwerpunktmäßig mit der Standardisierung und Professionalisierung des Projektmanagements in der Organisation beschäftigen.

Damit die Implementierung von PM-Karrierepfaden erfolgreich verläuft, ist Folgendes wichtig:

I   Es müssen Entscheidungskriterien und -wege festgelegt und transparent gemacht werden
I   Es müssen Instrumente zur Potenzialerkennung entwickelt und angewendet werden
I   Es müssen Qualifizierungsmaßnahmen angeboten und wahrgenommen werden
I   Es müssen Aufgaben und Befugnisse beschrieben werden

Die Wahrscheinlichkeit, dass Karrierepfade im Projektmanagement von Organisationen angeboten und entwickelt werden, hängt sehr stark vom Grad der Projektorientierung und vom Reifegrad der Organisation ab. So können bestimmte Karrierestufen nur wahrgenommen werden, wenn in der Organisation zum Beispiel ein Multi-Projektmanagement existiert, das bestimmte Rollen erst ermöglicht. Ist die Orientierung auf das Projektgeschehen eher gering, lohnt sich der Aufwand einer Entwicklung von Karrierepfaden eher nicht.

4 Leistungsbezogene Vergütung bei Projekten

Engagierte Projektleiter sind sehr häufig durch die inhaltliche Arbeit im Projekt – also intrinsisch – motiviert. Die Leitung komplexer Projekte stellt hohe Anforderungen an die Eigenverantwortung und das unternehmerische Handeln der verantwortlichen Projektleiter. Mit zunehmendem Reifegrad hinsichtlich ihres Projektgeschäfts gehen Unternehmen dazu über, den für die Leitung des Projekts Verantwortlichen auch weitgehende Erfolgsverantwortung (Zielerreichungsverantwortung, Verantwortung für die Einhaltung der Kosten, Termine und der Qualität) zu übergeben.

Da erfolgreiches Handeln über die intrinsische Motivation hinaus auch z. B. durch Karrieremöglichkeiten (vgl. 3.5.) und Vergütung beeinflusst wird, ist es sinnvoll, über eine leistungsbezogene Vergütung im Projektgeschäft nachzudenken.

Das Projektgeschäft bietet den Vorteil, dass durch eine klare Auftrags- und Rollenbeschreibung der Beitrag des Projektleiters zur Zielerreichung deutlich wird. Auf diese Weise wird eine Kopplung zwischen der Zielerreichung und der Entlohnung grundsätzlich möglich. Allerdings muss auch hier berücksichtigt werden, dass es eine Vielzahl von Umweltfaktoren geben kann, die Einfluss auf das Projektergebnis nehmen und die sich dem direkten Zugriff des Projektleiters entziehen. Diese Unwägbarkeiten müssen in ein System zur leistungsbezogenen Vergütung eingehen.

Ein Beispiel für ein Leistungs- und Prämiensystem stellt LAPPE (2005) vor:

Das von ihm vorgestellte Leistungs- und Prämiensystem (LPS) integriert drei Dimensionen:

1. Den Individualerfolg
   Es muss zunächst festgelegt werden, ob die Prämie an eine Person oder an das gesamte Team vergeben wird. Ist dies geklärt, werden die relevanten Mitarbeiter nach vorab festgelegten Kriterien beurteilt. Dieses Vorgehen entspricht der Notwendigkeit einer Beurteilung des Projektpersonals (Kapitel 2, Vertiefungswissen) und sollte in das in der Organisation vorhandene Beurteilungssystem integriert werden.
2. Den Projekterfolg
   Der Projekterfolg berechnet sich aus der Projekteffizienz bzw. dem Projekt-Deckungsbeitrag. Dabei wird dem vorab geplanten Projektbudget der tatsächlich verbrauchte Aufwand gegenübergestellt. Voraussetzung ist ein laufendes Projekt-Controlling. Es werden alle Projekte bewertet, die der jeweilige Mitarbeiter bearbeitet hat und ein Durchschnittswert, der Gewichtungen enthalten kann, berechnet.
3. Der Unternehmenserfolg
   Der Unternehmenserfolg geht durch einen von der Geschäftsleitung festgesetzten „Prämientopf" in die Berechnung ein. Dieser Prämientopf legt fest, wie hoch das Volumen für Projektprämien insgesamt ist und orientiert sich zum Beispiel am Jahresüberschuss.

Diese drei Dimensionen werden im Verhältnis 40:40:20 gewichtet und anschließend die Mitarbeiter-Effizienz, die den Prämienanspruch des Mitarbeiters darstellt, berechnet. Mitarbeiter erhalten nur dann eine Prämie, wenn ihre Mitarbeitereffizienz überdurchschnittlich ist. Liegt sie darunter, bekommen sie ihr übliches Gehalt. Weitere Informationen zu diesem Anreizsystem sowie eine kritische Würdigung des Ansatzes finden sich bei LAPPE (2005: 29ff).

> Insgesamt gilt für leistungsbezogene Vergütungssysteme, dass sie die Leistungen der Mitarbeiter nicht eindeutig und fehlerfrei bewerten können. Da sie aber ein wirkungsvolles Instrument zur Effizienzsteigerung darstellen, ist besonders sorgfältig auf ihre Konzeption und den damit verbundenen Einführungsprozess zu achten.

Der Vorteil variabler Gehaltsanteile ist sehr häufig ein erhöhtes Engagement des Projektleiters. Darüber hinaus ist auch eine verstärkte kritische Auseinandersetzung mit den Zielen des Unternehmens, mit dem Beitrag des eigenen Projektes zu diesen Zielen und eine intensivere Abstimmung mit anderen Projekten bzw. ebenfalls betroffenen Unternehmensbereichen (vgl. SCHOTT & AHLBORN, 2005: 182) zu beobachten.

Die enge Kopplung von Ergebnis und Entlohnung bewirkt ganz von selbst, dass ein Projektleiter stärker hinterfragt, ob und auf welche Weise das Projekt einen wesentlichen Beitrag zur Unternehmensstrategie leistet und was getan werden muss, um den Erfolg des Projektes sicher zu stellen. Nicht zuletzt ist die eigene Zurechenbarkeit des Erfolgs ein wichtiger Aspekt für die eigene Motivation.

5   Zusammenfassung

Die Beurteilung von Projektpersonal ist ein wichtiges Instrument, da sie wichtige Daten für die künftige Auswahl und den weiteren Einsatz dieser Mitarbeiter liefern kann.

Empfehlenswert für die Beurteilung des Projektleiters ist eine Kombination aus merkmalsorientiertem und zielorientiertem Verfahren, die sowohl unterschiedliche Kompetenzen beurteilt als auch Aussagen über seinen Beitrag zum Grad der Zielerreichung im Projekt macht. Voraussetzung dafür sind Kriterien, die beobachtbares Verhalten beschreiben, und eine bestehende konkrete Zielformulierung, die der Projektleiter durch eigene Einflussnahme erreichen kann.

Bei der Zuständigkeit für die Beurteilung von Projektleitern und Projektmitarbeitern ist darauf zu achten, dass die Linien-Führungskraft und der interne Projektauftraggeber bzw. der Projektleiter einbezogen werden. Dafür gibt es in der Praxis verschiedene Lösungen, zum Beispiel gemeinsame Gespräche zwischen allen Beteiligten.

In projektorientierten Unternehmen findet das 360-Grad-Feedback als Beurteilungsinstrument Eingang. Dabei bekommen Projektleiter aus verschiedenen Perspektiven Feedback. Der Vorteil dieses Verfahrens liegt in der Berücksichtigung verschiedener Perspektiven, die eine umfangreiche Sichtweise ermöglichen. Demgegenüber stehen ein hoher Konzeptions- und Durchführungsaufwand.

Aus der Beurteilung sollten auch der jeweilige Qualifizierungsbedarf und die möglichen Maßnahmen zur Bedarfsdeckung hervorgehen. In Zusammenarbeit mit der für Personalentwicklung zuständigen Linienabteilung können verschiedene Qualifizierungsmaßnahmen mit unterschiedlichen Zielen angeboten werden. Wichtig sind in diesem Rahmen eine bedarfsgerechte individuelle Formulierung von Zielen und eine Auswahl der dazu passenden Maßnahmen. Eine besonders wirkungsvolle Qualifizierungsmaßnahme stellt das Lernen durch den Einsatz im Projekt dar, da ein direkter Transfer erfolgt. Diese Lernform verlangt allerdings eine systematische Begleitung, da sonst das Erreichen der Projektziele gefährdet ist.

Über die individuellen Maßnahmen hinaus kann in der Organisation bezüglich der Projektmanagement-Kompetenzen ein Standard festgelegt werden, den die Mitarbeiter durch Zertifizierung erreichen können.

Ein weiterer Schritt in der Professionalisierung des Personalmanagements in Projekten ist die Etablierung von Karrierepfaden. Karrierepfade beschreiben die möglichen Karrierestufen im Projektmanagement, den jeweiligen Prozess zwischen den Schritten sowie Meilensteine und Methoden der Potenzialüberprüfung. Sie dienen den Mitarbeitern als Orientierung für mögliche Entwicklungswege und sind ein sinnvolles Instrument, wenn in der Organisation wirklich entsprechende Stellenangebote und Begleitmaßnahmen in ausreichendem Maße vorhanden sind. Die Erreichung bestimmter Karrierewege im Projektmanagement kann mit der variablen Gestaltung der Vergütung einhergehen. Prämien und andere Anreizsysteme wirken oft positiv auf das Engagement der verantwortlichen Projektleiter und sorgen für eine kritische Auseinandersetzung mit den Projektergebnissen und ihrem Beitrag zu den strategischen Zielen des Unternehmens.

6 Fragen zur Wiederholung

1. Welche Ziele sind mit der Beurteilung von Projektpersonal verbunden? ☐
2. Was ist der Unterschied zwischen Leistungs- und Potenzialbeurteilung? ☐
3. Welche Kriterien sollten bei merkmalsorientierten Verfahren in die Beurteilung aufgenommen werden? ☐
4. Worauf ist bei der Formulierung von Beurteilungskriterien besonders zu achten? ☐
5. Was sind zielorientierte Beurteilungsverfahren? ☐
6. Welche Voraussetzungen müssen vorhanden sein, damit aussagekräftige Beurteilungen gemacht werden können? ☐
7. Wer sollte Projektleiter und Projektmitarbeiter beurteilen? ☐
8. Was ist ein 360-Grad-Feedback? ☐
9. Wie kann man das Dilemma zwischen Teamerfolg im Projekt und der Durchführung von Einzelbeurteilungen lösen? ☐
10. Welche Bedeutung nimmt die Zertifizierung im Rahmen der Qualifizierung ein? ☐
11. Welche weiteren Qualifizierungsmaßnahmen gibt es und welche Ziele sind mit den Maßnahmen verbunden? ☐
12. Welche verschiedenen Karrieremöglichkeiten werden in Organisationen unterschieden? ☐
13. Welche Ziele sind mit der Beschreibung von Karrierepfaden verbunden? ☐
14. Wie können Karrierestufen für Projektpersonal aussehen? ☐
15. Was ist bei der Implementierung von Karrierepfaden wichtig? ☐

3.09 Gesundheit, Sicherheit und Umwelt
(Health, security, safety & environment)

Andreas Bosbach, Rita Bosbach

Lernziele

Sie können

- die Aufgaben der innerbetrieblichen Experten und Institutionen zu GSU erläutern
- die wichtigsten außerbetrieblichen Institutionen mit Schnittstellen zum betrieblichen Arbeits- und Gesundheitsschutz nennen
- die Grundlagen des betrieblichen Gesundheitsmanagements und des Wiedereingliederungsmanagements erläutern

Inhalt

1	Netzwerke: Wer macht was?	2419
1.1	Ansprechpartner und Experten zu GSU auf Unternehmensebene	2419
1.1.1	Betriebsarzt	2419
1.1.2	Betriebssanitäter und Ersthelfer	2420
1.1.3	Fachkraft für Arbeitssicherheit (SiFa)	2420
1.1.4	Sicherheitsbeauftragter (SiB)	2421
1.1.5	Umweltschutzbeauftragter	2421
1.1.6	Weitere innerbetriebliche Institutionen und Netzwerkpartner	2422
1.2	Außerbetriebliche Institutionen	2423
1.2.1	Das duale Arbeitsschutzprinzip	2423
1.2.2	Zusammenarbeit zwischen Unternehmen und staatlichen Aufsichtsbehörden sowie Berufsgenossenschaften	2424
1.2.3	Staatlicher Arbeitsschutz	2425
2	Spezielle Themen	2425
2.1	Wiedereingliederungsmanagement (Disability Management)	2425
2.2	Grundlagen eines betrieblichen Gesundheitsmanagements	2426
2.3	GSU in Integrierten Managementsystemen	2426
2.4	Aging workforce	2427
3	Zusammenfassung	2429
4	Fragen zur Wiederholung	2429

1 Netzwerke: Wer macht was?

1.1 Ansprechpartner und Experten zu GSU auf Unternehmensebene

1.1.1 Betriebsarzt

Gemeinsam mit den Sicherheitsfachkräften (SiFa) und den Sicherheitsbeauftragten (s.u.) bilden die Betriebsärzte/innen den betrieblichen Arbeits- und Gesundheitsschutz.

Σ Fazit Sowohl Betriebsarzt als auch Sicherheitsfachkraft (SiFa) sind **beratend** tätig, **die Verantwortung zum Gesundheits- und Arbeitsschutz liegt immer beim Unternehmer bzw. der zuständigen Führungskraft.** Beiden, Betriebsarzt und SiFa fehlt die Befugnis, in Abläufe einzugreifen oder Sicherheitsmängel selbst zu beseitigen. Die Aufgaben der Betriebsärzte und der Sicherheitsfachkräfte sind im Arbeitssicherheitsgesetz beschrieben.

- Betriebsärzte verfügen über eine spezielle Fachkunde (Facharzt für Arbeitsmedizin oder Zusatzbezeichnung Betriebsmedizin).
- Betriebsärzte sind in unterschiedlichem Umfang, abhängig von der Art des Betriebs und der Anzahl der Mitarbeiter vom Arbeitgeber zu bestellen.
- Sie untersuchen und beraten Beschäftigte arbeitsmedizinisch.
- Sie beraten den Arbeitgeber in allen relevanten Fragen des Gesundheits- und Arbeitsschutzes und der Unfallverhütung.
- Sie sind verantwortlich für die Organisation der Ersten Hilfe.
- Sie arbeiten weisungsfrei und unterliegen der ärztlichen Schweigepflicht.
- Sie arbeiten eng mit den übrigen im Arbeits- und Gesundheitsschutz tätigen Personen zusammen (u. a. im Arbeitsschutzausschuss = ASA).
- Der Arbeitgeber darf vom Betriebsarzt keine medizinischen Befunde von untersuchten Mitarbeitern erhalten (Schweigepflicht!). Nach arbeitsmedizinischen Vorsorgeuntersuchungen erhält der Arbeitgeber lediglich eine Information, ob medizinische Bedenken bestehen.

Der Arbeitgeber ist verpflichtet, den Betriebsärzten erforderliches Hilfspersonal sowie Räume, Einrichtungen, Geräte und Mittel zur Verfügung zu stellen. Der Arbeitgeber muss dazu ausreichend Beschäftigte benennen und entsprechend ihren Aufgaben ausbilden und ausrüsten. Festangestellte Betriebssanitäter sind erst in Betriebsstätten mit mehr als 1500 anwesenden Beschäftigten erforderlich, es sei denn, die Gefahrenlage erfordert mehr.

Sprechstundenmedizin allein genügt nicht, auch nicht eine reine Untersuchungsmedizin. Ein guter Betriebsarzt ist vielmehr ein aktiver Kooperationspartner und sollte im Betrieb präsent sein. Er ist für die Beschäftigten da und er benötigt für seine Arbeit ihre Informationen, Branchenkenntnisse und einen Überblick über die Arbeitsbedingungen im Betrieb. Die Qualität der Betreuung lässt sich neben der Fachkunde und der aktiven Umsetzung der gesetzlichen Aufgaben auch an der personellen, räumlichen und apparativen Ausstattung, der Teilnahme an Fortbildung und der Ermächtigung des Arztes zu speziellen Vorsorgeuntersuchungen festmachen. Transparenter Nachweis der Einsatzzeiten, Dokumentation der Tätigkeit, ausreichende Information und Beratung gehören ebenfalls dazu. **Freiwillige Qualitätsprüfungen führt die Gesellschaft für Qualitätssicherung in der betriebsärztlichen Betreuung GQB durch.**

In welchem Umfang Betriebsärzte zu bestellen sind, ist im Arbeitssicherheitsgesetz und in der Berufsgenossenschaftlichen Vorschrift BGV A2 festgelegt. Es existieren branchenspezifische Betreuungsmodelle mit unterschiedlichen Mindesteinsatzzeiten. Eine Regelbetreuung mit nach Gefährdungspotential unterschiedlichen Einsatzzeiten besteht ab 10 Beschäftigten. Das Betreuungsmodell der Verwaltungs-BG sieht z. B. jährliche Einsatzzeiten von 0,2 h pro MA für typische Bürotätigkeiten vor. Bei risikoreicheren Tätigkeiten, wie z. B. der elektrotechnischen Großinstallation von Anlagen, liegen die Einsatzzeiten deutlich höher (0,4 - 0,6 Stunden/Jahr und Mitarbeiter).

Alternativ ist z. B. für Unternehmen mit weniger als 50 Beschäftigten eine so genannte bedarfsorientierte Betreuung möglich. Hier verschafft sich der Unternehmer das nötige Know-how in Form von Seminaren und Selbstlerneinheiten selbst und nimmt eine betriebsärztliche Betreuung nur bedarfsorientiert in Anspruch.

Es besteht ein Recht für Beschäftigte auf regelmäßige arbeitsmedizinische Vorsorgeunteruchungen. Spezielle arbeitsmedizinische Vorsorgeuntersuchungen auf der Grundlage der BGV (= Berufsgenossenschaftliche Vorschrift) A4 zählen **nicht** zur Einsatzzeit des Betriebsarztes.

1.1.2 Betriebssanitäter und Ersthelfer

Die Bestellung weiterer Personen zur arbeitsmedizinischen Betreuung, wie z. B. Betriebssanitäter und Ersthelfer, hat im erforderlichen Umfang nach Art des Betriebes und nach Anzahl der Beschäftigten zu erfolgen. Dies leitet sich aus der Berufsgenossenschaftlichen Vorschrift BGV A 1 „Grundsätze der Prävention" §§ 26, 27, BGV A 5 sowie aus dem Arbeitsschutzgesetz § 10 ab. Schon bei **2 bis zu 20** anwesenden Beschäftigten ist es **ein Ersthelfer**, bei mehr als 20 anwesenden Beschäftigten in Verwaltungsbetrieben ist eine **Ersthelferquote von 5 %, sonst sogar von 10 % der anwesenden Beschäftigten verbindlich**. Das gilt auch für Nachtschichten.

Ersthelfer müssen **ausgebildet (16h-Kurse)** sein und sich **regelmäßig im Abstand von zwei Jahren weiterbilden**. Sie unterstützen die Arbeit des Betriebsarztes und sind im Notfall für die Erste Hilfe unerlässlich.

1.1.3 Fachkraft für Arbeitssicherheit (SiFa)

Die Fachkräfte für Arbeitssicherheit sind für den Arbeitsschutz, die sicherheitstechnische Betreuung und die Beratung und Umsetzung von Maßnahmen zur Unfallverhütung zuständig.

- Sie haben in der Regel eine technische Ausbildung und eine sicherheitstechnische Fachkunde (staatlicher oder berufsgenossenschaftlicher Lehrgang).
- Sie setzen und überwachen – in Abstimmung mit dem Arbeitgeber – Sicherheitsstandards in definierten Bereichen und machen auf Unfall- und Gesundheitsgefahren aufmerksam.
- Sie führen regelmäßige Betriebsbegehungen (ggf. gemeinsam mit dem/der Betriebsarzt/ärztin) durch.
- Sie untersuchen Ursachen von Arbeitsunfällen, werten diese aus und schlagen Maßnahmen vor, wie diese künftig verhindert werden können.
- Sie beraten und unterweisen Beschäftigte und wirken mit bei der Schulung der Sicherheitsbeauftragten.
- Sie arbeiten weisungsfrei (vergleichbar den Betriebsärzten).

Voraussetzung ist eine Ausbildung als Ingenieur/-in, Techniker/-in oder Meister/-in sowie eine zweijährige praktische Tätigkeit in diesem Beruf. Ausnahmen sind mit Zustimmung der Berufsgenossenschaft möglich. Zusätzlich ist eine Ausbildung zur Sicherheitsfachkraft erforderlich, die mehrere Wochenseminare, ein Selbstlernstudium und verschiedene Prüfungen beinhaltet. Diese Lehrgänge werden von den Berufsgenossenschaften und anderen Ausbildungsinstitutionen angeboten.

Die Bestellung von SiFas ist nach der Berufsgenossenschaftlichen Vorschrift BGV A2 – analog der Bestellung von Betriebsärzten – erforderlich. Die Einsatzzeiten der Sicherheitsfachkräfte richten sich dabei nach der Art des Unternehmens und der dort vorhandenen Gefahren für Sicherheit und Gesundheit.

1.1.4 Sicherheitsbeauftragter (SiB)

Sicherheitsbeauftragte sind freiwillige Helfer, die eine beratende und unterstützende Funktion im betrieblichen Arbeitsschutz wahrnehmen. Sicherheitsbeauftragte müssen bestellt werden ab einer Anzahl von 20 Beschäftigten. Die Einzelheiten hierzu finden sich in der BGV A1. Sie sollen ihre Kollegen auf mögliche Unfallgefahren aufmerksam machen oder sich z. B. für den ordnungsgemäßen Gebrauch der persönlichen Schutzausrüstung einsetzen.

1.1.5 Umweltschutzbeauftragter

Obwohl viele Organisationen unterschiedlichster Branchen und Größe einen Umweltschutzbeauftragten installiert haben, gibt es ihn dem Gesetz nach eigentlich gar nicht. Dennoch macht es Sinn, eine koordinierende und verantwortliche Person zu bestimmen, weil für die Themen Abfall, Gewässerschutz, Immissionsschutz, Störfälle und Strahlenschutz jeweils eigene Beauftragte per Gesetz benannt werden müssen. Dazu kommt, dass sich Unternehmen zukünftigen Herausforderungen stellen müssen durch die weitere Verknappung und Verteuerung der natürlichen Ressourcen. Damit einhergehen wird eine weitere Verschärfung der Umweltgesetze und der entsprechenden Forderungen an Unternehmen.

Häufig wird ein Umweltschutzbeauftragter als Managementvertreter mit Verantwortung und Befugnissen im Rahmen der Einführung des **europäischen Umwelt-Auditsystems „Eco-Management and Audit Scheme" EMAS**, eines freiwilligen Systems für das betriebliche Umweltmanagement, benannt. Meist gehört zum Aufgabengebiet des Umweltschutzbeauftragten die Koordination des betrieblichen Umweltmanagementsystems in Kooperation mit den speziellen Betriebsbeauftragten (s.o.) sowie zusätzlich die Vorbereitung, Durchführung und Auswertung der Umweltprüfungen und Umweltbetriebsprüfungen, die regelmäßige Berichterstattung über die umweltrelevanten Aspekte an die Geschäftsleitung und die Erstellung einer Umweltmanagement-Dokumentation und einer Umwelterklärung für die Öffentlichkeit.

Rechtssicherheit im Umweltschutz ist ein wichtiger Baustein, um langfristig den Unternehmensstandort zu sichern und Nachbarschaftskonflikte zu vermeiden. Insbesondere bei der Neuplanung von Anlagen spielt die Bundesimmisionsschutzverordnung (BImSchV) mit ihren Festlegungen für genehmigungspflichtige Anlagen eine entscheidende Rolle.

Wichtige Aufgabenfelder für Umweltschutzbeauftragte:

- Berücksichtigung der am Standort gültigen Lärmgrenzwerte.
- Berücksichtigen von Nachbarschaftsinteressen, insbesondere bei unmittelbar angrenzender Wohnbebauung. Hier spielen vornehmlich Lärm, Staub oder Geruchsbelästigung eine Rolle.
- Umsetzen der Forderungen des Bundesimmisionsschutzgesetzes.
- Umsetzung der lokalen Regelungen zur Abfallentsorgung.
- Umgang mit Gefahrstoffen (z. B. Erstellen eines Gefahrstoffkatasters).
- Umgang mit Altlasten auf dem Betriebsgelände.
- Umgang mit Abwasser.

1.1.6 Weitere innerbetriebliche Institutionen und Netzwerkpartner

Arbeitsschutzausschuss

Beschäftigt das Unternehmen mehr als 20 Arbeitnehmer, besteht die Verpflichtung zur Bildung eines Arbeitsschutzausschusses, in dem alle Anliegen des Arbeits- und Gesundheitsschutzes und der Unfallverhütung in mindestens vierteljährlichen Sitzungen beraten werden sollen. In diesem Koordinierungsgremium sind Betriebsrat, Betriebsarzt, Fachkraft für Arbeitssicherheit, Sicherheitsbeauftragte und der Arbeitgeber vertreten.

- Im Arbeitsschutzausschuss (ASA) beraten die Fachkräfte für Arbeitssicherheit, Betriebsarzt, Betriebsrat und Unternehmer alle Fragen des betrieblichen Arbeits- und Gesundheitsschutzes.
- Ein ASA ist gesetzlich vorgeschrieben (Arbeitssicherheitsgesetz §11).
- Der ASA tagt mindestens 4x jährlich.
- Fakultative Teilnehmer sind die Schwerbehindertenvertretung, Jugendvertretung, Fachleute, wie Umweltbeauftragte, Suchtbeauftragte, externe Berater usw.
- Themenschwerpunkte sind z. B. Unfallstatistiken, Umsetzung von Präventionsmaßnahmen.
- Vor allem in Großbetrieben ist es üblich, die Arbeit des ASA durch ein Arbeitsschutzmanagementsystem zu unterstützen.

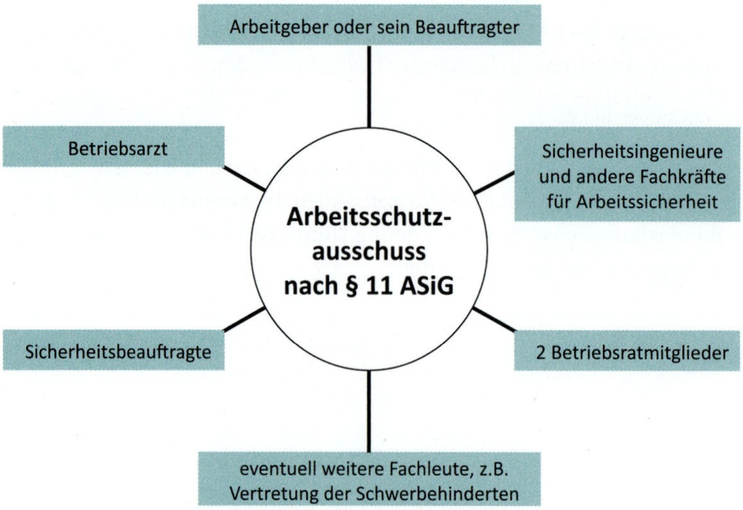

Abbildung 3.09-V1: Die Zusammensetzung eines Arbeitsschutzausschusses (IG Metall, 2003: 11)

1.2 Außerbetriebliche Institutionen

1.2.1 Das duale Arbeitsschutzprinzip

In Deutschland basiert das Arbeitsschutzsystem auf zwei Säulen:

Zum einen auf den Berufsgenossenschaften als Unfallversicherungsträger für die Privatunternehmen und auf den Unfallkassen als den branchenspezifischen Unfallversicherungsträgern, zum anderen auf der staatlichen Arbeitsschutzaufsicht, auf Bundesebene wahrgenommen durch das Bundesministerium für Wirtschaft und Arbeit sowie auf Länderebene wahrgenommen durch die Ämter für Arbeitsschutz und die Gewerbeaufsichtsämter:

Das duale Arbeitsschutzprinzip mit Verpflichtung zur Kooperation
§ 21, Abs. 3 Arbeitsschutzgesetz und § 20 SGB VII

Unfallversicherungsträger
- 25 Berufsgenossenschaften (Privatwirtschaft) und Unfallkassen (öffentlich)
- Organisiert als Körperschaften öffentlichen Rechts
- Unternehmen sind Pflichtmitglieder
- Nach Wirtschaftszweigen geordnet

Aufgaben:
- Arbeitsunfälle/Berufskrankheiten verhüten
- Übernahme von Behandlungskosten und Rehabilitation nach Arbeitsunfall und bei Berufskrankheiten
- Prävention von berufsbedingten Erkrankungen/Unfällen
- branchenorientiertes Erarbeiten von Regelungen und Verordnungen

Staatliche Arbeitsschutzaufsicht
- Staatliche Arbeitsschutzämter und Gewerbeaufsichtsämter

Aufgaben:
- Branchenübergreifende Kontrolle und Überwachung der betrieblichen Umsetzung staatlicher Rechtsvorschriften (z.B. Arbeitsschutzgesetz, Arbeitszeitgesetz, Gefahrstoffverordnung)
- Umsetzung durch den technischen Aufsichtsdienst (Gewerbeaufsichtsbeamte) und den medizinischen Aufsichtsdienst (Gewerbeärzte)

Abbildung 3.09-V2: Das duale Arbeitsschutzprinzip

1.2.2 Zusammenarbeit zwischen Unternehmen und staatlichen Aufsichtsbehörden sowie Berufsgenossenschaften

Die **staatlichen Arbeitsschutzämter** haben, wie erwähnt, die Aufgabe, branchenübergreifend die betriebliche Umsetzung staatlicher Rechtsvorschriften (Arbeitsschutzgesetz, Bildschirmarbeitsverordnung, Lastenhandhabungsverordnung, Arbeitszeitgesetz, Gefahrstoffverordnung, Biostoffverordnung usw.) zu kontrollieren.

Da die verschiedensten Wirtschaftsbereiche und Branchen unterschiedliche Risiken für die Gesundheit und Sicherheit der Beschäftigten aufweisen, sorgt die branchenorientierte Ausrichtung der **Berufsgenossenschaften** dafür, ihre Aktivitäten auf die Erfordernisse der einzelnen Branchen zu konzentrieren. Sie sind deshalb für die Erstellung branchenbezogener Regelungen (z. B. BG-Vorschriften oder BG-Informationen) zuständig und kümmern sich um deren betriebliche Umsetzung.

Aufgaben der Berufsgenossenschaften und Unfallkassen

- Prävention
- Rehabilitation
- Entschädigung
- Unterstützung des Unternehmers (Hilfe bei der Erstellung einer Gefährdungsanalyse, beim Aufbau eines Erste-Hilfe-Systems usw.)
- Erarbeitung und Erlass von Regeln und Vorschriften
- Beratung, Aus- und Fortbildung von Unternehmern und Mitarbeitern
- Überwachung, Beratung und Kontrolle von Unternehmen (die Aufsichtspersonen haben jederzeit Zugang zum Betrieb)

∑ Fazit Für Unternehmen mit mindestens einem Mitarbeiter besteht eine Zwangs- mitgliedschaft in den jeweiligen Berufsgenossenschaften (z. B. Metall-BG usw).

Die Höhe der Prämien ist dabei abhängig von der Anzahl der versicherten Mitarbeiter, den Gesundheitsrisiken der jeweiligen Branche und von der Einstufung des jeweiligen Unternehmens, die wiederum abhängt von den meldepflichtigen Arbeitsunfällen und anerkannten, entschädigungspflichtigen Berufskrankheiten. Die Berufsgenossenschaften gliedern sich nach Erwerbsbereichen: gewerbliche Wirtschaft, Landwirtschaft und öffentlicher Dienst. Innerhalb der gewerblichen Wirtschaft sind die Berufsgenossenschaften nach Branchen unterteilt und im **Hauptverband der gewerblichen Berufsgenossenschaften (HVBG)** zusammengeschlossen. Die für den öffentlichen Dienst zuständigen Berufsgenossenschaften arbeiten im **Bundesverband der Unfallkassen** zusammen.

Im Zusammenhang mit den Berufsgenossenschaften ist der Umgang mit Arbeitsunfällen ein wichtiges Thema für Unternehmer und Führungskräfte:

Arbeitsunfall

§ Definition Ein zeitlich begrenztes (maximal innerhalb einer Arbeitsschicht), von außen und unvorhergesehen auf den Körper einwirkendes Ereignis, das zu einem gesundheitlichen Schaden oder zum Tod führt.

- Löst eine versicherungspflichtige Leistung der gesetzlichen Unfallversicherungen aus.
- Wegeunfälle: auch der Weg von und zur Arbeit ist versichert (montags statistisch gehäuftes Auftreten).
- Die schwersten Arbeitsunfälle ereignen sich samstags (häufig Umbau- oder Abrissarbeiten), 2006 ereigneten sich 646 tödliche Arbeitsunfälle deutschlandweit.
-

- Meldepflichtig (bei der jeweiligen Berufsgenossenschaft) sind Arbeitsunfälle mit mehr als drei Tagen Arbeitsunfähigkeit (Meldung erfolgt in der Regel durch Allgemeinarzt oder Unfallarzt).
- Mit der Zahl meldepflichtiger Unfälle steigen die Versicherungsprämien. Daher kann es sinnvoll sein, verletzte Mitarbeiter vorfristig wieder an leichteren, fähigkeitsgerechten Arbeitsplätzen einzusetzen.
- Mit der sog. 1000-Mann-Quote kann die Häufigkeit von Unfällen verschiedener Branchen und Betriebe verglichen werden: Anzahl meldepflichtiger Betriebsunfälle x 1000 Mitarbeiter/Anzahl der Vollbeschäftigten.

1.2.3 Staatlicher Arbeitsschutz

Die Arbeitsschutzämter kontrollieren die Einhaltung von Gesetzen und Verordnungen. Die Arbeitsschutzaufsicht gliedert sich in den **technischen** (Gewerbeaufsichtsbeamte) und **medizinischen Aufsichtsdienst** (Gewerbeärzte).

Die Gewerbeaufsichtsbeamten und die Gewerbeärzte haben jederzeit das Recht, Betriebe unangemeldet und auch nachts zu betreten und zu besichtigen und z. B. die Prüfung von Anlagen, Arbeitsmitteln oder Schutzausrüstungen durchzuführen. Bei Rechtsverstößen können sie Zwangsmittel (bis hin zu Betriebsstilllegungen) anwenden. Neben diesen hoheitlichen Aufgaben haben sie auch beratende Aufgaben und unterstützen so die Umsetzung des Arbeitsschutzgesetzes (Beratung zu menschengerechter Arbeitsgestaltung und Prävention, Verhütung arbeitsbedingter Gesundheitsgefahren, Oraganisation des Arbeitsschutzes im Unternehmen.

Gewerbeärzte haben neben ihrer Aufsichtsfunktion noch die Aufgabe, bei einem Berufskrankheitenverfahren zu den Entscheidungen der Berufsgenossenschaft Stellung zu beziehen.

2 Spezielle Themen

2.1 Wiedereingliederungsmanagement (Disability Management)

Für alle Führungskräfte mit Personalverantwortung ergeben sich durch das Gesetz zur Förderung der Ausbildung und Beschäftigung schwer behinderter Menschen, welches am 1.5.2004 in Kraft getreten ist, einschneidende Veränderungen. Ziel soll sein, Arbeitgeber zu motivieren, mehr behinderte und schwer behinderte Menschen auszubilden und zu beschäftigen. Der betrieblichen Prävention am Arbeitsplatz wird ein deutlich höherer Stellenwert zugewiesen.

Der für Unternehmer entscheidende Passus findet sich im §84 des 9. Sozialgesetzbuches (SGB IX). Der Absatz 2 Satz 1 lautet wörtlich:

„Sind Beschäftigte innerhalb eines Jahres länger als 6 Wochen ununterbrochen oder wiederholt arbeitsunfähig, klärt der Arbeitgeber mit der zuständigen Interessenvertretung im Sinne des §93, bei schwer behinderten Menschen außerdem mit der Schwerbehindertenvertretung, mit Zustimmung und Beteiligung der betroffenen Person die Möglichkeiten, wie die Arbeitsunfähigkeit möglichst überwunden werden und mit welchen Leistungen oder Hilfen erneuter Arbeitsunfähigkeit vorgebeugt und der Arbeitsplatz erhalten werden kann."

Es gibt somit erstmals eine Verpflichtung zur Durchführung von „betrieblichen Gesprächen". Der Arbeitgeber wird in die Pflicht genommen, im Einzelfall alle Möglichkeiten auszuschöpfen, um die Arbeitsunfähigkeit zu verkürzen oder zukünftig zu vermeiden. Problematisch könnte in Zukunft sein, dass bei fehlendem Wiedereingliederungsmanagement Kündigungen unwirksam sind sowie Schadenersatzforderungen gestellt werden. Wie ein Wiedereingliederungsmanagement konkret in einem Betrieb umgesetzt wird, hängt immer von der unternehmensspezifischen Ausgangssituation ab, ob es sich z. B. um einen kleinen Handwerksbetrieb handelt oder um einen Großkonzern. Am Ende ist neben dem professionellen „Abarbeiten" von Forderungen des §84 eine „gesundheitsorientierte" Personalführung entscheidend, wozu neben einer funktionierenden „informellen" Gesprächsebene auch verbindliche Gespräche nach Rückkehr aus Krankheit oder auch Urlaub gehören. Die Umsetzung des Wiedereingliederungsmanagements sollte durch zertifizierte Disability Manager begleitet werden.

2.2 Grundlagen eines betrieblichen Gesundheitsmanagements

Ein betriebliches Gesundheitsmangement ist mehr als das Analysieren von Arbeitsunfällen oder Krankheitsstatistiken oder die Umsetzung von Gesundheitsförderungsmaßnahmen, wie Rückenschulen. Ziel eines betrieblichen Gesundheitsmanagements soll in einem übergeordneten Sinne Folgendes sein:

- die Akzeptanz, Realisierung und Einhaltung von Arbeitsschutzbestimmungen,
- die Stärkung personaler Ressourcen und die Veränderung gesundheitsbeeinträchtigenden Verhaltens (Personalentwicklung),
- die Erhöhung organisationaler Ressourcen und die Reduzierung gesundheitsbeeinträchtigender Arbeitsverhältnisse (Organisationsentwicklung).

(BADURA, RITTER & SCHERF, 1999)

Dabei können Unternehmensziele, wie

- Wirtschaftlichkeit
- Wettbewerbsfähigeit
- Gesellschaftliche Verpflichtung
- Corporate Identity
- Ansehen/Image

nachhaltig positiv beeinflusst werden.

2.3 GSU in Integrierten Managementsystemen

Gesundheits-, Arbeits- und Umweltschutz sind sowohl in den gesetzlichen Vorgaben als auch in den betrieblichen Abläufen so eng miteinander verwoben, dass es sich für Unternehmen jeder Größenordnung anbietet, diese Bereiche unter einem gemeinsamen Blickwinkel zu bearbeiten. Immer mehr Unternehmen fassen dabei das Thema GSU nicht nur zu einer Einheit zusammen, sondern integrieren den Gesamtkomplex GSU ganzheitlich in die betriebliche Prozesslandschaft.

Die Bereiche Umwelt-, Arbeits- und Gesundheitsschutz, für die in der Regel bereits eigene Fachmodule existieren, welche jeweils in unterschiedlichen Welten auditiert werden (z.B. Arbeitssicherheit nach OHSAS 18001, Gesundheit nach OHRIS, Umwelt nach ISO 14002 EMAS) werden dabei in betriebliche Qualtätsmanagementsysteme nach ISO 9001:2000, ISO/TS 16949:2002, QS 9000 oder VDA 6 Teil 1 mit dem Ziel eines **Integrierten Managementsystems** eingebaut.

Dieser ganzheitliche Ansatz über alle Stufen des betrieblichen Arbeits- und Umweltschutzes geht also weit über das isolierte, nur begrenzt in die betrieblichen Prozesse vernetzte Arbeiten herkömmlicher Sicherheitsfachkräfte, Betriebsärzte oder weiterer Betriebsbeauftragter hinaus. Nicht nur die selbstverständliche Erfüllung gesetzlicher Vorgaben, sondern die stetige Ablaufverbesserung bei gleichzeitiger Verschlankung von Strukturen und Einsparung von Resourcen ist das Ziel eines IMS. Typische Merkmale eines funtionierenden IMS sind:

- Definierte betriebliche Aufgabenzuordnungen und Verantwortungsketten mit entsprechender Beschreibung der Ablauforganisation.
- Identifizierung der gesetzlichen und sonstigen Forderungen, die den Ablauf des Betriebes bestimmen.
- Systematische Erfassung und Bewertung von Gefährdungen, Belastungen und der Umweltaspekte. Entwicklung eines darauf aufbauenden Ziele – Maßnahmen Kataloges mit regelmäßiger Überprüfung und interner Auditierung des Systems.

Handlungsschritte im betrieblichen Gesundheits- und Arbeitsschutz sollten dabei, wie im QM üblich, immer in einen PDCA-Zyklus nach Deming integriert sein (vgl. Beispiel).

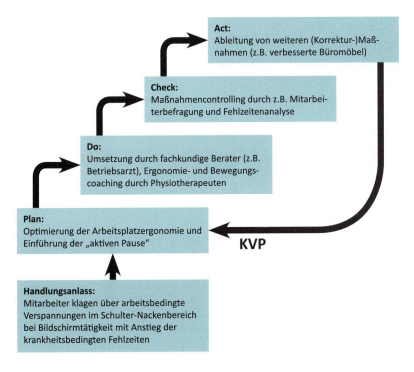

Abbildung 3.09-V3: Beispiel für einen PDCA Zyklus nach DEMING (1982: 88)

2.4 Aging workforce

Die demografische Entwicklung und die damit verbundene Alterung der Erwerbsbevölkerung (Aging workforce) werden eine der wesentlichen Herausforderungen der Zukunft sein. Im Jahr 2030 werden 28 % der deutschen Bevölkerung über 65 Jahre alt sein. Das Durchschnittsalter der in Deutschland beschäftigten Daimler-Mitarbeiter steigt von ca. 40 Jahren im Jahr 2003 auf ca. 45 Jahre im Jahr 2011 an. Bereits dann wird der Anteil der Mitarbeiter unter 30 Jahren unter 10 % liegen (Quelle: DAIMLERCHRYSLER, Ressort Personal und Arbeitspolitik, 2003).

Mit der Alterung der Bevölkerung verschiebt sich natürlich auch die Alterspyramide in den deutschen Unternehmen. Ein eklatanter Fachkräftemangel ist daher schon jetzt absehbar, falls keine Gegenstrategien entwickelt werden. Die Arbeitsfähigkeit einer alternden Belegschaft hängt dabei von der interindividuell sehr unterschiedlichen „Vitalität" der einzelnen Menschen ab, wobei die maximale körperliche Leistungsfähigkeit schon etwa ab dem 40. Lebensjahr stetig abnimmt. Durch Kompensationsmechanismen, wie gesunde Ernährung, Sport/Bewegung und Entspannung sowie verlängerte Regenerationsphasen, kann die körperliche Leistungsfähigkeit bis etwa zur 7. Lebensdekade auf einem recht hohen Niveau stabilisiert werden. Die Optimierung der Arbeitsplatzergonomie und eine veränderte, altersangepasste Arbeitsorganisation mit häufigeren Kurzpausen und angepassten Arbeitszeitmodellen haben vor allem in diesem Zusammenhang einen sehr hohen Stellenwert.

Für die Arbeit in Projekten ist allerdings die geistige Arbeitsfähigkeit viel entscheidender. Diese bleibt in der Regel bis etwa zum 60. Lebensjahr auf hohem Niveau, wobei hierfür vor allem die so genannte „kristalline" Intelligenz verantwortlich ist. Die Unterscheidung zwischer einer „fluiden" und einer „kristallinen" Intelligenz stammt vom amerikanischen Psychologen Raymond B. Cattell.

Die fluide Form entspricht dem Kurzzeit- oder Arbeitsgedächtnis und korreliert mit höherer Lernfähigkeit, Flexibilität und Reaktionsfähigkeit. Die kristalline Intelligenz dagegen korreliert eher mit dem Langzeitgedächtnis.

Zwar können ältere Mitarbeiter neue Inhalte nicht so schnell speichern und transferieren, dafür sind aber das Sprachverständnis und das erfahrungsgeleitete Sachwissen auf hohem Niveau, ebenso wie die Fähigkeit zur Lebensbewältigung und das „soziale Wissen", also das Wissen um sich und andere. Das Ergebnis einer Befragung von Führungskräften in 88 Betrieben im Jahr 2000/2001 (Quelle: INIFES/SÖSTRA) ergab besonders hohe Leistungspotentiale älterer Mitarbeiter in den Feldern Arbeitsmoral-/disziplin, Einstellung zur Qualität, Führungsfähigkeit, Zuverlässigkeit und Loyalität zum Unternehmen.

Nach Juhani ILMARINEN et al (1997) hängt die Steigerung der Arbeitsfähigkeit älterer Mitarbeiter von bestimmten Faktoren ab:

- Individuum (funktionelle Kapazität, Gesundheit, „Fitness", „Vitalität"; durch Maßnahmen zur Gesundheitsförderung beeinflussbar)
- Arbeitsgestaltung (Ergonomie, Arbeitssicherheit, Hygiene)
- Gute Führungsorganisation mit Wertschätzung und Kenntnis über Altersprozesse sowie Berücksichtigung der spezifischen Fähigkeiten älterer Mitarbeiter, wie z. B. Erfahrungswissen.

3 Zusammenfassung

Im betrieblichen Kontext von GSU ist die Kenntnis der verschiedenen Akteure und Institutionen sowohl auf innerbetrieblicher als auch auf außerbetrieblicher Ebene wichtig. Hierzu gehören auf innerbetrieblicher Ebene vor allem die Betriebsärzte und die Fachkräfte für Arbeitssicherheit, welche den Unternehmer bei der Umsetzung der gesetzlichen Arbeitsschutzforderungen beraten und unterstützen. Betriebssanitäter und Ersthelfer sind für die Umsetzung der Ersten Hilfe in je nach Unternehmensgröße und Branchenrisiko unterschiedlicher Zahl erforderlich. Die Fachkräfte für Arbeitssicherheit werden unterstützt durch freiwillige, in Kursen fortgebildete Sicherheitsbeauftragte. Durch die vielfältigen Herausforderungen im Umgang mit den Umweltschutzbestimmungen ist die Installation eines Umweltschutzbeauftragten für viele Betriebe eine sinnvolle Lösung.

Im Arbeitsschutzausschuss (ASA) beraten die Fachkräfte für Arbeitssicherheit, Betriebsarzt, Betriebsrat und Unternehmer gemeinsam alle Fragen des betrieblichen Arbeits- und Gesundheitsschutzes. Er ist gesetzlich vorgeschrieben für alle Betriebe mit mehr als 20 Arbeitnehmern.

Das Arbeitsschutzsystem basiert in Deutschland auf zwei Säulen: Zum einen auf den Berufsgenossenschaften als Unfallversicherungsträger für die Privatunternehmen und auf den Unfallkassen als branchenspezifischen Unfallversicherungsträgern. Zum anderen auf der staatlichen Arbeitsschutzaufsicht, auf Bundesebene wahrgenommen durch das Bundesministerium für Wirtschaft und Arbeit sowie auf Länderebene wahrgenommen durch die Ämter für Arbeitsschutz und die Gewerbeaufsichtsämter. Beide sind zur gegenseitigen Kooperation verpflichtet.

Durch die gesetzliche Verpflichtung zum Wiedereingliederungsmanagement (Disability Management) ergeben sich für die Personalverantwortlichen neue Aufgaben. Ziel soll sein, Arbeitgeber zu motivieren, mehr behinderte und schwer behinderte Menschen auszubilden und zu beschäftigen. Der betrieblichen Prävention am Arbeitsplatz wird ein deutlich höherer Stellenwert zugewiesen.

Gesundheits- Arbeits- und Umweltschutz sind sowohl in den gesetzlichen Vorgaben als auch in den betrieblichen Abläufen so eng miteinander verwoben, dass es sich für Unternehmen jeder Größenordnung anbietet, diese Bereiche unter einem gemeinsamen Blickwinkel zu bearbeiten. Immer mehr Unternehmen fassen dabei das Thema GSU nicht nur zu einer Einheit zusammen, sondern integrieren den Gesamtkomplex GSU ganzheitlich in die betriebliche Prozesslandschaft mit dem Ziel eines integrierten Managementsystems.

Durch die Überalterung unserer Gesellschaft ergeben sich auch für die Betriebe erhebliche Herausforderungen. Die altersgerechte Gestaltung von Arbeitsplätzen und eine altersangepasste Arbeitsorganisation sowie verstärkte Investitionen in Gesundheitsförderungsmaßnahmen sind daher in Zukunft noch wichtiger als heute schon. Dabei sind ältere Mitarbeiter durchaus kein „Sondermüll", sondern haben viele, für das Unternehmen nutzbare Fähigkeiten.

4 Fragen zur Wiederholung

1	Welche innerbetrieblichen Experten können Sie bei Fragen zu GSU zu Rate ziehen?	☐
2	Welche Aufgaben nehmen die Berufsgenossenschaften wahr?	☐
3	Was versteht man unter einem betrieblichen Wiedereingliederungsmanagement?	☐
4	Welche typischen Fähigkeitsmerkmale haben ältere Mitarbeiter?	☐

3.10 Finanzierung (Finance)
Christian Decker

Lernziele

Sie können

- zwischen finanzwirtschaftlichen Strom- und Bestandsgrößen unterscheiden sowie zwischen unterschiedlichen Begrifflichkeiten differenzieren und deren Zusammenhänge aufzeigen
- Ermittlungsschemata zur Berechnung zentraler finanzwirtschaftlicher Größen (Cashflow) aufstellen
- den Modellcharakter der Finanzplanung erläutern sowie deterministische von stochastischen Finanzierungsmodellen unterscheiden
- zwischen Variablen, Konstanten und Kausalzusammenhängen eines Finanzierungsmodells differenzieren
- die möglichen Module benennen, aus denen sich eine modellgestützte Finanzplanung zusammensetzt
- das Erfordernis der Prognose von Variablen, Konstanten und Kausalzusammenhängen der Finanzplanung begründen
- die Begriffe Risiko, Ungewissheit und Unsicherheit unterscheiden und die Notwendigkeit für eine Risikoanalyse erläutern
- verschiedene Formen von Risikoanalysen unterscheiden und deren Verwendungsfähigkeit für praktische Problemstellungen einschätzen

Inhalt

1	Finanzplanung	2433
1.1	Finanzwirtschaftliche Grundbegriffe	2433
1.2	Finanzplanerstellung	2435
1.3	Modellcharakter	2439
1.4	Modularität	2441
2	Prognose	2442
2.1	Prognosefelder	2442
2.2	Prognoseverfahren	2443
3	Risiko	2444
3.1	Begriffe	2444
3.2	Formen der Risikoanalyse	2445
3.2.1	Qualitative Risikoanalyse	2445
3.2.2	Quantitative Risikoanalyse	2446
4	Zusammenfassung	2448
5	Fragen zur Wiederholung	2449

1 Finanzplanung

1.1 Finanzwirtschaftliche Grundbegriffe

Unabhängig davon, ob finanzwirtschaftliche Entscheidungen ganzheitlich für bestehende Unternehmen oder einzelne Projekte, respektive Portfolien oder Programme, getroffen werden, müssen die beteiligten (Projekt-)Manager eine hinreichende Kenntnis über die Bedeutung der verwendeten finanzwirtschaftlichen Terminologie besitzen. Grundsätzlich muss zwischen finanzwirtschaftlichen Strom- und Bestandsgrößen sowie zwischen den weiteren korrespondierenden Begrifflichkeiten unterschieden werden können.

> **§ Definition** Eine Stromgröße bildet kumulativ die Zu- und Abgänge für einen definierten Zeitraum (Zeitabschnitt, Periode) ab, der durch einen Anfangspunkt (Periodenanfang) und einen Endpunkt (Periodenende) abgegrenzt ist. Eine Bestandsgröße zeigt den absoluten Betrag einer Vermögens- oder Kapitalposition zu einem Stichpunkt oder Stichtag (Periodenanfang, Periodenende) an. Das Periodenende ist regelmäßig zugleich der Periodenanfang des nachfolgenden Zeitabschnitts.

Strom- und Bestandsgrößen existieren auf verschiedenen finanzwirtschaftlichen Deskriptionsebenen (Tabelle 3.10-V1):

Tabelle 3.10-V1: Finanzwirtschaftliche Deskriptionsebenen (vgl. DECKER, 2008)

Deskriptionsebene	Strömungsgrößen ME pro Zeitraum (0.) bzw. GE pro Zeitraum (I.-IV.)	Bestandsgrößen ME pro Zeitpunkt (0.) bzw. GE pro Zeitpunkt (I.-IV.)	Strömungsgrößen ME pro Zeitraum (0.) bzw. GE pro Zeitraum (I.-IV.)
0. Absatz/Beschaffung	Einkauf (Procurement, Purchasing)	Lager (Stock)	Verkauf (Sales, Marketing)
I. Investitions-, Finanz- und Liquiditätsrechnung	Auszahlung (Cash Outflow, Payment)	Kasse (Cash, Cash Balance, Cash Stock)	Einzahlung (Cash Inflow, Payment)
II. Investitions-, Finanz- und Liquiditätsrechnung	Ausgabe (Expenditure)	Geldvermögen (Financial Assets)	Einnahme (Revenues, Cash Receipts)
III. Finanzbuchhaltung (Bilanz und GuV)	Aufwand (Expense)	Gesamtvermögen (Total Assets)	Ertrag (Income)
IV. Kostenrechnung, Kurzfristige Erfolgsrechnung	Kosten (Costs)	Betriebsnotwendiges Vermögen (Operating Capital, Capital Employed)	Betriebsertrag (Operating Revenues, Operating Income)

Legende: ME = Mengeneinheiten; GE = Geldeinheiten

Aus Tabelle 3.10-V1 wird ersichtlich, dass verschiedene Organisationseinheiten schwerpunktmäßig mit eigenen Terminologien arbeiten, wobei diesen jeweils andere Bedeutungsinhalte zukommen. Einzelne Geschäftsvorfälle können dabei gleichzeitig mehreren Ebenen zugeordnet werden bzw. diese nacheinander durchlaufen.

Die unterschiedlichen Begrifflichkeiten werden im betriebswirtschaftlichem Schrifttum klassischerweise wie folgt definiert (vgl. HABERSTOCK & BREITHECKER, 2004):

Tabelle 3.10-V2: Grundbegriffe des betrieblichen Rechnungswesens
(vgl. HABERSTOCK & BREITHECKER, 2004)

Strömungsgrößen	
Auszahlung	Abgang liquider Mittel (Bargeld und Sichtguthaben) pro Periode
Einzahlung	Zugang liquider Mittel (Bargeld und Sichtguthaben) pro Periode
Ausgabe	Wert aller zugegangenen Güter und Dienstleistungen pro Periode (= Beschaffungswert)
Einnahme	Wert aller veräußerten Leistungen pro Periode (= Erlös, Umsatz)
Aufwand	Wert aller verbrauchten Güter und Dienstleistungen pro Periode (genauer: …, der aufgrund gesetzlicher Bestimmungen und bewertungsrechtlicher Konventionen in der Finanzbuchhaltung verrechnet wird)
Ertrag	Wert aller erbrachten Leistungen pro Periode (genauer: - vgl. bei „Aufwand" -)
Kosten	Wert aller verbrauchten Güter und Dienstleistungen pro Periode und zwar für die Erstellung der „eigentlichen" (typischen) betrieblichen Leistungen
Betriebsertrag	Wert aller erbrachten Leistungen pro Periode im Rahmen der „eigentlichen" (typischen) betrieblichen Tätigkeit
Bestandsgrößen	
Kasse	Bestand an liquiden Mitteln (Bargeld und Sichtguthaben)
Geldvermögen	Kasse (wie vorher) + Forderungen/Verbindlichkeiten
Gesamtvermögen	Geldvermögen (wie vorher) + Sachvermögen (wie in der Bilanz angesetzt)
Betriebsnotwendiges Vermögen	Gesamtvermögen (kostenrechnerisch bewertet)/nicht-betriebsnotwendiges („neutrales") Vermögen

Bei Finanzierungsrechnungen, die im Kontext des Projektmanagements erstellt werden, dürfte insbesondere die Abgrenzung von Einzahlungen, Einnahmen und Erträgen sowie von Auszahlungen, Ausgaben und Aufwendungen eine Bedeutung gewinnen. Das folgende Beispiel soll die Zusammenhänge nochmals verdeutlichen:

🔍 Ein Handelsunternehmen (Lieferant) liefert Produkte an ein Industrieunternehmen (Abnehmer) und räumt dabei ein Zahlungsziel von 3 Monaten ein.

Für den Lieferanten resultiert aus diesem Geschäftsvorfall eine Vermögensposition in Form einer Forderung, die bei Zahlung zu einem entsprechenden Mittelzufluss führt. Das Industrieunternehmen wird aus der Sicht des Handelsunternehmens zum Schuldner (Debitor). Obwohl der Verkaufsvorgang sofort zu einer Einnahme und zu einem Ertrag führt, muss es nicht notwendigerweise in der gleichen Periode zu einer Einzahlung kommen. Dies ist nur dann der Fall, wenn das Zahlungsziel entweder nicht ausgenutzt wird oder nicht über das Periodenende hinaus reicht.

Spiegelbildlich ergibt sich für den Abnehmer eine Verbindlichkeit gegenüber seinem Lieferanten, die bei Zahlung zu einem entsprechenden Mittelabfluss führt. Das Handelsunternehmen wird aus der Sicht des Industrieunternehmens zum Gläubiger (Kreditor). Obwohl der Einkaufsvorgang sofort zu einer Ausgabe führt, muss nicht unbedingt in der gleichen Periode ein Aufwand entstehen. Dies ist nur dann der Fall, wenn die gelieferten Produkte in der gleichen Periode verbraucht werden. Zudem können Ausgabe und Auszahlung dann auseinanderfallen, wenn das Zahlungsziel ausgenutzt wird und sich die Auszahlung dadurch in die nächste Periode verlagert.

Weitergehende Erläuterungen und umfassende Beispiele, die auch die Deskriptionsebene der Kostenrechnung berücksichtigen, finden sich in der zitierten Literatur.

Das Beispiel zeigt, dass ein enger Zusammenhang zwischen Strom- und Bestandsgrößen sowie den Begrifflichkeiten der einzelnen Deskriptionsebenen besteht. Abbildung 3.10_V1 verdeutlicht den Zusammenhang von Cashflow, Bilanz sowie Gewinn- und Verlustrechnung (GuV):

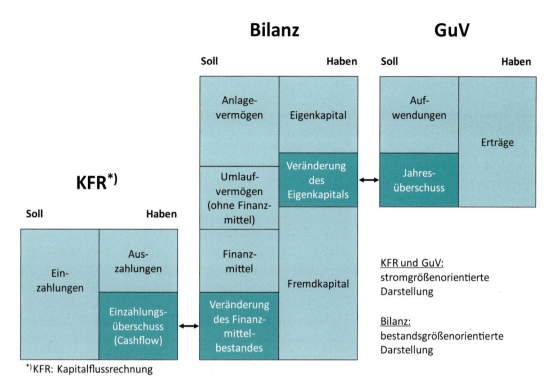

Abbildung 3.10-V1: Zusammenhang von Cashflow, Bilanz sowie
Gewinn- und Verlustrechnung (vgl. COENENBERG, 2005)

Die genannten Deskriptionsebenen, korrespondierenden Rechenwerke und zugehörigen Begrifflichkeiten können sowohl für Ist-Darstellungen als auch für Planungsrechnungen verwendet werden.

1.2 Finanzplanerstellung

Ein einfaches Ermittlungsschema zur Berechnung des Cashflows wurde bereits in Tabelle 3.10-G4 vorgestellt. Grundsätzlich kann der Cashflow aus zwei verschiedenen zeitlichen Perspektiven ermittelt werden:

- Finanzplanung: ex ante bzw. prospektive Ermittlung, d. h. im Voraus für zukünftige Perioden, oder
- Finanzkontrolle: ex post bzw. retrospektive Ermittlung, d. h. im Nachhinein für bereits realisierte Perioden

Die letztgenannte Perspektive liegt auch dem so genannten Cashflow-Statement (Kapitalflussrechnung) zugrunde, welches Bestandteil des (Konzern-)Jahresabschlusses von Kapitalgesellschaften ist. Hierfür haben sich bestimmte Berichtsformate etabliert, die sich aus den gesetzlichen Vorgaben bzw. anderweitig normierten Rechnungslegungsstandards (z. B. International Financial Reporting Standards) ergeben. Da eine wesentliche Aufgabe des Finanzmanagements in der Finanzkontrolle liegt, sollte die Planung bereits im gleichen Format erstellt werden, sodass nachfolgende Soll-Ist-Vergleiche erleichtert bzw. ohne vorherige Aufbereitungen oder Überleitungsrechnungen ermöglicht werden. Nachfolgend wird ein detailliertes Planungstableau zur Erstellung einer Finanzplanung in Form einer Plan-Kapitalflussrechnung vorgestellt, das sich an den gängigen Formaten orientiert und bei Bedarf gekürzt werden kann.

Die Grundkonzeption orientiert sich an so genannten **Aktivitätsformaten (Activity Formats)**. Dabei werden die liquiditätswirksamen betrieblichen Aktivitäten im Rahmen einer Ursachenrechnung den drei verschiedenen Bereichen „laufende Geschäftstätigkeit", „Investitionstätigkeit" und „Finanzierungstätigkeit" zugeordnet, um dann im Wege einer Fondsveränderungsrechnung die Auswirkungen auf die Bestandsgrößen aufzuzeigen. Tabelle 3.10-V3 zeigt den grundsätzlichen Aufbau einer (Plan-)Kapitalflussrechnung:

Tabelle 3.10-V3: (DECKER, 2008)

Aktivitäten und Fonds	Cashflows, Summen und Bestandssalden
Ursachenrechnung	
Laufende Geschäftstätigkeit (Operating Activities)	+/- Cashflow aus der laufenden Geschäftstätigkeit (+/- Net Cash from Operating Activities)
Investitionstätigkeit (Investing Activities)	+/- Cashflow aus der Investitionstätigkeit (+/- Net Cash from Investing Activities)
Finanzierungstätigkeit (Financing Activities)	+/- Cashflow aus der Finanzierungstätigkeit (+/- Net Cash from Financing Activities)
Fondsveränderungsrechnung	
Summe der Aktivitäten (Sum of Activities)	= Liquiditätssaldo/Summe der Cashflows (= Net In-/Decrease in Cash and Cash Equivalents)
Anfänglicher Finanzmittelbestand (Initial Cash Stock)	+ Finanzmittelfonds zum Periodenbeginn (+ Cash and Cash Equivalents at Beginning of Period)
Abschließender Finanzmittelbestand (Closing Cash Stock)	= Finanzmittelfonds am Periodenende (= Cash and Cash Equivalents at End of Period)

Die drei Ursachen- bzw. Aktivitätsfelder werden regelmäßig weiter detailliert, um ein genaueres Bild von den antizipierten oder realisierten Liquiditätsbewegungen zeichnen zu können.

Die **Ermittlung des Cashflows aus der laufenden Geschäftstätigkeit** kann auf zwei Arten erfolgen:

- **Direkte Methode**
  Bei der direkten Methode wird der Cashflow (genauer: der Cashflow aus der betrieblichen Tätigkeit) auf der Basis reiner Zahlungsgrößen ermittelt.
- **Indirekte Methode**
  Im Rahmen der indirekten Methode wird der Cashflow (genauer: der Cashflow aus der betrieblichen Tätigkeit) durch Rückrechnung aus einer (Plan-)Gewinn- und Verlustrechnung abgeleitet.

Im betrieblichen Alltag wird zur Ermittlung retrospektiver Kapitalflussrechnungen primär die indirekte Methode eingesetzt. Die direkte Methode findet in diesem Kontext nur dann Anwendung, wenn das Finanz- und Rechnungswesen bzw. die relevante Datenverarbeitungsumgebung neben den buchhalterischen Ertrags- auch die sachlich korrespondierenden Zahlungsgrößen vollumfänglich abbilden kann. Dagegen wird im Rahmen von prospektiven Kapitalflussrechnungen (Finanzplanungen) eher die direkte Methode eingesetzt. Tabelle 3.10-V4 zeigt beide Methoden im Vergleich:

Tabelle 3.10-V4: Cashflow aus der laufenden Geschäftstätigkeit (vgl. DECKER, 2008)

Direkte Methode	Indirekte Methode
+ Einzahlungen von Kunden (+ Cash Receipts from Customers)	+/- Ergebnis vor (Ertrag-)Steuern und außerordentlichen Posten (+ Profit/- Loss before Taxation and Extraordinary Items)
- Auszahlungen an Lieferanten/Beschäftigte (- Cash paid to Suppliers and Employees)	+ Abschreibungen auf Gegenstände des AV (+ Depreciations)
- Sonstige Auszahlungen, die nicht der Investitions- oder Finanzierungstätigkeit zuzuordnen sind (- Other Cash Expenses due to Operating Activities)	+ Verlust/- Gewinn aufgrund von Währungsumrechnungsdifferenzen (+ Foreign Exchange Loss/- Foreign Exchange Gain)
	- Ergebnisbeiträge aus Equity-Gesellschaften (- Income from Associates)
	+ Gezahlte Zinsen (+ Interest Expense)
	= Betriebsergebnis vor Änderungen des NWC (= Operating Profit before Working Capital Changes)
	+Abnahme/- Zunahme von Forderungen aus Lieferungen und Leistungen (+ Decrease /- Increase in Trade and other Receivables)
	+ Abnahme /- Zunahme von Vorräten (+ Decrease/- Increase in Inventories)
	+ Zunahme/- Abnahme von kurzfr. Verbindl. (+ Increase/- Decrease in Trade Payables)
= Cashflow aus der betrieblichen Tätigkeit (= Cash generated from Operations)	
- Auszahlungen für Zinsen (- Interest paid)	
- Gezahlte Steuern (- Income Taxes paid)	
= Cashflow vor außerordentlichen Posten (= Cash flow before Extraordinary Items)	
+/- Ein-/Auszahlungen aufgrund außerordentlicher Posten (+/- Adjustment for Extraordinary Items)	
= Cashflow aus der laufenden Geschäftstätigkeit (= Net Cash from Operating Activities)	

Alle investitionsbezogenen Zahlungsströme fließen in die Ermittlung des **Cashflows aus der Investitionstätigkeit** mit ein (Tabelle 3.10-V5).

Tabelle 3.10-V5: Cashflow aus der Investitionstätigkeit (vgl. DECKER, 2008)

- Auszahlung für Investitionen in das Sachanlagevermögen   (- Disbursements for the Purchase of Property, Plant and Equipment)
+ Einzahlungen aus Abgängen des Sachanlagevermögens   (+ Proceeds from Sale of Property, Plant and Equipment)
- Auszahlung für Investitionen in das immaterielle Anlagevermögen   (- Disbursements for the Purchase of Intangible Assets)
+ Einzahlungen aus Abgängen aus dem immateriellen Anlagevermögen   (+ Proceeds from Sale of Intangible Assets)
- Auszahlungen für den Kauf konsolidierter Unternehmen und Beteiligungen   (- Acquisition of Subsidiaries and Participation in Companies)
+ Einzahlungen aus dem Verkauf konsolidierter Unternehmen und Beteiligungen   (+ Disposal of Subsidiaries and Participation in Companies)
- Auszahlungen aufgrund von kurzfristigen Finanzmittelanlagen   (- Disbursement of Short-term Deposits and Financial Investments)
+ Einzahlungen aufgrund der Auflösung von kurzfristigen Finanzmittelanlagen   (- Liquidation of Short-term Deposits and Financial Investments)
+ Einzahlungen für erhaltene Zinsen   (+ Interest Received)
+ Einzahlungen für bezogene Dividenden/Ergebnisbeiträge aus Equity-Gesellschaften   (+ Dividends Received/Income from Associates)
= Cashflow aus der Investitionstätigkeit   (= Net Cash from Investing Activities)

Alle finanzierungsbezogenen Zahlungsströme mit Ausnahme der Auszahlungen für Zinsen werden im Cashflow aus der Finanzierungstätigkeit berücksichtigt (Tabelle 3.10-V6).

Tabelle 3.10-V6: Cashflow aus der Finanzierungstätigkeit (vgl. DECKER, 2008)

+ Einzahlungen aus Eigenkapitalzuführungen   (+ Proceeds from Issuance of Share Capital)
- Auszahlungen aus Eigenkapitalrückführungen (Kapitalherabsetzungen)   (- Repayment of Share Capital)
+ Einzahlungen aus der langfristigen Kreditaufnahme und Begebung von Anleihen   (+ Proceeds from Long-term Borrowings)
- Auszahlungen aufgrund der Rückführung langfristiger Kredite und Anleihen (Tilgungen)   (- Repayment of Long-term Borrowings)
- Auszahlungen für Verbindlichkeiten aus Finanzierungsleasingverträgen   (- Payment of Finance Lease Liabilities)
- Auszahlung von Dividenden   (- Dividends paid)
= Cashflow aus der Finanzierungstätigkeit   (= Net Cash from Financing Activities)

Der Cashflow wird u. a. herangezogen, um die Verschuldungsfähigkeit eines Unternehmens zu ermitteln. In diesem Zusammenhang wird regelmäßig aus den bereits skizzierten Teilgrößen „Cashflow aus der laufenden Geschäftstätigkeit" und „Cashflow aus der Investitionstätigkeit" der so genannte **Free Cash Flow** berechnet (Tabelle 3.10-V7).

Tabelle 3.10-V7: Free Cash Flow (vgl. DECKER, 2008)

+ Net Cash from Operating Activities	(Cashflow aus der laufenden Geschäftstätigkeit)
- Net Cash from Investing Activities	(Cashflow aus der Investitionstätigkeit)
= Free Cash Flow (Equity)	([Eigenkapitalbezogener] Frei verfügbarer Cashflow)
+ Interest Paid	(Auszahlungen für Zinsen)
= Free Cash Flow (Entity)	([Gesamtkapitalbezogener] Frei verfügbarer Cashflow)

Während der eigenkapitalbezogene Free Cashflow ausschließlich zur Bedienung des Eigenkapitals zur Verfügung steht (Dividende), muss aus dem gesamtkapitalbezogenen Free Cashflow sowohl das Eigen- als auch das Fremdkapital vergütet werden (Dividenden und Zinsen).

Abschließend sei darauf hingewiesen, dass sich in der Literatur vielfältige Variationen der obigen Darstellungen finden, die sich häufig auf die folgenden Ursachen zurückführen lassen:

- Es werden andere oder modifizierte Bezeichnungen und/oder Abkürzungen verwendet.
- Die Darstellungsformen orientieren sich an anderen Rechnungslegungsstandards.
- Gezahlte Zinsen werden nicht im Cashflow aus der laufenden Geschäftstätigkeit, sondern im Cashflow aus der Finanzierungstätigkeit berücksichtigt.
- Steuerzahlungen werden möglicherweise an einer anderen Stelle oder in pauschalierter Form vorgenommen.

Unter sonst gleichen Bedingungen sollten sich alle Darstellungsformen durch Überleitungsrechnungen ineinander überführen lassen.

1.3 Modellcharakter

Bislang erfolgten eine Auseinandersetzung mit der Terminologie der betrieblichen Finanzwirtschaft und eine detaillierte Skizzierung des möglichen Aufbaus von Finanzplanungen bzw. von prospektiven Kapitalflussrechnungen. Damit haben wir uns primär mit technischen Aspekten beschäftigt. Eine Planung beinhaltet aber auch implizit konkrete Handlungsanweisungen zur Erreichung zukünftiger Ergebnisse. Wir müssen also einerseits eine Zielvorstellung definieren und andererseits alle Wirkungsmechanismen und Zusammenhänge berücksichtigen, die zur Zielerreichung erforderlich sind. Das letztgenannte theoretische Ideal der Vollständigkeit wird regelmäßig sehr schwer oder unmöglich sein. Dies liegt zum einen daran, dass wir zukünftige Ereignisse nicht mit Sicherheit antizipieren können. Zum anderen weist die (ökonomische) Realität bereits in der Gegenwart eine Komplexität auf, die eine vollständige (rechnerische) Abbildung regelmäßig verhindert. Gerade im Zusammenhang mit noch nicht existenten ökonomischen Systemen, wie z. B. Projekten, Programmen und Portfolios, wird deshalb auch der Begriff „Finanzierungsmodell" (Financial Model) verwendet. Hierdurch soll der Modellcharakter der Finanzplanung hervorgehoben werden.

> **Definition** Modelle können als reduzierte Abbilder der Realität interpretiert werden, die zur Lösung von Problemen formuliert werden, die auf der Grundlage der Modellvorlagen (Originale) alleine nicht lösbar sind.

Anders ausgedrückt, werden Modelle mit dem Ziel der Komplexitätsreduktion formuliert. Dies geschieht durch Abstraktion vom realen oder fiktiven Vorbild, sodass die zu berücksichtigenden Phänomene und Zusammenhänge ausgewählt und die Art ihrer Abbildung festgelegt werden müssen. Dabei lassen sich zwei Modelltypen unterscheiden (vgl. WÖHE & DÖRING, 2005):

- **Reduktivmodelle**
  Die reale Vorlage wird durch Isolierung und Auswahl einzelner Phänomene und Zusammenhänge auf das (angenommene) Wesentliche reduziert.
- **Konstruktivmodelle**
  Durch Heranziehen von ausgewählten allgemeinen Phänomenen und Zusammenhängen der ökonomischen Realität bzw. Theorien wird ein simplifiziertes Modell einer gedanklichen (fiktiven) Modellvorlage konstruiert.

Obwohl Mischformen beider Modelltypen auftauchen können, haben Finanzierungsmodelle für bereits existierende Unternehmen eher den Charakter von Reduktivmodellen und Finanzierungsmodelle für neue Vorhaben (Projekte) tendenziell denjenigen von Konstruktivmodellen.

Warum ist die Betonung des Modellcharakters wichtig? Bei der finanzierungsseitigen Begleitung von Projekten (bzw. Programmen und Portfolien) wird es regelmäßig darum gehen, ein Finanzierungskonzept, d.h. eine Vorstellung von der zukünftigen finanzwirtschaftlichen Struktur eines Vorhabens, zu entwickeln. Dabei sind fast immer verschiedene Lösungsansätze bzw. Ergebnisausprägungen möglich. Es geht also darum, ein Modell zu entwickeln, dass alternative Annahmen und damit Szenarien abbilden und vor dem Hintergrund einer Zielfunktion bewerten kann. Die Finanzplanung wird damit zu einer „modellgestützten Finanzplanung". Abbildung 3.10-V2 zeigt den Zusammenhang zwischen dem Projektfinanzierungskonzept und der modellgestützten Finanzplanung auf:

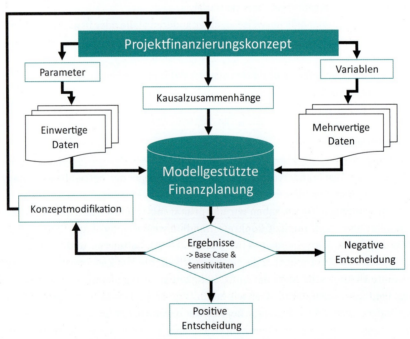

Abbildung 3.10-V2: Projektfinanzierungskonzept und modellgestützte Finanzplanung (DECKER, 2008)

Das gedanklich gebildete Modell des Projektfinanzierungskonzepts beinhaltet implizit die Parameter (Konstanten), Variablen und Kausalzusammenhänge eines geplanten Vorhabens, die in der modellgestützten Finanzplanung mithilfe von entsprechenden Datenfeldern und Algorithmen explizit, jedoch in reduzierter Form (re-)konstruiert werden müssen. Die modellgestützte Finanzplanung muss dabei so aufgebaut sein, dass Rückschlüsse für eine Optimierung des Konzeptes sowie positive oder negative Grundsatzentscheidungen über die finanzwirtschaftliche Durchführbarkeit eines Projektes ermöglicht werden.

Abbildung 3.10-V3 zeigt den Zusammenhang von Parametern, Variablen und Kausalzusammenhängen am Beispiel der Zeitverfügbarkeit einer Ressource:

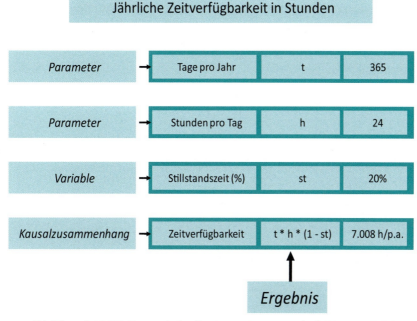

Abbildung 3.10-V3: Zeitverfügbarkeit einer Ressource (vgl. DECKER, 2008)

Das Beispiel in Abbildung 3.10-V3 adressiert nur einen kleinen Teilausschnitt aus einem Planungsmodell. Je nach Projektgröße kann eine modellgestützte Finanzplanung aus Hunderten bis Tausenden von miteinander verknüpften Kausalbeziehungen sowie den jeweils korrespondierenden Datenfeldern für Parameter und Variablen aufgebaut sein.

Modellgestützte Finanzplanungen für Projekte, Portfolien und Programme stellen Arbeitshypothesen dar, die komplexe zukünftige Sachverhalte adressieren und somit ex ante nicht rektifizierbar, d. h. auf ihre Richtigkeit bzw. Fehlerfreiheit zu überprüfen sind. Das Modell kann nur dadurch ex ante falsifiziert werden, dass sich logische Widersprüche aufdecken lassen. Aufgrund unsicherer Erwartungen stellen modellgestützte Finanzplanungen keine deterministischen, sondern stochastische Modelle dar: Die Realisierung der ermittelten Planwerte kann nicht mit absoluter Sicherheit erwartet, sondern nur mit einer gewissen Wahrscheinlichkeit angenommen werden.

1.4 Modularität

Mehrheitlich werden sich modellgestützte Finanzplanungen, die für Projekte bzw. isolierte Vorhaben in existierenden Unternehmen aufgestellt werden, nicht ausschließlich auf die Darstellung zahlungsbezogener Vorgänge beschränken können. Vielmehr wird es erforderlich sein, vorhergehende Sachgebiete zu integrieren. Aus Gründen der Übersichtlichkeit erfolgt dies regelmäßig im Rahmen eigener Module, die bei der Umsetzung mithilfe von Tabellenkalkulationsprogrammen separat programmiert werden.

Abbildung 3.10-V4 zeigt beispielhaft den modularen Aufbau einer modellgestützten Finanzplanung:

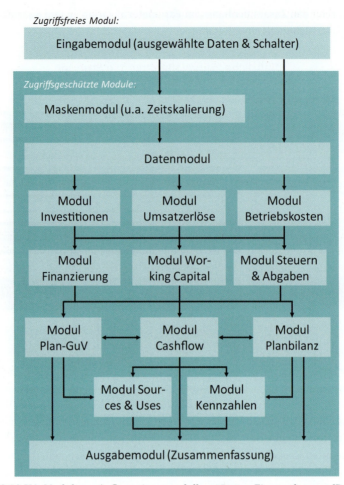

Abbildung 3.10-V4: Modularer Aufbau einer modellgestützten Finanzplanung (DECKER, 2008)

Die modellgestützte Finanzplanung wird dabei so aufgebaut, dass berechtigte dritte Personen auf ein Eingabemodul zugreifen können, um die Auswirkung eigener Annahmen durch Betätigen ausgewählter Schalter oder die Eingabe alternativer Datenszenarien durchspielen zu können. In einem zugriffsgeschützten Bereich befinden sich hingegen die Annahmen zur grundsätzlichen Modellstruktur (u.a. „Maskenmodule"), die Kerndaten sowie die Verarbeitungsalgorithmen. Durch die Modularität soll erreicht werden, dass sachlich zusammengehörige Themengebiete isoliert und damit übersichtlich abgebildet werden, ohne dass der Gesamtzusammenhang verloren geht.

2 Prognose

2.1 Prognosefelder

Bei der Erläuterung des Modellcharakters der Finanzplanung wurde ausgeführt, dass die Parameter (Konstanten), Variablen und Kausalzusammenhänge eines geplanten Vorhabens mithilfe von entsprechenden Datenfeldern und Algorithmen zu Ergebnis- bzw. Entscheidungsgrößen verarbeitet werden. Für Datenfelder, die mehrere Werteausprägungen annehmen können (Variablen), ergibt sich damit das Erfordernis zur Prognose von Eingabewerten. Zudem kann bei längerfristigen Planungshorizonten die Frage nach dem Fortgelten von Konstanten und Kausalzusammenhängen entsprechende Prognoseaussagen bedingen.

Bei Projekten mit einem umfänglichen wirtschaftlichen Bezug (wie z. B. Projektfinanzierungen im engeren Sinne) können die folgenden Prognosefelder unterschieden werden:

- Technik
- Märkte
- Management und Betrieb
- Gesamtwirtschaftliche Rahmendaten
- Abgaben und Rechnungslegung
- Rechtsdurchsetzung/Genehmigungserhalt
- Umwelt
- Versicherungen
- Bonität von Vertragspartnern

Zusätzlich müssen Vorstellungen darüber entwickelt werden, welche Rahmen- bzw. Umfeldbedingungen auf den einzelnen Prognosefeldern in den einzelnen Planungsperioden mit hinreichender Wahrscheinlichkeit gelten (könnten). Damit kann auch die Prognose von politischen und soziologischen Rahmenbedingungen erforderlich werden. Das folgende Beispiel zeigt die Bedeutung derartiger Rahmen- bzw. Umfeldbedingungen für die modellgestützte Finanzplanung auf:

Ein deutsches Unternehmen erhält von einer ausländischen Regierung die Genehmigung, ein Industrieprojekt zu errichten. Noch während der Bauphase kommt es nach vorhergehenden Neuwahlen zu einem Regierungswechsel. Die neue Administration entzieht dem Projekt die Genehmigung und droht mit Enteignung, wenn nicht höhere Konzessionsgebühren entrichtet werden. Die Ergebnisse der ursprünglich, d. h. vor Baubeginn, erstellten modellgestützten Finanzplanung werden dadurch obsolet. Dem ursprünglichen Finanzierungskonzept des Projektes wird durch die veränderte Auszahlungsstruktur die Grundlage entzogen.

2.2 Prognoseverfahren

Je nach dem betrachteten Prognosegebiet stehen verschiedene Prognoseverfahren zur Verfügung. Die verwendeten Methoden lassen sich in zwei Gruppen einteilen:

Heuristische Verfahren (Qualitative Methoden)

Häufig fehlt ein entsprechend umfangreiches historisches Datenmaterial (Zeitreihen), aus dem sich empirisch belastbare Prognoseaussagen ableiten lassen. Mathematisch-statistische Verfahren sind bei derartigen Fallkonstellationen nicht sinnvoll anwendbar. Zudem eignen sich bestimmte Prognosefelder (Technik, Management/Betrieb, Abgaben/Rechnungslegung, Rechtsdurchsetzung/Genehmigungserhalt, Umwelt, Versicherung, politische und soziologische Rahmenbedingungen) nicht oder nicht durchgängig für den Einsatz quantitativer Methoden. Bei diesen Aufgabenstellungen sowie insbesondere im Rahmen der langfristigen Zukunftsforschung (Trendforschung, Futurologie) und bei (innovativen) Neuprodukteinführungen kommen daher heuristische Verfahren der Prognose zur Anwendung. Diese sind dadurch gekennzeichnet, dass Experten im Rahmen einer durch die jeweilige Methode vorgegebenen strukturierten Vorgehensweise zu Prognoseaussagen gelangen. Häufig fehlt eine vollumfängliche theoretische Fundierung der Methodik bzw. der Aussagenlogik. Bekannte heuristische Verfahren sind u. a. Vertreter-, Experten- und Verbraucherbefragungen, die Delphi-Methode, die Szenario-Technik und Analogieschlüsse.

Mathematisch-statistische Verfahren (Quantitative Methoden)

Bei Vorliegen aussagekräftiger Zeitreihen können Prognoseaussagen mithilfe von mathematisch-statistischen Verfahren generiert werden. Dabei lassen sich univariate und multivariate Verfahren unterscheiden. Univariate Verfahren schreiben Zeitreihen für ausgewählte Variablen (z. B. Beschaffungspreise oder Absatzzahlen) in die Zukunft fort (so genannte Trendextrapolation). Ein Bezug zu anderen Zeitreihen mit kausalen Erklärungsfaktoren wird dabei nicht hergestellt. Dem entgegen werden bei multivariaten Verfahren weitere Erklärungsfaktoren (exogene Variablen) aus anderen Zeitreihen herangezogen, um die Zeitreihen fortzuschreiben. Dabei wird eine mehr oder weniger (fachwissenschaftlich) begründbare Kausalbeziehung unterstellt („Zusammenhang zwischen der Niederschlagsmenge und den Absatzzahlen für Regenschirme").

Als Beispiele für mathematisch-statistische Prognoseverfahren lassen sich die Exponentielle Glättung, das Box-Jenkins-Verfahren, Saisonverfahren, das adaptive Filtern, Wachstums-/Sättigungsmodelle sowie Indikatormodelle und Multiple Regressionsanalysen nennen.

Für eine detaillierte Darstellung der Verfahren muss auf die einschlägige Literatur verwiesen werden (vgl. BROCKHOFF, 1977; HANSMANN, 1983; HÜTTNER, 1986; PODDIG, 1996).

3 Risiko

3.1 Begriffe

Modellgestützte Finanzplanungen dienen der Unterstützung, respektive Begleitung, unternehmerischer Entscheidungen. Aufgrund des Modellcharakters einerseits sowie des Erfordernisses zur Prognose von Konstanten, Variablen und Kausalzusammenhängen andererseits, unterliegen Vorschaurechnungen grundsätzlich der Unsicherheit. Im Rahmen des Finanzmanagements muss das Vorliegen von Unwägbarkeiten berücksichtigt werden. Abbildung 3.10-V5 zeigt in Abhängigkeit vom Sicherheitsgrad der Entscheidungsinformationen eine Einteilung von Entscheidungssituationen.

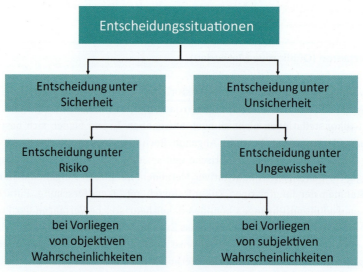

Abbildung 3.10-V5: Entscheidungssituationen (vgl. DECKER, 2008)

Entscheidungen unter Sicherheit stellen eine fiktive Fallkonstellation bzw. eine Hilfskonstruktion für theoretische Modellwelten dar. In der betrieblichen Praxis besitzen sie keine Bedeutung.

Entscheidungssituation unter Unsicherheit stellen aufgrund unvollkommener Voraussicht zukünftiger Ereignisse den Regelfall für unternehmerische Entscheidungen dar. Die denkbaren Unsicherheitskonstellationen können weiter unterteilt werden in:

- Entscheidungen unter Risiko
  Bei Entscheidungen unter Risiko liegen objektive oder subjektive Vorstellungen über die Wahrscheinlichkeit zukünftiger Umweltzustände vor. Objektive Wahrscheinlichkeiten werden mithilfe von mathematisch-statistischen Verfahren gewonnen. Subjektive Wahrscheinlichkeiten stellen den Grad der individuellen Überzeugung des Entscheidungsträgers dar.
- Entscheidungen unter Ungewissheit
  Bei einer Entscheidung unter Unsicherheit lassen sich weder objektive noch subjektive Wahrscheinlichkeiten gewinnen oder heranziehen. Es ist nur bekannt, dass sich in der Zukunft verschiedene Ergebnisausprägungen einstellen können.

Bei der Aufstellung von modellgestützten Finanzplanungen sowie der Ableitung von darauf basierenden unternehmerischen Entscheidungen dürfte sich das (Finanz-)Management regelmäßig mit Risikosituationen, die durch das Vorliegen von objektiven und/oder subjektiven Wahrscheinlichkeiten gekennzeichnet sind, konfrontiert sehen. Die Ursachen und die potentiellen Wirkungen des latent vorhandenen Risikos müssen daher im Rahmen einer Risikoanalyse untersucht werden.

3.2 Formen der Risikoanalyse

3.2.1 Qualitative Risikoanalyse

Die qualitative Risikoanalyse dient der Identifikation und Klassifizierung der generischen Risikostruktur eines Unternehmens oder eines Projektes. Dabei werden technische Risiken, ökonomische Risiken (operationale Risiken, Versorgungsrisiken, Marktrisiken), finanzwirtschaftliche Risiken, (politische und wirtschaftliche) Länderrisiken sowie Force Majeure-Risiken analysiert und in ihren Auswirkungen beschrieben (vgl. DECKER, 2008):

- Technische Risiken
  - Planungsrisiko
  - Fertigstellungsrisiko
  - Kostenerhöhungsrisiko
  - Umweltrisiko
  - Transportrisiko
  - Verfahrenstechnisches Risiko
  - Aktives Innovationsrisiko
  - Passives Innovationsrisiko
- Operationale Risiken
  - Betriebsrisiko
  - Managementrisiko
  - Risiko doloser Handlungen
  - Wartungsrisiko
  - Instandsetzungsrisiko
- Versorgungsrisiken
  - Beschaffungsrisiko
  - Abbau-(Förder-)/Explorationsrisiko
  - Standort/Windrisiko
  - Ernte-/Bestandsrisiko

- Marktrisiken
  - Mengenrisiko
  - Preisrisiko
  - Produkt-/Innovationsrisiko
  - Obsoleszenzrisiko
  - Deregulierungsrisiko
- Finanzwirtschaftliche Risiken
  - Finanzplanungsrisiko
  - Strukturelles Risiko
  - Schachtel-/Holdingrisiko (gesellschaftsrechtliches Risiko)
  - Anschlussfinanzierungs-/Refinanzierungsrisiko
  - Bonitätsrisiko
  - Kapitalstrukturrisiko
  - Zinsänderungsrisiko
  - Margenänderungsrisiko
  - Wechselkursrisiko
  - Inflations-/Deflationsrisiko
- Politische Länderrisiken
  - Konvertierungs-, Transfer-, Moratorienrisiko
  - Direktes Enteignungsrisiko
  - Risiko der schleichenden Enteignung
  - Embargorisiko
  - Boykottrisiko
  - Genehmigungsrisiko
  - Steueränderungsrisiko
  - Rechtsänderungsrisiko
  - Rechtsdurchsetzungsrisiko
- Wirtschaftliche Länderrisiken
  - Makroökonomisches Länderrisiko
  - Mikroökonomisches Länderrisiko
- Force Majeure-Risiken („Höhere Gewalt"-Risiken)
  - Naturkatastrophenrisiko
  - Kriegs-, Terror-, Aufruhr-, Streikrisiko
  - Verbrechensrisiko
  - Seuchen-/Krankheitsrisiko

Nicht bei jedem unternehmerischen Vorhaben werden alle der genannten Risiken zu analysieren sein. Es können zudem neue Unwägbarkeiten auftauchen, die sich nicht unter eine Position aus der obigen Liste subsumieren lassen.

3.2.2 Quantitative Risikoanalyse

Quantitative Risikoanalysen dienen dazu, die im Rahmen der qualitativen Risikoanalyse gewonnenen Erkenntnisse – soweit möglich – in konkrete Zahlen umzusetzen. Hierzu wird der Basisfall der modellgestützten Finanzplanung herangezogen und die Auswirkungen von Annahmeänderungen auf die Ziel- bzw. Ergebnisgrößen analysiert. In der betrieblichen Praxis werden drei Verfahren der quantitativen Risikoanalyse unterschieden:

Sensitivitätsanalysen

Durch Sensitivitätsanalysen **mittels allgemeiner Korrekturverfahren** soll untersucht werden, wie sich die pauschale bzw. prozentuale Veränderung einzelner Variablen der modellgestützten Finanzplanung auf ausgewählte Ergebnisgrößen (z. B. Free Cash Flow, Kapitalwert etc.) auswirken. Die Variation kann periodenindividuell oder periodenübergreifend erfolgen. Ferner können entweder eine exemplarische Planungsperiode oder mehrere bzw. alle Planungsperioden betrachtet werden. Problematisch ist die subjektive Auswahl der Auf- oder Abschläge für die Korrektur der Variablen. Andererseits handelt es sich um ein praktikables und transparentes Verfahren.

Im Rahmen von **Sensitivitätsanalysen durch Ermittlung kritischer Werte** werden einzelne Variablen so lange variiert, bis sich für eine ausgewählte absolute oder relative Ergebnisgröße ein entscheidungsindifferentes Ergebnis (z. B. Kapitalwert = 0 etc.) einstellt. Beispiele für kritische Werte sind kritische Anschaffungs- bzw. Investitionskosten, kritische Kalkulationszinssätze (interne Zinsfüße), Break-even-Verkaufspreise, Break-even-Absatzmengen, kritische Nutzungsdauern (Amortisationsperioden) und kritische Stückkosten. Probleme können bei komplexen und umfangreichen modellgestützten Finanzplanungen mit vielfältigen Kausalbeziehungen dadurch entstehen, dass die formelmäßige Umsetzung der Sensitivitätsanalyse schwierig und fehleranfällig sein kann. Zudem kann immer nur ein kritischer Wert zurzeit ermittelt werden. Andererseits lassen sich durch die Ermittlung kritischer Werte besonders reagible Variablen identifizieren, die einer besonderen Beachtung durch das Management bedürfen. Die subjektive Auswahl der Auf- oder Abschläge für die Korrektur der Variablen entfällt.

Szenarioanalysen

Szenarioanalysen sollen den Nachteil von Sensitivitätsanalysen mittels allgemeiner Korrekturverfahren dadurch ausgleichen, dass verschiedene Ausprägungen für relevante Variablen mit der modellgestützten Finanzplanung durchgerechnet werden. Typischerweise werden hierfür drei als realistisch empfundene Szenarien mit entsprechenden Datenannahmen definiert, welche im angelsächsischen Finanzjargon als Best Case (Optimistic Case), Base Case, Worst Case (Pessimistic Case) bezeichnet werden. Die derart abgeleiteten absoluten oder relativen Ergebnisgrößen sollen die Bandbreite möglicher zukünftiger Szenarien aufzeigen. Die vorstehend skizzierten Vor- und Nachteile von Sensitivitätsanalysen mittels allgemeiner Korrekturverfahren gelten analog.

Simulationsbasierte Risikoanalysen

Der Nachteil von Sensitivitäts- und Szenarioanalysen liegt darin, dass immer nur einige wenige subjektive Variationen von Variablen durchgerechnet werden können. Simulationsbasierte Risikoanalysen verfolgen dagegen das Ziel, eine möglichst große Anzahl von Ausprägungen und Kombinationen von Variablen zu simulieren. Grundsätzlich lassen sich Monte-Carlo-Simulationen und historische Simulationen unterscheiden. Bei der **Monte-Carlo-Simulation** werden zunächst die unsicheren und damit zu simulierenden Input-Größen ausgewählt. Danach werden für diese Variablen jeweils Wahrscheinlichkeitsverteilungen geschätzt bzw. festgelegt. Stochastische Abhängigkeiten zwischen den einzelnen Inputgrößen werden durch Korrelationen beschrieben. Mithilfe eines Zufallszahlengenerators werden Zufallszahlen ermittelt und in die Verteilungsfunktion eingesetzt und dann die derart bestimmte Variablenausprägung mit der modellgestützten Finanzplanung durchgerechnet. Dieser Vorgang wird hinreichend häufig wiederholt (ca. 100.000 bis 1.000.000 Ziehungen). Als Resultat ergibt sich keine einwertige relative oder absolute Ergebnisgröße, sondern eine Verteilungsfunktion bzw. ein korrespondierendes Risikoprofil, das die Wahrscheinlichkeit des Erreichens bzw. Abweichens von der gesamten Bandbreite der denkbaren Ausprägungen der Ergebnisgröße angibt.

Neben theoretischen Kritikpunkten, die sich im Wesentlichen auf die subjektive Auswahl von Wahrscheinlichkeitsverteilungen und Korrelationen konzentrieren, sprechen häufig ganz pragmatische Gründe gegen simulationsbasierte Risikoanalysen. Der nicht triviale Programmier- und erhebliche

Rechenaufwand lassen sich zwar durch entsprechende Softwareapplikationen und neue Rechnergenerationen mittlerweile auf ein handhabbares Maß reduzieren. Allerdings bereitet die Interpretation der Ergebnisse den meisten Entscheidungsträgern nach wie vor Probleme. Dies mag daran liegen, dass Menschen nur in Ausnahmefällen daran gewöhnt sind, in Wahrscheinlichkeitsverteilungen zu denken. Um die subjektive Auswahl von Wahrscheinlichkeitsverteilungen und Korrelationen zu vermeiden, wird bei der **historischen Simulation** auf historische Zeitreihen zurückgegriffen. Ansonsten gleicht das Verfahren im Wesentlichen der Monte-Carlo-Simulation. Praktische Probleme kann die Beschaffung entsprechend verlässlicher und sachgerechter Zeitreihen mit sich bringen. Die implizite Unterstellung, dass die historischen Daten auch weiterhin für zukünftige Perioden repräsentativ sind (so genannte „Zeitstabilitätshypothese"), muss jeweils kritisch hinterfragt werden. Es verbleibt zudem das Problem der Ergebnisinterpretation durch die Entscheidungsträger.

4 Zusammenfassung

Grundsätzlich wird in der betrieblichen Finanzwirtschaft zwischen Strom- und Bestandsgrößen unterschieden, die sich auf verschiedenen finanzwirtschaftlichen Deskriptionsebenen, d. h. Investitions-, Finanz- und Liquiditätsrechnung sowie Finanzbuchhaltung, Kostenrechnung und kurzfristige Erfolgsrechnung, in korrespondierenden Positionen konkretisieren. Dabei besteht ein enger sachlogischer Zusammenhang zwischen Strom- und Bestandsgrößen sowie den Begrifflichkeiten der einzelnen Deskriptionsebenen. Die vorgestellte Terminologie kann sowohl für Ist-Darstellungen als auch für Planungsrechnungen verwendet werden.

Cashflow-Statements (Kapitalflussrechnungen) können sowohl prospektiv, d. h. zur Planung zukünftiger Perioden (Finanzplanung), als auch retrospektiv, d. h. zur Berichterstattung über abgeschlossene Perioden (Finanzkontrolle), eingesetzt werden. Da die Finanzplanung bereits in einem Format erstellt werden sollte, der einen nachfolgenden Soll-Ist-Vergleich erleichtert, können übliche Darstellungsformen der Kapitalflussrechnung gewählt werden. Diese orientieren sich regelmäßig an so genannten Aktivitätsformaten und untergliedern die Zahlungsströme in die Bereiche „laufende Geschäftstätigkeit", „Investitionstätigkeit" und „Finanzierungstätigkeit", um im Wege einer Fondsveränderungsrechnung die Auswirkungen auf die Bestandsgrößen aufzuzeigen. Der Cashflow aus der laufenden Tätigkeit kann direkt auf der Basis reiner Zahlungsgrößen ermittelt oder indirekt durch Rückrechnung aus einer (Plan-)Gewinn- und Verlustrechnung abgeleitet werden. Aus den Teilgrößen „Cashflow aus der laufenden Geschäftstätigkeit" und „Cashflow aus der Investitionstätigkeit" lässt sich der so genannte eigenkapitalbezogene Free Cashflow (Equity) sowie unter Hinzurechnung der gezahlten Zinsen der gesamtkapitalbezogene Free Cashflow (Entity) berechnen. Der eigenkapitalbezogene Free Cashflow steht ausschließlich zur Bedienung des Eigenkapitals zur Verfügung (Dividende). Der gesamtkapitalbezogene Free Cashflow dient der Vergütung von sowohl Eigen- als auch Fremdkapital (Dividenden und Zinsen).

Finanzplanungen (prospektive Kapitalflussrechnungen) weisen zwangsläufig einen hohen Grad der Abstraktion von der ökonomischen Realität und damit einen Modellcharakter auf. Sie werden daher auch als modellgestützte Finanzplanungen bezeichnet und stellen in diesem Sinne für Projekte, Portfolien und Programme falsifizierbare Arbeitshypothesen dar.

Modellgestützte Finanzplanungen werden mit Hilfe von Tabellenkalkulationsprogrammen sowie aus Gründen der Übersichtlichkeit durch eine Vielzahl miteinander in Beziehung stehender und separat programmierter Module umgesetzt.

Modellgestützte Finanzplanungen bedingen Prognoseaussagen über Parameter (Konstanten), Variablen und Kausalzusammenhänge. Dabei lassen sich die Prognosefelder Technik, Märkte, Management und Betrieb, gesamtwirtschaftliche Rahmendaten, Abgaben und Rechnungslegung, Rechtsdurchsetzung/Genehmigungserhalt, Umwelt, Versicherungen sowie Bonität von Vertragspartnern unterscheiden. Je nach dem betrachteten Prognosegebiet stehen heuristische (qualitative) oder mathematisch-statistische (quantitative) Prognoseverfahren zur Verfügung.

Grundsätzlich lassen sich Entscheidungen unter Sicherheit und unter Unsicherheit unterscheiden. Letztere unterteilen sich wiederum in Entscheidungen unter Risiko und unter Ungewissheit. Bei Entscheidungen unter Risiko liegen objektive oder subjektive Vorstellungen über die Wahrscheinlichkeit zukünftiger Umweltzustände vor. Bei Entscheidungen unter Ungewissheit existieren keinerlei Informationen oder Vorstellungen über die Zukunft.

Aus dem Vorliegen einer Entscheidungssituation unter Risiko resultiert das Erfordernis nach einer Risikoanalyse. Während die qualitative Risikoanalyse der Identifikation und Klassifikation von Risiken dient, zielt die quantitative Risikoanalyse auf die Risikomessung bzw. Risikobewertung ab. Hierfür können Sensitivitätsanalysen, Szenarioanalysen und/oder Simulationsanalysen eingesetzt werden.

5 Fragen zur Wiederholung

1	Wie sind Strom- und Bestandsgrößen definiert?	☐
2	Welche finanzwirtschaftlichen Deskriptionsebenen lassen sich unterscheiden und welches sind die jeweils zugehörigen Strom- und Bestandsgrößen?	☐
3	Wie sind die Strom- und Bestandsgrößen der II. und III. Deskriptionsebene definiert?	☐
4	Zeigen Sie grafisch den Zusammenhang von Cashflow, Bilanz sowie Gewinn- und Verlustrechnung auf.	☐
5	Aus welchen zwei verschiedenen zeitlichen Perspektiven kann der Cashflow ermittelt werden?	☐
6	Warum sollte die Finanzplanung in einem Format erstellt werden, das auch das Berichtswesen verwendet?	☐
7	Was versteht man unter einer an Aktivitätsformaten ausgerichteten Kapitalflussrechnung?	☐
8	Welche zwei Arten existieren, um Cashflows aus der laufenden Geschäftstätigkeit zu ermitteln?	☐
9	Was versteht man unter dem freien Cashflow?	☐
10	Welche zwei Arten des freien Cashflows lassen sich unterscheiden und welche Aussagekraft haben sie jeweils?	☐
11	Worauf ist die Existenz unterschiedlicher Schemata zur Ermittlung von Cashflows zurückzuführen?	☐
12	Was versteht man unter einem Modell?	☐
13	Worin liegt der Modellcharakter einer Finanzplanung?	☐
14	Worin liegt der Unterschied von Konstruktiv- und Reduktivmodellen?	☐
15	Was ist der Unterschied zwischen Parametern (Konstanten), Variablen und Kausalzusammenhängen einer modellgestützten Finanzplanung?	☐
16	Lassen sich modellgestützte Finanzplanungen ex ante rektifizieren?	☐
17	Was ist der Unterschied zwischen einem deterministischen und einem stochastischen Modell?	☐
18	Was versteht man unter der Modularität von modellgestützten Finanzplanungen?	☐
19	Benennen Sie die Module, aus denen sich eine modellgestützte Finanzplanung zusammensetzt.	☐
20	Warum entsteht das Erfordernis einer Prognose bei (modellgestützten) Finanzplanungen?	☐
21	Welche Prognosefelder lassen sich unterscheiden? Worin besteht deren Bedeutung für die modellgestützte Finanzplanung?	☐
22	In welche zwei Gruppen lassen sich die Prognoseverfahren unterscheiden?	☐
23	Warum muss das Risiko bei der Aufstellung und Interpretation von Finanzplanungen durch das Finanzmanagement berücksichtigt werden?	☐
24	Welche Entscheidungssituationen können unterschieden werden?	☐
25	Was versteht man unter einer qualitativen Risikoanalyse?	☐
26	Nennen Sie die Risikofelder und jeweils drei dazugehörige Risiken.	☐

27	Welche Aufgaben hat die quantitative Risikoanalyse?	☐
28	Was ist eine Sensitivitätsanalyse?	☐
29	Welche Formen der Sensitivitätsanalyse lassen sich unterscheiden?	☐
30	Was ist und wie funktioniert eine Szenarioanalyse?	☐
31	Was ist eine simulationsbasierte Risikoanalyse?	☐
32	Welche Formen der simulationsbasierten Risikoanalyse lassen sich unterscheiden?	☐

3.11 Rechtliche Aspekte: Besonderheiten bei Auftragsprojekten von Kunden (Legal)

Christoph Zahrnt

Hinweis:

Dieser Beitrag besteht nur aus dem Basisteil.

Literaturverzeichnis

Band 1

Grundannahmen eines kompetenzbasierten Projektmanagements

A Verwendete Literatur

Anderson, J. R., Greeno, J. G., Reder, L. M. & Simon, H. A. (2000). Perspectives on learning, thinking, and activity. Educational Researcher, 29 (4), 11-13.

Anderson, J. R. (2007). Kognitive Psychologie. 6. Auflage. Berlin, Heidelberg: Springer Verlag.

Angoff, W. H. (1971). Scales, norms and equivalent scores. In R. L. Thorndike (Ed.), Educational measurement, 2nd ed., 508-600. Washington, DC: American Council on Education.

APM Group Ltd. (2009a). PRINCE2 Foundation Examination. Online im www: http://www.apmgroup.co.uk/PRINCE2/Qualifications/FoundationExamination.asp (30.01.2009).

APM Group Ltd. (2009b). PRINCE2 Practitioner Examination. Online im www: http://www.apmgroup.co.uk/PRINCE2/Qualifications/PractitionerExamination.asp (30.01.2009).

APM Group Ltd. (2009c). PRINCE2 Accredited Training Organisation Listing (ATOs). Online im www. http://www.apmgroup.co.uk/PRINCE2/TrainingOrganisations/PRINCE2ATOListing.asp (30.01.2009).

De Jong, T. & Ferguson-Hessler, M. (1996). Types and qualities of knowledge. Educational Psychologist, 31, 105-113.

DeMarco, T. (1998). Der Termin. Ein Roman über Projektmanagement. München, Wien: Carl Hanser Verlag.

DIN Deutsches Institut für Normung e.V. (2009). DIN 69901-5. Projektmanagement. Projektmanagementsysteme. Teil 5: Begriffe. Berlin: Beuth Verlag.

Dreyfus, H.L. & Dreyfus, S.E. (1987). Künstliche Intelligenz. Von den Grenzen der Denkmaschine und dem Wert der Intuition. Reinbek beim Hamburg: rororo.

Foerster, H. v. (1985). Sicht und Einsicht. Braunschweig: Vieweg.

Gigerenzer, G. (2007). Bauchentscheidungen. Die Intelligenz des Unbewussten und die Macht der Intuition. München: Bertelsmann Verlag.

Gigerenzer, G. (2008). „Bauchgefühl schlägt Kopfentscheidung". Prof. Gerd Gigerenzer über Intuitionsforschung und Entscheidungen im Management. Verfasst von O. Steeger. Projektmanagement aktuell, 3/2008, 3-8.

GPM Deutsche Gesellschaft für Projektmanagement (2008a). ICB - IPMA Competence Baseline in der Fassung als Deutsche NCB 3.0. National Competence Baseline der PM-ZERT, Zertifizierungsstelle der GPM. Nürnberg: GPM.

GPM Deutsche Gesellschaft für Projektmanagement (2008b). Anleitung zum Transfernachweis. PM-ZERT, Zertifizierungsstelle der GPM. Nürnberg: GPM.

GPM Deutsche Gesellschaft für Projektmanagement (2009). Leitfaden für die Zertifizierung Basis-zertifikat im Projektmanagement (GPM). ZB 01. Nürnberg: GPM.

Gruber, H. (1994). Expertise. Opladen: Westdeutscher Verlag.

IPMA International Project Management Association (2006). ICB – IPMA Competence Baseline. Version 3.0. Nijkerk: IPMA.

Klieme 2004. Was sind und wie misst man Kompetenzen? Pädagogik, Jg. 56., H. 6., 10-13.

Klieme, E. & Hartig, J. (2007). Kompetenzkonzepte in den Sozialwissenschaften. Zeitschrift für Erziehungswissenschaft, 10. Jg., Sonderheft 8/2007, 11-29.

Klieme, E. & Leutner, D. (2006). Kompetenzmodelle zur Erfassung individueller Lernergebnisse und zur Bilanzierung von Bildungsprozessen. Beschreibung eines neu eingerichteten Schwerpunktprogramms der DFG. Zeitschrift für Pädagogik, Jg. 52, H. 6, 876-903.

Le Mouillour, I., Dunkel, T. & Sroka, W. (2004). Tätigkeits- und kompetenzorientierte Innovationen im formellen Weiterbildungssystem. In Arbeitsgemeinschaft betriebliche Weiterbildungsforschung e.V. / Projekt Qualifikations-Entwicklungs-Management (Hrsg.), Kompetenzentwicklung 2004, Lernförderliche Strukturbedingungen, 371-421. Münster: Waxmann.

OGC Office of Government Commerce (2009). Prince 2. Overview. Homepage unter: http://www.ogc.gov.uk/methods_prince_2.asp (01.02.2009).

OVG Oberverwaltungsgericht Münster (2006). Diplomprüfung. Beschluss vom 4. Oktober 2006. Online im www: http://www.birnbaum.de/downloads/20061004ovgmuenster.pdf (01.02.2009).

PMI Project Management Institute (2009a). Program Management Professional (PgMP) Credential Handbook. Online im www: http://www.pmi.org/PDF/PDC_PgMPHandbook.pdf (01.02.2009).

PMI Project Management Institute (2009b). Project Management Professional (PMP) Credential Handbook. Online im www: http://www.pmi.org/PDF/pdc_pmphandbook.pdf (01.02.2009).

PMI Project Management Institute (2009c). Certified Associate in Project Management (CAPM) Credential Handbook. Online im www: http://www.pmi.org/PDF/PDC_CAPMHandbook.pdf (01.02.2009).

Polanyi, M. (1985). Implizites Wissen. Frankfurt am Main: Suhrkamp.

Renkl, A. (1994). Träges Wissen. Die „unerklärliche" Kluft zwischen Wissen und Handeln. Forschungsbericht Nr. 41. München: Institut für Pädagogische Psychologie und Empirische Pädagogik.

Richter, F., Oschmann, D. & Hermet, V. (2004). Kompetenzmessung bei Personen aus dem Bereich Finanzdienstleistungen. In B. Bergmann u. a., edition QUEM, Bd. 17, Arbeiten und Lernen, 77-114. Münster: Waxmann.

Rost, J. (2004). Lehrbuch Testtheorie – Testkonstruktion. 2., überarb. und erw. Auflage. Bern: Verlag Hans Huber.

Roth, H. (1971). Pädagogische Anthropologie. Band 2. Hannover: Schroedel.

Rychen, D. S. & Hersh Salganik, L. (Eds.) (2001). Defining and Selecting Key Competencies. Seattle, Toronto: Hogrefe & Huber.

Schläppi, P., Hofer, D., Hofer, R. & Bloch, R. (2000). Kurzantwortfragen oder Multiple-choice-Fragen? Schweizerische Ärztezeitung, 2000;81: Nr. 6, 287-291. Online im www: http://www.saez.ch/pdf/2000/2000-06/2000-06-1441.pdf (01.02.2009).

Schön, D. A. (1983). The Reflective Practitioner. How Professionals think in Action. New York: Basic Books.

Schulze, J., Drolshagen, S., Nürnberger, F., Ochsendorf, F., Schäfer, V. & Brandt (2005). Einfluss des Fragenformates in Multiple-choice-Prüfungen auf die Antwortwahrscheinlichkeit. Eine Untersuchung am Beispiel mikrobiologischer Fragen. GMS Zeitschrift für Medizinische Ausbildung, 22(4):Doc218. Online im www: http://www.egms.de/pdf/journals/zma/2005-22/zma000218.pdf (01.02.2009).

Weinert, F. E. (2001). Concept of Competence: A Conceptual Clarification. In: D. Rychen & L. Hersh Salganik, L. (Eds.). Defining and Selecting Key Competencies. Seattle, Toronto: Hogrefe & Huber.

Willke, H. (1993). Systemtheorie I. Grundlagen. Eine Einführung in die Grundprobleme der Theorie sozialer Systeme. 4., überarb. Auflage. Stuttgart: Lucius & Lucius.

Willke, H. (1996). Systemtheorie II. Interventionstheorie. Grundzüge einer Theorie der Intervention in komplexe Systeme. 2., bearb. Auflage. Stuttgart: Lucius & Lucius.

Willke, H. (2001). Systemtheorie III. Steuerungstheorie. Grundzüge einer Theorie der Steuerung komplexer Sozialsysteme. 3., bearb. Auflage. Stuttgart: Lucius & Lucius.

1.00a Projekte, Projektmanagement und PM-Prozesse

A Verwendete Literatur

DIN (2000): DIN EN ISO 9000 – Qualitätsmanagementsysteme, Grundlagen und Begriffe. Berlin: Beuth.

DIN (2009a): DIN 69901-1. Projektmanagement – Projektmanagementsysteme. Teil 1: Grundlagen. Berlin: Beuth.

DIN (2009b): DIN 69901-2. Projektmanagement – Projektmanagementsysteme. Teil 2: Prozesse, Prozessmodell. Berlin: Beuth.

DIN (2009c): DIN 69901-5. Projektmanagement – Projektmanagementsysteme. Teil 5: Begriffe. Berlin: Beuth.

OGC (2007): Managing Successful Projects with PRINCE2 Manual 2005, 6th impression. London: TSO The Stationery Office.

PMI (2008). PMBoK – A Guide to the Project Management Body of Knowledge. Fourth Edition. Newtown Square: PMI Project Management Institute.

Schelle, H., Ottmann, R. & Pfeiffer, A. (2005). ProjektManager. 2. Auflage. Nürnberg: GPM.

VDA (1998). Sicherung der Qualität vor Serieneinsatz – Projektplanung. Band 4 Teil 3. Frankfurt: VDA Verband der Automobilindustrie e.V.

1.00b   Projektarten

A   Verwendete Literatur

Schelle, H., Ottmann, R. & Pfeiffer, A. (2005). ProjektManager. 2. Auflage. Nürnberg: GPM.

Kieser, A. & Kubicek, H. (1983). Organisation. 2. Auflage. Berlin: de Gruyter.

Foerster, H. v. (1985). Sicht und Einsicht. Braunschweig: Vieweg.

Hauschildt, J. (1999). Promotoren – Projektmanager der Innovation. In J. Hauschildt & H.G. Gemünden, Promotoren, Champions der Innovation. 2., erweiterte Auflage. Wiesbaden: Gabler.

Hauschildt, J. & Salomo, S. (2007). Innovationsmanagement. 4., überarbeitete, ergänzte und aktualisierte Auflage. München: Vahlen.

Schlaak, T. (1999). Der Innovationsgrad als Schlüsselvariable. Perspektiven für das Management von Produktentwicklungen. Wiesbaden: Dt. Univ.-Verlag. Hauschildt, 1999: 247.

Witschi, U., Schlager, G. & Scheutz, U. (1998). Projektmanagement in komplexer werdenden Situationen. Vom Nutzen des systemischen Ansatzes. In Organisationsentwicklung, 17. Jahrgang, Heft 1/1998.

DIN 19226-1 (1994). Leittechnik. Regelungstechnik und Steuerungstechnik. Allgemeine Grundbegriffe.Berlin: Beuth Verlag.

DIN 19226-4 (1994): Leittechnik. Regelungstechnik und Steuerungstechnik. Begriffe für Regelungs und Steuerungssysteme. Berlin: Beuth Verlag.

DIN (2009): DIN 69901-2. Projektmanagement – Projektmanagementsysteme. Teil 2: Prozesse, Prozessmodell. Berlin: Beuth.

Ulrich, H. & Probst, G. (1991). Anleitung zum ganzheitlichen Denken und Handeln. Ein Brevier für Führungskräfte. 3., erweiterte Auflage. Bern und Stuttgart: Haupt.

V-Modell XT Autoren und Andere (2006). V-Modell XT, Version 1.3. http://ftp.tu-clausthal.de/pub/institute/informatik/v-modell-xt/Releases/1.3/V-Modell-XT-Gesamt.pdf.

1.01   Projektmanagementerfolg

A   Verwendete Literatur

Lechler, T. (1996). Erfolgsfaktoren des Projektmanagements. Frankfurt am Main: Peter Lang.

Möller, T. & Dörrenberg, F. (2003). Projektmanagement. München: Oldenbourg.

Motzel, E. (2006). Projektmanagement Lexikon. Von ABC-Analyse bis Zwei-Faktoren-Theorie. Weinheim: Wiley-VCH.

RKW (Rationalisierungs- und Innovationszentrum der Deutschen Wirtschaft e.V.) /GPM (Deutsche Gesellschaft für Projektmanagement e.V.) (Hrsg.) (2003): Projektmanagement Fachmann. Eschborn: RKW-Verlag.

Internetquelle: http://dialog-erfolgsfaktorenforschung.de/

B   Weiterführende Literatur

Gruber, W. & Janotta, U. (2003). Benchmarking im Projektmanagement. München: Moveyourmind.

Kellner, H. (2001). Die Kunst IT-Projekte zum Erfolg zu führen, Ziele-Strategien-Teamleistungen. 2. Aufl. München: Carl Hanser.

Möller, T. (1999). Projektmanagement internationaler Joint Ventures, Methoden, Chancen und Risiken mit Beispielen in Mittel- und Osteuropa. Frankfurt am Main: Peter Lang.

Schelle, H. (2007). Projekte zum Erfolg führen. Projektmanagement systematisch und kompakt. München: DTV-Beck.

Schelle, H., Ottmann, R. & Pfeiffer A. (2005): ProjektManager. Nürnberg: GPM Deutsche Gesellschaft für Projektmanagement e.V.

Internetquelle: http://dialog-erfolgsfaktorenforschung.de/Projektmanagementerfolg

1.02 Interessengruppen / Interessierte Parteien

A Verwendete Literatur

Abresch, J.-P. (1999). Projektumfeld und Stakeholder. In RKW (Rationalisierungs-Kuratorium der deutschen Wirtschaft e.V.) & GPM (Deutsche Gesellschaft für Projektmanagement e.V.) (Hrsg.), Projektmanagement Fachmann. 5. Aufl. Band 1 (S. 61-79). Eschborn: RKW-Verlag.

Behrend, F. D. (2005). The socio-cultural challenge of effective knowledge management in virtual project environments. Doctoral Dissertation. Australien: University of Southern Queensland.

Bernecker, M. & Eckrich, K. (2003). Handbuch Projektmanagement. München: Oldenbourg.

Bundschuh, M. (1998). 1.7 Projekterfolgs- und -mißerfolgskriterien. In RKW (Rationalisierungs- Kuratorium der deutschen Wirtschaft e.V.) & GPM (Deutsche Gesellschaft für Projektmanagement e.V.) (Hrsg.), Projektmanagement Fachmann. 4. Aufl. 1. Band (S.207). Eschborn: RKW-Verlag.

Carroll, A. B. & Näsi, J. (1997). Understanding Stakeholder Thinking: Themes from a Finnish Conference. Business Ethics. A European Review. 6 (1), S. 46-51.

Clarke, T. (1998). The stakeholder corporation: A business philosophy for the information age. Long Range Planning 31 (2), S. 182-194.

Cleland, D. I. (1998). Stakeholder Management. In J. K. Pinto (Hrsg.), The Project Management Institute Project Management Handbook (S. 55-72). San Francisco: Jossey-Bass Inc.

Clarkson, M. B. E. (1995). A stakeholder framework for analyzing and evaluating corporate social performance. The Academy of Management Review 20 (1), S. 92-117.

DIN EN ISO 9004 [DIN EN ISO 9004]: Qualitätsmanagementsysteme Leitfaden zur Leistungsverbesserung. Stand:12 / 2000.

Dörrenberg, F. E. & Hoffmann, H.-E. (2004). Phasen in internationalen Projekten. In H.-E. Hoffmann, Y.-G. Schoper, & C. J. Fitzsimons, (Hrsg.), Internationales Projektmanagement. Interkulturelle Zusammenarbeit in der Praxis (S. 37-55). München: dtv.

Dyllick, T. (1984). Das Anspruchsgruppen-Konzept: Erfassen der Umweltbeziehungen der Unternehmung. Management-Zeitschrift io 53(2), S. 74-78.

Dworatschek, S. (2000, 2006). Reader: „Executive MBA Program, Module: Intern PM". Univ. of Maastricht, NL, 2000 und Reader: „PM-Methoden". IPMI Univ. Bremen 2006; unveröffentlicht.

Dworatschek, S. (2004). Unveröffentlichte Vorlesungsunterlage aus dem Sommersemester 2004.Grundlagen Projektmanagement. Stakeholder Analyse. Analyse von Interessenten-Gruppen Beteiligung, Betroffenheit und Einfluss, Risiken und Chancen. Version 3: 01.07.2004.

Ellmann, S. (2008). Management komplexer internationaler Projekte: Netzstrukturen, Governance und Handlungsempfehlungen. Dissertation am IPMI, Universität Bremen.

Ellmann, S, Meyer, M. M. & Weitlaner, E. (2006 a). Methodenbaukasten Stakeholdermanagement: Theorie und Praxis. In T. Möller & C. Steinle (Hrsg.), PM Forum 2006. Projektmanagement zur erfolgreichen Strategieumsetzung (S. 643-661). Nürnberg: GPM Deutsche Gesellschaft für Projektmanagement e.V.

Ewen, S. (1996): PR! A Social History of Spin. New York: Basic Books.

Fisher, R., Ury, W. & Patton, B. (2002). Das Harvard Konzept. Frankfurt: Campus.

Freeman, R. E. (1984). Strategic management – a stakeholder approach. Boston: Pitman.

Gareis, R. (2005). Happy Projects! Wien: Manz'Sche Verlags- Universitätsbuchhandlung.

Glasl, F. (1980). Konfliktmanagement: Diagnose und Behandlung von Konflikten in Organisationen. Bern: Haupt.

Glowitz, F. (1998). Motivation. In GPM & RKW (Hrsg.), Projektmanagement Fachmann.4. Aufl. Band 2 (S. 317-338). Eschborn: RKW-Verlag.

GPM (2007). Project Excellence Modell: http://www.gpmipma.de//docs/showsite.php?menu=01040203&GSAG=5ba4b1631d91da47b9ece994bf37ea94

Gray, C. & Larson, E. (2002). Project Management. The Complete Guide for Every Manager. New York: McGraw-Hill.

Harre, R. et al. (1998). Projektumfeldanalyse effizient gemacht. Nürnberg: GPM Deutsche Gesellschaft für Projektmanagement e.V.

Hoffmann, H-E. & Dörrenberg, F. E. (2004). Umfeldmanagement. In H.-E. Hoffmann; Y.-G. Schoper & Fitzsimons, C. J. (Hrsg.), Internationales Projektmanagement. Interkulturelle Zusammenarbeit in der Praxis (S. 57-76). München: Deutscher Taschenbuch Verlag GmbH Co. KG.

House, J., Hanges, J., Javidan, M., Dorfman, P., Gupta, V. (2004). Culture, Leadership and Organizations - The Globe Study of 62 Societies. Thousand Oaks: Sage Publications, Inc.

IPMA International Project Management Association (2006). ICB - IPMA Competence Baseline. Version 3.0 Njkerk: IPMA

IPMA (2007): Project Excellence Model: http://www.ipma.ch / awards / projexcellence / Pages / ProjectExcellenceModel. aspx

ISO (2003). Quality management systems – Guidelines for quality management in projects. ISO, ISO. 10006: 2003 (E): 40.

Janisch, M. (1993).Das strategische Anspruchsgruppenmanagement – vom Shareholder Value zum Stakeholder Value. Bern: Haupt.

Kant, I. (1788). Kritik der praktischen Vernunft. In V. Spierling (2002). Kleine Geschichte der Philosophie (S. 217). München: Piper.

Litke, H. D. (1995). Projektmanagement: Methoden, Techniken, Verhaltensweisen. München:
Carl Hanser.

Luhmann, N. (2006). Soziale Systeme. Grundriss einer allgemeinen Theorie. Frankfurt: Suhrkamp.

Machiavelli, N. (1513). Der Fürst. Frankfurt am Main: Insel.

Mayrshofer, D. & Kröger, H. A. (2001). Prozesskompetenz in der Projektarbeit. Hamburg: Windmühle.

Möller, T. (2003). 5. Projektmarketing. In m. Bernecker, K. Eckrich (Hrsg.), Handbuch Projektmanagement (S. 123-147). München: Oldenburg

Möller, T. & Dörrenberg, F. (2003). Projektmanagement. München: Oldenbourg.

Motzel, E. (2006). Projektmanagement Lexikon. Weinheim: Wiley-VCH.

Müller-Merbach, H. (1998). Ethik ökonomischen Verhaltens – Eine Lehre der verantwortungsbewussten Unternehmensführung in marktwirtschaftlichen Gesellschaftsordnungen. In H. Hesse (Hrsg.), Wirtschaftswissenschaft und Ethik (S.305-323). Berlin: Duncker & Humblot GmbH.

Olander, S. & Landin, A. (2005). Evaluation of stakeholder influence in the implementation of construction projects. International Journal of Project Management 23 (4), S. 321-328.

Patzak, G. & Rattay, G. (2004 & 2009). Projektmanagement – Leitfaden zum Management von Projekten, Projektportfolios und projektorientierten Unternehmen. 4. & 5. Aufl. Wien: Linde.

Patzak, G. & Rattay, G. (2007). 4.2.6 Die Projektumfeldanalyse. In H. Schelle, H. Reschke, R. Schnopp & A. Schub (Hrsg.), Projekte erfolgreich managen. 30. Aktualisierung. Kapitel 4.2.6. (S. 1-40). Köln: TÜV Media.

PMI (2004): Guide to the Project Management Body of Knowledge: PMBOK® Guide (3rd ed.). Newton Square: PMI.

Projektmagazin, „Serendipität": http:// www.projektmagazin.de / glossar / gl-0833.html.

Rohrschneider, U. (1998). 4.7 Risikomanagement. In RKW & GPM (Hrsg.), Projektmanagement Fachmann. 4. Aufl. Band 2 (S. 1081). Eschborn: RKW-Verlag.

Roth, G. (2003). Fühlen, Denken, Handeln. 4. Aufl. Frankfurt: Suhrkamp.

Schelle, H., Ottmann, R. & Pfeiffer, A. (2005). Projektmanager. 2. Aufl. Nürnberg: GPM Deutsche Gesellschaft für Projektmanagement e.V.

GPM Deutsche Gesellschaft für Projektmanagement (2008). Anleitung zum Transfernachweis. PM-ZERT, Zertifizierungsstelle der GPM. Nürnberg: GPM.

Schulz-Wimmer, H. (2002). Projekte managen. Planegg: Haufe.

Skrzipek, M. (2005). Shareholder Value vs. Stakeholder Value – Ein Vergleich des US-amerikanischen Raums mit Österreich. 1. Aufl. Wiesbaden: Deutscher Universitätsverlag. Zugl.: Wien, Wirtschafts-Univ., Dissertation, 2004.

Sprenger, R. (2002). Mythos Motivation; Wege aus einer Sackgasse. 17. Aufl. Frankfurt: Campus.

Starik, M. (1994). The Toronto Conference: Reflections on Stakeholder Theory. Business & Society 33 (1), S. 89-95.

Süß, G. & Eschlbeck, D. (2002). Der Projektmanagement-Kompass. Braunschweig: Vieweg.

Sunzi (ca. 500 v. Chr.). Die Kunst des Krieges. München: Droemersche Verlagsanstalt Th. Knaur Nachf., 1998.

Tiemeyer, E. (2005). Projektumfeldanalyse – Stakeholdermanagement. In H.-D. Litke (Hrsg.), Projektmanagement : Handbuch für die Praxis – Konzepte, Instrumente, Umsetzung (S.622-639). München: Carl Hanser.

Watzlawick, P., Beavin, J. & Jackson, D. (1969). Menschliche Kommunikation. Formen, Störungen, Paradoxien. Bern: Huber.

Weilacher, S. (2005). „Ein pragmatischer Ansatz: Stakeholdermanagement einfach und effizient." Projektmagazin 08/2005.

Weitlaner, E. (2006). Quick Project Management Performance Analysis. In Project Perspectives 1 / 2006, Vol. XXVIII, S. 26-29.

Weiss, J. W. (2003). Business Ethics: A Stakeholder and Issues Management Approach. Canada: South-Western.

von Senger, H. (2002). 30. Der Fuchs leiht sich die Autorität des Tigers aus. In H. Senger (Hrsg.), Die Kunst der List (S. 156). 2. Ausgabe. München: Beck.

von Senger, Harro (2002): 34. Alexander Flemings Schimmelpilzbeachtung und die drei Prinzen von Serendip. In H. Senger (Hrsg.), Die Kunst der List (S. 170-179). 2. Ausgabe. München: Beck

B Weiterführende Literatur

Granovetter, M. S. (1985). Economic action and social structure: The problem of embeddedness. AJS, 91. Jhrg. (3), S. 481-510.

Watzlawick, P. (2007). Menschliche Kommunikation. Bern: Huber.

1.03 Projektanforderungen und Projektziele

A Verwendete Literatur

Adam, D. (1993). Planung und Entscheidung. 3. Aufl. Wiesbaden: Gabler.

Arentzen, U., Lörcher, U., Sellien, R. & Sellien H. (1992). Gabler Wirtschaftslexikon. Wiesbaden: Gabler.

Beschorner, D. & Peemöller, V. H.(1995). Allgemeine Betriebswirtschaftslehre. Herne: Verlag Neue Wirtschafts-Briefe.

Bremmer, G. (1995). Bau- und Projektmanagement. In F.-K. Feyerabend & N. Grau (Hrsg.), Aspekte des Projektmanagements (S. 116-140). Gießen: Verlag der Ferber'schen Universitätsbuchhandlung.

Brümmer, W. (1994). Management von DV-Projekten. Braunschweig: Friedrich Vieweg & Sohn.

DIN 69901-5:2009: Projektmanagement, Projektmanagementsysteme, Begriffe. Berlin: Beuth Verlag.

Ewert, W., Janßen, W., Kirschnick-Janssen, D., Papenheim-Tockhorn, H. & Schwellach, G. (1996). Handbuch Projektmanagement Öffentliche Dienste. Bremen: SachBuch Verlag Kellner, 4.Aufl. 2001.

Fröhling, O. (1993). Zielplanung. In P. Horvath & T. Reichmann (Hrsg.), Vahlens Großes Controllinglexikon (S. 676-677). München: Vahlen.

GPM-PA (Hrsg.) Umfrage 2007 http:// www.gpm-ipma.de/ download/ PM_Study_2007_Results.pdf (Abruf 13.8.2008).

Hamel, W. (1992). Zielsysteme. In E. Freese (Hrsg.), Handwörterbuch der Organisation (S. 2634-2650). Stuttgart: Schäffer-Poeschel.

Hansel, J. & Lomnitz, G. (1993). Projektleiter-Praxis. 2. Aufl. Berlin: Springer.

Hauschild, J. (1970). Zur Artikulation von Unternehmenszielen. Zeitschrift für betriebswirtschaftliche Forschung, S. 545-559.

Hauschild, J. (1980). Zielsysteme. In E. Grochla (Hrsg.), Handwörterbuch der Organisation (S. 2419-2430). 2. Aufl. Stuttgart: Schäffer-Poeschel.

Heinen, E. (1992). Unternehmungsziele. In Gabler Wirtschaftslexikon (S. 3442-3445). Wiesbaden: Gabler.

Kraus, G. & Westermann, R. (1995). Projektmanagement mit System. Wiesbaden: Gabler.

Litke, H.-D. (1991). Projektmanagement. München: Carl Hanser.

Madauss, B. J. (1994). Handbuch Projektmanagement. Stuttgart: Schäffer-Poeschel.

Mees, J. (1995). Projektmanagement in neuen Dimensionen. 2. Aufl. Wiesbaden: Gabler.

Nagel, P. (1992). Techniken der Zielformulierung In E. Freese (Hrsg.), Handwörterbuch der Organisation (S. 2626-2634). Stuttgart: Schäffer-Poeschel.

Nitzsch v., R. & Weber, M. (1991). Bandbreiten-Effekte bei der Bestimmung von Zielgewichten. Zeitschrift für betriebswirtschaftliche Forschung, 43 (11), S. 971-986.

Nitzsch v., R. (1992). Entscheidung bei Zielkonflikten. Wiesbaden: Gabler.

Palloks, M. (1993). Zielsystem. In P. Horvath & T. Reichmann (Hrsg.), Vahlens Großes Controllinglexikon (S. 677-678). München: Vahlen.

Paul, W. & Zieschang, M. (1995). Die Steuerung eines industriellen Unternehmens durch ein geschlossenes Zielrenditesystem. ZfB, 65 (1), S. 15-48.

RKW (Rationalisierungs-Kuratorium der Deutschen Wirtschaft e.V.) & GPM (Deutsche Gesellschaft für Projektmanagement e.V.) (Hrsg.) (1991). Projektmanagement Fachmann. Eschborn: RKW-Verlag.

GPM Deutsche Gesellschaft für Projektmanagement (2008). ICB - IPMA Competence Baseline in der Fassung als Deutsche NCB 3.0. National Competence Baseline der PM-ZERT, Zertifizierungsstelle der GPM. Nürnberg: GPM.

Streicher, H. (1996). DV-Bosse haben keine Chance mehr. In Computer Zeitung, 27 (43).

Wöhe, G. (1993). Einführung in die Allgemeine Betriebswirtschaftslehre. München: Vahlen.

Zielasek, G. (1995). Projektmanagement. Berlin: Springer.

B Weiterführende Literatur

Akiyama, K. (1994). Funktionenanalyse. Landsberg: Verlag Moderne Industrie.

Arentzen, U., Lörcher, U., Sellien, R. & Sellien H. (1992). Gabler Wirtschaftslexikon. Wiesbaden: Gabler.

Beyer, G. & Beyer, M. (1994). Innovations- und Ideenmanagement. Düsseldorf: Econ.

Dörrenberg, F. (1996). Zielsetzungsprozeß – Seminarunterlagen zur Ausbildung von Führungskräften. IPMI Universität Bremen.

Dworatschek, S. & Hayek, A. (1992). Marktspiegel Projektmanagementsoftware. 3. Aufl. Köln: TÜV-Verlag

Dworatschek, S. & Kruse, A. et al: Stand und Trend des Projektmanagements in Deutschland. IPMI Universität Bremen/ Volkswagen Coaching. Wolfsburg, Mai 2002.

Ehrl-Gruber, B. & Süß, G. (1995). Praxishandbuch Projektmanagement. Augsburg: Grundwerk.

Feyerabend, F.-K. & Grau, N. (Hrsg.) (1995). Aspekte des Projektmanagements. Gießen: Verlag der Ferber'schen Universitätsbuchhandlung.

Frese, E. (2002). Handwörterbuch der Organisation. 3. Aufl. Stuttgart: Schäffer-Poeschel.

Freund, G. (1995). Sinnvoll investieren. Eschborn: RKW-Verlag.

Grau, N. (1983). Individualleistung – Teamleistung. München: Dissertation.

Grau, N. (1995). Was ist und wozu braucht man PM (Projektmanagement)? In F.-K. Feyerabend & N. Grau (Hrsg.), Aspekte des Projektmanagements (S. 1-13). Gießen: Verlag der Ferber'schen Universitätsbuchhandlung.

Grau, N. & Ottmann, R. (1995). Die Bedeutung des Projektmanagement beim Business Process Reengineering. In D. Lange (Hrsg.), Management von Projekten (S. 165-181). Stuttgart: Schäffer-Poeschel.

Grochla, E. (1980). Handwörterbuch der Organisation. 2. Aufl. Stuttgart: Schäffer-Poeschel.

Gührs, M. & Nowak, C. (1991). Das konstruktive Gespräch. 3. Aufl. Meezen: Verlag Christa Limmer.

Horvath, P. & Reichmann, T. (Hrsg.) (1993). Vahlens Großes Controllinglexikon. München: Vahlen.

Kaestner, R. (1991). Ziele, Abläufe und Phasen von Projekten. In RKW (Rationalisierungs-Kuratorium der Deutschen Wirtschaft e.V.) & GPM (Deutsche Gesellschaft für Projektmanagement e.V.) (Hrsg.) (1991), Projektmanagement Fachmann (S. 61-149). Eschborn: RKW-Verlag.

Kellner, H. (1994). Die Kunst, DV-Projekte zum Erfolg zu führen. München: Carl Hanser.

Knicker, T. & Gremmers, U. (1990). Das Rüstzeug für zielorientiertes Führen. Harvard Business Manager 1/1990, S. 62-71.

Knolmayer, G. & Rückle, D. (1976). Betriebswirtschaftliche Grundlagen der Projektkostenminimierung in der Netzplantechnik. In Zeitschrift für betriebswirtschaftliche Forschung 28, S. 431-447.

Kolisch, R. & Hempel, K. (1996). Auswahl von Standardsoftware dargestellt am Beispiel von Programmen für das Projektmanagement. Wirtschaftsinformatik 38 (4), S. 399-410.

Kummer, W., Spühler, R. W. & Wyssen, R. (1991). Projekt Management. 3. Aufl. Zürich: Verlag Industrielle Organisation des Betriebswissenschaftlichen Instituts der ETH Zürich.

Lange, D. (1995). Management von Projekten. Stuttgart: Schäffer-Poeschel.

Lomnitz, G. (1994). Die Bedeutung des Projektvereinbarungsprozesses für den Projekterfolg. In H. Schelle, H. Reschke, R. Schnopp & A. Schub (Hrsg.), Projekte erfolgreich managen. 27. Aktualisierung. Kapitel 4.2.4. (S. 1-31). Köln: TÜV Media.

Noack, P. (1995). Zielformulierung. In B. Ehrl-Gruber & G. Süß (Hrsg.), Praxishandbuch Projektmanagement (S. 2.3-1-2.3-4) Augsburg: Grundwerk.

RKW (Rationalisierungs-Kuratorium der Deutschen Wirtschaft e.V.) & GPM (Deutsche Gesellschaft für Projektmanagement e.V.) (Hrsg.) (1991). Projektmanagement Fachmann. Eschborn: RKW-Verlag.

Schaible, J. & Hönig, A. (1996). High-Tech-Marketing in der Praxis. München: Vahlen.

Schneider, T. (1994). Wertanalyse mit Projektmanagement-Methodik. In C. Stumbries (Hrsg.), Projektleiter mit Profil. Hamburg: Dr. Landt + Henkel.

Stumbries, C. (Hrsg.) (1994). Projektleiter mit Profil. Hamburg: Dr. Landt + Henkel.

Werder v., A. (1996). Klassische Rationalisierung, strategischer Kurswechsel oder „Neue Zielharmonie"? In ZfO 4/1996, S. 212-217.

Werner, U. (1990). Die Analyse des Lageberichts als Instrument empirischer Zielforschung. In Zeitschrift für betriebswirtschaftliche Forschung 42 (12), S. 1014-1035.

Werner, U. (1991). Zur Artikulation von Unternehmenszielen im Lagebericht. In Zeitschrift für betriebswirtschaftliche Forschung 43 (10), S. 917-922.

Wolf, J. (1991). Neue Methoden und Ergebnisse der empirischen Zielforschung. In Zeitschrift für betriebswirtschaftliche Forschung 43 (10), S. 914-916.

1.04 Risiken und Chancen

A Verwendete Literatur

Harrant, H. & Hemmrich, A. (2004). Risikomanagement in Projekten. München: Hanser.

Patzak, G. & Rattay, G. (1994). Die Projektumfeldanalyse – Das soziale Umfeld eines Projekts (Stakeholder-Analysis). In H. Schelle, H. Reschke, R. Schnopp & A. Schub (Hrsg.), Projekte erfolgreich managen. 6. Aktualisierung. Kapitel 4.2.6 (S. 1-40). Köln: TÜV Media.

Bernstein, P. L. (1998). Wider die Götter. Die Geschichte der modernen Risikogesellschaft. 2. Auflage. München: Gerling Akademie Verlag.

B Weiterführende Literatur

DeMarco, T. & Lister, T. (2003). Bärentango. Mit Risikomanagement Projekte zum Erfolg führen. München: Hanser.

Versteegen, G. (Hrsg.) (2003). Risikomanagement in IT-Projekten. Berlin: Springer.

Rohrschneider, U. (2006). Risikomanagement in Projekten. Freiburg: Haufe.

1.05 Qualität

A Verwendete Literatur

Bartsch-Beuerlein, S. (2000). Qualitätsmanagement in IT-Projekten. Planung, Organisation, Umsetzung. München: Carl Hanser.

Bartsch-Beuerlein, S. (2006). Qualitätsmanagement in Software-Projekten. In H. Schelle, H. Reschke, R. Schnopp & A. Schub (Hrsg.), Projekte erfolgreich managen. 27. Aktualisierung. Kapitel 4.8.5. (S. 1-34). Köln: TÜV Media.

Bayerisches Staatsministerium für Wirtschaft, Verkehr und Technologie (2002). Qualitätsmanagement für kleine und mittlere Unternehmen. Leitfaden zur Einführung und Weiterentwicklung der Normenreihe DIN EN ISO 9000:2000. 5. Aufl.

Bicknell, B. A. & Bicknell, K. D. (1955). The Road Map to Repeatable Success, Using QFD to Implement Change. Boca Raton: CRC Press.

IPMA (Hrsg.) (1999). ICB - IPMA International Project Management Association Competence Baseline. Bremen: Eigenverlag

IPMA (Hrsg.) (2006). ICB - IPMA International Project Management Association Competence Baseline Version 3.0. Nijkerk: IPMA.

Kerzner, H. (2006). Project Management: A Systems Approach to Planning, Scheduling and Controlling. Ninth Edition. Hoboken: John Wiley & Sons, Inc.

PMI (Project Management Institute) Standards Committee (Hrsg.) (2004). A guide to the project management Body of Knowledge: PMBOK Guide. Third Edition. Newtown Square: PMI.

RKW (Rationalisierungs-Kuratorium der Deutschen Wirtschaft e.V.) & GPM (Deutsche Gesellschaft für Projektmanagement e.V.) (Hrsg.) (1998). Projektmanagement Fachmann. 4. völlig überarb. Auflage. Eschborn: RKW-Verlag.

Schelle, H., Ottmann, R. & Pfeiffer A. (2005). ProjektManager. Nürnberg: GPM Deutsche Gesellschaft für Projektmanagement e.V.

Schönbach, G. (1994). Das Projektbegleitende Qualitätsmanagement. In H. Schelle, H. Reschke, R. Schnopp & A. Schub (Hrsg.), Projekte erfolgreich managen. Kapitel 4.8.1. (S. 1-58). Köln: TÜV Media.

Walder, Franz-Peter; Patzak, Gerold; (1999): Quality Function Deployment in Projekten. In: Schelle, Heinz; et al. (Herausgeber): Projekte erfolgreich managen, 1. Aktualisierung, Kap. 4.8.3. Verlag TÜV Rheinland

B Normen

Anmerkung: die angegebenen Normen erschienen im Beuth Verlag, können aber auch direkt über die herausgebende Organisation, z. B. ISO bestellt werden.

DIN 69905:1997: Projektabwicklung, Begriffe (Anmerkung der Verfasser: diese Normenreihe befindet sich zur Zeit der Erstellung dieses Beitrags in Überarbeitung und kann zum Zeitpunkt der Publikation bereits ungültig sein)

DIN EN 60812:2006-11/ IEC 60812:2006: Analysetechniken für die Funktionsfähigkeit von Systemen - Verfahren für die Fehlzustandsart- und -auswirkungsanalyse (FMEA); Analysis techniques for system reliability - Procedure for failure mode and effects analysis (FMEA) (IEC 60812:2006)

DIN 69901-5: 2009. Projektmanagement – Projektmanagementsysteme. Teil 5: Begriffe. Berlin: Beuth.

EN ISO 10006:1996: Quality Management – Guidelines to quality in project management

EN ISO 1007:1996: Qualitätsmanagement, Leitfaden für Konfigurationsmanagement

EN ISO 9000:2000: Qualitätsmanagementsysteme Grundlagen und Begriffe

EN ISO 9001:2000: Qualitätsmanagementsysteme Anforderungen

EN ISO 9004:2000: Qualitätsmanagementsysteme Leitfaden zur Leistungsverbesserung

ISO/ IEC 9126:2001:"Software Engineering – Product Quality"

ISO/ TS16949:2002 Qualitätsmanagementsysteme - Besondere Anforderungen bei Anwendungen von ISO 9001:2000 für die Serien- und Ersatzteil-Produktion in der Automobilindustrie

1.06 Projektorganisation

A Verwendete Literatur

Bartsch-Beuerlein, S. & Klee, O. (2001). Projektmanagement mit dem Internet – Konzepte und Lösungen für virtuelle Teams. München: Carl Hanser.

Becker, T. (2004). Kooperationen erfolgreich (projekt)managen. Projektmagazin 22/2004.

Gessler, M. (2008). Temporäre und permanente Sichtweisen im Projektmanagement. Unveröffentlichtes Manuskript. Bremen: ITB.

Gareis, R. & Stummer, M. (2006). Prozesse & Projekte. Wien: Manz.

GPM Deutsche Gesellschaft für Projektmanagement e.V. (2008). ICB - IPMA Competence Baseline in der Fassung als Deutsche NCB 3.0. Nationale Competence Baseline der PM-ZERT, Zertifizierungsstelle der GPM. Nürnberg: GPM

Grupp, B. (1998). Qualifizierung zum Projektleiter: DV-Projektmanagement im Wandel. München: Computerwoche-Verlag.

Hübner, R. (2004). Projekt-Atlas: http://www.projekt-atlas.de.

Kessler, H. & Winkelhofer, G. (2002). Projektmanagement. Leitfaden zur Steuerung und Führung von Projekten. 3. Aufl. Berlin: Springer-Verlag.

Kerzner, H. (2003). Projektmanagement. Ein systemorientierter Ansatz zur Planung und Steuerung. 1. Aufl. Bonn: mitp-Verlag.

Kremer, R. (2005). Formen der Projektorganisation. Projektrollen und Aufgabenbereiche. In H.-D. Litke (Hrsg.) Projektmanagement Handbuch für die Praxis (S. 75-126). München: Carl Hanser.

Lomnitz, G. (2001). Multiprojektmanagement. Projekte planen, vernetzen und steuern. Landsberg: Moderne Industrie.

Motzel, E. (2006). Projektmanagement Lexikon. Begriffe der Projektwirtschaft von ABC-Analyse bis Zwei-Faktoren-Theorie. Weinheim: WILEY-VCH.

Oechtering, R. P. (2007). Die Rolle des Auftraggebers im Projektmanagement – Teil 1. Aufgaben und Verantwortung in internen Projekten. Projekt Magazin 12/2007.

Oechtering, R. P. (2007) (2). Die Rolle des Auftraggebers im Projektmanagement – Teil 2. Die Besonderheiten bei externen Projekten. Projekt Magazin 13/2007.

Pfeiffer, A. (2006). Teammanagement – Eine diplomatische Herausforderung. projektMANAGEMENT 2006 (2), S. 14-20.

Pfetzing, K. & Rohde, A. (2006). Ganzheitliches Projektmanagement. 2. Aufl. Zürich: Versus.

Schelle, H., Ottmann, R. & Pfeiffer, A. (2005). ProjektManager. 2. Aufl. Nürnberg: GPM-Selbstverlag.

Standish-Group (1994): Chaos-Report Projektmanagement: http://www.standishgroup.com/sample_research/chaos_1994_2.php.

Wolf, R. (2006). Der Lenkungsausschuss: Oberstes Entscheidungsgremium im Projekt. Projekt Magazin 16/2006.

B Weiterführende Literatur

Bartsch-Beuerlein, S. (2007): Virtuelle Projektorganisationen. Technologische, organisatorische, soziale und ökonomische Aspekte der Kooperation in verteilten Projektgruppen, Dissertation. Universität Bremen

Dworatschek, S.: Projektorganisationen und IT-Dienstleistungen. In: Bizer (Hrsg.): Umbruch von Regelungssystemen in der Informationsgesellschaft, Stgt. 2002, S. 49-63

Dworatschek, S.: Management. In: RKW/ GPM (Hrsg.): Projektmanagement Fachmann, Bd.1, 4.Aufl., Eschborn 1998, S.5-24

GPM (Deutsche Gesellschaft für Projektmanagement e.V.) & RKW (Rationalisierungs- und Innovationszentrum der Deutschen Wirtschaft) (Hrsg.). Projektmanagement-Fachmann. 7. Aufl. Eschborn: RKW-Verlag.

Kerzner, H. (2003). Projektmanagement – Ein systemorientierter Ansatz zur Planung und Steuerung. 1. Aufl. Bonn: mitp-Verlag.

Knöpfel,H./ Gray,C./ Dworatschek,S.: Projektorganisationsformen: Internationale Studie über ihre Verwendung und ihren Erfolg; in: PROJEKT MANAGEMENT 1/92, S.3-14

Litke, H.-D. (2005). Projektmanagement – Handbuch für die Praxis. München: Carl Hanser.

Lomnitz, G. (2001). Multiprojektmanagement. Projekte planen, vernetzen und steuern. Landsberg: Moderne Industrie.

Pfetzing, K. & Rohde, A. (2006). Ganzheitliches Projektmanagement. Zürich: Versus.

PMI Project Management Institute (2004): A Guide to the Project Management Body of Knowledge (PMBOK Guide). Newtown Square: PMI.

Projekt Magazin: http://www.projektmagazin.de

projektMANAGEMENT aktuell, Köln: TÜV-Verlag.

Schelle, H., Ottmann, R. & Pfeiffer, A. (2005). ProjektManager. Nürnberg: GPM-Selbstverlag.

Thyssen, David (2010). Projektorientiertes Management als Organisationsprinzip. Eine empirische Untersuchung von Widersprüchen in Projektorientierten Organisationen mit der Repertory Grid Technik, Dissertation Universität Bremen 7/2010

1.07 Teamarbeit

A Verwendete Literatur

Alderfer, C. P. (1977). Group and intergroup relations. In J. R. Hackman & J. L. Suttle (Hrsg.). Improving the Quality of Work Life (S. 227-296). Santa Monica: Goodyear.

Antoni, C. H. (1994). Gruppenarbeit – mehr als ein Konzept. Darstellung und Vergleich unterschiedlicher Formen der Gruppenarbeit. In C. H. Antoni (Hrsg.), Gruppenarbeit in Unternehmen (S. 19-48). Weinheim: Beltz.

Beck, D. & Fish, R. (2003). Entwicklung der Zusammenarbeit nach Belbins Teamrollenansatz. In S. Stumpf & A. Thomas (Hrsg.), Teamarbeit und Teamentwicklung (S. 317-340). Göttingen: Hogrefe.

Belbin, R. M. (1993). Team roles at work: A strategy for human resource management. Oxford: Butterworth, Heinemann.

Belbin, R. M. (1981). Managementteams – Erfolg und Misserfolg. Oxford: Butterworth, Heinemann.

Brodbeck, F. C. & Frese, M. (Hrsg.) (1994). Produktivität und Qualität in Software-Projekten. Psychologische Analyse und Optimierung von Arbeitsprozessen in der Software-Entwicklung. München: Oldenbourg.

Brodbeck, F. C. & Maier, G. W. (2001). Das Teamklima-Inventar für Innovation in Gruppen Psychometrische Überprüfung an einer deutschen Stichprobe. Zeitschrift für Arbeits- und Organisationspsychologie, Jg. 45, S. 59-73.

De Shazer, S. (2004). Der Dreh, überraschende Wendungen und Lösungen. 8.Aufl. Heidelberg: Carl-Auer-Systeme.

Epe-Fischer, M. (2002). Coaching – Miteinander Ziele erreichen. Reinbek: Rowohlt.

Gersick, C. J. G. (1988). Time and transition in work teams: Toward a new model of group development. Academy of Management Journal, 31, S. 9-41.

Gersick, C. J. G. (1989). Marking time: Predictable transitions in task groups. Academy of Management Journal, 32, S. 274-309.

Guzzo, R. A. & Dickson, M. W. (1996). Teams in Organizations: Recent Research on performance and effectiveness. Annual Review of Psychology. Vol. 47, S. 307-338.

Hackman, G. R. (1987). The design of work teams. In J. W. Lorsch (Hrsg.), Handbook organizational behavior (S. 315-342). Englewood Cliffs: Prentice Hall.

Hackman, G. R. (1990). Groups that work and those that don't. San Francisco: Jossey-Bass.

Janis, I. L. (1982). Victims of groupthink. 2. Aufl. Boston: Houghton Mifflin.

Janisch, W. (1994). Team-fähig sein. Personzentriert, 2 / 1994, S. 58-64.

Jeske, R. (1998). Erfolgreich verhandeln. München: Beck.

Karau, S. J. & Williams, K. D. (1993). Social loafing: a meta-analytic review and theoretical integration. Journal of Personality and Social Psychology, Vol. 65, Nr. 4, S. 681-706.

Patzak, G. & Rattay, G. (2004). Projektmanagement. Wien: Linde.

Peemöller, V. H. (2004). Praxishandbuch der Unternehmensbewertung. 3.Aufl. Herne: NWB.

Thompson, L. L. (2004). Making the Team: Guide for Managers. New Jersey: Prentice Hall.

Van Dick, R. & West, M.A. (2005). Teamwork, Teamdiagnose, Teamentwicklung. Göttingen: Hogrefe.

von Rosenstiel, L. (2003). Motivation managen. Weinheim: Beltz.

Vopel, K. W. (1996). Aufgaben und Projekte Teil 4. Salzhausen: iskopress.

Vopel, K. W. (1996). Die TEAM Mitglieder Teil 2. Salzhausen: iskopress.

Vopel, K. W. (1996). Interaktion im TEAM Teil 3. Salzhausen: iskopress.

Vopel, K. W. (2002). Kommunikation und Kooperation. Salzhausen: iskopress.

Vopel, K. W. (2002). Kreative Konfliktlösung, Spiele für Lern und Arbeitsgruppen. 2. Aufl. Salzhausen: iskopress.

Vopel, K. W. (2003). Teamfähig werden. 2. Aufl. Salzhausen: iskopress.

Wagner, K. W. & Patzak, G. (2007). Performance Exellence. München: Carl Hanser.

West, M. A. & Markiewicz L. (2004). Building team-based working. Oxford: Blackwell.

West, M. A. & van Dick, R. (2005). Teamwork, Teamdiagnose, Teamentwicklung. Göttingen: Hogrefe.

B Weiterführende Literatur

Argyris, C. & Schön, D. A. (1999). Die Lernende Organisation. Stuttgart: Klett-Cotta.

Blanchard, K., Carew, D. & Parisi-Carew, E. (1992). Der Minuten Manager schult Hochleistungsteams. Reinbeck: Rowohlt.

Hasebrook, J., Zawacki-Richter, O. & Erpenbeck, J. (2004). Kompetenzkapital. Frankfurt am Main: Bankakademie.

Haug, C. V. (1994). Erfolgreich im Team. München: DTV-Beck.

Müller, G. F. & Bierhoff, H.-W. (2000). Stimmungseinflüsse in Projektgruppen. Universität Koblenz Landau.

Nemeth C. & Owens, P. (1996). Making work groups more effective: The value of minority dissent. In M. A. West (Ed.), Handbook of Work Group Psychology (S. 125-141). London: John Wiley & Sons.

Schmid, B. &. Fauster, P.(2004). Teamentwicklung aus systemischer Perspektive. Bergisch Gladbach: EHP.

Stroebe, R. W. (2000). Gezielte Verhaltensveränderung. 4. überarbeitete Auflage. Heidelberg: I.H. Sauer-Verlag.

Stumpf, S. & Thomas, A. (Hrsg.) (2003). Teamarbeit und Teamentwicklung. Göttingen: Hogrefe.

Sundstrom, E., De Meuse, K.P. & Futrell, D. (1990). Work teams: applications and effectiveness. American Psychologist, 45, S. 120-133.

Thomas, K. W. (2001). Teamtime – Das Motivationskonzept der Zukunft. Kreuzlingen: Heinrich Hugeldudel.

Thun von Schulz, F. (2004). Klarkommen mit sich selbst und anderen: Kommunikation und soziale Kompetenz. Reinbek: Rowohlt.

Walter, S. (2004). GABALSs großer Methodenkoffer. Offenbach: Gabal.

1.08 Problemlösung

A Verwendete Literatur

Berndt, C., Bingel, C. & Bittner, B. (2007). Tools im Problemlösungsprozess. Leitfaden und Toolbox für Moderatoren. Bonn: ManagerSeminare Verlags GmbH.

Birkenbihl, V. F. (2002). ABC-Kreativ - Techniken zur kreativen Problemlösung. München: Hugendubel.

Brauchlin, E. & Heene, R. (1995). Problemlösungs- und Entscheidungsmethodik. Eine Einführung. Bern: Haupt.

Funke, J. (2003). Problemlösendes Denken. Stuttgart: Kohlhammer.

Hungenberg, H. (2002). Problemlösung und Kommunikation. Vorgehensweisen und Techniken. 2., überarb. und erw. Auflage. München: Oldenbourg.

Knieß, M. (2006). Kreativitätstechniken. Möglichkeiten und Übungen. München: DTV-Beck.

Mehrmann, E. (1994). Schnell zum Ziel. Kreativitäts- und Problemlösetechniken. Düsseldorf: Econ Tb.

Pokras, S. (1995). Systematische Problemlösung und Entscheidungsfindung. Der 6-Stufen-Plan zur sicheren Entscheidung. Wien: Ueberreuter.

Winkler, W. (2004). Probleme schnell und einfach lösen. München: Mvg.

Zobel, D. (2007). Kreatives Arbeiten. Methoden - Erfahrungen - Beispiele; mit 5 Tabellen. Renningen: Expert.

B   Weiterführende Literatur

Birkenbihl, V. F. (2002). Komplexität. Gehirngerechte Einführung in das Thema. (Videokassette) Offenbach: Gabal.

Gassmann, O. (2005). Praxiswissen Projektmanagement. München: Carl Hanser.

Malik, F. (1984). Strategie des Managements komplexer Systeme. Ein Beitrag zur Management-Kybernetik evolutionärer Systeme. Bern: Haupt.

Platz, J. & Schmelzer, H. (1986). Projektmanagement in der industriellen Forschung und Entwicklung. Einführung anhand von Beispielen aus der Informationstechnik. Heidelberg: Springer- Verlag.

Pruckner, M. (2005). Die Komplexitätsfalle. Norderstedt: Books on demand GmbH.

Siemens AG (Hrsg.) (1974). Organisationsplanung. Planung durch Kooperation. München: Siemens AG.

1.09   Projektstrukturen

A   Verwendete Literatur

IPMA International Project Management Association (2006). ICB - IPMA Competence Baseline. Version 3.0 Njkerk: IPMA, Kompetenzelement 1.09 (und gleiches Kompetenzelement in den deutschsprachigen National Competence Baselines von GPM/PM-ZERT, pma, spm/vzpm).

Litke, H.-D. (2007). Projektmanagement. 5. Aufl. München: Carl Hanser.

Motzel, E. (2006). Projektmanagement Lexikon. 1. Aufl. Weinheim: Wiley-VCH.

Patzak, G. & Rattay, G. (2004). Projektmanagement. 4. Aufl. Wien: Linde.

Heeg, F. J. & Frieß, M. (2003). Projektstrukturierung. In RKW (Rationalisierungs-Kuratorium der Deutschen Wirtschaft e.V.) & GPM (Deutsche Gesellschaft für Projektmanagement e.V.) (Hrsg.), Projektmanagement Fachmann. 7. Aufl. Eschborn: RKW-Verlag.

Schelle, H., Ottmann, R. & Pfeiffer, A. (2005). ProjektManager. Kapitel C4 Projektstrukturplan (S. 163-174). Nürnberg: GPM.

Möller, T. & Dörrenberg, F. (2003). Projektmanagement. München: Oldenbourg.

Schelle, H. (2007). Projekte zum Erfolg führen. 5. Aufl. München: dtv-Beck.

DIN 69901-5: 2009. Projektmanagement – Projektmanagementsysteme. Teil 5: Begriffe. Berlin: Beuth.

B   Weiterführende Literatur

Kerzner, H. (2006). Project Management: A Systems Approach to Planning, Scheduling and Controlling. Ninth Edition. Hoboken: John Wiley & Sons, Inc.

Drews, G. & Hillebrand, N. (2007). Lexikon der Projektmanagement-Methoden. Planegg: Haufe.

1.10   Leistungsumfang und Lieferobjekte

A   Verwendete Literatur

Angermeier, G. (2005). Projektmanagement-Lexikon. Projekt Magazin, München: Eigenverlag.

APM (The Association for Project Management) & Stevens, M. (2002). Project Management Pathways. UK: Buckinghamshire.

DIN 69905: 1997: Projektwirtschaft – Projektabwicklung – Begriffe.

DIN 69901-5: 2009: Projektmanagement – Projektmanagementsysteme – Teil 5: Begriffe. Berlin: Beuth Verlag.

Dörrenberg, F. (2004). Phasen in internationalen Projekten. In H.-E. Hoffmann, Y. Schoper & C. J. Fitzsimons (Hrsg.), Internationales Projektmanagement. München: Beck-dtv.

Felske, P. (2003). Integrierte Projektsteuerung. In RKW (Rationalisierungs-Kuratorium der Deutschen Wirtschaft e.V.) & GPM (Deutsche Gesellschaft für Projektmanagement e.V.) (Hrsg.), Projektmanagement Fachmann. 7. Aufl. Eschborn: RKW-Verlag.

GPM Deutsche Gesellschaft für Projektmanagement e.V. (2008). ICB - IPMA Competence Baseline in der Fassung als Deutsche NCB 3.0. Nationale Competence Baseline der PM-ZERT, Zertifizierungsstelle der GPM. Nürnberg: GPM

IPMA International Project Management Association (Hrsg.) (2006). ICB (IPMA Competence Baseline). Version 3.0. Nijkerk (NL): IPMA.

Möller, T. & Dörrenberg, F. (2003). Projektmanagement-Repetitorium. München: Oldenbourg.

Motzel, E. (2006). Projektmanagement Lexikon. Begriffe der Projektwirtschaft von ABC-Analyse bis Zwei-Faktoren-Theorie. Weinheim: WILEY-VCH.

Patzak, G. & Rattay, G. (2004). Projektmanagement. Leitfaden zum Management von Projekten Projektportfolios und projektorientierten Unternehmen. 4., wesentlich überarb. und erg. Aufl. Wien: Linde.

Platz, J. (2003). Projektstart. In RKW (Rationalisierungs-Kuratorium der Deutschen Wirtschaft e.V.) & GPM (Deutsche Gesellschaft für Projektmanagement e.V.) (Hrsg.), Projektmanagement Fachmann. 7. Aufl. Eschborn: RKW-Verlag.

B Weiterführende Literatur

RKW (Rationalisierungs-Kuratorium der Deutschen Wirtschaft e.V.) & GPM (Deutsche Gesellschaft für Projektmanagement e.V.) (Hrsg.). Projektmanagement Fachmann. 7., überarb. u. aktual. Aufl. Eschborn: RKW-Verlag.

1.11a Projektphasen

A Verwendete Literatur

Bender, K. (2005). Systematisierung von Entwicklungsprozessen. In K. Bender (Hrsg.), Embedded Systems - qualitätsorientierte Entwicklung (S. 21-50). Berlin: Springer.

Boehm, B.W. (1988). A Spiral Model of Software Development and Enhancement. IEEE Computers, Vol. 21, Nr. 5, S. 61-72.

Bunse, C. & Knethen, von (2008). Vorgehensmodelle kompakt. 2. Auflage. Heidelberg: Spektrum Akademischer Verlag.

DIN 69901-2 (2009). Projektmanagement – Projektmanagementsysteme. Teil 2: Prozesse, Prozessmodell. Berlin: Beuth

Ebel, N. (2007). PRINCE2 Projektmanagement mit Methode. Grundlagenwissen und Vorbereitung für die Zertifizierungsprüfungen. München: Addison-Wesley Verlag.

Eberle, R. & Schmid, P. (2009). Altersgerechtes Automobil. Generische Fallstudie. Vorgehensmodell zur Entwicklung eines altersgerechten Automobils. In Fisch, J.H. & Roß, J.-M. (Hrsg.), Fallstudien zum Innovationsmanagement (S. 139-162). Wiesbaden: Gabler.

Ferber, P., Schmitz, T. & Waibel, G. (2005). Integratives Vorgehensmodell für die methodische Veränderung von Unternehmenskulturen. In H. Österle, R. Winter & W. Brenner (Hrsg.), Business Engineering in der Praxis (S. 553-584). Berlin: Springer.

Gausemeier, J. & Feldmann, K. (2006). Integrative Entwicklung räumlicher elektronischer Baugruppen. München: Carl Hanser Verlag.

GPM Deutsche Gesellschaft für Projektmanagement (2008). ICB - IPMA Competence Baseline in der Fassung als Deutsche NCB 3.0. National Competence Baseline der PM-ZERT, Zertifizierungsstelle der GPM. Nürnberg: GPM.

HOAI (2009). Verordnung über die Honorare für Architekten- und Ingenieurleistungen (Honorarordnung für Architekten und Ingenieure – HOAI), vom 11. August 2009, Bundesgesetzblatt Jahrgang 2009 Teil I Nr. 53, ausgegeben zu Bonn am 17. August 2009.

IPMA International Project Management Association (2006). ICB – IPMA Competence Baseline. Version 3.0. Nijkerk: IPMA.

Isermann, R., Breuer, B. & Hartnagel, H.L. (Hrsg.) (2002). Mechatronische Systeme für den Maschinenbau - Ergebnisse aus dem Sonderforschungsbereich 241 „Integrierte mechanisch elektronische Systeme für den Maschinenbau (IMES)". Weinheim: Wiley-VCH Verlag.

Jenny, B. (2009). Projektmanagement. Das Wissen für den Profi. Zürich: vdf Hochschulverlag an der ETH Zürich.

Kerzner, H. (2003). Projektmanagement. Ein systemorientierter Ansatz zur Planung und Steuerung. Bonn: mitp-Verlag.

Kühl, S., Strodtholz, P. & Taffertshofer, A. (Hrsg.) (2009): Handbuch Methoden der Organisationsforschung. Quantitative und Qualitative Methoden. Wiesbaden: VS Verlag für Sozialwissenschaften.

Lindemann, U. (2009). Methodische Entwicklung technischer Produkte. Methoden flexibel und situationsgerecht anwenden. 3., korrigierte Auflage. Berlin: Springer-Verlag.

Oesterreich, B. & Weiss, C. (2008). APM – Agiles Projektmanagement. Erfolgreiches Timeboxing für IT-Projekte. Heidelberg: dpunkt.verlag.

SIA (2001). Leistungsmodell. Schweizer Ingenieur- und Architektenverein (SIA). Zürich. http://www.webnorm.ch

VDI (1993). VDI-Richtlinie 2221 – Methodik zum Entwickeln und Konstruieren technischer Systeme und Produkte. VDI – Verlag, Düsseldorf

VDI (2004). VDI-Richtlinie 2206 - Entwicklungsmethodik für mechatronische Systeme. Berlin: Beuth Verlag.

1.11b Ablauf und Termine

A Verwendete Literatur

DIN Deutsches Institut für Normung e.V. (Hrsg.): Projektmanagement-Normen.

DIN 69900 (2009). Projektmanagement – Netzplantechnik; Beschreibung und Begriffe. Berlin: Beuth Verlag.

DIN 69901-5 (2009). Projektmanagement – Projektmanagementsysteme – Teil 5: Begriffe. Berlin Beuth Verlag.

RKW (Rationalisierungs- Kuratorium der deutschen Wirtschaft e.V.) & GPM (Deutsche Gesellschaft für Projektmanagement e.V.) (Hrsg.) (1994). Projektmanagement Fachmann. 2. überarb. Aufl. Eschborn: RKW-Verlag.

Schelle, H., Ottmann, R. & Pfeiffer, A. (2005). ProjektManager. Nürnberg: GPM Deutsche Gesellschaft für Projektmanagement e.V.

B Weiterführende Literatur

Groh, H. & Gutsch R. W. (Hrsg.) (1982). Netzplantechnik. Düsseldorf: VDI-Verlag.

Reschke, H., Schelle, H. & Schnopp, R. (Hrsg.) (1989). Handbuch Projektmanagement. Band 1 und 2. Köln: TÜV Media.

1.12 Ressourcen

A Verwendete Literatur

Motzel, E. (2006). Projektmanagement-Lexikon. Begriffe Einsatzmittel bis Einsatzmittelvorrat. Weinheim: Wiley.

Scheuring, H. (2008). Der www-Schlüssel zum Projektmanagement. 4. Aufl. Zürich: Orell Füssli.

B Weiterführende Literatur

Campana, C. & Schott, E. (2002). Ressourcenmanagement in der Unternehmenspraxis. In Projekt Magazin, Ausgabe 22 / 2002. München: Berleb & Wolf-Berleb.

Ahlemann, F. (2007). Project Management Software Systems. Requirements, Selection Process and Produkts, 5th Edition. Würzbürg: Oxygon.

1.13 Kosten und Finanzmittel

A Verwendete Literatur

Abell, D. F. & Hammond, J. S. (1979). Strategic Market Planning: Problems and Analytical Approaches. Englewood Cliffs: Prentice-Hall.

Bechler, K. J. & Lange, D. (2005). DIN Normen im Projektmanagement. Berlin: Beuth.

Blume, J. (2003). Kostenmanagement. In Rationalisierungs-Kuratorium der Deutschen Wirtschaft (Hrsg.), Projektmanagement-Fachmann. Ein Fach- und Lehrbuch sowie Nachschlagewerk aus der Praxis für die Praxis in zwei Bänden (S. 607–650). Eschborn: Wissenschaft & Praxis.

Bogensberger, S. (2006). Kostenrechnung II und Controlling. Vorlesungsumdruck. Wien: Management Book Service.

Bohr, K. (1996). Economics of Scale und Economics of Scope. In W. Kern (Hrsg.) (1996), HWP (Handwörterbuch der Produktionswirtschaft.). 2. Aufl. Sp. 376-386. Stuttgart: Schäffer-Poeschel.

Burghardt, M. (1995). Projektmanagement. Leitfaden für die Planung Überwachung und Steuerung von Entwicklungsprojekten. 3. Aufl. Erlangen: Publicis-MCD.

Demleitner, K. (2006). Projekt-Controlling. Die kaufmännische Sicht der Projekte. Renningen: expert.

Fiedler, R. (2003). Controlling von Projekten. Projektplanung, Projektsteuerung und Projektkontrolle. 2. verb. und erw. Aufl. Wiesbaden: Vieweg.

Hab, G. & Wagner, R. (2004). Projektmanagement in der Automobilindustrie. Effizientes Management von Fahrzeugprojekten entlang der Wertschöpfungskette. Wiesbaden: Gabler.

IPMA International Projekt Management Association (2006). ICB - IPMA Competence Baseline. Version 3.0 Nijkerk: IPMA.

Kerzner, H. (2003). Projektmanagement. Ein systemorientierter Ansatz zur Planung und Steuerung. 1. Aufl. Übers. der 8., englischsprachigen Ausgabe. Bonn: mitp.

Kruchten, P. (1999). Der Rational Unified Process: Eine Einführung. München: Addison Wesley.

Litke, H.-D. (Hrsg.) (2005). Projektmanagement. Handbuch für die Praxis: Konzepte – Instrumente – Umsetzung. München: Carl Hanser.

Mayer, P.E. (2006). Kostenplanung und Kostendaten im Hochbau. In: H. Schelle et al., Projekte erfolgreich managen (Abschnitt 4.6.2), Loseblattsammlung, 27. Lieferung, Köln: TüV Media.

Motzel, E. (2006). Projektmanagement Lexikon. Begriffe der Projektwirtschaft von ABC-Analyse bis Zwei-Faktoren-Theorie. Weinheim: Wiley-VCH.

Patzak, G.& Rattay, G. (2004). Projektmanagement. Leitfaden zum Management von Projekten Projektportfolios und projektorientierten Unternehmen. 4. wesentlich überarb. und erg. Aufl. Wien: Linde.

Rationalisierungs-Kuratorium der Deutschen Wirtschaft (Hrsg.) (2003). Projektmanagement-Fachmann. Ein Fach- und Lehrbuch sowie Nachschlagewerk aus der Praxis für die Praxis in zwei Bänden. Eschborn: Wissenschaft & Praxis.

RCA (Hrsg.) (1985). Reference Manual. Morrestown.

Schmitz, H. & Windhausen, M. P. (1986). Projektplanung und Projektcontrolling. Planung und Überwachung von besonderen Vorhaben. 3. neubearb. u. erw. Aufl. Düsseldorf: VDI.

Schneck, O. (1998). Lexikon der Betriebswirtschaft. Über 3000 grundlegende und aktuelle Begriffe für Studium und Beruf. Orig.-Ausg., 3. völlig überarb. u. erw. Aufl. München: dtv.

Schnell, H. (2005). Projektkostenkontrolle. In H.-D. Litke (Hrsg.), Projektmanagement. Handbuch für die Praxis; Konzepte – Instrumente – Umsetzung (S. 500-–507). München: Carl Hanser.

Schnell, H. (2005). Projektkostenplanung. In H.-D. Litke (Hrsg.), Projektmanagement. Handbuch für die Praxis; Konzepte – Instrumente – Umsetzung (S. 479–499). München: Carl Hanser.

Seibert, S. (1998). Technisches Management. Innovationsmanagement Projektmanagement Qualitätsmanagement. Stuttgart: Teubner.

B Weiterführende Literatur

Patzak, G. & Rattay, G. (2004). Projektmanagement. Leitfaden zum Management von Projekten Projektportfolios und projektorientierten Unternehmen. 4., wesentlich überarb. und erg. Aufl. Wien: Linde.

1.14a Beschaffungsprozess

A Verwendete Literatur

Arnolds, H., Heege, F. & Tussing, W. (2001). Materialwirtschaft und Einkauf. 10. Aufl. Nachdruck 2001. Wiesbaden: Gabler.

Balnus, R. (2000). Erfolg mit EDI und E-Commerce. Handlungsempfehlungen für die Abstimmung und Organisation interorganisationaler Netzwerke. Marburg: Tectum Verlag.

Brettschneider, G. (2000). Beschaffung im Handel unter besonderer Berücksichtigung von Efficient Consumer Response. Frankfurt am Main: Peter Lang.

Buck, N. A. (2007). Global Sourcing Strategie: Nutzen und Organisation des globalen Einkaufs. Saarbrücken: VDM Verlag Dr. Müller.

Eichler, B. (2003). Beschaffungsmarketing und -logistik. In Neue Wirtschaft, 20/2003. Herne: NWB.

Eisele, W. (2002). Technik des betrieblichen Rechnungswesens: Buchführung und Bilanzierung – Kosten- und Leistungsrechnung. 7. überarb. u. erw. Aufl. München: Vahlen.

Hartmann, H. (2002). Materialwirtschaft. Organisation, Planung, Durchführung, Kontrolle. 8. überarb. und erw. Aufl. Gernsbach: Deutscher Betriebswirte Verlag.

Hartmann, H., Orths, H. & Pahl, H.-J. (2004). Lieferantenbewertung, aber wie? Gernsbach: Deutscher Betriebswirte- Verlag.

Hartmann, H. (2005). Wie kalkuliert Ihr Lieferant? Ratgeber für erfolgreiche Preisverhandlungen im Einkauf. Gernsbach: Deutscher Betriebswirte- Verlag.

Hirschsteiner, G. (2002). Einkaufsverhandlungen. München: Carl Hanser.

Koppelmann, U. (2003). Beschaffungsmarketing für die Praxis. Berlin: Springer.

Large, R. (2006). Strategisches Beschaffungsmanagement. Wiesbaden: Gabler.

Luczak, H., Weber, J. & Wiendahl, H.-P. (Hrsg.) (2004). Logistik-Benchmarking. 2., vollst. überarb. Aufl. Berlin: Springer.

Meyerrose, C. & Hupfauer, M. (2001). Eine Fallstudie über die Anwendung des internationalen Beschaffungsinstrumentariums bei Lufthansa Technik. In: Arthur D. Little (Hrsg.). Einkauf – Produktion – Logistik. Wie erfolgreiche Unternehmen ihre Wertschöpfung internationalisieren (S. 99-101). Wiesbaden: Gabler.

Mosmann, S. (2008). Beschaffungscontrolling und Risikomanagement in Bezug auf Lieferantenbewertung in der Industrie. München: Grin-Verlag.

Pfohl, H.-C. (2004). Logistiksysteme. Betriebswirtschaftliche Grundlagen. 7., korr. und akt. Aufl. Berlin: Springer.

Porter, M. E. (1998). Competitive Advantage – Creating and Sustaining Superior Performance. New York: The Free Press.

Schulte, C. (2005). Logistik. Wege zur Optimierung der Supply Chain. München: Vahlen.

Stölzle, W., Heusler, K.F. & Karrer, M. (2004). Erfolgsfaktor Bestandsmanagement. Zürich: Versus.

Stoll, P.P. (2007). Handbuch E-Procurement. Grundlagen, Standards und Situation am Markt. Bonn: Vieweg und Teubner.

Wagner, S.M. & Weber, J. (2006). Beschaffungscontrolling: Den Wertbeitrag der Beschaffung messen und optimieren. Weinheim: Wiley VCH.

Wannenwetsch, H. (2006). Erfolgreiche Verhandlungsführung in Einkauf und Logistik. Berlin: Springer.

Wildemann, H. (1988). Produktionssynchrone Beschaffung. München: GFMT- Verlag.

B Weiterführende Literatur

Boutellier, R., Wagner, S. & Wehrli, H.P. (2003). Handbuch Beschaffung. Strategien – Methoden – Umsetzung. München: Carl Hanser.

Büsch, M. (2007). Praxishandbuch Strategischer Einkauf: Methoden, Verfahren, Arbeitsblätter für professionelles Beschaffungsmanagement. Wiesbaden: Gabler.

Heß, G. (2008). Supply-Strategien in Einkauf und Beschaffung: Systematischer Ansatz und Praxisfälle. Wiesbaden: Gabler

1.14b Die rechtlichen Grundlagen der Beschaffung: Verträge

A Verwendete Literatur

Baumbach, A. & Hopt, K.J. (2006). Handelsgesetzbuch, HGB-Kommentar. 32.Aufl. München: Beck. Kommentierung zu § 377 HGB

Eisenhardt, U. (2007). Einführung in das Bürgerliche Recht. Heidelberg: C. F. Müller.

Palandt, O. (2007). Bürgerliches Gesetzbuch (BGB). 66. Aufl. München: Beck. Kommentierungen zu den §§ 145, 147, 148, 151, 305 BGB, sowie Einführung vor den §§ 631, 116 BGB.

B Weiterführende Literatur

Aunert-Micus, S., Güllemann, D., Streckel, S. & Tonner, N. (2007). Wirtschaftsprivatrecht. Köln: Luchterhand.

Müssig, P. (2008). Wirtschaftsprivatrecht. 11. Aufl. Heidelberg: C.F. Müller.

1.14c Vertragsrecht in der Projektarbeit

A Verwendete Literatur

DIN Deutsches Institut für Normung e.V. (2009) (Hrsg.). DIN 69900 und DIN 69901-1 bis DIN 69901-5. Berlin: Beuth.

Motzel, E. (2006). Projektmanagement Lexikon (S. 216, 45). Weinheim: Wiley-VCH.

Palandt, O. (2008). Bürgerliches Gesetzbuch (BGB). 67. Aufl. München: Beck. Kommentar Einführung § 145 Rn1.

Schönfelder, H. (2008). Deutsche Gesetze – Bürgerliches Gesetzbuch Text. München: Beck.

Steeger, O. & Wagner, R. (2008). Projektmanagement im Jahre 2020. In ProjektMANAGEMENT aktuell, 4/2008, S. 3-8.

Weber, K. E. (2008). Rechtliche Aspekte. In H. Schelle, R. Ottmann & A. Pfeiffer (Hrsg.), ProjektManager (S. 70ff, 77ff). 3. Aufl. Nürnberg: GPM (Deutsche Gesellschaft für Projektmanagement e.V.).

B Weiterführende Literatur

Eysel, H. (2004). Vertragsrecht für Architekten und Ingenieure. 2. Aufl. Köln: Bundesanzeiger Verlagsgesellschaft.

Zahrnt, C. (2008). IT-Projektverträge: Rechtliche Grundlagen. Heidelberg: dpunkt.

1.15 Konfiguration und Änderungen

A Verwendete Literatur

Die Erarbeitung dieser Ausführungen zum Projekt-Konfigurationsmanagement wurde durch die MSPM-Stiftung für Projektmanagement, München, gefördert.

Bei der Erarbeitung des Textes für diese Publikation wurde vielfach auf bereits vorhandene Publikationen des Autors zurückgegriffen, diese auf den neuesten Stand gebracht und mit neuen Texten integriert. Diese Veröffentlichungen sind:

Saynisch, M. & Bürgers, H. (1998). Konzepte und Methoden des Konfigurationsmanagements – Änderungsprozesse beherrschen und zum Erfolg führen. In RKW (Rationalisierungs-Kuratorium der Deutschen Wirtschaft e.V.) & GPM (Deutsche Gesellschaft für Projektmanagement e.V.) (Hrsg.), Projektmanagement Fachmann. Eschborn: RKW-Verlag. (Schwerpunkt im Vertiefungsteil, insbesondere Kap. 4, wie auch Kap. G-9).

Saynisch, M. (1998a). Was ist Konfigurationsmanagement? In HMD (Handbuch der maschinellen Datenverarbeitung) – Praxis der Wirtschaftsinformatik. Heft 202, S. 7-26. Heidelberg: Hüthing-Verlag. (marginal verteilt, insbesondere Kap. 5 im Vertiefungsteil)

Saynisch, M. (1999b). Was ist Konfigurationsmanagement? In ProjektManagement 2/99, S. 12-25. Köln: TÜV-Verlag. (Schwerpunkt im Grundlagenteil, insbesondere Kap. 4-7 und Kap. 9 im Vertiefungsteil)

Saynisch, M.(2006b, c). Projekt-, Konfigurations- und Collaboration Management – Die Welt der Prozesse und Arbeitsstrukturen im Produktzentrierten Projektmanagement (PZPM). In projektMANAGEMENTaktuell, 4/2006, S. 23-31. Köln: TÜV-Verlag (Kapitel 6, 7 und 9 im Vertiefungsteil)

Aufgrund einer intensiven Vernetzung von übernommenen und neuen Texten ist ein Quellennachweis im Einzelnen nur marginal erfolgt.

DIN (1996). DIN EN ISO 10007: Leitfaden für Konfigurationsmanagement. Berlin.

INTERSOLV (1998). PVCS-Präsentationsunterlage.

Neemann, C. (2006). Interview mit Manfred Saynisch – Konfigurationsmanagement und Änderungsmanagement. In ProjektManagement 2/99, S. 42-46. Köln: TÜV-Verlag.

Platz, J. (1989). Produkt- und Projektstrukturpläne als Basis der Projektplanung. In H. Reschke, H. Schelle & R. Schnopp (Hrsg.), Handbuch Projektmanagement (S. 229-259). Band 1. Köln: TÜV Rheinland.

PMI (2004). A Guide to the Project Management Body of Knowledge (PMBoK).Third edition. Upper Darby: PMI.

PMI (2007). Practice Standard for Project Configuration Management. Newton Square: PMI.

Saynisch, M. & Bürgers, H. (1998). Konzepte und Methoden des Konfigurationsmanagements – Änderungsprozesse beherrschen und zum Erfolg führen. In RKW (Rationalisierungs-Kuratorium der Deutschen Wirtschaft e.V.) & GPM (Deutsche Gesellschaft für Projektmanagement e.V.) (Hrsg.), Projektmanagement Fachmann. Eschborn: RKW-Verlag. (nicht gedruckte Langfassung)

Saynisch, M. & Lange, D. (Hrsg.) (1999). Änderungsmanagement mit System – Schlüsselfaktor Konfigurationsmanagement. 3. Fachtagung Konfigurationsmanagement. . Nürnberg: GPM-Verlag.

Saynisch, M. & Mekelburg, G.(2000). Neue Schlüsselfaktoren im Projektmanagement: Projekt-Prozesse-Differenzierung – Projekt-Systeme – Projekt-Office. In VDI-GSP Projektmanagement Praxis – Innovative Lösungen für Kunden und Unternehmen. VDI-Bericht 1578, S. 157-168. Düsseldorf: VDI-Verlag. Dokumentationsband zur gleichnamigen Tagung am 14.-15.09.2000 in Berlin.

Saynisch, M. & Rügemer, D. (1985). Configuration Management in technological Projects – Topics and Applications. In W. Vriethoff, C. Visser & H. Boerma, Proceedings of the 8th INTERNET World Congress 1985 in Rotterdam, Netherland; sowie In M. C. Grool, C. Visser, W. Vriethoff & G. Wijnen (1986), Project Management in Progress – Tools and Strategies for the Nineties. Amsterdam: Elsevier.

Saynisch, M. (2006a). Warum Produktzentriertes Projektmanagement (PZPM)? Der Kontext zum Product-Lifecycle. In projektMANAGEMENTaktuell, 4/2006, S. 14-22. Köln: TÜV-Verlag.

Saynisch, M. (2006b). Projekt-, Konfigurations- und Collaboration Management – Die Welt der Prozesse und Arbeitsstrukturen im Produktzentrierten Projektmanagement (PZPM). In projektMANAGEMENTaktuell, 4/2006, S. 23-31. Köln: TÜV-Verlag. (Kapitel 6, 7 und 9 im Vertiefungsteil)

Saynisch, M. (2006c). Dieser Beitrag ist auch als erheblich erweiterte Fassung auf der Webseite von projektMANAGEMENTaktuell verfügbar (http://www.pmaktuell.org).

Saynisch, M. (2002). Seminardokumentation „Änderungen im Projekt beherrschen – Die Praxis des Konfigurationsmanagements (KM)". München: SPM-CONSULT.

Saynisch, M. (1999a). Schlüsselfaktor Konfigurationsmanagement (KM) – Lebensfähigkeit in dynamischen, globalen Märkten bei steigender Produkt-Komplexität. In M. Saynisch & D. Lange (Hrsg.), Änderungsmanagement mit System – Schlüsselfaktor Konfigurationsmanagement (S. 100-127). 3. Fachtagung Konfigurationsmanagement. Nürnberg: GPM-Verlag.

Saynisch, M. (1999c). Intensivseminar: Was ist Konfigurationsmanagement – Teil I und III. In M. Saynisch & D. Lange (Hrsg.), Änderungsmanagement mit System – Schlüsselfaktor Konfigurationsmanagement (S. 18-35, S. 37-46). 3. Fachtagung Konfigurationsmanagement. Nürnberg: GPM-Verlag.

Saynisch, M. (1999b). Was ist Konfigurationsmanagement? In ProjektManagement 2/99, S. 12-25. Köln: TÜV-Verlag.

Saynisch, M. (1998a). Was ist Konfigurationsmanagement? In HMD (Handbuch der maschinellen Datenverarbeitung) – Praxis der Wirtschaftsinformatik. Heft 202, S. 7-26. Heidelberg: Hüthing-Verlag.

Saynisch, M. (1998b). Änderungen mit System – Transparenz ins Konfigurationsmanagement. In it Management 7/98, S. 40-4. Höhenkirchen: it-Verlag.

Saynisch, M. (1998c). EDM und Konfigurationsmanagement (KM) – Konfrontation oder Koexistenz? In Tagungsband „7. internationaler Kongress Life Cycle Management/EDM", Mai 1998 in Mainz. Wiesbaden: CSC Ploenzke AG.

Saynisch, M (1997). Erfolgsfaktor Konfigurationsmanagement. Vortragsmanuskript der Tagung „Änderungen im Griff – Erfolgsfaktor Konfigurationsmanagement" am 26/27.11.1997 in Stuttgart. Tagungsband.

Saynisch, M. (1994a). Konfigurationsmanagement: Konzepte, Methoden, Anwendungen und Trends. In H. Schelle, H. Reschke, R. Schnopp & A. Schub (Hrsg.), Projekte erfolgreich managen. Kapitel 4.7.1. (S. 1-38). Köln: TÜV Media.

Saynisch, M. (1985). Einführung in die Thematik des Konfigurationsmanagements. In H. Schelle & M. Saynisch (Hrsg.), Symposium Konfigurationsmanagement (S. 9-25). München: GPM.

Saynisch, M. (1984). Konfigurationsmanagement – Entwurfssteuerung, Dokumentation, Änderungswesen. Köln: TÜV-Rheinland.

Saynisch, M.(1979). Grundlagen des phasenweisen Projektablaufes. In M. Saynisch, H. Schelle & A. Schub (Hrsg.), Projektmanagement – Konzepte, Verfahren, Anwendungen (S.33-58). München: Oldenbourg.

Schelle H. & Saynisch M. (Hrsg.) (1985). Symposium Konfigurationsmanagement. München: GPM-Verlag.

1.16a Projektcontrolling: Überwachung, Steuerung und Berichtswesen

A Verwendete Literatur

AHO (1996). Ausschuss der Ingenieurverbände und Ingenieurkammern für die Honorarordnung e.V., Untersuchungen zum Leistungsbild des § 31 HOAI und zur Honorierung für die Projektsteuerung. Schriftenreihe des AHO, Bundesanzeiger.

DIN Deutsches Institut für Normung e.V. (Hrsg.). Projektmanagement-Normen (Ausgabe …)

DIN 69903 (alt) Projektwirtschaft – Kosten und Leistung, Finanzmittel – Begriffe (08/1987)

DIN 69901-5 Projektmanagement-Projektmanagementsysteme – Teil5: Begriffe (2009)

Felske, P. (2003). Integrierte Projektsteuerung. In RKW (Rationalisierungs-Kuratorium der Deutschen Wirtschaft e.V.) & GPM (Deutsche Gesellschaft für Projektmanagement e.V.) (Hrsg.), Projektmanagement Fachmann. 7. Aufl. Eschborn: RKW-Verlag.

Motzel, E. (1996). Fortschrittskontrolle bei Investitionsprojekten. In H. Schelle, H. Reschke, R. Schnopp & A. Schub (Hrsg.), Projekte erfolgreich managen. 3. Aktualisierung. Kapitel 4.9.2. (S. 1-46). Köln: TÜV Media.

Motzel, E. (1998). Leistungsbewertung und Projektfortschritt. In RKW (Rationalisierungs-Kuratorium der Deutschen Wirtschaft e.V.) & GPM (Deutsche Gesellschaft für Projektmanagement e.V.) (Hrsg.), Projektmanagement Fachmann. 4. völlig überarb. Auflage. Eschborn: RKW-Verlag.

Motzel, E. (2003). Leistungsbewertung und Projektfortschritt. In RKW (Rationalisierungs-Kuratorium der Deutschen Wirtschaft e.V.) & GPM (Deutsche Gesellschaft für Projektmanagement e.V.) (Hrsg.), Projektmanagement Fachmann. 7. Aufl. Eschborn: RKW-Verlag.

Motzel, E. (2006). Projektmanagement Lexikon. Begriffe der Projektwirtschaft von ABC-Analyse bis Zwei-Faktoren-Theorie. Weinheim: Wiley-VCH.

Patzak, G. & Rattay, G. (2004). Projektmanagement. Leitfaden zum Management von Projekten, Projektportfolios und projektorientierten Unternehmen. 4. Aufl. Wien: Linde.

Platz, J. (1994). Aufgaben der Projektsteuerung – Ein Überblick. In H. Schelle, H. Reschke, R. Schnopp & A. Schub (Hrsg.), Projekte erfolgreich managen. Kapitel 4.9.1. (S. 1-30). Köln: TÜV Media.

Wolf, M. L. J. (1998). Die Projektstatusbesprechung als Informationsdrehscheibe nutzen. In H. Schelle, H. Reschke, R. Schnopp & A. Schub (Hrsg.), Projekte erfolgreich managen. 10. Aktualisierung. Kapitel 4.9.4. (S. 1-32). Köln: TÜV Media.

B Weiterführende Literatur

Motzel, E. (1989). Fortschrittskontrolle im Anlagenbau. In H. Reschke, H. Schelle & R. Schnopp (Hrsg.) (2005), Handbuch Projektmanagement (S. 509-528). Köln: TÜV Rheinland.

Motzel, E. (1993). Projektmanagement in der Baupraxis – bei industriellen und öffentlichen Bauprojekten (Hrsg.). Berlin: Ernst & Sohn.

Wehking, F. (1989). Projektfortschrittsmessung und -berichterstattung bei F+E-Projekten.
In H. Reschke, H. Schelle & R. Schnopp (Hrsg.) (2005), Handbuch Projektmanagement (S. 493-508). Köln: TÜV Rheinland.

1.16b Projektcontrolling: Überwachung, Steuerung und Berichtswesen

A Verwendete Literatur

Albert, I. & Högsdal, B. (1987). Trendanalyse – Projektüberwachung mit Hilfe von Meilenstein- und Kostentrendanalyse Arbeitstexte der GPM, Köln.

Campana, C., Reschke, H. & Schott, E. (2002). Project Office – Implementierung und Verankerung im Unternehmen. In H. Schelle, H. Reschke, R. Schnopp & A. Schub (Hrsg.), Projekte erfolgreich managen. 18. Aktualisierung. Kapitel 6.2.3. (S. 1-58). Köln: TÜV Media.

DIN Deutsches Institut für Normung e.V. (Hrsg.). Projektmanagement-Normen (Ausgabe …)
DIN 69903 (alt) Projektwirtschaft – Kosten und Leistung, Finanzmittel – Begriffe (08/1987)
DIN 69901-5 Projektmanagement-Projektmanagementsysteme – Teil5: Begriffe (2009)

Fachkreis Kostenschätzung (1987). Vorschlag für die Feststellung des Arbeitswertes von Arbeitspaketen zur Ermittlung des Projektfortschritts (Earned Value Techniques). Unveröffentlicht.

Felske, P. (2003). Integrierte Projektsteuerung. In RKW (Rationalisierungs-Kuratorium der Deutschen Wirtschaft e.V.) & GPM (Deutsche Gesellschaft für Projektmanagement e.V.) (Hrsg.), Projektmanagement Fachmann. 7. Aufl. Eschborn: RKW-Verlag.

Kielkopf, H. & Meyer, H. (1994). Integrierte Projektsteuerung. In RKW (Rationalisierungs-Kuratorium der Deutschen Wirtschaft e.V.) & GPM (Deutsche Gesellschaft für Projektmanagement e.V.) (Hrsg.), Projektmanagement Fachmann. 2. Aufl. Eschborn: RKW-Verlag.

Lomnitz, G. (2004). Multiprojektmanagement. Projekte erfolgreich planen, vernetzen und steuern. 2. Aufl. Frankfurt am Main: Redline.

Motzel, E. (1996). Fortschrittskontrolle bei Investitionsprojekten. In H. Schelle, H. Reschke, R. Schnopp & A. Schub (Hrsg.), Projekte erfolgreich managen. Kapitel 4.9.2. (S. 1-46). Köln: TÜV Media.

Motzel, E. (1998). Leistungsbewertung und Projektfortschritt. In RKW (Rationalisierungs-Kuratorium der Deutschen Wirtschaft e.V.) & GPM (Deutsche Gesellschaft für Projektmanagement e.V.) (Hrsg.) (1998). Projektmanagement Fachmann. 4. völlig überarb. Auflage. Eschborn: RKW-Verlag.

Motzel, E. (2003). Leistungsbewertung und Projektfortschritt. In RKW (Rationalisierungs-Kuratorium der Deutschen Wirtschaft e.V.) & GPM (Deutsche Gesellschaft für Projektmanagement e.V.) (Hrsg.), Projektmanagement Fachmann. 7. Aufl. Eschborn: RKW-Verlag.

Motzel, E. (2006). Projektmanagement Lexikon. Begriffe der Projektwirtschaft von ABC-Analyse bis Zwei-Faktoren-Theorie. Weinheim: Wiley-VCH.

Patzak, G. & Rattay, G. (2004). Projektmanagement. Leitfaden zum Management von Projekten, Projektportfolios und projektorientierten Unternehmen. 4. Aufl. Wien: Linde.

Platz, J. (1994). Aufgaben der Projektsteuerung – Ein Überblick. In H. Schelle, H. Reschke, R. Schnopp & A. Schub (Hrsg.), Projekte erfolgreich managen. Kapitel 4.9.1. (S. 1-30). Köln: TÜV Media.

Schelle, H., Ottmann, R. & Pfeiffer, A. (2005). Projektmanager. Nürnberg: GPM.

Wünnenberg, H. (1997). Die Projekt-Status-Analyse (PSA). In H. Schelle, H. Reschke, R. Schnopp & A. Schub (Hrsg.), Projekte erfolgreich managen. Kapitel 4.9.3. (S. 1-22). Köln: TÜV Media.

B Weiterführende Literatur

Andreas, D., Rademacher, G. & Sauter, B. (1994). Projektcontrolling bei Anlagen- und Systemgeschäften. In H. Schelle, H. Reschke, R. Schnopp & A. Schub (Hrsg.), Projekte erfolgreich managen. Kapitel 7.3.1. (S. 1-44). Köln: TÜV Media.

APM (Association for Project Management) (2002). Earned Value Management – APM Guideline for the UK. High Wycombe: APM Publishing.

Burghardt, M. (2006): Projektmanagement. Leitfaden für Planung, Überwachung und Steuerung von Entwicklungsprojekten. 7. Aufl. Erlangen: Publicis.

Eisenschink, C. (2002). Grundlagen des Multiprojektmanagements. In H. Schelle, H. Reschke, R. Schnopp & A. Schub (Hrsg.), Projekte erfolgreich managen. 19. Aktualisierung. Kapitel 7.2.6. (S. 1-44). Köln: TÜV Media.

Fleming, Q.W. & Koppelman, J.M. (1996): Earned Value Project Management. Newton Square: PMI..

GPM/RKW Deutsche Gesellschaft für Projektmanagement e.V. und RKW Rationalisierungs- und Innovationszentrum der Deutschen Wirtschaft (Hrsg.) (2003). Projektmanagement-Fachmann. 7. Aufl. 2 Bände. Eschborn: RKW-Verlag.

IPMA International Project Management Association (Hrsg.) (2006). IPMA Competence Baseline (ICB). Zürich: IPMA.

Kerzner, H. (2003). Projektmanagement – Ein systemorientierter Ansatz zur Planung und Steuerung. Bonn: mitp-Verlag.

Litke, H.-D. (Hrsg.) (2005). Projektmanagement – Handbuch für die Praxis. München: Carl Hanser.

Motzel, E. & Pannenbäcker, O. (2002). Projektmanagement-Kanon. Der deutsche Zugang zum Project Management Body of Knowledge. 2. Aufl. Regensburg: Roderer.

PMI Project Management Institute (2004). A Guide to the Project Management Body of Knowledge. Newton Square: PMI.

1.17 Information und Dokumentation

A Verwendete Literatur

Geckler, D. (2002). Änderungsschleifen in Fahrzeugprojekten: Simulation – Projektmanagement – Prozessgestaltung. Aachen: Shaker.

Stöger, R. (2004). Wirksames Projektmanagement. Stuttgart: Schäffer-Poeschel.

Witschi, U., Wagner, R. & Dierig, S. (2007). Dimensionen von Komplexität in Projekten – ein Ansatz zur Projektkategorisierung. PM-Forum 2007.

B Weiterführende Literatur

Geckler, D. (2004). Kreative Projekte – Methodische Ansätze für das Management. In A. Frick, G. Kerber, D. Lange, R. Marré, (Hrsg.), Inter-PM 2004 – Zukunft im Projektmanagement. Dokumentationsband der Tagung vom 26./27. März 2004.

Kampffmeyer, U. (2003). Dokumenten-Technologien: Wohin geht die Reise. Hamburg: Project Consult.

Luhmann, N. (2000). Organisation und Entscheidung. Opladen: Westdeutscher Verlag.

Saynisch, M. (2004). Änderungen mit System. Berlin: Springer.

1.18 Kommunikation

A Verwendete Literatur

Aristoteles (2002). Rhetorik. Übersetzung, Einleitung und Kommentar von Christof Rapp. 2 Bde., Berlin: Akademie.

Bühler, K. (1934). Sprachtheorie. Jena.

Chevalier, B.(2007). Effektiv lesen: Lesekapazität und Textverständnis erhöhen. Frankfurt am Main: Eichborn.

Denisow, K. (2002). Soziale Strukturen, Gruppen und Team. In GPM (Deutsche Gesellschaft für Projektmanagement e.V.) & RKW (Rationalisierungs- und Innovationszentrum der Deutschen Wirtschaft) (Hrsg.). Projektmanagement-Fachmann (S. 339-366). Eschborn: RKW-Verlag.

Eberspächer, J.& Holtel, S. (2006). Suchen und Finden im Internet. Heidelberg: Springer.

Grimm, E. (1998). Spezielle Kommunikationssituationen. In GPM (Deutsche Gesellschaft für Projektmanagement e.V.) & RKW (Rationalisierungs- und Innovationszentrum der Deutschen Wirtschaft) (Hrsg.). Projektmanagement-Fachmann (S. 479ff). Eschborn: RKW-Verlag.

Haarländer, M. (2003). Lesen im Cyberspace – Bildschirm gegen Mensch. http://www.medien.ifi.lmu.de/fileadmin/mimuc/mmi_ws0304/exercise/aufsaetze/Markus_Haarlaender.html

Hierhold, E. (2001). Verkaufsfaktor P – Entscheiderteams in perfekten Präsentationen überzeugen und gewinnen. Wien: Ueberreuter.

Hierhold, E. (2005). Sicher präsentieren – wirksamer vortragen. 7. Aufl. Wien: Ueberreuter.

Machill, M., Beiler, M. & Zenker, M. (2008). Journalistische Recherche im Internet: Bestandsaufnahme journalistischer Arbeitsweisen in Zeitungen, Hörfunk, Fernsehen und Online. Berlin: Vistas.

Mohl, Al. (2006). Der große Zauberlehrling. Das NLP-Arbeitsbuch für Lernende und Anwender. 2. Bde. Paderborn: Junfermann.

Nielsen, J. (1997). How Users Read on the Web. Jakob Nielsen's Alertbox for October 1, 1997. http://www.useit.com/jakob/

Ott, E. (2005). Optimales Lesen: Schneller lesen – mehr behalten. Ein 25-Tage-Programm. Reinbek: Rowohlt.

Rebel, G. (2001). Mehr Ausstrahlung durch Körpersprache. Überzeugend auftreten – Mehr Erfolg privat und im Beruf. München: Gräfe & Unzer.

Reiter, A.(2003). Lesen am Bildschirm. http://www.medien.ifi.lmu.de/fileadmin/mimuc/mmi_ws0304/exercise/aufsaetze/Andreas_Reiter.html

Satir, V. (1988). Meine vielen Gesichter – Wer bin ich wirklich? München.

Satir, V. (2004). Kommunikation. Selbstwert. Kongruenz. Konzepte und Perspektiven familientherapeutischer Praxis. 7. Aufl. Paderborn: Junfermann.

Schulz von Thun, F. (1999). Miteinander reden. 3 Bde.: 1: Störungen und Klärungen, 2: Stile, Werte und Persönlichkeitsentwicklung, 3: Das „innere Team" und situationsgerechte Kommunikation. Reinbek: Rowohlt.

Seifert, J. W. (2007). Visualisieren, Präsentieren, Moderieren. 23. Aufl. Offenbach: Gabal.

Shannon, C. E. (1948). A mathematical theory of communication. Bell System Technical Journal, vol. 27, S. 379-423 und S. 623-656.

Watzlawick, P., Beaven, J.H. & Jackson, D. D. (1969). Menschliche Kommunikation. Bern: Huber.

Weidenmann, B. (2002). Gesprächs- und Vortragstechnik. Weinheim: Beltz.

Weisbach, C.-R. (2008). Professionelle Gesprächsführung. Ein praxisnahes Lese- und Übungsbuch. München: dtv.

Wittstock, M. & Triebe, J. (2002). Soziale Wahrnehmung. In GPM (Deutsche Gesellschaft für Projektmanagement e.V.) & RKW (Rationalisierungs- und Innovationszentrum der Deutschen Wirtschaft) (Hrsg.). Projektmanagement-Fachmann. Eschborn: RKW-Verlag.

1.19 Projektstart

A Verwendete Literatur

Daenzer, W.F. & Huber, F. (Hrsg.) (2002). Systems Engineering. 11. Auflage. Zürich: Verlag Industrielle Organisation.

Lohaus, D., Casutt, C. & Heppner, H. (2004). Wer hatte eigentlich die Idee zu diesem Projekt? Systemische Auftragsklärung im Projektmanagement. Competence Site (www.competence-site.de).

Madauss, B. J. (1994ff). Projektdefinition. In H. Schelle, H. Reschke, R. Schnopp & A. Schub (Hrsg.), Projekte erfolgreich managen. 6. Aktualisierung. Kapitel 4.2.5. (S. 1-24). Köln: TÜV Media.

Platz, J. (2003). Projektstart. In RKW (Rationalisierungs-Kuratorium der Deutschen Wirtschaft e.V.) & GPM (Deutsche Gesellschaft für Projektmanagement e.V.) (Hrsg.) (2003), Projektmanagement Fachmann. 7. Aufl. Eschborn: RKW-Verlag.

Schelle, H., Ottmann, R. & Pfeiffer, A. (2005). ProjektManager. Nürnberg: GPM Deutsche Gesellschaft für Projektmanagement e.V.

Scheuring, H. (2008). Der www-Schlüssel zum Projektmanagement. 4. Aufl. Zürich: Orell Füssli.

Scheuring, H. (2008). Internet-Wissensplattform: www.pm-schluessel.com (via hyperWeb.org/Projektmanagement).

B Weiterführende Literatur

Andreas, D., Rademacher, G. & Sauter, B. (1994ff). Projekt-Controlling bei Anlagen- und Systemgeschäften. In H. Schelle, H. Reschke, R. Schnopp & A. Schub (Hrsg.), Projekte erfolgreich managen. 1. Aktualisierung. Kapitel 7.3.1. (S. 1-44). Köln: TÜV Media.

Zahrnt, C. (2008). IT-Projektverträge: Erfolgreiches Projektmanagement. 3. Auflage. Heidelberg: dpunkt.verlag.

1.20 Projektabschluss

A Verwendete Literatur

Burghardt, M. (2007). Einführung in Projektmanagement – Definition, Planung, Kontrolle, Abschluss. 5. Aufl. Erlangen: Publicis Corporate Publishing.

RKW (Rationalisierungs-Kuratorium der Deutschen Wirtschaft e.V.) & GPM (Deutsche Gesellschaft für Projektmanagement e.V.) (Hrsg.) (2003). Projektmanagement Fachmann. Eschborn: RKW-Verlag.

Motzel, E. (2006). Projektmanagement – Lexikon. Weinheim: Wiley-VCH.

Schelle, H., Ottmann, R. & Pfeiffer A. (2005). ProjektManager. Nürnberg: GPM Deutsche Gesellschaft für Projektmanagement e.V.

DIN EN ISO 9001:2000: Qualitätsmanagementsystem – Anforderungen

EFQM-Modell für Excellence (1999). Dokumentation; European Foundation for Quality

Management. Brussels: Representative Office.

B Weiterführende Literatur

Burghardt, M. (2008): Projektmanagement – Leitfaden für die Planung, Überwachung und Steuerung von Projekten: 8. Aufl. Erlangen: Publicis Corporate Publishing.

Band 2

2.00 Macht und Autorität in Projekten

A Verwendete Literatur

Hansel, J. & Lomnitz, G. (2003). Projektleiter-Praxis. 4. überarbeitete und erweiterte Auflage. Berlin: Springer.

Frankfurt, Harry, G. (2006). Bullshit, Suhrkamp Verlag

Koslowski, P. (1989). Macht in Projekten - Motor oder Bremse. Die Zeit, Nr. 20, S. 43.

Lomnitz, G. (2003). Machtprozesse in Projekten. Projektmagazin 5/2003.

Popitz, H. (1992). Phänomene der Macht. 2. stark erweiterte Auflage. Tübingen: Mohr Siebeck.

Sprenger, R. K. (1992). Mythos Motivation – Wege aus einer Sackgasse. 2. Aufl. Frankfurt am Main: Campus.

2.01 Führung

A Verwendete Literatur

Bass, B. M. (1998). Transformational Leadership: Industry, Military, and Educational Impact. London: Lawrence Erlbaum Associates.

Becker-Beck, U. & Schneider, J. F. (2003). Zur Rolle von Feedback im Rahmen von Teamentwicklungsprozessen. Göttingen: Hogrefe.

Blake, R. & Mouton, J. (1964). The Managerial Grid: The Key to Leadership Excellence. Houston: Gulf Publishing Co.

Burke, C. S., Stagl, K. C., Klein, C., Goodwin, G. F., Salas, E., & Halpin, S. M. (2006). What type of leadership behaviors are functional in teams? A meta-analysis. Leadership Quarterly, 17: 288-307.

Collinson, D. (2006). Rethinking followership: A post-structuralist analysis of follower identi-ties. Leadership Quarterly, 17(2): 179.

Denison, D. R., Hooijberg, R., & Quinn, R. E. (1995). Paradox and Performance: Toward a Theory of Behavioral Complexity in Managerial Leadership. Organization Science, 6(5): 524.

Earley, P. C., Northcraft, G. B., Lee, C., & Lituchy, T. R. (1990). Impact of process and outcome feedback on the relation of goal setting to task performance. Academy of Management Journal, 33(1): 87-105.

Fischer, L. W., G. (2003). Grundlagen der Sozialpsychologie, 3.,akt. und erw. Aufl., München: Oldenbourg.

Fleishman, E. A., Mumford, M. D., Zaccaro, S. J., Levin, K. Y., Korotkin, A. L., & Hein, M. B. (1991). Taxonomic efforts in the description of leader behavior: A synthesis and func-tional interpretation. The Leadership Quarterly, 2(4): 245.

Hackman, J. R. (1987). The design of work teams. In J. W. Lorsch (Ed.), Handbook of organiza-tional behavior: 315-342. Englewood Cliffs, NJ: Prentice-Hall.

Hackman, J. R. (2002). Leading teams: Setting the stage for great performances. Boston: HBS Press.

Hackman, R. J. & Wageman, R. (2005). A Theory of Team Coaching. Academy of Management Review, 30(2): 269-287.

Hersey, P. & Blanchard, K. H. (1977). Management of organization behavior: utilizing human resources (3 ed.). Englewood Cliffs, NJ: Prentice-Hall.

Hertel, G. & Konradt, U. (2004). Führung aus der Distanz: Steuerung und Motivierung bei ortsverteilter Zusammen-arbeit. In G. Hertel & U. Konradt (Eds.), Human Resource Management im Inter- und Intranet: 169-186. Göttingen: Hogrefe.

Hoegl, M. & Gemuenden, H. G. (2001). Teamwork Quality and the Success of Innovative Pro-jects: A Theoretical Concept and Empirical Evidence. Organization Science, 12(4): 435.

Hoegl, M. & Parboteeah, K. P. (2002). Feedback seeking and participative decision making in teams with innovative projects.

Hoegl, M. & Parboteeah, K. P. (2006). Autonomy and teamwork in innovative projects. Human Resource Management, 45(1): 67-79.

Keegan, A. E. & Den Hartog, D. N. (2004). Transformational leadership in a project-based envi-ronment: a comparative study of the leadership styles of project managers and line managers. International Journal of Project Management, 22(8): 609-617.

Kirkman, B. L. & Rosen, B. (1999). Beyond Self-Management: Antecedents and Consequences of Team Empowerment.

Motzel, E. (2006). Projekt-Management Lexikon. Weinheim: Wiley.

Muethel, M. (2006). Erfolgreiche Zusammenarbeit in deutsch-chinesischen Projektteams. Wies-baden: Deutscher Universitätsverlag.

Muethel, M. & Hoegl, M. (2007). Initial Distrust - On the Role of Perceived Dishonesty in International Innovation Teams. Zeitschrift für Betriebwirtschaft (ZfB), Special Issue 4: 103-124.

Quinn, R. E. & Rohrbaugh, J. (1983). A spatial model of effectiveness criteria: Towards a competing values approach to organizational analysis. Management Science, 29(3): 363-377.

Quinn, R. E. (1984). Applying the Competing Values Approach to Leadership: Toward an In-grative Model. In J. G. Hunt & R. Stewart & C. Schriesheim & D. Hosking (Eds.), Managers and Leaders: An International Perspective. New York: Pergamon.

Rafferty, A. E. & Griffin, M. A. (2004). Dimensions of transformational leadership: Conceptual and empirical extensions. Leadership Quarterly, 15(3): 329-354.

Solomon, M. R., Surprenant, C., Czepiel, J. A., & Gutman, E. G. (1985). A Role Theory Per-spective on Dyadic Interactions: The Service Encounter. Journal of Marketing, 49(1).

von Rosenstiel, L., Regnet, E., & Domsch, M. (2003). Führung von Mitarbeitern Handbuch für erfolgreiches Personalmanagement (5 ed.). Stuttgart: Schaeffer-Poeschel.

Yukl, G. (2005). Leadership in organizations. Upper Saddle River, New Jersey: Pearson.

Zaccaro, S. J., Rittman, A. L., & Marks, M. A. (2001). Team leadership. The Leadership Quarterly, 12: 451-483.

B Weiterführende Literatur

von Rosenstiel, L., Regnet, E., & Domsch, M. (2003). Führung von Mitarbeitern Handbuch für erfolgreiches Personalmanagement (5 ed.). Stuttgart: Schaeffer-Poeschel.

Yukl, G. (2005). Leadership in organizations. Upper Saddle River, New Jersey: Pearson.

2.02 Motivation und Engagement

A Verwendete Literatur

Bandura, A. (1997). Self-Efficacy: The Exercise of Control. New York: Freeman

Bateson, G. (1994). Ökologie des Geistes. 5. Auflage. Frankfurt am Main: Suhrkamp.

Csikszentmihalyi, M. (2000a). Das Flow-Erlebnis. 8. Aufl., Stuttgart: Klett-Cotta.

Csikszentmihalyi, M. (2000a). Dem Sinn des Lebens eine Zukunft geben. 2. Aufl., Stuttgart: Klett-Cotta.

Deci, E. L. (1975). Intrinsic motivation. New York: Plenum Press.

Deci, E. L. & Ryan, R. M. (1993). Die Selbstbestimmungstheorie der Motivation und die Bedeutung für die Pädagogik. Zeitschrift für Pädagogik, Heft 2, 223-238.

Glowitz, F. (2003). Motivation. In RKW Rationalisierungs-Kuratorium der Deutschen Wirtschaft & GPM Deutsche Gesellschaft für Projektmanagement (Hrsg.). Projektmanagement-Fachmann. 2 Bd., 7., überarbeitete und aktualisierte Aufl. (S. 317-338). Eschborn: RKW.

Herzberg, F. (2003). Was Mitarbeiter in Schwung bringt. In: Harvard Business Manager, April, 2-11.

Krapp, A. & Ryan, R. (2002). Selbstwirksamkeit und Lernmotivation. Eine kritische Betrachtung der Theorie von Bandura aus Sicht der Selbstbestimmungstheorie und der pädagogisch-psychologischen Interessentheorie. Zeitschrift für Pädagogik, 44. Beiheft, 54-82.

Manzoni, J.-F. & Barsoux, J.-L. (2003). „Das Versager-Syndrom". Wie Chefs ihre Mitarbeiter ausbremsen und wie es besser geht. München: Hanser Verlag.

Maslow, A.H. (2005). Motivation und Persönlichkeit. 10. Auflage. Reinbek bei Hamburg: Rowohlt Taschenbuch Verlag.

Maurer, P. (2007). Der Chef als Motivationskiller. In wirtschaft + weiterbildung, 01, 18- 25.

Mayrshofer, D. & Kröger, H. A. (2001). Prozesskompetenz in der Projektarbeit. Ein Handbuch für Projektleiter, Prozeßbegleiter und Berater. 2. Aufl. Hamburg: Windmühle GmbH.

McClelland, D. C. (1978). Macht als Motiv. Entwicklungswandel und Ausdrucksformen. Stuttgart: Klett-Cotta.

McGregor, D. (1970). Der Mensch im Unternehmen. Düsseldorf und Wien: Econ.

Merton, R. K. (1948). The self-fulfilling prophecy. Antioch Review. Vol. VIII, Yellow Springs: Antioch Review inc., 193-210.

Richter, R. & Furubotn, E. (1996): Die Neue Institutionenökonomik des Marktes. Schriftenreihe des Max-Planck-Instituts zur Erforschung von Wirtschaftssystemen. Bad Blankenburg.

Rosenthal, R. & Jacobson, L. (1966). Teachers' Expectancies: Determinants Of Pupils' IQ Gains. Psychological Reports, 19, 115-118.

Rost, D. (2007). Interpretation und Bewertung pädagogisch-psychologischer Studien. 2. Auflage. Weinheim und Basel: Beltz Verlag.

Simon, F. B. (1997). Die Kunst, nicht zu lernen: und andere Paradoxien in Psychotherapie, Management, Politik. Heidelberg: Auer.

Sprenger, R. K. (1998). Mythos Motivation. Wege aus einer Sachgasse. 15. Aufl., Frankfurt/Main: Campus Verlag.

Thomas, W. I. & Thomas, D. S. (1928). The Child in America. Behavior Problems and Programs. New York: Knopf.

Vroom, V.H. (1964). Work and motivation. New York: Wiley.

Watzlawick, P. (1991). Selbsterfüllende Prophezeiung. In ders. (Hrsg.). Die erfundene Wirklichkeit. Wie wissen wir, was wir zu wissen glauben? Beiträge zum Konstruktivismus. 7. Auflage (S. 91-110). München, Zürich: Piper.

Wunderer, R. & Küpers, W. (2003). Demotivation - Remotivation. Wie Leistungspotenziale blockiert und reaktiviert werden. Neuwied: Luchterhand.

2.03 Selbststeuerung

A Verwendete Literatur

Antonovski, A. (1997). Salutogenese: Zur Entmystifizierung der Gesundheit. Tübingen: Dgvt-Verlag.

Corvey, S. R. & Roethe, A. (1996). Die sieben Wege zur Effektivität. Ein Konzept zur Meisterung Ihres beruflichen und privaten Lebens. Frankfurt am Main: Campus.

Grünewald, S. (2006). Deutschland auf der Couch. Eine Gesellschaft zwischen Stillstand und Leidenschaft. Frankfurt am Main: Campus.

Hobfoll, S., Buchwald, P. & Schwarzer, C. (Hrsg.) (2004). Stress gemeinsam bewältigen – Ressourcenmanagement und multi-axiales Coping. Göttingen: Hogrefe.

Kaluza, G. (2007). Gelassen und sicher im Stress. 3. Aufl. Heidelberg: Springer-Verlag.

Lazarus, R. S. & Folkman, S. (1984). Stress, Appraisal, and Coping. New York: Springer Publishing Company.

Scheler, U. (1999). Management der Emotionen. Offenbach: Gabal.

Schulz von Thun, F. (1981). Miteinander reden. Störungen und Klärungen. 44. Auflage. Reinbek: Rowohlt.

Seiwert, L. J. (2001). Mehr Zeit für das Wesentliche. Besseres Zeitmanagement mit der SEIWERT- Methode. 5. Aufl. München: mvg.

Senge, P. M., Kleinert, A. & Roberts, C. (1996). Das Fieldbook zur ‚Fünften Disziplin'. 5. Aufl. Stuttgart: Klett-Cotta.

Unger, H.-P. & Kleinschmidt, C. (2007). Bevor der Job krank macht. München: Kösel-Verlag.

B Weiterführende Literatur

Eichhorn, C. (2002). Souverän durch Self-Coaching. Ein Wegweiser nicht nur für Führungskräfte. Göttingen: Vandenhoeck & Ruprecht.

Martens, J. U. & Kuhl, J. (2005). Die Kunst der Selbstmotivierung. Neue Erkenntnisse der Motivationsforschung praktisch nutzen. 2. Aufl. Stuttgart: Kohlhammer.

Steiner, V. (2006). Energiekompetenz: Produktiver denken. Wirkungsvoller arbeiten. Entspannter leben. Eine Anleitung für Vielbeschäftigte, für Kopfarbeit und Management. 6. Aufl. München: Pendo.

2.04 Durchsetzungsvermögen

A Verwendete Literatur

Berth, R. (1993). Erfolg: 50 Strategien für innovatives Management. Düsseldorf: Econ.

Brodtmann, E. & Brodtmann, T. (1990). Erfolgreiche Betriebs- und Unternehmensführung: ein Leitfaden. 4. Aufl. Düsseldorf: VDI.

Edmüller, A. & Wilhelm, T. (2005). Argumentieren – sicher-treffend-überzeugend. 3. Aufl. Planegg: Haufe.

Golemann, D. (2002). Emotionale Führung. 2. Aufl. München: Econ.

Keller, G. (1866). Kleider machen Leute. Ditzingen: Reclam.

Merkle, R. (2001). So gewinnen Sie mehr Selbstvertrauen. 17. Aufl. Mannheim: Pal.

Motamedi, S. (1998). Präsentation – Ziele, Konzeption, Durchführung. 2. Aufl. Heidelberg: Sauer.

Neuberger, O. (2002). Führen und Führen lassen. 6. Aufl. Stuttgart: UTB.

Ruede-Wissmann, W. (1989). Auf alle Fälle Recht behalten. 8. Aufl. München: Wirtschaftsverlag Langen Müller / Herbig.

Sprenger, R. (2002). Mythos Motivation. 17. Aufl. Frankfurt am Main: Campus.

B Weiterführende Literatur

Müller, M. (2003). Trainingsprogramm Schlüsselqualifikationen. Frankfurt am Main: Eichborn.

Hinterhuber, H. H. (2004). Leadership. 2. Aufl. Frankfurt am Main: F.A.Z.-Institut für Management-, Markt- und Medieninformationen

2.05 Stressbewältigung und Entspannung

A Verwendete Literatur

Alke, M. (2004). Wenn die Arbeit das ganze Leben dominiert. Entwicklung und Erprobung eines Leitfadens zur Selbstreflexion qualifizierter Angestellter über eigene Einflussmöglichkeiten bei stark ausgedehnten Arbeitszeiten. Unveröffentlichte Masterarbeit. Universität Flensburg.

Beermann, B., Brenscheidt, F. & Siefer, A. (2007). Arbeitsbedingungen in Deutschland – Belastungen, Anforderungen und Gesundheit. In Bundesanstalt für Arbeitsschutz und Arbeitsmedizin (BAuA), Gesundheitsschutz in Zahlen 2005 (S. 28-46). Dortmund.

Born, C., Krüger, H. & Lorenz-Meyer, D. (1996). Der unentdeckte Wandel: Annäherung von Struktur und Norm im weiblichen Lebenslauf. Berlin: Edition Sigma.

Brenscheidt, F. (Hrsg.) (2007). Flexible Arbeitszeiten und Schichtarbeit mit flexiblen Anteilen. Dortmund: Bundesanstalt für Arbeitsschutz und Arbeitsmedizin (BAuA).

Glißmann, W. (2001). Mechanismen sozialer Ausgrenzung. In W. Glißmann & K. Peters (Hrsg.), Mehr Druck durch mehr Freiheit: die neue Autonomie in der Arbeit und ihre paradoxen Folgen (S. 60-80). Hamburg: VSA-Verlag.

Glißmann, W. & Peters, K. (2001). Die Frage der Solidarität. In W. Glißmann & K. Peters (Hrsg.), Mehr Druck durch mehr Freiheit: die neue Autonomie in der Arbeit und ihre paradoxen Folgen (S. 41-52). Hamburg: VSA-Verlag.

Hoff, E.-H. (2006). Work-Life-Balance. Wissenschaftsmagazin fundiert. Schwerpunktheft Arbeit. Online verfügbar: http://www.fu-berlin.de/presse/publikationen/fundiert/2006_01/index.html [15.07.2007].

Holch, C. (1999). Arbeiten ohne Ende. Die Stempeluhr ist abgeschafft! Ein Traum? Bei IBM ist er wahr geworden. Doch glücklicher sind die Angestellten darum keineswegs. Deutsches Allgemeines Sonntagsblatt. 16. Juli 1999. Online verfügbar: http://www.sonntagsblatt.de/artikel/1999/29/29-s5.htm [15.07.2007].

Korte, M. (2001). Arbeit ohne Grenzen? Zur zeitlichen Entgrenzung der Arbeit. Unveröffentlichte Masterarbeit. Universität Flensburg.

Kötter, W. (2002). Projektarbeit – (k)ein Thema für die Arbeitspsychologie? In M. Moldaschl, & W. Volpert (Hrsg.), Neue Arbeit – neue Wissenschaft der Arbeit? Festschrift zum 60. Geburtstag von Walter Volpert (S. 399-416). Heidelberg: Asanger.

Latniak, E. & Germaier, A. (2006). Zwischen Innovation und alltäglichem Kleinkrieg. Zur Belastungssituation von IT-Beschäftigten. IAT-Report 4/2006. Gelsenkirchen: Institut Arbeit und Technik (IAT).

Lazarus, R. S. & Launier, R. (1981). Streßbezogene Transaktion zwischen Person und Umwelt. In J. R. Nitsch (Hrsg.), Stress: Theorien, Untersuchungen, Maßnahmen (S. 213-259). Bern: Huber.

Litzcke, S. M. & Schuh, H. (2005). Stress, Mobbing und Burn-out am Arbeitsplatz. Heidelberg: Springer-Verlag.

Meissner, M. (1971). The long arm of the job: A study of work and leisure. Industrial Relations 10, S. 239-260.

Musekamp, F. (2005). Zeitbezogene Tätigkeitsanalyse in Projekten. Eine Empirische Untersuchung in der Automobilzulieferindustrie. Unveröffentlichte Masterarbeit. Universität Flensburg.

Oesterreich, R. & Volpert, W. (Hrsg.) (1999). Psychologie gesundheitsgerechter Arbeitsbedingungen: Konzepte, Ergebnisse und Werkzeuge zur Arbeitsgestaltung. Bern: Huber.

Peter, L. (2003). Neue Formen der Arbeit, Arbeitskraftunternehmer und Arbeitssucht. In H. Heide (Hrsg.), Massenphänomen Arbeitssucht: historische Hintergründe und aktuelle Bedeutung einer neuen Volkskrankheit (S. 106-115). Bremen: Atlantik-Verlag.

Resch, M. (1994). Wenn Arbeit krank macht. Berlin: Ullstein.

Schmidt, A. (2000). „Mich regiert blanke Angst" – Die Realität extremer Gefühle in neuen Formen der Arbeitsorganisation. Beitrag auf der Fachtagung „Arbeiten ohne Ende?" der IG Metall am 20./21. September 2000 in Stuttgart. Online verfügbar: http://www.gegenentwurf-muenchen.de/angst3.htm [15.07.2007].

Voß, G.-G. & Pongratz, H. J. (1998). Der Arbeitskraftunternehmer – Eine neue Grundform der Ware Arbeitskraft? Kölner Zeitschrift für Soziologie und Sozialpsychologie 50 (1), S. 131-158.

B Weiterführende Literatur

Ewers, E. & Hoff, E.-H. (2006). Arbeit als Lebensinhalt? Neue Formen der Lebensgestaltung bei Beschäftigten im IT-Bereich. Münster: Waxmann.

Hochschild, A. R. & Rieder, K. (2006). Keine Zeit. Wenn die Firma zum Zuhause wird und zu Hause nur Arbeit wartet. Wiesbaden: VS Verlag.

Volpert, W. & Moldaschl, M. (1999). Wie wir handeln – was wir können: ein Disput als Einführung in die Handlungspsychologie. Sottrum: Artefact-Verlag Weber.

2.06 Offenheit

A Verwendete Literatur

Asendorpf, J. B. (2007). Psychologie der Persönlichkeit. 4. überarb. und akt. Auflage. Heidelberg: Springer-Verlag.

Konradt, U. & Kießling, S. (2006). Das Teamrolleninventar von Belbin: Psychometrische Überprüfung einer deutschsprachigen Fassung. Berichte des Lehrstuhls Arbeits-, Organisations- und Marktpsychologie, Universität Kiel, Bericht Nr. 9.

Oevermann, U. (1996). Theoretische Skizze einer revidierten Theorie professionalisierten Handelns. In A. Combe & W. Helsper (Hrsg.), Pädagogische Professionalität. Untersuchungen zum Typus pädagogischen Handelns (S. 70-182). Frankfurt am Main: Suhrkamp.

Parsons, T. (1958). Struktur und Funktion der modernen Medizin. Kölner Zeitschrift für Soziologie und Sozialpsychologie, Sonderheft 3, S. 10-57.

Rammstedt, B., Koch, K., Borg, I. & Reitz, T. (2004). Entwicklung und Validierung einer Kurzskala für die Messung der Big-Five-Persönlichkeitsdimensionen in Umfragen. ZUMA-Nachrichten 55 (28), November, S. 5-28.

Schiersmann, C. & Thiel, H.-U. (2000). Projektmanagement als organisationales Lernen. Opladen: Leske + Budrich.

Weinert, A. B. (2004). Organisations- und Personalpsychologie. 5. vollständ. überarb. Aufl. Weinheim: Beltz.

B Weiterführende Literatur

Beck, D. & Fisch, R. (2003). Entwicklung der Zusammenarbeit in Teams im Rahmen des Teamrollensatzes von Belbin. In S. Stumpf & A. Thomas (Hrsg.), Teamarbeit und Teamentwicklung (S. 317-340). Göttingen: Hogrefe.

Dick, R. van & West, M. A. (2005). Teamwork, Teamdiagnose, Teamentwicklung. Göttingen: Hogrefe

Mandl, C. (2000). Projektmanagement als Bestandteil der lernenden Organisation. Kissing: Weka Media.

2.07 Kreativität

A Verwendete Literatur

Buzan, T. & North, W. (1999). Business Mind Mapping. Wien: Ueberreuter.

Csikszentmihalyi, M. (1997). Kreativität – Wie Sie das Unmögliche schaffen und Ihre Grenzen überwinden. Stuttgart: Klett-Cotta.

Geschka, H. & Von Reibnitz, U. (1976). Vademecum der Ideenfindung. 4. neubearbeitete Auflage. Frankfurt: Eigenverlag Battelle-Institut.

Gordon, W. J. (1961). Synectics – Development of Creative Capacity. London: Collier Books.

Guilford, J. P. (1950). Creativity. In American Psychologist 5/1950, S. 444–454.

Hausmann, G. & Stürmer, H. (1999). Zielwirksame Moderation – Der gemeinsame Weg zum Ergebnis. 2. Aufl. Renningen: Expert.

Hornung, A. (1996). Kreativitätstechniken – Mehr Brainpower durch neue Ideen. Köln: Buch und Zeit.

Ladensack, K. (1992). Kreativität im Management. Heidelberg: Sauer.

Leonhard, D. & Swap, W. (1999). When Sparks Fly: Igniting Creativity in Groups. Boston: Harvard Business Press.

Luther, M. & Gründonner, J. (1998). Königsweg Kreativität: Powertraining für kreatives Denken. Paderborn: Junfermann.

Mencke, M. (2006). 99 Tipps für Kreativitätstechniken. Berlin: Cornelsen.

Motzel, E. (2006). Projektmanagement Lexikon. Weinheim: Wiley-VCH.

Nachtigall, W. & Büchel, K. (2000). Das große Buch der Bionik. Stuttgart: Deutsche Verlags-Anstalt.

Patzak, G. & Rattay, G. (2004). Projektmanagement – Leitfaden zum Management von Projekten, Projektportfolios und projektorientierten Unternehmen. Wien: Linde.

Rico, G. (1998). Garantiert schreiben lernen. Reinbek: Rowohlt.

Schaude, G. (1992). Kreativitäts-, Problemlösungs- und Präsentationstechniken. 2. Aufl. Eschborn: RKW-Verlag.

Schlicksupp, H. (1989). Innovation, Kreativität und Ideenfindung. 3. Aufl. Würzburg: Vogel.

Sikora, J. (2001). Handbuch der Kreativ-Methoden. Köln: Kath.-Soziales Institut der Erzdiözese Köln.

Sonnenburg, S. (2007). Kooperative Kreativität. Wiesbaden: Deutscher Universitätsverlag.

Speck, T. & Neinhuis, C. (2004). Bionik, Biomimetik – Ein interdisziplinäres Forschungsgebiet mit Zukunftspotenzial. In: Naturwissenschaftliche Rundschau, 57 (4), S. 177–191.

Wack, O. G., Detlinger, G. & Gorthoff, H. (1993). Kreativ sein kann jeder – Kreativitätstechniken für Leiter von Projektgruppen, Arbeitsteams, Workshops und von Seminaren. Hamburg: Windmühle.

B Weiterführende Literatur

Blumenschein, A. & Ehlers, I. U. (2004). Der Pippi Langstrumpf-Faktor – Managen mit Kreativ-Kompetenz. Hamburg: Murmann.

Buzan, T. (2002). Entdecken Sie Ihre Kreative Intelligenz. (Deutsche Erstausgabe) München: Goldmann.

Friedrich-Ebert-Stiftung (Hrsg.) (2000). Neues wagen – Wege zu mehr Kreativität und Innovation. Bonn: Friedrich-Ebert-Stiftung.

Geyer, E. (1987). Kreativität im Unternehmen – erkennen – fördern – nutzen. Landsberg am Lech: mvg.

Kniess, M. (2006). Kreativitätstechniken – Möglichkeiten und Übungen. München: dtv.

Michalko, M. (2001). Erfolgsgeheimnis Kreativität – Was wir von Michelangelo, Einstein & Co. lernen können. Landsberg am Lech: mvg.

Preiser, S. & Buchholz, N. (1997). Kreativitätstraining – Das 7-Stufen-Programm für Alltag, Studium und Beruf. Augsburg: Augustus.

Scheitlin, V. (1993). Kreativität – das Handbuch für die Praxis. Zürich: Orell Füssli.

Springer, S. P. & Deutsch, G. (1988). Linkes-rechtes Gehirn: Funktionale Asymmetrien, Heidelberg: Spektrum der Wissenschaft Verlagsgesellschaft.

Zobel, D. (2004). TRIZ für alle – Der systematische Weg zur Problemlösung. Renningen: Expert.

2.08 Ergebnisorientierung

A Verwendete Literatur

Boy, J., Dudek, C. & Kuschel, S. (2000). Projektmanagement, Grundlagen, Methoden und Techniken, Zusammenhänge. 7. Aufl. Offenbach: Gabal.

Lessel, W. (2005). Projektmanagement, Projekte effizient planen und erfolgreich umsetzen. 2. Aufl. Berlin: Cornelsen.

Motzel, E. (2006). Projekt-Management Lexikon. 1. Aufl. Weinheim: Wiley-VCH.

Motzel, E. & Pannenbäcker, O. (2002). Projektmanagement-Kanon. Der deutsche Zugang zum Project Management Body of Knowledge. 2. Aufl. Regensburg: Roderer.

Patzak, G. & Rattay, G. (2004). Projektmanagement, Leitfaden zum Management von Projekten, Projekt-Portfolios und projektorientierten Unternehmen. 4. Aufl. Wien: Linde.

Pfeifer, T. (2001). Qualitätsmanagement. Strategien, Methoden, Techniken. 3. völlig überarbeitete und erweiterte Auflage. München: Carl Hanser.

Zollondz, H.D. (2006). Grundlagen Qualitätsmanagement. 2. Aufl. München: Oldenbourg.

2.09 Effizienz

A Verwendete Literatur

DIN EN ISO 9000:2000

Malik, F. (2001). Führen Leisten Leben. Wirksames Management für eine neue Zeit. 9.Aufl. Stuttgart München: DVA

NCB 3.0, National Competence Baseline der PM-Zert Zertifizierungsstelle der GPM e.V.

B Weiterführende Literatur

Drews, G. & Hillebrand, N. (2007). Lexikon der Projektmanagement-Methoden. Planegg: Haufe.

Drucker, P. (1955). The Practice of Management. Paperback: Collins.

Drucker, P. (1965). Die ideale Führungskraft. Düsseldorf: Econ.

RKW/GPM (Hrsg.) (1998: Projektmanagement-Fachmann, 2 Bd., 4. völlig neu überarb. Aufl., Eschborn: RKW-Verlag.

Heese, D., Kukla, M. & Schmidt, U. (2004). Fit im Projekt - Die Erfolgskriterien der projectPROFIT-Methode für profitables Projektmanagement. Norderstedt: Books on Demand.

Jullien, F. (2006). Vortrag vor Managern über Wirksamkeit und Effizienz in China und im Westen. Berlin: Merve.

Kötting, H. W (2007). Anleitung für Projektvernichter. Norderstedt: Books on Demand.

Luhmann, N. (2006). Soziale Systeme. Grundriß einer allgemeinen Theorie. 12. Aufl. Frankfurt am Main: Suhrkamp.

Luhmann, N. (1999). Die Wirtschaft der Gesellschaft. Frankfurt am Main: Suhrkamp.

deMarco, T. & Lister, T. (1991). Wien wartet auf Dich. Der Faktor Mensch im DV- Management. München: Carl Hanser.

Möllering, C. (2006). Trust: reason, routine, reflexion. Oxford University Press.

Motzel, E. (2006). Projektmanagement Lexikon. 1. Aufl. Weinheim: WILEY-VCH.

Nimsch, C. (2005). Effizienz durch Projektarbeit erhöhen. Norderstedt: Books on Demand.

Peipe, S. & Kerner, M. (2005). Projektberichte, Statusreports, Präsentationen. m. CD-ROM. Planegg: Haufe.

Patzak, G. & Rattay, G. (2004). Projektmanagement. 4. Aufl. Wien: Linde.

Reschke, D. F. & Michel, R. M. (2000). Effizienzsteigerung durch Moderation. 2. Aufl. Heidelberg: Sauer.

Wagner, K. W. & Patzak, G. (2008). Performance Excellence. Praxisleitfaden zum effektiven Projektmanagement. München: Carl Hanser.

Waniczek, M. (2002). Berichtswesen optimieren. So steigern Sie Effizienz im Reporting und Controlling. Wien: Ueberreuter.

Zimmermann, W. (2004). Erfolg durch Effizienz - Mit weniger Aufwand mehr erreichen. Offenbach: GABAL.

2.10 Rücksprache und Beratung

A Verwendete Literatur

Bischof, A. & Bischof, K. (2005). Besprechungen effektiv und effizient. STS-Taschen-Guide. Planegg: Haufe.

Berndt, C., Bingel, C. & Bittner, B. (2007). Tools im Problemlösungsprozess. Leitfaden und Toolbox für Moderatoren. Bonn: Managerseminare.

Bohinc, T. (2007). Projektmanagement. Soft Skills für Projektleiter. 2. Aufl. Offenbach: Gabal.

Hauser, H.-G. & Egger, E. (2004). Worauf Berater achten – Ein Handbuch für die Praxis. Wien: Linde.

B Weiterführende Literatur

Bandler, R. & Grinder, J. (1979). Neue Wege der Kurzzeittheraphie. Paderborn: Junfermann.

Block, P. (1997). Erfolgreiches Consulting – Das Berater-Handbuch. Frankfurt am Main: Campus.

Fisher, R. & Sharp, A. (1998). Führen ohne Auftrag. Wie Sie Ihre Projekte im Team erfolgreich durchsetzen. Frankfurt am Main: Campus.

Harris, T. (1994). Ich bin o.k. – du bist o.k. Reinbek: Rowohlt.

Klebert, K., Schrader, E. & Straub, W. (2003). Kurz-Moderation. Anwendungen der Moderationsmethode im Betrieb, Schule und Hochschule, Kirche und Politik, Sozialbereich und Familie, bei Besprechungen und Präsentationen. Hamburg: Windmühle.

Mayrshofer, D. & Kröger, H. A. (2006). Prozesskompetenz in der Projektarbeit. Hamburg: Windmühle.

Seifert, J.W. (2007). Visualisieren, Präsentieren, Moderieren. Offenbach: Gabal.

Seifert, J.W. & Holst, C. (2004). Projekt-Moderation. Projekte sicher leiten. Projektteams effizient moderieren. Offenbach: Gabal.

Tumuscheit, K.D. (2007). Überleben im Projekt. 10 Projektfallen und wie man sie umgeht. Landsberg: mvg.

2.11 Verhandlungen

A Verwendete Literatur

Bandler, R. & Grinder, J. (2002). Neue Wege der Kurzzeit-Therapie. Paderborn: Junfermann.

Brinker, K. & Sager, S. (2001). Linguistische Gesprächsanalyse. Eine Einführung. Berlin: Erich Schmidt.

Cohn, R. C. (1975). Von der Psychoanalyse zur Themenzentrierten Interaktion. Stuttgart: Klett-Cotta.

Fisher, R. & Brown, S. (1992). Gute Beziehungen. Die Kunst der Konfliktvermeidung, Konfliktlösung und Kooperation. Frankfurt am Main: Campus.

Fisher, R. & Ertel, D. (1997). Arbeitsbuch Verhandeln. Frankfurt am Main: Campus.

Fisher, R. & Shapiro, D. (2006). Beyond Reason: Using Emotions as You Negotiate. London: Penguin.

Fisher, R. & Sharp, A. (1998). Führen ohne Auftrag. Wie Sie Ihre Projekte im Team erfolgreich durchsetzen. Frankfurt am Main: Campus.

Fisher, R., Ury, W. & Patton, B. (1984). Das Harvard-Konzept. Sachgerecht verhandeln – erfolgreich verhandeln. Frankfurt am Main: Campus.

Goffman, E. (2005). Interaction Ritual: Essays in Face to Face Behavior. London: Aldine Pub.

Goerner, M. (2007). Lösungsorientierung und Lösungsorientierte Beratung.In U. Hellwig, J. R. Hoppe & J. Termath (Hrsg.), Sozialraumorientierung – ein ganzheitlicher Ansatz (S. 190-223). Freiburg: Lambertus.

Hierhold, E. (2001). Verkaufsfaktor P – Entscheiderteams in perfekten Präsentationen überzeugen und gewinnen. Wien: Ueberreuter.

Johnstone, K. (1993). Improvisation und Theater. Berlin: Alexander.

Junge, M. & Junge, W. H. C. (1995). Verkaufen mit offenen Ohren. Verhandlungserfolge durch aktives Zuhören. Wiesbaden: Gabler.

König, E. & Volmer, G. (2000). Systemische Organisationsberatung: Grundlagen und Methoden. Weinheim: Beltz.

Kühl, S., Schnelle, T. & Schnelle, W. (2004). Führen ohne Führung. Harvard Business Manager, (1), S. 70-79.

Ötsch, W., Stahl, T. & Jochims, I. (1997). Das Wörterbuch des NLP. Das NLP-Enzyklopädie-Projekt. Paderborn: Junfermann.

Rogers, C. R. (1972): Die nicht direktive Beratung. München: Kindler.

Schlippe, A. von & Schweitzer, J. (2000). Lehrbuch der systemischen Therapie und Beratung. Göttingen: Vandenhoeck & Ruprecht.

Schnelle, W. (2006). Diskursive Organisations- und Strategieberatung. Quickborn: Metaplan.

Scholl, W. (1993). Grundkonzepte der Organisation. In H. Schuler (Hrsg.), Lehrbuch Organisationspsychologie (S. 409-444). Bern: Huber.

Schranner, M. (2001). Verhandeln im Grenzbereich. Strategien und Taktiken für schwierige Fälle. Berlin: Econ Tb.

Schranner, M. (2003). Der Verhandlungsführer. Strategien und Taktiken, die zum Erfolg führen. München: DTV-Beck.

Ting-Toomey, S. (1994). Challenge of Facework: Cross-Cultural and Interpersonal Issues; Suny Series in Human Communication Processes. New York: State University of New York Press.

Watzlawick, P., Beaven, J. H. & Jackson, D. D. (1969). Menschliche Kommunikation. Bern: Huber.

Weidenmann, B. (2003). Gesprächs- und Vortragstechnik. Weinheim: Beltz.

Weisbach, C.-R. (2001). Professionelle Gesprächsführung. Ein praxisnahes Lese- und Übungsbuch. München: DTV-Beck.

Yarn, D. h. (1999). Dictionary of Conflict Resolution. San Francisco: Jossey Bass Wiley.

B Weiterführende Literatur

Besser-Siegmund, C. (1998). Mentales Training – Das Praxisbuch. München: Südwest.

Birkenbihl, V. F. (1999). Psycho-Logisch richtig verhandeln. Professionelle Verhandlungstechnik mit Experimenten und Übungen. Landsberg: Mvg.

Donaldson, M. C. & Donaldson, M. (2005). Erfolgreich Verhandeln für Dummies. So werden Verhandlungen zum Gewinn. Weinheim: Wiley-VCH.

Klein, H.-M. (2000). Exzellent Streiten. Kritik angriffsfrei äußern und annehmen. Konfliktgespräche elegant meistern. Regensburg: Walhalla U. Praetoria.

Schott, B. (2000). Verhandeln. Sicher, kreativ, erfolgreich. Freiburg: Haufe.

Stoffel, W. (2000). Gezielt verhandeln und gewinnen. Wie Ihre Verhandlungstechnik zum Erfolg führt. Regensburg: Walhalla U. Praetoria.

Tumuscheit, K. D. (2001). Überleben im Projekt. 10 Projektfallen und wie man sie umgeht. Zürich: Orell Füssli.

Watzlawick, P. (1983). Anleitung zum Unglücklichsein. München: Piper.

Weisbach, C. & Dachs, U. (1997). Mehr Erfolg durch Emotionale Intelligenz. Mit Gefühlen bewußt umgehen. München: Gräfe & Unzer.

2.12a Konflikte

A Verwendete Literatur

Fehlau, E. (2006). Konflikte im Beruf. 4. Aufl. Planegg: Haufe.

Glasl, F. (1999). Konfliktmanagement – ein Handbuch für Führungskräfte. 6. Aufl. Stuttgart: Verlag Freies Geistesleben.

Glasl, F. (2004). Selbsthilfe in Konflikten. 4. Aufl. Stuttgart: Verlag Freies Geistesleben.

Glasl, F. (1999). Konfliktmanagement. 6. Aufl. Stuttgart: Verlag Freies Geistesleben.

Gordon, T. (2005). Managerkonferenz. 19. Aufl. München: Heyne.

Hansel, J. & Lomnitz, G. (2000). Projektleiter-Praxis. Erfolgreiche Projektabwicklung durch verbesserte Kommunikation und Kooperation. Berlin: Springer.

Kreyenberg, J. (2005). Handbuch Konfliktmanagement. 2. Aufl. Berlin: Cornelsen.

Motzel, E. (2006). Projektmanagement-Lexikon. 1. Aufl. Weinheim: Wiley.

Selter, J. & Wilczek, I. (2000). Konfliktmanagement. In Hochschulkurs-Management-Fortbildung für Führungskräfte an Hochschulen. Bonn: Gustav-Stresemann-Instituu.

Schwarz, G. (2005). Konfliktmanagement. Konflikte erkennen, analysieren, lösen. Wiesbaden: Gabler.

Schweizer, A. (2002). Kooperatives Verhalten – die Alternative zum (Rechts-)Streit. In F. Haft & K. von Schlieffen (Hrsg.), Handbuch Mediation (S. 210-235). München: Beck.

Watzlawik, P. (1997). Wenn die Lösung das Problem wird. Vortrag 1997 veröffentlicht im Audiotorium Netzwerk 2007.

B Weiterführende Literatur

Argyris, C. & Schön, D. (2002). Die lernende Organisation. Stuttgart: Klett-Cotta.

Bauer, J. (2006). Warum ich fühle, was du fühlst – Intuitive Kommunikation und das Geheimnis der Spiegelneurone. München: Heyne.

Bohm, D. (2002). Der Dialog. Das offene Gespräch am Ende der Diskussion. 4. Aufl. Stuttgart: Klett-Cotta.

Golemann, D. & Giese, F. (1997). Emotionale Kompetenz. München: dtv.

Kerntke, W.(2004). Mediation als Organisationsentwicklung. Bern: Haupt.

Ponschab, R & Schweizer A. (2004). Die Streitzeit ist vorbei. Paderborn: Junfermann.

Rosenberg, M. B. (2004). Das können wir klären! Wie man Konflikte friedlich und wirksam lösen kann. Paderborn: Junfermann.

Rosenberg, M. B. (2004). Konflikte lösen durch Gewaltfreie Kommunikation. Freiburg: Herder.

2.12b Krisen – Projektkrisen

A Verwendete Literatur

www.umsetzungsberatung.de:

Berner, W. (2007). Krisenmanagement: Verantwortung für den Prozess der Krisenbewältigung übernehmen.

Berner, W. (2004). Krisen: Wenn die bewährten Handlungsstrategien versagen.

Berner, W. (2001) (2003). Projekt-Relauch: Wege zur Bewältigung von Projektkrisen.

Berner, W. (2002). Projektabbruch: Projekte unter allen Umständen sauber beenden.

Berner, W. (2004). Zwischenbilanz: Ein Workshop zur Krisenintervention und Prozessreflexion.

Borchardt, H. (2001). Analyse und Sanierung gefährdeter Projekte. Teil 1: Initiierung eines Sanierungsprojektes. Projektmagazin 21/2001;Teil 2: Die Analysephase 22/2001.

Dörner, D. (2007). Die Logik des Misslingens. Strategisches Denken in komplexen Situationen. Reinbek: Rowohlt.

Glasl, F. (2007). Konflikt Krise Katharsis. Stuttgart: Verlag Freies Geistesleben.

Kärner, M. (2005). Wie mache ich mein Unternehmen krisenfest? Teil 1-3. Projektmagazin 24/2005; 3/2006; 6/2006.

Krüger, W. (Hrsg.) (1986). Projekt-Management in der Krise: Probleme und Lösungsansätze Schriften zur Unternehmensführung. Band 5. Frankfurt am Main: Peter Lang.

Kuhlmann, U. (2002). Jetzt erst recht... – Krisenzeiten erkennen und bewältigen. Projektmagazin 19/2002

Noé, M. (2006). Crash-Management in Projekten. Erlangen: Publicis Corporate Publishing.

Watzlawik, P. (1997). Wenn die Lösung das Problem wird. Vortrag 1997 veröffentlicht im Audiotorium Netzwerk 2007.

Zahrnt, C. (2006). Bei Projektkrisen Hilfe von Dritten einholen. Projektmagazin 10/2006.

2.13 Verlässlichkeit

A Verwendete Literatur

Bartsch, H. & Marschall, C. (1997). Ergonomisches Gestaltungsniveau von Produkten und Prozessen – ein wesentlicher Faktor für Qualität, Effizienz, Humanität und Ökologie. Wissenschaftsmagazin der BTU Cottbus, 3/ Heft 5.2, S. 87-95.

Bubb, H. (1992). Menschliche Zuverlässigkeit, Definition, Zusammenhänge, Bewertung. Heidelberg: Hüthig Jehle Rehm.

Meyna, A. & Pauli, B. (2003). Taschenbuch der Zuverlässigkeit. München: Carl Hanser.

Schimmel-Schloo, M., Seiwert, L. J. & Wagner H. (Hrsg.) (2005). Persönlichkeits-Modelle. Offenbach: Gabal.

VDI 4001, Blatt 2 (1986). Begriffsbestimmungen zum Gebrauch des VDI-Handbuches Technische Zuverlässigkeit. Berlin: Beuth.

B Weiterführende Literatur

Birolini, A. (1994). Quality and Reliability of Technical Systems. Heidelberg: Springer-Verlag.

Messerschmidt-Bölkow-Blohm (Hrsg.) (1986). Technische Zuverlässigkeit. Heidelberg: Springer-Verlag.

Patzak, G. (1995). Zuverlässigkeit – Ein Qualitätsmerkmal soziotechnischer Systeme. In: Sichere Arbeit. Wien: AUVA.

Patzak, G. & Ratty, G. (2004). Projektmanagement – Leitfaden zum Management von Projekten, Projektportfolios und projektorientierten Unternehmen. Wien: Linde.

Patzak, G. & Wagner, K. W. (2007). Performance Excellence – Der Praxisleitfaden zum effektiven Prozessmanagement. München: Carl Hanser.

2.14 Wertschätzung

A Verwendete Literatur

Cooperider, D. L., Fry, R., Whitney, D. & Stravos, J. (2003). Appreciative Inquiry Handbook. San Francisco: Berrett-Koehler Publishers.

Künkel, P. (2004). Das dialogische Prinzip als Führungsmodell in der Praxis. OrganisationsEntwicklung, 1/2004, S. 64 - 75.

Lau-Villinger, D. (2005). Collective Thinking in Organizations. In Trojaner. Forum für Lernen, Heft 1/2005, S. 8 - 15.

Lehmann R., Van den Bergh S. (2004). Internationale Crews: Chance und Herausforderung. In io new management, 3/2004, S. 27 - 32.

Rosenberg, M. B. (2007). Gewaltfreie Kommunikation. Paderborn: Junfermann.

B Weiterführende Literatur

Dellert, M. & Nowak, C. (2002). Teamarbeit – Teamentwicklung – Teamberatung. Ein Praxisbuch für die Arbeit in und mit Teams. Meezen: Verlag Christa Limmer.

Mayrshofer, D. & Kröger, H. A. (2006). Prozesskompetenz in der Projektarbeit. Hamburg: Windmühle.

2.15 Ethik

A Verwendete Literatur

Kant, I. (1788). Kritik der praktischen Vernunft. In V. Spierling (2002), Kleine Geschichte der Philosophie. München: Piper.

Kern, P. (1993). Ethik und Wirtschaft. Leben im epochalen Umbruch: Vom berechnenden zum besinnenden Denken? 4. Aufl. Frankfurt am Main: Peter Lang.

Schanz, R. (2006). Projektethik und –moral. Masterthesis zum Thema. Universität Klagenfurt.

B Weiterführende Literatur

Dietzfelbinger, D. (2004). Aller Anfang ist leicht. Unternehmens- und Wirtschaftsethik für die Praxis. München: Utz.

Ruh, H. & Gröbly, T. (2006). Die Zukunft ist ethisch – oder gar nicht. Wege zu einer gelingenden Gesellschaft. Frauenfeld: Waldgut.

3.00 Projektmanagement und Unternehmensstrategie

A Verwendete Literatur

Holzner, J. & Schelle, H. (2005). Projektmanagement für die Polizei. Systematische Darstellung für die Praxis. Stuttgart: Boorberg.

King, W. R. (1988). The Role of Projects in the Implementation of Business Strategy. In J. Cleland & W. R. King (Eds.), Project Management Handbook (S. 129-139). New York: Wiley & Sons Inc.

Knöss, A. & Kreßmann, M. (2005). Die Jahres- und Vorhabenplanung. In E. Schott & C. Campana (Hrsg.), Strategisches Projektmanagement (S. 67-109). Berlin: Springer-Verlag.

Kühn, F., Hochstrahs, A. & Plenger, G. (2002). Steuerung des Projektportfolios nach Strategiebezug und Wirtschaftlichkeit. In M. Hirzel, F. Kühn & P. Wollmann (Hrsg.), Multiprojektmanagement. Strategische und Operative Steuerung von Projektportfolios (S. 52-79). Frankfurt am Main: Frankfurter Allgemeine Buch.

Lange, D. (1995). Projekte frühzeitig „controllen". In D. Lange (Hrsg.), Management von Projekten. Know-how aus der Berater-Praxis (S. 47-65). Stuttgart: Schäffer-Poeschel.

Lemke, H. (2004). e-Gouvernement ist in Hessen Chefsache. In e-Verwaltung 7/2004, S. 6-9.

Lomnitz, G. (2001). Multiprojektmanagement. Projekte planen, vernetzen und steuern, Landsberg: Moderne Industrie.

Melcher, B. H. & Kerzner, H. (1989). Strategic Planning: Development and Implementation. Blue Ridge Summit: Tab Books.

Morris, P. & Jamieson, A. (2004). Translating Corporate Strategy into Project Strategy. Realizing Corporate Strategy Through Project Management. Newtown Square: PMI (Project Management Institute).

Reichmann, T. (1993). Controlling mit Kennzahlen und Managementberichten. München: Vahlen.

Rietiker, S. (2006). Der neunte Schlüssel. Vom Projektmanagement zum projektbewussten Management. Bern: Haupt.

Schelle, H. (1994). Projektmanagement und Geschäftsfeldstrategie. In H. Schelle, H. Reschke, R. Schnopp & A. Schub (Hrsg.), Projekte erfolgreich managen. 7. Aktualisierung. Kapitel 2.2. (S. 1-34). Köln: TÜV Media.

Schott, E. & Campana, C. (Hrsg.) (2005). Strategisches Projektmanagement. Berlin: Springer-Verlag.

Schubert, B. (1991). Entwicklung von Konzepten für Produktinnovationen mittels Conjoint-Analysen. Stuttgart: Schäffer-Poeschel.

Thoma, W. (1989). Erfolgsorientierte Beurteilung von F&E-Projekten. Darmstadt: Toeche-Mittler.

Thomas, J., Delisle, C., Kam, J. K. (2002). Selling Project Management to Senior Executives. Newtown Square: PMI (Project Management Institute).

3.01 Projektorientierung

A Verwendete Literatur

Anell, B. I. & Wilson, T. L. (2002). Organizing in Two Modes - On the Merging of Temporary and Permanent. In K. Sahlin-Andersson & A. Söderholm, Beyond Project Management: New Perspectives on the Temporary-Permanent Dilemma (S. 169-185). Frederiksberg: CBS Press.

Ashby, W (1970). An Introduction to cybernetics. 5. ed. London: Chapman and Hall.

Balck, H. (1990). Projects as a form of change. In R. Gareis, Handbook of management by projects (S. 22-29). Wien: Manz.

Balck, H. (1996). Networking und Projektorientierung: Gestaltung des Wandels in Unternehmen und Märkten. Berlin: Springer.

Dworatschek, S. (1994). Die Entwicklung des Projektmanagement. In: B. Werners & R. Gabriel (Hrsg.): Operations Research - Reflexionen aus Theorie und Praxis (Festschrift für H.-J. Zimmermann), Springer-Verlag, Berlin u.a. 1994, S.399-411

Gareis, R. (1990). Handbook of management by projects. Wien: Manz.

Gareis, R. (2005). Happy Projects! Wien: Manz.

Gareis, R. & Stummer, M. (2006). Prozesse & Projekte: Wettbewerbsvorteile durch Prozessmanagement; Methoden zum Makro- und Mikro-Prozessmanagement; Zusammenhänge zwischen Prozessmanagement und Projekt- bzw. Projektportfoliomanagement; Strukturen des prozess- und projektorientierten Unternehmens. Wien: Manz.

Goldratt, E. M. (2002). Das Ziel: ein Roman über Prozessoptimierung. 3. Aufl. Frankfurt am Main: Campus.

Hammer, M. (1995). Business reengineering: die Radikalkur für das Unternehmen; [„So erneuern Sie Ihre Firma"]. 5. Aufl. Frankfurt am Main: Campus.

Huemann, M. (2002). Individuelle Projektmanagement-Kompetenzen in projektorientierten Unternehmen. Europäische Hochschulschriften. Reihe 5, Volks- und Betriebswirtschaft. Bd. 2893. Frankfurt am Main: Lang.

Kalkowski, P. & Mickler, O. (2005). Projektorganisation in der IT- und Medienbranche: Herausforderungen an das Management, Mitarbeiter und Interessenvertretung; mit ausführlichen Fallbeschreibungen. Düsseldorf: Hans-Böckler-Stiftung (Edition der Hans-Böckler-Stiftung. 141).

Kerzner, H. (2005). Using the project management maturity model: strategic planning for project management. 2nd ed. Hoboken: John Wiley & Sons.

Kneuper, R. (2006). CMMI: Verbesserung von Softwareprozessen mit Capability Maturity Model Integration. 2. überarb. und erw. Aufl. Heidelberg: dpunkt-Verlag.

Madauss B. (2000). Handbuch Projektmanagement. Stuttgart: Schäffer-Poeschel.

Mintzberg, H. (1992). Die Mintzberg-Struktur: Organisationen effektiver gestalten. Landsberg am Lech: Verlag Moderne Industrie.

Motzel, E. (2006). Projektmanagement Lexikon: Begriffe der Projektwirtschaft von ABC-Analyse bis Zwei-Faktoren-'Theorie. Weinheim: Wiley-VCH.

Olfert, K. (2006). Organisation. 14. überarb. und aktualisierte Aufl. Ludwigshafen am Rhein: Kiehl (Kompendium der praktischen Betriebswirtschaft).

Lang, K. & Rattay, G. (2005). Leben in Projekten: projektorientierte Karriere- und Laufbahnmodelle. Wien: Linde.

Rietiker, S. (2008). Das aktuelle Stichwort: Projektbewusstes Management. In projektManagement aktuell, Nr. 1, S. 23-31.

Rüegg-Stürm, J. (2002). Das neue St. Gallener Management-Modell: Grundkategorien einer integrierten Managementlehre. 2. durchgesehene Auflage. Bern: Haupt.

Senge, P. M. (1990). The fifth discipline: the art and practice of the learning organization. [22.print.]. New York: Doubleday.

Schelle, H. (2007). Projekte zum Erfolg führen: Projektmanagement systematisch und kompakt. 5. überarb. Aufl. München: dtv.

Schreyögg, G. (2003). Organisation: Grundlagen moderner Organisationsgestaltung; mit Fallstudien. 4. vollst. überarb. und erw. Aufl. Wiesbaden: Gabler.

Foerster, H. v. (1993). KybernEthik. Berlin: Merve (Internationaler Merve-Diskurs. 180; Perspektiven der Technokultur).

Whitley, R. (2006). Project-based firms: new organizational form or variations on a theme?. In Industrial and corporate change, Volume 15, (1), S. 77-99.

Wilke, H. (2000). Systemtheorie 1: Grundlagen: Eine Einführung in die Grundprobleme sozialer Systeme. 6. überarb. Aufl. Stuttgart: UTB.

Zöllner, U. (2003). Projektmanagement. Bonn: Galileo Press.

B   Weiterführende Literatur

Kalkowski, P. & Mickler, O. (2005). Projektorganisation in der IT- und Medienbranche: Herausforderungen an das Management, Mitarbeiter und Interessenvertretung; mit ausführlichen Fallbeschreibungen. Düsseldorf: Hans-Böckler-Stiftung (Edition der Hans-Böckler-Stiftung. 141).

Lang, K. & Rattay, G. (2005). Leben in Projekten: projektorientierte Karriere- und Laufbahnmodelle. Wien: Linde.

Rattay G. (2003). Führung von Projektorganisationen: Ein Leitfaden für Projektleiter, Projektportfolio-Manager und Führungskräfte projektorientierter Unternehmen. Wien: Linde.

3.02   Programmorientierung

A   Verwendete Literatur

IPMA International Project Management Association (2006) (Hrsg.). IPMA Competence Baseline, Version 3.0 (ICB 3.0). Nijkerk und ihre deutsche Fassung National Competence Baseline 3.0 (NCB 3.0).

Lomnitz, G. (2001). Multiprojektmanagement-Projekte planen, vernetzen und steuern. Landsberg: Moderne Industrie.

Motzel, E. (2006). Projektmanagement Lexikon. 1. Aufl. Weinheim:Wiley-VCH.

Patzak, G. & Rattay, G. (2004). Projektmanagement. Leitfaden zum Management von Projekten Projektportfolios und projektorientierten Unternehmen. 4., wesentlich überarb. und erg. Aufl. Wien: Linde.

Schelle, H., Ottmann, R. & Pfeiffer, A. (2005). ProjektManager. 2. Aufl. Nürnberg: GPM Deutsche Gesellschaft für Projektmanagement e.V.

Seidl, J. (2007). Konvergentes Projektmanagement. Dissertation. Universität Bremen.

B   Weiterführende Literatur

BMVg (1971): Rahmenerlaß und Bericht der Organisationskommission des BMVg zur Neuordnung des Rüstungsbereiches, Anlage 3

Dworatschek, S./ Gutsch, R. W. (1976) :Die Leitung Technischer Großsysteme. In: ZfO Zeitschrift für Organisation, Neue Betriebswirtschaft, Nr.4 1976, 222-228.

Hört-Hehemann, R. (2007). Projektkarrieren als Alternative zum Aufstieg in der Linie. Zeitschrift Format 13 /07, S. 53-54.

Gareis, R. (2001). Programmmanagement und Projektportfolio-Management. Zentrale Kompetenzen Projektorientierter Unternehmen. In Projektmanagement 1/2001, S. 4-11.

Grün, O.(2004): Taming Giant Projects. Management of Multi-Organization Enterprises, Berlin, Springer-Verlag.

Lukesch, C. (2000). Umfassendes Projektportfoliomanagement in Dienstleistungskonzernen am Beispiel eines grossen, international operierenden Versicherungsunternehmens. Dissertation ETH Nr. 13710, Zürich.

Lycett, M., Rassau, A. & Danson, J. (2004). Programme management - a critical review. In International Journal of Project Management. Volume 22, issue 4, 05/2004, S. 289-299.

Mertin, N. & Schmidt, S. (2004). Projekte richtig managen. In technologie & management, 3-4/2004, S. 16f.

3.03   Portfolioorientierung

A   Verwendete Literatur

Dammer, H. & Gemünden, H., Schott, E. & Campana, C. (2005). Die gelebte Projektorganisation: Das Management von Projektelandschaften. In Projektmanagement aktuell, 16. Jahrgang, 02/2005, S. 16-23.

DIN (Hrsg.) (2009). DIN 69901-5, Projektmanagement – Projektmanagementsysteme – Teil 5: Begriffe. Berlin: Beuth.

Lange, D. (2002). Mehrprojektmanagement. In GPM (Deutsche Gesellschaft für Projektmanagement e.V.) & RKW (Rationalisierungs- und Innovationszentrum der Deutschen Wirtschaft) (Hrsg.). Projektmanagement-Fachmann. Kap. 3.8. S. 773-800. Eschborn: RKW-Verlag.

Lukesch, C.J. (2000). Umfassendes Projektportfoliomanagement in Dienstleistungskonzernen am Beispiel eines großen, international operierenden Versicherungsunternehmens. Dissertation ETH Nr. 13710. Zürich.

Knöpfel, H. (2000). Projektmanagement-Glossar, PM-Glossar der Schweizerischen Gesellschaft für Projektmanagement. Version 0.60 vom 30.11.2000. Zürich.

Kunz, C. (2005). Strategisches Multiprojektmanagement. Dissertation Universität Bamberg 2004. Wiesbaden: Gabler.

Lomnitz, G. (2001). Multiprojektmanagement – Projekte planen, vernetzen und steuern. Landsberg: Moderne Industrie.

Motzel, E. (2006). Lexikon Projektmanagement. Weinheim: Wiley-VCH.

Patzak, G. & Rattay, G. (2004). Projektmanagement – Leitfaden zum Management von Projekten, Projektportfolios und projektorientierten Unternehmen. 4., wesentlich überarbeitete und ergänzte Auflage. Wien: Linde.

Schelle, H., Ottmann, R. & Pfeiffer, A. (2005). ProjektManager. Nürnberg: GPM Deutsche Gesellschaft für Projektmanagement e.V.

Seidl, J. (2007). Konvergentes Projektmanagement (KPM). Konzepte der Integration von Projektportfoliosteuerung und operativem Programm- und Projektmanagement. Dissertation, Universität Bremen.

B Weiterführende Literatur

Gareis, R. (2003). Management in the project-oriented society. In IPMA & Sovnet (eds.), Proceedings (CD) of the 17th World Congress on Project Management. 4.-6.6.2003, (c) PMCONGRESS, Moskau.

Müller-Merbach, H. (1997). Stakeholder versus Shareholder. Über die Vereinbarkeit von zwei Zielorientierungen. In t&m 2/1997, 46. Jg, S. 8-10.

Schwaninger, M. & Körner, M. (2004). Organisationsprojekte managen. Das integrative Management von Organisationsprojekten. 2. überarbeitete Auflage. Universität St. Gallen, Institut für Betriebswirtschaft.

Seidl, J. & Aubermann, M. (2005). Konvergentes Projektmanagement (KPM) – Konzepte zur Integration von Projektportfoliomanagement und operativem Projektmanagement. In A. Frick, G. Kerber & R. Marre (Hrsg.), Dokumentationsband zur interPM 2005 – Entrepreneuership im Projektmanagement (S. 121-138). Heidelberg: dpunkt.

Seidl, J. (2004). Projekte als Instrument der Strategieumsetzung. In A. Frick, G. Kerber, D. Lange & R. Marre (Hrsg.), Dokumentationsband zur interPM 2004 – Konferenz zur Zukunft im Projektmanagement (S. 243-258). Stuttgart: GPM.

Seidl, J. & Cronenbroeck, W. (2004). Das richtige Projekt zu rechten Zeit – Methodengestütztes Management der Projektvorhaben durch Einsatz von Vernetzungsanalyse und Portfoliotechnik. In ExperPraxis 2003/2004 – ExperTeam-Jahrbuch für die Praxis der Informationsverarbeitung (S. 13-15).

3.04 Einführung von Projekt-, Programm- und Portfoliomanagement

A Verwendete Literatur

Baumgartner, I., Häfele, W., Schwarz, M. & Sohm, K. (1998). OE-Prozesse. Die Prinzipien der systemischen Organisationsentwicklung. Ein Handbuch für Beratende, Gestaltende, Betroffene, Neugierige und OE-Entdecker. Bern: Haupt.

Capgemini (Hrsg.) (2005). Veränderungen erfolgreich gestalten. Change Management.

Dannemiller, T. (2000). Whole-Scale Change. Unleashing the Magic in Organizations. San Fransisco: Berrett-Koehler Publishers.

Doppler, K. & Lauterburg, C. (2005). Change Management: Den Unternehmenswandel gestalten. New York: Campus.

Doppler, K., Fuhrmann, H., Lebbe-Waschke, B. & Voigt, B. (2002). Unternehmenswandel gegen Widerstand. Change Management mit den Menschen. Frankfurt: Campus.

Frieß, P. M. (1999). Projektmanagement für den tiefgreifenden organisatorischen Wandel mittelgroßer Einheiten. Gestaltung eines PM-Modells unter Anwendung neuer systemtheoretischer Konzepte zur Verbesserung des Projekterfolges. Dissertation Universität Bremen.

Frick, A. (2001). Mit Organisationsentwicklung zum IT-Projektmanagement. 4. Fachtagung Management und Controlling von IT-Projekten. Glashütten.

IBM (2007). IBM Global Business Service. Erfolgsfaktoren für die Einführung von Innovationen. Making Change Work. Stuttgart: IBM.

Königswieser R., Sonuc, E. & Gebhardt, J. (Hrsg.) (2006). Komplementärberatung. Das Zusammenspiel von Fach- und Prozess-Know-how. Stuttgart: Klett-Cotta.

Kotter, J. P. (1996). Leading Change. Harvard: Business School Press. Deutsche Übersetzung: Kotter, J. P. (2002). Chaos, Wandel, Führung. Leading Change. Düsseldorf: Econ.

Lewin, K. (1947). Frontiers in group dynamics. In Human Relations, S. 5-41.

Mohr, N. & Woehe, J. M. (1998). Widerstand erfolgreich managen. Professionelle Kommunikation im Veränderungsprozess. Frankfurt: Campus.

Motzel, E. (2006). Projektmanagement Lexikon. Weinheim: WILEY-VCH.

Niedereichholz, C. (2002). Unternehmensberatung, Auftragsdurchführung und Qualitätssicherung. 2. Aufl. München: Oldenbourg.

Patzak, G. & Rattay, G. (2004). Projektmanagement: Leitfaden zum Managen von Projekten, Projektportfolios und projektorientierten Unternehmen. Wien: Linde.

Schelle H. (2007). Projekte zum Erfolg führen. München: dtv.

Simon, F. B. (2007). Einführung in die systemische Organisationstheorie. Heidelberg: Carl-Auer-Systeme.

B Weiterführende Literatur

Doppler, K. & Lauterburg, C. (2005). Change Management: Den Unternehmenswandel gestalten. Franfurt: Campus.

Doppler, K., Fuhrmann, H., Lebbe-Waschke, B. & Voigt, B.(2002). Unternehmenswandel gegen Widerstand. Change Management mit den Menschen. Frankfurt: Campus.

Kotter, J.P. (1996). Leading Change. Boston: Harvard Business School Press. Deutsche Übersetzung: Chaos, Wandel, Führung. Leading Change, Econ 2002

Mohr, N., Woehe, J.M., Diebold (1998). Widerstand erfolgreich managen. Professionelle Kommunikation im Veränderungsprozess. Frankfurt: Campus.

Rohm, A. (Hrsg.) (2006). Change Tools. Erfahrene Prozessberater präsentieren wirksame Workshop-Interventionen. Bonn: Manager Seminare Verlag GmbH.

3.05 Stammorganisation

A Verwendete Literatur

Berger, M., Chalupsky, J. & Hartmann, F. (2008). Change Management–(Über)Leben in Organisationen. Giessen: Schmidt Verlag.

Bergmann, R. & Garrecht, M. (2008). Organisation und Projektmanagement. 1. Aufl. Heidelberg: Physica-Verlag (BA Kompakt).

Dammer, H., Gemünden, H. & Lettl, C. (2006). Organisatorische Einflussfaktoren des Multiprojektmanagements. Projektmanagement aktuell, 3/2006, S. 12-19.

Fatzer, G. (Hrsg) (1993). Organisationsentwicklung und ihre Herausforderungen. In G. Fatzer (Hrsg.), Organisationsentwicklung für die Zukunft. Ein Handbuch (S.33). Köln: Ed. Humanistische Psychologie.

Kieser, A. & Walgenbach, P. (2007). Organisation. 5., überarb. Aufl. Stuttgart: Schäffer-Poeschel.

Knöpfel, H. (2000). Projektmanagement-Glossar. Schweizerische Gesellschaft für Projektmanagement. Zürich: Rosenthaler & Partner AG.

Krüger, W. (1997). Kernkompetenz- Management. Wiesbaden: Gabler.

Motzel, E. (2006). Lexikon Projektmanagement. Weinheim: Wiley-VCH.

Patzak, G. & Rattay, G. (2004). Projektmanagement - Leitfaden zum Management von Projekten, Projektportfolios und projektorientierten Unternehmen. Wien: Linde.

Patzak, G. & Wagner, K. (2007). Performance Excellence, Der Praxisleitfaden zum effektiven Prozessmanagement. München: Hanser Fachbuchverlag.

Pfetzing, K. & Rohde, A. (2006). Ganzheitliches Projektmanagement. Giessen: Schmidt.

Riemann, F. (1990). Grundformen der Angst. München: Ernst-Reinhardt-Verlag

Schmidt, G. (2006): Organisatorische Grundbegriffe. Giessen: Schmidt.

Schelle, H., Ottmann, R. & Pfeiffer, A. (2005). ProjektManager. Nürnberg: GPM Deutsche Gesellschaft für Projektmanagement e.V.

Professio, Forum für Prozessberatung (2005). TA Kongress in Lindau: Unternehmenskultur (nach Riemann): http://www.bentele.ch/download/18d73_v1.pdf S.4

B Weiterführende Literatur

Bruch, H. & Vogel, B. (2005). Organisationale Energie: Wie Sie das Potenzial Ihres Unternehmens ausschöpfen. Uniscope. Wiesbaden: Gabler.

Krüger, W. (2004). Organisation der Unternehmung. 4. Aufl. Stuttgart: Kohlhammer.

Renggli, S. (2000). Bewirkt die Profit-Center-Konzeption eine Inselwelt? Zürich: SGO.

Osterloh, M. & Frost, J. (2006). Prozessmanagement als Kernkompetenz: Wie Sie Business Reengineering strategisch nutzen können. Uniscope. Wiesbaden: Gabler.

Schmidt, G. (2001). Grundlagen der Aufbauorganisation. 13. Aufl. Giessen: Schmidt.

Schmidt, G. (2001). Methode und Techniken der Organisation. 4. Aufl. Giessen: Schmidt.

3.06 Geschäft

A Verwendete Literatur

Möller, T. & Dörrenberg, F. (2003). Projektmanagement. München: Oldenbourg-Verlag.

Motzel, E. (2006). Projektmanagement Lexikon. Von ABC-Analyse bis Zwei-Faktoren-Theorie. Weinheim: WILEY Klartext.

RKW (Rationalisierungs-Kuratorium der Deutschen Wirtschaft e.V.) & GPM (Deutsche Gesellschaft für Projektmanagement e.V.) (Hrsg.) (2003). Projektmanagement Fachmann. Eschborn: RKW-Verlag.

B Weiterführende Literatur

Drews, G. & Hillebrand, N. (2007): Lexikon der Projektmanagement-Methoden. München, Rudolf-Haufe-Verlag. Möller, T. (1999): Projektmanagement internationaler Joint Ventures, Methoden, Chancen und Risiken mit Beispielen in Mittel- und Osteuropa. Frankfurt: Peter Lang.

Dworatschek, S. (1998) Management. In RKW/GPM (Hrsg.): Projektmanagement-Fachmann, , 4. Aufl., Eschborn: RKW-Verlag, Bd.1, Kap.1.1, S.5-24

Schelle, H. (2007). Projekte zum Erfolg führen. Projektmanagement systematisch und kompakt. München: dtv.

Schelle, H., Ottmann, R. & Pfeiffer, A. (2005). ProjektManager. Nürnberg: GPM Deutsche Gesellschaft für Projektmanagement e.V..

3.07 Systeme, Produkte und Technologie

A Verwendete Literatur

Aumayr, K. J. (2006). Erfolgreiches Produktmanagement – Toolbox für das professionelle Produktmanagement und Produktmarketing. Wiesbaden: Gabler.

Daenzer, W.F. & Huber, F. (Hrsg.) (1999). Systems Engineering – Methodik und Praxis. 10. Aufl. Zürich: Orell Füssli.

DIN (2009): DIN 69901-2. Projektmanagement – Projektmanagementsysteme. Teil 2: Prozesse, Prozessmodell. Berlin: Beuth

Eversheim, W. & Schuh, G. (Hrsg.) (2004). Integrierte Produkt- und Prozessgestaltung. Berlin: Springer.

Hab, G. & Wagner, R. (2006). Projektmanagement in der Automobilindustrie – Effizientes Management von Fahrzeugprojekten entlang der Wertschöpfungskette. 2. Aufl. Wiesbaden: Gabler.

Hofbauer, G. & Schweidler, A. (2006). Professionelles Produktmanagement – Der prozessorientierte Ansatz, Rahmenbedingungen und Strategien. Erlangen: Publicis.

Motzel, E. (2006). Projektmanagement Lexikon – Begriffe der Projektwirtschaft von ABC-Analyse bis Zwei-Faktoren-Theorie. Weinheim: WILEY.

Pander, S. & Wagner, R. (2005). Unternehmensübergreifende Zusammenarbeit in der Automobilentwicklung – durch erfahrungsgeleitete Kooperation die Grenzen der Planbarkeit überwinden. Stuttgart: Hampp.

ProSTEP iViP Recommendation (2007). Collaborative Project Management, Reference Model. Darmstadt: ProSTEP iViP.

Spath, D. & Renz, K.-C. (2005). Technologiemanagement. In S. Albers & O. Gassmann (Hrsg.), Handbuch Technologie- und Innovationsmanagement (S. 229-246). Wiesbaden: Gabler.

VDA (2003). Band 4.3 – Sicherung der Qualität vor Serieneinsatz. Frankfurt am Main: VDA.

Züst, R. (2004). Einstieg ins Systems Engineering – Optimale, nachhaltige Lösungen entwickeln und umsetzen. 3. Aufl. Zürich: Orell Füssli.

B Weiterführende Literatur

Burghardt, M. (2002). Projektmanagement – Leitfaden für die Planung, Überwachung und Steuerung von Entwicklungsprojekten. 6. Aufl. Erlangen: Publicis.

Ehrlenspiel, K. (2003). Integrierte Produktentwicklung – Denkabläufe, Methodeneinsatz, Zusammenarbeit. 2. Aufl. München: Hanser.

Pohl, K. (2007). Requirements Engineering – Grundlagen, Prinzipien, Techniken. Heidelberg: dpunkt.

Rupp, C. (2008). Systemanalyse kompakt. 2. Aufl. Heidelberg: Springer.

VDI (1991). Wertanalyse – Idee, Methode, System. 4. Aufl. Düsseldorf: VDI.

VDMA (2001). Projekt-Management und Projekt-Controlling im Anlagen- und Systemgeschäft. 6. Aufl. Frankfurt am Main: VDMA.

3.08 Personalmanagement

A Verwendete Literatur

Aldering, C. (2001). Projektleiter-Assessment – Beispiel eines dynamisierten Assessment Centers. In W. Sarges, Weiterentwicklungen der Assessment Center Methode (S. 167-177). Göttingen: Hogrefe.

Becker, C. (2004). Praxiserprobte Personalkonzepte im Überblick. In Projektmagazin 1/2004, S. 1-5.

Becker, F. G. (2002). Lexikon des Personalmanagements. 2. Aufl. München: dtv.

Berthel, J. & Becker, F. G. (2003). Personalmanagement. 7. Aufl. Stuttgart: Schäffer-Poeschel.

Dittberner, H. (1994). Wie wählt man einen Projektleiter aus? In C. Stumbries, Projektleiter mit Profil. Hamburg: Dr. Landt & Henkel.

Fisseni, H.-J. & Preusser, I. (2007). Assessment Center: Eine Einführung in Theorie und Praxis. Göttingen: Hogrefe.

Fuhr, L. & Ter Haar, P. (2007). Erfolgsfaktor Nr. 1 im Projektmanagement: Der Projektleiter. In Lange, D. (Hrsg.), Projektmanagement ohne Grenzen. Nürnberg: GPM Deutsche Gesellschaft für Projektmanagement e.V.

Gareis, R. (2006). Happy Projects. 3. Aufl. Wien: Manz.

Huemann, M. (2002). Individuelle Projektmanagement-Kompetenzen in Projektorientierten Unternehmen. Frankfurt am Main: Peter Lang.

Kessler, H. & Winkelhöfer, G. (2004). Projektmanagement. 4. Aufl. Berlin: Springer.

Kühn, F., Pleuger, G. & Kreutel, A. (2002). Ressourcenmanagement – Schlüsselkompetenz für erfolgreiches Multiprojecting. In M. Hirzel, F. Kühn & P. Wollmann (Hrsg.), Multiprojektmanagement (S. 139-165). Frankfurt am Main: FAZ.

Litke, H.-D. (2004). Projektmanagement: Methoden, Techniken, Verhaltensweisen. 4. überarb. Aufl. München: Hanser.

Mayrshofer, D. & Kröger, H. A. (2001). Prozesskompetenz in der Projektarbeit. 2. überarb. Aufl. Hamburg: Windmühle.

Motzel, E. (2006). Projektmanagement Lexikon. Weinheim: Wiley-VCH.

Patzak, G. & Rattay, G. (2004). Projekt Management. 4. Aufl. Wien: Linde.

Schelle, H., Ottmann, R. & Pfeiffer, A. (2005). Projektmanager. 2. Aufl. Nürnberg: GPM Deutsche Gesellschaft für Projektmanagement e.V.

Scholz, C.(2000). Personalmanagement. 5. Aufl. München: Vahlen.

Strobel, W. (2007). Auswahl und Förderung von Projektmanagern. In H. Schelle, H. Reschke, R. Schnopp & A. Schub (Hrsg.), Projekte erfolgreich managen. 21. Aktualisierung. Kapitel 3.2. (S. 1-20). Köln: TÜV Media.

B Weiterführende Literatur

Ahlborn, J. & Schott, E. (2005). Personalentwicklung und Projektmanagement-Qualifizierung. In E. Schott & C. Campana (Hrsg.), Strategisches Projektmanagement (S. 175-194). Heidelberg: Springer.

Crisand, E. & Stephan, P. (1994). Personalbeurteilungssysteme. Heidelberg: Sauer.

Fersch, J. M.(2002). Leistungsbeurteilung und Zielvereinbarungen in Unternehmen. Wiesbaden: Gabler.

Graber, E. B. (2001). Projekterfolg durch Rückbindung an die Unternehmensvision. Heidelberg: Carl-Auer-Systeme.

Kessler, H. & Hönle, C. (2002). Karriere im Projektmanagement. Berlin: Springer.

Kompa, A. (1999). Assessment Center – Bestandsaufnahme und Kritik. Stuttgart: Hampp.

Lappe, M. (2005). Motivation und leistungsbezogene Vergütung. In E. Schott & C. Campana (Hrsg.), Strategisches Projektmanagement (S. 29-44). Heidelberg: Springer.

Lehnert, C.(1996). Neuorientierung der betrieblichen Karriereplanung. Wiesbaden: Dt.-Univ-Verlag.

Paschen, M. (2005). Assessment Center professionell: Worauf es ankommt und wie Sie vorgehen. Göttingen: Hogrefe.

Rischar, K. (1990). Optimale Personalauswahl. Köln: TÜV Rheinland.

Sattelberger, T. (Hrsg.) (1994). Die lernende Organisation: Konzepte für eine neue Qualität der Unternehmensentwicklung. Wiesbaden: Gabler.

Scheurer, B. M. (2002). Intelligentes Projektmanagement. München: Deutsche Verlags-Anstalt.

Schwuchow, K. (1996). Personalentwicklung durch Projektmanagement. In R. K. Streich, M. Marquardt & H. Sanden (Hrsg.), Projektmanagement (S. 59-72). Stuttgart: Schäffer-Poeschel.

Streich, R. K. (1996). Qualifizierungsprozesse. In R. K. Streich, M. Marquardt & H. Sanden (Hrsg.), Projektmanagement. Stuttgart: Schäffer-Poeschel.

3.09 Gesundheit, Sicherheit und Umwelt

A Verwendete Literatur

Seidel, H.-J., Bittighofer, P. M., Glatzel, M. & Bauer, B. (2002). Checklisten der aktuellen Medizin, Checkliste Arbeitsmedizin und Betriebsmedizin. Stuttgart: Thieme.

Letzel, S. & Nowak, D. (2007). Handbuch der Arbeitsmedizin. Landsberg: Hüthig Jehle Rehm.

Busch, M. (2006). Kompendium Arbeitsmedizin. Eigenverlag.

Böse-O'Reilly, S., Kammerer, S. & Mersch-Sündemann, V. (2001). Leitfaden Umweltmedizin. München: Urban & Fischer.

3.10 Finanzierung

A Verwendete Literatur

Decker, C. & Ziese, M. (2005). Implementierung von Kapitalmarktprodukten im Firmenkundengeschäft. In C. J. Börner, H. Maser & T. C. Schulz (Hrsg.), Bankstrategien im Firmenkundengeschäft (S. 237 – 264). Wiesbaden: Gabler.

Decker, C. (2008). Internationale Projektfinanzierung: Konzeption und Prüfung. Norderstedt: BOD-Verlag.

Drukarczyk, J. (2004). Finanzierung: Eine Einführung. 8. Aufl. Stuttgart: Lucius & Lucius.

Lachnit, L. (2001). Stichwort „Finanzplanung". In W. Gerke & M. Steiner, Handwörterbuch des Bank- und Finanzwesens (S. 887 – 900). 3. Aufl. Stuttgart: Schäffer-Poeschel.

Nevitt, P. K. & Fabozzi, F. (2003). Project Financing. 6. Aufl. London: Euromoney.

Rudolph, B. (1999). Stichwort „Kapitalmarkt: Grundlagen". In J. E. Cramer, A. Dietz & F. Thießen, Knapps Enzyklopädisches Lexikon des Geld-, Bank- und Börsenwesens, Bd. 2 (S. 1107 – 1111). Frankfurt am Main: Knapp.

Schneider, D. (1992). Investition, Finanzierung und Besteuerung. 7. Aufl. München: Verlag Vahlen.

Steiner, M. (1993). Stichwort Finanzierung. In R. Köhler, H.-U. Küpper & A. Pfingsten, Handwörterbuch der Betriebswirtschaft (S. 1024 – 1038). 5. Aufl. Stuttgart: Schäffer-Poeschel.

Wöhe, G. & Bilstein, J. (2002). Grundzüge der Unternehmensfinanzierung. 9. Aufl. München: Verlag Vahlen.

B Weiterführende Literatur

Brockhoff, K. (1977). Prognoseverfahren für die Unternehmensplanung. Wiesbaden: Gabler.

Coenenberg, A. G. (2005). Jahresabschluss und Jahresabschlussanalyse: Betriebswirtschaftliche, handelsrechtliche, steuerrechtliche und internationale Grundsätze - HGB, IFRS und US-GAAP. 20. Aufl. Stuttgart: Schäffer-Poeschel.

Decker, C. (2008). Internationale Projektfinanzierung: Konzeption und Prüfung. Norderstedt: BOD-Verlag.

Drukarczyk, J. (1992). Theorie und Politik der Finanzierung. 2. Aufl. München: Verlag Vahlen.

Gerke, W. & Bank, M. (2003). Finanzierung. Grundlagen für Investitions- und Finanzierungsentscheidungen in Unternehmen. 2. Aufl. Stuttgart: Kohlhammer.

Haberstock, L. & Breithecker, V. (2004). Kostenrechnung I. 12. Aufl. Berlin: Erich Schmidt.

Hansmann, K.-W. (1983). Kurzlehrbuch Prognoseverfahren. Wiesbaden: Gabler.

Hockmann, H.-J. & Thießen, F. (2007). Investment Banking. 2. Aufl. Stuttgart: Schäffer-Poeschel.

Hüttner, M. (1986). Prognoseverfahren und ihre Anwendung. Berlin: Walter de Gruyter.

Perridon, L. & Steiner, M. (2004). Finanzwirtschaft der Unternehmung. 13. Aufl. München: Verlag Vahlen.

Poddig, T. (1996). Analyse und Prognose von Finanzmärkten. Bad Soden/Taunus: Uhlenbruch.

Reichling, P., Beinert, C. & Henne, A. (2005). Praxishandbuch Finanzierung. Wiesbaden: Gabler.

Schmidt, R. H. & Terberger, E. (1997). Grundzüge der Investitions- und Finanzierungstheorie. 4. Aufl. Wiesbaden: Gabler.

Swan, J. (2005). Practical Financial Modelling. Oxford: CIMA Publishing/Elsevier.

Volkart, R. (2002). Corporate Finance: Grundlagen von Finanzierung und Investition. 2. Aufl. Zürich: Versus.

Wöhe, G. & Döring, U. (2005). Einführung in die Allgemeine Betriebswirtschaftslehre. 22. Aufl. München: Verlag Vahlen.

3.11 Rechtliche Aspekte: Besonderheiten bei Auftragsprojekten von Kunden

A Verwendete Literatur

Zahrnt, C. (2008). IT-Projektverträge: Rechtliche Grundlagen. Heidelberg: dpunkt.

Zahrnt, C. (2008). IT-Projektverträge: Erfolgreiches Management. Heidelberg: dpunkt.

B Weiterführende Literatur

Der Leser findet in www.Zahrnt.de unter Ergänzende Texte zu den Büchern/IT-Projektverträge: Erfolgreiches Management in Anhang 1 zahlreiche Hinweise auf Bücher (jeweils mit kurzer Besprechung).

C Abkürzungsverzeichnis

IT-V: Zahrnt, IT-Projektverträge: Rechtliche Grundlagen

IT-PM: Zahrnt, IT-Projektverträge: Erfolgreiches Management

Band 3 (Vertiefungswissen)

1.01 Projektmanagementerfolg

A Verwendete Literatur

Gruber, W. & Janotta, U. (2003). Benchmarking im Projektmanagement. München: Moveyourmind.

Kellner, H. (2001). Die Kunst IT-Projekte zum Erfolg zu führen, Ziele-Strategien-Teamleistungen. 2. Aufl. München: Carl Hanser.

Lechler, T. (1996). Erfolgsfaktoren des Projektmanagements. Frankfurt am Main: Peter Lang.

Möller, T. & Dörrenberg, F. (2003). Projektmanagement. München: Oldenbourg.

Möller, T. (1999). Projektmanagement internationaler Joint Ventures, Methoden, Chancen und Risiken mit Beispielen in Mittel- und Osteuropa. Frankfurt am Main: Peter Lang.

Motzel, E. (2006). Projektmanagement Lexikon. Von ABC-Analyse bis Zwei-Faktoren-Theorie. Weinheim: Wiley-VCH.

Schelle, H. (2007). Projekte zum Erfolg führen. Projektmanagement systematisch und kompakt. München: DTV-Beck.

Schelle, H., Ottmann, R. & Pfeiffer A. (2005): ProjektManager. Nürnberg: GPM Deutsche Gesellschaft für Projektmanagement e.V.

B Weiterführende Literatur

RKW (Rationalisierungs- und Innovationszentrum der Deutschen Wirtschaft e.V.) /GPM (Deutsche Gesellschaft für Projektmanagement e.V.) (Hrsg.) (2003): Projektmanagement Fachmann. Eschborn: RKW-Verlag.

Internetquelle: http://www.pe-award.de

Internetquelle: http://dialog-erfolgsfaktorenforschung.de/

1.02 Interessengruppen/Interessierte Parteien

A Verwendete Literatur

Abresch, J.-P. (1999). Projektumfeld und Stakeholder. In RKW (Rationalisierungs- Kuratorium der deutschen Wirtschaft e.V.) & GPM (Deutsche Gesellschaft für Projektmanagement e.V.) (Hrsg.), Projektmanagement Fachmann 5. Aufl., Band 1 (S. 61-79). Eschborn: RKW-Verlag.

Bartsch-Beuerlein, S. (2007). Virtuelle Projektorganisationen. Technologische, organisatorische, soziale und ökonomische Aspekte der Kooperation in verteilten Projektgruppen. Dissertation am IPMI, Universität Bremen.

Behrend, F. D. (2005). The socio-cultural challenge of effective knowledge management in virtual project environments. Doctoral Dissertation. Australien: University of Southern Queensland.

Burghardt, M. (2000). Einführung in Projektmanagement. Definition, Planung, Kontrolle und Abschluss. München: Publicis-MCD-Verlag.

Carley, K. M. & Reminga, J. (2004). ORA: Organization Risk Analyzer. CASOS Technical Report, Carnegie Mellon University.

Cleland, D. I. (1998). Stakeholder Management. In J.K. Pinto (Hrsg.), The Project Management Institute Project Management Handbook (S. 55-72). San Francisco: Jossey-Bass Inc.

Dörner, D. (2003). Die Logik des Misslingens. Strategisches Denken in komplexen Situationen. Reinbek: Rowohlt.

EFQM (2007). EFQM Excellence Award: http://www.efqm.org/ Default.aspx?tabid=154

Ellmann, S. (2008). Management komplexer internationaler Projekte. Netzstrukturen, Governance und Handlungsempfehlungen. Dissertation am IPMI, Universität Bremen.

Ellmann, S., Meyer, M. M. & Weitlaner, E. (2006 a). Methodenbaukasten Stakeholdermanagement: Theorie und Praxis. In T. Möller & C. Steinle (Hrsg.), PM Forum 2006. Projektmanagement zur erfolgreichen Strategieumsetzung (S. 643-

661). Nürnberg: GPM Deutsche Gesellschaft für Projektmanagement e.V.

Ellmann, S., Meyer, M. M. & Weitlaner, E. (2006 b). Methodenbaukasten Stakeholdermanagement: Theorie und Praxis. Präsentationsfolien zum Vortrag. PM Forum 2006. Projektmanagement zur erfolgreichen Strategieumsetzung. Nürnberg: GPM Deutsche Gesellschaft für Projektmanagement e.V.

Gomez, P. & Probst, G. J. B. (1999). Die Praxis des ganzheitlichen Problemlösens. Bern: Paul Haupt.

GPM (2007): Project Excellence Modell: http://www.gpm-ipma.de//docs/ showsite.php?menu=01040203&GSAG=5ba4b 1631d91da47b9ece994bf37ea94

Hillebrand, N. (1998). Projektumfeldanalyse effizient gemacht. Nürnberg: GPM Deutsche Gesellschaft für Projektmanagement e.V.

IPMA International Project Management Association (2006). ICB - IPMA Competence Baseline. Version 3.0 Njkerk: IPMA

Kaestner, R. (1999). Systemdenken und Projektmanagement. In RKW (Rationalisierungs- Kuratorium der deutschen Wirtschaft e.V.) & GPM (Deutsche Gesellschaft für Projektmanagement e.V.) (Hrsg.), Projektmanagement Fachmann, Band 1 (S. 87-117). Eschborn: RKW-Verlag.

Patzak, G. & Rattay, G. (2004). Projektmanagement – Leitfaden zum Management von Projekten, Projektportfolios und projektorientierten Unternehmen. 4. Aufl. Wien: Linde.

Vester, F. (2002). Die Kunst, vernetzt zu denken. München: dtv.

Wassermann, S. & Faust, K. (1999). Social Network Analysis: Methods and Applications. Cambridge: Cambridge University Press.

B   Weiterführende Literatur

Bartsch-Beuerlein, S. & Klee, O. (2001). Projektmanagement mit dem Internet. Konzepte und Lösungen für virtuelle Teams. München: Carl Hanser.

Bourdieu, P. (1983). Ökonomisches Kapital, kulturelles Kapital, soziales Kapital. In R. Kreckel (Hrsg.), Soziale Welt, Sonderband 2: Soziale Ungleichheiten (S. 183 – 198). Göttingen: Schwartz & Co.

Burt, R. S. (1982). Toward a structural theory of action. New York: Academic Press.

Carroll, A. B. & Näsi, J. (1997). Understanding Stakeholder Thinking: Themes from a Finnish Conference. Business Ethics. A European Review. 6(1), S. 46-51.

Chartrand, G. (1985). Introductory Graph Theory. New York: Dover Pub.

Clarke, T. (1998). The stakeholder corporation: A business philosophy for the information age. Long Range Planning 31 (2), S. 182-194.

Dworatschek, S. (2000, 2006). Reader: „Executive MBA Program, Module: Intern PM". Univ. of Maastricht, NL, 2000 und Reader: „PM-Methoden". IPMI Univ. Bremen 2006; unveröffentlicht.

Emirbayer, M. & Goodwin, J. (1994). Network analysis, culture, and the problem of agency. AJS, 99. Jhrg. (6), S. 1411-1454.

Granovetter, Mark S. (1973). The strength of weak ties. AJS, 78. Jhrg. (6), S. 1360-1380.

Granovetter, M. S. (1985). Economic action and social structure: The problem of embeddedness. AJS, 91. Jhrg. (3), S. 481-510.

House, R., Hanges, P., Javidan, M., Dorfman, P. & Gupta, V. (2004). Culture, Leadership and Organizations. The GLOBE Study of 62 Societies. Thousand Oaks: Sage Publications.

ISO: Qualitätsmanagementsysteme Leitfaden zur Leistungsverbesserung. ISO 9004: 2000.

Jansen, D. (2003). Einführung in die Netzwerkanalyse: Grundlagen, Methoden, Forschungsbeispiele. 2. Erw. Auflage. Opladen: Leske & Budrich.

Jansen, S. A. (2007). Programmierte Paranoia. Hamburg: Brand Eins 8/ 2007, www.brandeins.de.

Keidel, W. (1981). Flaschenhalsmodell der Wahrnehmung. Heidelberg: Quelle und Meyer.

Klawitter, N. (2006). Public Relations, Meister der Verdrehung. In Der Spiegel, 31/ 2006 (S. 72-76). Hamburg: Spiegel-Verlag Rudolf Augstein GmbH & Co. KG.

Klein, S. (2004). Alles Zufall – Die Kraft, die unser Leben bestimmt. Hamburg: Rowohlt.

Mayrshofer, D. & Kröger, H. A. (2001). Prozesskompetenz in der Projektarbeit. Hamburg: Windmühle.

Lipnack, J. & Stamps, J. (1998). Virtuelle Teams: Projekte ohne Grenzen. Wien: Ueberreuther.

Maturana, H. R. (2000). Biologie der Realität. Frankfurt: Suhrkamp.

Milgram, S. (1967). The small word problem. In Psychology Today, 1, S. 62-67.

Pappi, F. U. (1987). Methoden der Netzwerkanalyse. München: Oldenbourg.

Projektmagazin, „Serendipität": http://www.projektmagazin.de/glossar/gl-0833.html

Project Excellence Award (2006). Der Deutsche Projektmanagement Award 2006 Nürnberg, GPM – Deutsche Gesellschaft für Projektmanagement e.V.

Projekt: T-Systems Enterprise Services GmbH: One Company (Human Resources): http://www.gpm-ipma.de.

Schenk, M. (1984). Soziale Netzwerke und Kommunikation. Tübingen: J. C. B. Mohr.

Schenk, M. (1993). Die egozentrierten Netzwerke von Meinungsbildnern („Opinion Leaders"). KZfSS, 45. Jhrg. (2), S. 254-269.

Simon, F. (2006). Gemeinsam sind wir blöd!? Die Intelligenz von Unternehmen, Managern und Märkten. Heidelberg: Carl-Auer-Verlag.

Sprenger, R. (2002). Mythos Motivation; Wege aus einer Sackgasse. 17. Aufl. Frankfurt: Campus.

Starik, M. (1994). The Toronto Conference: Reflections on Stakeholder Theory. Business & Society 33 (1), S. 89-95.

Süß, G. & Eschlbeck, D. (2002). Der Projektmanagement-Kompass. Braunschweig: Vieweg.

Sunzi (ca. 500 v. Chr.). Die Kunst des Krieges. München: Droemersche Verlagsanstalt Th. Knaur Nachf., 1998.

Tiemeyer, E. (2005). Projektumfeldanalyse – Stakeholdermanagement. In H.-D. Litke (Hrsg.), Projektmanagement : Handbuch für die Praxis – Konzepte, Instrumente, Umsetzung (S.622-639). München: Carl Hanser.

Trappmann, M., Hummell, H. J. & Sodeur, W. (2005). Strukturanalyse sozialer Netzwerke. Konzepte, Modelle, Methoden. Wiesbaden: VS.

Trezzini, B. (1998). Konzepte und Methoden der sozialen Netzwerkanalyse: eine aktuelle Übersicht. Zeitschrift für Soziologie 27 (5), S. 378-394.

Wasserman, S. & Faust, K. (1994). Social network analysis. (Structural analysis in the social sciences 8). Cambridge: Cambridge University Press.

Watzlawick, P. (2007). Anleitung zum Unglücklichsein. München: Piper.

Watzlawick, P., Beavin, J. & Jackson, D. (1969). Menschliche Kommunikation. Formen, Störungen, Paradoxien. Bern: Huber.

Wellman, B. (1993). An egocentric network tale. Social Networks, 15. Jhrg. (2), S. 423-436.

Wellman, B. & Berkowitz, S. D. (1988). Social structures. (Structural analysis in the social sciences 2). Cambridge: Cambridge University Press.

White, H. C. (1992). Identity and control. A structural theory of action. Princeton: Princeton University Press.

1.03 Projektanforderungen und Projektziele

A Verwendete Literatur

Boehm, B. W. (1981). Software Engineering Economics. Englewood Cliffs: Prentice Hall.

Chrissis, M, Konrad, M., Shrum, S. (2007). CMMI. 2nd edition. Boston: Addison-Wesley.

Davis, A. M. (1993). Software Requirements – Objects, Funktions & States. Englewood Cliffs: Prentice Hall.

DeMarko, T.(1997). Warum ist Software so teuer? Und andere Rätsel des Informationszeitalters. München: Hanser.

Ebert, C. (2005). Systematisches Requirementsmanagement. Heidelberg: dpunkt.

Hood, C. (2005). Optimieren von Requirements Management & Engineering. Berlin: Springer.

Hood, C., Wiedemann, S., Fichtinger, S. & Pautz, U. (2007). Requirements Engineering. Berlin: Springer.

IEEE Standard 830-1998 (1998). IEEE Recommended Practice for Software Requirements Specifications.

Jacobson, I. Christerson, M., Jonsson, P. & Övergaad, G. (1992). Object-oriented Software Engineering. A case driven approach. Workingham: Addison-Wesley.

Motzel, Erhard: Projektmanagement Lexikon. Weinheim: Wiley-VCH.

Office of government Commerce (2005). Managing successful projects with Prince2. Norwich: Stationary Office books.

PMBook Guide, PMI (Hrsg.) (2004). A guide to the Project Management Body of Knowledge Newtown Square: Project Management Institute.

Robertson, S. & Robertson, J. (2006). Mastering the requirements process, 2. Aufl. Amsterdam: Addison-Wesley.

Rupp, C. (2004). Requirements Engineering und Management, 3. Aufl. Nürnberg: Hanser.

Rupp, C. (2004). Systemanalyse kompakt. München: Elsevier.

Schienmann, B. (2002). Kontinuierliches Anforderungsmanagement. München: Addison-Wesley.

Sommerville, I. (2007). Software Engineering. 8. Aufl. München: Addison-Wesley.

The Standish Group (Hrsg.) (2008). The Chaos Report, www.standishgroup.com.

Versteegen G. (Hrsg.) (2004). Anforderungsmanagement. Berlin: Springer.

V-Modell: Allgemeiner Umdruck Nr. 251 Entwicklungsstanard für IT-Systeme des Bundes, Methodenzuordnung, Anlage 1

von Kienle, R. (1982). Fremdwörterlexikon. Hamburg: Merit.

B Weiterführende Literatur

Drews, G., Hillbrand, N. & Haufe, R. (2007). Lexikon der Projektmanagement-Methoden. München: Haufe.

Hood, C. & Wiebel, R. (2005). Optimieren von Requirements Management & Engineering. Berlin: Springer.

Hood, C., Wiedemann, S., Fichtinger, S. & Pautz, U. (2008). Anforderungsmanagement. Berlin: Springer.

Ludewig, J. & Lichter, H. (2007). Software Engineering. Heidelpunkt: dpunkt.

Rupp, C. (2007). Requirements Engineering und Management – Professionelle, iterative Anforderungsanalyse für die Praxis. München: Carl Hanser.

Tumuscheit, K. D. (2001). Immer Ärger im Projekt. Zürich: Orell Füssli.

1.04 Risiken und Chancen

A Verwendete Literatur

DeMarco, T. & Lister, T. (2003). Bärentango. Mit Risikomanagement Projekte zum Erfolg führen.
München: Hanser.3

Versteegen, G. (Hrsg.) (2003). Risikomanagement in IT-Projekten. Berlin: Springer.

Rohrschneider, U. (2006). Risikomanagement in Projekten. Freiburg: Haufe.

Lück, W.: (Hrsg.) (1998). Risikomanagementsystem und Überwachungssystem. KonTraG; Anforderungen und Umsetzung in der betrieblichen Praxis. Freising-Weihenstephan : Universitäts-Forum für Rechnungslegung, Steuern und Prüfung.

B Weiterführende Literatur

Hall, E. M. (1998). Managing Risk. Methods for Software Systems Development. Reading (Mass.): Addison-Wesley.

1.05 Qualität

A Verwendete Literatur

Bartsch-Beuerlein, S. (2000). Qualitätsmanagement in IT-Projekten. Planung, Organisation, Umsetzung. München: Carl Hanser.

Bartsch-Beuerlein, S. (2006). Qualitätsmanagement in Software-Projekten. In H. Schelle, H. Reschke, R. Schnopp & A. Schub (Hrsg.), Projekte erfolgreich managen. 27. Aktualisierung. Kapitel 4.8.5. (S. 1-34). Köln: TÜV Media.

Bayerisches Staatsministerium für Wirtschaft, Verkehr und Technologie (2002). Qualitätsmanagement für kleine und mittlere Unternehmen. Leitfaden zur Einführung und Weiterentwicklung der Normenreihe DIN EN ISO 9000:2000. 5. Auflage.

Bicknell, B. A. & Bicknell, K. D. (1955). The Road Map to Repeatable Success, Using QFD to Implement Change. Boca Raton: CRC Press.

CMMI Product Team (2002). Capability Maturity Model Integration (CMMI). Version 1.1. Staged Representation. Pittsburgh: Carnegie Mellon Software Engineering Institute.

IPMA (Hrsg.) (1999). ICB - IPMA International Project Management Association Competence Baseline. Nijkerk: IPMA.

IPMA (Hrsg.) (2006). ICB - IPMA International Project Management Association Competence Baseline Version 3.0. Nijkerk: IPMA.

Kerzner, H. (2006). Project Management: A Systems Approach to Planning, Scheduling and Controlling. Ninth Edition. Hoboken: John Wiley & Sons, Inc.

OGC (Office of Government Commerce) (2005). Managing Successful Projects with PRINCE2. London: Stationery Office Books.

PMI (Project Management Institute) (Hrsg.) (2003). Organizational Project Management Maturity Model (OPM3): Knowledge Foundation. Newtown Square: PMI.

PMI (Project Management Institute) Standards Committee (Hrsg.) (2004). A guide to the project management Body of Knowledge: PMBOK Guide. Third Edition. Newtown Square: PMI.

RKW (Rationalisierungs-Kuratorium der Deutschen Wirtschaft e.V.) & GPM (Deutsche Gesellschaft für Projektmanagement e.V.) (Hrsg.) (1998). Projektmanagement Fachmann. 4. völlig überarb. Auflage. Eschborn: RKW-Verlag.

Schelle, H., Ottmann, R. & Pfeiffer A. (2005). ProjektManager. Nürnberg: GPM Deutsche Gesellschaft für Projektmanagement e.V.

Schönbach, G. (1994). Das Projektbegleitende Qualitätsmanagement. In H. Schelle, H. Reschke, R. Schnopp & A. Schub (Hrsg.), Projekte erfolgreich managen. Kapitel 4.8.1. (S. 1-58). Köln: TÜV Media.

Seidelmann, U. & Schwarz, W. (1997). Prozessmanagement in einem Dienstleistungsunternehmen. In G.F. Kamiske, K. J. Ehrhart & H.-J. Jacobi (Hrsg.), Bausteine des innovativen Qualitätsmanagements: erfolgreiche Praxis in deutschen Unternehmen (S. 788-800). München: Carl Hanser.

Walder, F.-P. & Patzak, G. (1999). Quality Function Deployment in Projekten. In H. Schelle, H. Reschke, R. Schnopp & A. Schub (Hrsg.), Projekte erfolgreich managen. 11. Aktualisierung. Kapitel 4.8.3. (S. 1-26). Köln: TÜV Media.

B Weiterführende Literatur

IEEE (Institute of Electrical and Electronics Engineers) (2004). SWEBOK. Guide to the Software Engineering Body of Knowledge. Washington: IEEE Computer Society Press. (http://www.swebok.org)

Kamiske, G. F., Ehrhart, K. J., Jacobi, H.-J., Pfeifer, T., Ritter, A. & Zink, K. J. (1997). Bausteine des Qualitätsmanagements: erfolgreiche Praxis in deutschen Unternehmen. München: Carl Hanser.

Malorny, C. (1999). TQM umsetzen. Weltklasse neu definieren, Leistungsoffensive einleiten, Business Excellence erreichen. 2. Aufl. Stuttgart: Schäffer-Poeschel.

Patzak, G. & Rattay, G. (2004). Projektmanagement. Leitfaden zum Management von Projekten, Projektportfolios und projektorientierten Unternehmen. 4. wesentlich überarbeitete und ergänzte Auflage. Wien: Linde.

Pfitzinger, E. (2002). Der Weg von DIN EN ISO 9000 zu Total Quality Management (TQM). 2. Aufl. Berlin: Beuth.

Seghezzi, H. D., Fahrni, F. & Herrmann, F. (2007). Integriertes Qualitätsmanagement. Der St. Galler Ansatz. 3. vollständig überarbeitete Auflage. München: Carl Hanser.

Uehlinger, K. & von Allmen, W. (2001). TQM Praxis. Der Weg zur Business Excellence. Total Quality Management nach dem europäischen Modell für Excellence. 2. aktualisierte und erweiterte Auflage. Kilchberg: SmartBooks Publishing AG.

Wagner, K. W. (Hrsg.) (2003). PQM – Prozessorientiertes Qualitätsmanagement, Leitfaden zur Umsetzung der ISO 9001:2000. Neu: Prozesse steuern mit Balanced Scorecard. 2., vollständig überarbeitete und erweiterte Auflage. München: Carl Hanser.

Waschek, G. (2002). Normen im Projektmanagement. In H. Schelle, H. Reschke, R. Schnopp & A. Schub (Hrsg.), Projekte erfolgreich managen. 18. Aktualisierung. Kapitel 1.6. (S. 1-18). Köln: TÜV Media.

Zink, K. J. (1995). TQM als integratives Managementkonzept: das Europäische Qualitätsmodell und seine Umsetzung. München: Carl Hanser.

C Normen

Anmerkung: die angegebenen Normen sind erschienen im Beuth Verlag, können aber auch direkt über die herausgebende Organisation, z. B. ISO, bestellt werden.

ISO/ IEC 9126:2001: „Software Engineering – Product Quality"

DIN EN 60812:2006-11/ IEC 60812:2006: Analysetechniken für die Funktionsfähigkeit von Systemen – Verfahren für die Fehlzustandsart und -auswirkungsanalyse (FMEA); Analysis techniques for system reliability – Procedure for failure mode and effects analysis (FMEA) (IEC 60812:2006)

EN ISO 10006:1996: Quality Management – Guidelines to quality in project management

EN ISO 9000:2000: Qualitätsmanagementsysteme Grundlagen und Begriffe

EN ISO 9001:2000: Qualitätsmanagementsysteme Anforderungen

EN ISO 9004:2000: Qualitätsmanagementsysteme Leitfaden zur Leistungsverbesserung

EN ISO 1007:1996: Qualitätsmanagement, Leitfaden für Konfigurationsmanagement

ISO/ TS16949:2002: Qualitätsmanagementsysteme – Besondere Anforderungen bei Anwendungen von ISO 9001:2000 für die Serien- und Ersatzteil-Produktion in der Automobilindustrie

DIN 69901-5: 2009. Projektmanagement – Projektmanagementsysteme. Teil 5: Begriffe. Berlin: Beuth.

D Internet-Quellen

www.dgq.de: Deutsche Gesellschaft für Qualität e.V. (DGQ)

www.deutsche-efqm.de: Deutsches EFQM Center (DEC), eine nationale Partnerorganisation der EFQM (European Foundation for Quality Management)

www.efqm.org: European Foundation for Quality Management (EFQM)

http://www.gpm-ipma.de/docs/showsite.php?menu=010402: Project Excellence Award der Gesellschaft für Projektmanagement e.V. (GPM)

http://www.ipma.ch/awards/projexcellence/Pages/default.aspx: Project Excellence Award der International Project Management Association (IPMA)

http://www.qfd-id.de: QFD Institut Deutschland e.V. - Förderung, Verbreitung und Weiterentwicklung der Qualitätsmethode „Quality Function Deployment (QFD)" in Deutschland

http://www.itil-officialsite.com/home/home.asp: IT Infrastructure Library (ITIL)

1.06 Projektorganisation

A Verwendete Literatur

Angermann, G. (2002). Projektleitung: Anforderung an Projektleiter. Kriterien für das Erstellen eines Qualifikationsprofils. Projektmagazin 10/2002.

Angermann, G. (2005). Projektmanagement-Lexikon. 1. Ausgabe. München: Projektmagazin.

Arbeitsgemeinschaft City-Tunnel Leipzig Los B (2007): http://www.arge-ctl.de/servlet/pb/menue/projekt/allgemein.htm (August 2007)

Bartsch-Beuerlein, S. & Klee, O. (2001). Projektmanagement mit dem Internet – Konzepte und Lösungen für virtuelle Teams. München: Carl Hanser.

Becker, T. (2004). Kooperationen erfolgreich (projekt)managen. Projekt Magazin 22/2004.

Chrobok, R. (2003). Unternehmens- und Projektorganisation. In GPM (Deutsche Gesellschaft für Projektmanagment e.V.) (Hrsg.), Projektmanagement-Fachmann. 2. Band. 7. Aufl. (S. 877-920). Eschborn: RKW-Verlag.

Dostal, T. (2005). Projektmanagement – Chancen und Problembereiche von virtuellen Projektteams. Diplomarbeit. Fachhochschule Darmstadt.

Duwe, P. & Vogt, H. (2002). Sun Remote Services: Ein Beispiel für interkulturelles Projektmanagement. Projekt Magazin 9/2002.

Heche, D. (2007). Die Staffelübergabe innerhalb des Projekts. Qualitätssicherung an Schnittstellen. Projekt Magazin 14/2007.

Hochtief (2007). Hochtief übernimmt Mehrheitsbeteiligung am Flughafen Budapest: http://www.hochtief-airport.de/airport/6.jhtml?pid=7765 (August 2007)

Kremer, R. (2005). Formen der Projektorganisation. Projektrollen und Aufgabenbereiche. In H.D. Litke (Hrsg.), Projektmanagement Handbuch für die Praxis (S.75-126). München: Carl Hanser.

Kerzner, H. (2003). Projektmanagement. Ein systemorientierter Ansatz zur Planung und Steuerung. 1. Aufl. Bonn: mitp-Verlag.

Motzel, E. (2006). Projektmanagement Lexikon. Begriffe der Projektwirtschaft von ABC-Analyse bis Zwei-Faktoren-Theorie. Weinheim: WILEY-VCH.

Müller, C. (1999). Der Virtuelle Projektraum – Organisatorisches Rapid-Prototyping in einer internetbasierten Telekooperationsplattform für Virtuelle Unternehmen im Bauwesen. Dissertation. Karlsruhe: Universität Karlsruhe.

o. V. (2007). Levels of authority: the art of effective delegation in projects. http://www.managementcentre.co.uk/knowledge_base_detail.php/549/levels_of_authority_in_delegation (August, 2007)

Patzak, G. & Rattay, G. (2004). Projekt Management. 4. Aufl. Wien: Linde.

Pfeiffer, A. (2006). Teammanagement – Eine diplomatische Herausforderung. projektMANAGEMENT, 2006 (2), 14-20.

Pfetzing, K. & Rohde, A. (2006). Ganzheitliches Projektmanagement. 2. Aufl. Zürich: Versus.

PMI Project Management Institute (2004). A Guide to the Project Management Body of Knowledge (PMBOK Guide). Third Edition. Newtown Square: PMI.

Salzmann, K. (2001). Prozeßverbesserung der Projektorganisation. Dissertation. Georg-August-Universität Göttingen.

Schelle, H., Ottmann, R. & Pfeiffer, A. (2005). ProjektManager. 2. Aufl. Nürnberg: GPM-Selbstverlag.

Schreckeneder, B. C. (2005). Projektcontrolling. Projekte überwachen, steuern und präsentieren. 2. Aufl. München: Rudolf Haufe.

B Weiterführende Literatur

GPM (Deutsche Gesellschaft für Projektmanagement e.V.) & RKW (Rationalisierungs- und Innovationszentrum der Deutschen Wirtschaft) (Hrsg.). Projektmanagement-Fachmann. 7.Aufl. Eschborn: RKW-Verlag.

Kerzner, H. (2003). Projektmanagement – Ein systemorientierter Ansatz zur Planung und Steuerung. 1. Aufl. Bonn: mitp-Verlag.

Litke, H.-D. (2005). Projektmanagement – Handbuch für die Praxis. München: Carl Hanser.

Pfetzing, K. & Rohde, A. (2006). Ganzheitliches Projektmanagement. Zürich: Versus.

PMI Project Management Institute (2004). A Guide to the Project Management Body of Knowledge (PMBOK Guide). Newtown Square: PMI.

Projekt Magazin: http://www.projektmagazin.de

projektMANAGEMENT aktuell, Köln: TÜV-Verlag.

Schelle, H., Ottmann, R. & Pfeiffer, A. (2005). ProjektManager. Nürnberg: GPM-Selbstverlag.

1.07 Teamarbeit

A Verwendete Literatur

Bodbeck, F., Anderson, N. & West, M.(2000). TKI Teamklima Inventar. Göttingen: Hogrefe.

Drucker, P. F. (2004). Kardinaltugenden effektiver Führung. Heidelberg: Redline Wirtschaft.

Dyer, W. G.(2007). Team Building. 4. Aufl. San Francisco: Wiley.

Gay, F. (2008). Das persolog PersönlichkeitsProfil. Remchingen: persolog.

Lewin, K. (1975). Die Lösung Sozialer Konflikte. 4. Aufl. Bad Nauheim: Christian.

Stroebe, R. W. (2000). Gezielte Verhaltensveränderung. 4. überarbeitete Auflage. Heidelberg: I. H. Sauer-Verlag.

Thun von Schulz, F.(2004). Klarkommen mit sich selbst und anderen: Kommunikation und soziale Kompetenz. Reinbek: Rowohlt.

Vopel, K. (1996). Interaktion im Team. Salzhausen: Iskopress.

Walter, S. (2006). Persönlichkeitsmodelle und Persönlichkeitstests. Offenbach: Gabal.

West, M. A. & van Dick, R. (2005). Teamwork, Teamdiagnose, Teamentwicklung. Göttingen: Hogrefe.

B Weiterführende Literatur

Kriz, W. C. & Nöbauer, B. (2006). Teamkompetenz – Konzepte, Trainingsmethoden, Praxis. Göttingen: Vandenhoek und Ruprecht.

Argyris, C. & Schön, D. A. (1999). Die Lernende Organisation. Stuttgart: Klett-Cotta.

Blanchard, K., Carew, D. & Parisi-Carew, E. (1992). Der Minuten Manager schult Hochleistungsteams. Reinbek: Rowohlt.

Wegge, J. (2004). Führung von Arbeitsgruppen. Göttingen: Hogrefe.

Christ, O., van Dick, R., Wagner, U. & Stelimacher, J. (2003). When teachers go the extra-mile: Foci of organisational identification as determinants of different forms of organizational citizenship behaviour among schoolteachers. In British Journal of Educational Psychology, 73/2003, S. 329-341.

Kauffeld, S. (2001). Teamdiagnose. Göttingen: Verlag für Angewandte Psychologie.

Kauffeld, S. (2003). Gruppensitzungen unter der Lupe – Das Kasseler Kompetenz-Raster als prozessanalytische Diagnosemethode zur Teamentwicklung. In S. Stumpf & A. Thomas (Hrsg.), Teamarbeit und Teamentwicklung (S. 389-406). Göttingen: Hogrefe.

Kauffeld, S. & Grote, S. (2003). Teamentwicklung mit dem Fragebogen zur Arbeit im

Team (F-A-T). In S. Stumpf & A. Thomas (Hrsg.), Teamarbeit und Teamentwicklung (S. 375-388). Göttingen: Hogrefe.

Kerr, N. L. & Tindale, R. S. (2004). Group performance and decision making. Annual

Review of Psychology, 55/2004, S. 623-655.

Duarte, D. (2006). Mastering virtual Teams. 3.Aufl. San Francisco: Jossey-Bass.

Gratton, L. (2008). Wie gute Teams funktionieren. In Harvard-Business-Manager, 30/2008, S. 24-38.

1.08 Problemlösung

A Verwendete Literatur

Dörner, D. (1989). Die Logik des Misslingens. Strategisches Denken in komplexen Situationen. Reinbek: Rowohlt.

Deutsches Institut für Normung e.V. (2004). DIN-Fachbericht ISO 10006. Qualitätsmanagementsysteme. Berlin: Beuth.

Gigerenzer, G. (2007). Bauchentscheidungen. Die Intelligenz des Unbewussten und die Macht der Intuition. München: Bertelsmann.

Gomez, P. & Probst, G. (2007). Die Praxis des ganzheitlichen Problemlösens. Bern: Haupt.

Hussy, W. (1998). Denken und Problemlösen. Stuttgart: Kohlhammer.

Nikoll, D. (2007). TRIZ für Betriebswirte. Saarbrücken: VDM Verlag Dr. Müller.

Preißing, W. (2008). Visual Thinking. Problemlösung mit der Faktorenfeldmethode. Freiburg: Haufe.

Roth, G. (2007). Persönlichkeit, Entscheidung und Verhalten. Stuttgart: Klett-Cotta.

Schweizer, P. (2008). Systematisch Lösungen finden. Eine Denkschule für Praktiker. Zürich: vdf Hochschulverlag AG.

Speck, D. (1990). Erfolgreiche Problemlösung. Das ZIMT-Modell ; Zielsetzung, Ist-Analyse, Motivation, Teilziele. Düsseldorf: Econ Tb.

Sell, R. & Schimweg, R. (2002). Probleme lösen. In komplexen Zusammenhängen denken. Heidelberg: Springer-Verlag.

VDI-GSP (Verein Deutscher Ingenieure e.V. - Gesellschaft Systementwicklung und Projektgestaltung) (Hrsg.) (1995). Wertanalyse. Idee – Methode – System. Düsseldorf: VDI.

B Weiterführende Literatur

Buzan, B. & Buzan, T. (2002). Das Mind-Map-Buch. 5. Aufl. München: Mvg.

Daenzer, W. F. & Haberfellner, R. (Hrsg.) (1992). Systems Engineering. Methodik und Praxis. Zürich: Verlag industrielle Organisation.

De Bono, E. (1986). Six Thinking Hats. London: Penguin Books Ltd.

Kerth, K., Asum, H. & Nührich, K. (2007). Die besten Strategietools in der Praxis. 2. Aufl. München: Carl Hanser.

Malik, F. (2000). Führen Leisten Leben. Stuttgart: Deutsche Verlags-Anstalt GmbH.

Popper, K. (1996). Alles Leben ist Problemlösen. München: Piper.

Schelle, H., Ottmann, R. & Pfeiffer, A. (2005). ProjektManager. Nürnberg: GPM Deutsche Gesellschaft für Projektmanagement e.V.

Schnur, C. (2003). Chancen- und Risikomanagement in Projekten (und SWOT). E-Book (Broschüre). München: GRIN Verlag.

Seifert, J. (2006). Besprechungen erfolgreich moderieren. 10. Aufl. Offenbach: Gabal.

Tumuscheit, K. (1998). Überleben im Projekt. 10 Projektfallen und wie man sie umschifft. Zürich: Orell Füssli.

Vester, F. (2007). Die Kunst vernetzt zu denken. 6. Aufl. München: DTV-Beck.

Vester, F. (1976). Ballungsgebiete in der Krise. München: DTV-Beck.

1.09 Projektstrukturen

A Verwendete Literatur

IPMA International Project Management Association (2006). ICB - IPMA Competence Baseline. Version 3.0 Njkerk: IPMA, Kompetenzelement 1.09 (und gleiches Kompetenzelement in den deutschsprachigen National Competence Baselines von GPM/PM-ZERT, pma, spm/vzpm).

Litke, H.-D. (2007). Projektmanagement. 5. Aufl. München: Carl Hanser.

Motzel, E. (2006). Projektmanagement Lexikon. 1. Aufl. Weinheim: Wiley-VCH.

Patzak, G. & Rattay, G. (2004). Projektmanagement. 4. Aufl. Wien: Linde.

Heeg, F. J. & Frieß, M. (2003). Projektstrukturierung. In RKW (Rationalisierungs-Kuratorium der Deutschen Wirtschaft e.V.) & GPM (Deutsche Gesellschaft für Projektmanagement e.V.) (Hrsg.), Projektmanagement Fachmann. 7. Aufl. Eschborn: RKW-Verlag.

Schelle, H., Ottmann, R. & Pfeiffer, A. (2005). ProjektManager. Kapitel C4 Projektstrukturplan (S. 163-174). Nürnberg: GPM.

B Weiterführende Literatur

Kerzner, H. (2006). Project Management. Ninth Edition. Hoboken: John Wiley & Sons, Inc.

Morris, P.W.G. (1994). The management of projects. London: Thomas Telford.

1.10 Leistungsumfang und Lieferobjekte

A Verwendete Literatur

DIN 69901-2: 2009: Projektmanagement – Projektmanagementsysteme – Teil 2: Prozesse, Prozessmodell. Berlin: Beuth Verlag.

Hilpert, N., Rademacher, G. & Sauter, B. (2001). Projekt-Management und Projekt-Controlling im Anlagen- und Systemgeschäft. Frankfurt am Main: VDMA-Verlag.

IPMA International Project Management Association (Hrsg.) (2006). ICB (IPMA Competence Baseline). Version 3.0. Nijkerk (NL): IPMA.

Motzel, E. (2006). Projektmanagement Lexikon. Begriffe der Projektwirtschaft von ABC-Analyse bis Zwei-Faktoren-Theorie. Weinheim: WILEY-VCH.

B Weiterführende Literatur

Burghardt, M. (2008). Projektmanagement – Leitfaden für die Planung, Überwachung und Steuerung von Projekten. 8. Aufl. München: Publicis Corporate Publishing.

Madauss, B. (1994). Handbuch Projektmanagement. Mit Handlungsanleitungen für Industriebetriebe Unternehmensberater und Behörden. 5. überarb. und erw. Aufl. Stuttgart: Schäffer-Poeschel.

Patzak, G. & Rattay, G. (2004). Projektmanagement. Leitfaden zum Management von Projekten, Projekt-Portfolios und projektorientierten Unternehmen. 4. Aufl. Wien: Linde.

1.11a Projektphasen

A Verwendete Literatur

[1] Beck, K.: Extreme Programming Explained: Embrace Change. Addison-Wesley, 1999

[2] Basili, V. R. / Turner, A. J.: Iterative Enhancement: A Practical Technique for Software Development. IEEE Transactions on Software Engineering 1, 1975, 4, 390–396

[3] Boehm, B.: A Spiral Model of Software Development and Enhancement. In: IEEE Computer 21, 1988, 5, S. 61–72

[4] Gilb, T.: Principles of Software Engineering Management. Addison-Wesley, 1988

[5] Aoyama, M.: Web-Based Agile Software Development. In: IEEE Software, Nov. / Dec. 1998, S. 56–65. Sowie Aoyama, M.: Agile Software Process and its Experience. In: IEEE Computer, Apr. 1998, S. 3–12

[6] Website: www.agilealliance.org

[7] Schwaber, K.: Agile Project Management with Scrum. Microsoft Press, Redmont 2004

[8] Highsmith, J.: Adaptive Software Development: A Collaborative Approach to Managing Complex Systems. Dorset House, 2000

[9] Cockburn, A.: Crystal Clear: A Human Powered Methodology for Small Teams. Addison-Wesley, 2005

[10] Schwaber, K. / Beedle, M.: Agile Software Development with Scrum. Prentice Hall, 2002

[11] Coad, P. / DeLuca, J. / Lefebvre, E.: Java Modeling in Color with UML. Prentice Hall, 1999

[12] Poppendieck, M. und T.: Lean Software Development: An Agile Toolkit. Addison-Wesley, 2003

[13] Website: www.itabhi.com / ld.htm

[14] Ambler, S.: Agile Modeling. Wiley, 2002

[15] DSDM Consortium: Business Focused Development. Addison-Wesley, 2002

[16] Hruschka, P. / Rupp, C.: Agile Software-Entwicklung für Embedded Real-Time Systems mit der UML. Carl-Hanser, 2002

[17] Oestereich, B.: OEP – oose Engineering Process. Vorgehensweisen für agile Softwareprozesse. dpunkt, 2006

[18] Website: www.agilemanifesto.org

[19] Boehm, B. / Turner, R.: Balancing Agility and Discipline: A Guide for the Perplexed. Addison-Wesley, 2004

[20] Hruschka, P./Rupp, C./Starke, G.: Agility kompakt: Tipps für erfolgreiche Systementwicklung. Spektrum, 2004

[21] Highsmith, J.: Agile Project Management: Creating Innovative Products. Addison-Wesley, 2004

[22] Project Management Institute (PMI): A Guide to the Project Management Body of Knowledge. PMBOK Guide, 3rd Ed., PMI, 2004

[23] Gernert, C.: Agiles Projektmanagement und Risikobeherrschung. In: OBJEKTspektrum, Heft 1/2006, 33–40. Sowie Gernert, C.: Agiles Projektmanagement. Hanser, 2003

[24] Coldewey, J./Poppendieck, M.: Wir sind das Team: „Lean Development" (Teil 2). In OBJEKTspektrum, Heft 4/2003, S. 81–86

[25] Oestereich, B.: Der Agile Festpreis und andere Preis- und Vertragsmodelle. In: OBJEKTspektrum 1/2006, S. 29–32

[26] Saynisch, M.: Agile Projektmanagementprinzipien: Ein evolutionärer Management-Ansatz? Projektmanagement 2. Ordnung als Referenzmodell. In: Oestereich, B. (Hrsg.): Agiles Projektmanagement. dpunkt, 2006

[27] Cooper, R. G.: Top oder Flop in der Produktentwicklung: Von der Idee zum Launch. Wiley-VCH, 2002

[28] Collin, J./Laplante, P.: Requirements Engineering: The State of the Practice. IEEE Software, Nov./Dec. 2003

[29] VersionOne: Agile Development: A Manager's Roadmap for Success. Online im Internet: www.versionone.net (30. 10. 2006)

[30] Boehm, B./Turner, R.: a. a. O., S. 229

[31] Boehm, B./Turner, R.: a. a. O., S. 51 ff.

[32] Kalthoff, C./Kunz, S.: Projektmanagement bei der Entwicklung kritischer Softwaresysteme: Fraunhofer IITB gibt Umfrageergebnisse bekannt. In: projektMANAGEMENT aktuell, Heft 2/2004, Seite 33–36

[33] Trittmann, R., et al.: Sieg der Moderne über die Tradition? Ergebnisse einer empirischen Untersuchung zur Projektgestaltung in der Softwareentwicklung. In: projektMANAGEMENT aktuell, Heft 4/2005, S. 12–17

1.11b Ablauf und Termine

A Verwendete Literatur

DIN Deutsches Institut für Normung e.V. (Hrsg.). Projektmanagement-Normen.

DIN 69900 (2009). Projektmanagement – Netzplantechnik; Beschreibung und Begriffe. Berlin: Beuth Verlag.

DIN 69901-5 (2009). Projektmanagement – Projektmanagementsysteme – Teil 5: Begriffe. Berlin: Beuth Verlag

Elmaghraby, S. E. (1977). Activity Networks. New York: Wiley.

RKW (Rationalisierungs- Kuratorium der deutschen Wirtschaft e.V.) & GPM (Deutsche Gesellschaft für Projektmanagement e.V.) (Hrsg.) (1998). Projektmanagement Fachmann. 4. überarb. Aufl. Eschborn: RKW-Verlag.

Schelle, H., Ottmann, R. & Pfeiffer, A. (2005). ProjektManager. Nürnberg: GPM Deutsche Gesellschaft für Projektmanagement e.V.

Goldratt, E. M. (1997). Critical Chain. Great Barrington: North River Press.

Goldratt, E. M (2002). „Die kritische Kette" – das neue Konzept im Projektmanagement. Frankfurt: Campus.

Motzel, E. (1998). Leistungsbewertung und Projektfortschritt. In RKW (Rationalisierungs- Kuratorium der deutschen Wirtschaft e.V.) & GPM (Deutsche Gesellschaft für Projektmanagement e.V.) (Hrsg), Projektmanagement Fachmann. 4. überarb. Aufl. Eschborn: RKW-Verlag.

Schelle, H. (2007). Projekte zum Erfolg führen. München: dtv.

B Weiterführende Literatur

Albert, I. & Högsdal, B. (1994). Meilenstein-Trendanalyse (MTA). In H. Schelle, H. Reschke, R. Schnopp & A. Schub (Hrsg.), Projekte erfolgreich managen. 5. Aktualisierung. Kapitel 4.4.2. (S. 1- 41). Köln: TÜV Media.

Groh, H. & Gutsch R. W. (Hrsg.) (1982). Netzplantechnik. Düsseldorf: VDI-Verlag.

Reschke, H., Schelle, H. & Schnopp, R. (Hrsg.) (1989). Handbuch Projektmanagement. Band 1 und 2. Köln: TÜV Media.

1.12 Ressourcen

A Verwendete Literatur

Campana & Schott (2002): Ressourcenmanagement in der Unternehmenspraxis, Projekt Magazin, Ausgabe 22/2002.

Ahlemann, Frederik (2007): Project Management Software Systems. Requirements, Selection Process and Produkts, 5th Edition. Research Center for Information Systems in Project and Innovation Networks ISPRI. OXYGON Verlag, Würzburg. (Information und Bezug über www.pm-studie.de)

1.13 Kosten und Finanzmittel

A Verwendete Literatur

Burghardt, M. (1995). Projektmanagement. Leitfaden für die Planung Überwachung und Steuerung von Entwicklungsprojekten. 3. Aufl. Erlangen: Publicis-MCD.

Ehrlenspiel, K., Kiewert, A. & Lindemann, U. (1998). Kostengünstig entwickeln und konstruieren. 2. Aufl. Berlin: Springer-Verlag.

Fiedler, R. (2003). Controlling von Projekten. Projektplanung, Projektsteuerung und Projektkontrolle. 2. verb. und erw. Aufl. Wiesbaden: Vieweg.

Fiedler, R. (2005). Projektcontrolling. In H.-D. Litke (Hrsg.), Projektmanagement. Handbuch für die Praxis; Konzepte – -Instrumente -– Umsetzung (S. 508-540). München: Carl Hanser.

Hab, G. & Wagner, R. (2004). Projektmanagement in der Automobilindustrie. Effizientes Management von Fahrzeugprojekten entlang der Wertschöpfungskette. 1. Aufl. Wiesbaden: Gabler.

Hardt, R. (2002). Kostenmanagement. 2. Aufl. München: Oldenbourg.

Hax, A. C. & Majluf, N. S. (1991). Strategisches Management: Ein integriertes Konzept des MIT. Frankfurt am Main: Campus.

Horváth, P. & Mayer, R. (1989). Prozeßkostenrechnung. In Controlling 4/1989, S. 214-219.

House, C. H. & Price, R. L. (1991). Ein präziser Ergebnisplan beflügelt das Projektteam. In Harvard Manager 4/1991, S. 73-82.

IPMA International Projekt Management Association (2006). ICB - IPMA Competence Baseline. Version 3.0 Nijkerk: IPMA.

Madauss, B. (1994). Handbuch Projektmanagement. Mit Handlungsanleitungen für Industriebetriebe Unternehmensberater und Behörden. 5. überarb. und erw. Aufl. Stuttgart: Schäffer-Poeschel.

Rendenbach, H. (1997). Prozesskostenmanagement in Versicherungen. In K. Franz, & P. Kajüter (Hrsg.), Kostenmanagement (S. 223-249). Stuttgart: Schäffer-Poeschel.

Schelle, H., Ottmann, R. & Pfeiffer, A. (2005). ProjektManager. 2. Aufl. Nürnberg: GPM Deutsche Gesellschaft für Projektmanagement e.V.

Seidenschwarz, W. (1993). Target Costing. München: Vahlen.

Specht, G. & Beckmann, C. (1996). F&E-Management. Stuttgart: Schäffer-Poeschel.

B Weiterführende Literatur

Horváth, P. (2006). Das Controllingkonzept. Der Weg zu einem wirkungsvollen Controllingsystem. Orig.-Ausg., 6. vollst. überarb. Aufl. München: dtv.

Kern, W., Schröder H.-H. & Weber J. (Hrsg.) (1996). Handwörterbuch der Produktionswirtschaft. 2. Aufl. Stuttgart: Schäffer-Poeschel.

Werner, U. (2003). VOB. Vergabe- und Vertragsordnung für Bauleistungen; Teil A und B. Sonderausgabe. 22. neubearb. Aufl. München: dtv.

Wöhe, G. & Döring U. (2005). Einführung in die allgemeine Betriebswirtschaftslehre. 11. überarb. Aufl. München: Vahlen.

1.14a Beschaffungsprozess

A Verwendete Literatur

Hartmann, H. (2002). Materialwirtschaft. Organisation, Planung, Durchführung, Kontrolle. 8. überarb. und erw. Aufl. Gernsbach: Deutscher Betriebswirte Verlag.

Hartmann, H., Orths, H. & Pahl, H.-J. (2004). Lieferantenbewertung, aber wie? Gernsbach: Deutscher Betriebswirte Verlag.

Large, R. (2006). Strategisches Beschaffungsmanagement. Wiesbaden 2006.

Luczak, H., Weber, J. & Wiendahl, H.-P. (Hrsg.) (2004). Logistik-Benchmarking. 2., vollst. überarb. Aufl. Berlin: Springer.

Mosmann, S. (2008). Beschaffungscontrolling und Risikomanagement in Bezug auf Lieferantenbewertung in der Industrie. München: Grin-Verlag.

Wagner, S.M. & Weber, J. (2006). Beschaffungscontrolling: Den Wertbeitrag der Beschaffung messen und optimieren. Weinheim: Wiley VCH.

B Weiterführende Literatur

Falzmann, J. (2008). Mehrdimensionale Lieferantenbewertung: Ein Praxisbeispiel. Saarbrücken: VDM Verlag Dr. Müller.

Janker, C. G. (2008). Multivariate Lieferantenbewertung: Empirisch gestützte Konzeption eines anforderungsgerechten Bewertungssystems. Wiesbaden: Gabler.

Piontek, J. (2004). Beschaffungscontrolling. München: Oldenbourg.

Schulze, J. (2007). Beschaffung und Vertrieb von Dienstleistungen. München: Grin-Verlag.

1.14b Die rechtlichen Grundlagen der Beschaffung: Verträge

A Verwendete Literatur

Graf von Westphalen, F. (2003). Allgemeine Einkaufsbedingungen nach neuem Recht. München: Beck.

Kittner, M. (2003). Schuldrecht: Rechtliche Grundlagen – Wirtschaftliche Zusammenhänge. München: Vahlen.

Krokowski, W. (1998). Globalisierung des Einkaufs. Berlin: Springer.

Lange, K. W. (2007). Basiswissen Ziviles Wirtschaftsrecht. München: Vahlen.

Palandt, O. (2007). Bürgerliches Gesetzbuch (BGB). 66. Aufl. München: Beck. Kommentierungen zu den §§ 145, 147, 148, 151, 305 BGB, sowie Einführung vor den §§ 631, 116 BGB und Kommentierung zu Artikel 28 EGBGB

B Weiterführende Literatur

Gildeggen, R. & Willburger, A. (2005). Internationale Handelsgeschäfte. Eine Einführung in das Recht des grenzüberschreitenden Handels. 2. Aufl. München: Vahlen.

Locher, H. (1997). Das Recht der Allgemeinen Geschäftsbedingungen. 3. Aufl. München: Beck.

1.14c Vertragsrecht in der Projektarbeit

A Verwendete Literatur

Beck Texte in dtv (2007). VOB, HOAI. 24. Aufl. München: dtv Nr. 5596.

BGH (Bundesgerichtshof) (2000). Entscheidung zu Kooperationspflichten. In NJW (Neue Juristische Wochenschrift), S. 807ff.

Böker, L. (1996). Vertragsrecht und Claimmanagement. Renningen: expert.

Epple, W. (2008). Collaboration – wenn sie fehlt, ist Ihr grenzüberschreitendes Projekt verloren. In D. Lange (Hrsg.), GPM-Tagungsband (S. 98-105). Nürnberg: GPM (Deutsche Gesellschaft für Projektmanagement e.V.).

FIDIC (Fédération Internationale des Ingénieurs Conseils). P.O.Box 311, CH-1215 Genf 15, Telefon 0041 22 7994900; Fax: 0041 22 7994901; E-mail: fidic@fidic.org; Internet: www.fidic.org

Hoffmann, J. (2008). Deutschland im Jahr 2020: Neue Herausforderung für ein Land auf Expedition. Frankfurt am Main: Deutsche Bank Research. In projektMANAGEMENT aktuell, Heft 3/2008, S. 40-41 und Internet.

Horstmeier, G. & Kaßner, E. M. (2008). Claimmanagement und Partnering im internationalen Projektgeschäft. In projektMANAGEMENT aktuell 3/2008, S. 31-38.

Hübner, R. (2007). Störfall Globalisierung. In D. Lange (Hrsg.), GPM -Tagungsband (S. 210-213). Nürnberg: GPM (Deutsche Gesellschaft für Projektmanagement e.V.).

Hübner, R. (2008). Excellenz im interkulturellen Projektmanagement. Herausforderung in der globalen interkulturellen Projektkooperation. In D. Lange (Hrsg.), GPM -Tagungsband (S. 254-263). Nürnberg: GPM (Deutsche Gesellschaft für Projektmanagement e.V.).

Olt, M., Passenburg, J., Schenk, K. & Stein, F. (2007). Durch Partnerschaft und einen neuen Ansatz zum Projekterfolg. In D. Lange (Hrsg.), GPM -Tagungsband (S. 564-569). Nürnberg: GPM (Deutsche Gesellschaft für Projektmanagement e.V.).

Oppen von, A. (2001). Der internationale Industrieanlagenvertrag, Konfliktvermeidung und -erledigung durch alternative Streitbeilegungsverfahren. Heidelberg: Verlag Recht und Wirtschaft.

Quentin, U. (2007). Interkulturelle Kommunikation und Unterschiede zwischen deutschen und polnischen Mitarbeitern. In D. Lange (Hrsg.), GPM -Tagungsband (S. 110-120). Nürnberg: GPM (Deutsche Gesellschaft für Projektmanagement e.V.).

Reister, D. (2004) (Hrsg.). Nachträge beim Bauvertrag. Köln: Werner Verlag in Wolters Kluwer Deutschland.

Schonebeck, K.-H. & Schwenker, H. C.(2003). Das Vergaberecht in der anwaltlichen und gerichtlichen Praxis. Berlin: Erich Schmidt.

Steeger, O. (2008). Weshalb Chinesen nur schwer „Nein!" sagen können. In projektMANAGEMENT aktuell 4/2008, S. 9-12 & S. 53.

Steeger, O. & Wagner, R. (2008). Projektmanagement im Jahre 2020. In projektManagement aktuell, 4/2008, S. 3-8.

B Weiterführende Literatur

Bernstorff Graf von, C. (2007). Vertragsgestaltung im Auslandsgeschäft. 6. Aufl. Frankfurt am Main: Fritz Knapp.

Joussen, P. (1996). Der Industrieanlagenvertrag. 2 Aufl. Heidelberg: Verlag Recht und Wirtschaft.

1.15 Konfiguration und Änderungen

A Verwendete Literatur

Die Erarbeitung dieser Ausführungen zum Projekt-Konfigurationsmanagement wurde durch die MSPM-Stiftung für Projektmanagement, München, gefördert.

Bei der Erarbeitung des Textes für diese Publikation wurde vielfach auf bereits vorhandene Publikationen des Autors zurückgegriffen, diese auf den neuesten Stand gebracht und mit neuen Texten integriert. Diese Veröffentlichungen sind:

Saynisch, M. & Bürgers, H. (1998). Konzepte und Methoden des Konfigurationsmanagements – Änderungsprozesse beherrschen und zum Erfolg führen. In RKW (Rationalisierungs-Kuratorium der Deutschen Wirtschaft e.V.) & GPM (Deutsche Gesellschaft für Projektmanagement e.V.) (Hrsg.), Projektmanagement Fachmann. Eschborn: RKW-Verlag. (Schwerpunkt im Vertiefungsteil, insbesondere Kap. 2, wie auch Kap. 9 im Basisteil).

Saynisch, M. (1998a). Was ist Konfigurationsmanagement? In HMD (Handbuch der maschinellen Datenverarbeitung) – Praxis der Wirtschaftsinformatik. Heft 202, S. 7-26. Heidelberg: Hüthing-Verlag. (marginal verteilt, insbesondere Kap. 3 im Vertiefungsteil)

Saynisch, M. (1999b). Was ist Konfigurationsmanagement? In ProjektManagement 2/99, S. 12-25. Köln: TÜV-Verlag. (Schwerpunkt im Basisteil, insbesondere Kap. 4-7 und Kap. 7 im Vertiefungsteil)

Saynisch, M.(2006b, c). Projekt-, Konfigurations- und Collaboration Management – Die Welt der Prozesse und Arbeitsstrukturen im Produktzentrierten Projektmanagement (PZPM). In projektMANAGEMENTaktuell, 4/2006, S. 23-31. Köln: TÜV-Verlag (Kapitel 6, 7 und 9 im Vertiefungsteil)

Aufgrund einer intensiven Vernetzung von übernommenen und neuen Texten ist ein Quellennachweis im Einzelnen nur marginal erfolgt.

Boehm, B. (1981). Software Engineering Economics. Englewood Cliffs: Prentice Hall.

DIE ZEIT (1998). ZEIT-Gespräch mit Bill Gates. In „Die ZEIT" Nr. 8, 12. Febr.1998.

DIN (1996). DIN EN ISO 10007: Leitfaden für Konfigurationsmanagement. Berlin.

Eigner, M. & Stelzer, R. (2001). Produktdaten-management-Systeme. Berlin: Springer.

Geckler, D. (2006). Die Stückliste ist die Mutter aller Daten. In projektMANAGEMENTaktuell, 4/2006, S. 42-48. Köln: TÜV-Verlag.

GPM/TÜV (2006). Zeitschrift projektMANAGEMENTaktuell. 4/2006, Schwerpunktthema PZPM, S. 13-56. Köln: TÜV-Verlag.

Jungkunz, R.M. (2006). PDM-basierte Überwachung komplexer Entwicklungsprojekte. In projektMANAGEMENTaktuell, 4/2006, S. 49-55. Köln: TÜV-Verlag.

Karcher, A. (2006). Was ist Produktdatenmanagement (PDM) und Product Lifecycle Management (PLM) – Vom notwendigen Übel bis zum strategischen Erfolgsfaktor des PL(R)M. In projektMANAGEMENTaktuell. 4/2006, S. 32-41. Köln: TÜV-Verlag.

Hillebrand, N. & Isselhorst, H. (1997). Claim- und Konfigurationsmanagement in den Entwicklungsprojekten eines Automobilzulieferers auf der Basis eines EDM/PDM-Systems. Vortragsmanuskript der Tagung „Änderungen im Griff – Erfolgsfaktor Konfigurationsmanagement" am 26/27.11.1997 in Stuttgart. Tagungsband GPM, Stuttgart.

MIL-STD 973 (1992). Configuration Management. DOD/USA.

Nührich, B. & Saynisch, M. (1984). Revision und Projektmanagement. In Projektmanagement – Beiträge zur Jahrestagung 1984 (S.149-163). München: GPM.

Saynisch, M. & Bürgers, H. (1998). Konzepte und Methoden des Konfigurationsmanagements – Änderungsprozesse beherrschen und zum Erfolg führen. In RKW (Rationalisierungs-Kuratorium der Deutschen Wirtschaft e.V.) & GPM (Deutsche Gesellschaft für Projektmanagement e.V.) (Hrsg.), Projektmanagement Fachmann. Eschborn: RKW-Verlag. (nicht gedruckte Langfassung)

Saynisch, M. (1998a). Was ist Konfigurationsmanagement? In HMD (Handbuch der maschinellen Datenverarbeitung) – Praxis der Wirtschaftsinformatik. Heft 202, S. 7-26. Heidelberg: Hüthing-Verlag. (marginal verteilt, insbesondere Kap. 3 im Vertiefungsteil)

Saynisch M. & Bürgers, H. (1997). Comment – General aspects of configuration management (CM). In International Journal of Project Management, Vol. 15, Nr. 5. Pergamon: Science Ltd.

Saynisch, M. & Bürgers, H (1987). Die Konfigurationsbestimmung in der Praxis – Möglichkeiten der konkreten Anwendung des Konfigurationsmanagements. In Projektmanagement – Beiträge zur Jahrestagung 1987. München: GPM.

Saynisch, M. & Lange, D. (Hrsg.) (2002). Neue Wege im Projektmanagement – Ergebnisse aus Forschungsprojekten 1990-2000. Nürnberg: GPM-Verlag. Informationen zur Beschaffung des Buches durch: info@spm-consult.de.

Saynisch, M. & Lange, D. (Hrsg.) (1999). Änderungsmanagement mit System – Schlüsselfaktor Konfigurationsmanagement. 3. Fachtagung Konfigurationsmanagement. . Nürnberg: GPM-Verlag.

Saynisch, M. & Schäfer, W. (2000). Software in technischen Produkten – Eine neue Qualität im Projektmanagement – Die Schlüsselrolle von Konfigurationsmanagement. In VDI-GSP Projektmanagement Praxis – Innovative Lösungen für Kunden und Unternehmen. VDI-Bericht 1578, S. 143-155. Düsseldorf: VDI-Verlag. Dokumentationsband zur gleichnamigen Tagung am 14.-15.09.2000 in Berlin.

Saynisch, M., Trapp, T. & Schäfer, W. (2001). Neue Konzepte des Projekt- und Konfigurationsmanagements für die kooperative Produktentwicklung – Unternehmensübergreifende und interdisziplinäre Partnerschaften erfordern neue Prozessgestaltungen und neuartige IT-Koppelungen. GPM (Hrsg.), Project Management for Winners. 18. internationales Deutsches Projektmanagement Forum, VisionWorks Congress, Berlin. Tagungsband zur gleichnamigen Tagung am 08.-11.05.2001 in Ludwigsburg.

Saynisch, M. (2006a). Warum Produktzentriertes Projektmanagement (PZPM)? Der Kontext zum Product-Lifecycle. In projektMANAGEMENTaktuell, 4/2006, S. 14-22. Köln: TÜV-Verlag.

Saynisch, M. (2006b). Projekt-, Konfigurations- und Collaboration Management – Die Welt der Prozesse und Arbeitsstrukturen im Produktzentrierten Projektmanagement (PZPM). In projektMANAGEMENTaktuell, 4/2006, S. 23-31. Köln: TÜV-Verlag. (Kapitel 6, 7 und 9 im Vertiefungsteil)

Saynisch, M. (2006c). Dieser Beitrag ist auch als erheblich erweiterte Fassung auf der Webseite von projektMANAGEMENTaktuell verfügbar (http://www.pmaktuell.org).

Saynisch, M. (2006d). Produktzentriertes Projektmanagement (PZPM) – Eine Einleitung und Übersicht zum Schwerpunktheft. In projektMANAGEMENTaktuell, 4/2006, S. 13. Köln: TÜV-Verlag.

Saynisch, M. (2005). Projektmanagement 2. Ordnung (PM-2) Management im Zeitalter hoher Komplexität und radikaler Veränderungen. In T. Möller & K. Spang (Hrsg.), Mit Projektmanagement zum Unternehmenserfolg – 22. Internationales Deutsches Projektmanagement Forum 2005 in Frankfurt am Main. Nürnberg: GPM-Verlag.

Saynisch, M. (2003). Neue Wege im Projektmanagement -- Welche Impulse, Konzepte und Handlungsempfehlungen für das Projektmanagement zeigen die neuen Sichtweisen und Erkenntnisse in den Natur- und Sozialwissenschaften auf? Ergebnisübersicht des Forschungsprogramms von 1990 –2000. In G. Kerber, R. Marré & A. Frick (Hrsg.), Zukunft im Projektmanagement. Konferenz „InterPM" in Glashütten/Taunus März 2003. Heidelberg: dpunkt.

Saynisch, M. (2002). Seminardokumentation „Änderungen im Projekt beherrschen – Die Praxis des Konfigurationsmanagements (KM)". München: SPM-CONSULT.

Saynisch, M. (1999a). Schlüsselfaktor Konfigurationsmanagement (KM) – Lebensfähigkeit in dynamischen, globalen Märkten bei steigender Produkt-Komplexität. In M. Saynisch & D. Lange (Hrsg.), Änderungsmanagement mit System – Schlüsselfaktor Konfigurationsmanagement (S. 100-127). 3. Fachtagung Konfigurationsmanagement. Nürnberg: GPM-Verlag.

Saynisch, M. (1999b). Was ist Konfigurationsmanagement? In ProjektManagement 2/99, S. 12-25. Köln: TÜV-Verlag.

Saynisch, M. (1998a). Was ist Konfigurationsmanagement? In HMD (Handbuch der maschinellen Datenverarbeitung) – Praxis der Wirtschaftsinformatik. Heft 202, S. 7-26. Heidelberg: Hüthing-Verlag.

Saynisch, M (1997). Erfolgsfaktor Konfigurationsmanagement. Vortragsmanuskript der Tagung „Änderungen im Griff – Erfolgsfaktor Konfigurationsmanagement" am 26/27.11.1997 in Stuttgart. Tagungsband.

Saynisch, M. (1995). Management von Innovationen durch Projektmanagement 2. Ordnung: Kongressbeitrag Deutscher Wirtschaftsingenieurtag 1995 (DWIT1995) „Innovation und Management", München.

Saynisch, M. (1994a). Konfigurationsmanagement: Konzepte, Methoden, Anwendungen und Trends. In H. Schelle, H. Reschke, R. Schnopp & A. Schub (Hrsg.), Projekte erfolgreich managen. Kapitel 4.7.1. (S. 1-38). Köln: TÜV Media.

Saynisch, M. (1994b). Konfigurationsmanagement (KM) – Komplementäre Konzepte und Tools im EDM-Umfeld. In Tagungsband „3. internationaler EDM-Kongress" Mai 1994 in Mannheim. Wiesbaden: Ploenzke AG.

Saynisch M. (1989). „Grundlagen des phasenorientierten Projektmanagements" und „Phasenmodelle und Ablaufstrategien in der industriellen F+E". In H. Schelle (Hrsg), Symposium Phasenorientiertes Projektmanagement (S. 1-54). Köln: TÜV-Rheinland.

Saynisch, M (1986). Die Anwendungsbedingungen des Konfigurationsmanagements. In Projektmanagement – Beiträge zur Jahrestagung 1986 (S. 331-346). München: GPM.

Saynisch, M. (1984). Konfigurationsmanagement – Entwurfssteuerung, Dokumentation, Änderungswesen. Köln: TÜV-Rheinland.

Schreiber, W. (1999). Konfigurationsstruktur – Grundlage des Konfigurationsmanagements. In ProjektManagement 4/99, S. 38-41. Köln: TÜV Media.

Sherpa Systems (1998). Sherpa IPD-Presentation Document.

1.16 Projektcontrolling: Überwachung, Steuerung und Berichtswesen

Dieser Beitrag besteht nur aus den Basisteilen 1.16a und 1.16b

1.17 Information und Dokumentation

Dieser Beitrag besteht nur aus dem Basisteil..

1.18 Kommunikation

A Verwendete Literatur

Andreas, D., Sauter, B. & Rademacher, G. (1992). Projekt-Controlling und Projekt-Management im Anlagen- und Systemgeschäft. 5. Aufl. Frankfurt am Main.

Bartsch-Beuerlein, A. M. (2007). Virtuelle Projektorganisationen: Technologische, organisatorische, soziale und ökonomische Aspekte der Kooperation in verteilten Projektgruppen. Berlin: Mensch & Buch.

Burghardt, M. (1993). Projektmanagement. Leitfaden für die Planung, Überwachung und Steuerung von Entwicklungsprojekten. 2. überarbeitete Auflage. München: Publicis Corporate Publishing.

Dörrenberg, F. (1998). Informations- und Berichtswesen. In GPM (Deutsche Gesellschaft für Projektmanagement e.V.) & RKW (Rationalisierungs- und Innovationszentrum der Deutschen Wirtschaft) (Hrsg.). Projektmanagement-Fachmann (S. 479ff). Eschborn: RKW-Verlag.

Glaubitz, W.G. (1994). Formen der Aufbauorganisation. In GPM (Deutsche Gesellschaft für Projektmanagement e.V.) & RKW (Rationalisierungs- und Innovationszentrum der Deutschen Wirtschaft) (Hrsg.). Projektmanagement-Fachmann. Eschborn: RKW-Verlag.

Goff, S. A. (2005). Risk Management – Key to Project Intelligence. In IPMA (Eds.), Proceedings of the IPMA World Congress 2005 (pp 311ff). New Delhi, India.

Herrmann, N. (1991). Kreativität und Kompetenz – Das einmalige Gehirn. Fulda: Paida.

Hoffmann, H.-E., Schoper, Y.-G. & Fitzsimons, C. J. (2004) (Hrsg.). Internationales Projektmanagement – Interkulturelle Zusammenarbeit in der Praxis. München: Beck-dtv.

Kielkopf, H. & Meyer, H. (1994). Integrierte Projektsteuerung. In GPM (Deutsche Gesellschaft für Projektmanagement e.V.) & RKW (Rationalisierungs- und Innovationszentrum der Deutschen Wirtschaft) (Hrsg.). Projektmanagement-Fachmann. (Bd. II). Eschborn: RKW-Verlag.

Klebert, K., Schrader, E. & Straub, W. (2003). Kurzmoderation. Hamburg: Windmühle.

Klebert, K., Schrader, E. & Straub, W. (2006). Moderationsmethode. Das Standardwerk. Hamburg: Windmühle.

König, E. & Volmer, G. (2000). Systemische Organisationsberatung: Grundlagen und Methoden. System und Organisation. Bd. 1. Weinheim: Beltz.

Madauss, B. J. (1994). Handbuch Projektmanagement. 5. überarb. und erw. Aufl. Stuttgart: Schäffer-Poeschel

Motzel, E. (1987). Berichtswesen in Projekten. In 1. cdg/GPM-Langzeitmaßnahme Projektmanagement 1986-88. Seminarmaterialien. Darmstadt.

Mayer, H. O. (2008). Interview und schriftliche Befragung: Entwicklung, Durchführung und Auswertung. München: Oldenbourg.

Mayrshofer, D. & Kröger, H. A. (2006). Prozesskompetenz in der Projektarbeit. Ein Handbuch für Projektleiter, Prozessbegleiter und Berater. 3. Aufl. Hamburg: Windmühle.

Seifert, J. W. & Holst, C. (2004). Projekt-Moderation. Projekte sicher leiten. Projektteams effizient moderieren. Offenbach: Gabal.

B Weiterführende Literatur

Bohinc, T. (2007). Projektmanagement. Soft Skills für Projektleiter. 2. Aufl. Offenbach: Gabal.

Cole, K. (1999). Kommunikation klipp und klar. Besser verstehen und verstanden werden. Weinheim: Beltz.

Dostal, T. (2007). Projektmanagement in virtuellen Teams: Chancen und Problembereiche. Saarbrücken: VDM Verlag Dr. Müller

Gilsa, M. von, Huber, R. & Russ, T. (2004). Virtuelle Projektarbeit: Leitfaden für die Praxis. Berlin: Erich Schmidt.

Hansel, J. & Lomnitz, G. (2003). Projektleiter-Praxis – Erfolgreiche Projektabwicklung durch verbesserte Kommunikation und Kooperation. 4. Aufl. Berlin: Springer.

Homberg, M. (2002). Profitable Projekt-Kommunikation: Wie das Projekt-Team immer optimal kommuniziert und so viel Zeit und Geld spart. Eigenverlag.

Köppel, P. (2007). Konflikte und Synergien in multikulturellen Teams: Virtuelle und face-to-face-Kooperation. Wiesbaden: Gabler.

Thomas, G. & Stöger, G. (2007). Teams ohne Grenzen. Und es geht doch: Virtuelle Teams erfolgreich vernetzen, führen, leben. Zürich: Orell Füssli.

Ulsamer, B. (2001). Exzellente Kommunikation mit NLP. Als Führungskraft den Draht zum anderen finden. 6. Aufl. Offenbach: Gabal.

1.19 Projektstart

A Verwendete Literatur

Daenzer, W.F. & Huber, F. (Hrsg.) (2002). Systems Engineering. 11. Auflage. Zürich: Verlag Industrielle Organisation.

Schelle, H., Ottmann, R. & Pfeiffer, A. (2005). ProjektManager. Nürnberg: GPM Deutsche Gesellschaft für Projektmanagement e.V.

Scheuring, H. (2008). Der www-Schlüssel zum Projektmanagement. 3. Aufl. Zürich: Orell Füssli.

1.20 Projektabschluss

A Verwendete Literatur

Burghardt, M. (2008). Projektmanagement – Leitfaden für die Planung, Überwachung und Steuerung von Projekten. 8. Aufl. Erlangen: Publicis Corporate Publishing.

Kennzahlen Systementwicklung, Arbeitsbericht der deutschsprachigen Gruppe im DIEBOLD- Forschungsprogramm

ZVEI-Kennzahlensystem – Ein Instrument zur Unternehmenssteuerung, herausgegeben vom Betriebswirtschaftlichen Ausschuss des Zentralverbandes der Elektrotechnischen Industrie e.V.

B Weiterführende Literatur

Börnecke, D. (Hrsg.) (2005). Basiswissen für Führungskräfte – Die Elemente erfolgreicher Organisation, Führung und Strategie. Erlangen: Publicis Corporate Publishing.

Davenport, T. & Probst, G. (2002). Knowledge Management Case Book – Best Practices. Erlangen: Publicis Corporate Publishing.

Jankulik, E., Kuhlang, P. & Pfiff, R. (2005). Projektmanagement und Prozessmessung – Die Balanced Scorecard im projektorientierten Unternehmen. Erlangen: Publicis Corporate Publishing.

Weggeman, M. (1999). Wissensmanagement – Der richtige Umgang mit der wichtigsten Unternehmensressource. Bonn: MITP-Verlag.

Zink, K.J. (2004). TQM als integratives Managementkonzept. Das europäische Qualitätsmodell und seine Umsetzung. München: Carl Hanser.

1.21a Normen und Richtlinien

A Verwendete Literatur

DIN Deutsches Institut für Normung e.V. (2001, Hrsg.): DIN-Normenheft 10, Grundlagen der Normungsarbeit des DIN, Berlin/Wien/Zürich: Beuth

DIN 69900 Projektmanagement, Netzplantechnik, Beschreibungen und Begriffe (2009)

DIN 69901-1 Projektmanagement, Projektmanagementsysteme, Grundlagen (2009)

DIN 69901-2 Projektmanagement, Projektmanagementsysteme, Prozesse, Prozessmodell (2009)

DIN 69901-3 Projektmanagement, Projektmanagementsysteme, Methoden (2009)

DIN 69901-4 Projektmanagement, Projektmanagementsysteme, Daten, Datenmodell (2009)

DIN 69901-5 Projektmanagement, Projektmanagementsysteme, Begriffe (2009)

DIN EN ISO 9000 Qualitätsmanagementsysteme – Grundlagen und Begriffe (2005)

DIN EN ISO 9001 Qualitätsmanagementsysteme – Anforderungen (2008)

DIN EN ISO 9004 Qualitätsmanagementsysteme – Leitfaden zur Leistungsverbesserung (2009)

ISO 10006 Quality management systems – Guide to quality management in projects (2003)

(deutsche Fassung: DIN-Fachbericht ISO 10006, Qualitätsmanagementsysteme – Leitfaden für Qualitätsmanagement in Projekten, Berlin/Wien/Zürich, Beuth, 2004)

DIN ISO 10007 Qualitätsmanagement – Leitfaden für Konfigurationsmanagement (2004)

DIN/IEC 62198 Risikomanagement für Projekte – Anwendungsleitfaden (2002)

B   Weiterführende Literatur

Von den obengenannten Normen:

DIN 69900 und DIN 69901 (Teile 1-3 und Teil 5; Teil 4 wurde entwickelt für Ersteller und Anwender von PM-Software)

ISO 10006

1.21b   Normen und Richtlinien

A   Verwendete Literatur

Neben den Literaturquellen des Kapitel 1.21a kommen hinzu:

AHO Ausschuss der Ingenieurverbände und Ingenieurkammern für die Honorarordnung e.V. (2001, Hrsg.): Projektsteuerung, Bonn

IPMA International Project Management Association (2006) (Hrsg.). IPMA Competence Baseline, Version 3.0 (ICB 3.0). Nijkerk und ihre deutsche Fassung National Competence Baseline 3.0 (NCB 3.0).

Locher, H. (2002). HOAI Verordnung über Honorare für Leistungen der Architekten und der Ingenieure. Düsseldorf

PMI Project Management Institute (2004) (Hrsg.). Guide to the Project Management Body of Knowledge. Upper Darby: Projektmanagement Institute.

Schulz, K. (2007). CMMI – die Reifeprüfung für IT-Projektmanagement. Projekt Magazin, Ausgabe 15/2007.

Frick, R.-P. (2007). Prozessbewertung und -verbesserung mit SPICE. Projekt Magazin, Ausgabe 9/2007.

B   Weiterführende Literatur

Andreas, D., Rademacher, G. & Sauter, B. (1994ff). Projekt-Controlling bei Anlagen- und Systemgeschäften. In H. Schelle, H. Reschke, R. Schnopp & A. Schub (Hrsg.), Projekte erfolgreich managen. 1. Aktualisierung. Kapitel 7.3.1. (S. 1-44). Köln: TÜV Media.

National Competence Baseline 3 (2008)

1.22a   IT im Projektmanagement

A   Verwendete Literatur

Bartsch-Beuerlein, S. & Klee, O. (2001). Projektmanagement mit dem Internet. München: Carl Hanser.

Burghardt, M. (2000). Projektmanagement. 5. Aufl. Erlangen: Publicis.

Burke, R. (2004). Projektmanagement. Bonn: Mitp-Verlag.

Dworatschek, S. & Hayek, A. (1992). Marktspiegel Projektmanagement-Software. 3. Aufl. Frankfurt am Main: Campus.

Dworatschek, S. (1981). Problemfelder von Führungskräften und aktuelle Anforderungen. In VOP (Personalführung), 5/1981, S. 272-276.

Ehlers, P. (1997). Integriertes Projekt- und Prozeßmanagement auf Basis innovativer Informations- und Kommunikationstechnologien: Das GroupProjekt-System. Aachen: Dissertation, Universität-GH Paderborn.

Fox, T. L. (2000). Do the Features Support the Functions. In PM Network, 3/2000, S. 69-73.

Hansel, J. & Lomnitz, G. (2003). Projektleiter-Praxis. 4. Aufl. Berlin: Springer.

Kunz, S. (2005). Strategisches Multiprojektmanagement. Wiesbaden: Dissertation, Universität Bamberg.

Leach, L. P. (2000). Critical Chain Project Management. Boston: Artech House.

Lechler, T. (1997). Erfolgsfaktoren des Projektmanagements. In H. Schelle, H. Reschke, R. Schnopp & A. Schub (Hrsg.), Projekte erfolgreich managen. 8. Aktualisierung. Kapitel 1.8. (S. 1-28). Köln: TÜV Media.

Lientz, B. P. & Rea, K. P. (1998). Project Management for the 21st Century. 2. Aufl. San Diego: Academic Press.

Lomnitz, G. (2001). Multiprojektmanagement. Landsberg am Lech: Mvg.

Madauss, B. J. (2000). Handbuch Projektmanagement. 6. Aufl. Stuttgart: Schäffer-Poeschel.

Meyer, H. (1999). Personalwirtschaft und Projektmanagement. In Deutsche Gesellschaft für Projektmanagement e. V. (Hrsg.), Projektmanagement Fachmann (S. 1207-1243). 5. Aufl. Eschborn: RKW-Verlag.

Meyer, M. M. (2007). Softwareunterstützung für das Projektmanagement. Bremen: IPMI.

Motzel, E. (2006). Projektmanagement Lexikon: Begriffe der Projektwirtschaft von ABC-Analyse bis Zwei-Faktoren-Theorie. Weinheim: Wiley-VCH.

Möhrle, M. G. (1996). Betrieblicher Einsatz computerunterstützten Lernens. Wiesbaden: Vieweg.

Nicholas, J. M. (2004). Project Management for Business and Engineering. 2. Aufl. Burlington: Butterworth-Heinemann

Project Management Institute (Hrsg.) (2004). A Guide to the Project Management Body of Knowledge. 3. Aufl. Pennsylvania:PMI.

Patzak, G. & Rattay, G. (1998). Projektmanagement. 3. Aufl. Wien: Linde.

Patzak, G. & Rattay, G. (2004). Projektmanagement. 4. Aufl. Wien: Linde.

Schelle, H., Ottmann, R. & Pfeiffer, A. (2005). ProjektManager. 2. Aufl. Nürnberg: GPM Deutsche Gesellschaft für Projektmanagement e.V.

Schelle, H. (2004). Projekte zum Erfolg führen. 4. Aufl. München:DTV-Beck.

Schulz-Wimmer, H. (2002). Projekte managen. Planegg: Haufe.

Teich, I., Kolbenschlag, W. & Reiners, W. (2004). Die richtige Software für Ihr Unternehmen. Bonn: Mitp-Verlag.

1.22b IT im Projektmanagement

A Verwendete Literatur

Ahlemann, F. & Backhaus, K. (2005). Projektmanagement-Software. In H. Schelle, H. Reschke, R. Schnopp & A. Schub (Hrsg.), Projekte erfolgreich managen. 26. Aktualisierung. Kapitel 5.2. (S. 1-68). Köln: TÜV Media.

Ahlemann, F. (2005). Comparative Market Analysis of Project Management Systems. 3. Aufl. Osnabrück: Universität Osnabrück.

Allnoch, A. (1997). Choosing the Right Project Management Software for Your Company. In IEE Solutions, 03/1997, S. 38-41.

Bange, C. & Keller, P. (2003). Softwareauswahl. Göttingen: BusinessVillage GmbH.

Bernecker, M. (2003). EDV Einsatz im Projektmanagement. In M. Bernecker & K. Eckrich (Hrsg.), Handbuch Projektmanagement (S. 493-520). München: Oldenbourg.

Bidanda, B. & Hackworth, D. (2004). Project-Management Software: A Guideline for System Selection and Use. In D. I. Cleland (Hrsg.), Field guide to project management (S. 426-447). Hoboken: John Wiley & Sons.

Dietrich, L. (2003). Hebel zur IT-Konsolidierung. In W. Gora & C. Schulz-Wolfgramm (Hrsg.), Informationsmanagement – Handbuch für die Praxis (S. 190-215). Berlin: Springer.

Dworatschek, S. & Hayek, A. (1992). Marktspiegel Projektmanagement-Software. 3. Aufl. Frankfurt am Main: Campus.

Felske, P. & Neuwinger, A. (1999). EDV-Unterstützung im Projekt. In Deutsche Gesellschaft für Projektmanagement e. V. (Hrsg.), Projektmanagement Fachmann (S. 1153–1184). 5. Aufl. Eschborn: RKW-Verlag.

Feyhl, A. W. (2004). Management und Controlling von Softwareprojekten. 2. Aufl. Wiesbaden: Gabler.

Gronau, N. (2001). Industrielle Standardsoftware. München: Oldenbourg.

Grupp, B. (1994). Standard-Software richtig auswählen und einführen. Wuppertal: TAW.

Grupp, B. (2004). Das IT-Pflichtenheft zur optimalen Softwarebeschaffung. 2. Aufl. Bonn: Mitp-Verlag.

Haasper, A. (2006). Umgang mit Komplexität im Projektmanagement. In B. Oesterreich (Hrsg.), Agiles Projektmanagement – Beiträge zur Konferenz interPM, Glashütten 2006 (S. 305–324). Heidelberg: dpunkt.

Hildebrand, K. & Szidzek, A. (1993). Vorgehensmodell für die Einführung von Software. In Office Management, 1–2/1993, S. 42-45.

Keen, P. G. W., Bronsema, G. S. & Zuboff, S. (1982). Implementing Common Systems: One Organization's Experience. In Systems, Objectives, Solutions (S. 125-142). 2/1982.

Lomnitz, G. (2001). Multiprojektmanagement. Landsberg am Lech: Mvg.

Meyer, M. M. (2001). Projektmanagement & Software. In Infosoft AG (Hrsg.), EPM -Enterprise Project Management (S. 1-9).

Müller, H. (2002). Standardlösungen versus Individualsoftware. In Distribution, 10/2002, S. 16-17.

Schelle, H., Ottmann, R. & Pfeiffer, A. (2005). ProjektManager. Nürnberg: GPM Deutsche Gesellschaft für Projektmanagement e.V.

Teich, I., Kolbenschlag, W. & Reiners, W. (2004). Die richtige Software für Ihr Unternehmen. Bonn: Mitp-Verlag.

1.23a Critical-Chain-Projektmanagement

A Verwendete Literatur

Engel, C., Menzer, M. & Nienstedt, D. (2006). Ergebnisse der Projektmanagent Studie „Kosequente Berücksichtigung weicher Faktoren". Eine gemeinsame Studie von GPM Deutsche Gesellschaft für Projektmanagement e.V. und PA Consulting Group.

Gröger, M. (2004). Projekte – Wertegewinner oder Wertevernichter? projektManagement aktuell, 15 (4), S. 12-14.

Goldratt, E. M. (2002). „Die kritische Kette" – das neue Konzept im Projektmanagement. Frankfurt am Main: Campus.

B Weiterführende Literatur

Leach, L. P. (2000). Critical Chain Project Management. Boston: Artech House.

Newbold, R. C. (1998). Project Management in the Fast Lane: Applying the Theory of Constraints (APICS Constraints Management). Boca Raton: St. Lucie Press.

Techt, U. & Lörz, H. (2007). Critical Chain – Beschleunigen Sie Ihr Projektmanagement. Freiburg: Haufe.

1.23b Critical-Chain-Projektmanagement

A Verwendete Literatur

Techt, U. & Lörz, H. (2007). Critical Chain – Beschleunigen Sie Ihr Projektmanagement. Freiburg: Haufe.

B Weiterführende Literatur

Fachbücher zur Theory of Constraints und zu Critical Chain Projektmanagement

Goldratt, E. M. (2006). The Haystack-Syndrom Sifting Information out of the data ocean. Great Barrington: North River Press.

Techt, U. (2006). Goldratt und die Theory of Constraints – der Quantensprung im Management. Lulu Online-Verlag.

Techt, U. & Lörz, H. (2007). Critical Chain – Beschleunigen Sie Ihr Projektmanagement. Freiburg: Haufe.

Newbold, R. C. (1998). Project-Management in the Fast Lane. Applying the Theory of Constraints. Boca Raton: St. Lucie Press.

Kendall G. I. (1998). Securing the Future. Strategies fort the Exponential Growth Using the Theory of Constraints. Boca Raton: St. Lucie Press.

Hutchin, T. (2002). Enterprise-focused Management. Changing the face of project management. London: Routledge Chapman & Hall.

C Romane zur Theory of Constraints

Goldratt, E. M. & Cox, J. (2008). „Das Ziel" – ein Roman über Prozessoptimierung. 4. Aufl. Frankfurt am Main: Campus.

Goldratt, E. M. (2008). „Das Ziel II" – ein Roman über strategisches Marketing. 2. aktual. Auflage. Frankfurt am Main: Campus.

Goldratt, E. M. (2002). „Die kritische Kette" – das neue Konzept im Projektmanagement. Frankfurt am Main: Campus.

Goldratt, E. M., Schragenheim, E. & Ptak C. A. (2001). „Das Ergebnis" – ein Roman über profitable Softwarelösungen. Frankfurt am Main: Campus.

D Web-Seiten

www.theoryofconstraints.de: Wissensspeicher zur Theory of Constraints

www.toc4u.de: deutschsprachiges Portal zur Theory of Constraints

www.toc4u.net: Interessengemeinschaft deutschsprachiger TOC-Experten, -Anwender und -Interessenten – mit Lern- und Diskussionsforum zur Theory of Constrain

Band 4 (Vertiefungswissen)

2.00 Macht und Autorität in Projekten

A Verwendete Literatur

Bragg, M. (2002). Auf leisen Sohlen zum Erfolg. München: Piper.

Canetti, E. (1980). Masse und Macht. Frankfurt am Main: S. Fischer.

Doppler, K. (1999). Dialektik der Führung – Opfer und Täter. München: Gerling Akademie.

Frankfurt, H. G. (2006). Bullshit. Frankfurt am Main: Suhrkamp.

Greene, R. (1999). Power – die 48 Gesetze der Macht. München: Carl Hanser.

Harris, T. A. (2001). Ich bin o.k., Du bis o.k. Reinbek: Rowohlt.

Lomnitz, G. (2003): Nicht-Entscheiden hat System – Ursachen erkennen und richtig reagieren. Projektmagazin 16/2003.

Lomnitz, G. (2004). Verbindlichkeit in der Projektarbeit fördern. Projektmagazin 20/2004.

von Matt, P. (2006). Die Intrige – Theorie und Praxis der Hinterlist. München: Carl Hanser.

McClelland, D. (1978). Macht als Motiv. Stuttgart: Klett-Cotta.

Morgan, G. (2006). Images of Organization. 4. Aufl. London: SAGE Publications Ltd.

Neuberger, O. (1988): Spiele in Organisationen, Organisationen als Spiele. In W. Küpper & G. Ortmann (Hrsg.), Mikropolitik – Rationalität, Macht und Spiele in Organisationen (S. 53-86). Opladen: Westdeutscher Verlag.

Pfeffer, J. (1992). Managing with Power – Politics and Influence in Organizations. USA: HBS Press.

Preston, J. C. & Louw DuToit (1992). Macht und Politik bei Veränderungen in grossen Systemen. Organisationsentwicklung 11 (1), S. 38-52.

Sennett, R. (1990). Autorität. Frankfurt am Main: S. Fischer.

Stahl, H. K. (1997). Hobbes lässt (wieder) grüßen – eine kritische Auseinandersetzung mit „Kontrolle". Organisationsentwicklung 16 (4), S. 32-40.

2.01 Führung in internationalen Projektteams

A Verwendete Literatur

Bass, B. M. 1998. Transformational Leadership: Industry, Military, and Educational Impact. London: Lawrence Erlbaum Associates.

Becker-Beck, U. & Schneider, J. F. 2003. Zur Rolle von Feedback im Rahmen von Teamentwicklungsprozessen. Göttingen: Hogrefe.

Boos, M. 2000. Computervermittelte Kommunikation in Organisationen, Göttingen [u a.] : Hogrefe, Verl. für Psychologie.

Burke, C. S., Stagl, K. C., Klein, C., Goodwin, G. F., Salas, E., & Halpin, S. M. 2006. What type of leadership behaviors are functional in teams? A meta-analysis. Leadership Quarterly, 17: 288-307.

Collinson, D. 2006. Rethinking followership: A post-structuralist analysis of follower identities. Leadership Quarterly, 17(2): 179.

Cronenbroeck, W. 2004. Internationales Projektmanagement: Grundlagen, Organisation, Projektstandards, Berlin: Cornelsen.

Daft, R. L. L., R. H. 1986. Organizational information requirements, media richness and structual design, in: Management Science: Journal of the Institute for Operations Research and the Management Sciences, Vol. 32, Informs, Hanover, Md, S. 554- 571.

Dederichs, A. M. 1997. Vertrauen als affektive Handlungsdimension: ein emotionssoziologischer Bericht, in: Vertrauen und soziales Handeln: Facetten eines alltäglichen Phänemoens, Schweer, M. K. W. (Hrsg.), Hermann Luchterhand Verlag, Berlin, S. 62- 77.

Denison, D. R., Hooijberg, R., & Quinn, R. E. 1995. Paradox and Performance: Toward a Theory of Behavioral Complexity in Managerial Leadership. Organization Science, 6(5): 524.

DeSanctis, G. M., P. 1999. Communication Process for Virtual Organisations, in: Journal of Computer mediated communication 4/1998, http://www.ascusc.org/jcmc/vol3/issue4/desanctis.html (09.05.2003).

Earley, P. C., Northcraft, G. B., Lee, C., & Lituchy, T. R. 1990. Impact of process and outcome feedback on the relation of goal setting to task performance. Academy of Management Journal, 33(1): 87-105.

Fischer, L. W., G. 2003. Grundlagen der Sozialpsychologie, 3.,akt. und erw. Aufl., München: Oldenbourg.

Fleishman, E. A., Mumford, M. D., Zaccaro, S. J., Levin, K. Y., Korotkin, A. L., & Hein, M. B. 1991. Taxonomic efforts in the description of leader behavior: A synthesis and functional interpretation. The Leadership Quarterly, 2(4): 245.

Gemünden, H. G. 1995. Zielbildung. In H. Corsten & M. Reiß (Eds.), Handbuch Unternehmensführung. Konzepte - Instrumente - Schnittstellen: 254ff. Wiesbaden: Gabler.

Gibson, C. B. & Cohen, S. G. 2003. Virtual Teams That Work: Creating Conditions For Virtual Team Effectiveness San Francisco: Jossey-Bass.

Gilbert, D. U. 1999. Vertrauen in virtuellen Unternehmen: Die Bedeutung von Vertrauen für erfolgreiche Zusammenarbeit in virtuellen Unternehmen, in: Management Nr. 12/1999, S. 30- 34.

Glasl, F. 2004. Konfliktmanagement: Ein Handbuch für Führungskräfte, Beraterinnen und Berater, 8., akt. u. erg. Aufl., Stuttgart: Freies Geistesleben.

Graf, G. J., G. 2002. Virtuelles Teammanagement im Projekt, in: Projektmanagement 3/2003, S. 21- 28.

Greenwood, R. G. 1981. Management by Objectives: As Developed by Peter Drucker, Assisted by Harold Smiddy. The Academy of Management Review, 6(2): 225-230.

Hackman, J. R. 1987. The design of work teams. In J. W. Lorsch (Ed.), Handbook of organizational behavior: 315-342. Englewood Cliffs, NJ: Prentice-Hall.

Hackman, J. R. 2002. Leading teams: Setting the stage for great performances. Boston: HBS Press.

Hackman, R. J. & Wageman, R. 2005. A Theory of Team Coaching. Academy of Management Review, 30(2): 269-287.

Hersey, P. & Blanchard, K. H. 1977. Management of organization behavior: utilizing human resources (3 ed.). Englewood Cliffs, NJ: Prentice-Hall.

Hertel, G. & Konradt, U. 2004. Führung aus der Distanz: Steuerung und Motivierung bei ortsverteilter Zusammenarbeit. In G. Hertel & U. Konradt (Eds.), Human Resource Management im Inter- und Intranet: 169-186. Göttingen: Hogrefe.

Hiller, N. J., Day, D. V., & Vance, R. J. 2006. Collective enactment of leadership roles and team effectiveness: A field study. Leadership Quarterly, 17(4): 387.

Hoegl, M. & Gemuenden, H. G. 2001. Teamwork Quality and the Success of Innovative Projects: A Theoretical Concept and Empirical Evidence. Organization Science, 12(4): 435.

Hoegl, M. & Parboteeah, K. P. 2002. Feedback seeking and participative decision making in teams with innovative projects.

Hoegl, M. & Parboteeah, K. P. 2006. Autonomy and teamwork in innovative projects. Human Resource Management, 45(1): 67-79.

Hofstede, G. 2001. Lokales Denken, globales Handeln : interkulturelle Zusammenarbeit und globales Management (2., durchges. Aufl. ed.). München: Deutscher Taschenbuch Verlag.

Houghton, J., D., Neck, C. P., & Manz, C. C. 2003. Self-Leadership and SuperLeadership. In C. L. Pearce & J. A. Conger (Eds.), Shared Leadership: Reframing the Hows and Whys of Leadership: 123-140. Thousand Oaks, Calif. [u. a.] Sage Publication Inc.

House, R., Hanges, P., Javidan, M., Dorfman, P., & Gupta, A. 2004. Culture, leadership, and organizations: The GLOBE study of 62 societies. Thousand Oaks: Sage.

Hugo- Becker, A. B., H. 2000. Psychologisches Konfliktmanagement: Menschenkenntnis, Konfliktfähigkeit, Kooperation, 3. Aufl., München: dtv.

Javidan, M., Dorfman, P. W., De Luque, M. S., & House, R. J. 2006. In the Eye of the Beholder: Cross Cultural Lessons in Leadership from Project GLOBE. Academy of Management Perspectives, 20(1): 67-90.

Kahle, E. 1999. Konkurrenz oder Kooperation: Vertrauen als grundlegendes Element kooperativen Verhaltens, in: Fritzsche/ Kwiran (Hrsg.) Wirtschaft und Sozialpolitik, München, S. 46- 62.

Kirkman, B. L. & Rosen, B. 1999. Beyond Self-Management: Antecedents and Consequences of Team Empowerment.

Konradt, U. H., G. 2002. Management virtueller Teams: von der Telearbeit zum virtuellen Unternehmen. Weinheim: Beltz-Verlag.

Krystek, U. Z., S. 1993. Planung und Vertrauen: Die Bedeutung von Vertrauen und Misstrauen für die Qualität von Planungs- und Kontrollsystemen, Stuttgart: Schäffer-Poeschel.

Luhmann, N. 2000. Vertrauen. Ein Mechanismus zur Reduktion sozialer Komplexität, 4. Aufl, Stuttgart: Lucius & Lucius.

Manz, C. C. 1986. Self-Leadership: Toward an Expanded Theory of Self-Influence Processes in Organizations. Academy of Management Review, 11(3): 585-600.

Motzel, E. 2006. Projekt-Management Lexikon. Weinheim: Wiley.

Muethel, M. 2006. Erfolgreiche Zusammenarbeit in deutsch-chinesischen Projektteams. Wiesbaden: Deutscher Universitätsverlag.

Muethel, M. & Hoegl, M. 2007. Initial Distrust - On the Role of Perceived Dishonesty in International Innovation Teams. Zeitschrift für Betriebwirtschaft (ZfB), Special Issue 4: 103-124.

Neck, C. P., Stewart, G. L., & Manz, C. C. 1996. Self-Leaders within self-leading teams: Toward an optimal equilibrium. Advances in Interdisciplinary Studies of Work Teams, 3(43-65).

Neuberger, W. 1997. Interpersonales Vertrauen als Management-Aufgabe in Organisationen, in: Schweer, M. (Hrsg.) Interpersonales Vertrauen: Theorien und empirische Befunde, Opladen: Westdt. Verlag, S. 105- 120.

Pearce, C. L. & Conger, J. A. 2003. Shared Leadership: Reframing the Hows and Whys of Leadership. Thousand Oaks, Calif. [u. a.] Sage Publications Inc.

Quinn, R. E. & Rohrbaugh, J. 1983. A spatial model of effectiveness criteria: Towards a competing values approach to organizational analysis. Management Science, 29(3): 363-377.

Quinn, R. E. 1984. Applying the Competing Values Approach to Leadership: Toward an Ingrative Model. In J. G. Hunt & R. Stewart & C. Schriesheim & D. Hosking (Eds.), Managers and Leaders: An International Perspective. New York: Pergamon.

Rafferty, A. E. & Griffin, M. A. 2004. Dimensions of transformational leadership: Conceptual and empirical extensions. Leadership Quarterly, 15(3): 329-354.

Reichwald, R. B., C. 1999. Führung von Mitarbeitern in verteilten Organisationen, in: Egger (Hrsg.) Managementinstrumente und -konzepte, Stuttgart, Poeschel, S. 141- 182.

Riopelle, K. 2003. Context, Task, and Evolution of Technology Use in Global Virtual Teams, , in: Virtual Teams That Work: Creating Conditions for Virtual Team Effectiveness, 1. Aufl.. - San Francisco : Jossey-Bass, S. 239- 263.

Schwarz, G. 2005. Konfliktmanagement: Konflikte erkennen, analysieren, lösen, 7., Aufl., Wiesbaden: Gabler.

Schweer, M. 1997. Interpersonales Vertrauen: Theorien und empirische Befunde, Opladen: Westdt. Verlag.

Solomon, M. R., Surprenant, C., Czepiel, J. A., & Gutman, E. G. 1985. A Role Theory Perspective on Dyadic Interactions: The Service Encounter. Journal of Marketing, 49(1).

Tannenbaum, R. & Schmidt, W. H. 1958. How to Choose A Leadership Pattern. Harvard Business Review, 36(2): 95-101.

Trompenaars, F. & Hamden-Turner, C. 2002. Riding the Waves of Culture: Understanding Cultural Diversity in Business (2 ed.). Naperville: Breadley.

Trompenaars, F. & Woolliams, P. 2004. Business weltweit: der Weg zum interkulturellen Management. Hamburg: Murmann Verlag.

Vadhavkar, S. 2001. Team Interaction Space Effectiveness for Globally Dispersed Teams: Theory and Case Studies, http://web.mit.edu/vada/www/DScThesis.pdf (18.08.2005).

von Rosenstiel, L., Regnet, E., & Domsch, M. 2003. Führung von Mitarbeitern Handbuch für erfolgreiches Personalmanagement (5 ed.). Stuttgart: Schaeffer-Poeschel.

Wiebusch, J. & Doerrenberg, F. 2005. Merkmale internationaler Projekten. In V. C. G. ProjektManagement (Ed.), Stand und Trend des Projektmanagements im globalen Zusammenhang: 87-106. Norderstedt: Books on Demand.

Wiebusch, J. D., S. 2001. Internationales Projektmanagement, in: Strategisches Personalmanagement in Globalen Unternehmen, Clermont, A./ Schmeisser, W./ Krimphove, D. (Hrsg.), München: Vahlen, S. 833-851.

Yukl, G. 2005a. Leadership in organizations. Upper Saddle River, New Jersey: Pearson.

Yukl, G. 2005b. Leadership in Organizations, 6th ed. - Upper Saddle River, NJ : Pearson/Prentice Hall.

Yukl, G. 2006. Leadership in Organizations. New Jersey: Pearson Prentice Hall.

Zaccaro, S. J., Rittman, A. L., & Marks, M. A. 2001. Team leadership. The Leadership Quarterly, 12: 451-483.

Zigurs, I. 2002. Leadership in Virtual Teams: Oxymoron or Opportunity? Organizational Dynamics, 31(4): 339-351.

B Weiterführende Literatur

Cronenbroeck, W. 2004. Internationales Projektmanagement: Grundlagen, Organisation, Projektstandards, Berlin: Cornelsen.

Hoffmann, H.-E. 2004a. Internationales Projektmanagement: Interkulturelle Zusammenarbeit in der Praxis, Hoffmann, H.- E. et al. (Hrsg.), München: dtv.

Hoffmann, H.-E. 2004b. Die Bedeutung interkultureller Unterschiede, in: Internationales Projektmanagement: Interkulturelle Zusammenarbeit in der Praxis, Hoffmann, H.- E. et al. (Hrsg.), München: dtv, S. 13- 36.

Litke, H.-D. 2002. Internationales Projektmanagement, in: Krystek, U./ Zur, E. (Hrsg.) Handbuch Internationalisierung: Globalisierung- eine Herausforderung für die Unternehmensführung, 2. Völlig neu bearb. und erw. Aufl., Berlin: Springer.

2.02 Motivation und Engagement

A Verwendete Literatur

Damasio, A. (2001). Descartes´ Irrtum, Fühlen, Denken und das menschliche Gehirn. 6. Auflage. München: dtv.

DeCharms, R. (1968). Personal causation. New York: Academic Press.

Deci, E. L. & Ryan, R. M. (1993). Die Selbstbestimmungstheorie der Motivation und die Bedeutung für die Pädagogik. Zeitschrift für Pädagogik, Heft 2, 223-238.

Deci, E. L. & Flaste, R. (1995). Why we do what we do. Understanding Self-Motivation. New York: Penguin Books.

Ekman, P. (1994). Strong evidence for universals in facial expressions: A reply to Russell`s mistaken critique. Pychological Bulletin, 17, 124-129.

Gigerenzer, G. (2007). Bauchentscheidungen. Die Intelligenz des Unbewussten und die Macht der Intuition. München: Bertelsmann Verlag.

Gigerenzer, G. (2008). „Bauchgefühl schlägt Kopfentscheidung". Prof. Gerd Gigerenzer über Intuitionsforschung und Entscheidungen im Management. Verfasst von O. Steeger. In Projektmanagement aktuell, 3/2008, S. 3-8.

Hackman, J.R. & Oldham, G.R. (1980). Work redesign. Reading, MA: Addison-Wesley.

Heckhausen, H. (1987). Perspektiven einer Psychologie des Wollens. In H. Heckhausen, P. M. Gollwitzer & F. E. Weinert (Hrsg.): Jenseits des Rubikons. Der Willen in den Humanwissenschaften. Berlin: Springer. 121-142.

Heckhausen, H. (1989). Motivation und Handeln. 2. Auflage. Nachdruck 2003. Berlin: Springer-Verlag.

Kil, M., Leffelsend, S. & Metz-Göckel, H. (2000). Zum Einsatz einer revidierten und erweiterten Fassung des Job Diagnostic Survey im Dienstleistungs- und Verwaltungssektor. In Zeitschrift für Arbeits- und Organisationspsychologie. 44, 3, 115-128.

Krapp, A. & Ryan, R. (2002). Selbstwirksamkeit und Lernmotivation. Eine kritische Betrachtung der Theorie von Bandura aus Sicht der Selbstbestimmungstheorie und der pädagogisch-psychologischen Interessentheorie. Zeitschrift für Pädagogik, 44. Beiheft, 54-82.

Zimbardo, P. G., Gerrig, R. (2003). Psychologie. 7., neu übersetzte und bearbeitete Auflage. Berlin: Springer Verlag.

2.03 Selbststeuerung

A Verwendete Literatur

Eichhorn, C.(2002). Souverän durch Self-Coaching. Ein Wegweiser nicht nur für Führungskräfte. Göttingen: Vandenhoeck & Ruprecht.

Eichhorn, C. (2002). Erholungskompetenz durch Self-Coaching - Basis für berufliche Höchstleistung. Wirtschaftspsychologie Heft 1, S.54-59. Bonn: Deutscher Psychologen Verlag.

Kuhl, J. (2004). Was bedeutet Selbststeuerung und wie kann man sie entwickeln? Personalführung Heft 4, S. 30-39. Düsseldorf: DGFP Deutsche Gesellschaft für Personalführung e.V.

Martens, J. U. & Kuhl, J. (2005). Die Kunst der Selbstmotivierung. Neue Erkenntnisse der Motivationsforschung praktisch nutzen. 2. Aufl. Stuttgart: Kohlhammer.

Rationalisierungs- und Innovationszentrum der Deutschen Wirtschaft e.V. & GPM (Deutsche Gesellschaft für Projektmanagement e.V.) (2004). Projektmanagement Fachmann. 8. Aufl. Eschborn: RKW-Verlag.

Servan-Schreiber, D. (2006). Die neue Medizin der Emotionen. Stress, Angst, Depression: Gesund werden ohne Medikamente. München: Wilhelm Goldmann.

Steiner, V. (2006). Energiekompetenz: Produktiver denken. Wirkungsvoller arbeiten. Entspannter leben. Eine Anleitung für Vielbeschäftigte, für Kopfarbeit und Management. 6. Aufl. München: Pendo.

B   Weiterführende Literatur

Kogler, A. (2006). Die Kunst der Höchstleistung. Sportpsychologie, Coaching, Selbstmanagement. Wien: Springer-Verlag.

Sprenger, R. K. (2004). Die Entscheidung liegt bei dir! Wege aus der alltäglichen Unzufriedenheit. Frankfurt am Main: Campus.

2.04   Durchsetzungsvermögen

A   Verwendete Literatur

Blom, H. & Meier, H.(2002). Interkulturelles Management. Herne: Verlag neue Wirtschafts-Briefe.

Ellmann, S.(2008): Management komplexer internationaler Projekte. Netzstrukturen, Governance und Handlungsempfehlungen, Diss. Univ. Bremen 02/2008

Forsyth, P. (2007). 30 Minuten für mehr Durchsetzungskraft. 5. Aufl. Offenbach: Gabal.

Haug, S. & Kropp, P. (2002). Arbeitsberichte des Instituts für Soziologie der Universität Leipzig: Soziale Netzwerke und der Berufseinstieg von Akademikern. Leipzig: Institut für Soziologie Universität Leipzig.

Hoffmann, H.-E., Schoper, Y.-G & Fitzsimons, C. J. (2004). Internationales Projektmanagement. München: dtv.

Mewaldt, A. (2006). Managerwissen kompakt: Polen. München: Hanser.

Wikner, U. (2000). Networking – die neue Form der Karriereplanung. Würzburg: Lexika.

B   Weiterführende Literatur

Kiesel, M. (2004). Internationales Projektmanagement. Troisdorf: Bildungsverlag EINS.

Rosenberg, M. B. (2005). Gewaltfreie Kommunikation. Eine Sprache des Lebens.
6. Aufl. Paderborn: Junfermann.

Voss, J. (2007). Führungsstrategien des Alphawolfs. München: Hanser.

2.05   Stressbewältigung und Entspannung

A   Verwendete Literatur

Krapf, M. & Krapf, G. (2004). Autogenes Training. Berlin: Springer.

Litzcke, S.M. & Schuh, H. (2005). Stress, Mobbing und Burn-out am Arbeitsplatz. Heidelberg: Springer.

Vaitl, D. & Petermann, F. (2004). Entspannungsverfahren: das Praxishandbuch. Weinheim: Beltz PVU.

Wagner-Link, A. (2001). Aktive Entspannung und Stressbewältigung: wirksame Methoden für Vielbeschäftigte. Renningen: expert-Verlag.

2.06 Offenheit

A Verwendete Literatur

Hoffmann, H.-E., Schoper, Y.-G. & Fitzsimons, C. J. (Hrsg.). Internationales Projektmanagement. Interkulturelle Zusammenarbeit in der Praxis. München: dtv.

Hofstede, G. (2006). Lokales Denken, globales Handeln. Interkulturelle Zusammenarbeit und globales Management. 3. Aufl. München: dtv.

Schiersmann, C. & Thiel, H.-U. (2000). Projektmanagement als organisationales Lernen. Opladen: Leske + Budrich.

Weinert, A. B. (2004). Organisations- und Personalpsychologie. 5. vollständ. überarb. Aufl. Weinheim: Beltz.

B Weiterführende Literatur

Erl, A. & Gymnich, M. (2007). Interkulturelle Kompetenzen. Erfolgreich kommunizieren zwischen Kulturen. Stuttgart: Klett.

Schuler, H. & Görlich, Y. (2007). Kreativität. Ursachen, Messung, Förderung und Umsetzung in Innovationen. Göttingen: Hogrefe. (Praxis der Personalpsychologie, Bd. 13).

Steiger, T. & Lippmann, E. (2003) (Hrsg.). Handbuch Angewandte Psychologie für Führungskräfte. Führungskompetenz und Führungswissen. 2 Bde., 2. Aufl. Berlin: Springer-Verlag.

2.07 Kreativität

A Verwendete Literatur

Blumenschein, A. & Ehlers, I. U. (2002). Ideen-Management – Wege zur strukturierten Kreativität. München: Gerling Akademie.

Cohen, G. D. (2006). Vital und kreativ – geistige Fitness im Alter. Düsseldorf: Walter.

De Bono, E. (1995). Edward de Bono's Denkschule – Zu mehr Innovation und Kreativität. München: Orbis.

De Bono, E. (1987). Das Sechsfarben-Denken – Ein neues Trainingsmodell. Düsseldorf: Econ.

Giesler, M. (2002). Kreativität und organisationales Klima. Münster: Waxmann.

Gundlach, C. & Nähler, H. Th. (2002). TRIZ – Eine Theorie und Methodik des Erfindens und Problemlösens. In: Zeitschrift Personalführung 7/2002. Düsseldorf: DGFP Deutsche Gesellschaft für Personalführung e.V.

Herrmann, N. (1991). Kreativität und Kompetenz – Das einmalige Gehirn. Fulda: Paida.

Institut der Deutschen Wirtschaft (Hrsg.) (2007). Erfinden im Team – Tipps für Erfinderclubs. 5. Aufl. Köln: Institut der deutschen Wirtschaft.

Isaksen, S. G. & Dorval, B. K. (1994). Expanding Views of CPS: A Synergy Methodology. In Creativity and Innovation: The Power of Synergy. Fourth European Conference on Creativity and Innovation, August 25-28, 1993. Darmstadt: Geschka & Partner.

Kreuz, P. & Förster, A. (2004). Innovationen aufspüren: Gute Ideen für die Marktchancen von morgen. Wien: Studie von Advanced Innovation.

Luther, M. (2007). Persönliche Denkprofile erstellen – Denkwerkzeuge für Innovation. Köln: Selbstverlag.

Luther, M. & Gründonner, J. (1998). Königsweg Kreativität: Powertraining für kreatives Denken. Paderborn: Junfermann.

Meyer-Grashorn, A. (2004). Spinnen ist Pflicht – Querdenken und Neues schaffen. Landsberg am Lech: mvg.

Micic, P. (2006). Das ZukunftsRadar – Die wichtigsten Trends, Technologien und Themen für die Zukunft. Offenbach: GABAL.

Minder, S. (2001). Wissensmanagement in KMU – Beitrag zur Ideengenerierung im Innovationsprozess. St. Gallen: KMU Verlag HSG.

Motzel, E. (2006). Projektmanagement Lexikon. Weinheim: Wiley-VCH.

Parnes, S. J. (1992). Source Book for creative problem solving. Buffalo: Creative Education Foundation.

Schnetzler, N. (2004). Die Ideenmaschine – Methode statt Geistesblitz – Wie Ideen industriell produziert werden. 2. Aufl. Weinheim: Wiley-VCH.

Studer, M. (2004). Diversity – Das Potenzial von Vielfalt nutzen – den Erfolg durch Offenheit steigern. München: Luchterhand.

Von Oech, R. (1994). Der kreative Kick. Paderborn: Junfermann.

Wagner, K. W. & Patzak, G. (2007). Performance Excellence – Der Praxisleitfaden zum effektiven Prozessmanagement. München: Carl Hanser.

Zobel, D. (2006). TRIZ für alle – Der systematische Weg zur Problemlösung. Renningen: Expert.

B   Weiterführende Literatur

Berndt, C., Bingel, C. & Bittner, B. (2007). Tools im Problemlösungsprozess. Bonn: managerSeminare Verlags GmbH.

Bock, S. C. (1997). Die strategische Bedeutung von Kreativität im modernen Management. Berufsakademie Lörrach: Diplomarbeit.

Bonn, G. (2002). Personalmanagement und Kreativität von Unternehmen. Wiesbaden: Deutscher Universitäts-Verlag.

Braczyk, H.-J., Kerst, C. & Seltz, R. (1998). Kreativität als Chance für den Wirtschaftsstandort Deutschland. Berlin: Springer.

Brickwede, F., Erb, R., Lefèvre, J. & Schwake, M. (Hrsg.) (2007). Bionik und Nachhaltigkeit – Lernen von der Natur. Berlin: Erich Schmidt.

Bullinger, H.-J. & Hermann, S. (Hrsg.) (2000). Wettbewerbsfaktor Kreativität. Wiesbaden: Gabler.

Funcke, A. & Rachow, A. (2002). Rezeptbuch für lebendiges Lernen. Bonn: managerSeminare Gerhard May.

International Project Management Association (2001). Project Management Creativity. IPMA International Symposium and Nordnet. Stockholm.

Jungk, R. & Müllert, N. R. (1989). Zukunftswerkstätten. Mit Phantasie gegen Routine und Resignation. München: Heyne.

Lang, F. (1997). Von der Innovation zum Markterfolg. Frankfurt: Campus.

Lenk, H. (2000). Kreative Aufstiege: Zur Philosophie und Psychologie der Kreativität. Frankfurt am Main: Suhrkamp.

Meyer, J.-U. (2006). Mit System zu Ideen – Kreativitätsmanagement. In managerSeminare, Heft 103, S. 44–49.

Nütten, I. & Sauermann, Peter (1988). Die anonymen Kreativen – Instrumente einer innovationsorientierten Unternehmenskultur. Wiesbaden: Gabler.

Petersen, H.-C. (2000). Open Space in Aktion. Paderborn: Junfermann.

Rohe, C. (Hrsg.) (1999). Werkzeuge für das Innovations-Management. Frankfurt: FAZ-Verlagsbereich Buch.

Sommerlatte, T. & Grimm, U. (2003). Kreativität besser managen. Boston: Harvard Business Manager. 2/2003, S. 49–55.

Thompson, C. (1992). What a great idea! The key steps creative people take. 1. Aufl. New York: HarperCollins Publisher.

Weyh, H. & Krause, P. (1993). Kreativität – Ein Spielbuch für Manager. 4. Aufl. Düsseldorf: Econ.

Zobel, D. (1991). Erfinder-Praxis. Berlin: Deutscher Verlag der Wissenschaften.

2.08   Ergebnisorientierung

A   Verwendete Literatur

Burke, R. (2004). Projektmanagement, Planungs- und Kontrolltechniken. 1. Aufl. Bonn: mitp-Verlag.

Füting, U. C. (2003). Troubleshooting im Projektmanagement. München: Redline Wirtschaft bei Überreuter.

Hersey, P. (1986). Situatives Führen, die anderen 59 Minuten. Landsberg: Verlag Moderne Industrie.

Kessler, H. & Winkelhofer, G. (1999). Projektmanagement, Leitfaden zur Steuerung und Führung von Projekten. 2. Aufl. Berlin: Springer.

Hoffmann, H-E., Schoper, Y-G. & Fitzsimons, C.J. (2004). Internationales Projektmanagement, Interkulturelle Zusammenarbeit in der Praxis. 1. Aufl. München: Beck-Wirtschaftsberater im dtv.

Motzel, E. (2006). Projekt-Management Lexikon. 1. Aufl. Weinheim: Wiley-VCH.

Motzel, E. & Pannenbäcker, O. (2002). Projektmanagement-Kanon. Der deutsche Zugang zum Project Management Body of Knowledge. 2. Aufl. Regensburg: Roderer.

Patzak, G. & Rattay, G. (2004). Projektmanagement, Leitfaden zum Management von Projekten, Projekt-Portfolios und projektorientierten Unternehmen. 4. Aufl. Wien: Linde.

Pichler, R. (2007). Scrum – Agiles Projektmanagement erfolgreich einsetzen. 1. Aufl. Heidelberg: dpunkt.

Schulz-Wimmer, H. (2002). Projekte managen, Werkzeuge für effizientes Organisieren, Durchführen und Nachhalten von Projekten. 1. Aufl. Planegg: Haufe.

Süß, G. & Eschlbeck, D. (2002). Der Projektmanagement-Kompass – So steuern Sie Projekte kompetent und erfolgreich. 1. Aufl. Wiesbaden: Vieweg.

B Weiterführende Literatur

In RKW (Rationalisierungs-Kuratorium der Deutschen Wirtschaft e.V.) & GPM (Deutsche Gesellschaft für Projektmanagement e.V.) (Hrsg.) (2003), Projektmanagement-Fachmann. 7. Aufl. Eschborn: RKW-Verlag.

IPMA International Project Management Association (Hrsg.). IPMA Competence Baseline (ICB). IPMA, Zürich, (a) Caupin, G., Knöpfel, H., Morris, P., Motzel, E. & Pannenbäcker, O., 2. Aufl. Version 04/2001, (b) Caupin, G., Knöpfel, H., Koch, G., Perez Polo, F., Pannenbäcker, K. & Seabury, C. (2006). Version 2.0.

2.09 Effizienz

Dieser Beitrag besteht nur aus dem Basisteil.

2.10 Rücksprache und Beratung

A Verwendete Literatur

Bamberger, G. (2001). Lösungsorientierte Beratung. 2. Aufl. Weinheim: Beltz PVU.

De Shazer, S. (1995). Der Dreh. Überraschende Wendungen und Lösungen in der Kurzzeittherapie. Heidelberg: Carl Auer.

Deutsche Gesellschaft für Beratung e.V. (2006). Dokument über Beratungsverständnis. Unter: http://www.dachverband-beratung.de/pa_060711jmt/Dok_Berat_061.htm. Köln. Stand: 24.11.2008.

Ertelt, B.-J. & Hofer, M. (1996). Theorie und Praxis der Beratung. Beratung in Schule, Familie, Beruf und Betrieb. Nürnberg: Beiträge zur Arbeitsmarkt- und Berufsforschung der Bundesanstalt für Arbeit (IAB).

Fatzer, G. & Loos, W. (2002). Qualität und Leistung von Beratung. 2. Aufl. Bergisch-Gladbach: EHP - Edition Humanistische Psychologie.

Frey, P. (1989). Innerbetriebliche Wissenspotentiale und deren Nutzungsmöglichkeiten. In M. Hofmann, & W. Sertl (Hrsg.), Management consulting: ausgewählte Probleme und Entwicklungstendenzen der Unternehmensberatung (S. 179-239). Band 1, 2. Aufl. Stuttgart: Kohlhammer.

Hauser, H.-G. & Egger, E. (2004). Worauf Berater achten – Ein Handbuch für die Praxis. Wien: Linde.

Heintel, P. (1992). Lässt sich Beratung erlernen? In R. Wimmer (Hrsg.), Organisationsberatung. Wiesbaden: Gabler.

IPMA International Project Management Association (2006). IPMA Competence Baseline, Version 3.0 (ICB 3.0). Nijkerk und ihre deutsche Fassung National Competence Baseline 3.0 (NCB 3.0). PM-ZERT Zertifizierungsstelle der GPM Deutsche Gesellschaft für Projektmanagement e.V.

König, E. & Volmer, G. (1996). Systemische Organisationsberatung. Grundlagen und Methoden. 4. Aufl. Weinheim: Beltz.

König, E. & Volmer, G. (2002). Systemisches Coaching: Handbuch für Führungskräfte, Berater und Trainer. 2. Aufl. Weinheim: Beltz.

Nauheimer, H. (2003). Was sind die Beraterkompetenzen? Unter http://www.beraterkompetenz.de/Beraterkompetenzen.pdf Stand: 14.12.2007

Schein, E. H. (2003). Prozessberatung für die Organisation der Zukunft. 2. Aufl. Bergisch Gladbach: EHP - Edition Humanistische Psychologie.

Schmitz, L. (2000). Motivation und Empowerment. In K.A. Geißler & W. Looss (Hrsg.), Handbuch Personalentwicklung (S. 1-64). 60. Erg.-Lfg. Köln: Fachverlag Deutscher Wirtschaftsdienst.

Schwarzer, C. & Posse, N. (1986). Beratung. In B. Weidenmann, & A. Krapp (Hrsg.), Pädagogische Psychologie. München: Psychologie Verlags Union, Urban und Schwarzenberg.

Schwarzer, C. (2003/2004). Skript zur Vorlesung „Einführung in die Pädagogische Beratung". Wintersemester 2003/2004.

Wagner, H. & Reinecke, R. D. (1992). Beratung von Organisationen. Philosophien, Konzepte, Entwicklungen. Wiesbaden: Gabler.

B Weiterführende Literatur

Bamberger, G. (2005). Lösungsorientierte Beratung. Weinheim: Beltz PVU.

Bandler, R. & Grinder, J. (1979). Neue Wege der Kurzzeittheraphie. Paderborn: Junfermann.

Berne, E. (1995). Spiele der Erwachsenen. Reinbek: Rowohlt.

Elfgen, R. (1987). Unternehmensberatung. Stuttgart: Schäffer-Poeschel.

Ertelt, B.-J. & Schulz, W. E. (2002). Handbuch Beratungskompetenz. Mit Übungen zur Entwicklung von Beratungsfertigkeiten in Bildung und Beruf. Berater und Ratnehmer. Band 18. Leonberg: Rosenberger.

Ertelt, B.-J. & Schulz, W. E. (2002). Handbuch Beratungskompetenz. Beratung in Bildung und Beruf. Ein anwendungsorientiertes Lehrbuch. 2. Aufl. Leonberg: Rosenberger.

Fatzer, G.(1999). Lernen und lernende Organisationen. In H. Pühl (Hrsg.), Supervision und Organisationsentwicklung. Opladen: Leske + Budrich.

Fatzer, G. (2005). Supervision und Beratung. Ein Handbuch. 11. Aufl. Bergisch Gladbach: EHP – Edition Humanistische Psychologie.

Nestmann, F. & Engel, F. (2004). Das Handbuch der Beratung. Band 2: Ansätze und Methoden. Tübingen: dgvt-Verlag - Deutsche Gesellschaft für Verhaltenstherapie e. V.

Wimmer, R. (2004). Organisation und Beratung. Systemtheoretische Perspektiven für die Praxis. Heidelberg: Carl-Auer-Systeme.

2.11 Verhandlungen

A Verwendete Literatur

Bamberger, G. G. (2001). Lösungsorientierte Beratung. Praxis-Handbuch. Weinheim: Beltz.

Bandler, R. & Grinder, J. (2002). Neue Wege der Kurzzeit-Therapie. Paderborn: Junfermann.

Brookes, M. (1997). The Negotiator's Tactic Bank – 201 powerful negotiation tactics. London: Penguin.

Doppler, K. & Lauterburg, C. (2005). Change Management. Den Unternehmenswandel gestalten. Frankfurt am Main: Campus.

Edmüller, A. & Wilhelm, T. (1999). Manipulationstechniken. Freiburg: Haufe.

Fisher, R. & Brown, S. (1992). Gute Beziehungen. Die Kunst der Konfliktvermeidung, Konfliktlösung und Kooperation. Frankfurt am Main: Campus.

Fisher, R. & Ertel, D. (1997). Arbeitsbuch Verhandeln. Frankfurt am Main: Campus.

Fisher, R. & Shapiro, D. (2006). Beyond Reason: Using Emotions as You Negotiate. London: Penguin.

Fisher, R. & Sharp, A. (1998). Führen ohne Auftrag. Wie Sie Ihre Projekte im Team erfolgreich durchsetzen. Frankfurt am Main: Campus.

Fisher, R., Ury, W. & Patton, B. (1984). Das Harvard-Konzept. Sachgerecht verhandeln - erfolgreich verhandeln. Frankfurt am Main: Campus.

Goerner, M. (2007). Lösungsorientierung und Lösungsorientierte Beratung.In U. Hellwig, J. R. Hoppe & J. Termath (Hrsg.), Sozialraumorientierung - ein ganzheitlicher Ansatz (S. 190-223). Freiburg: Lambertus.

König, E. & Volmer, G. (2000). Systemische Organisationsberatung: Grundlagen und Methoden. Weinheim: Beltz.

König, E. & Volmer, G. (Hrsg.) (2003). Praxis der Systemischen Organisationsberatung. Weinheim: Beltz.

Morris, D. (1997). Bodytalk. Körpersprache, Gesten und Gebärden. München: Heyne.

Ötsch, W., Stahl, T. & Jochims, I. (1997). Das Wörterbuch des NLP. Das NLP-Enzyklopädie-Projekt. Paderborn: Junfermann.

Raberger, G. & Schmidt, C. (2007). Projektpartnerschaften oder „Collaborative Working". Projektstrategien für das 21. Jahrhundert. In projektManagement aktuell (4), S. 32-38.

Schlippe, A. von & Schweitzer, J. (2000). Lehrbuch der systemischen Therapie und Beratung. Göttingen: Vandenhoeck & Ruprecht.

Schranner, M. (2001). Verhandeln im Grenzbereich. Strategien und Taktiken für schwierige Fälle. Berlin: Econ Tb.

Schranner, M. (2003). Der Verhandlungsführer. Strategien und Taktiken, die zum Erfolg führen. München: dtv.

Wikner, U. (2000). Crashkurs Verhandeln. Die Toolbox für den erfolgreichen Geschäftsabschluß. Frankfurt am Main: Campus.

B Weiterführende Literatur

Berne, E. (1970). Spiele der Erwachsenen. Psychologie der menschlichen Beziehungen. Reinbek: Rowohlt.

Edmüller, A. & Wilhelm, T. (2000). Argumentieren. Sicher, treffend, überzeugend. Freiburg: Haufe.

Gessler, M. & Goerner, M. (2003). Projektmanagement und Teamarbeit. Prozess- und Ressourcenorientierte Konzepte für Training und Praxis. Aachen: Shaker. (Schriftenreihe Bildung und Management, RWTH Aachen)

Goerner, M. (2007). Lösungsorientierung und Lösungsorientierte Beratung. In U. Hellwig, J. R. Hoppe & J. Termath (Hrsg.), Sozialraumorientierung - ein ganzheitlicher Ansatz (S. 190-223). Freiburg: Lambertus.

Goerner, M. (2008). Gespräche und Verhandlungen im Projekt. In M. Gessler, C. Campana, H. G. Gemünden, D. Lange & P. E. Mayer (Hrsg.), Projekte erfolgreich managen. 31. Aktualisierung. Kap. 6.5.7. (S. 1-70). Köln: TÜV Media.

Greene, R. (2001). Power – Die 48 Gesetze der Macht. München: dtv.

Lewicki, R. J., Hiam, A. & Olander, K. W. (1998). Verhandeln mit Strategie. Das große Handbuch der Verhandlungstechniken. Zürich: Midas.

Mohl, A. (2006): Der große Zauberlehrling. Das NLP-Arbeitsbuch für Lernende und Anwender. Paderborn: Junfermann.

Nierenberg, G. I. (1989). The Complete Negotiator. New York: Simon & Schuster.

Racine, J. (2006). Projektmanagement ist Verhandlungsmanagement. In projektManagement aktuell (3), S. 26-33.

Schmitz, L. (2001). Motivation und Empowerment. In K. A. Geißler & W. Looss (Hrsg.), Handbuch Personalentwicklung (S. 1-64). Köln: Deutscher Wirtschaftsdienst.

Schmitz, L. & Billen, B. (2000). Mitarbeitergespräche. Lösungsorientiert, klar, konsequent. Wien: Ueberreuter.

Stahl, T. (1993). Neurolinguistisches Programmieren (NLP). Was es kann, wie es wirkt und wem es hilft. Mannheim: PAL.

Watzlawick, P., Weakland, J. H. & Fisch, R. (1974). Lösungen. Zur Theorie und Praxis menschlichen Wandels. Bern: Huber.

C Nützliche Internet-Adressen

Harvard Negotiation Project: http://www.pon.harvard.edu/hnp/

Harvard Business School Newsletter (kostenpflichtige Downloads zu verschiedenen Teilbereichen der Verhandlungsführung): http://harvardbusinessonline.hbsp.harvard.edu

Institute, die im deutschsprachigen Raum das Harvard-Konzept umsetzen und weiterentwickeln, sind u. a.: Egger, Philips + Partner AG, Zürich (haben als Lizenzierte Trainingspartner des Harvard Negotiation Project das Konzept für Europa angepasst) www.eggerphilips.ch

Sumbiosis GmbH, Therwil, Jérôme Racine, Negotiation Process Consulting (hat das Harvard Konzept in einen moderierten Verhandlungsprozess umgesetzt) www.sumbiosis.com

NLP-Enzyklopädie-Projekt: (Nachschlagewerk zu Begriffen aus dem NLP und den Kommunikationswissenschaften) http://www.nlp.at/lexikon_neu

2.12a Konflikte

A Verwendete Literatur

Bauer, J. (2006). Prinzip Menschlichkeit – Warum wir von Natur aus kooperieren. Hamburg: Hoffmann & Campe.

Berner, W.: www.umsetzungsberatung.de:

Berner, W. (2000). Konfliktkosten: Der ökonomische Preis von Grabenkriegen und Harmoniesucht.

Berner, W. (2003). Konfliktscheu: Ursache vieler wirtschaftlicher und zwischenmenschlicher Probleme.

Dixit, A. & Nalebuff, B. (1997). Spieltheorie für Einsteiger. Stuttgart: Schäffer-Pöschel.

Dulabaum, N. L. (2003). Mediation: Das ABC. 3. Aufl. Weinheim: Beltz.

Fisher, R., Ury W. & Patton, B. (2006). Das Harvard-Konzept. Frankfurt am Main: Campus.

Glasl, F. (1999). Konfliktmanagement. Stuttgart: Verlag Freies Geistesleben.

König, E. & Volmer, G. (1994). Systemische Organisationsberatung: Grundlagen und Methoden. Weinheim: Beltz.

Langmaack, B. (2004). Soziale Kompetenz – Verhalten steuert den Erfolg. Weinheim: Beltz.

Palz, D. (2005). Projektmediation. Studie des Europäischen Instituts für Wirtschaftsmediation. Wien.

Ponschab, R. & Schweizer, A. (2004). Die Streitzeit ist vorbei. Paderborn: Junfermann.

Raberger, G. & Schmidt, C. (2007). Projektpartnerschaften oder Collaborative Working. Projektmanagement aktuell 18, 4/2007, S. 32-39.

Rosenberg, M. B. (2001). Gewaltfreie Kommunikation. Paderborn: Junfermann.

Senge, P., Kleiner, A. & Roberts, C. (2004). Das Fieldbook zur ‚Fünften Disziplin'. Stuttgart: Klett-Cotta.

Schulz von Thun, F. (2003). Miteinander Reden Teil 3. 11. Aufl. Hamburg: Rowohlt.

Straube, R., Leuschner, H. & Müller, P. (2007). Konfliktmanagement für Projektleiter. München: Haufe.

Turner, J.R. & Müller, R. (2003). Project Communication and Emotions – Communication to Maintain the Client's Comfort Levels and Build Cooperation. pm days 2003 – research conference Vienna 2003.

Watzlawik, P. (2007). Anleitung zum Unglücklichsein. München: Piper.

Watzlawik, P. (1995). Wie wirklich ist die Wirklichkeit? 20. Aufl. München: Piper.

Wüthrich, H. A., Osmetz, D. & Kaduk, S. (2006). Musterbrecher Führung – Führung neu leben. Wiesbaden: Gabler.

B Weiterführende Literatur

Argyris, C. & Schön, D. (2002). Die lernende Organisation. Stuttgart: Klett-Cotta.

Bauer, J. (2006). Warum ich fühle, was du fühlst – Intuitive Kommunikation und das Geheimnis der Spiegelneurone. München: Heyne.

Bohm, D. (2002). Der Dialog. Das offene Gespräch am Ende der Diskussion. 4. Aufl. Stuttgart: Klett-Cotta.

Golemann, D. & Giese, F. (1997). Emotionale Kompetenz. München: dtv.

Kerntke, W. (2004). Mediation als Organisationsentwicklung. Bern: Haupt.

Ponschab, R & Schweizer A. (2004). Die Streitzeit ist vorbei. Paderborn: Junfermann.

Rosenberg, M. B. (2004). Das können wir klären! Wie man Konflikte friedlich und wirksam lösen kann. Paderborn: Junfermann.

Rosenberg, M. B. (2004). Konflikte lösen durch Gewaltfreie Kommunikation. Freiburg: Herder.

C Links im Internet

www.kooperativekonfliktloesung.de: GPM-Fachgruppe „Kooperative Konfliktlösung in Projekten"

Weitere Mediatorensuche:

www.centrale-fuer-mediation.de: Centrale für Mediation

www.bmev.de: Bundesverband Mediation e.V.

www.bmwa.de: Bundesverband Mediation in Wirtschaft und Arbeitswelt e.V.

www.dgmw.de: Deutsche Gesellschaft für Mediation in der Wirtschaft e.V.

www.eucon-institut.de: Europäisches Institut für Conflict Management

2.12b Krisen – Projektkrisen

A Verwendete Literatur

Lomnitz, G. (2005). Fehlentwicklungen im Projekt rechtzeitig wahrnehmen und richtig reagieren. Projektmagazin 5/2005.

Neubauer, M. (2003). „Krisenmanagement in Projekten" – Handeln, wenn Probleme eskalieren. 2. Aufl. Berlin: Springer.

Ulrich, H. & Probst, G. (1991). Anleitung zum ganzheitlichen Denken und Handeln Stuttgart: Haupt.

Weick, K. E. & Sutcliffe, K. M. (2003). Das Unerwartete managen – wie Unternehmen aus Extremsituationen lernen. Stuttgart: Klett-Cotta.

B Weiterführende Literatur:

Fink, A., Schlake, O. & Siebe, A. (2001). Erfolg durch Szenario-Management.

Prinzip und Werkzeuge der strategischen Vorausschau. Frankfurt am Main: Campus.

Füting, U. C. (2003). Trouble Shooting im Projektmanagement. Frankfurt: Ueberreuter.

Kappes, R. (2008). Krisen in IT-Projekten. Früherkennung und Analyse. Projektmagazin 3/2008.

Kappes, R. (2007). Projektaudit als Wegweiser aus der Krise. In C. Setzwein & M. Setzwein (Hrsg.) (2007), Turnaround-Management von IT-Projekten. Krisen meistern, neue Stärken gewinnen (S. 85-100). Heidelberg: dpunkt.

Trauboth, J.H. (2002). Krisenmanagement bei Unternehmensbedrohungen. Stuttgart: Boorberg.

Strohschneider, S. & von der Weth, R. (1993). Ja, mach nur einen Plan. Pannen und Fehlschläge – Ursachen, Beispiele, Lösungen. Bern: Huber.

Zahrnt, C. (2007). Rechtliche Rahmenbedingungen für Turnarounds in IT-Projekten. In C. Setzwein & M. Setzwein (Hrsg.) (2007), Turnaround-Management von IT-Projekten. Krisen meistern, neue Stärken gewinnen (S. 113-124). Heidelberg: dpunkt.

2.13 Verlässlichkeit

A Literatur

Bartsch, H. & Marschall, C. (1997). Ergonomisches Gestaltungsniveau von Produkten und Prozessen – ein wesentlicher Faktor für Qualität, Effizienz, Humanität und Ökologie. Wissenschaftsmagazin der BTU Cottbus, 3/Heft 5.2, S. 87-95.

Birolini, A. (1994). Quality and Reliability of Technical Systems. Heidelberg: Springer-Verlag.

Bubb. H. (1992). Menschliche Zuverlässigkeit, Definition, Zusammenhänge, Bewertung. Heidelberg: Hüthig Jehle Rehm.

Messerschmidt-Bölkow-Blohm (Hrsg.) (1986). Technische Zuverlässigkeit. Heidelberg: Springer-Verlag.

Meyna, A. & Pauli, B. (2003). Taschenbuch der Zuverlässigkeit. München: Carl Hanser.

Patzak, G. (1982). Systemtechnik – Planung komplexer innovativer Systeme. Heidelberg: Springer-Verlag.

Patzak, G. (1995). Zuverlässigkeit – Ein Qualitätsmerkmal soziotechnischer Systeme. In: Sichere Arbeit. Wien: AUVA.

Patzak, G. & Ratty, G. (2004). Projektmanagement – Leitfaden zum Management von Projekten, Projektportfolios und projektorientierten Unternehmen. Wien: Linde.

Patzak, G. & Wagner, K. W. (2007). Performance Excellence – Der Praxisleitfaden zum effektiven Prozessmanagement. München: Carl Hanser.

Schimmel-Schloo, M., Seiwert, L. J. & Wagner H. (Hrsg) (2005). Persönlichkeits-Modelle. Offenbach: Gabal.

Swain, A. D. & Guttmann, H. E. (1983). Handbook of Human Reliability Analysis with Emphasis on Nuclear Power Plant Applications. NURE/CR-1278. Albuquerque: Sandia Laboratories.

B Weiterführende Literatur

VDI 4001, Blatt 2 (1986). Begriffsbestimmungen zum Gebrauch des VDI-Handbuches Technische Zuverlässigkeit. Berlin: Beuth.

DIN EN 61078 1996/IEC 61078: Techniken für die Analyse der Zuverlässigkeit – Verfahren mit Zuverlässigkeitsblockdiagramm. Berlin: Beuth.

DIN 25424, Teil 2, 1990-4: Fehlerbaumanalyse: Handrechenverfahren zur Auswertung eines Fehlerbaumes. Berlin: Beuth.

DIN 25448 1990/IEC 60813: Ausfalleffektanalyse (Fehler-Möglichkeits- und Einfluss-Analyse). Berlin: Beuth.

Deutsche Gesellschaft für Qualität e.V (2002). Zuverlässigkeitsmanagement – Einführung in das Management von Zuverlässigkeitsprogrammen. Frankfurt am Main: Deutsche Gesellschaft für Qualität.

2.14 Wertschätzung

A Verwendete Literatur

Argyris, C. & Schön A. D. (2006). Die lernende Organisation – Grundlagen, Methode, Praxis. 3. Aufl. Stuttgart: Klett-Cotta.

Bohm, D. (2005). Der Dialog – das offene Gespräch am Ende der Diskussion. 4. Aufl. Stuttgart: Klett-Cotta.

Eidgenössisches Personalamt (EPA) (2006). Intervention im öffentlichen Raum. Internationaler Kongress für Projektmanagement und Mediation. 19. bis 21. Januar 2006, Universität Klagenfurt. Bern: EPA.

Isaacs, W. (1999). Dialogue and the art of thinking together. New York: Doubleday.

Kramer, M. & Lau-Villinger, D. (2005). Führungskräfte zwischen Aktion und Reflexion. In Trojaner. Forum für Lernen, Heft 1/2005, S. 30 - 33.

Lau-Villiger, D. (2005). Collective Thinking in Organizations. In Trojaner. Forum für Lernen, Heft 1/2005, S. 8 - 15.

Rattay, G. (2003). Führung von Projektorganisationen – ein Leitfaden für Projektleiter, Portfolio-Manager und Führungskräfte projektorientierter Unternehmen. Wien: Linde.

Rietiker, S. (2006). Der neunte Schlüssel. Vom Projektmanagement zum projektbewussten Management. Bern: Haupt.

Schein, E. H. (2006). Organisationskultur. Bergisch Gladbach: Edition Humanistische Psychologie. Original English language title: Corporate Culture Survival Guide (1999)

Senge, P. M., Kleiner, A., Smith B., Roberts, C. & Ross, R. (2004). Das Fieldbook zur Fünften Disziplin. 5. Aufl. Stuttgart: Klett-Cotta.

B Weiterführende Literatur

Lippmann, E. (Hrsg.) (2006). Coaching – Angewandte Psychologie für die Beratungspraxis. Heidelberg: Springer.

Petersen, D. & Witschi, U. (2002). Change-Management von Unterschieden. In OrganisationsEntwicklung, 3/2002, S.16 - 31.

2.15 Ethik

A Verwendete Literatur

Schanz, R. (2006). Projektethik und –moral. Masterthesis zum Thema. Universität Klagenfurt.

Sens, P. (2002). Charta der Weltethik. Ein Manifest zur internationalen Standardisierung der Ethik. Berlin: Books on Demand.

von Pierer, H., Homann, K. & Lübbe-Wolff, G. (2003). Zwischen Profit und Moral. Für eine menschliche Wirtschaft. München: Carl Hanser.

Heintel, P., Krainer L. & Ukowitz, M. (2006). Beratung und Ethik - Praxis, Modelle, Dimensionen. Berlin: Ulrich Leutner.

Kyora, S. (2001). Unternehmensethik und korporative Verantwortung. Hamburg: Rainer Hampp.

Rippe, K. P. (1998). Tugendethik. Ditzingen: Reclam.

Küpper, H.-U. (2006). Unternehmensethik. Stuttgart.

Kant, I. (1986). Kritik der praktischen Vernunft. Hrsg. Von J. Kopper. Ditzingen: Reclam.

Kern, P. (1993). Ethik und Wirtschaft. Leben im epochalen Umbruch: Vom berechnenden zum besinnenden Denken? 4. Aufl. Frankfurt am Main: Peter Lang.

Noll, B. (2002). Wirtschafts- und Unternehmensethik in der Marktwirtschaft. Stuttgart: Kohlhammer.

Dietzfelbinger, D. (2004). Aller Anfang ist leicht. Unternehmens- und Wirtschaftsethik für die Praxis. München: Utz.

Cleland, D. & Ireland, L. (2004). Project Manager's Portable Handbook. Second Edition. Ethics in Project Management. New York: The McGraw-Hill Companies.

Ericson, R. V. & Doyle, A. (eds.) (2003). Risk and Morality. Toronto: University of Toronto Press.

Meier, H. (2004). Internationales Projektmanagement. Herne: Verlag Neue Wirtschafts-Briefe.

Motzel, E. (2006). Projektmanagement Lexikon. Begriffe der Projektwirtschaft von ABC-Analyse bis Zwei-Faktoren-Theorie. Weinheim: WILEY-VCH.

Ruh, H. & Gröbly, T. (2006). Die Zukunft ist ethisch - oder gar nicht. Wege zu einer gelingenden Gesellschaft. Frauenfeld: Waldgut.

Sunstein, C. (2005). Laws of Fear. Beyond the Precautionary Principle. Cambridge: Cambridge University Press.

3.00 Projektmanagement und Unternehmensstrategie

A Verwendete Literatur

Frajer, H. v. & Schelle, H. (1985). Beschreibung der F&E-Budgetplanung der Siemens AG mit Hilfe von R-Netzen und Strukturierter System Analyse SSA. Neubiberg: Universität der Bundeswehr München.

Lomnitz, G. (2001). Multiprojektmanagement. Projekte planen, vernetzen und steuern. Landsberg: Moderne Industrie.

Morris, P. & Jamieson, A. (2004). Translating Corporate Strategy into Project Strategy. Realizing Corporate Strategy Through Project Management. Newtown Square: PMI (Project Management Institute).

Rietiker, S. (2006). Der neunte Schlüssel. Vom Projektmanagement zum projektbewussten Management. Bern: Haupt.

Thoma, W. (1989). Erfolgsorientierte Beurteilung von F&E-Projekten, Darmstadt: Toeche-Mittler.

Schmidt, K. & Preuschoff, A. (2002). Stand und Trend des Projektmanagements in Deutschland. Eine Studie der Volkswagen Coaching GmbH in Kooperation mit IPMI, Universität Bremen und EMS Ltd. London. Wolfsburg: Volkswagen.

B Weiterführende Literatur

Benko, C. & McFarlan, F. W. (2003). Connecting the Dots. Aligning Projects with Objectives in Unpredictable Times. Boston: Harvard Business School Press.

Gackstatter, S. & Habenicht, W. (1994). Projekte auswählen durch ganzheitliche FuE-Programmplanung. In H. Schelle, H. Reschke, R. Schnopp & A. Schub (Hrsg.), Projekte erfolgreich managen. 11. Aktualisierung. Kapitel 4.2.8. (S. 1-24). Köln: TÜV Media.

Graham, R. J. & Englund, R. L. (2004). Creating an Environment for Successful Projects. 2nd. Ed. San Francisco: Jossey Bass.

Müller-Stewens, G. & Lechner, C. (2005). Strategisches Management. Wie strategische Initiativen zum Wandel führen. 3. aktualisierte Auflage. Stuttgart: Schäffer-Poeschel.

Möhrle, M. G. (Hrsg.) (1999). Der richtige Projekt-Mix: Erfolgsorientiertes Innovations- und F&E-Management. Berlin: Springer-Verlag.

3.01 Projektorientierung

A Verwendete Literatur

Ahlemann, F. & Teuteberg, F. (2007). PM-Standards: Was nutzen sie? Wo werden sie verwendet? Welche sind wichtig?. In Projekt Magazin 4/2007. München: Berleb & Wolf-Berleb.

Ahlemann, F., Schroeder. C. & Teuteberg, F. (2005). Kompetenz- und Reifegradmodelle für das Projektmanagement: Grundlagen, Vergleich und Einsatz. Osnabrück (ISPRI-Arbeitsbericht 1/2005)

Crawford, K. J. (2007). Project Management Maturity Model. 2. ed. Boca Raton: CRC Press.

Deidert, J (2007). Erstellung einer Vorstudie zur Erreichung des CMMI Maturity Level 3 am Beispiel der Postbank Systems AG. Unveröffentlichte Bachelor Thesis der Berufsakademie Weserland. Hameln.

Gareis, R. (2005): Happy Projects!. Wien: Manz.

Gareis, R. & Stummer, M. (2006). Prozesse & Projekte: Neue Theorien, Modelle, Best Pracitices, Fallstudien. Wien: Manz.

Gareis, R. & Gruber, C. (2004). Abschlussbericht: Bewertung Österreichs als projektorientierte Gesellschaft anhand eines Maturity Modells. Wien: Manz.

Gessler, M. & Thyssen, D. (2006). Projektorientierte Organisationsentwicklung bei der Postbank Systems AG. In Zeitschrift Führung + Organisation, Vol. 75, No. 4, S. 226-232.

Huemann, M. (2002). Individuelle Projektmanagement-Kompetenzen in projektorientierten Unternehmen. Europäische Hochschulschriften. Reihe 5, Volks- und Betriebswirtschaft. Bd. 2893. Frankfurt am Main: Lang.

Kerzner, H. (2005). Using the project management maturity model: strategic planning for project management. 2nd ed. Hoboken: John Wiley & Sons.

Kessler, H. & Hönle, C. (2002). Karriere im Projektmanagement. Berlin: Springer.

Kneuper, R. (2006). CMMI: Verbesserung von Softwareprozessen mit Capability Maturity Model Integration. 2. überarb. und erw. Aufl. Heidelberg: dpunkt-Verlag.

Kneuper, R. (2008). http://www.kneuper.de/Cmmi/cmmi-ueberblick.html; 28.04.2008.

Lang, K. & Rattay, G. (2005). Leben in Projekten: projektorientierte Karriere- und Laufbahnmodelle. Wien: Linde.

Maister, D. (2003). Managing the professional service firm. London: Free Press.

Motzel, E. (2006). Projektmanagement Lexikon: Begriffe der Projektwirtschaft von ABC-Analyse bis Zwei-Faktoren-Theorie. Weinheim: Wiley-VCH.

Patzak, G. & Rattay, G. (2004). Projektmanagement: Leitfaden zum Management von Projekten, Projektportfolios und projektorientierten Unternehmen. 4. wesentlich überarb. und erg. Aufl. Wien: Linde.

Rattay, G. (2007). Führung von Projektorganisationen: Ein Leitfaden Projektleiter, Projektportfolio-Manager, Führungskräfte projektorientierter Unternehmen. 2. unveränderte Auflage. Wien: Linde.

Rietiker, S. (2008): Das aktuelle Stichwort: Projektbewusstes Management. In projektManagement aktuell, Nr. 1, S. 23-31.

Schelle, H. (2003). Das aktuelle Stichwort: Projektbenchmarking. In projektManagement aktuell, Nr. 2, S. 29-32.

Schmedt, U. (2008). Prozessverbesserung nach CMMI in der Postbank Systems AG. Präsentationsunterlage des GPM Regionalgruppentreffens Köln-Bonn. Bonn: 17.04.2008.

Schreyögg, G. (2003). Organisation: Grundlagen moderner Organisationsgestaltung; mit Fallstudien. 4. vollst. überarb. und erw. Aufl. Wiesbaden: Gabler.

Skumolski, G. (2001). Project maturity and competence interface. In Cost Engineering, vol. 43, no. 6, S. 11-18.

Wagner, R. (2008). Prozessorientiertes Projektmanagement. In M. Gessler, C. Campana, H. G. Gemünden, D. Lange & P. E. Mayer (Hrsg.), Projekte erfolgreich managen. 32. Aktualisierung. Kapitel 1.10 (S. 1-46). Köln: TÜV Media.

B Weiterführende Literatur

Huemann, M. (2002). Individuelle Projektmanagement-Kompetenzen in projektorientierten Unternehmen. Europäische Hochschulschriften. Reihe 5, Volks- und Betriebswirtschaft. Bd. 2893. Frankfurt am Main: Lang.

Rattay, G. (2007). Führung von Projektorganisationen: Ein Leitfaden Projektleiter, Projektportfolio-Manager, Führungskräfte projektorientierter Unternehmen. 2. unveränderte Aufl. Wien: Linde.

Kneuper, R. (2006). CMMI: Verbesserung von Softwareprozessen mit Capability Maturity Model Integration. 2. überarb. und erw. Aufl. Heidelberg: dpunkt-Verlag.

3.02 Programmorientierung

A Verwendete Literatur

IPMA International Project Management Association (2006) (Hrsg.). IPMA Competence Baseline, Version 3.0 (ICB 3.0). Nijkerk und ihre deutsche Fassung National Competence Baseline 3.0 (NCB 3.0).

Lomnitz, G. (2001). Multiprojektmanagement-Projekte planen, vernetzen und steuern. Landsberg: Moderne Industrie.

Motzel, E. (2006). Projektmanagement Lexikon. 1. Aufl. Weinheim:Wiley-VCH.

Patzak, G. & Rattay, G. (2004). Projektmanagement. Leitfaden zum Management von Projekten Projektportfolios und projektorientierten Unternehmen. 4., wesentlich überarb. und erg. Aufl. Wien: Linde.

Schelle, H., Ottmann, R. & Pfeiffer, A. (2005). ProjektManager. 2. Aufl. Nürnberg: GPM Deutsche Gesellschaft für Projektmanagement e.V.

Seidl, J. (2007). Konvergentes Projektmanagement. Dissertation. Bremen: IPMI Institut für Projektmanagement, Fachbereich Wirtschaft.

B Weiterführende Literatur

Githens, G.D. (2002). Programs, Portfolios, and Pipelines: How to Anticipate Executives' Strategic Questions. In J.S. Pennypecker & L.D. Dye (Eds.), Managing Multiple Projects. Planning, Scheduling, and Allocating Resources for Competitive Advantage (S. 83-90). New York: Marcel Dekker, Inc.

Dworatschek, S. & Kirschnik-Janssen, D.: Projektmanagement als Studienfach. In: Streich, R.K./et al (Hrsg.): Projektmanagement – Prozesse und Praxisfelder, Stuttgart 1996, S.73-89

3.03 Portfolioorientierung

A Verwendete Literatur

Bänninger, P. (2004). Benefits Management – Behandlung des Nutzens aus IT-Projekten. Diplomarbeit, Universität Zürich.

Beer, S. (1985). Diagnosing the System for Organizations. Chichester: John Wiley & Sons.

Cooke-Davies, T. (2004). Consistently doing the right projects and doing them right – What metrics do you need? In The Measured. Vol. 4, Isssue 2, S. 44-52.

Dye, L. & Pennypacker, J. (2000). Project Portfolio Management and Managing Multiple Projects: Two Sides of the Same Coin?, In Proceedings of the Project Management Institute Annual Seminars & Symposium, September 7-16, 2000, Houston,Texas,USA.

Diefenbruch, M. & Hoffmann, M. (2001/2002). Situationsgerechtes Wissensmanagement verbindet Personalisierung und Geschäftsprozessorientierung: Informationen nach Maß. In ExperPraxis, S. 39-43.

Hirzel, M., Kühn, F. & Wollmann, P. (2002). MultiProjektManagement. Strategische und operative Steuerung von Projektportfolios. Frankfurt am Main: FAZ-Buchverlag.

Hirzel, M. (2002). Herausforderungen des Multiprojektmanagements. In M. Hirzel, F. Kühn & P. Wollmann (Hrsg.), Multiprojektmanagement: strategische und operative Steuerung von Projekteportfolios. Frankfurt am Main: FAZ-Buchverlag.

Jantzen-Homp, D. (2000). Projektportfolio Management – Multiprojektarbeit im Unternehmungswandel. Dissertation. Wiesbaden: Gabler.

Lycett, M., Rassau, A. & Danson, J. (2004). Programme management – a critical review. In International Journal of Project Management (S. 289-299). Volume 22, issue 4.

Meredith, J. & Mantel, S. (1999). Project Selection. In L. Dye & J. Pennypacker (Hrsg.), Project Portfolio Management (S.137). West Chester.

Meyer, M. (2005). Softwareunterstützung für strategisches Projektmanagement. In T. Möller & K. Spang (Hrsg.), Mit Projektmanagement zum Erfolg. Tagungsband zum 22. Internationalen Deutschen Projektmanagement Forum 2005, S. 87-93.

Österle, H.; Brenner, W. & Hilbers, K. (1992). Unternehmensführung und Informationssystem: der Ansatz des St. Galler Informationssystem-Managements. Stuttgart: Teubner.

Pennypacker, J. & Dye, L. (Hrsg.) (2002). Managing Multiple Projects – Planning, Scheduling and Allocating Resources or Competitive Advantage. New York: CRC Press.

Schindler, M. (2002). Wissensmanagement in der Projektabwicklung: Grundlagen, Determinanten und Gestaltungskonzepte eines ganzheitlichen Projektwissensmanagements. 3., durchges. Aufl. Köln: Eul (Reihe: Wirtschaftsinformatik ; Bd. 32).

Schönwälder, S. (1997). Portfoliomanagement für betriebliche Informationssysteme: ein computergestützter Ansatz zur partizipativen Einführung und Gestaltung. Wiesbaden: Deutscher Universitätsverlag.

Schwaninger, M. & Körner, M. (2003). Systemisches Projektmanagement. Ein Instrumentarium für komplexe Veränderungs- und Entwicklungsprojekte. In ZFO-Zeitschrift Führung und Organisation. 72. Jg., Nr. 2, S. 75-95.

Solution Providers (Hrsg) (2004). Projektportfoliomanagement – Der Implementierungsstand des PPMs in Schweizer Unternehmen. Studie von Solution Providers in Zusammenarbeit mit der Uni Zürich.

B Weiterführende Literatur

Ahlemann, F. (2002). Das M-Modell. Eine konzeptionelle Informationssystemarchitektur für die Planung, Kontrolle und Koordination von Projekten (Projekt-Controlling). Arbeitsbericht des Fachgebiets Betriebswirtschaftslehre/Organisation und Wirtschaftsinformatik, Universität Osnabrück.

Bell, H., Dworatschek, S. & Kruse, A. (Hrsg.) (2005). Stand und Trend des Projektmanagements im globalen Zusammenhang. http://www.PM-world-study.com. Volkswagen Coaching GmbH ProjektManagement und IPMI (Institut für Projektmanagement und Innovation), Universität Bremen, Wolfsburg 08/2005.

Bourne, L. & Walker, D. (2006). Visualising Stakeholder Influence – Two Australian Examples. In Project Management Journal, March 2006, S. 5-21.

Fiedler, R. (2001). Strategisches Projektcontrolling. Teil 1: Portfolio- und Risikomanagement. In ProjektMagazin, 18/2001.

Githens, G. (1998). Programs, Portfolios, and Pipelines: How to Anticipate Executives´ Strategic Questions. Proceedings PMI-Kongress, 1998.

Harpham, A. & Hinley, D. (2003). Just how mature is your organisation at Project Management? In IPMA & Sovnet (eds.), Proceedings (CD) of the 17th World Congress on Project Management. 4.-6.6.2003, (c) PMCONGRESS, Moskau.

Kendall, G. & Rollins, S. (2001). Advanced Project Portfolio Management and the PMO: Multiplying RoI at Warp Speed. Fort Lauderdale: J. Ross Publishing.

Kerzner H. (2001). Strategic Planning for Project Management using a Project Management Maturity Model. New York: Wiley.

Salzmann, K. (2001). Prozeßverbesserung der Projektorganisation. Dissertation, Universität Göttingen.

3.04 Einführung von Projekt-, Programm- und Portfoliomanagement

A Verwendete Literatur

Ahlemann, F., Schroeder, C. & Teuteberg, F. (2005). Kompetenz- und Reifegradmodelle für das Projektmanagement. Grundlagen, Vergleich und Einsatz. ISPRI-Arbeitsbericht Nr. 01/2005. Osnabrück: ISPRI - Forschungszentrum für Informationssysteme in Projekt- und Innovationsnetzwerken.

Dittrich-Brauner, K., Dittmann, E., List, V. & Windisch, C. (2008). Großgruppenverfahren- Lebendig lernen, Veränderung gestalten. Heidelberg: Springer.

Fahrenkrog, S., Wesman, P., Lewandowski, A. & Keuten, T. (2003). Project Management Institute's Organizational Project Management Maturity Model (OPM3). In Proceedings for the 17th World Congress on Project Management in Moscow, 4.-6. June 2003.

Kerzner, H. (2001). Strategic Planning for Project Management Using a Project Management Maturity Model. New York: John Wiley & Sons.

Kneuper, R. (2006). CMMI. Verbesserung von Softwareprozessen mit Capability Maturity Model Integration. 2. Aufl. Heidelberg: dpunkt.

OGC (Office of Government Commerce UK) (1) (2008). P3M3 Portfolio, Programm an Project Management Maturity Model, Public Consultation Draft v 2.0.

OGC (Office of Government Commerce UK) (2) (2008). Erfolgreich Projekte mit PRINCE2. Deutsche Übersetzung. Norwich: Stationery Office.

Paulk, M. C., Curtis, B., Chrissis, M. B., Averill, E. L., Bamberger, J., Kasse, T. C., Konrad, M., Perdue, J. R., Weber, C. V. & Withey, J. V. (1991). Capability Maturity Model for Software. Technical Report CMU/SEI-91-TR-24, DTIC: ADA240603, Software Engineering Institute. Pittsburgh: Carnegie Mellon University.

B   Weiterführende Literatur

Kerzner, H. (2001). Strategic Planning for Project Management Using a Project Management Maturity Model. New York: John Wiley & Sons.

Kneuper, R. (2006). CMMI. Verbesserung von Softwareprozessen mit Capability Maturity Model Integration. 2. Aufl. Heidelberg: dpunkt.

3.05   Stammorganisation

A   Verwendete Literatur

Barcklow, D. (2006). Projektmanagement geht zu selten über Standards hinaus. Projektmanagement aktuell, 01/2006, S. 12-18.

Berger, M., Chalupsky, J. & Hartmann, F. (2008). Change Management–(Über)Leben in Organisationen. Giessen: Schmidt.

Doppler K. & Lauterburg, C. (2005). Change Management. Frankfurt: Campus.

Dammer, H., Gemünden, H. & Lettl, C. (2005). Die gelebte Projektorganisation: Das Management von Projektlandschaften. Projektmanagement aktuell, 2/2005, Seite 16-23.

RKW (Rationalisierungs-Kuratorium der deutschen Wirtschaft e.V.) & GPM (Deutsche Gesellschaft für Projektmanagement e.V.) (Hrsg.) (1998). Projektmanagement Fachmann. 4. Aufl. Band 1 und 2. Eschborn: RKW-Verlag.

Hammer, M.; Champy, J. (1995). Business Reengineering: die Radikalkur für das Unternehmen. 5. Aufl. Frankfurt: Campus.

Motzel, E. (2006). Lexikon Projektmanagement. Weinheim: Wiley-VCH.

Patzak, G. & Rattay, G. (2004). Projektmanagement - Leitfaden zum Management von Projekten, Projektportfolios und projektorientierten Unternehmen. Wien: Linde.

Patzak, G. & Wagner, K. (2007). Performance Excellence, Der Praxisleitfaden zum effektiven Prozessmanagement. München: Hanser Fachbuchverlag.

Pfetzing, K. & Rohde, A. (2006). Ganzheitliches Projektmanagement. Giessen: Schmidt.

Pohl,P. (2007). Erfolgsfaktoren und Nutzen des Multiprojektmanagements. In Projektmanagement aktuell, 4/2007, S. 24-31.

Schmidt, G. (2006). Organisatorische Grundbegriffe: Giessen: Schmidt.

Schelle, H., Ottmann, R. & Pfeiffer, A. (2005). ProjektManager. Nürnberg: GPM Deutsche Gesellschaft für Projektmanagement e.V.

B   Weiterführende Literatur

Goldratt, E. (2008). Das Ziel – Ein Roman über Prozessoptimierung. 4. Aufl. Frankfurt: Campus.

Lechner, C. & Müller-Stewens, G. (2005). Strategisches Management. 3. Aufl. Stuttgart: Schäffer-Poeschel.

Raisch S., Probst G. & Gomez, P. (2007). Wege zum Wachstum: Wie Sie nachhaltigen Unternehmenserfolg erzielen. Uniscope. Wiesbaden: Gabler.

Schmelzer, H. J. & Sesselmann, W. (2007). Geschäftsprozessmanagement in der Praxis. 6. Aufl. München: Hanser Fachbuch.

Wenger, A. & Thom, N. (2005). Organisationsarbeit – eine Tätigkeit im Wandel. Zürich: SGO.

Wüthrich, H., Osmetz, D. & Kaduk, S. (2006). Musterbrecher - Führung neu leben. Uniscope. Wiesbaden: Gabler.

3.06   Geschäft

A   Verwendete Literatur

GPM Deutsche Gesellschaft für Projektmanagement e.V.: Trainingsunterlage für Project Excellence Assessoren.

Möller, T. & Dörrenberg, F. (2003). Projektmanagement. München: Oldenbourg.

Möller, T. (1999): Projektmanagement internationaler Joint Ventures, Methoden, Chancen und Risiken mit Beispielen in Mittel- und Osteuropa. Frankfurt: Peter Lang.

Motzel, E. (2006). Projektmanagement Lexikon. Von ABC-Analyse bis Zwei-Faktoren-Theorie. Weinheim: WILEY Klartext.

Patzak, G. & Rattay, G. (2004). Projekt Management. Wien: Lindeverlag.

Schelle, H., Ottmann, R. & Pfeiffer, A. (2005). ProjektManager. Nürnberg: GPM Deutsche Gesellschaft für Projektmanagement e.V.

B Weiterführende Literatur

RKW (Rationalisierungs-Kuratorium der Deutschen Wirtschaft e.V.) & GPM (Deutsche Gesellschaft für Projektmanagement e.V.) (Hrsg.) (2003). Projektmanagement Fachmann. Eschborn: RKW-Verlag.

http://www.pe-award.de: Deutscher Project Excellence Award

3.07 Systeme, Produkte und Technologie

A Verwendete Literatur

Burghardt, M. (2002). Projektmanagement – Leitfaden für die Planung, Überwachung und Steuerung von Entwicklungsprojekten. 6. Aufl. Erlangen: Publicis.

Daenzer, W.F. & Huber, F. (Hrsg.) (1999). Systems Engineering – Methodik und Praxis. 10. Aufl. Zürich: Orell Füssli.

Ehrlenspiel, K. (2003). Integrierte Produktentwicklung – Denkabläufe, Methodeneinsatz, Zusammenarbeit. 2. Aufl. München: Hanser.

Hab, G. & Wagner, R. (2006). Projektmanagement in der Automobilindustrie – Effizientes Management von Fahrzeugprojekten entlang der Wertschöpfungskette. 2. Aufl. Wiesbaden: Gabler.

Pohl, K. (2007). Requirements Engineering – Grundlagen, Prinzipien, Techniken. Heidelberg: dpunkt.

Rupp, C. (2008). Systemanalyse kompakt. 2. Aufl. Heidelberg: Springer.

V-Modell XT (2007). Dokumentation. Release 1.2.1. Berlin: BMI.

VDI (1991). Wertanalyse – Idee, Methode, System. 4. Aufl. Düsseldorf: VDI.

Züst, R. (2004). Einstieg ins Systems Engineering – Optimale, nachhaltige Lösungen entwickeln und umsetzen. 3. Aufl. Zürich: Orell Füssli.

B Weiterführende Literatur

Dixius, D. (1998). Simultane Projektorganisation – Ein Leitfaden für die Projektarbeit im Simultaneous Engineering. Heidelberg: Springer.

Dorn, K.-H., Fitzsimons, C.J., Frick, A., Kerber, G., Marré, R. & Wagenhals, K. (Hrsg.) (2008). Innovationen durch Projektmanagement – oder?! Beiträge zur Konferenz „interPM". Heidelberg: dpunkt.

Noé, M. (2006). Projektbegleitendes Qualitätsmanagement – Der Weg zu besserem Projekterfolg. Erlangen: Publicis.

VDMA (2000). Vorlage Systemspezifikation. Frankfurt am Main: VDMA.

VDMA (2002). Leitfaden für die Anforderungsanalyse – Teil 1: Prozessbeschreibung. Frankfurt am Main: VDMA.

VDMA (2002). Leitfaden für die Anforderungsanalyse – Teil 2: Methodenbeschreibung. Frankfurt am Main: VDMA.

3.08 Personalmanagement

A Verwendete Literatur

Ahlborn, J. & Schott, E. (2005). Personalentwicklung und Projektmanagement-Qualifizierung. In E. Schott & C. Campana (Hrsg.), Strategisches Projektmanagement (S. 175-194). Heidelberg: Springer.

Becker, C. (2004). Praxiserprobte Personalkonzepte im Überblick. In Projektmagazin 1/2004, S. 1-5.

Becker, F. G. (2002). Lexikon des Personalmanagements. 2. Aufl. München: dtv.

Berthel, J. & Becker, F. G. (2003). Personalmanagement. 7. Aufl. Stuttgart: Schäffer-Poeschel.

Fersch, J. M.(2002). Leistungsbeurteilung und Zielvereinbarungen in Unternehmen. Wiesbaden: Gabler.

Gareis, R. (2006). Happy Projects. 3. Aufl. Wien: Manz.

Kessler, H. & Hönle, C. (2002). Karriere im Projektmanagement. Berlin: Springer.

Kessler, H. & Winkelhöfer, G. (2004). Projektmanagement. 4. Aufl. Berlin: Springer.

Litke, H.-D. (2004). Projektmanagement: Methoden, Techniken, Verhaltensweisen. 4. überarb. Aufl. München: Hanser.

Schwuchow, K. (1996). Personalentwicklung durch Projektmanagement. In R. K. Streich, M. Marquardt & H. Sanden (Hrsg.), Projektmanagement (S. 59-72). Stuttgart: Schäffer-Poeschel.

Streich, R. K. (1996). Qualifizierungsprozesse. In R. K. Streich, M. Marquardt & H. Sanden (Hrsg.), Projektmanagement. Stuttgart: Schäffer-Poeschel.

Lappe, M. (2005). Motivation und leistungsbezogene Vergütung. In E. Schott & C. Campana (Hrsg.), Strategisches Projektmanagement (S. 29-44). Heidelberg: Springer.

Neuberger, O. (Hrsg.) (2000). Das 360 Grad-Feedback. Stuttgart: Hampp.

Motzel, E. (2006). Projektmanagement Lexikon. Weinheim: Wiley-VCH.

Patzak, G. & Rattay, G. (2004). Projekt Management. 4. Auf. Wien: Linde.

Schelle, H., Ottmann, R. & Pfeiffer, A. (2005). Projektmanager. 2. Aufl. Nürnberg: GPM Deutsche Gesellschaft für Projektmanagement e.V.

B Weiterführende Literatur

Aldering,C. (2001). Projektleiter-Assessment – Beispiel eines dynamisierten Assessment Centers. In W. Sarges, Weiterentwicklungen der Assessment Center Methode (S. 167-177). Göttingen: Hogrefe.

Crisand, E. & Stephan, P. (1994). Personalbeurteilungssysteme. Heidelberg: Sauer.

Dittberner, H. (1994). Wie wählt man einen Projektleiter aus? In C. Stumbries, Projektleiter mit Profil. Hamburg: Dr. Landt & Henkel.

Fisseni, H.-J. & Preusser, I. (2007). Assessment Center: Eine Einführung in Theorie und Praxis. Göttingen: Hogrefe.

Fuhr, L. & Ter Haar, P. (2007). Erfolgsfaktor Nr. 1 im Projektmanagement: Der Projektleiter. In Lange, D. (Hrsg.), Projektmanagement ohne Grenzen. Nürnberg: GPM Deutsche Gesellschaft für Projektmanagement e.V.

Graber, E. B. (2001). Projekterfolg durch Rückbindung an die Unternehmensvision. Heidelberg: Carl-Auer-Systeme.

Huemann, M. (2002). Individuelle Projektmanagement-Kompetenzen in Projektorientierten Unternehmen. Frankfurt am Main: Peter Lang.

Kompa, A. (1999). Assessment Center – Bestandsaufnahme und Kritik. Stuttgart: Hampp.

Kühn, F., Pleuger, G. & Kreutel, A. (2002). Ressourcenmanagement – Schlüsselkompetenz für erfolgreiches Multiprojecting. In M. Hirzel, F. Kühn & P. Wollmann (Hrsg.), Multiprojektmanagement (S. 139-165). Frankfurt am Main: FAZ.

Lehnert, C.(1996). Neuorientierung der betrieblichen Karriereplanung. Wiesbaden: Dt.-Univ-Verlag.

Mayrshofer, D. & Kröger, H. A. (2001). Prozesskompetenz in der Projektarbeit. 2. überarb. Aufl. Hamburg: Windmühle.

Paschen, M. (2005). Assessment Center professionell: Worauf es ankommt und wie Sie vorgehen. Göttingen: Hogrefe.

Rischar, K. (1990). Optimale Personalauswahl. Köln: TÜV Rheinland.

Sattelberger, T. (Hrsg.) (1994). Die lernende Organisation: Konzepte für eine neue Qualität der Unternehmensentwicklung. Wiesbaden: Gabler.

Scheurer, B. M. (2002). Intelligentes Projektmanagement. München: Deutsche Verlags-Anstalt.

Scholz, C.(2000). Personalmanagement. 5. Aufl. München: Vahlen.

Strobel, W. (2007). Auswahl und Förderung von Projektmanagern. In H. Schelle, H. Reschke, R. Schnopp & A. Schub (Hrsg.), Projekte erfolgreich managen. 21. Aktualisierung. Kapitel 3.2. (S. 1-20). Köln: TÜV Media.

3.09 Gesundheit, Sicherheit und Umwelt

A Weiterführende Literatur

Badura, B. & Hehlmann, T. (2003). Betriebliche Gesundheitspolitik. Der Weg zur gesunden Organisation. Heidelberg: Springer-Verlag.

Badura, B., Ritter, W. & Scherf, M. (1999). Betriebliches Gesundheitsmanagement – ein Leitfaden für die Praxis. Berlin: Edition Sigma.

Berufsgenossenschaftliche Information BGI 5001 (2005). Büroarbeit – sicher, gesund und erfolgreich. Praxishilfen für die Gestaltung. Hamburg: Verwaltungs-Berufsgenossenschaft.

Bundesanstalt für Arbeitsschutz und Arbeitsmedizin (2003). Arbeit von morgen heute gestalten. Dortmund. Bestellungen per E-Mail: inqa@baua.bund.de oder als Download unter www.inqa.de

Bundesverband der Betriebskrankenkassen (2004). Auf dem Weg zum gesunden Unternehmen. Argumente und Tipps für ein modernes betriebliches Gesundheitsmanagement. Essen: BKK. Bestelladresse unter www.bkk.de

Cernavin, O. & Georg, A. (2004). Praxishandbuch Arbeitsschutz. Instrumente für Unternehmer und Fachkräfte. Buch mit CD-ROM. Wiesbaden: Universum.

Deming, W.E. (1982). Out of the crisis. Cambridge: Massachusetts Institute of Technology.

IG Metall (Hrsg.) (2008). Handbuch „Gute Arbeit". Handlungshilfe und Materialien für die betriebliche Praxis. Frankfurt am Main: VAS-Verlag.

IG Metall (Hrsg.) (2003). Gesundheit – schützen und fördern. Handlungshilfe zur betrieblichen Gesundheitsförderung. Frankfurt am Main. Bestelladresse unter www.igmetall.de/gesundheit

Pieper, R. &Vorath, B. J. (Hrsg.) (2005). Handbuch Arbeitsschutz. Sicherheit und Gesundheitsschutz im Betrieb. 2. Aufl. Frankfurt am Main: Bund-Verlag.

Staatliches Amt für Arbeitsschutz (2003). Chefsache Arbeitsschutz. 3. geänderte Auflage. Wuppertal.

3.10 Finanzierung

A Verwendete Literatur

Brockhoff, K. (1977). Prognoseverfahren für die Unternehmensplanung. Wiesbaden: Gabler.

Coenenberg, A. G. (2005). Jahresabschluss und Jahresabschlussanalyse: Betriebswirtschaftliche, handelsrechtliche, steuerrechtliche und internationale Grundsätze - HGB, IFRS und US-GAAP. 20. Aufl. Stuttgart: Schäffer-Poeschel.

Decker, C. (2008). Internationale Projektfinanzierung: Konzeption und Prüfung. Norderstedt: BOD-Verlag.

Haberstock, L. & Breithecker, V. (2004). Kostenrechnung I. 12. Aufl. Berlin: Erich Schmidt.

Hansmann, K.-W. (1983). Kurzlehrbuch Prognoseverfahren. Wiesbaden: Gabler.

Hüttner, M. (1986). Prognoseverfahren und ihre Anwendung. Berlin: Walter de Gruyter.

Poddig, T. (1996). Analyse und Prognose von Finanzmärkten. Bad Soden/Taunus: Uhlenbruch.

Wöhe, G. & Döring, U. (2005). Einführung in die Allgemeine Betriebswirtschaftslehre. 22. Aufl. München: Verlag Vahlen.

B Weiterführende Literatur

Drukarczyk, J. (1992). Theorie und Politik der Finanzierung. 2. Aufl. München: Verlag Vahlen.

Gerke, W. & Bank, M. (2003). Finanzierung. Grundlagen für Investitions- und Finanzierungsentscheidungen in Unternehmen. 2. Aufl. Stuttgart: Kohlhammer.

Hockmann, H.-J. & Thießen, F. (2007). Investment Banking. 2. Aufl. Stuttgart: Schäffer-Poeschel.

Perridon, L. & Steiner, M. (2004). Finanzwirtschaft der Unternehmung. 13. Aufl. München: Verlag Vahlen.

Reichling, P., Beinert, C. & Henne, A. (2005). Praxishandbuch Finanzierung. Wiesbaden: Gabler.

Schmidt, R. H. & Terberger, E. (1997). Grundzüge der Investitions- und Finanzierungstheorie. 4. Aufl. Wiesbaden: Gabler.

Swan, J. (2005). Practical Financial Modelling. Oxford: CIMA Publishing/Elsevier.

Volkart, R. (2002). Corporate Finance: Grundlagen von Finanzierung und Investition. 2. Aufl. Zürich: Versus.

Wolf, B., Hill, M. & Pfaue, M. (2003). Strukturierte Finanzierungen: Projektfinanzierung – Buy-out-Finanzierung – Asset-Backed-Strukturen. Stuttgart: Schäffer-Poeschel.

Zantow, R. (2004). Finanzierung: Die Grundlagen modernen Finanzmanagements. München: Pearson Studium.

3.11 Rechtliche Aspekte: Besonderheiten bei Auftragsprojekten von Kunden

Dieser Beitrag besteht nur aus dem Basisteil.